河源年鉴

2023

《河源年鉴》编纂委员会 编

方志出版社
Publishing House of Local Records

图书在版编目（CIP）数据

河源年鉴. 2023/《河源年鉴》编纂委员会编. 北京：方志出版社，2023.11
ISBN 978-7-5144-5967-8

Ⅰ.①河… Ⅱ. ①河… Ⅲ. ①河源市—2023—年鉴 Ⅳ. ①Z526.53

中国国家版本馆CIP数据核字(2023)第233564号

责任编辑：张健
责任校对：张玉霞
责任印制：梅中英
出 版 者：方志出版社
地　　址：北京市朝阳区潘家园东里9号（国家方志馆4层）
邮　　编：100021
网　　址：http://www.zgfzcb.cn
发　　行：方志出版社图书营销中心（010-67110500）
印　　刷：广州市豪威彩色印务有限公司
开　　本：889毫米×1194毫米　1/16
印　　张：30
字　　数：946千字
版　　次：2023年11月第1版
印　　次：2023年11月第1次印刷
定　　价：230.00元

·版权所有 侵权必究·

（如有印装质量问题，请与我社图书营销中心联系）

编辑说明

一、《河源年鉴》是由中共河源市委、河源市人民政府主办，《河源年鉴》编纂委员会编纂的年度资料性文献。创办于2002年，尔后逐年出版，2010年始在国内外公开发行。

二、《河源年鉴》编纂以马克思列宁主义、毛泽东思想、邓小平理论、“三个代表”重要思想、科学发展观、习近平新时代中国特色社会主义思想为指导，坚持辩证唯物主义和历史唯物主义的立场、观点和方法，全面、系统、翔实地载录河源市自然、政治、经济、文化、社会、生态文明等方面基本面貌和发展情况，为社会各界和海外人士了解和研究河源提供基本资料。

三、《河源年鉴（2023）》（以下简称本年鉴）由图片、文字两部分组成。采用分类编辑法，主体内容设类目（部分设次类目）、分目（部分设次分目）、条目三个结构层次，以条目为表现内容的基本形式。全书条目标题统一用黑体字加【 】表示。

四、本年鉴主要载录2022年河源市经济社会发展的基本资料，记述时限为2022年1月1日至12月31日。全书设特载、大事记、专文、市情概貌、党政机关、民主党派·工商联、群众团体、法治、军事、生态·环保、经济管理、农业农村、工业、交通运输、通信业、商务、旅游业、金融业、乡村振兴、城市建设·自然资源、教育·科学、文化·卫生健康·体育、社会生活、区·县、人物·荣誉、社会经济统计资料、河源市主要机构及负责人、附录、索引等。

五、本年鉴在保持基本框架稳定的情况下对部分类目、分目进行调整或更名。把类目“总述”更名为“市情概貌”，将原“总述”下的“市情概貌”分目撤销，改设“建置·区划”“自然地理”“人口·语言·民族”分目；增设“专文”“乡村振兴”类目；撤销“外事·侨务·台港澳事务”类目，把其中的“外事”“台港澳事务”分目移至“党政机关”类目下的“中国共产党河源市委员会”次类目；将“交通·邮政·通信业”类目拆分为“交通运输”“通信业”两个类目，在“通信业”类目下设“综述”“移动通信”“联通通信”“电信通信”“广播电视网络”“铁塔”分目，撤销原“交通·邮政·通信业”类目中的“港务管理”分目；在“法治”类目中增设“人大立法”分目；将“生态·环保”类目中的分目“综述”易名为“环境质量”；将“经济管理”类目调至“农业农村”类目之前，并对“经济管理”类目的原分目顺序进行了调整。

六、本年鉴中数字用法、标点符号用法分别采用国家标准《出版物上数字用法》（GB/T 15835—2011）、《标点符号用法》（GB/T 15834— 2011），计量单位采用国家技术监督局1993年12月发布的《量和单位》系列国家标准。

七、本年鉴所载内容和数据均由各撰稿单位审定提供，部分资料由编辑部搜集。主要统计数据均经撰稿单位与统计部门核对。由于统计口径不一，个别数据可能不一致，使用时以市统计局提供的社会经济统计资料中的数据为准。

八、本年鉴配备双重检索系统：正文前刊有目录，书后配有索引。索引采用主题分析法，款目按汉语拼音字母顺序排列，索引范围详及条目和表格等。

《河源年鉴（2023）》编纂委员会

顾　问：何国森

主　任：李勇平

副主任：刘东豪　曹建忠　谢劲辉　黄吉文　黄小青

委　员：马国波　王庆丰　王爱平　韦锐辉　邓　刚　邓　勇
邓红卫　邓春华　古国辉　叶金镜　叶振廷　朱以威
朱雪中　刘　涉　刘大荣　刘志红　刘路红　孙起成
李庆铎　李春辉　李晓云　杨　志　杨　威　杨利华
吴艺珍　吴文生　吴新国　邱寿强　邱志军　邱其标
何少华　何安琼　何远航　何志锋　邹仕选　邹永东
邹武涛　张为民　张金城　张河敏　张春荣　张春慧
张衍彪　张晓玲　陈　飞　陈志才　陈志中　陈甫逸飞
陈洁文　陈海清　陈新华　邵卫根　林文泉　具瑞新
郑良东　钟　斌　钟作新　钟建政　袁华丽　袁辉强
徐学章　徐智敏　黄　彬　黄亿芳　黄伟章　黄远程
黄运腾　黄春垒　黄振中　黄罡星　黄海生　梁杰文
曾永贞　曾伟军　曾淑梅　游伊里　谢　雨　谢海航
蓝红扬　蓝战山　蓝智慧　缪允东　黎志伟

《河源年鉴（2023）》编辑部

主　　编： 黄小青

副 主 编： 黄　彬　黄振中

编　　辑： 张惠芬　李文举　曾红艳　吴静文　黄书伟　蔡　娜

特邀编辑： 王　子　王　卉　王　涛　王华锋　王受章　王晓宁　邓惠敏　邓锦钱　卢　伦
卢文淦　叶　珊　叶　科　叶必亮　叶丽娜　丘育银　邝其波　邝茹丹　邝彩辉
朱小文　朱光进　朱兴艳　朱李松　朱国祥　朱辉敏　朱锦初　刘　雳　刘　婷
刘　鹏　刘小平　刘永芳　刘伟荣　刘育权　刘俞伶　刘艳花　刘崇昱　刘喜权
江春强　江奕君　许竞楠　许惠敏　严　蕾　苏　敏　杜　娟　巫　极　李　艺
李　伟　李　威　李　悦　李小东　李子灏　李文慧　李军基　李晓静　李镇富
杨　薇　杨桂莲　肖　榕　肖巧玲　肖美娜　吴　拓　吴　珊　吴　璁　吴若晶
邱艺锐　邱伟伟　邱泽浩　何　柔　何　莹　何长万　邹思宽　邹菡莒　宋永鸿
宋丽平　张　玲　张丽烨　张彩虹　张静雅　陈　健　陈志玲　陈雪梅　陈铭涛
邵　新　林力锋　欧阳小丽　欧瑜旋　罗　杏　罗　君　罗　超　罗思如　季长源
周　文　周　维　周　普　周丽娜　周莹莹　单雪珂　赵晓菲　胡　萍　胡剑廷
胡斯敏　钟　昱　钟子晖　钟文芳　钟志超　钟舒珊　姚文凤　骆　飞　骆尹霖
袁　芳　袁国省　袁俊毅　徐　珍　徐海志　徐惠芬　徐粤霞　高秋燕　郭进科
郭建芬　唐素芬　陶思明　黄　翠　黄友斌　黄中慈　黄文涛　黄玉琼　黄尧铭
黄年桢　黄乔冠　黄伟杨　黄伟忠　黄向民　黄国华　黄佩婷　黄定平　黄晓华
黄海波　黄敏锋　黄紫纯　黄集宏　梁焕新　彭芙琳　蒋安春　程　鹏　程正杰
程晓静　傅新凤　曾　璐　曾子荣　曾丹萍　曾妮丽　曾海锋　温思静　温剑波
温海城　谢小明　谢晓晴　谢浩然　谢童瑶　蓝嘉琪　赖雨欢　赖周鸣　赖晓龙
赖浩健　赖超清　赖惠宇　简　旭　廖　劲　廖永祥　翟丽君　潘　蔚　戴小茜
魏舟扬

2022 河源数字

- 土地面积：1.57万平方千米
- 年末户籍人口：371.27万人
- 年末常住人口：284.17万人
- 地区生产总值：1294.57亿元
- 人均地区生产总值：45563元
- 第一产业增加值：162.41亿元
- 第二产业增加值：469.15亿元
- 全社会工业增加值：378.98亿元
- 第三产业增加值：663.01亿元
- 第一、第二、第三产业构成：12.5∶36.3∶51.2
- 固定资产投资：比上年下降29.3%
- 货物运输量：5768万吨
- 旅客运输量：855万人次
- 邮电业务总量：356.29亿元
- 社会消费品零售总额：378.01亿元
- 出口总额：29.16亿美元
- 进口总额：7.46亿美元
- 实际利用外资：11.38亿元
- 地方一般公共预算收入：69.32亿元
- 地方一般公共预算支出：335.92亿元
- 税收收入：89.13亿元
- 城乡居民储蓄存款余额：1163.96亿元
- 城镇常住居民人均可支配收入：31518元
- 农村常住居民人均可支配收入：20190元
- 高等学校在校学生数：17752人
- 医院、卫生院床位数：18093张
- 旅游接待总人数：574.67万人次
- 旅游业总收入：41.6亿元
- 森林覆盖率：73.20%
- 多年人均水资源拥有量：4500立方米

（李文举）

河源

赵佗——岭南人文始祖。公元前214年，秦平定南越，设龙川县，赵佗为龙川首任县令

- 中国优秀旅游城市
- 全国双拥模范城
- 全国卫生城市
- 全国生态环境保护最佳范例城市
- 国家园林城市
- 中华恐龙之乡
- 中国绿色经济十佳城市之一

孙中山孙女孙穗芳：“中山先生曾亲口说过，自己原籍紫金县，是东江客家人，中山先生的根在河源。这是我父亲（孙科）跟我说的。孙家先祖入粤第一站，就是紫金中坝。”

荣誉

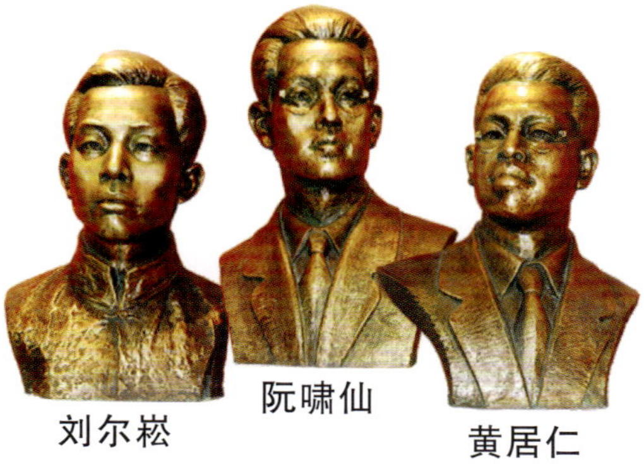

- 中国十大特色休闲城市之一
- 中国节能减排二十佳城市之一
- 中国优质饮用水资源开发基地
- 全国最具发展潜力金融生态示范城市
- 全国环境综合治理先进城市
- 国际绿色生态旅游名城

来自东江中上游河源地区的中国共产党早期的党员阮啸仙、刘尔崧、黄居仁，被称为广东革命史上著名的“东江三杰”

河源是世界罕见的恐龙蛋化石、恐龙骨骼化石、恐龙脚印化石“三位一体”共生地。河源市博物馆馆藏恐龙蛋化石2万多枚，当今世界上其他馆藏恐龙蛋化石加起来的数量还没有河源市的一半，创吉尼斯世界纪录

大事要闻

2022年1月6日，河源市第八届人民代表大会第一次会议召开

（杨海荣 摄）

2022年1月5日，中国人民政治协商会议第八届河源市委员会第一次会议开幕　（杨境廷 摄）

2022年3月4日，2022年广东油茶产业大会在河源灯塔盆地国家农高区举办　（杨境廷 摄）

2022年7月22日，河源市2022年金融服务实体经济支持中小微型企业发展对接专场活动在河源汇景希尔顿逸林酒店举办　（杨境廷　摄）

2022年8月19日，河源市2022年新一代电子信息产业系列经贸活动在河源国家高新区举行　（杨境廷　摄）

2022年9月22日，“百名法学家百场报告会”河源市委理论学习中心组专场暨南粤法治报告会第九十五讲在河源市会议中心观众厅举行　（杨境廷　摄）

城市建设

2022年7月14日，傍晚时分的河源市儿童公园 （邱彪摄）

2022年，江东新区爱廊碧道示范带成为市民休闲生活的『网红打卡点』（冯晓铭）

2022年1月26日，河源文化广场附近东江与新丰江交汇处（杨海荣 摄）

2022年，河源市东环路河源高级中学旁人行天桥（江东新区 提供）

乡村振兴

2022年，源城区蔬菜省级现代农业产业园　（源城区史志办 提供）

2022年8月13日，河源市东源县涧头镇大往村田园风光　（邱 彪 摄）

2022年，和平县大坝镇一家腐竹生产车间内，工人在晾晒腐竹 （冯晓铭 摄）

2022年，慕名而来的游客在龙川县黎咀镇联民村生态葡萄园采摘“阳光玫瑰”葡萄 （冯晓铭 摄）

2022年，美丽乡村新画卷——龙川县黄布镇松洋村　　（曾 璐 摄）

2022年，古竹镇水东村“一村一品”金丝皇菊　　（江东新区 提供）

2022年8月4日，连平县花生省级现代农业产业园花生机械化播种现场会在忠信镇新下村举行

（连平县史志办　提供）

2022年，连平县“万顷桃园”乡村振兴示范带　（连平县史志办 提供）

区县风采

（源城区）

2022年，源城区城区俯瞰（源城区史志办 提供）

2022年7月19日，航嘉（河源）工业园三期建设工程奠基典礼活动（源城区史志办 提供）

2022年8月1日，源城区埔前镇陂角村（全国乡村旅游重点村）的傍晚景色（源城区史志办 提供）

2022年8月19日，2022年广东省“南国书香节”河源市源城区分会场启动仪式在鳄湖公园举行　（源城区史志办　提供）

2022年9月23日，源城区埔前镇在坪围村村民广场举行以“庆丰收，迎盛会”为主题的2022年“中国农民丰收节”活动
（源城区史志办　提供）

东源县

2022年5月19日，广东省审计厅、省扶贫基金会、市审计局、市人社局、县政府、碧桂园集团、国强公益基金会等相聚东源县义合镇下屯村，共同见证“粤菜师傅”培训基地揭牌仪式

（东源县史志办 提供）

2022年7月14日，华南农业大学—东源县水稻智慧农场技术创新研究中心签约揭牌仪式

（东源县史志办 提供）

2022年8月19日，东源县新港镇省级粤菜美食街首届“特色金奖菜”美食评比大赛暨星空草地音乐节活动举行

（东源县史志办 提供）

2022年8月23日，广东省残疾人文化体育与康复辅具中心、河源市残联辅具中心到东源县残联开展2022年残疾人假肢、矫形器取模活动

（东源县史志办 提供）

2022年9月1日，东源县举行东源县第四小学揭牌仪式

（东源县史志办 提供）

2022年10月1日，东源县举行体育馆落成揭牌仪式活动

（东源县史志办 提供）

和平县

2022年5月，和平县成功申报丝苗米省级现代农业产业园，产业园涵盖阳明、长塘、大坝、彭寨、古寨5个镇。图为位于彭寨镇马塘村的和平县丝苗米省级现代农业产业园种植基地 （和平县史志办 提供）

2022年5月，位于和平县下车镇和一村的河源市和平汇友生态种养园获评“2022年广东省林长绿美园” （徐锦奕 摄）

2022年7月28日，和平县阳明修心园落成。图为和平县阳明修心园落成揭幕仪式 （和平县史志办 提供）

2022年8月11日，广东省卫生健康委员会组织《人民日报》《羊城晚报》《南方都市报》《广州日报》《南方日报》等媒体到和平县调研紧密型县域医共体建设工作 （和平县史志办 提供）

2022年，第一批广东省古树森林康养基地——河源市和平县弘顺森林康养基地　（和平县史志办　提供）

2022年，国家AAA级旅游景区——中国传统古村落林寨古村　（陈永生　摄）

2022年，和平县彭寨镇对虾养殖示范基地　（卓威毅　摄）

2022年，和平县青州镇金稳茶场　（和平县史志办　提供）

龙川县

2022年，深圳港盐田国际内陆港（龙川）揭牌暨海铁联运“龙川—盐田”班列启动仪式在龙川火车站货运场举行（龙川县史志办 提供）

2022年7月21日，“簕杜鹃”助农行动暨“耕耘者振兴计划”龙川县乡村治理骨干专题培训班开班仪式在龙川县举行（龙川县史志办 提供）

2022年10月，龙川县龙母镇（丝苗米）被认定为2022年省级“一村一品、一镇一业”专业镇（龙川县史志办 提供）

2022年，深圳宝安（龙川）产业转移工业园
（龙川县史志办提供）

2022年，龙川县鳌山溪谷生态旅游区
（曾 璐 摄）

2022年，龙川县佗城苏堤田园风光
（曾 璐 摄）

紫金县

2022年3月1日，紫金县敬梓镇南村村在全村开展人居环境整治考评工作，对前十名的村民颁发“猪肉奖”和“干净整洁户”牌匾　　　　（紫金县史志办　提供）

2022年3月16日，紫金县在凤安镇举办农业生产暨农机闹春耕现场会，农用无人驾驶插秧机首次亮相紫金　　（紫金县史志办　提供）

2022年7月8日，紫金县花朝戏传承发展中心开展向基层配送演出现代花朝戏《烈火丹心》。图为在苏区镇永坑村演出
（紫金县史志办　提供）

2022年8月19日，紫金县“厨嫂厨艺大比拼乡村美食助振兴”活动在凤安镇举行
（紫金县史志办　提供）

2022年9月9日，紫金县人民政府与深圳市立业集团有限公司举行战略投资合作框架协议暨矿泉水项目签约仪式

（紫金县史忘办 提供）

2022年，改造后的紫金县附城公园一角

（紫金县史志办 提供）

2022年12月27日，紫金县在紫金（龙华）全民健身广场举行主题为“产业融湾 奋进紫金”2022年产业发展大会。图为产业发展大会现场

（紫金县史志办 提供）

连平县

2022年，连平县人民医院新院竣工 （梁焕新 摄）

2022年5月20日，连平县田源镇肖屋“作鱼梁”习俗列入第八批广东省级非物质文化遗产。图为该镇肖屋鱼梁 （连平县史志办 提供）

2022年6月13日，连平县组织多方力量开展水灾救援抢险 （连平县史志办 提供）

2022年8月9日，连平县红十字志愿服务队成立 （连平县史志办 提供）

2022年9月，连平县在黄牛石省级自然保护区拍摄到国家一级重点保护野生动物——黄腹角雉活动的珍贵影像，该物种全球仅存4000余只

（连平县史志办 提供）

2022年10月17日，连平举办“交通安全知识普及”文明交通志愿服务活动　　（连平县史志办 提供）

2022年10月27日，连平县启动国家知识产权强县建设试点培育项目　　（连平县史志办 提供）

2022年，六祖福地，美丽陂头　　（丘立文 摄）

江东新区

2022年8月5日，江东新区举行实体经济提效年工作推进会　（江东新区 提供）

2022年8月30日，江东新区举行农村工作暨乡村振兴提档年工作推进会　（江东新区 提供）

2022年11月16日，江东新区举行2022年产业类项目集中签约仪式　　（江东新区　提供）

2022年11月25日，江东新区城市消防站建成　　（江东新区　提供）

河源国家高新区

2022年7月2日，河源国家高新区举行投资（外资）环境推介会

（河源国家高新区 提供）

2022年11月1日，河源国家高新区与市人民医院合作共建深河门诊部第二期签约仪式

（河源国家高新区 提供）

2022年12月28日，河源市湾区数字经济技术创新中心和鹏城实验室鹏城云网河源节点揭牌

（河源国家高新区 提供）

目 录
CONTENTS

特 载
SPECIAL RECORDS

大事记
CHRONICLE OF MAJOR EVENTS

专 文
ARTICLES

市情概貌
PROFILE OF HEYUAN

党政机关
PARTY AND GOVERNMENT ORGANIZATIONS

民主党派·工商联
OTHER POLLTICAL PARTIES &THE FEDERATION OF COMMERCE AND INDUSTRY

群众团体
MASS ORGANIZATIONS

法 治
RULE OF LAW

军 事
MILITARY AFFAIRS

生态·环保
ECOLOGICAL & ENVIRONMENTAL PROTECTION

经济管理
ECONOMIC ADMINISTRATION

农业农村
AGRICULTURAL AND COUNTRYSIDE

工 业
INDUSTRY

交通运输
TRANSPORTATION & POST

通信业
COMMUNICATION INDUSTRY

商 务
BUSINESS

旅游业
TOURISM

金融业
BANKING

乡村振兴
RURAL REVITALIZATION

城市建设·自然资源 CITY CONSTRUCTION & NATURAL RESOURCES

教育·科学
EDUCATION & SCIENCE

文化·卫生健康·体育
CULTURE & HEALTH & SPORTS

社会生活
SOCIAL LIFE

区 · 县
DISTRICTS & COUNTIES

人物 · 荣誉
FIGURES & HONORS

社会经济统计资料
ECONOMIC AND SOCIAL STATISTICS

河源市主要机构及负责人
HEYUAN MUNICIPAI PRINCIPAI INSTITUTIONS &RESPONSIBLE PERSONS

附 录
APPENDICES

索 引
Index

特 载

编辑：李文举

在全市传达贯彻习近平总书记重要讲话精神暨全国两会精神干部大会上的讲话

（2022年3月12日）

中共河源市委书记 林 涛

刚才，我们收听收看了全省传达贯彻习近平总书记重要讲话精神暨全国两会精神干部大会和全省疫情防控工作电视电话会议，大家要认真学习领会、抓好贯彻落实。下面，我就河源市贯彻落实习近平总书记重要讲话精神暨全国两会精神和省有关会议精神强调几点意见。

一、深入学习贯彻习近平总书记重要讲话和全国两会精神，切实把思想和行动统一到总书记、党中央决策部署上来

这次全国两会，是在中国进入全面建设社会主义现代化国家、向第二个百年奋斗目标进军新征程的关键之年召开的一次十分重要的大会。会议期间，习近平总书记三下团组，参加内蒙古代表团审议，出席解放军和武警部队代表团全体会议，看望政协农业界、社会福利和社会保障界委员并参加联组会，发表系列重要讲话、作出系列重要部署，我们要认真学习贯彻。

（一）深刻领会党和国家事业取得的新的重大成就，凝心聚力推进现代化建设。过去一年来，习近平总书记、党中央带领我们隆重庆祝建党一百周年，成功举办北京冬奥会，如期打赢脱贫攻坚战、全面建成小康社会，开启全面建设社会主义现代化国家新征程，“十四五”实现良好开局。这些成绩的取得，根本在于习近平新时代中国特色社会主义思想的科学指引，在于总书记、党中央的坚强领导。我们要忠诚拥护“两个确立”、坚决做到“两个维护”，坚定信心，担当作为，在全国全省大局中作出河源贡献。

（二）深刻领会习近平总书记关于“五个必由之路”的重要认识，沿着总书记指引的道路奋勇前进。在参加内蒙古代表团审议时，总书记首次用“五个必由之路”的重要认识（即坚持党的全面领导是坚持和发展中国特色社会主义的必由之路，中国特色社会主义是实现中华民族伟大复兴的必由之路，团结奋斗是中国人民创造历史伟业的必由之路，贯彻新发展理念是新时代我国发展壮大的必由之路，全面从严治党是党永葆生机活力、走好新的赶考之路的必由之路），深刻总结新时代党和人民奋进历程的宝贵经验，深刻揭示了新时代中国的“成功密码”，为全党全国各族人民奋进新征程指明前行道路。我们要深刻领会“五个必由之路”的重要认识，不折不扣贯彻落实总书记、党中央决策部署，结合河源实际，坚定走好“五个必由之路”，集中精力办好自己的事，在新时代新征程上争取更大荣光。

（三）深刻领会我国发展的“五个有利条件”，全力办好河源的事。习近平总书记在看望政协农业界、社会福利和社会保障界委员时，从中国共产党的坚强领导、中国特色社会主义制度的显著优势、持续快速发展积累的坚实基础、长期稳定的社会环境、自信自强的精神力量等5个方面，深刻阐明了我国发展具有的战略性的有利条件，为我们科学识变局、平稳开新局提供了遵循、注入强大信心动力。我们要深刻把握“五个有利条件”这一重大论断，发扬历史主

动精神，勇毅前行，开创未来，牢牢掌握发展主动权。

（四）深刻领会习近平总书记深厚的为民情怀，践行以人民为中心的发展思想。总书记一直以来把人民放在最高的位置，手把手教我们如何践行全心全意为人民服务的根本宗旨。在这次全国两会上，总书记再次强调，“民生无小事，枝叶总关情”。我们要始终坚持以人民为中心，把全市人民的智慧和力量凝聚到河源各项事业发展上来，共同创造更加美好的明天。

（五）深刻领会今年我国经济社会发展的目标任务和重点工作，高质量推进各项任务落实落地。政府工作报告全面贯彻习近平总书记、党中央决策部署，提出了今年的预期目标、政策取向和工作任务。我们要对照党中央决策部署，结合河源实际形成具体工作措施，全力以赴抓落实，确保各项部署落到实处。

二、深入贯彻落实习近平总书记重要讲话和全国两会精神，以更实举措加快建设幸福和谐美丽河源

我们要紧扣习近平总书记重要讲话精神和政府工作报告部署要求，聚焦“五大产业”主攻方向，实施“七大行动”发展路径，找准工作结合点和突破口，确保各项决策部署落实到位。

（一）以推进“五大产业”发展为牵引，加快构建现代化经济体系。政府工作报告要求，“要增强制造业核心竞争力，促进传统产业升级，加快发展先进制造业集群，实施国家战略性新兴产业集群工程；要支持产业梯度转移，支持革命老区、民族地区加快发展；经济困难地区要用好国家支持政策，挖掘自身潜力，努力促进经济恢复发展”。我们要按照中央部署要求，蹄疾步稳地推进经济高质量发展。要大力实施产业兴市行动，加快培育千亿级电子信息产业集群、百亿级水经济产业集群和先进材料产业集群，做大做强“六色”（“绿色”生态旅游、“蓝色”湖水旅游、“古色”人文旅游、“红色”革命旅游、“特色”温泉旅游、“夜色”休闲旅游）旅游品牌，扩大消费和有效投资，稳定企业预期、增强市场信心，全力稳住经济基本盘。要加快工业经济提级扩能，扎实推进制造业建圈强链，切实抓好省战略性产业集群中涉及河源的11个产业集群建设。要着力培育富有竞争力的企业，推动金融更好支持实体企业，培育壮大一批链主企业，大力发展“专精特新”中小企业。要大力推动工业园区提效扩容，主动承接现代产业延伸，高标准规划建设水经济产业园。要加强项目谋划储备，抓好中央预算内投资等项目储备，推动项目滚动接续。

（二）以推进“融湾”“融深”行动为契机，全面激发高质量发展动能。政府工作报告指出，“要坚定不移深化改革；要深入实施区域重大战略和区域协调发展战略，推进粤港澳大湾区建设”。我们要抓紧抓牢“双区”和两个合作区建设等重大机遇，加快“融湾”“融深”步伐。要加强交通基础设施建设，加快梅龙铁路、龙寻高速公路等一批项目建设，确保粤赣高速公路顺天互通立交建成通车，构建高效便捷的互联互通网络。要纵深推进全面深化改革，全力推进要素市场化配置综合改革省级试点工作，深入推进营商环境综合改革，强化改革衔接、开放协同、发展联动。要推进产业深度融合发展，持续深化深河共建，精准招引一批优质企业，打造高铁经济产业带。要强化与“双区”协同创新，打造“双区”科技成果转化地。

（三）以农业农村优先发展为导向，促进乡村全面振兴。习近平总书记强调，“实施乡村振兴战略，必须把确保重要农产品特别是粮食供给作为首要任务，把提高农业综合生产能力放在更加突出的位置，把‘藏粮于地、藏粮于技’真正落实到位”。政府工作报告指出，“要大力抓好农业生产，促进乡村全面振兴”。我们要推动巩固拓展脱贫攻坚成果同乡村振兴有效衔接，建立健全返贫监测和帮扶机制，坚决防止规模性返贫。要推进灯塔盆地创建国家农高区，加快农业高新技术产业发展，强化科技支撑作用，实施灯塔盆地国家农高区灌区改造提升工程。要狠抓粮食安全这一“国之大者”，全面落实粮食安全党政同责，落实最严格的耕地保护制度，推进撂荒地利用，坚决遏制耕地“非农化”、基本农田“非粮化”，加快高标准农田建设，确保粮食种植面积只增不减。要树牢大食物观，落实“向森林要食物，向江河湖海要食物，向设施农业要食物”要求，加快推进油茶省级跨县集群现代农业产业园建设。要抓住用好农业对外开放机遇，高标准办好灯塔盆地现代农业高质量发展高峰论坛暨全国农业产业招商大会，推动农业全产业链开发，促进一、二、三产业融合发展。

（四）以打造深圳都市圈副中心为引领，全面提升城市功能品质。政府工作报告要求，“要提升新型城镇化质量，有序推进城市更新；要稳步推进城市群、都市圈建设，促进大中小城市和小城镇协调发展。”我们要系统科学地推进城市建设发展，高度重视历史文化保护传承，坚持科学绿化，提高城市治理能力和水平。要提升中心城区功能品质，优化城市空间布局，促进老城区内涵式发展，加快钓鱼台片区与水经济产业园产城融合发展，推动河源国家高新区跨江融合发展，科学有序促进城市更新。要推进以县城为重要载体的城镇化建设，坚持县（区）发展分类管理，加快完善县城功能，推进小城镇特色化发展。要以创建全国文明城市为抓手，增强文化软实力，促进河源形象提升。

（五）以持续改善生态环境为抓手，走好生态优先绿色发展新路。习近平总书记强调，“要坚定不移走以生态优先、绿色发展为导向的高质量发展新路子；要积极稳妥推进碳达峰碳中和工作”。政府工作报告要求，“要加强污染治理和生态保护修复，处理好发展和减排关系，促进人与自然和谐共生”。

我们要认真抓好中央生态环保督察问题整改，落实整改政治责任，切实补足生活垃圾、污水处理等基础设施短板。要结合推进碳达峰碳中和，尽快出台相关工作制度机制，严格落实能耗“双控”向碳排放总量和强度“双控”转变的要求。要深入打好污染防治攻坚战，全面打好碧水保优战、蓝天保卫战、净土防御战，进一步完善生态环境风险论证与评估机制，守护好一江清水和青山翠岭。

（六）以“面对面”解难题为切口，不断增强人民群众获得感幸福感安全感。习近平总书记强调，“民生无小事，枝叶总关情；要求对困难群众，要格外关注、格外关爱、格外关心，帮助他们排忧解难”。政府工作报告要求，“要切实保障和改善民生，加强和创新社会治理”。我们要践行以人民为中心的发展思想，聚焦人民群众最关心、最直接、最现实的利益问题，常态化实施党政主要负责人“面对面”解决群众“急难愁盼”问题机制，切实解民忧、纾民困、暖民心。要实施就业优先战略，持续推动“粤菜师傅”“广东技工”“南粤家政”三项工程，稳步提高居民收入水平。要兜住兜牢民生底线，加快补齐教育、医疗等短板，健全社会保障体系，不断增进民生福祉。要统筹发展和安全，扎实推进平安河源、法治河源建设，创新基层社会治理，全力防范化解金融、房地产等各领域风险，扎实做好安全生产、森林防灭火和“三防”等工作。人大、政协在河源经济社会发展中发挥着重要作用。要进一步加强人大、政协工作，推动民主政治建设迈上新台阶。各级党委要加强对人大、政协工作的全面领导，支持人大、政协依法依章程履职尽责、发挥作用。各级人大要坚持党的领导、人民当家作主、依法治国有机统一，围绕中心大局依法行使职权，推进全过程人民民主建设，支持人大代表担当作为。各级政协要把握正确政治方向，围绕中心工作建真言、谋良策、出实招，强化政协委员责任担当，更好凝聚共识、汇聚力量、服务大局。

三、从严从紧从细做好疫情防控各项工作，全力守护人民群众生命安全和身体健康

当前，疫情防控形势依然严峻复杂。奥密克戎变异株带来的本土聚集性疫情发生频次明显增多，复杂性也远超既往。全市各级各部门要深入学习贯彻习近平总书记重要指示精神，按照全国新冠肺炎疫情防控工作电视电话会议和全省疫情防控工作会议部署要求，坚决克服麻痹思想、厌战情绪、侥幸心理、松劲心态，坚持“外防输入、内防反弹”总策略不放松，坚持“动态清零”总方针不动摇，有力有效做好疫情防控各项工作，守住不发生疫情规模性输入和反弹的底线。

（一）快速果断、精准有力处置本土疫情。加强全市统筹，调集最强力量，加快推进流调、隔离、转运工作，快速开展核酸筛查，严格落实分区分级精准管控要求，有效落实防外溢措施，力争在最短时间、最低层级、最小范围内遏制疫情扩散传播风险，在一个潜伏期内扑灭疫情。

（二）狠抓关键环节、重点场所疫情防控。强化中高风险地区来河返河人员健康管理，严格落实重点人员落地排查24小时“清零”，确保落地排查率、核酸检测率均达100%。交通站场码头等人员密集场所要认真落实测温扫码、通风消杀等防疫措施。公安司法监管场所、福利机构、养老机构、救助管理机构、精神卫生机构、母婴服务机构、康复机构等重点特殊场所要严控探视探访，严格落实防控措施，对新上岗或返岗人员严格落实核酸检测、健康监测等防控要求。建筑工地、工厂车间、旅游景区、农贸商超、餐饮住宿等重点单位要加强常态化防控，督促加强免疫，强化健康监测和核酸抽检，强化来访人员防控措施落实，执行“日报告”“零报告”制度。基层医疗机构要加强管理，严防院感事件发生。各隔离场所要加强管理，驻点领导要到位到岗，安保、医疗、院感防控及“三人小组”要配足配齐；各县（区）要做好隔离场所高效应急启用准备，进一步明确隔离场所管控工作各个环节的责任分工，做到责任到人、分工到人，确保在接到调用征用通知后能及时启用。市防控办要对全市隔离场所再排查、再指导，确保各个隔离场所达到安全规范标准。

（三）守好防境外输入防线。加强粤港跨境货运司机和内地接驳司机闭环管理，严格落实集中接驳新模式，完善内地接驳司机名单化管理，落实每日核酸检测。加强对冷链进口物资、国际邮件快件等检测消杀，打击非法入境和走私行为，严防境外疫情输入。市分管领导和市有关部门要加强督促指导，切实筑牢“外防输入”防线。

（四）加强监测预警和核酸检测工作。发挥好“哨点”作用，压实发热门诊、药店等的主体责任。及时收集基层医疗机构、药店、教育机构等重点机构场所信息，完善多点触发监测预警机制。强化20类“应检尽检”重点人群核酸检测，各级各部门要各司其职、各负其责，各用人单位要落实主体责任，确保重点人群“应检尽检”。

（五）全力加快新冠病毒疫苗接种进度。各县（区）务必进一步压实“四方责任”，加快推进新冠病毒疫苗接种工作。

（六）压实疫情防控责任。各级各部门要坚持守土有责、守土尽责，主要负责人要靠前指挥，分管领导要切实担起责任，指挥体系要高效运转。要加大宣传力度，引导公众客观理性看待目前疫情形势和中国防疫政策，引导全社会落实防控策略与措施。要跟进监督检查，强化督查问责，确保防控措施落实到位。

四、加强党的全面领导和党的建设，为奋进新征程、建功新时代提供坚强政治保证和组织保证

落实好习近平总书记重要讲话和全国两会精神，进一步织密织牢疫情防控防线，关键在加强党的全面领导和党的建设。我们要深入贯彻落实新时代党的建设总要求和新时代党的组织路线，把全市各级党组织建设得更加坚强有力。一要旗帜鲜明讲政治。持续深入学习贯彻习近平新时代中国特色社会主义思想，不断巩固拓展党史学习教育成果，严明政治纪律和政治规矩，忠诚拥护“两个确立”、坚决做到“两个维护”，确保党中央决策部署不折不扣落实到位。二要织密建强党的组织体系。深入实施基层党建三年行动计划，持续推进市领导联镇包片抓落实工作，大力实施基层党建示范引领创建活动，进一步夯实基层基础。三要加强干部队伍建设。突出政治标准选优配强干部，抓好干部队伍能力建设，完善干部考评机制，全方位培养引进用好人才，建设高素质专业化干部队伍。坚持严的主基调不动摇，驰而不息正风肃纪反腐，持续净化政治生态。四要迅速掀起学习宣传贯彻热潮。把学习宣传贯彻习近平总书记重要讲话和全国两会精神作为当前的重大政治任务，与学习贯彻总书记对广东系列重要讲话和重要指示批示精神结合起来，精心组织部署，强化宣传宣讲，做到家喻户晓、深入人心，推动学习成果转化为发展成效。市委宣传部要尽快制定宣传宣讲方案，利用全市各级各类媒体开展宣传，邀请河源市全国人大代表开展巡回宣讲，迅速掀起全面学习宣传贯彻的热潮。

同志们，让我们更加紧密地团结在以习近平同志为核心的党中央周围，以习近平新时代中国特色社会主义思想为指导，认真学习贯彻习近平总书记重要讲话和全国两会精神，担当实干、勇毅前行，以实际行动迎接党的二十大胜利召开！

在市委农村工作会议暨全市实施乡村振兴战略工作推进会上的讲话

（2022年4月1日）

中共河源市委书记 林 涛

这次会议的主要任务是，深入学习贯彻习近平总书记关于“三农”工作的重要论述和对广东系列重要讲话、重要指示批示精神，认真贯彻中央农村工作会议精神，全面落实省委农村工作会议暨全省实施乡村振兴战略工作推进会精神，研究部署今年河源市全面推进乡村振兴工作。

过去一年来，河源市坚持以习近平新时代中国特色社会主义思想为指导，贯彻落实党中央决策部署和省委、省政府工作要求，全面推进乡村振兴，推动“三农”工作取得新成效。一是脱贫攻坚成果有效巩固。“四个不摘”要求全面落实，符合低保、五保政策的51825名脱贫人口全部纳入兜底保障范围，防止返贫动态监测和帮扶机制有效建立，巩固拓展脱贫攻坚成果同乡村振兴有效衔接扎实推进。二是灯塔盆地开发建设提质增效。与省农业农村厅签订共建协议，总投资114.9亿元的28个项目达成投资意向或落地建设，农业龙头企业引领河源实现主板上市公司“零”的突破，畜禽育种国家重点实验室等科创平台落户建设，灯塔盆地加速向国家农高区迈进。三是乡村产业发展再上台阶。超额完成省下达粮食作物播种面积和产量任务，撂荒耕地复耕复种经验在全省推广，“菜篮子”市长负责制考核连续两次优秀；新获批创建油茶跨县集群产业园等5个省级现代农业产业园，东源县入选全国首批创建农业现代化示范区名单，一、二、三产业加快融合发展。四是乡村宜居水平持续提升。农村人居环境整治行动扎实推进，农村集中供水保障攻坚行动任务全面完成，“厕所革命”工作得到国家乡村振兴局肯定，源城区成功创建“四好农村路”全国示范县（区），乡村面貌持续改善。五是农民生活水平不断提高。全市农村居民人均可支配收入比增10.6%、连续四年超过全国平均水平，农村教育、医疗、文化等基本公共服务水平持续提高，农民群众加快走向物质富裕和精神富足。六是党建引领作用日益凸显。镇村换届高质量完成，新一轮基层党建三年行动计划启动实施，市领导联镇包片抓落实工作机制开创党建引领基层治理新模式，驻镇驻村干部作用高效发挥，乡村治理体系不断健全，农村社会更加安定有序。这些成绩的取得，根本在于习近平总书记、党中央的坚强领导，离不开省委、省政府的关心指导，离不开深圳市和省直部门的大力帮扶，离不开全市各级各部门特别是奋战在“三农”工作一线党员干部的辛勤付出。在此，我代表市委、市政府向大家表示衷心的感谢！

今年是进入全面建设社会主义现代化国家、向第二个百年奋斗目标进军新征程的重要一年，我们党将召开第二十次全国代表大会。稳住农业基本盘、做好“三农”工作，对保持平稳健康的经济环境、风清气正的政治环境、国泰民安的社会环境具有重要意义。今天我们召开会议进一步动员部署做好“三农”工作，坚持稳字当头、稳中求进，突出年度性任务、针对性举措、实效性导向，加快打造广东农业农村现代化新样板，推动河源市乡村振兴向走在全省前列目标迈进。下面，我强调几点意见。

一、深入学习贯彻习近平总书记关于“三农”工作的重要论述，以强烈的使命感责任感紧迫感全面推进乡村振兴

习近平总书记站在“两个大局”的战略高度，就做好“三农”工作发表系列重要讲话、作出系列重要指示批示，科学回答了新发展阶段做好“三农”工作的一系列重大理论和实践问题。我们要深入学习领会，切实把思想和行动统一到习近平总书记、党中央决策部署上来。一要深刻认识“三农”工作对现代化建设的重要意义，坚定不移全面推进乡村振兴。习近平总书记指出，没有农业农村现代化，就没有整个国家现代化。河源是农业大市，推进农业农村现代化是现代化建设的重大任务，也是走中国式现代化道路的必然要求，在一定程度上决定着全面现代化的水平。我们要深刻认识“三农”工作在“五位一体”总体布局、“四个全面”战略布局中的重要地位，全面推进乡村振兴，大力推进农业农村现代化，用实际行动体现忠诚拥护“两个确立”、坚决做到“两个维护”。二要深刻认识“三农”工作对统筹发展和安全的重要意义，切实筑牢“三农”压舱石。习近平总书记强调，稳住农业基本盘、守好“三农”基础是应变局、开新局的“压舱石”。我们要深刻认识从容应对百年变局和世纪疫情，推动经济社会平稳健康发展，必须把“三农”这块“压舱石”夯得实之又实，以“三农”的稳促大局的稳，为开新局、应变局、稳大局提供坚实支撑。三要深刻认识“三农”工作对建设幸福和谐美丽河源的重要意义，久久为功推进乡村振兴。习近平总书记指出，实施乡村振兴战略是一项长期而艰巨的任务。当前建设幸福和谐美丽河源，最艰巨最繁重的任务依然在农村，最广泛最深厚的基础依然在农村。我们要深刻认识做好“三农”工作的长期性、艰巨性，发挥历史主动精神，抓住用好“双区”和横琴、前海两个合作区建设等重大历史机遇，在补齐短板中释放潜力、在锻造长板中厚培实力，推动河源市乡村振兴工作走在全省前列。

二、全面推动乡村振兴重点工作落地见效，全力打造广东农业农村现代化新样板

中央农村工作会议和中央一号文件对全面推进乡村振兴重点工作作了系统部署，省出台了实施意见，河源市也即将出台实施方案。全市各级各部门一定要认真抓好落实，突出重点、攻坚克难，确保农业稳产增产、农民稳步增收、农村稳定安宁。

（一）把抓好粮食生产和重要农产品供给摆在首要位置，牢记“国之大者”坚决守好粮食安全底线。李希书记在省委农村工作会议暨全省实施乡村振兴战略工作推进会上特别强调，今年中央将与各省签订耕地保护目标责任书，开展粮食安全党政同责省级考核，省里也将组织专项检查和专项整治，饭碗一起端，责任一起扛。2021年河源市撂荒耕地复耕复种面积达1.497万公顷，占全省比重超1/4，得到省委、省政府的充分肯定。我们要坚持抓好耕地和种子两个要害，落实“藏粮于地、藏粮于技”战略，紧盯硬任务，抓好硬举措，确保河源市粮食安全。一要落实粮食安全党政同责。为切实抓好粮食生产各项工作，牢牢守住粮食安全底线，市委、市政府近日将印发《河源市2022年落实硬措施确保完成粮食生产任务工作方案》，把全年粮食生产目标分解到各县（区）。各县（区）一定要扛起粮食生产政治责任，毫不松懈抓好粮食生产，坚决完成省下达河源市粮食播种面积不低于13.33万公顷、大豆播种面积不低于2666.67公顷，粮食总产量不低于81.26万吨的粮食生产任务指标。各县（区）和各乡镇党政主要负责人要对粮食生产做到三个“心中有数”：一是对年度粮食播种面积、总产量的目标任务做到心中有数；二是对春耕和夏种生产关键时间节点做到心中有数；三是对耕地保护特别是撂荒耕地复耕复种情况做到心中有数，力争实现全年粮食面积、总产、单产“三增长”。当前处于春耕关键节点，各级党政主要负责人要加强组织领导，亲自研究部署，推动春季粮食生产工作扎实开展，确保粮食播种面积和产量稳定。二要落实“长牙齿”的耕地保护硬措施。把本地区耕地保有量、永久基本农田保护目标任务完成情况，作为刚性指标实行严格考核、一票否决、终身追责。坚持保数量、提质量、控用途并举，对乱占耕地建房行为“零容忍”，巩固拓展撂荒耕地复耕复种成果，加强高标准农田建设，加快完善农田基础设施，坚决遏制耕地“非农化”、基本农田“非粮化”，确保河源市10.49万公顷耕地主要用于粮、油、菜生产。合理保障农民种粮收益，认真落实耕地地力保护补贴等政策，强化农资保供稳价。三要大力推进种业振兴。做好种质资源收录，组织开展河源特色种源关键核心技术攻关。四要树牢大食物观。着力打造“米袋子”“菜篮子”“果盘子”，全方位、多途径开发食物资源，向森林要食物，向江河湖要食物，向设施农业要食物，向植物、动物、微生物要热量、要蛋白，实现各类食物供求平衡。运用好河源市粮食购销领域专项巡察成果，管好地方粮食储备，增强粮食流通能力，保障区域粮食市场基本稳定。同时，要高度重视节约粮食，坚决制止餐饮浪费行为。

（二）巩固拓展脱贫攻坚成果，牢牢守住不发生规模性返贫底线。在脱贫攻坚全面胜利后，我们迅速建立健全防

止返贫动态监测和帮扶机制，认定符合监测标准农户487户2094人。我们绝不能有松劲歇脚的思想，要持续巩固拓展脱贫攻坚成果，保持主要帮扶政策总体稳定，分类优化调整现有政策举措，切实增加脱贫群众收入，守好不发生规模性返贫底线。一要完善监测、帮扶、兜底机制。聚焦脱贫不稳定户、边缘易致贫户、因病因残因灾因疫情影响基本生活困难户等群体，简化识别程序，采取预防性措施和精准帮扶措施，确保及时发现、应纳尽纳、应扶尽扶。促进脱贫人口稳定增收，支持壮大特色帮扶产业，强化帮扶资金监管和扶贫项目资产管理，实施“粤菜师傅”“广东技工”“南粤家政”三项工程，推进消费帮扶，确保持续稳定增收。加强对特殊群体、困难群众的关心爱护，突出抓好农村老年人、儿童，特别是“三留守”人员等群体的人身安全和基本生活保障，切实做好农村兜底保障。二要深入实施驻镇帮镇扶村工程。充分发挥党政机关、企事业单位、科研机构、金融机构等各方优势，提升“组团式”帮扶效果。推动镇村联动发展，大力改善乡镇发展条件，更好发挥乡镇联通城乡、服务乡村的功能。引导社会力量参与帮扶，扎实开展“广东扶贫济困日”活动，深入落实“千企帮千镇、万企兴万村”行动。三要统筹推进老区苏区和少数民族地区发展。大力改善交通、通信等基础设施和教育、医疗等基本公共服务，因地制宜发展特色优势产业，进一步增强内生发展动力。用好深圳对口帮扶资源，在产业、教育、卫生等领域形成更高层次、更大范围的合作。

（三）加快推进灯塔盆地开发建设，引领河源市农业农村高质量发展。近年来，省委、省政府大力支持灯塔盆地创建国家农高区，灯塔盆地农高区管委会（筹）、党工委先后获批成立，一批批大项目、好项目纷纷落地。我们要加快推进国家农高区创建工作，聚焦科技引领、项目支撑、功能升级，推动灯塔盆地建设提质增效。一要扎实推进国家农高区创建工作。统筹资源力量，打好宣传牌、湾区牌、生态牌、科技牌，加快补短板、强弱项、出亮点，力争成功创建第三批国家农高区。二要加快农业高新技术产业发展。以高标准筹办灯塔盆地现代农业高质量发展高峰论坛和农业招商大会为契机，大力发展农产品精深加工业、立体生态种养业、现代农业服务业三大主导产业，灯塔盆地要把推动项目落地见效作为今年重点工作，保障美林油茶加工产业园等11个落户项目如期建成投产、大北农饲料等12个项目顺利落户建设，推动农业高新技术产业集群成链。三要提升农业科技创新效能，加强与省农科院、华南农业大学等科研院所交流合作，推进5个国家级、8个省级农业科技创新分中心平台建设，推动灯塔实验室尽快实体化运作，引进符合主导产业发展需求的“高精尖缺”人才和高水平创新团队，促进油茶高产栽培技术等一批科技成果高效转化应用。四要打造农业科技新城。加快全省城乡融合发展试点、国家全域土地综合整治试点建设，高质量规划建设灌区改造提升工程，统筹推进信息通信、冷链物流、污水处理等基础设施建设，完成粤赣高速公路顺天互通立交、农业大道、高新农业综合体一期等项目建设，推进美丽经济、美丽乡村、美好生活“三美”建设。五要深化农村综合改革。优化提升“三变”改革、联农富农机制等经验，形成一批可复制推广的“盆地经验”。

（四）大力发展现代高效农业，健全“跨县集群、一县一园、一镇一业、一村一品”现代农业产业体系。目前，全市已创建14个省级现代农业产业园，培育市级以上重点农业龙头企业277家、省级以上农民专业合作社205家。我们要坚持以工业化理念、产业化思维发展乡村产业，更多更好惠及农村农民。一要做大做强优势特色产业。促进产业集聚，围绕高山油茶、客家茶叶、东源板栗等主要优势农产品，打造产加销一体化产业集群，以筹办今年全省茶叶大会为契机推动茶叶产业提档升级，因地制宜扶持发展楼房养猪、工厂化养鱼、温室蔬菜、大棚食用菌等设施农业。推动现代农业产业园和农业强镇建设，高质量建设好油茶跨县集群产业园，带动“一镇一业、一村一品”提质扩面，建强专业镇、专业村。实施质量兴农、品牌强农战略，坚持品牌化导向、精细化管理、市场化运营，擦亮“万绿河源”农产品区域公用品牌。加强数字农业建设，推进“互联网+”农产品出村进城，鼓励农产品生产经营企业开展农产品跨境电商业务。二要推进预制菜产业发展。认真落实省“预制菜十条”，市有关部门要将预制菜纳入全市食品工业产业园重点扶持范围，引导支持预制菜产业上规模上水平，谋划成立“万绿河源预制菜产业联盟”，围绕客家美食打造一批预制菜产业品牌，拓展预制菜营销渠道，推动河源预制菜迈入“双区”市场。同时，要加强预制菜产品质量和食品安全监管，促进行业规范发展。三要统筹县域产业发展。延伸县域乡村产业链条，着力发展农产品精深加工，推动农业与旅游、康养等业态融合发展，发挥生态环境、自然资源、交通区位等优势持续发展乡村民宿，推广“一晚两天”“两晚三天”精品旅游线路，把增值收益更多留在县域、留在农村、留给农民。实施县域商业建设行动，持续发挥“12221”市场体系作用，加快完善农村物流体系、冷链仓储设施建设，促进农村消费扩容提质升级。持续提升县域发展条件和承载能力，大力发展特色产业，让县城强起来、旺起来，更好带动乡村产业发展。四要完善乡村产业发展支撑体系。强化科技兴农，推动农业机械化向全程全面高质高效升级、农机装备向高质量发展转型，发挥好科技特派员作用。加大新型农业经营主体培育力度，大力培育省、市级农业龙头企业，大力培育家庭农场、农民合作社，健全现代农业服务体系，发展“耕、种、管、收”等多种农业生产托管模式，让农民更多分享产业增值收益。需要强调的是，在调动工商资本参与乡村振兴积极性的同时，我们要防止工商资本侵害农村集体产权、侵犯农民利益。

（五）扎实稳妥推进乡村建设，打造农民安居乐业的美丽家园。近年来，我们坚持以人民为中心，持续改善农民生产生活条件，累计拆除危破旧泥砖房27.3万间2172万平方米，硬化村内道路1.95万千米，农村集中供水覆盖率100%，680个村达到美丽宜居村标准。我们要顺应广大农民对美好生活的向往，稳妥推进乡村建设行动，通过扎扎实实的举措和实实在在的效果赢得民心。一要完善农村基础设施。加快补齐农村道路、供水供电、乡村物流、宽带网络等基础设施短板，持续巩固全国"四好农村路"示范县创建成果，确保年底村内道路干路实现全面硬化，加强农村公共基础设施建后管护。提高农村防灾减灾设施标准，积极推进农村水系综合治理，排查整治削坡建房、地质灾害等风险隐患。二要深入推进农村人居环境整治。接续实施农村人居环境整治提升五年行动，巩固"厕所革命"成果，大力推进农村生活污水、垃圾处理，扎实推进"三线"整治。三要推进乡村风貌提升。全域开展"五美"专项行动，因地制宜打造"四小园"，做好历史文化名镇名村和传统村落保护利用工作，连片连线建设美丽圩镇和美丽乡村，加快"一区四带"建设，每个镇加快建设1条以上美丽乡村风貌带或美丽乡村精品带，每个县（区）规划建设2条乡村振兴示范带，争取年内1条乡村振兴示范带建设取得初步成效。四要提升农村基本公共服务供给水平。加强普惠性、兜底性、基础性民生设施建设，全面提升乡村教育质量，加大县级医院建设投入，完善县级公立医院、镇卫生院、村卫生站为主体的紧密型县域医共体，逐步建立县乡村三级养老服务体系，推动"互联网+政务服务"向乡村延伸覆盖。

（六）突出实效改进基层治理，维护农村社会和谐稳定。近年来，我们坚持以党建为引领，健全乡村治理体系，基层党组织建设全面加强，全市省级"民主法治村"创建全覆盖，文明镇村、村规民约覆盖率均达100%，逐步走出了具有河源特色的乡村善治之路。我们要强化农村基层党组织建设，健全乡村治理体系，建设井然有序、生机勃勃的善治乡村。一要强化党建引领作用。全面实施新一轮基层党建三年行动计划，大力实施"头雁"工程、"雏雁"工程、"归雁"工程，持续推进市领导联镇包片抓落实工作，高标准创建党建引领乡村振兴示范市。健全党组织领导的自治、法治、德治相结合的乡村治理体系，因地制宜推广积分制等治理模式，发挥村民会议、村民代表会议、村民议事会、村民理事会等作用，丰富基层民主协商的实现形式，让农民自己"说事、议事、主事"。二要建设客家特色文明乡风。深入实施习近平新时代中国特色社会主义思想传播工程，弘扬和践行社会主义核心价值观，深入开展"听党话、感党恩、跟党走"宣讲活动，各县（区）和市有关部门重点要挖掘发展花朝戏、忠信花灯、采茶戏、猫头狮等特色文化，保护传承好非物质文化遗产，推进"文化进万家""我们的节日""戏曲进乡村"等系列文化惠民活动，持续抓好家风家教建设，推进农村移风易俗，加大对高价彩礼、厚葬薄养等不良风气的治理，培育文明乡风、良好家风、淳朴民风。三要维护农村平安稳定。健全农村扫黑除恶常态化机制，持续打击农村黑恶势力、宗族恶势力，依法打击农村黄赌毒和侵害妇女儿童权益的违法犯罪行为，争创一批"枫桥式公安派出所""枫桥式人民法庭"，推进省级"民主法治示范村（社区）"创建，开展法律进乡村宣传教育活动，建设更高水平的平安乡村、法治乡村。从严从紧从细抓好农村疫情防控，严格落实联防联控、群防群控措施。

三、坚持和加强党对"三农"工作的全面领导，为全面推进乡村振兴提供坚强保障

办好农村的事情，实现乡村振兴，关键在党。我们要健全党领导农村工作的组织体系、制度体系、工作机制，把全面推进乡村振兴各项任务落到实处。

（一）压实工作责任。要落实市县镇村四级书记抓乡村振兴责任制，把县委书记"一线总指挥"、镇委书记"一线施工队长"、村党组织书记"一线施工员"职责压实再压实。要强化考核"指挥棒"作用，现在实行粮食安全、耕地保护和乡村振兴考核党政同责，特别是耕地保护考核实行"一票否决、终身追责"，大家一定要心中有数、扛牢责任，确保高质量完成各项考核任务。要加强各级党员干部特别是新任领导干部乡村振兴培训。

（二）提高改革效能。要落实好第二轮土地承包到期后再延长30年政策。要引导土地经营权流转，稳妥有序推进农村集体经营性建设用地入市，依法依规开展全域土地综合整治试点。要稳慎推进宅基地制度改革试点，深化农村集体产权制度改革，扶持推进村级集体经济试点工作，扎实推进"一镇一改革"。要推动3个城乡融合发展省级试点建设，为全省推进城乡融合发展提供河源经验。

（三）保障要素供给。要做好"钱"文章，市级财政预算内投资进一步向农业农村倾斜，实施金融支持乡村振兴攻坚行动，撬动金融资源投入乡村振兴。要做好"地"文章，落实点状供地政策，保障乡村建设和产业发展用地需求。要做好"人"文章，加强镇村领导班子建设，落实乡村人才培养和支持措施，鼓励各路人才投身乡村振兴。

（四）改进工作作风。要树立正确的政绩观，充分尊重农民意愿、遵循客观规律、尊重历史文化，一切从实际出发，坚决反对形式主义、官僚主义，坚决防止政绩工程。要切实为基层减负，让基层干部把更多时间和精力投入乡村

振兴。要加强宣传引导，讲好河源乡村振兴故事，办好乡村振兴河源大擂台活动，突出典型示范带动，营造全社会推进乡村振兴的良好氛围。

同志们，抓好“三农”工作、全面推进乡村振兴意义重大、责任重大。让我们更加紧密地团结在以习近平同志为核心的党中央周围，深入学习贯彻习近平总书记关于“三农”工作的重要论述，全面推进乡村振兴，加快农业农村现代化，以实际行动迎接党的二十大胜利召开！

政府工作报告

——2023年2月9日在河源市第八届人民代表大会第三次会议上

河源市人民政府市长 何国森

一、2022年工作回顾

我们坚持以习近平新时代中国特色社会主义思想为指导，深入学习贯彻党的二十大精神，坚决贯彻落实党中央、国务院决策部署，完整、准确、全面贯彻新发展理念，认真落实“疫情要防住、经济要稳住、发展要安全”重要要求，落实省委、省政府工作部署，在市委的坚强领导下，在市人大及其常委会、市政协的监督支持下，高效统筹疫情防控和经济社会发展，统筹发展和安全，以新担当新作为争当融入粤港澳大湾区的生态优先、绿色发展排头兵，推动经济社会平稳健康发展。

——疫情防控有力有效。高效处置“1·31”“3·5”“7·4”等本土疫情，是全省发生病例最少的地市之一。着力加强定点医院、亚定点医院和方舱医院救治能力建设，因时因势优化疫情防控措施，最大程度保护人民群众生命安全和身体健康，最大限度减少疫情对经济社会发展的影响。核酸采检、流调溯源、疫苗接种、医疗救治等防控能力持续提升，推动疫情防控顺利进入新阶段。积极服务全省疫情防控大局，我市33批2416人次医务人员支援广州、深圳、东莞等地疫情防控工作，承接广州市、深圳市、东莞市重点人员医学隔离管理任务，受到省委、省政府的充分肯定和兄弟市的高度赞扬。

——经济发展稳中向好。全面贯彻落实国家、省稳经济一揽子政策措施，出台市稳经济一揽子政策133条、接续措施73条，克服疫情冲击影响、经济下行压力及53年来最强“龙舟水”袭击，实现地区生产总值1294.57亿元、增长1%，其中，规模以上工业增加值363.51亿元、增长2.4%，增速在粤东西北地市排名第一；农林牧渔业总产值253.67亿元、增长4.9%，实际利用外资11.38亿元、增长7.3%；社会消费品零售总额378.01亿元、下降2.5%，外贸进出口总额243.8亿元。

——安全底线织密固牢。面对53年来最强“龙舟水”袭击，提前转移群众10.97万人次，占全省1/4，没有因洪涝灾害造成人员伤亡，因灾损失远小于2019年和1964年“龙舟水”同期，得到省委、省政府充分肯定，我市果断转移受地质灾害威胁人员的做法成为省推广的三大成功避险经典案例之一。森林防灭火工作扎实，森林火灾发生率下降68.42%、受害率下降84.05%。狠抓道路交通安全工作，治理隐患路口路段94处，清理八类重点隐患车辆2146辆。完成县区信访机构单独设置。生产安全事故起数下降18.3%，妥善处置房地产、劳资等领域矛盾纠纷，是全省刑事治安警情数最少的地市之一，社会大局保持稳定。

一年来，我们主要做了以下工作。

（一）筑平台、引项目，“五大产业”发展壮大。坚持把发展经济的着力点放在实体经济上，大力实施产业兴市行动，现代化产业体系建设取得新成效。产业园区扩容提质。投入37.8亿元，推动产业园区高质量发展。完成“三通一平”5.44平方千米，扩园6.17平方千米，建成一批“七个一”工程。纵深推进产业园区用地整治提升行动，盘活存量用地5043亩（336.2公顷），用地更规范、更高效，获省奖励用地指标4000亩（266.67公顷）。河源国家高新区被认定为省级加工贸易产业转移园，水经济产业孵化基地建成，与深圳南山共建产业园一期投入使用、14家深圳企业入驻，电子信息智能制造产业园项目动工建设，跨江融合发展总体产业规划及空间融合发展区控制性详细规划编制完成、首期开发建设稳步推进。连平与深圳南山共建产业园一、二期建成使用，东源产业转移园完成省级园区循环化改造。积极谋划承接省内产业有序转移主平台。助力企业纾困发展。深入开展重点企业服务活动，召开7场县区企业家座谈会，推动惠企政策精准落地，新增减税降费8.34亿元，办理缓税缓费7.75亿元，兑现工业企业奖补资金1.19亿元。推动金融机构与中小微企业紧密对接，向企业授信20亿元，缓解企业融资难、融资贵问题。新增规模以上工业企业53家，推动102家企业完成技改投资40亿元。完善建筑业企业奖励政策措施，推动建筑业健康发展。绿色工业量质齐升。水经济及食品饮料产业实现总产值48.21亿元，今麦郎饮品建成投产，签约引进华润怡宝等8个项目、总投资62.08亿元。电子信息产业实现总产值531.51亿元、增长7.6%，雅达电子首发上市获北交所会审通过并取得证监会注册批复、继我市农业企业成功上市实现“零”的突破后工业企业上市也实现“零”的突破，卓翼科技一期等投资超10亿元项目达产达效，西可通信、美晨通讯等项目增资扩产3.5亿元，航嘉工业园三期、时进科技等项目加快建设，签约引进京泉华、禾望电气、景旺电子三期等53个项目、总投资307.3亿元。先进材料产业实现总产值49亿元，晟源永磁等项目建成投产，铂科新材等项目加快建设，签约引进特区建工、航美新材料、快裕达新材料等37个项目，总投资82.89亿元。现代农业提档升级。新增省级现代农业产业园5个，总量达19个、排名全省第四。新增和平、连平2个省级农业科技园区。培育粤港澳大湾区“菜篮子”基地22个，培育省级农业龙头企业8家、市级农业龙头企业20家。新增省级农业标准化示范区2个、“圳品”2个。广东油茶跨县集群产业园建设稳步推进，全省首届油茶产业大会在我市成功举办，油茶产业产值达26.8亿元。推动成立预制菜产业发展联盟、关联企业40家，预制菜产业产值达4.5亿元。率先在全省成立新农人协会，推动打通农产品“线上+线下”购销渠道。紫金县获评“中国蝉茶之乡”，东源仙湖茶成为全市首个国家地理标志证明商标。生态旅游方兴未艾。全年接待旅游者564.5万人次，旅游总收入40.85亿元，引进文旅项目24个、总投资35亿元。创成AAA级旅游景区3个，创成1条全国乡村旅游精品线路、3条省乡村旅游精品线路，新增3个省文化和旅游特色村。万绿湖风景区加快创建国家AAAAA级旅游景区。紫金县创成省级全域旅游示范区，东源县创成省级休闲农业与乡村旅游重点县。

（二）补短板、抓治理，生态优势巩固提升。落实河湖长制、林长制，中央生态环保督察第一轮27项整改任务完成销号、第二轮17项整改任务扎实推进，全力守护青山绿水。水环境质量保持全省领先。持续推进新丰江水库及其主要支流水环境综合整治，常态化“清漂”“清四乱”、清理河道5829.88千米，整治问题入河排污口71个，完成河湖水生态调查评估，新丰江水库、东江干流监测断面水质分别保持Ⅰ类、Ⅱ类标准，国考省考断面水质达标率、优良率均为100%，10个国考省考断面水质综合指数排名全省第一。森林覆盖率保持全省前列。深入推进绿美河源行动，森林覆盖率达73.18%、排名全省第三。完成高质量水源林改造9.17万亩（0.61万公顷）、新造林抚育14.98万亩（0.998万公顷），改造低质低效松林1.47万亩（0.10万公顷），采伐桉树林12.6万亩（0.84万公顷），松材线虫病防治作业面积116.99万亩（7.80万公顷）、压减发生面积6.28万亩（0.42万公顷），林分结构不断优化。创建绿色矿山32个，其中国家级4个。连平陂头省级地质公园基本完成复绿。空气质量保持优良。强化“管车、降尘、治污、禁烧、控放”措施，深度治理工业炉窑企业32家、省重点涉挥发性有机物企业12家，公交车电动化率96.6%，6项污染物指标均达到国家二级标准，$PM_{2.5}$浓度均值稳定优于世卫组织第二阶段标准，空气质量优良率为96.2%、排名全省前列。全市首艘新能源船舶下水试航。土壤与地下水保持稳定。调查评审22个地块土壤污染状况、推动“净土入储”，受污染耕地安全利用率稳定达90%以上。新增生活垃圾填埋场渗滤液处理能力850吨/天。市医疗废物处置设施二期建成投入试运行，县级以上医疗废物无害化处置率达100%；工业危险废物安全利用处置率达99%。国考地下水点位水质达标。

（三）夯基础、优环境，“融湾”“融深”步伐加快。大力实施“融湾”“融深”行动，进一步优化发展环境、激发发展活力。交通环境进一步改善。梅龙高铁建设顺利推进，赣深高铁沿线4个综合交通枢纽设施进一步完善。粤赣高速公路顺天互通立交建成通车，龙寻高速公路完成总进度60%，长深高速公路改扩建工程全面动工建设。国道236线龙川县龙江大桥工程等5个国省道新改建项目建成，15个国省道新改建项目、5个路面改造项目加快推进。河紫高速公路、东江航道扩能升级、源城港区码头、江东新区古竹码头前期工作扎实推进。营商环境进一步优化。深化商事制度改革和“证照分离”改革，企业开办压缩到1个环节、时间压减到1个工作日，实现与珠三角地市同步。数字政府加快建设，14400个事项实现“一网通办”，3335个事项实现“免证办”，76个事项列入“一件事一次办”清单，700个事项列入“四免”清单。300个事项实现“省内通办、跨省通办”，342个事项实现“市内通办”，基本实现企业和群众“进一扇门、上一个网、办两地事”。“办不成事”反映窗口解决群众问题761宗。“粤智助”政府服务自助机实现镇村全覆盖，158项基层高频服务事项实现“自助办”。进出口通关效率居粤东西北地市前列。持续推动市级经济和社会管理权限下沉，分别赋权河源国家高新区204项、江东新区174项。源城区政务服务中心获评全省县（区）级标杆政务服务中心。大力推进国家知识产权试点示范创建，建成河源国家高新区、新一代电子信息产业集群2个知识产权协同运营中心；完成企业知识产权质押登记37笔、增长117.65%，质押金额7.77亿元、增长167.93%；推动1家企业首获评国家知识产权示范企业。改革创新能力进一步增强。要素市场化配置综合改革试点工作取得阶段性成效，出台改革试点实施方案及重点任务分工、行动方案，首席数据官制度省级试点工作有力推进，深圳证券交易所河源服务基地落地。完成国企改革三年行动任务，国企运营能力进一步提升。率先在全国探索建立点状供地“1+N”审批模式、7个试点项目有序推进，农村集体产权制度改革、农村土地股份合作制试点、集体经济组织合作制试点工作稳步推进。大力推进科技创新，R&D经费投入增长94.97%。新增高新技术企业57家、存量达348家，在库科技型中小企业达372家。成立木本油料资源利用国家重点实验室岭南联合实验室，灯塔实验室加快建设，新建市级重点实验室12家。引进急需紧缺人才200名、柔性引进高层次人才50名。

（四）固根本、促提升，乡村振兴扎实推进。优先发展农业农村，促进农业高质高效、乡村宜居宜业、农民富裕富足。粮食安全有力保障。新增垦造水田5045亩（336.33公顷），建成高标准农田8.5万亩（0.57万公顷），完成连片15亩（1公顷）以上撂荒耕地复耕复种3.86万亩（0.26万公顷），粮食播种面积201.14万亩（13.41万公顷），粮食产量81.54万吨，粮食播种面积、产量连续三年超额完成省下达任务，新建6家日烘干能力30吨以上水稻机械化烘干中心。水利设施建设稳步推进，东源县被认定为全省小型农田水利试点县。重要农产品供应稳定，首次实现对澳门活猪出口，供港澳生猪28万头、数量稳居全国地市首位。种业振兴步伐加快，成立国家植物航天育种工程技术研究中心河源创新研究院，创建3个育种示范基地。灯塔盆地加快开发。积极创建国家农高区，广东油茶跨县集群产业项目新增土地流转2万亩（0.13万公顷），起步区完成“三通一平”280亩（18.67公顷）油茶精深加工等15个产业项目落户、总投资40.3亿元，农业大道等基础设施加快建设。灯塔盆地灌区工程8个子项目稳步建设，新建加固渠道285.8千米、抽水泵站2座，开挖渠道基础319千米，改造提升水库9座，加固改造山塘19宗，完成进度81.73%、投资5.27亿元。美丽乡村加快建设。建成农村公路480千米、村道硬化3840千米，55%行政村实现双车道通行，100人以上自然村全部通硬化路。龙川县入围“四好农村路”全国示范县创建单位。所有自然村达干净整洁村标准、实现集中供水，4663个自然村完成农村生活污水治理任务，“微改造”农房2.59万户，改造农村问题厕所6222个，完成农村电网投资3.66亿元，实现5G网络“镇镇通”。952个行政村完成电力线、通信线、广播电视线整治。建设县级乡村振兴示范带15条、镇级美丽乡村风貌带和美丽乡村精品带95条，创建美丽宜居村71个、特色精品村20个，新建“四小园”1539个。所有村（居）完成村规民约修订工作，乡村治理“积分+”模式入选全国社会治理创新“最佳案例”，12个村（居）获评省级民主法治示范村（居）。农民收入稳步提高。认定专业镇22个、专业村128个，268个“一村一品、一镇一业”项目扎实推进，大力推进电商进农村综合示范项目，联农带农富农效果明显，农村居民人均可支配收入20190元、增长5.4%。落实“四个不摘”，守住不发生规模性返贫底线。全市行政村集体经济平均收入增长52.6%、村年收入均超10万元，实现集体经济千万级村1个、百万级村19个。东源县仙湖村入选“全国乡村特色产业超亿元村”名单。

（五）重建管、强功能，城市品质稳步提高。科学规划建设城市，下足绣花功夫治理城市，推动城市空间结构优化和品质提升。城市规划更完善。完成“三区三线”划定工作，明确耕地和永久基本农田保有量、生态保护红线、城镇开发边界，科学划定城镇开发边界45.69万亩（3.05万公顷）。完成源城区工业园、江东新区产业园起步区等9个片区控制性详细规划编制，埔前、古竹等片区控制性详细规划编制加快推进。城市功能更健全。42个老旧小区改造全面完工、31个老旧小区改造开工建设，升级改造农贸市场62家，修复破损路面7800平方米。学府大桥前期工作扎实开展。完成永丰路口、中堤路、越王大道下穿隧道等32个积水点改造，改造普通公路危旧桥（隧）45座。220千伏万绿湖输变电工程主体建成投产，新建天然气市政管网42千米、市区天然气普及率达到70%，新建5G基站1198座、重点场所5G信号实现全覆盖，建设充电站点254个、公共充电桩662个。市区9个智能停车场加快建设，华达街、雅居乐、江源小学、中山大道等4座人行天桥加快建设。宝源片区及老城西区污水治理工程基本建成。滨水公园碧道、新丰江碧道投入使用，建成都市型、城镇型、乡野型、自然生态型碧道70千米，公园绿地服务半径覆盖率达91.22%，人均公园绿地面积15.48平方米，推窗见绿、出行300米见公园的花园城市加快建设。城市管理更精细。积极建设“智慧城市”，城市运行管理服务平台、智能化路灯无线监控系统等加快建设。开展城市“六乱”整治行动，深入实施“十大专项整治提升”行动，大力推进垃圾分类处理，建成江东新区生活垃圾分类示范区，建成厨余垃圾处理站5座、可回收物打包中心1座，升级改造生活垃圾分类投放收集点586个，城市生活垃圾无害化处理率达100%，城市更加整洁宜居。

（六）激活力、增内涵，发展形象不断提升。大力实施形象提升行动，不断提升河源知名度、美誉度。基础设施进一步完善。完成固定资产投资653.58亿元，位居北部生态发展区第二。万洋众创城一期、电网建设工程等190个省市重点项目加快建设，完成投资298.5亿元，其中新开工项目62个。市妇幼保健院升级改造、源城区工业园三期扩园等60个专项债券项目建设稳步推进。发展内涵进一步提升。打造19个红色资源“云展厅”，建设“九连小延安”等43个革命传统教育实践基地，推出《阮啸仙传》等一批红色文艺精品。创新打造“河源文明学院网络平台”“文明实践公共服务平台”“指尖式文明实践传播平台”，创建全国文明城市工作扎实推进，创文省检继续保持全省第二。188个行政村综合性文化服务中心达标提质增效，40所中小学校“馆校共享图书”服务点加快建设。10个非遗保护传承项目列入第八批省级非遗代表性项目名录，38处省级以上文物保护单位实现“四有”。恐龙地质遗迹保护工作扎实推进，华南地区首家恐龙科研机构河源恐龙研究所挂牌成立。质量强市建设稳步推进。发展活力进一步激发。全省“夜经济”时尚夜秀专题活动在我市首次举办，发放各类消费券、补贴券2000万元，开展线上线下促消费活动，促进小店经济、假日经济等新业态新消费加快发展，有力促进消费恢复。中国（河源）跨境电子商务综合试验区建设稳步推进，推动力升树灯等外资企业增资超1亿美元，外贸稳步发展。成立首个国企招商投资公司，建立招商引资清单和招商引资项目库，引进超亿元项目134个、超10亿元项目18个，投资者持续看好河源、投资河源。

（七）办实事、强保障，社会民生持续改善。民生支出261.9亿元、占一般公共预算支出的78.5%，完成“十件民生实事”，民生保障水平进一步提高。民生服务持续优化。落实“面对面”解决群众“急难愁盼”问题机制，开展“看病难”“饮水难”“上学难”等座谈会8场，办结民生问题3959宗，启动“面对面”信息化平台建设，公共服务体系加快完善。县级以上集中式饮用水源水质达标率100%。低保、孤儿等补贴标准持续提高，市养老综合服务中心、市高龄津贴智慧化系统建设稳步推进，“双百工程”扎实推进，“五社联动”机制持续深化。卫生事业持续改善。市妇幼保健院、市中医院创成“三甲”医院，龙川县人民医院、和平县人民医院达国家县级综合医院推荐标准。市人民医院新增3个国家住培专业基地。深河人民医院获批3项国家自然科学基金项目，实现全市医疗学科国家自然科学基金项目立项“零”的突破。医保支付改革走在全省前列。21家医疗机构实现看病就医“一键诊疗”。推动101家零售药店和便利店开设24小时售药窗口，打造市区“15分钟夜间购药圈”。和平县成为省第一批县域医共体建设高质量发展综合试验区。创成省、市级卫生镇村409个。教育事业持续发展。新改扩建公办幼儿园14所、新增学位4890个，新增认定普惠性民办幼儿园15所、新增普惠性学位4560个，学前教育“5080”成果巩固提升；新改扩建及续建公办义务教育学校11所，新增学位10335个，成立10个中小学幼儿园教育集团；新改扩建普通高中4所，新增学位8350个；新增中等职业教育学位4200个，新设2所民办中职学校。建成市中小学科普教育馆、市中小学生综合实践基地，积极推进市青少年宫和教师发展中心建设。“双减”工作扎实推进，课后服务工作实现全覆盖，义务教育学科类培训机构大幅度压减至4个，212个非学科类培训机构实现证照齐全、规范经营。启正学校正式招生办学，弥补专门教育工作空白。社会大局持续稳定。新增城镇就业27401人，建成“粤菜师傅”一条街，组织“三项工程”技能培训2.7万人，高校应届毕业生就业率达97.8%。全面完成地质灾害防治三年行动538处综合治理任务，整治农村削坡建房风险点9520户，修缮重建因“龙舟水”受灾“全倒户”123户、“严损户”247户。市水域救援训练中心建成投入使用。公共安全视频监控系统、公安监管场所设施建设有序推进。食品药品安全监管工作全面加强。

一年来，我们严格落实“第一议题”制度，深入学习习近平新时代中国特色社会主义思想，深入学习贯彻党的二十大精神，政府系统党的建设全面加强。自觉接受市人大依法监督和市政协的民主监督，办理人大代表建议和政协提案276件。坚持过“紧日子”，大力压减和严控一般性支出。深入推进依法行政，率先在粤东西北地市实现市县镇三级执法主体全面上线行政执法“两平台”。定期召开经济分析会、产业园区现场会、重点项目推进会等，聚力推进重点工作，政府系统运转更高效。全面推行政务公开，严格落实中央八项规定及其实施细则精神，坚决反对形式主义、官僚主义。

同时，国防动员、预备役建设等工作进一步加强，老龄、社会组织、殡葬、红十字、妇女儿童、残疾人等社会事业进一步发展，统计、民族、宗教、社科、外事、侨务、台港澳、地方志、气象、科普、住房公积金等工作取得新进展。

各位代表！2022年的成绩来之不易。这是坚持以习近平新时代中国特色社会主义思想统领一切工作的结果，是省委、省政府正确领导的结果，是深圳市和省直部门大力帮扶的结果，是市委坚强领导的结果，是市人大及其常委会依法监督和市政协民主监督支持的结果，是全市人民共同奋斗的结果，是海内外各界人士大力支持的结果。在此，我代表市人民政府，向全市人民，向各位人大代表、政协委员，向各民主党派、各人民团体、各界人士，向中央、省驻河源有关单位和人民解放军指战员、武警官兵、公安干警、消防救援队伍指战员及疫情防控一线人员，致以崇高的敬意！表示衷心的感谢！

我们也清醒认识到面临的困难和严峻挑战：需求收缩、供给冲击、预期转弱三重压力依然较大，经济恢复的基础尚不牢固；我市经济基础还比较薄弱，市场主体经营困难，园区设施还有待完善、产业体系还不够健全；城乡区域发展不平衡、不充分，县域综合实力整体还不够强，乡镇联城带村功能有待提升，农村发展基础仍然薄弱；教育、卫生、文化、养老等民生领域短板仍较为突出，社会治理能力还需加强；形式主义、官僚主义现象一定程度仍存在，行政效能需要进一步提高。对这些问题，我们将认真解决。

二、2023年工作安排

今年是全面贯彻落实党的二十大精神的开局之年，是实施“十四五”规划承上启下的关键之年，做好政府各项工作至关重要。

今年政府工作的指导思想是：坚持以习近平新时代中国特色社会主义思想为指导，全面贯彻落实党的二十大精神、中央经济工作会议精神，积极探索中国式现代化的河源实践，坚持稳中求进工作总基调，完整、准确、全面贯彻新发展理念，服务和融入新发展格局，着力推动高质量发展，更好统筹疫情防控和经济社会发展，更好统筹发展和安全，深入落实省委十三届二次全会精神、省委经济工作会议精神，按照市委的部署要求，以“融湾”为“纲”、“融深”为牵引，聚焦培育“五大产业”、实施“七大行动”，全面深化改革开放，大力提振市场信心，把实施扩大内需战略同深化供给侧结构性改革有机结合起来，突出做好稳增长、稳就业、稳物价工作，有效防范化解重大风险，突出工业挑大梁、投资稳大盘、消费促升级、农业作贡献，苦干实干巧干全力拼经济，推动经济运行整体好转，实现质的有效提升和量的合理增长，不断开创幸福和谐美丽河源建设新局面，奋力谱写中国式现代化的河源篇章。

今年经济社会发展的主要预期目标是：地区生产总值增长6%以上，规模以上工业增加值增长7%以上，固定资产投资总额增长10%以上，社会消费品零售总额增长6%以上，一般公共预算收入增长5%以上，进出口总额增长3%，城乡居民人均可支配收入增长与经济增长基本同步，居民消费价格指数控制在3%以内，完成省下达节能减排任务。

为实现上述目标，重点做好以下九方面工作：

（一）以制造业当家为牵引，更有力培育壮大千亿级、百亿级产业集群。落实制造业当家“一把手”工程，以实体经济为本，持之以恒拓空间、优存量、扩增量，把制造业这份家当做大做强。

聚力打造高质量发展平台。大力推动河源国家高新区跨江融合发展首期开发建设，加快电子信息智能制造产业园、水经济产业园、生产服务业示范基地建设，推进110千伏月坡、横圳变电站项目建设，完善商业配套、休闲娱乐等设施，构建满足产业生产、研发、管理的复合型生态空间，打造引领型产业集聚区、支撑型产业园区和千亿级国家高新区。着力打造符合产业生态要求的2.0、3.0升级版园区，支持源城区加快建设航嘉工业园三期、源城区工业园申报省级经济开发区，东源县各工业园区连片集聚发展、先进材料产业园积极创建省级特色产业园，和平县加快建设高岭土高新材料产业园、拓展产业发展空间，龙川县加快完善园区服务配套、打造大湾区产业转移重要承载地，紫金县高质量建设紫城工业园和蓝塘产业新城、加快创建省级产业转移园，连平县优化园区规划、加快建设城东工业园，江东新区园区东扩、优化新老产业园区布局。纵深推进产业园区用地整治提升行动，整治提升用地3000亩（200公顷），实现“三通一平”标准化建设9平方千米，建设标准厂房4个，加快完善“七个一”工程，提高产业园区承载力。强化“亩均效益”考核评价结果运用，推动各产业园区大力引进培育“轻资产”型企业，推动“工业上楼”，实现集聚集约发展。推行新型工业用地供给、“净地”出让。

精准招商引资。实行“一把手”抓招商，落实工业类招商项目“挂图作战”服务、招商项目“首席服务官”等制度，探索制定招商引资考评激励机制，壮大招商引资“招商突击队”，构建大招商工作格局，掀起招商引资工作热潮，力争引进超亿元先进制造业项目110个以上。围绕电子信息、水经济、先进材料等重点产业，借助全省招商引资信息平台，举办重点产业招商推介会、对接会，以商引商、以链引商、联合招商，引进一批强链扩链型、集群配套型、龙头基地型企业项目。以广州、深圳等重点城市为主攻方向，加快布局驻点招商网络，进一步强化与大湾区、长三角等重点区域经贸交流合作。借助招商引资专家智库、相关行业机构等市场化力量，加强项目前期分析研判，探索以投带引、项目挖掘等合作模式，提高招商引资工作实效。

力促企业转型升级。推动100家企业开展技术改造、完成技改投资44亿元，确保工业投资增长10%以上。推动传统优势产业企业广泛应用工业软件和工业互联网，320家规模以上企业完成数字化转型。实施“个转企、小升规、规改股、股上市”市场主体培育计划，梯度培育优质企业，力争新上规企业50家，壮大产业链核心企业。持续实施高新技术企业倍增计划和树标提质行动，入库科技型中小企业400家，新增高新技术企业32家。培育“专精特新”中小企业10家，打造一批创新型龙头企业和隐形冠军企业。以“链长+链主制”为抓手，制定保障产业链供应链安全稳定有关政策措施，提升产业链供应链韧性和安全水平。深入推进质量强市建设。

做大做强优势产业。大力发展纳入省“双十”产业集群布局的“6+5”战略性支柱产业和新兴产业集群，加快打造千亿级、百亿级集群梯度发展格局。大力打造千亿级电子信息产业，推动中兴通讯、西可通信、景旺电子等存量企业提质增效，京泉华、禾望电气等项目投产达产，皓吉达精密电子、聚飞鑫等项目加快动工建设，力争电子信息产业产值超620亿元。大力打造百亿级水经济产业，推动华润怡宝、农夫山泉三期等项目加快建设，大力引进水经济产业龙头企业，推动农产品饮料化开发，力争水经济产业产值超51亿元。大力打造百亿级先进材料产业，推动铂科新材、特区建工等项目加快建设，积极引进培育下游企业，完善矿产资源精深加工产业链，力争实现产值超55亿元。大力发展百亿级机械与模具产业，推动龙记集团、华益盛模具等企业增资扩产和技术升级，推动华丰智能装备制造产业园项目落户，提升机械与模具产业能级。

发展壮大绿色产业。积极探索“两山”理论转化有效路径。大力发展生态旅游、现代高效农业，加快把生态优势转化成发展优势。全力创建全域旅游示范区，推动万绿湖风景区创建国家AAAAA级旅游景区、2个旅游景区创建AAAA级景区，推动中医药文化养生旅游基地建设和康养产品开发，整合绿色食品、文化体育、中草药种植基地、森林康养等资源要素，打造更多“一晚两天”“两晚三天”经典旅游线路，做大做强“六色”旅游品牌，力争生态旅游产业产值达42.68亿元。推动灯塔盆地加快创建国家农高区，广东油茶跨县集群产业园核心区油茶加工项目试投产，完成灯塔盆地灌区工程投资1.42亿元。制定撂荒耕地复耕复种三年行动方案，持续推进撂荒耕地整治工作，严禁耕地“非农化”“非粮化”。建成高标准农田9.32万亩（0.62万公顷），粮食总产量稳定在81.28万吨以上。推动农机化服务中心、烘干中心、育秧中心等平台建设，推进气象为农服务体系建设，做大做强八大优势特色农业产业，引进一批优质食品、农产品加工企业，推动预制菜产业发展，力争现代农业产业园综合产值达143亿元、农林牧渔业总产值增长10%以上。

（二）以“融湾”“融深”为路径，更有力在参与服务国家战略中增创优势。抢抓粤港澳大湾区、深圳先行示范区和横琴、前海、南沙三大平台建设的历史机遇，在全力支持、全面融入中激发发展新动力。

加快完善交通网络。加快梅龙高铁、龙寻高速公路、长深高速公路改扩建工程等项目建设，优化对接省“12312”出行交通圈和“123”快货物流圈，构建全域全面“融湾”“融深”现代综合交通运输体系。推动河紫高速公路开工建设，加快国道205、国道105、国道236、省道253线等国省道升级改造，完成路面里程128千米。持续推进广河高铁、厦昆高铁、河惠汕高速公路、东江航道扩能升级、源城港区码头等项目前期工作，推动河揭高铁等项目规划研究工作，打造以高速、高铁、航运为重点的立体交通走廊。加快推进盐田—东源共建现代物流园、龙川县铁路综合物流园区等项目建设，促进水陆联运、江海联运，进一步打通直达大湾区的物流通道。

强化制度有效衔接。对标“双区”，持续深化“放管服”改革，推动“集成式”改革，深入推进数字政府2.0建设，高效推进要素市场化配置综合改革，深入开展营商环境补短板强弱项专项行动，打造更高水平营商环境。推进新市政务服务中心建设，深化政务服务“一件事一次办”和跨域通办，实行企业间存量非住宅转移登记“即来即办”，其他不动产一般登记时间压缩至3个工作日、抵押登记时间压缩至1个工作日，加快政务服务“一网通办”标准化规范化便利化，让办事更方便。积极推行长期租赁、先租后让、弹性年期出让等土地供应方式，深入实施“标准地”供应、“带项目”供应、“交地即开工”等改革措施，让政策更适配。集中推出一批“绿灯”投资案例，提高政策可预期性，支持企业依法平等使用资源要素、公平参与竞争、同等受到法律保护，让企业更敢干。持续推进国家知识产权试点示范创建工作，实施高价值专利培育及提升工程，推动知识产权质押融资工作，强化知识产权保护运用，探索推进企业创新积分制试点工作，让群众敢首创。

大力推动产业共建。坚持“政府推动、企业主体、市场运作、合作共赢”，用好深河对口帮扶协作机制，加快承接产业有序转移主平台建设，争取申报省级经济特别合作区。持续深化深河产业共建，推动河源国家高新区与深圳南山共建产业园一期入园企业投产达产、二期加快建设。深化与“双区”产业对接，探索“政府引导、市场主导、优惠叠加、利益共享”产业共建和“总部+基地”“研发+生产”“创新+孵化”产业合作模式，制定重点承接产业引导目录，推动深圳、河源产业“转移—承接”无缝对接。积极探索“反向飞地”发展模式，在深圳、广州等市租赁办公楼宇、设置园中园、建设孵化器、打造招商展示平台，借地借力推动产业发展。

优化对外开放布局。稳住外贸，扎实推进中国（河源）跨境电子商务综合试验区、省级加工贸易产业转移园建设，培育省级生产服务功能区1个以上，培育壮大跨境电商等新业态新模式，组织企业参加广交会、进博会、“粤贸全球”等平台，巩固欧美、日韩等传统市场，开拓东盟、非洲等新兴市场，扩大进出口规模。落实“经认证的经营者”便利措施，提升跨境贸易便利化水平。用好外资，推动3个重点外资项目增资扩产，强化链主招商、隐形冠军招商、未来产业招商和科技项目招商。发展外包，大力发展咨询设计、物流等领域服务外包产业，力争培育一批服务外包示范企业，带动服务贸易增量提质。做大外经，支持有条件的企业到海外布局建设研发中心、生产基地、营销网络、仓储物流基地，延伸扩大产业链。借好外智，着力引进一批引领前沿科技创新和产业变革的海外高层次人才、高技能工匠人才和领军型创新创业团队，吸引全球人才进入河源发展新赛道。

积极发展高铁经济。依托四个高铁站周边资源优势，差异化发展高铁经济，打造新的经济增长点。推动江东新区高铁新城控制性详细规划进一步完善，加快交通路网等设施建设，发展商务服务、商贸物流、科技创新、高端制造等产业。推动东源县完善河源北站周边规划，配套商业服务、交通设施，积极引进康养、休闲、旅游项目，着力把黄田镇打造成特色高铁小镇。推动龙川县依托宝龙、宝塘工业园，大力发展电子信息制造、文化旅游产业，推进高铁新城、佗城古城联动开发。推动和平县加快和平北站两路一广场、大环城公路二期、冷链物流产业园等项目建设，大力发展现代物流产业，培育旅游消费新热点，推动新城核心区、产业园区及周边镇村协同发展。

（三）以绿色发展为方向，更有力提高生态文明建设水平。大力实施绿美河源生态建设“六大行动”，让天更蓝、山更绿、水更清、生态更优美。

推进绿美河源大行动。全面落实林长制，创建国家森林城市。加快国家储备林建设。优化林分改善林相，因地制宜调整优化树种林种结构，完成林分优化提升11万亩（0.73万公顷）以上、森林抚育提升19万亩（1.27万公顷）。持续提升山边、水边、路边、镇村边、景区边绿化美化品质，深入开展宅旁、村旁、路旁、水旁植绿活动，建设森林城镇2个、森林乡村6个、绿美古树乡村3个、绿美党建乡村3个、古树公园1个。实施绿美保护地提升行动，开展自然保护地生态系统保护与修复。实施绿色通道品质提升行动，营建森林景观绿化带。营造“青年林”“巾帼林”等主题林5个。推进重要古树名木视频监控和保护工程建设，严厉查处违法违规迁移、破坏古树名木行为。加强生物防火林带建设。实施松材线虫病防治作业面积110.7万亩（7.38万公顷）以上，压减发生面积5万亩（0.33万公顷），林业有害生物成灾率控制在61.39‰以下。完成历史遗留矿山生态修复240公顷。健全生态产品价值实现机制，大力发展林下经济。

打好污染防治攻坚战。全面落实河湖长制，建成碧道23千米，推进市污水处理厂提标升级及配套管网改造等项目建设，强化新丰江水库及其主要支流水环境综合整治，加快重点考核断面一级支流水环境整治，基本完成问题入河排污口整治任务，持续“清漂”“清四乱”，确保水环境质量优良。加快推进东江饮用水水源保障工程前期工作。实施挥发性有机物、氮氧化物双减和颗粒物、臭氧双控，持续治理涉挥发性有机物重点企业和工业炉窑，加强机动车、非道路移动机械排气等移动源污染防治，强化露天烧烤、露天焚烧、工地扬尘管控和道路保洁抑尘等面源污染防控，确保空气质量保持全省前列。推进噪声污染防治，解决重点场所、群众反映强烈的噪声问题，确保声环境质量保持优良。严格建设用地准入管理，受污染耕地安全利用率达91%以上，防治地下水、重金属污染，确保土壤环境安全。推进无废城市建设，加强固废、危废和医废规范处置监管。大力推进农业面源污染治理和监督指导试点工作。

打好绿色转型主动仗。创建国家生态文明建设示范市。落实碳达峰实施方案，完成减排降碳和能耗双控任务，推进能耗“双控”向碳排放总量和强度“双控”转变。用好“三线一单”绿色标尺，严格“两高”项目环评审批，坚决遏制高耗能、高排放、低水平项目盲目发展。大力推广清洁能源应用和电能替代，推动钢铁、水泥等传统产业产能整合和节能降碳改造，支持低能耗、低碳排放产业发展。推进园区绿色转型，实现工业园区循环化改造全覆盖。创建1家国家级工业绿色制造体系示范企业，推动企业绿色清洁生产、开展绿色产品认证，健全绿色低碳循环发展经济体系。大力发展绿色建筑，推广绿色建材和绿色建造。实现持证在采矿山全部达绿色矿山标准。实施全面节约战略，开展节约型机关等创建活动，积极倡导绿色消费，引导绿色低碳出行。推进县域节水型社会达标建设。

（四）以县镇村发展为抓手，更有力推进乡村全面振兴。以省“百县千镇万村高质量发展工程”为牵引，用好省直机关对口支援重点老区苏区政策、深河对口帮扶协作机制，落实市领导定点联系县区和联镇包片工作机制，推动县镇扩权赋能、敢闯敢试，推进乡村全面振兴。

推动县域高质量发展。统筹抓好产业兴城、强县富民、县城带动，推动各县差异化发展，加快壮大县域经济。大力推动产业兴县，支持东源县、和平县、龙川县、紫金县、连平县因地制宜发展电子信息产业、先进材料产业、生物医药与健康产业。大力推动发展特色农业，支持东源县、和平县、龙川县等种粮大县重点发展壮大丝苗米产业，东源县、和平县、龙川县、连平县重点发展油茶产业，东源板栗、紫金茶叶、连平花生等特色农业产业做大做强。支持各县依托文化旅游资源，培育文化体验、休闲度假、养生养老等产业，加快农文旅融合发展。大力推动各县城高水平扩容提质，完善县城、镇、产业园区之间的交通设施，支持东源县与市区无缝对接，和平县加快县城供水工程改造等项目建设，龙川县加快建设幸福新城片区，紫金县加快建设城南新区，连平县加快体育服务中心、体育公园等项目建设。推动天然气“县县通工程”加快建设。大力推动各县城有序提升教育、卫生、养老、文化等服务供给，发展大型商贸流通企业，提高县域商业发展水平，增强综合承载力，承接外出务工人员返乡就业创业、生产生活，带动就地就近城镇化。支持民族地区高质量发展。

强化乡镇联城带村节点作用。扎实推进驻镇帮镇扶村工作，深化镇街体制改革，推动各乡镇加强公共服务中心建设、农贸市场提质升级，优化教育、卫生、文化等公共资源配置，增强综合服务功能，加快把乡镇打造成乡村治理中心、农村服务中心、乡村经济中心。大力发展专业镇，继续推进268个“一村一品、一镇一业”项目建设。深入实施供销社联农扩面五项工程，加快完善冷链物流、农产品仓储保鲜等基础设施，推动电商物流服务联通，促进农产品出乡进城，激发乡镇消费活力。加快建设小公园、小广场等公共活动空间，改善提升旧民居、旧街巷，统筹绿道、碧道等建设，提升特色化品质化水平，建设美丽圩镇，打造一批辨识度高、别具特色的网红地、打卡点。积极发展养老托育等生活性服务业。支持各县发展区位优势较好、发展潜力较大的中心镇，打造县域副中心，增强对周边辐射带动力和县域发展支撑力。支持各县分类发展创新创意、山水风光、历史文化、绿色低碳类特色镇，打造一批休闲农业与乡村旅游示范镇。推动灯塔盆地、东源县船塘镇、紫金县蓝塘镇省级城乡融合发展试点建设。

建设宜居宜业和美乡村。深入实施“千企帮千镇、万企兴万村”行动，有序引导工商资本下乡，推广点状供地工作做法，大力发展油茶、丝苗米、茶叶、南药等优势特色富农兴村产业，鼓励和支持新型农业经营主体发展，完善农企利益联结机制，持续壮大村集体经济、带动农民增收，让农村更宜业。深化农村改革，发展新型农村集体经济，发展新型农业经营主体和社会化服务。争创“四好农村路”省级示范市，创建全国示范县1个、省级示范县2个，建设行政村单改双等农村公路579千米，改造危桥59座；持续推进农村破旧泥砖房清拆扫尾攻坚，开展电力线、通信线、广播电视线整治等工作，改造25%以上存量问题厕所，确保农村生活污水治理率达60%、生活垃圾处理全覆盖；全域实施“五美”专项行动，确保每个县区1条乡村振兴示范带、50%以上美丽乡村风貌带或美丽乡村精品带初见成效；强化农房规划建设管控，塑造客家特色乡村风貌，让农村更宜居。持续做好防止返贫动态监测和常态化帮扶，坚决防止出现规模性返贫。发挥新时代文明实践站等文化阵地作用，创新乡村治理方式方法，推广应用积分制、清单制、数字化等治理方式，开展乡村治理示范创建，让农村更和美。大力推进数字乡村建设，助力乡村振兴。

（五）以扩需挖潜为支点，更有力激发发展内生动力。充分发挥投资、消费作用，坚定落实“两个毫不动摇”，不断释放发展潜力。

全力扩大有效投资。全力推动晟源永磁、岑田抽水蓄能电站等195个省市重点项目建设，完成投资332亿元。争取专项债券资金64.5亿元，加快62个专项债券项目建设，推动有效投资稳步增长。通过政府投资和政策激励有效带动全社会投资，放宽民间投资市场准入，丰富民间资本投资场景，引导社会资本参与具备一定收益水平、条件相对成熟项目，发挥重大项目牵引和政府投资撬动作用。持续实施重大项目并联审批工作机制，推行“承诺制”及重点项目前期工作标准化指引。建立和完善重点项目库，围绕“五大产业”、基础设施、民生事业等下大力气谋划储备一批大项目好项目，形成接续有序、滚动发展的重点项目工作局面。

持续激发消费活力。实施促消费专项行动，推动大宗商品消费，谋划开展汽车、石油、家电促销活动，继续举办文旅消费季系列活动，打造惠民消费月、悦购悦有等消费品牌，培育消费新模式。深入挖掘农村消费潜力，推动“汽车下乡”“家电下乡”，持续推进电子商务进农村综合示范工作，发展直播带货，拓宽农特产品销路。开展商贸企业上限入库培育工作，培育一批具有发展活力、增长潜力和竞争实力的商贸企业，推动商贸企业高质量发展。发挥坚基商圈、新港镇碉楼社区美食街等示范特色步行街（商圈）作用，推动消费载体提质升级。支持住房改善消费，强化房地产市场调控，促进房地产市场平稳健康发展。

深化国资国企改革。毫不动摇巩固和发展公有制经济，巩固国企改革三年行动成果，推动国有企业“瘦身健体”，加快剥离“两非”，有效清退“两资”，鼓励国有企业并购重组，推动混合所有制改革，加快国有经济布局优化和结构调整。进一步完善现代企业制度和公司治理机制，提高企业信用等级，提升国企投融资能力。大力盘活国有土地等闲置资源，确保资产保值增值。支持国有企业依法参与矿产资源开发及重大基础设施、工业厂房等领域建设，推动国有资本向民生重要行业和关键领域集中，做大做强核心业务，提高企业市场竞争力和影响力。完善投资监管工作机制，健全国资国企高质量发展经营业绩考核体系。

促进民营经济健康发展。毫不动摇鼓励、支持、引导非公有制经济发展，落实党政领导挂钩联系、服务企业联席会议、与企业家定期座谈以及企业建议“直通车”等制度，探索市县联动包干、分级分类办理、挂点服务干部考评等机制，完善企业专席制度，高效服务企业发展壮大。落实省小微企业融资担保降费补助资金政策、市支持中小微企业融资专项资金等，充分发挥政府性融资担保机构作用，完善政银企沟通协调机制，缓解企业融资难、融资贵问题。健全企业用工问题监测预警和及时响应机制，引导外出务工人员就地就近就业，努力降低企业用工成本。大力弘扬企业家精神，全面构建亲清统一的新型政商关系，让国企敢干、民企敢闯、外企敢投。

（六）以城市提质为切入，更有力提升中心城区宜居宜业水平。坚持以人为核心，科学建设、增强功能、提升品位，推动城市建设向更高质量、更高水平迈进。

优化城市规划。严格落实“三区三线”，强化国土空间规划和用途管控。加快市县级国土空间总体规划编制，完成古竹片区、埔前片区控制性详细规划编制，实现城镇开发边界内规划覆盖率100%。大力推进老城区内涵式发展，推动钓鱼台片区与水经济产业园产城融合发展，统筹东源县城与市区北部联动发展，推动江东新区城市高质量发展。尊重城市发展的内在秩序和规律，注重在城市建设中保护传承城乡历史文化。

完善城市功能。建成华达街、雅居乐、江源小学、中山大道等4座人行天桥，推动学府大桥动工建设，加快源城区城市提质工程、江东新区紫金桥北综合开发等项目建设，推动智能化停车场、新能源充电桩等设施建设。推进市区中心城区备用水源项目、市区新水厂建设，新改建市区供水管网32.5千米。推进益民街升级改造和新江市场、穗香街排水改造，开展30个老旧小区改造。积极迎接国家园林城市复查，改造提升一批公园广场，加大重点部位补绿植绿护绿力度。构建城市慢行系统。

提高治理水平。加快“智慧城管”建设，推动城市运管服务平台等项目加快建设，优化交通信号灯管理，提升市政设施管理智能化水平。全力创建全国文明城市，深入实施新时代河源精神文明建设提质工程，持续深化“创文十大专项整治”“精神文明创建九大行动”，强化交通秩序、市容环境整治，健全“门前三包”等管理机制，规范街道门牌设置，丰富和提升城市文明内涵。提升中心城区生活垃圾处置能力，推动生活垃圾分类投放点升级改造，广泛开展生活垃圾分类宣传引导，提高居民分类意识，逐步完善示范片区生活垃圾分类全链条体系。

（七）以科教兴市为支撑，更有力积蓄发展新动能新优势。增强教育供给，推进科技创新，强化人才引育，为经济社会发展提供基础性战略性支撑。

强化教育支撑。落实立德树人根本任务，努力办好人民满意的教育。大力推动公办幼儿园和普惠性民办幼儿园发展，新改扩建公办幼儿园9所、新增学位4500个，巩固提升“5080”攻坚成果。新改扩建义务教育学校9所，新增义务教育学位11725个，创建2个省级优质教育集团培育对象，提高义务教育办学水平。改扩建普通高中2所、新增学位1100个，推进普通高中优质特色发展。推进特殊教育学校标准化建设，新改扩建特殊教育学校2所、新增学位276个。加快市艺术高级中学建设，启动市职业技术学校迁建新校区建设，推动河源理工学校、市职业技术学校创建省级高水平中职学校，推进全市中职学校办学条件达标，提升中职学校办学水平。推动河源技师学院提质扩容。启动市启正学校永久校区建设，健全预防未成年人犯罪支持体系。夯实“双减”工作成效。持续规范民办教育发展。全面推进“新强师工程”，开展公办中小学“一校一特色、一校一品牌”提质强校行动，落实高层次人才引育措施。建立健全“思政课程+课程思政”育人体系，健全家庭教育指导服务体系，坚持德智体美劳全面发展。

强化科技支撑。R&D经费投入增长10%以上，加大科技型中小企业培育力度。加快高端创新平台建设，在新一代电子信息、新材料、生命健康等领域布局建设一批重点实验室。加快国家植物航天育种工程技术研究中心河源创新研究院等涉农科创平台建设，推动农业领域关键技术攻关。加快技术成果转移转化公共服务平台建设，以加速器为重点推进省级以上高新区孵化育成体系建设，加快重大科技成果转移转化。健全市级融资平台服务机制，优化创新创业生态环境，修订完善科技创新政策，推动技术要素市场化配置改革。发挥市中小学科普教育馆等平台作用，加大科普宣传力度，提升全民科学素质。

强化人才支撑。扎实推进新时代人才强市建设，深入实施“五项人才引育若干措施”“雁归源”“候鸟汇河”等人才行动，落实招才引智政策，大力引进培养急需紧缺人才和高层次人才，新增就业创业“归雁”人才5000人以上。充分发挥高等院校、职业院校培育人才主阵地作用，深化校企合作，推广“订单培养”模式，推动职普融通、产教融合、科教融汇。全面加强专业技术人才队伍和技能人才队伍建设，开展补贴性职业技能培训2万人次，新增取得职业资格证书、职业技能等级证书8000人次。强化博士后创新实践基地、博士后科研工作站建设，搭建人才干事创业平台。实施科技创新人才减负赋能行动，加强事业单位人事制度管理创新，激发人才创新创造活力。举办创新创业大赛等活动，促进人才交流合作。推动青年发展。加快“两个集聚地”人才驿站等设施建设，推出“河源英才卡”，打造宜居宜业人才生态。

（八）以改善民生为根本，更有力提高公共服务均衡性可及性。持续落实“面对面”解决群众“急难愁盼”问题机制，完善全链条闭环落实机制，着力解决好人民群众“急难愁盼”问题，让发展成果更多更公平惠及人民群众。

优先保障就业。深入实施就业优先战略，强化就业优先政策，确保全年新增城镇就业2.5万人。持续做好稳岗保就业工作，促进高校毕业生、农民工、退役军人等重点人群就业创业。健全终身职业技能培训制度，落实技工教育“强基培优”计划，推动技工教育与职业教育融合发展。支持和规范发展新就业形态。落实收入分配改革发展重点任务，不断深化企业工资分配制度改革，加强劳动者权益保障。

繁荣发展文化。践行社会主义核心价值观，弘扬社会文明新风尚。完善公共文化设施建设，推动全市基层综合性文化服务中心升级达标，推进县区“三馆一中心”建设，加快推进“馆校共享图书”项目二期建设。健全城乡历史文化保护传承体系，加强历史文化保护利用，启动地下文物埋藏区划定工作，完成第四批文保单位认定工作，推动恐龙文博园升级改造和恐龙地质遗迹保护工作，建成龙川木偶戏产业发展中心。加强红色文化资源挖掘开发和革命文物保护利用。深入实施“文化+”战略，实施文艺创作水平提升行动，推进文化强市建设，进一步打响“客家古邑、万绿河源、温泉之都、恐龙故乡、红色经典”等特色品牌。举行乡村文旅融合创新大赛，广泛开展文化惠民活动、全民健身活动。做好新时代“侨”的文章。

建设健康河源。持续优化完善疫情防控措施，平稳有序实施新冠病毒感染“乙类乙管”。稳妥推进疾控体系改革，加强公共卫生防控和救治能力建设。加快推动市人民医院省高水平医院建设，推动深河人民医院、龙川县人民医院创“三甲”医院。加快紧密型县域医共体建设，提升3家中心卫生院医疗技术水平。推进“互联网+医疗”建设。推动市县中医医院服务能力“达标上等”，实施基层中医药服务能力提升工程，促进中医药传承创新发展。落实生育支持政策，推进普惠托育服务体系建设，完善“一老一小”健康服务体系。保障母婴安全，提升儿童健康服务能力。加强心理健康和精神卫生工作。深入开展爱国卫生运动，争创省级卫生镇14个。

强化社会保障。持续扩大社保覆盖面，推动失业保险、工伤保险向职业劳动者广覆盖，实现城乡居民基本养老保险、医疗保险、生育保险应保尽保。加强医疗保障服务标准化建设，落实异地就医结算，强化基本医保、大病保险、医疗救助三重制度综合保障，促进多层次医疗保障有序衔接。积极应对人口老龄化，推动第三支柱养老保险体系健康发展，推进乡镇（街道）综合养老服务中心、长者饭堂示范点建设，加快建设粤港澳大湾区康养基地、市综合养老服务中心，规范发展社区居家养老服务。加强社会救助兜底保障，加大最低生活保障边缘家庭和支出型困难家庭救助力度。适时推行民生“微改革”项目。深入开展拥军优属活动，做好退役军人安置就业和优抚保障。完善残疾人社会保障制度和关爱服务体系，促进残疾人事业全面发展。积极发展公益慈善事业。加快县级未成年人救助保护机构建设，保障妇女儿童合法权益。推进东源县、和平县、龙川县镇村公益性公墓试点建设。

办好十件民生实事。一是完善就业服务平台，强化职业技能培训，推动高质量就业。二是推动学前教育普及普惠高质量发展。三是进一步提高底线民生保障水平。四是提高孤儿和残疾人等困难群众的救助补助标准。五是继续提高城乡居民基本医疗保险保障水平。六是优化生育养老支持政策。七是加强食品药品安全监督检测力度。八是实施公共文化艺术体育普及活动。九是加强农村生活垃圾治理。十是提高惠企利民服务便捷度。

（九）以平安稳定为底线，更有力建设更高水平平安法治河源。坚定不移贯彻总体国家安全观，牢牢守住安全发展底线，为推进现代化建设提供坚实保障。

建设更高水平平安河源。坚持和发展新时代“枫桥经验”，全面排查化解矛盾纠纷，加快公共安全视频监控系统和公安监管场所基础设施建设，扎实推进“四个一”体系建设，常态化开展扫黑除恶斗争，深入开展“河安2023”专项行动，严厉打击整治盗抢骗、黄赌毒、电信诈骗、食药环等违法犯罪，坚决维护人民群众生命财产安全。发挥政府在社会管理和公共服务中的职能作用，引导群团组织、社会组织、企事业单位和志愿者参与社会治理，发展壮大群防群治力量，构建共建共治共享格局。创建1个以上全国信访工作示范县（区）。

打造更高水平法治河源。加快推动重点领域立法。全面落实“一规划两方案”，深入开展法治政府建设示范创建，推进重大行政决策规范化，大力推进镇街综合行政执法，全面推进严格规范公正文明执法。加快建设“阮啸仙法治文化展览馆”“全国首个司法所”，扎实开展司法所规范化建设三年行动，深化“一村（社区）一法律顾问”工作，创建一批国家级、省级民主法治示范村。

有效防范化解重大风险。落实《暴雨灾害预警与响应条例》，加快构建全社会共同防御暴雨灾害格局。建立水库定期安全鉴定机制及水库除险加固建设长效机制，完成79宗病险水库除险加固，持续推进新一轮地质灾害防治三年行动计划，开展10处大型及以上地质灾害点工程治理，全面加强安全生产、“三防”、森林防灭火、防震减灾及食品药品监管等工作，确保粮食安全、能源供应，防范化解金融、房地产等领域风险。强化风险评估和监测预警，建成市县镇三级洪涝、地质灾害、森林火灾监测体系。加快建设国家地震烈度速报与预警工程，推动建设新丰江水库地震监测与预测实验场。完善“一盘棋”应急响应和重大突发事件“四个一”应急处置等制度机制。全面推进消防救援队站“清零行动”。

三、全面加强政府自身建设

各位代表！面对新征程上的新挑战新考验，我们将不忘初心、牢记使命，谦虚谨慎、艰苦奋斗，敢于斗争、善于斗争，更大力度推进政府治理体系和治理能力现代化，把政府自身建设得更加坚强有力。

筑牢政治根基。坚持以习近平新时代中国特色社会主义思想为指导，落实“第一议题”制度，广泛开展“五学联动”，持续全面学习、全面把握、全面落实党的二十大精神，做到学思用贯通、知信行统一。深刻领悟“两个确立”的决定性意义，牢记“国之大者”，增强“四个意识”、坚定“四个自信”、做到“两个维护”，自觉在思想上政治上行动上同以习近平同志为核心的党中央保持高度一致。坚决贯彻中央、省决策部署和市委工作要求，不折不扣落实到位。

依法接受监督。全面落实法治政府建设实施纲要，依法履行重大行政决策法定程序，自觉运用法治思维和法治方式开展工作。落实全过程人民民主，主动接受人大依法监督、政协民主监督和纪检监察专责监督，高质量办好人大代表议案建议和政协委员提案。抓严抓实审计监督、统计监督。大力推进政务公开，主动接受社会和舆论监督，让权力在阳光下运行。

坚持真抓实干。加强实践锻炼、专业训练，及时掌握经济发展新动态、科技变革新趋势、人民群众新期待，增强干部推动高质量发展本领、服务群众本领、防范化解风险本领，着力增强防风险、迎挑战、抗打压、抓落实能力。牢记“空谈误国、实干兴邦”，紧扣全市经济社会发展目标任务，脚踏实地、埋头苦干，项目化管理、清单式推进、销号制落实，以实绩论英雄、论高低。开展“竞标争先”活动，实施“亮诺亮绩亮牌”行动，推行现场会点评、“比武打擂”述职等方式，营造比学赶超、赛龙夺锦的浓厚氛围，确保工作落实到位、取得实效。

保持优良作风。坚持以严的基调强化正风肃纪，坚决打赢反腐败斗争攻坚战持久战，一体推进不敢腐、不能腐、不想腐。严肃廉洁纪律和财经纪律，加强对权力集中、资金密集、资源富集领域的监督。锲而不舍落实中央八项规定及其实施细则精神，坚决反对形式主义、官僚主义，持续减轻基层负担，让基层干部有更多时间精力谋发展、抓落实。牢固树立正确政绩观，尊重客观实际和群众需求，解民忧、纾民困、暖民心。弘扬党的光荣传统和优良作风，深入群众、深入基层，促进党员干部扑下身子干实事、谋实招、求实效。坚持节用裕民，严控“三公”经费和一般性支出，腾出更多财力惠企利民，以政府过“紧日子”换取人民群众的“好日子”。

各位代表！唯有矢志不渝、笃行不怠，方能不负时代、不负人民。让我们更加紧密地团结在以习近平同志为核心的党中央周围，高举习近平新时代中国特色社会主义思想伟大旗帜，在省委、省政府和市委的坚强领导下，不忘初心、牢记使命，踔厉奋发、勇毅前行，为建设幸福和谐美丽河源而团结奋斗！

在全市第一季度经济分析会上的讲话提纲

（2022年4月）

河源市人民政府市长 何国森

习近平总书记高度重视今年经济工作，强调“今年经济工作不仅是经济问题，更是政治问题”。李克强总理在4月11日部分地方政府主要负责人经济形势座谈会上提出“大头要在上半年落地，小头到三季度要基本结束”。上周四至周五，省委书记李希、省政府省长王伟中到我市调研，充分肯定我市工作，要求我市以新担当新作为争当融入粤港澳大湾区的生态优先、绿色发展排头兵；省长王伟中亲自主持召开支持河源建设发展专题协调会，协调解决我市需省支持事项。上周六，省政府召开全省第一季度经济形势研判会，明确提出“全年任务上半年大头落地，就要完成全年任务的80%以上”的目标任务。这周日，市委常委会召开扩大会议，要求深入贯彻省委书记李希、省长王伟中在河源调研时的讲话精神，进一步提振信心和决心，坚定目标、勇毅前行，全力推动河源高质量发展。今天，我们在这里召开全市第一季度经济分析暨第二季度全市重点项目及政府新增债券项目县（区）建设推进会，主要是贯彻落实中央、省的决策部署和市委的工作要求，分析形势，研究部署第二季度经济工作，确保完成二季度经济发展目标任务。刚才，各县区各有关部门汇报了有关情况，各位副市长作了发言，我都赞同，大家要认真贯彻落实。下面，我强调三点意见。

一、非常之年要有非常之识，务必增强工作责任感紧迫感

今年是党的二十大召开之年，做好今年经济工作具有特殊意义。市政府按照中央、省的决策部署和市委的工作安排，从讲政治的高度推进经济工作，落实经济工作会议、重点项目推进会等工作机制，有力应对供给冲击、需求收缩、预期转弱三重压力以及加本土疫情、国内疫情反弹的巨大冲击，一季度经济增长5.5%、增速排名全省第二，固定资产投资增长21.3%、增速排名全省第一，规上工业增加值增长14.5%、增速排名全省第一，实现了经济平稳健康发展。特别是我们1—2月固定资产投资增长仅5.3%，测算一季度GDP增速仅为4%，到最后实现GDP增长5.5%、固定资产投资增长21.3%，成之惟艰、来之不易，值得充分肯定。这充分体现了各级领导干部的担当作为，充分说明我们抓经济工作的思路和举措是正确的，我们要坚定信心。

但我们也要清醒地看到，我们面临的困难和问题还很多，做好二季度经济工作不容有失。

从经济指标看，短板指标较为突出，体现为“三低”：消费持续低迷，一季度全市社消零下降0.1%，分别低于全国（3.3%）、全省（1.7%）平均水平3.4个、1.8个百分点，其中批发业销售额下降15.5%、拉低经济增速0.55个百分点，商务服务业工资总额下降

23.9%、拉低经济增速0.06个百分点。房地产销售面积下降26.9%，旅游收入下降26.7%。外贸进出口低迷，一季度下降5.3%，其中，出口下降3%、进口下降13.5%。财政收入增速低，尽管一季度相比1—2月降幅有所收窄，但仍下降8.6%，与全省增速1.4%的差距较大。此外，一季度我市金融机构贷款余额、存款余额增速分别低于全省平均水平6.5个、4.2个百分点，拉低我市经济增速0.18个、0.11个百分点。

从区域发展看，不平衡问题仍比较突出。GDP增速高于全市平均水平的有源城区（7.7%）、东源县（7.7%），连平县（1%）、江东新区（2%）、和平县（2.3%）、龙川县（3.1%）、紫金县（5.1%）均低于全市平均水平，拖了全市后腿。主要经济指标整体比较好的有东源县（固定资产投资增速全市第一、规上工业增加值增速全市第三）、市高新区（固定资产投资增速全市第二、规上工业增加值增速全市第四）；比较不平衡的有源城区（规上工业增加值增速全市第一、固定资产投资增速全市倒数第三）、紫金县（规上工业增加值增速全市第二、固定资产投资增速全市倒数第二）、和平县（固定资产投资增速全市第三、规上工业增加值增速全市倒数第三）；整体较差的有龙川县、连平县、江东新区，固定资产投资、规上工业增加值增速均低于全市平均水平，特别是江东新区固定资产投资增速0.8%、龙川县规上工业增加值增速1.7%，均排名全市倒数第一。

从既定目标看，国际局势不确定性加大，国内疫情多发散发，居民消费信心不足，经济下行压力仍然存在，为做好经济工作增加了挑战。对照省“全年任务上半年大头落地，完成全年任务的80%以上”的要求，市统计局测算，我市上半年GDP增长要达到6%，其中，规模以上工业增加值要增长10%、固定资产投资要增长4.5%、社消零要增长2.5%。其中，投资方面，要完成上半年投资70%的任务需完成投资700亿元，扣除一季度完成量，二季度要完成投资568亿元，任务艰巨；消费方面，受中石化柴油纳统口径调整影响，预计将拉低上半年社消零增速4个百分点左右；财政方面，预测上半年全市一般公共预算收入可能下降超10个百分点，运行压力非常大。

省长王伟中在协调会上指出，河源要统筹好疫情防控和经济社会发展，各项政策落实要靠前安排和加快节奏，全力推动全年工作上半年大头落地。各级各部门要按照要求，进一步提高政治站位，充分认识到做好今年经济工作特别是二季度经济工作的政治性和重要性，切实增强工作责任感紧迫感，克服“半年任务、半年完成，全年任务、全年完成”的惯性思维，以时不我待的精神全力把各项工作往前赶，全力推动全年任务上半年大头落地，坚决完成全年经济发展目标任务。

二、非常之年要有非常之举，务必集中力量打好二季度经济攻坚战

各级各部门要围绕二季度目标任务，全面提高工作标准，实行“一周一调度、半月一研判、一月一分析”，全力推动政策落地、项目建设，以周保月、以月保季，全力打好二季度经济攻坚战。

（一）全力推动政策措施直达快享。今年以来，国务院加大减税降费力度，实施新的组合式税费支持政策，着力减轻市场主体负担，应对疫情影响、经济下行压力；省也连续出台“助企25条”“稳工业32条”、预制菜10条、促进服务业领域困难行业恢复发展等政策措施，并将出台外贸、消费方面的扶持政策，支持市场主体渡过难关、恢复发展。各级各部门要抓住二季度这个重要的窗口期，全面落实好国家、省出台的一系列激励性政策措施，确保在上半年完成政策落实70%，让企业应享尽享、能享快享。市财政局、税务局、人力资源和社会保障局、人民银行等部门要认真落实减税退税降费政策，加强政策解读宣传，强化协调配合，优化申报办理流程，及时分析和推动解决落实过程中遇到的“卡点”“堵点”问题，确保上半年完成减税退税24亿元，切实减轻企业负担。市工信局、农业农村局、商务局、金融局等部门要把握好政策时效性，认真落实纾困扶持政策，全面摸清企业底数，主动靠前服务，让市场主体知晓政策、了解政策、用好政策，同时强化跟踪问效，确保各项扶持政策落地见效，支持市场主体纾困发展。

（二）全力扩大有效投资。项目是推动经济稳增长的最重要抓手。根据测算，要完成上半年投资70%的任务，二季度每月要完成投资189亿元，高于一季度投资总量。各级各部门要按照省长王伟中要求，坚持“项目为王”，做深做细做实前期工作，用足用好债券资金，抓紧谋划一批成熟项目，及早开工建设，尽快形成实物工作量。

一是要全面加强项目组织领导。省政府成立了6个由副省长牵头的项目工作专班。市政府也将参照省的做法，成立由各位副市长牵头负责的工作专班，实施清单管理、挂图作战，全面加强项目进度管理。市发改局要牵头抓总，在全面掌握重点项目建设情况的基础上，结合中央、省的最新要求，尽快把季度投资任务分解到县区、具体到项目、细分到每周，并建立通报制度，倒逼县区落实工作。各县区要落实属地责任，主要负责同志亲自抓、亲自推，并要把责任压实到镇街，切实打通项目建设“最后一百米”，确保取得实效。

二是要全面加快重点项目建设。一季度投资进度不理想，190个省市重点项目仅完成年度投资19.5%，固投仅完成13.2%（全年998亿元），均未完成时序进度。接下来，要重点做好以下三方面工作：一要破难题。解决问题是推动项目加快建设的最好方法。刚才大家研究的15个问题，各责任单位要马上落实。龙川县有6个问题，为各县区最多，要尽快解决项目论证、选址、用地、资金等问题。东源县要加快推进河源市公安监管中心项目、国道205线热

水至埔前段改线工程征地拆迁工作，确保项目早动工、快建设。市自然资源局要指导项目业主加快解决市妇女儿童医疗中心新建项目、华润怡宝饮用水生产基地、和平县高岭土高新材料生产基地等项目用地问题。二要快推进。提供无障碍施工环境，推动项目加强管理，全力加快138个在建项目建设进度，尽快形成更多实物工作量。特别要推动52个市关键项目加快建设，上半年要完成投资75%以上，确保大头在上半年落地。三要促动工。做实项目前期，在全力确保25个计划二季度开工建设的重点项目按时序开工的同时，推动项目提早开工，推动计划下半年开工的24个项目提前到二季度开工。源城区疾病预防控制中心新建项目、龙川县黎咀镇省级非物质文化遗产手擎木偶戏产业发展中心是计划一季度开工项目，但至今未开工，源城区、龙川县要确保这2个项目在4月底前动工建设。

三是要全面加快债券项目建设。我市债券资金支出使用进度严重滞后，2021年我市新增债券资金76亿元，用于74个项目，仍有3个项目未开工，46个项目31.79亿元未使用，实际使用进度58.2%、排名全省倒数第二；2022年省下达我市第一批新增债券资金31亿，用于38个项目，仍有4个项目未开工，35个项目20.6亿元未使用，实际使用进度33.5%，反映出我们工作做得还不够深、不够细、不够实。国家明确要求，要加快专项债券项目的实施，资金支出大头在上半年落地、三季度扫尾。省要求2021年发行的新增专项债券在5月底前完成支出使用，提前下达的2022年新增专项债券要在上半年完成支出使用，否则将调整、收回；并对各市支出使用情况进行排名通报。市委、市政府决定，接下来对专项债支出使用排名倒数第一的县区不分配一般债券资金额度，支出使用排名倒数第二、第三的县区，只分配3000万元额度。市财政局、发改局要按照要求，加强债券资金规范管理，深入分析每个项目进展情况、存在问题，及时提出推动措施，确保资金及时支出、发挥效益。一方面，进度要快。全力加快进度，确保2021年发行的新增专项债券要在5月底前完成支出使用，提前下达的2022年新增专项债券要在上半年完成支出使用，今年第二批债券在9月底前完成支出使用。灯塔盆地、和平县、连平县债券资金支出进度总体偏慢，务必高度重视、全力推进，确保按时限要求完成支出使用。另一方面，前期要实。要改变“重资金争取、轻支出落实”的思维，申请债券项目时，要强化项目可行性的深入论证，加强前瞻考虑、优化项目设计，精准测算项目分年、分季、分月债券资金需求，做好做足做扎实前期工作，尤其是保障项目开工条件齐备的债券项目要素需求，确保资金到位后即可开工建设。今年第二批债券额度已下达，资金将在“五一”前下达，各责任单位要加快前期工作，确保所有的债券项目上半年动工建设。

四是要全面推进项目谋划。项目谋划的质量，关乎长远，必须常抓不懈。一方面，要做大总量。今年国家实施适度超前开展基础设施投资的政策，有资金有政策，急需立即能动工建设的成熟项目。在省协调会上，省长王伟中现场拍板拿出4亿元支持灯塔盆地建设，这是很好的例证。当前省正在谋划出台支持北部生态发展区高质量发展的政策文件，拟在财政、投资、用地、人才等方面给予粤北各市一揽子政策支持，并通过“政府推动、市场运作、企业主体、合作共赢”模式，引导省属国企、珠三角市属国企、大型民企和商协会与粤东粤西粤北地区加强产业对接、促进投资合作。我们要抓住政策机遇，找准切入点和突破口，加快谋划一批能源、水利、交通、农业、生态、民生等基础设施项目。主动对接粤港澳大湾区城市产业外溢，立足我市产业现状，找准比较优势，引导扩大社会投资，努力谋划形成一批项目。另一方面，要提高质量。学习借鉴企业制定投资项目建议书的经验，真正把项目主体、相关政策、审批程序、资金来源、回报周期、投资风险等方面都研究透彻、做深做细做实前期工作，用足用好项目前期经费和专项债资金，抓紧储备一批成熟项目，确保资金到位后马上就能动工建设，尽快形成实物工作量。当前重点要做好河紫高速公路、灯塔盆地灌区工程、岑田抽水蓄能、东源天然气热电联产等项目前期工作。市发改局要在吃透上级政策的基础上，针对性地开展好业务培训，指导各县区做好项目梳理，推进项目谋划取得成效。各县区要成立工作专班、增加人手，全面加强项目谋划工作。

（三）全力抓工业经济。工业经济是一季度经济稳增长的重要基石。接下来，要巩固工业经济持续向好态势，确保上半年规模以上工业增加值增长10%以上，为完成上半年经济发展目标任务贡献力量。

一是要纾困解难。1—3月，受国内外疫情冲击，原材料成本上涨，产业链供应链受阻，企业生产经营面临很多困难，全市237家规模以上企业减产，减产面38.3%，较去年同期扩大16.3个百分点。接下来，各级各部门要进一步健全政企沟通机制，继续用好党政领导挂钩联系、服务企业联席会议、与企业家定期座谈以及企业建议“直通车”等制度，切实解决问题，帮助企业渡过难关。一要着力解决“用工难”。目前全市工业企业缺工1.6万人左右，人社部门要主动对接企业，针对性开展技工、普工招聘活动，引导外出劳务人员就地就近就业。二要着力解决“融资难”。目前全市273家工业企业有融资需求。金融部门要积极引导金融机构加大信贷支持力度，完善风险补偿和信用担保机制，拓宽融资渠道，切实解决企业融资难问题。三要着力稳定产业链。据调查，我市76家企业生产经营受产业链供应链受阻影响，其中，8.95%的企业产值下降20%—50%、40.3%的企业产值下降10%—20%。接下来，要发挥好保障产业链供应链安全稳定专班作用，依托

"粤商通"等平台高效收集企业诉求，加强与省工信厅沟通对接，发挥区域间协调机制作用，协调解决物流运输问题，全力保障企业关键物资顺利运输。

二是要育强主体。重点做好以下三方面工作：一要抓技改。加大宣传引导力度，引导支持企业加快设备更新和技术改造，确保全年完成技改投资65亿元目标。二要推上规。用好新的"小升规"奖励政策，建立完善"小升规"企业培育库，加大工作力度，确保全年新上规企业50家。三要促升级。大力培育"专精特新"企业、单项冠军企业，力争全年培育"专精特新"企业12家。同时，推动制造业数字化转型，力争二季度新增30家规上工业企业数字化转型，打造1个制造业数字化转型标杆示范项目。

三是要壮大产业。加快推进水经济产业园建设，推动市高新区跨江发展，完善各产业园区配套设施。推动卓翼科技二期、华润怡宝等超10亿元项目加快落地建设，今麦郎饮品、铂科新材料等超10亿元项目加快投产上规，农夫山泉等企业加快增资扩产。围绕电子信息、水经济产业等主导产业，精准开展系列招商推介活动，实行"一对一"上门招商，着力引进一批行业领军企业、核心配套企业，力争引进亿元以上项目100个以上。

工信部门要重点关注237家减产企业，加大帮扶力度，帮助企业渡过难关。龙川县、和平县、连平县、江东新区工业经济增速低于全市平均水平，要加大力度，迅速扭转被动局面。市高新区、源城区、东源县工业底子较好，要全力解决企业减停产、招工难等问题，争取为全市经济发展多作贡献。

（四）全力促消费稳外贸。消费市场持续低迷，已成为制约我市经济稳增长的重要因素。接下来，要采取更加精准有力的举措释放消费潜力，确保二季度社消零增长2.5%左右。一要大力扶持限上商贸市场主体。各县区要落实重点商贸企业跟踪服务机制，紧盯辖区内前10名批发、零售、住宿、餐饮限上商贸企业，加大跟踪服务力度，帮助企业克服疫情影响、渡过难关。鼓励限上商贸企业扩大发展规模，推动制造业企业成立销售公司并上限入库。二要紧抓大宗重点商品促销。围绕汽车、石油及其制品类商品等社消零重点支柱商品，抓住"五一"、端午等小长假，组织开展汽车展销活动，鼓励石油企业大力开展汽油促消费活动，不断扩大汽车、石油等大宗商品消费。三要激活农村消费潜力。开展"家520""家电下乡"等活动，加快农村商贸物流和农产品冷链保鲜体系的建设，引导商贸流通企业、电商平台等向农村延伸。大力发展民宿等特色乡村旅游，推动乡村文旅融合，充分释放农村市场消费潜力。源城区占全市社消零比重达35%，要对持续下降的零售重点企业进行跟踪服务、预警监测，帮助企业渡过难关。各县区要成立促进商业消费工作专班，强化部门联动，指导企业依法依规报送数据，推动社消零数据应统尽统。

我市上半年外贸进出口预计下降22%，形势不容乐观。接下来，要加大工作力度，全力稳住外贸基本盘。一要服务企业抢订单。用好省下达我市中央进口贴息资金、支持外贸发展资金，支持企业进口贴息、开拓国际市场。鼓励支持企业通过广交会、进博会、"粤贸全球"等线上、线下展会平台抢抓订单，利用RCEP平台拓展东盟市场。二要发展外贸新业态。加快推进中国（河源）跨境电子商务综合试验区建设，尽快出台跨境电商发展扶持政策，加快推动跨境电商等新业态发展。三要扩大商品进口额。一季度全市进口总额下降13.5%，下降幅度较大。市有关部门要加大对河源电厂及美晨通讯、精电显示等重点企业的跟踪服务，协调解决相关问题，支持企业扩大进口。

（五）全力做好农业农村工作。当前，化肥、农药、饲料等农资价格连续上涨，农业生产成本上升，农业经济稳增长面临挑战。接下来，要全力推动农业产业提质增效。

一是要确保粮食安全。省下达我市今年粮食播种面积任务200万亩、粮食产量81.26万吨、大豆播种面积4万亩，比去年略有提高。要坚决扛起粮食安全政治责任，把任务分解到镇、到村、到田，高质量完成3.86万亩撂荒耕地复耕复种，加快8.5万亩高标准农田建设，坚决遏制耕地"非农化"、基本农田"非粮化"，确保粮食种植面积、产量只增不减。同时，提高粮食生产机械化水平，加强田间管理，确保夏收作物丰收，为实现全年目标夯实基础。

二是要壮大农业规模。重点抓好四方面工作。一要保障供给。加快"菜篮子"基础建设，新认定粤港澳大湾区及省、市菜篮子基地15家以上，保持蔬菜种植面积、产量稳定；强化生猪价格监测预警，引导养殖户适时调整生产计划，稳定生猪生产。二要建好平台。以灯塔盆地创建国家农高区为主抓手，加快推动15家高新技术企业迁移落户、7个项目建成投产、3个项目动工建设，加快推动灯塔盆地灌区工程动工建设，推动灯塔实验室等科研平台实体化运作，确保创建工作取得实质性进展。加快推动油茶跨县集群产业园建设，确保新种、改造油茶4万亩，增加综合产值3亿元。推动5个新创建省级现代农业产业园加快建设，8个农业产业园获批创建，力争现代农业产业园总产值达100亿元。三要做强产业。做大做强做优优质水稻、高山油茶等"八大"优势特色产业，围绕客家美食打造一批预制菜品牌和龙头企业，确保新增市级以上农业龙头企业20家以上，打造更多"圳品"、国家地理标志保护产品。四要延长链条。抢抓预制菜发展机遇，做长做深农产品产业链条，引导企业就近就地精深加工，推动更多环节、更多产值留在我市，做到产、加、研、销一体化发展。

三是要建设美丽乡村。深入实施农村人居环境整治提升五年行动，全域实施"五美"行动，确保农村生活污水治理率达50%以上，20%以上农村厕所完成改造提升、粪污无害化处理与资源化利用，15条县级乡村振兴示范带建设取得明显成效，每个乡镇建成1条以上的美丽乡村风貌带或美丽乡村精品带。

（六）全力抓好财税工作。当前，我市财政运行压力巨大，各级各有关部门要全力做好财税工作，保持财政平稳运行。一方面，要保收入。抓实抓细重点税种、重点行业、重点项目的服务和税收征管工作，认真做好拆旧复垦指标交易、垦造水田指标交易、土地闲置费等非税收入的征收工作，强化地方税种精细化管理，深入挖掘税收增长潜力。加快优化存量资产配置，整合闲置低效使用资产，全面清理盘活闲置资产资源，切实增加财政收入。加快推进土地收储和出让工作，推进完成全年国有土地使用权出让收入计划。大力盘活政府资产资源，支持国有企业做强做大。另一方面，要保运转。树牢过“紧日子”思想，压减一般性支出，优先保障“三保”等重点领域支出。加强财政支出管理，强化预算约束，提高资金使用效益。统筹可支配资金，按照轻重缓急有序安排支出，全力保障重点项目资金需求，防止形成新增挂账。加强政府债务管理，全面防范政府债务风险。和平县、源城区保运转压力大，要加大资产资源盘活力度，不断强化资金统筹，确保财政稳健运行。

三、非常之年要担非常之责，务必确保各项工作落地落实见效

面对超预期的困难和挑战，各级各部门要以超常规力度、超常规手段，解决存在问题，确保各项工作任务落到实处。一是状态要好。主要负责同志要勇于担当作为，涉及本单位本部门的要亲自部署、亲自推进、亲自抓落实，推动工作项目化、项目清单化、清单责任化。要力戒形式主义、官僚主义，推动各项工作往深里做、往实里抓。及时协调解决存在的问题，切实将问题解决在基层、解决在一线。二是节奏要快。在确保生产安全和项目质量的前提下，能快则快，能今天办完的不要拖到第二天，全力推进项目建设进度，绝不能再有平常年份的节奏、按部就班的状态，非常之年要拿出非常之策。三是标准要高。在任务面前，要发扬斗争精神，越是任务艰巨，越要苦干实干、迎难而上，集中力量突破瓶颈问题，做到企业和群众反映的困难在哪，我们的工作就精准在哪，把工作一项一项抓好、抓出成果，努力完成全年经济发展目标任务。四是工作要实。做好全年经济工作，要统筹发展和安全，抓好疫情防控工作，坚决贯彻“外防输入、内防反弹”总策略和“动态清零”总方针，科学精准从严从紧抓好疫情防控各项工作，筑牢群防群控严密防线。要扎实做好防汛工作，深入开展安全生产专项整治三年行动攻坚战，加强危化品、建筑施工、道路交通、城镇燃气、地质灾害、森林防灭火等行业领域风险隐患治理，坚决防止安全事故发生。

大事记

编辑：黄书伟

1月

1日 《河源市中心城区工业用地使用权供应管理办法》实施。

△ 岩绮服饰（河源）有限公司获得河源市签发的首份《区域全面经济伙伴关系协定》（RCEP）原产地证书。

5—7日 政协河源市八届一次会议召开。钟挥锷作工作报告。

6—8日 河源市八届人大一次会议召开。市长何国森作政府工作报告。

19日 河源首个移动方舱实验室——深河人民医院·暨南大学附属第五医院移动方舱新冠核酸实验室投入使用。

20日 粤东地区首家县级水上搜救中心——东源县水上搜救分中心挂牌成立。

22日 国务院批复同意河源市设立跨境电子商务综合试验区，具体实施方案由省人民政府负责印发。

29日 河源市党史学习教育总结会议召开。省委党史学习教育第七巡回指导组组长李振河、副组长黄海光和指导组成员到会指导。

是月 元旦假期，河源市接待入市游客15.35万人次，实现旅游收入9545.25万元。

△ 2020年度全省环境保护责任暨污染防治攻坚战考核结果公布：河源市获评优秀。

△《河源市人民政府关于调整河源市最低工资标准的通知》《河源市商事主体住所（经营场所）登记管理办法》《关于河源市义务教育阶段线下学科类校外培训收费标准有关问题的通知》印发。

△ 源城区埔前镇坪围村、东源县义合镇下屯村、紫金县龙窝镇彭坊村入选第三批广东省文化和旅游特色村名单。

△ 共青团深圳市委派驻和平县浰源镇帮镇扶村工作队队长王炜炜获评全国乡村振兴青年先锋。

△ 河源籍艺术家邝以明所撰论文《印迹：晚清民国岭南印学的发展及其文化融贯》被评为第六届“啄木鸟杯”中国文艺评论年度优秀文艺长评文章。

△ 市劳动就业服务管理中心杨婷被评为全国实施妇女儿童发展纲要先进个人。

△ 河源市丘胜华、高鹏、梁山获2021年度省优秀音乐家奖。

△ 河源市消防救援支队防火监督科工程师李文新被抽调增援北京冬奥会消防安保工作，并担任广东增援力量组负责人。

2月

3日 河源日报社制作的短视频——《环卫工误剐宝马车　两次上门赔钱被拒》入选广东省精神文明建设特别节目在广东卫视播出。

4日 河源市新冠肺炎疫情防控工作电视电话会议在紫金县召开。

7日 河源市农夫山泉广东万绿湖饮料有限公司获国家级绿色工厂称号。

8日 2021年度国家卫生城镇复审结果，河源市被重新确认为国家卫生城市。

14日 中国共产党河源市第八届纪律检查委员会第二次全体会议召开。

16—17日 市人大常委会组织广东省十三届全国人大代表小组第16组在河源市开展视察活动，实地调研河源市现代农业产业园、文化旅游和水经济产业发展情况。全国人大代表、省政协党组成员、副主席温国辉，市委书记、市人大常委会主任林涛，市政协主席钟挥锷参加活动。

21日 市委书记、市人大常委会主任林涛到河源灯塔盆地国家农高区调研现代农业产业发展、粮食安全并开展市领导联镇包片和定点联系工作。

24日 河源市为首批获得乡村工匠家政专业人才职称的家政人员颁发职称证书。这在广东省尚属首次。

是月 和平县古树森林康养基地、和平县弘顺森林康养基地被认定为第一批广东省森林康养基地。东源县新溪森林康养基地入选2021年广东省森林康养基地（试点）名单。

△ 河源新港镇硐楼社区美食街被授予广东省粤菜美食街称号。

△ 广东融和生态农业集团有限公司

进入2021年度新增国家级农业龙头企业名单。连平县旺良实业发展有限公司、河源市吉龙翔生物科技有限公司、和平县千担坝淡水鱼养殖有限公司、龙川县稻丰源农资有限公司、广东东森堂农业科技开发有限公司、东和食品（河源）有限公司、河源市润谷食品有限公司、河源市幸福家园农业发展有限公司、河源市农产品流通中心有限公司、河源市温氏禽畜有限公司、东源县勇华投资有限公司、河源市铭志农业发展有限公司、龙川县龙母镇众合粮食加工厂、广东远添农贸实业有限公司14家企业进入2021年新增省重点农业龙头企业名单。

3月

1日 《河源市扬尘污染防治条例》实施。

4日 2022年广东首届油茶产业大会在河源灯塔盆地国家农高区举办。

△ 木本油料资源利用国家重点实验室岭南联合实验室在灯塔盆地国家农高区油茶基地揭牌。

△ 出生于河源市龙川县通衢镇广福村的北京冬残奥会火炬手、中国女子轮椅篮球队队长林穗玲，在中国残疾人体育运动管理中心参加北京冬残奥会火炬传递。

11日 市委常委会暨市新冠肺炎防控领导小组（指挥部）召开会议，贯彻落实全省疫情防控工作电视电话会议精神。

12日 河源市传达贯彻习近平总书记重要讲话精神暨全国两会精神干部大会召开。

13日 东源县柳城镇下坝村无人农场在全国首次用无人驾驶插秧和直播方式种植国家航天育种中心航天搭载后培育的水稻种。

15日 市长何国森会见中国农业发展银行广东分行党委书记、行长吴飚一行，双方就深化合作座谈交流。

16日 市委书记、市人大常委会主任林涛，市长何国森等市几套班子领导与干部群众、社会各界志愿者一起参加义务植树活动。

23日 河源市农业农村局召开预制菜产业高质量发展座谈会，河源16家重点预制菜企业、有关媒体和省预制菜工作专班、省乡村振兴服务中心代表参加座谈会。

30日 2021年全国文明城市年度测评结果：河源创建全国文明城市年度综合得分在全国97个地级提名城市中排名第十二，在广东省8个地级提名城市中排名第二，是河源创建全国文明城市国检取得的最好成绩。

是月 市文明委发布2021年“河源好人”名单，共20名。

△ 河源市第三次全国国土调查结束，以2019年12月31日为标准时点的河源市陆地国土利用状况为全市耕地面积105261.28公顷，园地面积40610.06公顷，林地面积1244892.61公顷，草地面积14289.99公顷，湿地面积1447.57公顷，城镇村及工矿用地面积60365.18公顷，交通运输用地面积20183.51公顷，水域及水利设施用地面积70745.47公顷。

△ 广东省人民检察院、河源市人民检察院、东源县人民检察院联合办理的张某英、罗某飞国家司法救助案入选最高人民检察院与国家乡村振兴局以“检察机关与乡村振兴部门加强司法救助协作”为主题的典型案例。

△ 东源县入选2021年度省级休闲农业与乡村旅游重点县，东源县康禾镇、东源县漳溪畲族乡入选2021年度省级休闲农业与乡村旅游示范镇，东源县田坑民宿文旅村、东源县广东林石万绿源乡村观光园、东源县仙塘山居民宿休闲旅游集群、龙川县南越王生态农业发展有限公司、龙川县粮乐农业发展有限公司、连平县光大种植专业合作社桃花风光摄影园入选2021年度省级休闲农业与乡村旅游示范点。

△ 河源广工大协同创新研究院入选2021年广东省小型微型企业创业创新示范基地名单。

△《河源市乡村产业项目点状供地实施细则（试行）》出台，在全国范围内先行先试建立点状供地“1+N”审批模式。

△ 河源市红十字志愿者协会成立。

△《河源市森林防火宣传检查站工作规范》印发，河源市是全省首个出台该项规范的地级市。

△ 在全省A级景区满意度排名中，万绿湖风景区排名第一；在分等级满意度排名总评热度大于500的AAAA级景区中，万绿湖风景区排名第一。

△ 河源市1315处烈士纪念设施纳入信息管理系统，实施动态管理。

4月

1日 市委农村工作会议暨全市实施乡村振兴战略工作推进会召开。

6日 河源最后一名抗战老兵郭叙球在龙川四都镇黄沙阁村家中逝世，享年98岁。

12日 河源市第一批国家等级民宿创建动员会召开。河源市31家民宿获颁“广东旅游民宿”标识牌民宿纳入河源市第一批国家等级民宿创建名单。

14日 河源市首个公办中学教育集团——河源市田家炳实验中学教育集团与东源高级中学、和平县阳明中学、市第二中学、源城区源西中学等成员学校举行签约仪式。

15日 河源市23家外贸企业参加第131届中国进出口商品交易会（广交会）线上展出。

21日 广东紫金白溪省级自然保护区科研团队重大研究成果《有叶和无叶舌唇兰基因组揭示真菌异养植物的进化》在国际植物学领域期刊《自然·植物》（*Nature Plants*）上在线发表。这是广东林业系统科学研究成果首次在该期刊发表。

21—22日 省委书记李希，省委副书

记、省长王伟中到河源市，深入企业、产业园、高职院校、红色革命遗址、公共文化设施等，就深入贯彻落实习近平总书记对广东系列重要讲话和重要指示批示精神，统筹做好疫情防控和经济社会发展各项工作，推动河源走好生态优先、绿色发展之路进行调研。省领导王曦参加调研。

24日 市委常委会召开扩大会议，传达贯彻省委书记李希，省委副书记、省长王伟中在河源调研时的讲话精神。

25日 国际生态生命安全科学院院士、中华文化促进会康养文旅委员会主任、广州中医药大学教授刘焕兰率专家组到紫金调研茶产业发展情况。

25—26日 省政协副主席黄武率省政协调研组到河源开展高水平推进"粤菜师傅""广东技工""南粤家政"工程专题调研。

26日 市委民族工作会议暨民族地区高质量发展推进会召开。

△市委书记、市人大常委会主任林涛，市长何国森会见深圳市立业集团有限公司董事长林立一行。

27日 市委书记、市人大常委会主任林涛主持召开"面对面"解决群众"急难愁盼"问题座谈会，就"养老难"问题回应群众关切。

30日 市委书记、市第一林长林涛，市长、市林长何国森签发2022年第一号林长令——《关于守护绿水青山建设美丽河源的令》。

是月 河源市客家传统食品文化生态产业园教育基地、广东省春沐源小镇环境教育基地被评为广东省环境教育基地。

△市农村科技特派员、华南农业大学蔬菜教授汪国平与其团队在河源灯塔盆地国家农高区尝试无土培育的番茄新品种出品。

△共青团河源高级中学委员会被授予全国五四红旗团委称号、源城区新江街道朱门亭社区团支部被授予全国五四红旗团支部称号、团市委学少部部长凌玉婷被授予全国优秀共青团干部称号。

△河源市首次在东源县半江镇西溪村推广"水稻+禾虫"的高质高效种养模式。

△河源市仙坑村八角楼修缮工程入选2021年度广东省文物保护工程典型案例。

△河源技师学院电子商务专业代表队获第八届OCALE全国跨境电商创新创业能力大赛（春季赛）特等奖及一、二、三等奖。

△河源市新农人协会成立。这是广东省首个地级市新农人协会。

△龙川县霍山旅游风景区票务组获第二十届全国青年文明号称号。

5月

3—4日 市委书记、市人大常委会主任林涛以"四不两直"（指国家安全生产监督管理总局建立的安全生产暗查暗访制度，分别为：不发通知、不打招呼、不听汇报、不用陪同接待、直奔基层、直插现场）方式，到龙川县调研检查疫情防控、安全生产、农村自建房安全和乡村振兴、"四好农村路"建设等工作并开展巡河。

5日 省政府印发《中国（河源）跨境电子商务综合试验区实施方案》。

10日 省政协副主席许瑞生率省政协调研组到河源，就贯彻落实习近平总书记关于碳达峰碳中和工作重要指示精神，落实"双碳"目标，促进产业园区高质量发展开展专题调研。

10—16日 河源市出现持续性强降水过程，具有"持续时间长、累积雨量大、降水范围广、短时雨强强"的特点。

12日 "风物永恒——王恒冯杰伉俪捐赠文物精品展"开展，展出优秀企业家、知名收藏家、杰出乡贤王恒及其夫人冯杰无偿捐赠的千余件从新石器时代到近代的珍贵文物和文献资料。

27日 河源市传达学习贯彻省第十三次党代会精神干部大会召开。

31日至6月1日 省政协副主席袁宝成率队到河源开展"增强粤东粤西粤北地区产业承接能力，推动区域协调发展"专题调研。

是月《河源市生猪产能调控实施方案（暂行）》印发。

△东源县在河源市率先成立县级人民调解协会。

△学科竞赛网发布《清华北大生源TOP500强高中排行榜（2021）》，河源中学首次进入全国300强，在广东省排名第二十。

△河源市古志奋家庭、刘天娇家庭获评全国五好家庭，郭嫣家庭、钟锐锋家庭获评全国最美家庭。

△河源市在新丰江水环境质量监测断面首次开展无人机、无人船协同天地一体化采样监测。

△河源选送的非遗项目中，童谣（客家童谣）、铸铁技艺（紫金铁锅制作技艺）、客家菜烹饪技艺、酱料制作技艺（椒酱制作技艺）、作鱼梁习俗、汶水塘捕鱼节、上莞镇新轮村追龙入选广东省第八批省级非物质文化遗产代表性项目名录；采茶戏（和平采茶戏）、猫头狮（龙川猫头狮）、竹纸制作技艺（阳明纸制作技艺）入选广东省第八批省级非物质文化遗产代表性项目名录扩展项目名录。

△紫金县"蝉茶之乡·甜蜜之旅"线路入选"春季踏青到茶园"全国茶乡旅游精品线路。

△河源市强制隔离戒毒所病残吸毒人员收治大队获全国优秀公安基层单位称号；河源市看守所女子中队获全国公安机关爱民模范集体称号；河源市公安局源城分局新兴派出所教导员陈宏荣、紫金县公安局治安出入境管理大队大队长张志灵、龙川县公安局情报指挥中心教导员黄滨强被评为全国优秀人民警察。

△中国人民财产保险股份有限公司河源市分公司为河源市卓凡生态农业发展有限公司签出河源市首单商业性水稻种植补充保险。

6月

1日 《河源市知识产权示范企业评定管理办法（试行）》施行。

2日 市委书记、市人大常委会主任林涛深入源城区，督导检查疫情防控、安全生产、防汛备汛等工作并开展巡河。

△市农业农村局举行渔业增殖放流活动，在新港镇投放233.5万尾鱼苗到万绿湖。

7—9日 河源市25516名考生参加2022年普通高考。

8日 市委书记、市人大常委会主任林涛，市长何国森会见河源市受到全国表彰的公安系统英雄模范获奖集体和个人代表。

12—21日 河源市出现持续性暴雨到大暴雨，致多地发生洪涝灾害和地质灾害。

13日 来自江西省上饶市、居住在源城区新江街道木排头路的徐女士通过“粤省事”领取河源市首张广东省电子居住证。

14日 市委书记、市人大常委会主任林涛到龙川县和紫金县督导检查防汛救灾工作。

15日 省委常委、副省长王曦到河源市督导检查防汛救灾工作。

△搭载神舟十三号飞船的花生、丝苗米和紫云英三个航天育种材料在河源交接。这些种子将在东源县柳城镇万亩无人智慧农场进行世代培育。其中，选自东源县涧头镇大往村的花生种子是河源首次农作物的“太空之旅”，也是广东省首个由当地选种又回到当地培育的航天品种。

16日 市委书记、市人大常委会主任林涛前往连平县和和平县灾区、群众转移安置点、地质灾害点督导检查防汛救灾工作。市长何国森到东源县督导检查防汛救灾工作。

17日 应急管理部防汛抗旱司二级巡视员孙京东率国家防办工作组到河源市指导防汛工作。

21日 市长何国森到连平县检查非煤矿山安全生产工作。

△源城区举行为荣立二等功的空军某部战士陈志雄及其家属登门送喜报仪式。

22日 河源市应急救援队增援清远英德望埠镇抗洪抢险，转移群众超千人。

23日 河源市直属机关幼儿园教育集团举行揭牌、授牌仪式。该教育集团以市直属机关幼儿园作为总园，东源县第二幼儿园、源城区黄果塘中心幼儿园、江东新区正德幼儿园为首批成员园组成。

△ 省人大常委会副主任叶贞琴率队到河源开展《广东省人民代表大会常务委员会关于加强检察公益诉讼工作的决定》执法检查。

29日 市长何国森主持召开第六场“面对面”解决群众“急难愁盼”问题座谈会，就“电动车充电与安全”问题倾听群众心声、回应群众关切。

30日 河源市以市委理论学习中心组专题（扩大）学习会的形式，举行学习贯彻省第十三次党代会精神省委宣讲团河源宣讲报告会。省委宣讲团成员、省发展研究中心党组成员、副主任谭炳才作专题报告。

△河源市举行2022年“广东扶贫济困日”暨全社会助力乡村振兴活动仪式，表扬通报30个2021年度广东扶贫济困日活动“万绿杯”获奖企业（单位），其中，金杯奖10个、银杯奖2个、铜杯奖18个。

是月 《河源市加快培育规模以上工业企业奖励实施办法》印发。

△由中国侨联、全国台联、《人民日报》（海外版）、《快乐作文》杂志共同主办的第二十二届世界华人学生作文大赛获奖结果：河源市5名学生获二等奖、7名学生获三等奖、9名教师获优秀指导教师奖。

△河源市退役军人和其他优抚对象优待证工作全面铺开动员会召开。

△第七届亚太茶茗大奖赛获奖名单公布，河源市东源县仙湖山农业发展有限公司选送的仙湖雪里红茶叶品牌获得特别金奖，广东万绿印象实业发展有限公司等7家茶企选送的茶叶品牌获得金奖，紫金县高坑龙岭种养农民专业合作社等16家茶企选送的茶叶品牌获得银奖。

△2021年度广东省群众文艺作品获奖名单公布。河源市报送的歌曲《水坝下》获一等奖，歌曲《南湖水，红船情》以及花朝小戏《诺言》获二等奖，歌曲《晒谷场》、采茶戏《英雄母亲》、小戏《县长下乡》《千斤话白四两唱》《讲究》等获三等奖。

7月

4日 民革广东省委会主委、仲恺农业工程学院校长程萍率队到河源市调研。市委书记、市人大常委会主任林涛会见程萍一行，双方就深化校地合作进行交流。

4—5日 连平县暴雨到大暴雨局部特大暴雨，和平县西部暴雨局部大暴雨，连平隆街镇河角坪和田源镇分别录得特大暴雨293.9毫米和265.4毫米。

13日 省委常委、宣传部部长陈建文到河源市，就贯彻落实省第十三次党代会精神和宣传思想文化工作开展调研。

14日 华南农业大学—东源县水稻智慧农场技术创新研究中心在柳城镇下坝村智慧农场水稻基地挂牌运作，中国工程院院士、华南农业大学教授罗锡文及其团队参加揭牌仪式，并观看无人驾驶收割机对智慧农场种植的航天稻进行收割的演示。

△搭乘神舟十三号载人飞船的东源县涧头镇大往村的100粒第一代航天花生种子在东源县柳城镇下坝村首种。

是月 政星塑料制品（河源）有限公司通过海关审核认定，成为河源首家《区域全面经济伙伴关系协定》（RCEP）经核准出口商。

△紫金县因绿色有机蝉茶成功创建

全国农作物病虫害绿色防控整建制推进县。

△省公安厅分别给在防汛救灾工作中表现突出的河源市公安民警甘敏、黄伟森各记个人一等功1次。

△河源市被定为全省唯一的烟花爆竹仓库安全风险防控智慧监管系统建设“互联网+智慧监管”新模式的试点市。

△河源市首批退役军人及其他优抚对象优待证颁发仪式在源城区举行。

△河源中学学生舒畅、龙川宏图学校学生黄一山被清华大学录取，河源中学学生潘飘熠被北京大学录取。

△河源市首次开展“南粤家政”星级服务人员和服务企业认定工作。

△河源市首个县级层面落实强制报告制度实施细则《东源县落实侵害未成年人案件强制报告制度实施细则（试行）》出台。

8月

4日　汕头市委书记温湛滨，市委副书记、市长曾风保率汕头市党政代表团到河源市考察。

5日　省委常委、宣传部部长陈建文到河源龙川县福建会馆、佗城古镇等地，就文化遗产保护利用开展调研。

11日　市长何国森会见韩国驻广州总领事韩在爀一行，双方就拓宽交流领域、深化合作发展进行友好会谈。

12日　市政府与广东电网有限责任公司签署电网发展战略合作框架协议。

16日　市委书记、市人大常委会主任林涛主持召开“面对面”解决群众“急难愁盼”问题第七场座谈会，就“关爱保护未成年人问题”倾听群众心声、回应群众关切。

△河源市预制菜产业联盟成立。

18日　河源首家一站式广东省特需人群接种门诊、广东省预防接种门诊在市妇幼保健院挂牌成立。

18—19日　由《人民日报》、《中国日报》、新华网、《南方日报》、广东广播电视台、《香港商报》等13家媒体组成的采访团20余名记者在河源市开展“走进大美河源”主题采访活动。

19日　河源市在河源国家高新区举行新一代电子信息产业系列经贸活动，集中签约项目29个，投资总额106.1亿元；集中动工投产项目38个，投资总额93.13亿元。

30日　市生态环境局综合科科长杨智辉被中共中央、国务院授予全国人民满意的公务员称号。

31日　市委、市政府召开2022年河源市创建全国文明城市攻坚工作推进会。

是月　由中国移动广东河源分公司、连平县交通运输局联合打造的连平县治超非现场执法及5G+智慧交通综合管理平台正式开通并投入使用。

△河源巴伐利亚庄园获评首批省级文明旅游示范单位。

△河源代表队在广东省第十六届运动会竞技体育组激流回旋比赛中获7金3银5铜，项目总分全省第一。

△河源市批准源城区七烈士陵园、东源县烈士陵园、龙川县烈士陵园、紫金县城革命烈士纪念碑（陵园）、紫金县苏区镇烈士陵园、连平县塔岭烈士墓园为第一批市级烈士纪念设施。

△河源市博物馆在馆藏恐龙蛋化石标本中新发现一种属种——网纹副长形蛋。

△河源市代表队在第二十二届广东省青少年机器人竞赛中获得1个二等奖、5个三等奖。

△河源市林业局获全国绿化先进集体称号。

△河源市选手在广东省第七届少数民族传统体育运动会上获5枚金牌8枚银牌8枚铜牌。

9月

1日　河源市首个公办专门学校——河源市启正学校开学。该校是市教育局直属管理，集义务教育、矫治教育为一体的全寄宿制公办专门教育学校。

△河源市市、县两级7个国家综合档案馆全部接入由国家档案局建设的全国档案查询利用服务平台，实现档案信息共享。

14—15日　省人大常委会主任黄楚平到河源市，就贯彻落实中央人大工作会议及省第十三次党代会、省委人大工作会议精神，调研地方人大立法情况，听取各方意见建议。

19日　河源市适龄女生人乳头瘤病毒（HPV）疫苗免费接种正式启动，具有河源市学籍、9月进入初中一年级、未接种过HPV疫苗且未满14周岁的女生，均可享受自愿免费接种HPV疫苗的服务。

20—21日　省政协副主席马光瑜率队到河源市开展“加快我省县级医院服务能力建设”专题调研。

28日　河源市疫情防控和安全稳定工作电视电话会议召开，贯彻落实中共中央决策部署和省有关会议要求，部署国庆假期的疫情防控、安全生产和维护稳定工作。

△河源市首家预制菜研究中心——客家风味预制菜研究中心正式挂牌成立。

29日　东源县举行2022年秋季工业投资项目集中签约仪式，现场签约的5个项目合同投资总额13.2亿元。

30日　市长何国森，市委副书记吴青川，与党政军群各界代表200多人在河源烈士陵园隆重举行公祭烈士活动。

是月　河源市的景旺电子科技（龙川）有限公司列入2023年省级促进经济高质量发展专项资金名单。

△市政府在江东新区召开全市农村生活污水治理攻坚行动现场会。

△《广东省市场监督管理局关于核准珠海市誉壹水产养殖专业合作社等企业使用地理标志专用标志的公告》发布，紫金县九和镇黄砂吉盛种养农民专业合作社、紫金县青茂种植农民专业合作社获准在其生产的“紫金春甜橘”上

使用地理标志专用标志，获得地理标志产品保护。

△ 由和平县消防救援大队阳明消防救援站一级消防士刘东自主设计研发的“消防车载线缆排障装置”获国家实用新型专利。

△ 第十二届国际鼎承茶王赛评选结果公布。紫金县双云峰紫金蝉茶等3款紫金茶获特别金奖，琴江源·紫金蝉茶等9款紫金茶获金奖。

△ 暨南大学附属第五医院·深河人民医院肾病科在河源首次精确诊断一例罕见病——冷球蛋白血症肾损害。

△ 市长何国森到广东技术师范大学（河源校区）、河源中学看望慰问教职员工。

△ 深河人民医院有3个项目获2022年度国家自然科学基金立项资助，获批经费134万元，这是河源市医院首次获得该项目立项。

△ “广东十大最美古树群”评选活动网络投票，河源阳明古树群获得72.2万票，排名第一。

△ 广东连平黄牛石省级自然保护区用红外相机拍摄到国家一级重点保护野生动物黄腹角雉活动的影像。

△ 中秋节假期，河源市接待入市游客31.75万人次。

△ 全国首届古树名木保护摄影大赛结果公布。连平县油溪镇小溪村《一棵雅榕树（树龄为612年）》摄影作品获全国二等奖。

△ 和平县绿苑种植专业合作社刘学武入选全省十大最美农机合作社理事长名单，龙川县龙母镇花井村邱文庆入选全省十大最美基层农机使用一线专家名单，广东乐源生态农业有限公司入选全省十佳农机社会化服务组织名单。

△ 河源市温氏禽畜有限公司义容种鸡场、深圳天翔达鸽业有限公司紫金分公司、广东华宝鸽业有限公司、紫金东瑞农业发展有限公司、河源市温氏禽畜有限公司忠信分公司柘陂种鸡场、连平东瑞农牧发展有限公司、和平东瑞农牧发展有限公司、东瑞食品集团股份有限公司玉井猪场、广东宝友现代农业有限公司、河源伊势农业有限公司、龙川县联生畜牧水产养殖场获评广东省畜禽养殖标准化示范场。河源盛泰种养有限公司、东源县创富养殖有限公司获评广东省现代化美丽牧场。

10月

5日 河源市疫情防控和安全稳定工作电视电话会议召开。市委副书记、市长何国森，市委副书记吴青川出席会议。

11—12日 省政协副主席许瑞生率省政协调研组到河源市开展“省内河水运大通道建设”民主监督调研。

16日 中国共产党第二十次全国代表大会在北京人民大会堂开幕。市委副书记、市长何国森带领市几套班子领导收听收看大会开幕盛况。

20日 市长何国森到源城区督导检查安全稳定和创建全国文明城市工作，并开展巡河活动。

26日 河源市产业园区高质量发展工作现场会在河源国家高新区召开。

29日 河源市传达贯彻中共二十大精神大会召开。

30日 河源市疫情防控电视电话会议召开，学习贯彻中共二十大精神和习近平总书记重要指示精神，贯彻落实党中央、国务院决策部署，落实省部署要求。

是月 国庆节假期，河源市接待入市游客137.66万人次，旅游收入7.17亿元。

△ 2022年广东省农村乡土专家名单公布，河源市有212人入选。

△ 广东省百强区县生态环境榜前50强发布，河源市的东源、和平、紫金、龙川、连平五县分列第一、二、三、四、六名。

△ 广东紫金白溪省级自然保护区管理处科考团队通过红外相机，在紫金县九和镇监测到野生中华穿山甲。

△ 东源县顺天镇横塘村（油茶）、和平县古寨镇水西村（水稻）、连平县上坪镇新镇村（鹰嘴蜜桃）、连平县油溪镇石背村（茶叶）入选2022年省级“一村一品、一镇一业”专业村名单；东源县叶潭镇（沙田柚）、和平县彭寨镇（丝苗米）、龙川县龙母镇（丝苗米）、连平县高莞镇（花生）入选2022年省级“一村一品、一镇一业”专业镇名单。

△ 和平县油茶产业发展基地、龙川县油茶产业发展基地入选广东省林业特色产业发展基地。

△ 第四批广东生态茶园名单公布：紫金县入选广东区域品牌生态茶园创建县，东源县仙湖山农业发展有限公司、紫金县承龙嶂龙王绿茶业有限公司入选高级生态茶园，东源县上仙湖茶业开发有限公司、河源柳上美人生态农业有限公司、东源县仙湖鼎生态农业发展有限公司、河源市伟景农林发展有限公司、河源市天仙湖农业发展有限公司、河源市绿色仙湖茶叶有限公司、东源县上莞镇五指山正仙湖茶农场、东源县纯信仙湖茶业发展有限公司、紫金县紫龙农业开发有限公司、龙川县勾树农业发展有限公司、广东金山美人茶业有限公司入选初级生态茶园。

△ 河源坚基商圈入选第三批广东省级示范特色步行街（商圈）名单。成为河源市首个省级示范特色步行街（商圈）。

11月

1日 《河源市暴雨灾害预警与响应条例》公布，将于2023年1月1日起施行。

1—2日 河源市在紫金县、龙川县、东源县和连平县开展地面火箭人工增雨作业，发射19枚火箭弹。

3日 市长何国森主持召开第八场“面对面”解决群众“急难愁盼”问题座谈会，就“城市服务”问题与群众面对面沟通、点对点解难。

10日 东源县举行2022年冬季工业投资项目集中签约仪式，现场签约项目4个，合同投资总额12.5亿元。

11日 “深河情”2022—2023河源文旅招商推介系列活动文旅消费季启动暨“河源乡村振兴大讲堂”举行，24个文旅项目签约，总投资约25亿元。

17日 广东省委常委、副省长王曦率省直有关部门到河源开展定点联系工作，就深入学习贯彻中共二十大精神、推动高质量发展进行调研。

19日 市委常委会暨市新冠肺炎防控领导小组（指挥部）召开会议，落实广东省委书记黄坤明批示、省委常委会会议有关精神，研究部署疫情防控工作。

△ 广东省委常委、统战部部长王瑞军率省直有关部门到河源，就深入学习贯彻中共二十大精神、加快农业农村现代化进行调研。

23日 河源市首个知识产权协同运营中心——河源国家高新区知识产权协同运营中心揭牌，该中心为民办非企实体化运营机构。

25日 河源市数字经济协会成立。

28日 华南首家恐龙研究所——河源恐龙研究所在河源恐龙博物馆挂牌成立。

是月 东源县顺天镇金史村被命名为全国示范性老年友好型社区。

△ 河源市首个“粤文坊”试点——市文化馆共建“雅居乐·粤文坊”揭牌启动仪式在市区雅居乐花园举行。

△ 市精电（河源）显示技术有限公司被国家知识产权局认定为2022年度“国家知识产权示范企业”，为河源首家获此荣誉的企业。

△ 河源江东新区蓝天救援队获2021年度国家海上搜救奖励。

△ 市妇幼保健院晋级三级甲等妇幼保健院，成为河源市首家三级甲等妇幼保健院、第二家“三甲”医院。

△ 深河人民医院成功为一名“脑出血后遗症期”患者实施内镜引导下经皮胃造瘘术（PEG）。该例手术是河源首例内镜引导下经皮胃造瘘术。

△ 东源县义合镇下屯村和河源市红十字志愿者协会获全国红十字模范单位表彰。

△ 深河人民医院完成河源市首例机器人辅助下人工全膝关节置换术。

△ 由中国茶叶流通协会主办的第二届世界红茶产品质量推选活动结果揭晓：紫金县选送的18个茶样全部获奖，其中，金奖12个、银奖6个。

12月

1日 市委常委会召开会议，学习贯彻习近平总书记在瞻仰延安革命纪念地和在陕西延安、河南安阳考察时的重要讲话精神，以及省委常委会会议有关精神。

6日 市委副书记、市长何国森带领市几套班子领导在河源市会议中心收听收看江泽民同志追悼大会。河源市各级党政机关、企事业单位以及社会各界干部群众也实时收听收看江泽民同志追悼大会。

16—18日 市八届人大二次会议召开，选举河源市出席省第十四届人大代表。

25日 河源队获第七届广东省女篮联赛季军，取得参与该赛事以来的最好成绩。

27日 紫金县举办2022年产业发展大会。36个优质项目签约，总投资249.56亿元；20个项目动工，总投资55.75亿元。

△ 由市司法局、东源县司法局报送的情景剧《炬火高擎》获省法治文化节语言类作品金奖。

29日 河源市30家文旅企业携153项文旅和工业创意产品参加第18届中国（深圳）国际文化产业博览交易会。

30日 市长何国森到源城区督导检查元旦假期安全生产、包保食品生产经营A级主体、疫情防控和节日值班值守工作。

△ 河源市30多家企业携130多个极具河源特色的农产品参加2022中国·深圳（第八届）国际现代绿色农业博览会。

是月 广东省普法办公布2021—2022年全省国家机关“谁执法谁普法”创新创先工作项目名单，河源市“强基层妇联·促乡村振兴”试点建设项目和市中级人民法院“法润河源”普法品牌创建获评优秀普法项目。

△ 河源市首艘LNG动力内河运输船舶“粤华远9528”在东江河源段水域下水，标志河源市开启新能源动力运输船时代。

△ 深河人民医院自主诊断河源首例IgG4相关性疾病——IgG4-RD。

△ 紫金县南岭镇发现一种从未见过的植物，经专家鉴定为筒冠花（*Siphocranion macranthum*），这是广东省首次记录到该物种，确定为广东省新分布物种，凭证标本将保存到中国科学院华南国家植物园标本馆白溪保护区标本专柜。

△ 河源市首张经营乙类非处方药药品经营许可证在源城区发出。

△ 河源市面向重点人群开启新冠疫苗第二剂次加强针接种。

△ 东源仙湖茶成功注册国家地理标志证明商标，系河源市首个经核准通过的国家地理标志证明商标。

△ 市科技局社会发展与农村科技科科长伍文彬获评全国科技管理系统先进工作者。

说明：“△”指该事件发生时间与上一事件相同。（黄书伟）

专 文

编辑：吴静文

乡村振兴战略全面实施

2022年，河源市推进农村一、二、三产业融合发展，立足水稻、油茶、水果、茶叶、生猪、蔬菜、南药、水产等“八大特色产业”资源。河源市农林牧渔业总产值253.67亿元，比上年增长4.9%；农村居民人均可支配收入20190元，增长5.4%；新增投入各类乡村振兴资金25.8亿元。

一、夯实粮食安全根基

把保障粮食安全纳入乡村振兴工作重点内容，河源市累计复耕复种撂荒耕地1.75万公顷，2022年粮食播种面积13.41万公顷。建成国家航天育种工程技术研究中心河源创新研究院，选育航天水稻新品系30个。

二、加快建设灯塔盆地国家农高区

把灯塔盆地的开发建设作为乡村振兴的主引擎，累计引进落户项目15个、投资总额40.3亿元，美林油茶加工产业园、福茂智慧农业机械项目、金冠食品经营加工项目等加快建设，初步形成以油茶种植及精深加工业为主导，预制菜、农业机械、生态畜禽、特色水果等产业为辅的“1+N”产业发展格局。岭南现代农业科学与技术广东省实验室河源分中心正式投入使用，五大科研中心、125名科研人员入驻实验室并开展实质性科研工作，并与10个科研团队达成合作意向，与17家企业签订共建共研共享协议。

三、健全农业产业体系融合发展

创建全省首个油茶产业跨县集群，打造省级现代农业产业园19个，东源县入选全国首批创建农业现代化示范区。全市创建国家农业产业强镇3个、“一村一品”示范村镇12个，省级“一村一品、一镇一业”专业村128个、专业镇22个。培育发展市级以上农业龙头企业292家、农民合作社408家、示范家庭农场112家，多种形式农业适度规模经营为引领的农业经营体系初步形成。打造河源创始人农业发展有限公司、龙川县绿油农业发展有限公司“粤字号”农产品104个、河源米粉等国家地理标志保护产品4个，龙川茗茶、连平丝苗米等14项农产品入选全国名特优新农产品。推进“旅游+”融合发展，举办四届乡村文旅融合创新大赛。累计登记民宿179家，创建国家级休闲农业与乡村旅游示范县2个、全国乡村旅游重点镇1个、全国乡村旅游重点村2个，打造中国美丽休闲乡村2个，省级休闲农业与乡村旅游重点县1个、示范镇12个、示范点34个，广东省乡村旅游精品线路10条，广东省文化和旅游特色村14个。紫金县“红色紫金—蝉茶飘香”入选全国“百条红色茶乡旅游精品路线”。

四、巩固脱贫攻坚成果

完善防返贫动态监测帮扶机制。2022年，河源市以脱贫人口家庭年度收入低于9920元为底线，新认定防返贫监测对象391户1683人，落实各类帮扶措施2783个，监测对象各项帮扶政策得到有效落实，140户595人的返贫致贫风险得到初步消除。促进脱贫人口持续增收。实施产业、就业、消费帮扶三大工程，增加脱贫人口的收入。全市有劳动能力脱贫人口实现收入18924.96元，比上年同期增长11.58%。在全省首创“乡村群众无忧保”，为符合条件的脱贫人口购买商业保险，筑牢防返贫篱笆。登记在册的扶贫项目资产9609个，涉及金额30.84亿元，规范经营性资产的后续管护运营。深化驻镇组团帮扶。对现有的1140多名驻镇帮镇扶村工作队员，完善日常管理、工作联系、考核激励等制度。组织开展驻镇帮扶工作队员培训18期，培训3852人次，提升帮扶队伍能力素质、履职能力。创新发展社会帮扶。以“巩固脱贫成果，助力乡村振兴”为主题开展2022年广东扶贫济困日活动，各级累计捐赠资金6.34亿元。河源扶贫基金会更名为河源乡村振兴基金会。

五、加强基层党组织建设

制定并严格落实市领导联镇包片制度。实施“面对面”解决群众“急难愁盼”问题机制，率先在全省建立领导定期下基层接访制度，“四议两公开”全面落实，人民调解、治安保卫、公共卫生委员会实现全覆盖。推进支部标准化、规范化建设，新设社区“大党委”56个。建立健全基层党组织对基层各类组织的领导机制，推进“大支委、小村委”做法，村（社区）“两委”换届高质量完成。乡镇街道体制改革通过建立综合治理、公共服务、综合行政执法、应急指挥等“四大平台”，合理下放7个领域279项执法权限。改革做法及成效在中央编办主管杂志刊发推广，率先出台“6个体系+1个响应机制”应急管理体系方案并在全省推广。市直机关干部和乡镇领导班子双向交流任职11人次，从市直机关选派20名优秀年轻干部到基层一线挂职，向重点村持续选派驻村第一书记和工作队成员238名，选派90名选调生到村锻炼。88名优秀村党组织书记招录成为乡镇事业编制人员，全覆盖储备村后备干部2107名。全覆盖培训全市101名乡镇（街道）党（工）委书记，常态化开展村（社区）党组织书记、其他村（社区）“两委”干部、全市重点村第一书记和驻镇帮镇扶村工作队长专题培训。

六、完善人才政策体系

实施人才培育工程。“南粤家政”“粤菜师傅”“广东技工”三项工程合计培训26360人次，13546人获得专项职业技能证书，带动就业创业4万多人。建立“领头雁”人才项目库，对农村青年人才开展培训班130余场次，惠及1.5万人。挖掘培养乡村手工业者、传统艺人，认定省级“乡土专家”212人，发展农业专业技术人才577人、乡村工匠274人。累计引进硕士、博士以及副高以上职称人才67人、急需紧缺专业人才125人，招引高层次科技创新团队15个，落地人才合作项目18个。436名高校毕业生志愿者、182名“三支一扶”人员、285名科技特派员、47名金融助理、597名干部职工在乡村一线谋发展、理思路、出实招。建立市县两级“雁归源”服务中心。10238名品德素质较好、报效家乡意愿较强的外出能人返乡领办创办新兴产业、组建农民专业合作组织、开拓特色农产品销售渠道。51名“希望乡村教师计划”、12名“一校一社工”志愿者、30名“美丽中国”支教老师服务乡村学校，公费定向培养师范生145名，招募“银龄讲学计划”教师7名；通过粤东西北事业单位统一招聘医、药、护、技类专业技术人员259人，定向培养农村卫生人才45人，农村居民享受到更高水平的公共服务。

（市乡村振兴局）

打造“六色”旅游品牌

2022年，河源市文化广电旅游体育局按照市委、市政府的工作部署，深入实施文旅旺市战略，坚持“政府引导、市场运作、企业主体、社会参与、群众受益、永续利用”原则，突出抓好“六色”旅游（“古色”人文旅游、“红色”革命旅游、“绿色”生态旅游、“蓝色”湖水旅游、“特色”温泉旅游、“夜色”休闲旅游）品质提升，促进河源市文化、休闲体育、旅游深度融合高质量发展。

一、抓好全域旅游创建

指导和推动万绿湖风景区做好创建国家AAAAA级旅游景区整改工作，夯实基础设施建设，进一步丰富旅游产品。推动紫金县成功创建省级全域旅游示范区。紫金县苏区革命旧遗址群景区、林寨古村和仙坑古村成功创建国家AAA级旅游景区。各县（区）完善旅游基础配套设施，建设并优化县（区）一级的全域旅游集散中心，建设一批旅游厕所，完善旅游基础设施。同时，推动全市旅游业由观光型向休闲度假型转变，加快打造河源文旅新IP，打造南片区河源“入户大堂”，推动全市核心景区、特色小镇、特色乡村串珠成链，提升以万绿湖、野趣沟、桂山、霍山、九连山等为代表的“万绿河源”30多家生态景区。

二、抓好特色文化品牌

打造佗城风景区、林寨古村、南园古村、苏家围、黄龙岩畲族风情景区等多个以客家文化为核心的重点文化旅游项目。举办万绿湖打鱼节、客家乡土文旅周等特色活动，推介河源水文化，做好“河源好水”这篇文旅大文章。

三、抓好乡村旅游经济复苏

争取省级财政扶持资金1300多万元，用于文旅项目奖补和AAAA级以上旅游景区、省级以上旅游度假区纾困。抓好河源民宿业态发展。培育源城区高埔岗街道大水井社区、和平县热水镇南湖村、东源县仙塘镇观塘村、连平县上坪镇新镇村作为特色民宿村创建单位，仙坑村、下屯村成功被评为省乡村研学旅行特色村。源城区埔前镇获第二批全国乡村旅游重点镇，新评省文化和旅游特色村3个、省工业旅游精品线路1条、省乡村旅游精品线路3条、首批广东省驿道乡村酒店1家、省级休闲农业与乡村旅游重点县1个、示范镇2个、示范点6个。

四、抓好河源恐龙文化建设

做深“古色”人文旅游，抓实考古发掘、文物研究工作，“让文物活起来”。深入实施《河源市革命旧址保护条例》，加大红色遗址保护，讲好红色河源故事。组建市领导牵头的河源恐龙地质遗迹公园建设工作专班，制订《河源市恐龙地质遗迹保护开发工作方案》。成功争取省级财政资金用于恐龙地质遗迹公园项目前期工作。完成《广东河源恐龙蛋化石群》学术专著编辑出版；完成“广东河源恐龙化石遗迹产地调查与化石资源保护利用规划建议”项目和河源市东源县蓝口镇先秦遗址区域系统考古调查工作；举办粤北文物考古工作站田野调查培训班。挂牌成立华南首家恐龙科研机构——河源恐龙研究所，并建设古生物实验中心。河源恐龙文博园被评选为“湾区最美公共文化空间”。

五、抓好文旅招商推介活动

成功举行“六色”文旅招商推介会，24个签约项目计划投资额35亿元。冠名两组“中国万绿湖 世界中华龙”高铁列车；在粤港澳大湾区城市及江西、福建等地开展文旅宣传推广和交流活动。

（市文广旅体局）

市情概貌

编辑：李文举

建置 · 区划

【建置沿革】 河源，战国时期属楚。秦于龙川置县后，历汉、三国、两晋，均属南海郡龙川县地。南朝齐永明元年（483），龙川析地置河源县，仍属南海郡。南朝梁天监二年（503），南海郡置梁化郡（今惠阳梁化），河源属梁化郡。隋开皇十年（590）改梁化郡置循州（治今龙川佗城）。隋开皇十一年省龙川，并入河源县，为循州属。隋大业元年（605），改循州为龙川郡。河源属龙川郡辖。唐武德五年（622），龙川郡复名循州，唐嗣圣元年（684）改循州为雷乡郡。唐天宝四载（745）改雷乡郡为海丰郡。唐乾元元年（758）又改称循州。南汉乾亨元年（917）析循州分置祯州、循州，河源属循州。南汉大宝元年（958），改旧循州治为祯州，河源属祯州辖。北宋天禧五年（1021）改祯州为惠州［一说北宋天禧四年（1020）改祯州为惠州］。北宋宣和二年（1120）改惠州郡为博罗郡。南宋绍兴三年（1133）复称惠州。元至元十六年（1279）惠州升路，河源属惠州路辖。明洪武元年（1368），惠州路改为惠州府。清代，河源属惠州府辖。民国2年（1913），河源属广东省都督府潮循道。民国14年（1925），河源隶属东江行政区。民国17年（1928），河源属东江善后委员公署。民国21年（1932），属东江绥靖委员公署辖。民国25年（1936），河源隶属广东第四区行政专员公署。民国29年（1940），第四区行政专员公署由惠州移至河源。民国38年（1949），改称第六区行政专员公署。中华人民共和国成立后，河源先后属东江行政委员会、东江行政专员公署，1953年，属粤东行政专员公署。1956年3月，属惠阳地区专员公署。1959年3月，惠阳地区撤销，属韶关地区专员公署管辖。1963年7月，恢复惠阳地区，河源又划归惠阳地区辖。1988年1月7日，国务院批准撤销河源县，设立河源市，原河源县划分为河源市源城区和郊区。河源市辖源城区、郊区、龙川县、紫金县、连平县、和平县。1988年3月2日，市委、市政府正式挂牌办公。1993年11月8日，国务院批准撤销河源市郊区，设立东源县。（《河源年鉴》编辑部）

【行政区划】 2022年，河源市辖源城区、东源县、和平县、龙川县、紫金县、连平县五县一区。全市设95个乡镇

2022年河源市行政区划一览表

表1

区县	乡镇（街道办）名称	数 量
源城区	镇：源南、埔前；街道办事处：上城、东埔、新江、源西、高埔岗、城东	2个镇、6个街道办
东源县	镇：灯塔、顺天、骆湖、船塘、仙塘、上莞、曾田、柳城、义合、蓝口、黄田、叶潭、黄村、康禾、锡场、新港、双江、涧头、新回龙、半江；乡：漳溪畲族乡	20个镇 1个民族乡
和平县	镇：阳明、大坝、上陵、下车、长塘、贝墩、彭寨、东水、林寨、热水、优胜、古寨、礼士、公白、合水、青州、浰源	17个镇
龙川县	镇：老隆、四都、黄石、细坳、车田、贝岭、黎咀、麻布岗、上坪、丰稔、赤光、龙母、廻龙、田心、铁场、登云、通衢、鹤市、黄布、紫市、佗城、新田、岩镇、义都	24个镇
紫金县	镇：紫城、中坝、龙窝、九和、上义、蓝塘、凤安、义容、古竹、临江、柏埔、黄塘、敬梓、水墩、南岭、苏区、瓦溪、好义	18个镇
连平县	镇：元善、上坪、大湖、忠信、隆街、陂头、内莞、绣缎、高莞、油溪、田源、溪山、三角	13个镇
合计	全市共5个县、1个区，101个乡镇（街道）：95个乡镇（其中1个畲族乡），6个街道办事处	—

（其中1个民族乡）、6个街道办事处。其中，源城区辖2个镇、6个街道办事处；东源县辖20个镇、1个民族乡；和平县辖17个镇；龙川县辖24个镇；紫金县辖18个镇；连平县辖13个镇。年底，全市有社区居民委员会201个。其中，东源县仙塘镇新河社区居民委员会6月10日成立；和平县阳明镇上城、新城，以及彭寨镇安甽社区居民委员会6月8日成立；龙川县老隆镇隆南、隆北、兴隆社区居民委员会4月25日成立；龙川县麻布岗镇麻布岗社区居民委员会7月25日拆分为圆宝、宝岗2个社区居民委员会。村民委员会1251个。（巫 极）

自然地理

【位置、范围与面积】 河源市位于广东省东北部，地处东江中上游，东靠梅州，南接惠州、汕尾市，西连韶关市，北邻江西省赣州市。其范围是北纬23°10′—24°47′，东经114°14′—115°36′。全市面积1.57万平方千米。

【地貌特征】 河源市处于粤东北山区与珠江三角洲平原地区的接合部，属山地丘陵地区。境内地势东北向西南倾斜，粤赣边境山高岭峻，最高峰连平县黄牛石顶，海拔1430米。山脉多北东走向，主要山脉有北西部九连山脉，斜贯中部的罗浮山脉及东东边缘的莲花山脉。东江、新丰江纵贯全境，山岭与盆地相间，在山间和东江边分布着冲积小平原和宽广的谷地。（严 蕾）

2022年河源市区县最高山峰一览表

表2 单位：米

山峰名称	所在区县	海拔高度
黄牛石顶	连平	1430
七目嶂	龙川	1318
风吹蝴蝶	和平	1272
武顿山	紫金	1232
蝉子顶	东源	1125
桂山	市区	1056

（《河源年鉴》编辑部）

【气候】 2022年，河源市主要气候特点：气候年景偏差，天气气候总体特征表现为开汛偏早、“龙舟水”强、降水极端、洪涝严重。气温起伏波动大，高温日数多、强度强；降水偏多且阶段性明显，“龙舟水”为1969年以来最强；初次台风偏晚，台风影响整体偏轻；秋季气象干旱明显；2月持续低温阴雨寡照历史同期少见。全市年平均气温21.0℃，较常年（21.0℃）持平。全市平均高温日数（最高温度≥35℃的日数）37.0天，较常年（25.6天）偏多11.4天。开汛日为3月24日，较常年开汛（4月11日）偏早18天；平均降雨总日数（日降水量≥0.1毫米的日数）为151.2天，其中平均暴雨日数为7.6天；年总降水量1963.0毫米，较常年同期（1727.5毫米）偏多14%；年日照时数为1712.5小时，较常年同期（1663.4小时）正常略偏多3%。影响河源市的气象灾害主要为寒潮、强对流天气、暴雨、台风、高温和干旱灾害。年内，降水极端性强，“龙舟水”期间（5月21日至6月20日），平均降水量653.9毫米，较常年同期（320.9毫米）偏多1.04倍，占前汛期总降水量的60%，为1960年以来同期第三位（1968年710.4毫米、1964年664.5毫米），为1969年以来同期最多。（叶丽娜 单雪珂）

【土地资源】 2022年，河源市土地总面积为156.54万公顷。其中，湿地0.14万公顷，农用地面积142.93万公顷（耕地10.61万公顷，园地4.01万公顷，林地124.13万公顷，草地1.40万公顷，其他农用地2.78万公顷），建设用地面积7.86万公顷（城镇村及工矿用地6.26万公顷，交通运输用地1.52万公顷，水工建筑用地785.23公顷），未利用土地面积5.62万公顷（水域及水利设施用地面积5.44万公顷，其他土地面积0.18万地公顷）。

【矿产资源】 2022年，河源市发现主要矿产64种，查明资源储量的有34种。矿产地（矿点）422处。其中，能源矿产2种，矿产地34处；金属矿产12种，矿产地（矿点）139处；非金属矿产19种，矿产地245处；水气矿产1种，矿产地4处。（严 蕾）

【水资源】 河源市位于广东省东北部，地处东江中上游、韩江上游和北江上游。其中，东江流域占87.5%，韩江流域占10.5%，北江流域占2%。区域内河流众多，集雨面积在100平方千米以上的河流有50条，集雨面积超过1000平方千米的河流有7条，东江、新丰江两条河流纵贯全境。河源市水资源丰富，多年平均降水量1700毫米，多年平均年径流总量151.3亿立方米，多年人均水资源拥有量约4500立方米，为全国、全省人均水平的2倍以上。华南地区最大水库——新丰江水库位于河源市境内。水力资源理论蕴藏量168.74万千瓦，占全省的24%，其中可开发水力资源量133.4万千瓦。水环境质量优良，境内主要大中型水库水质良好，新丰江、枫树坝两个广东最大的大型水库和东江河源段的水质，常年保持国家地表水Ⅰ—Ⅱ类标准。尤其是新丰江水库水量大、水质优，多年平均年入库流量为61亿立方米，水质常年保持国家地表水Ⅰ类标准，是中国湖泊（水库）少有的优质饮用水源，具有“人无我有，人有我优”的水资源优势。2022年为平水年，年降水量1935.59毫米，比上年增长67.85%，比多年平均增长14.09%。水资源总量160.4亿立方米，比上年增加1.79倍。大、中型水库年末蓄水总量98.22亿立方米，较年初增加45.21亿立方米（其中新丰江水库蓄水量增加40.62亿立方米）。（宋丽平）

【植被和生物资源】 河源市光、热、水资源丰富，四季常青，动植物种类繁多。2022年，全市有国家一级保护动物中华穿山甲、小灵猫和黄腹角雉等，国家二级保护动物水鹿、蟒蛇和白鹇（省鸟）等，省重点保护动物中国豪猪、赤麂和黑水鸡等。国家一级保护植物有伯乐树、紫纹兜兰和南方红豆杉等，国家二级保护植物有桫椤、金毛狗和金线兰等。在植被类型中，有属于地带性植被的南亚热带季风常绿阔叶林、中亚热带典型常绿阔叶林。（王　子）

人口·语言·民族

【人口】　2022年，河源市常住人口284.17万人，比上年增长0.03%；城镇人口比例50.3%，比上年增长0.5个百分点。同期河源市户籍人口371.27万人，比上年降低0.18%。全市少数民族人口3万多人。河源籍海外华人华侨约36万人，港澳台同胞约21万人。

【语言】　河源市地处梅州市与广州市之间，河源话受正统客家话及白话（广州话）的影响较大。有的词语读音与梅州话相似，有的词语与广州话相近，而河源市内各县区之间的方言也有较大差异。但总体上河源市均属于客家方言地区。

【民族】　河源市居民主要由汉族组成，人口占全市总人口的99%以上；汉族祖先是中原客家民系，所操语言为汉族客家语系方言。少数民族中，人口较多的是畲族。有1个畲族乡，9个畲族村，东源县漳溪畲族乡是全省唯一的畲族乡。2022年，畲族有19163人，其风俗习惯基本与汉族相同，但仍保留着其自身的一些风俗习惯。此外，境内还有壮族、苗族、瑶族、土家族等少数民族人口。（《河源年鉴》编辑部）

2022年河源市户籍人口民族一览表

表3　　单位：人

民族	人口	民族	人口	民族	人口	民族	人口	民族	人口
汉族	3689907	回族	136	毛南族	24	哈萨克族	3	羌族	2
畲族	19045	彝族	129	藏族	14	赫哲族	3	裕固族	2
壮族	5978	蒙古族	89	傈僳族	13	景颇族	3	阿昌族	1
苗族	1017	仫佬族	74	佤族	11	纳西族	3	东乡族	1
土家族	991	仡佬族	67	土族	9	怒族	3	普米族	1
瑶族	907	朝鲜族	65	京族	5	维吾尔族	3	塔塔尔族	1
侗族	566	水族	49	布朗族	4	锡伯族	3	乌孜别克族	1
黎族	295	白族	39	拉祜族	4	独龙族	2	—	—
布依族	288	傣族	35	达斡尔族	3	鄂伦春族	2	—	—
满族	208	哈尼族	28	高山族	3	珞巴族	2	—	—

说明：河源市共47个民族。数据由河源市公安局提供　　（宋永鸿）

经济和社会发展综述

【概况】2022年，河源市实现地区生产总值1294.57亿元，比上年增长1%。其中，第一产业增加值162.41亿元，增长4.7%；第二产业增加值469.15亿元，增长0.5%；第三产业增加值663.01亿元，增长0.5%。三次产业结构由上年的12.0∶36.5∶51.5调整为12.6∶36.2∶51.2。人均地区生产总值45563元，增长0.9%。全年全体居民人均可支配收入25825元，增长4.9%，扣除价格因素，实际增长3.0%。

【疫情防控】　2022年，河源市做好疫情防控工作，高效处置“1·31”“3·5”“7·4”（分别指发生在2022年1月31日、3月5日、7月4日的本土疫情个案）等本土疫情，是全省发生病例最少的地市之一。加强定点医院、亚定点医院和方舱医院救治能力建设，因时因势优化疫情防控措施，最大程度保护人民群众生命安全和身体健康，最大限度减少疫情对经济社会发展的影响。医疗救治等防控能力持续提升，推动疫情防控顺利进入新阶段。服务全省疫情防控大局，河源市33批2416人次医务人员支援广州、深圳、东莞等地疫情防控工作。

【农业】　2022年，河源市实现农林牧渔业总产值253.67亿元，比上年增长4.9%。其中，农业产值145.13亿元，增长3.8%；林业产值43.92亿元，增长4.7%；牧业产值53.64亿元，增长7.1%；渔业产值6.72亿元，增长3.2%；农林牧渔专业及辅助性活动产值4.27亿元，增长8.0%。粮食播种面积13.41万公顷，粮食产量81.54万吨。新建6家日烘干能力30吨以上的水稻机械化烘干中心。畜禽肉总产量18.86万吨，增长7.5%。首次实现对澳门活猪出口，供港澳生猪28万头，数量稳居全国地市首位。成立国家植物航天育种工程技术研究中心河源创新研究院，创建3个育种示范基地。新增省级现代农业产业园5个，总量达19个，排名全省第四。新增和平、连平2个省级农业科技园区。培育粤港澳大湾区“菜篮子”基地22个，培育省级农业龙头企业8家、市级农业龙头企业20家。新增省级农业标准化示范区2个、“圳品”2个。全省首届油茶产业大会在河源市成功举办，油茶产业产值26.8亿元。推动成立预制菜产业发展联盟、关联企业40家，预制菜产业产值4.5亿元。紫金县被评为“中国蝉茶之乡”，东源仙湖茶成为全市首个国家地理标志证明商标。灯塔盆地创建国家农高区，广东油茶跨县集群产业项目新增土地流转1333.33公顷，起步区完成“三通一平”18.67公顷，油茶精深加工等15个产业项目落户，总投资40.3亿元。

【工业】2022年，河源市实现全社会工业增加值378.98亿元，比上年增长2.5%。年末全市有规模以上工业企业637家，其中年产值超亿元的202家。实现规模以上工业增加值363.51亿元，增长2.4%；高技术制造业增加值136.06亿元，增长6.3%；先进制造业增加值184.22亿元，增长3.7%。投入37.8亿元推动产业园区高质量发展，完成“三通一平”5.44平方千米，扩园6.17平方千米，建成一批“七个一”工程，纵深推进产业园区用地整治提升行动，盘活存量用地336.2公顷。河源国家高新区被认定为省级加工贸易产业转移园，水经济产业孵化基地建成，与深圳南山共建产业园一期投入使用，14家深圳企业入驻。连平与深圳南山共建产业园一、二期建成使用，东源产业转移园完成省级园区循环化改造。水经济及食品饮料产业实现总产值48.21亿元，今麦郎饮品建成投产，签约引进华润怡宝等8个项目总投资62.08亿元。电子信息产业实现总产值531.51亿元，增长7.6%；雅达电子首发上市获北交所会审通过并取得证监会注册批复，继河源市农业企业上市实现“零”的突破后工业企业上市也实现“零”的突破；卓翼科技一期等投资超10亿元项目达产达效，西可通信、美晨通讯等项目增资扩产3.5亿元，航嘉工业园三期、时进科技等项目加快建设，签约引进京泉华、禾望电气、景旺电子三期等58个项目，总投资307.3亿元。先进材料产业实现总产值49亿元，晟源永磁等项目建成投产，铂科新材等项目加快建设，签约引进特区建工、航美新材料、快裕达新材料等37个项目，总投资82.89亿元。

【服务业】2022年，河源市非营利性服务业增加值211.48亿元，比上年增长4.9%；营利性服务业增加值77.15亿元，增长2.7%；金融业增加值76.80亿元，增长1.4%；批发和零售业增加值130.32亿元，增长0.7%；交通运输、仓储和邮政业增加值22.67亿元，下降5.8%；房地产业增加值120.86亿元，下降6.2%；住宿和餐饮业增加值21.82亿元，下降6.4%；现代服务业增加值316.52亿元，下降1.9%；规模以上服务业企业实现营业收入77.45亿元，增长4.8%。接待旅游者564.5万人次，旅游总收入40.85亿元，引进文旅项目24个，总投资35亿元。创成国家AAA级旅游景区3个，创成1条全国乡村旅游精品线路、3条省乡村旅游精品线路，新增3个省文化和旅游特色村。万绿湖风景区加快创建国家AAAAA级旅游景区。紫金县创成省级全域旅游示范区，东源县创成省级休闲农业与乡村旅游重点县。

【对外贸易】2022年，河源市外贸进出口总额243.8亿元，比上年下降20.6%。其中，出口总额193.9亿元，下降21.4%；进口总额49.9亿元，下降17.2%。年末全市工商登记在册的外商投资企业减少。全年签订利用外商直接投资项目36个，实际利用外商直接投资11.38亿元，增长7.3%。中国（河源）跨境电子商务综合试验区建设稳步推进，推动力升树灯等外资企业增资超1亿美元。

【社会事业】教育事业持续发展 2022年，河源市新改扩建公办幼儿园14所，新增学位4890个；新增认定普惠性民办幼儿园15所，新增普惠性学位4560个，学前教育“5080”成果巩固提升。新改扩建及续建公办义务教育学校11所，新增学位10335个，成立10个中小学幼儿园教育集团；新改扩建普通高中4所，新增学位8350个；新增中等职业教育学位4200个，新设2所民办中职学校。建成市中小学科普教育馆、市中小学生综合实践基地，推进市青少年宫和教师发展中心建设。“双减”工作扎实推进，课后服务工作实现全覆盖，义务教育学科类培训机构大幅压减至4个，212个非学科类培训机构实现证照齐全、规范经营。启正学校正式招生办学，弥补专门教育工作空白。

卫生事业持续改善 市妇幼保健院、市中医院创成“三甲”医院，龙川县人民医院、和平县人民医院达国家县级综合医院推荐标准。市人民医院新增3个国家“住培”专业基地。深河人民医院获批3项国家自然科学基金项目，实现全市医疗学科国家自然科学基金项目立项“零”的突破。医保支付改革走在全省前列。21家医疗机构实现看病就医“一键诊疗”。推动101家零售药店和便利店开设24小时售药窗口，打造市区“15分钟夜间购药圈”。和平县成为省第一批县域医共体建设高质量发展综合试验区。创成省、市级卫生镇村409个。

发展内涵持续提升 2022年，河源市打造19个红色资源“云展厅”，建设“九连小延安”等43个革命传统教育实践基地，推出《阮啸仙传》等一批红色文艺精品。创新打造“河源文明学院网络平台”“文明实践公共服务平台”“指尖式文明实践传播平台”，188个行政村综合性文化服务中心达标提质增效，40所中小学校“馆校共享图书”服务点加快建设。10个非遗保护传承项目列入第八批省级非遗代表性项目名录，38处省级以上文物保护单位实现“四有”（有保护范围、有保护标志、有记录档案、有保管机构）。恐龙地质遗迹保护工作扎实推进，华南地区首家恐龙科研机构河源恐龙研究所挂牌成立。

民生服务持续优化 2022年，河源市民生支出261.92亿元，比上年增长0.3%，占全市一般公共预算支出的78.5%。“十件民生实事”基本完成，落实“面对面”解决群众“急难愁盼”问题机制，开展“看病难”“饮水难”“上学难”等座谈会8场，办结民生问题3959宗，启动“面对面”信息化平台建设，公共服务体系加快完善。县级以上集中式饮用水源水质达标率100%。低保、孤儿等补贴标准持续提高，市养老综合服务中心、市高龄津贴智慧化系统建设稳步推进，“双百工程”［实现乡镇（街道）社会工作服务站100%覆盖、困难群众和特殊群体社会工作服务100%覆盖］扎实推进，“五社联动”（以社区为平台、以社会组织为载体、以社会工作者为支撑、以社区志愿者为辅助、以社会慈善资源为补充的现代基层治理行动框架）机制持续深化。

社会大局持续稳定 面对1969年后最强“龙舟水”袭击，提前转移群众10.97万人次，占全省的1/4，没有因洪涝灾害造成人员伤亡，因灾损失远小于2019年和1964年“龙舟水”同期。全面完成地质灾害防治三年行动538处综合治理任务，修缮重建因“龙舟水”受灾“全倒户”123户、“严损户”247户。森林防灭火工作扎实，森林火灾发生率下降68.42%、受害率下降84.05%。狠抓道路交通安全工作，治理隐患路口路段94处，清理八类重点隐患车辆2146辆。完成县区信访机构单独设置。生产安全事故起数下降18.3%，妥善处置房地产、劳资等领域矛盾纠纷，是全省刑事治安警情数最少的地市之一。市水域救援训练中心建成投入使用。公共安全视频监控系统、公安监管场所设施建设有序推进。食品药品安全监管工作全面加强。

【城乡建设】基础设施更加完善 2022年，河源市完成固定资产投资653.58亿元，位居北部生态发展区第二。梅龙高铁建设顺利推进，赣深高铁沿线4个综合交通枢纽设施进一步完善。粤赣高速公路顺天互通立交建成通车，龙寻高速公路完成总进度60%，长深高速公路改扩建工程全面动工建设。国道236线龙川县龙江大桥工程等5个国省道新改建项目建成，15个国省道新改建项目、5个路面改造项目加快推进。河紫高速公路、东江航道扩能升级，源城港区码头、江东新区古竹码头前期工作扎实推进。万洋众创城一期、电网建设工程等190个省市重点项目加快建设，完成投资298.5亿元，其中新开工项目62个。市妇幼保健院升级改造、源城区工业园三期扩园等60个专项债券项目建设稳步推进。学府大桥前期工作扎实开展。市区9个智能停车场加快建设，华达街、雅居乐、江源小学、中山大道等4座人行天桥加快建设。220千伏万绿湖输变电工程主体建成投产，新建天然气市政管网42千米、市区天然气普及率70%，新建5G基站1198座、重点场所5G信号实现全覆盖，建设充电站点254个、公共充电桩662个。

城市品质稳步提高 42个老旧小区改造全面完工、31个老旧小区改造开工建设，升级改造农贸市场62家，修复破损路面7800平方米。完成永丰路口、中堤路、越王大道下穿隧道等32个积水点改造，改造普通公路危旧桥（隧）45座。滨水公园碧道、新丰江碧道投入使用，建成都市型、城镇型、乡野型、自然生态型碧道70千米，公园绿地服务半径覆盖率91.22%，人均公园绿地面积15.48平方米，推窗见绿、出行300米见公园的花园城市加快建设。创建全国文明城市工作扎实推进，创文省检继续保持全省第二。积极建设“智慧城市”，城市运行管理服务平台、智能化路灯无线监控系统等加快建设。开展城市“六乱”整治行动，深入实施“十大专项整治提升”行动，大力推进垃圾分类处理，建成江东新区生活垃圾分类示范区，建成厨余垃圾处理站5座、可回收物打包中心1座，升级改造生活垃圾分类投放收集点586个，城市生活垃圾无害化处理率100%，城市更加整洁宜居。

乡村振兴扎实推进 建成农村公路480千米、村道硬化3840千米，55%行政村实现双车道通行，100人以上自然村全部通硬化路。龙川县入围“四好农村路”全国示范县创建单位。所有自然村达干净整洁村标准、实现集中供水，4663个自然村完成农村生活污水治理任务，“微改造”农房2.59万户，整治农村削坡建房风险点9520户，改造农村问题厕所6222个，完成农村电网投资3.66亿元，实现5G网络“镇镇通”。952个行政村完成电力线、通信线、广播电视线整治。建设县级乡村振兴示范带15条、镇级美丽乡村风貌带和美丽乡村精品带95条，创建美丽宜居村71个、特色精品村20个，新建“四小园”1539个。所有村（居）完成村规民约修订工作，乡村治理“积分+”模式入选全国社会治理创新“最佳案例”，12个村（居）获评省级民主法治示范村（居）。认定专业镇22个、专业村128个，268个“一村一品、一镇一业”项目扎实推进，大力推进电商进农村综合示范项目，联农带农富农效果明显，农村居民人均可支配收入20190元，增长5.4%。落实“四个不摘”（摘帽不摘责任、摘帽不摘政策、摘帽不摘帮扶、摘帽不摘监管），守住不发生规模性返贫底线。全市行政村集体经济平均收入增长52.6%、村年收入均超10万元，实现集体经济千万级村1个、百万级村19个。东源县仙湖村入选“全国乡村特

色产业超亿元村”名单。（黄紫纯）

政治文明建设

依法治市

【习近平法治思想学习贯彻】 2022年，河源市召开5次市委全面依法治市委员会会议，学习贯彻习近平法治思想，研究部署法治建设重点工作。把法治建设纳入市委常委会年度工作要点，建立健全党委（党组）理论学习中心组学习习近平法治思想常态化机制。举办“百名法学家百场报告会”河源市委理论学习中心组专场暨南粤法治报告会，开办“学习贯彻习近平法治思想专题研讨班”，将习近平法治思想宣传与公共交通创新融合，打造“法治号”公交专车。

【法治河源建设】 2022年，河源市在2021年制定《法治河源建设规划》《河源市法治社会建设实施方案》的基础上，印发《河源市法治政府建设实施方案》，构筑起河源法治建设“一规划两方案”的宏伟蓝图。制定《关于推进2022年度基层法治建设重点工作的指导意见》《河源市“夯实法治基础 护航乡村振兴”专项行动方案》，乡镇（街道）设立依法治镇（街）委员会及其办公室实现全覆盖。

【法治建设考评】 2022年，河源市2021年度法治广东建设考评获良好等次，在粤东西北12个地级市中排名第八，对比2020年度考评进步4名。完成2021年度法治河源建设考评，对排名末位的县进行约谈并开展专项督察。组织实施2022年度法治建设创新项目评选工作，着力打造法治建设新样板。在全省地级市层面率先建立“税务+司法行政”合作共建机制，推进依法纳税。市普法栏目《法治声音》入选首批“广东省法治政府建设示范项目”，全市1个单位和2名个人被省委评为依法治省先进单位和个人。

依法行政

【重点领域立法】 2022年，河源市推动出台全国地级市首部聚焦暴雨灾害防御工作的地方性法规《河源市暴雨灾害预警与响应条例》，完成《河源市文明行为促进条例》的调研、起草、合法性审查工作。将《河源市城市供水用水管理办法》作为修改项目纳入立法计划，完成合法性审查并提交市政府。河源市新的社会阶层人士联合会被选定为省政府立法基层联系点。

【依法决策持续推进】 2022年，河源市全面落实重大行政决策、行政规范性文件合法性审核机制，市司法局审查规范性文件61件、政府重大行政决策事项31件、其他政策文件152件，备案审查县（区）政府规范性文件51件。制定《河源市重大行政决策事项目录管理办法》，编制公布《河源市人民政府2022年度重大行政决策事项目录》。实现市县镇三级政府外聘法律顾问全覆盖，推动落实司法所所长列席党政联席会议制度，完成市政府第五届法律顾问换届工作。全年组织市政府法律顾问出具法律意见书141份，提出法律意见385项。

【行政执法】 2022年，河源市深入学习新行政处罚法。制定《河源市推进包容审慎监管实施方案》，编制减免责清单。加强行政执法主体和人员执法资格管理，换发或申领行政执法证4558张，组织网上考试43场1693人次，通过率89.6%。对第一批下放镇（街）行政执法事项进行评估并实施动态调整，编制形成《河源市各县区镇街实施的行政执法职权目录（2023年版）》。组织各级行政执法主体开展非现场执法培训，推动应用非现场行政执法系统。推广使用“粤执法”平台，运用平台办理行政执法案件1849件。

【行政复议应诉】 2022年，河源市收到行政复议申请390宗，比上年增加149宗。全市行政机关负责人出庭应诉率77.22%，比上年提高30个百分点，首次实现行政应诉失职案件“零记录”。市八届人大常委会高度肯定河源市行政机关负责人出庭应诉工作，全票通过《关于我市开展行政诉讼案件行政机关负责人出庭应诉工作情况的报告》。

政务公开

【主动公开】 2022年，河源市政府网站主动公开政府信息36340条，最高日访问量为213880人次。其中，发布政策解读材料104篇，规范性文件解读比例实现100%；办理网民给总理、省长留言69条，办结68条，结转下半年继续办理1条，受理率、办结率100%。编印《河源市人民政府公报》12期，发行总数3.6万份，主要向基层、办事服务大厅倾斜赠阅，并及时通过市政府门户网站发布《河源市人民政府公报》电子版。及时公开市和各县（区）政府（办公室）主动公开文件、部门规范性文件等，充分发挥“传达政令、宣传政策、指导工作、服务社会”的作用。全市各级各部门均设立政务公开栏，及时公布本单位机构职能、领导分工、办事指南、财务等政府信息。

【依申请公开】 2022年，河源市按照《中华人民共和国政府信息公开条例》的规定和《广东省政府信息公开申请办理答复规范》的要求，依法依规做好政府信息依申请公开，提升全市政府信息公开申请办理工作规范化水平和办理质量。全年收到和办理政府信息公开申请251宗，办结245宗，结转下年度继续办理6宗；信息公开类行政复议13起，行政诉讼12起。

【政府信息管理】 2022年，河源市深化行政规章、规范性文件集中公开，集中梳理市政府规章、市政府规范性文件、市政府部门规范性文件及县（区）政府规范性文件，全面规范建立五县二区和25个市政府部门的行政规范性文件库，并通过广东省信息公开平台统一发布。组织召开全市政府网站和政务新媒体管理工作电视电话会议及全市政务公开和政务信息工作培训会，参训人员1473人次，提升政务公开工作具体经办人员业务水平。

【信息公开平台建设】2022年，河源市加强政府信息公开平台标准化、规范化建设，优化政府网站栏目设置，对无力运维、安全保障能力薄弱的政务新媒体进行关停整合，提高信息资源整合利用率，督促各单位做优做强一个政务新媒体。强化常态化监管，对标国办考核标准，动态监测政府网站及政务新媒体，每周发布2次监测结果通知，发布监测报告3567份，要求有关单位发现问题第一时间整改到位。

【监督保障】2022年，河源市深化绩效考核激励导向作用，把政务公开工作纳入政府绩效考核内容，分值权重为4%，同时结合法治广东（河源)等考评，加强对各县（区）、各部门政务公开工作考核，以评促改，以考促优。开展政府网站和政务新媒体季度和年终考核机制，每季度组织对本地区各级政府网站和政务新媒体的运行情况进行抽查并通报有关情况，压紧压实县（区）部门责任，促进政府信息公开工作。

（黄中慈）

精神文明建设

【思想引领】2022年，河源市把《习近平谈治国理政》第四卷、《习近平关于社会主义精神文明建设论述摘编》等纳入市委常委会、市委理论学习中心组和干部培训学习内容，举办精神文明建设相关的学习培训1500余场次。开展中共二十大精神、党史学习教育等宣讲活动超1350场次，打造“榕树下”“公园里”等百姓宣讲品牌。开展“喜迎二十大 永远跟党走”等学习贯彻中共二十大精神主题宣传；开设“在习近平新时代中国特色社会主义思想指引下”专题子模块“理论讲堂”等，播出相关新闻250条次。

【全域文明创建】2022年，河源市深入实施《河源市精神文明创建三年行动计划（2021—2023年）》，推进文明城市、文明村镇、文明单位、文明家庭、文明校园等文明创建活动。

文明城市创建 抓住省文明办部署全国文明城市与提名城市建立常态化帮建工作机制的重大契机，借鉴运用深圳、珠海的先进工作经验，提高工作成效。推进和平县、连平县、东源县创建全国县级文明城市提名城市；推进龙川县、紫金县创建广东省文明城市。6月，河源在8个市级提名城市的省检测评中排名第二。

文明村镇创建 开展文明村镇评选，分别推选全国、省、市级文明村镇8个、11个、339个；建立健全“一约四会”（村规民约、道德评议会、红白理事会、村民议事会和禁毒禁赌会），完善修订村规民约等，推进移风易俗，开展婚嫁丧葬、破除封建迷信等宣传教育活动，连平县田源镇《客家新风》入选全国第三届县乡长说唱移风易俗十大优秀节目之一。

文明单位创建 开展文明单位评选，分别推选全国、省、市级文明单位11个、45个、75个。

文明家庭创建 开展文明家庭等评选，评选出35户最美家庭和优秀书香之家等。

文明校园创建 开展文明校园评选，分别推选全国、省、市级文明校园3个、3个、184个；开展2022—2024年创建全国文明校园先进学校推选，河源市第四小学等32所学校参评创建。

【文明实践】2022年，河源市推进新时代文明实践中心建设，成立6个县级志愿服务促进中心，完成文明实践7个中心、101个所、1441个站建设，实现镇村全覆盖；打造21个示范所、235个示范站。组建文明实践志愿服务队2088支，志愿者10.8万人次；开展文明实践志愿服务培训2200余场次，覆盖志愿者7万余人次；开展文明实践志愿服务活动6.6万余场次，服务群众438万人次，打通宣传、教育、关心、服务群众的“最后一公里”。源城区坚持“党建引领，实践赋能”，创新实施“筑巢引蜂”行动，探索共建共治共享社区治理“河源路径”，“‘筑巢引蜂’探索基层治理新路子”作为优秀工作经验被省文明办《拓展新时代文明实践中心建设工作专刊》采用并在全省范围内宣传学习。紫金县凤安镇整合资源力量，推进“禾坪说事”协助解决群众“急难愁盼”问题，《推进全过程人民民主在基层落地生根——广东省紫金县凤安镇人大创新案例纪实》在《中国人大年鉴（2022）》专栏中发表。

【志愿服务】2022年，河源市开展学雷锋志愿服务先进典型推选活动，推选出市级最佳志愿服务组织3个、优秀志愿服务组织30个、最美志愿者8人、优秀志愿者150人、最佳志愿服务项目3个、优秀志愿服务项目10个、最美志愿服务社区3个、优秀志愿服务社区3个。持续打造“关爱边远山区留守儿童免费艺术培训工程”等志愿服务品牌项目。

【立德树人】2022年，河源市深入推进公民道德建设，培养时代新人。

社会主义核心价值观主题教育实践 依托文化馆、少年宫等通过升国旗、入党入团入队仪式开展主题活动。

先进典型选树 推选“河源好人”325人、河源道德模范88人、“广东好人”69人、“中国好人”11人、全国道德模范提名奖2人，选树河源“新时代好少年”66名，获评省级“新时代好少年”6名。

优秀传统客家文化弘扬 挖掘家训文化等优秀传统文化，建设主题公园、示范点，建成法治文化主题公园9个，党史方志驿站27个。

未成年人思想道德建设 加强校外心理健康辅导中心等建设，开展“扣好人生第一粒扣子”等实践活动2000余场次。

【文明新风培育】 2022年，河源市培育和践行社会主义核心价值观，培育新风尚。

诚信建设 开展重点领域失信问题专项治理，加强诚信宣传教育和诚信文化建设，促进形成崇德向善、诚信互助的美好风尚。

文明风尚培育 以“讲文明、铸健康、守绿色、重环保”为核心，设计具有河源客家特色的公益广告、文明小景观进行展示刊播；开展文明祭扫等教育实践活动，推动实践养成。

网络文明建设 倡导文明办网、文明上网，开展网上“传递文明薪火 弘扬时代新风”活动，覆盖群众402万人次；举行“发现河源之美·深河网红看河源”短视频大赛，成为首例在“粤学习”App上为地市级赛事活动设置首屏宣传海报、专题专栏、短视频作品展区和网络投票的项目。

法治文明建设 实施“法治+文明创建”，推进文明行为立法，形成《河源市文明行为促进条例（草案）》，倡导现代文明理念。（肖巧玲）

社会建设

【乡镇（街道）综治中心规范化建设】 2022年，河源市推动乡镇（街道）综治中心健全完善制度。制定印发《关于加强乡镇（街道）综合治理委员会（综治中心）规范化建设的实施方案》《乡镇（街道）综治中心建设思路及标准（试行）》《乡镇（街道）综治中心制度汇编（试行）》等指导性文件，健全市、县（区）、镇（街）三级协同联动机制。对21个乡镇（街道）综治中心运作情况开展调研检查，并形成《抓规范促提升 夯基础筑底座 推动乡镇（街道）综治中心规范化建设》经验材料被省委政法委采用，纳入《广东省乡镇（街道）综治中心规范化建设推进会经验材料汇编》，在全省乡镇（街道）综治中心规范化建设推进会上印发推广。召开全市乡镇（街道）综治中心规范化建设推进会，在全市选取一批挂钩联系点和示范点，对14个镇街给予扶持资金210万元，推进河源市基层综治中心提档升级。对各县区开展乡镇（街道）“四大委员会”建设运行情况督导检查，加快构建统一指挥、相互支撑的“一中心、多平台”工作架构，提高基层治理体系和治理能力现代化水平。全市101个乡镇，其中51个镇（街）完成统一外观优化和制度上墙等工作，101个镇（街）建立“6+6+N”工作台账。

【市域社会治理现代化试点工作】2022年，河源市为进一步提升各县区开展市域社会治理工作的能力和水平，形成市县合力，从各县（区）委政法委抽调7名业务骨干跟班学习，推动市域社会治理办公室实体化运转。严格落实向省委政法委报送每月《河源市市域社会治理工作开展情况工作》。总结市域社会治理工作经验，参加全国市域社会治理现代化试点交流会论文征集工作，围绕河源市《防范化解社会治安风险》《防范化解社会矛盾风险》两个试点项目撰写论文并报送中央政法委审核，纳入第三次、第四次全国市域社会治理现代化试点交流研讨班论文集，河源市有关领导分别于7月28—29日、8月25—26日赴山东青岛和江苏南通参加全国创新交流研讨班。围绕《防范化解社会矛盾风险》试点项目，结合河源市实际，制定全市涉“问题楼盘”欠薪治理专项行动总体工作方案和四个子方案，组织开展专项治理。开展2期全市市域社会治理创新研讨班，各县区总结工作经验，报送26篇论文，形成论文汇编，并在研讨班上进行交流发言，促进各县区社会治理工作。谋划三年行动方案，聘请广州正策评估咨询有限公司为河源市研究团队，协助河源开展第二期全国市域社会治理试点创建工作，制定河源市推进市域社会治理试点三年行动计划，协助建设市域社会治理理论研究智库、专家库。

【“粤平安”社会治理云平台】 2022年，河源市制定印发《河源市推进“粤平安”社会治理云平台建设工作实施方案》《河源市加强“粤平安”社会治理云平台推广应用工作方案》等文件，成立河源市加强“粤平安”社会治理云平台推广应用领导小组和工作专班，推进“粤平安”社会治理云平台在河源市推广应用工作。开通全市五县一区网格员“粤平安”通信账号5222个，河源市网格数有4003个，“粤平安”网格员账号数4413个，工单数上传4097件（16个应用省标准版地市排名全省第九），办结率98.2%。11月16—18日，派出由市工作专班、数广公司技术人员组成的调研组到各县区督导调研。12月7日，政法委机关分管领导主持召开全市“粤平安”培训会，邀请数广公司工程师为全市管理员和网格员进行业务培训和疑难解答，推动网格应用在当地落地应用。

【社会治理体制改革】 2022年，河源市社会治理体制改革专项小组按照市委深改委有关改革工作部署和市委改革办要求，发挥牵头抓总、统筹协调作用，推进改革工作，抓好各项重点改革任务的落实。全年6项重点改革任务12个子项目，分别由10个牵头单位负责落实，涉及单位有11个。印发《开展“一站式”城乡社区综合服务示范创建工作方案》，确定7个村（社区）为创建示范点。创新实施“平安指数”月通报制度，市委政法委《创新运用‘小指数’促平安建设》改革项目被评为河源市

2022年度全面深化改革优秀案例。印发网格员管理实施意见和网格事务准入制度，明确网格员配备、管理、考核和结果运用。印发《建立健全政务数据共享协调机制加快推进数据有序共享工作方案》，按时完成半年报系统的数据报表录入工作，半年报填报率100%。健全社会矛盾纠纷多元预防调处化解综合机制。深入挖掘客家“和”文化、畲族传统文化、红色苏区等文化特色，创新“党建引领”“法律赴圩”“庭所共建”“擂茶调解”等源头化解矛盾新路径。

链接：

相关词语解释

四大委员会 指的是综合治理、综合执法、公共服务、应急管理。

“一中心、多平台” 是指综合指挥中心，综合治理平台、执法监管平台、便民服务平台、综合监督等平台。

“6+6+N” 是指以镇域为单位，对社会安全稳定产生现实和潜在影响的地区、场所、行业、物品、时段、人群等社会治安风险源。第一个“6”为重点场所、重点地区、重点行业、重点物品、重点时段、重点人群；第二个“6”为重点人群中的6类重点人员，即上访人员、吸毒人员、问题青少年、肇事肇祸精神障碍患者、社区矫正人员与刑释解教人员、涉邪教人员；“N”为重点的人群除以上6类外，其他需要纳管控的重点人员。

问题楼盘 是指在建设、销售、交付、登记过程中出现烂尾停工、逾期交房、登记要件不全或缺失、违规销售等问题，开发建设单位短期内难以解决、引发群众集访，被属地政府认定后纳入“问题楼盘”化解处置台账的楼盘。

粤平安 以全省“一个平台管平安”为目标，通过党建引领，围绕平安政法、平安政府、平安社会、平安舆情核心应用，建设集维护政治安全、矛盾纠纷预防化解、立体化治安防控、公共安全风险防控、网格化服务管理、综合指挥调度等于一体的省、市、县（市、区）社会治理平台，实现平安广东建设领域全要素采集、全信息共享、全流程办理、全业务协同、全过程监管、全部门联动、全社会共建、全安全可控，推动社会治理模式创新。

平安指数 对社会治安、维护稳定、公共安全、市域社会治理四大领域，通过定期对平安检索对重点指标进行动态梳理、列表分析、排名点评、分类整改、督查考核，对各县（区）、镇（街）平安状况进行“月度体验、季度研判、系统监测、动态预警”，全面提升掌握全局、服务决策工作水平，切实提高群众安全感、满意度，并为年度平安建设考评提供科学依据。

党建引领 指在加强党建工作的基础上,用党建工作有效地带动引领各领域、各方面的业务工作取得成效。

法律赴圩 法院创新开展法律赴圩活动，到镇街赴集，弘扬社会新风尚，传播法治正能量。

庭所共建 是推动基层社会治理资源整合共享，实现优势互补，将司法为民延伸到服务群众“最后一公里”的诉源治理新模式。

擂茶调解 通过与当事人以喝茶闲聊的方式让双方冷静下来，给双方矛盾创造一个缓冲的余地，为开展调解工作打下良好基础。

（肖　榕）

生态文明建设

【概况】 2022年，河源市有各级自然保护区52个。其中，省级8个，市级6个，县级38个。有1个县（连平县）“国家生态示范区”，5个省级生态示范镇，22个省级生态示范村，478个市级生态示范村。共创建国家级绿色学校1所、省级绿色学校40所、市级绿色学校89所，省级环境教育基地14个、市级环境教育基地9个，省级绿色社区8个、市级绿色社区10个，环保主题环境教育展厅1个。东源县入选全国第一批“绿水青山就是金山银山”实践创新基地。

【生态文明宣传】 2022年，河源市生态环境局与各级新闻媒体深度合作，围绕生态文明建设、污染防治、环境执法、生态环保督察整改等重点工作开展宣传，深入社区、企业、学校、农村开展系列宣传活动，推进环境教育基地、绿色企业等创建工作。多渠道发布生态环境工作动态和信息，在《中国环境报》、《南方日报》、《珠江环境报》、《河源日报》、《河源晚报》、河源广播电视台等媒体发稿500余篇次，主动公开各类生态环境保护政务信息300余条，制作宣传片（含短视频）8个。开展形式多样的宣传活动，推进环保进社区、进学校、进家庭，组织开展“疫情防控齐参与，保护环境大家行”“共建清洁美丽世界——2022年‘六五’世界环境日”等30场线上线下主题宣传及实践活动，700多人次参加55次志愿服务活动，累计派发宣传资料2万多份。加强宣传阵地建设，指导和平温泉之都绿谷、五色茶岭、天富茶旅研学等申报省级环境教育基地，推动环保设施向社会公众开放。　（赵晓菲）

【河（湖）长制工作】 2022年，河源市完善河（湖）长制工作机制，把河（湖）长制考核工作纳入市领导联镇包片工作，通过市领导示范带动工作落实。探索成立市全面推行河长制湖长制工作专班，建立“市水务局指导+河长办统筹+专班运作”的工作机制。印发《河（湖）长制工作领导小组成员单位考核办法》，完善河（湖）长制工作考核问责制度。建立“河（湖）长+检察长”协作机制，全市检察机关与河

（湖）长制工作机构的协作配合，形成工作合力。推进河湖管理范围划定，印发《河源市50平方公里以下河流及小微水体管理范围划定工作指南（试行）》，累计完成划定615条河流河段7204千米管理范围划定工作。开展巡河护河志愿服务活动837场次、参与16353人，志愿活动人次位居全省前列；发动群众参与河湖保护、公众宣传923241人次，捡拾垃圾110.6吨，全民参与管水、治水、护水的社会氛围更加浓厚。高标准推进碧道建设，建设碧道70千米，为群众提供生活休闲的好去处。

（宋丽平）

体制改革

【要素市场化配置综合改革】2022年，河源市以省试点实施方案为牵引，率先配套出台6个子方案并制定年度要点。

土地要素改革 开展土地综合改革，科学合理安排永久基本农田9.619万公顷；出台乡村产业项目点状供地实施细则，率先在全省构建点状供地“1+N”（“1”指的是点状供地项目实施方案，“N”指的是项目建设工程设计方案、国土空间规划方案、用地报批方案、林地利用规划方案、供地方案）审批机制；开展产业园区用地整治提升行动，盘活园区存量产业用地669.8公顷；建立用地预告登记制度，构建工业用地差别化供应制度和工业用地全生命周期管理机制。

劳动力要素改革 实施河源理工学校与连平县职业技术学校联合办学，批准设立两所职业技术学校；健全人才工作体系，出台市级编制周转池管理规定，出台博（硕）士培养管理使用工作指引，制定“一人一策”培养方案。

资本要素改革 设立深圳证券交易所河源服务基地并启动运营；实现1家企业在深交所主板上市，6家企业在新三板挂牌；建成2个银行“零碳网点”；推动农商行系统与912个行政村开展“整村授信”业务。

技术要素改革 依托高校院所设立科技创新工作站8个，组建市重点实验室12家，凝练产业关键共性技术15项；建设科技成果转化中试基地，建成“河源科技成果转移转化中心”，成立全省首个“农村科技特派员之家”，建设特派员“三库一平台”（科技成果库、技术需求库、科技专家库以及特派员管理平台）。

数据要素改革 印发数据有序共享工作方案，完成首席数据官制度试点评估工作；开展政务数据目录标准化建设和拆数据烟囱“百日行动”，推动全市198个部门在“一网共享”平台共享数据2亿余条。

要素市场运行监管改革 发布《涉农高校科研院所可转化专利清单》；建立市中小微企业涉农专利技术供需信息定向发布平台。

【优化营商环境改革】2022年，河源市升级改造“信用河源”网站，落实信用报告替代企业无违法违规证明；深化简易注销改革，注销公示时间由45天压缩为20天；创新市场化招商新模式，引进落户亿元以上项目35个，超10亿元项目4个；建立网格化服务管理体制，建立企业诉求全流程标准化服务体系，完善园区服务机制。

【财税管理体制改革】2022年，河源市在生态环境和自然资源领域划分市县区财政事权和支出责任，构建现代财政制度；二手房交易涉税事项实现跨区集约办理，发布《“五大产业”税费优惠政策指引》，配套推出“十个1”专属服务措施（配备“1”名专属纳税服务员、确保“1”个发票供应额度、提升“1”个服务加速度、打造“1”个智慧监控模块、拓宽“1”项纳税信用服务、推广“1”个产业链智联平台、深化“1”项银税互动合作、打通“1”条税企直联互通渠道、开办“1”所“税爱·云学堂”、建立“1”套快反机制）；“粤智助”政府服务自助机上线自助办税业务；省首个集全市同城通办“非接触式”办税缴费业务和“送问办询评”一体化服务的作业型纳税服务运营中心正式运营。

【国企改革深入实施】2022年，河源市出台完善市属企业法人治理结构的实施意见，完善财务监督管理机制，规范公司治理体制；优化国有经济布局，市属3家公司划转至市国资公司；各县区结合自身实际制定国有资产统一监管实施方案，完善国有资产监管体制。

【数字经济和实体经济融合发展】2022年，河源市成立数字经济协会，孵化数字经济相关创新企业2家；对全市530家规模以上制造业企业数字化转型情况进行调研，制定第一期转型任务清单；在高新区建成“西可通信5G+工业互联网智能制造应用”示范标杆。河源市制造业数字化转型完成新增66家，累计276家。

【外贸新业态培育发展】2022年，河源市印发《中国（河源）跨境电子商务综合试验区实施方案》，建设河源跨境电子商务综合试验区。年内，全市新增6家本地跨境电商企业，跨境电商交易额2亿元人民币。（张彩红）

党政机关

编辑：李文举

中国共产党河源市委员会

重要会议

【中共河源市委常委会扩大会议】中共河源市委常委会于2022年1月24日在市会议中心召开扩大会议，传达学习贯彻广东省第十三届人民代表大会第五次会议、政协第十二届广东省委员会第五次会议精神，研究部署贯彻落实意见。市委书记林涛主持会议并讲话。会议强调，要深入贯彻落实省“两会”精神，聚焦“五大产业”主攻方向，实施“七大行动”发展路径，更加奋发有为加快建设幸福和谐美丽河源。一要推进产业兴市，精准支持实体经济发展，加强前期项目谋划，推动工业园区提效扩容，高标准规划建设水经济产业园，加快培育千亿、百亿级现代产业集群。二要加快“融湾”“融深”，加强交通基础设施建设，推进数字政府建设，抓好要素市场化配置综合改革，激发高质量发展新动能。三要促进乡村振兴，大力推进灯塔盆地创建国家农高区，抓好现代农业产业园和乡村振兴示范带建设，推进农业农村小切口改革，抓好撂荒耕地复耕复种、高标准农田建设等工作，推动巩固拓展脱贫攻坚成果同乡村振兴有效衔接。四要狠抓城市提质，做好城市历史文化的保护传承，完善提升中心城区功能品质，加快打造深圳都市圈副中心。五要力促形象提升，高标准创建全国文明城市，大力发展全域旅游和“六色”（“绿色”生态旅游、“蓝色”湖水旅游、“古色”人文旅游、“红色”革命旅游、“特色”温泉旅游、“夜色”休闲旅游）旅游品牌，加快打造河源文旅新IP和精品旅游路线。六要做好民生保障，常态化实施“面对面”解决群众“急难愁盼”问题机制，持续推动“粤菜师傅”“广东技工”“南粤家政”三项工程，加快补齐教育、医疗等短板。七要坚持生态优先，抓好中央生态环保督察问题整改，打好污染防治攻坚战，尽快出台碳达峰碳中和相关工作制度机制。八要统筹发展和安全，持续深化平安河源、法治河源建设，着力防范化解重大风险，抓好常态化疫情防控，加快构建基层善治新格局。会议强调，要加强党的全面领导和党的建设，确保省“两会”精神在河源落实落细落具体。一要全面落实好新时代党的建设总要求和新时代党的组织路线，严明政治纪律和政治规矩，坚定拥护“两个确立”，坚决做到“两个维护”。二要织密建强党的组织体系，全面落实基层党建三年行动计划，持续推进市领导联镇包片抓落实工作机制，坚决打通基层落实“最后一公里”。三要抓好干部和人才队伍建设，健全完善干部工作“五大体系”（干部“素质培养、知事识人、选拔任用、从严管理、正向激励”），推动高素质专业化干部和人才脱颖而出。四要坚定不移推进正风肃纪反腐，持之以恒落实中央八项规定精神，保持反腐高压态势，一体推进不敢腐不能腐不想腐。五要精心组织省“两会”精神的学习宣传贯彻工作，制定工作方案，明确责任分工，加强跟踪督办，确保省两会精神落到实处。市长何国森、市政协主席钟挥锷、市委副书记方明出席会议。市委、市人大常委会、市政府、市政协领导班子成员；市法院、市检察院主要负责人；各县（区）党（工）委、政府（管委会）主要负责人；市有关单位主要负责人参加会议。

中共河源市委常委会于2022年1月24日在市会议中心召开扩大会议，听取各县（区）党（工）委书记、市直机关工委、市委教育工委、市国资委党委、市委“两新”（非公有制经济组织和社会组织）工委书记抓基层党建工作述职并进行评议。市委书记林涛主持会议并讲话。各县（区）党（工）委书记、市直机关工委、市委教育工委、市国资委党委、市委“两新”工委书记围绕抓好基层党建工作进行述职。与会人员对述职情况进行评议。林涛肯定2022年基层党建工作取得的成绩。林涛强调，2022年下半年召开中共二十大，抓好基层党建工作意义重大、责任重大。全市各级各部门要坚持以习近平新时代中国特色社会主义思想为指导，把基层党建工作抓紧抓实抓好，不断把组织优势转化为发展优势，在新时代新征程上奋力建设幸福和谐美丽河源，以实际成效迎接中共二十大胜利召开。一要突出政治建设，坚持把党的政治建设摆在首位，坚持用党的创新理论凝心铸魂，抓好基层意识形态工作，把坚定捍卫“两个确立”、坚决做到“两个维护”全面落实到基层。二要突出“两个覆盖”，夯实农村基层党组织基础，提升城市基层党建整体效应，推动机关企事业单位党组织发挥积极作用，增强“两新”组织党建针对性和有效性，增强各领域基层党组织政治功能和组织力。三要突出实干导向，优化基层干部选育路径，强化党员队伍教育管理监督，优化人才队伍引育方式，深化基层反腐败斗争，全面加强基层队伍建设。四要突出人民至上，在联系服务群众上持续用力，在解难题办实事上持续用力，在跟踪问效提质上持续用力，切实解决群众身边“急难愁盼”问题。五要突出服务大局，以基层党建引领经济发展，以基层党建引领乡村振兴，以基层党建引领基层治理，推动基层党建和中心工作深度融合。六要突出责任落实，压实工作责任，强化制度落实，力戒形式主义、官僚主义，推动基层党建各项任务落地见效。市长何国森、市政协主席钟挥锷、市委副书记方明出席会议。省委组织部有关负责人到会指导。市领导李洋、刘东豪、张和志、方文华、江海鹰、孔德胜、廖继聪、陈贤亮、叶春球、孙锋、孙宇红；市委党的建设工作领导小组成员单位主要负责人；各县（区）党（工）委书记、组织部部长，江东新区党委、河源国家高新区党工委、市灯塔盆地农高区党工委分管负责人；市直机关工委、市委教育工委、市国资委党委、市委“两新”工委书记；部分市党代表、市人大代表、市政协委员、基层党员干部、群众代表参加会议。

中共河源市委常委会于2022年4月24日在市会议中心召开扩大会议，传达贯彻省委书记李希、省长王伟中在河源调研时的讲话精神，研究贯彻落实意见。市委书记林涛主持会议并讲话，市长何国森传达省领导在河源调研时的讲话精神。会议强调，全市各级各部门和广大党员干部特别是领导干部要深入贯彻落实习近平总书记对广东系列重要讲话和重要指示批示精神，认真学习、深刻领会省委书记李希、省长王伟中在河源调研时的讲话精神，提振加快推进河源高质量发展的信心和决心，坚持立足全局谋一隅、谋好一隅促全局，坚定目标、勇毅前行，切实把省委、省政府的深切关怀转化为加快发展的强大动力，以新担当新作为争当融入粤港澳大湾区生态优先、绿色发展的排头兵。一要坚持做好疫情防控和经济社会发展“双统筹”，全力夺取“双胜利”。要坚持把常态化疫情防控作为首要任务，抓住当前疫情防控形势的工作重点，筑牢疫情防控防线，确保全市疫情防控大局稳定；要完整准确全面贯彻“三新一高”要求，加大对企业的精准服务力度，坚决抓好工业、投资、消费、进出口等重点工作，用足用好专项债资金，确保经济社会发展的良好态势。二要大力发展实体经济，加快建设现代产业体系。要着力发展壮大特色优势产业，打造千亿级电子信息、百亿级水经济产业集群，做大做强“六色”旅游品牌，推动乡村民宿健康有序发展，扩大河源恐龙文化影响力，赋能经济社会发展；要全域全面“融湾”“融深”，围绕培育“五大产业”，深化深河产业共建，推进“数字政府”建设和“放管服”改革，持续优化营商环境；要坚持节约、集约利用土地资源，盘活存量用地，加快清理闲置土地。三要坚持做好“三农”大文章，激发乡村振兴新动能。要坚决落实“长牙齿”的耕地保护硬措施，抓好粮食和重要农产品的稳产保供；要擦亮灯塔盆地国家农高区“金字招牌”，奋力把灯塔盆地打造成全省农业高质量发展标杆。要大力发展现代特色高效农业，打造粤港澳大湾区重要的“米袋子”“菜篮子”“果盘子”“茶罐子”“水缸子”“油瓶子”。四要深入践行“两山”理念，巩固提升生态环境质量。要扎实开展水环境综合整治，坚决保护好新丰江、东江水环境质量；要深入打好污染防治攻坚战，统筹好资源开发与生态保护的关系，坚决守住河源人民最普惠的民生福祉；要有序推动落实碳达峰碳中和，加快推动能耗“双控”向碳排放总量和强度“双控”转变。五要扎实做好文化传承和民生保障工作，提升人民群众获得感幸福感安全感；要加强历史文化资源的挖掘保护利用，大力实施“文化+”战略，增强城市文化底蕴，提升文化供给力和竞争力；要坚持以“粤菜师傅”“广东技工”“南粤家政”三项工程为牵引，发展职业教育，加强技能人才培养，推进共同富裕；要增进民生福祉，常态化实施党政主要负责人“面对面”解决群众“急难愁盼”问题机制，切实解民忧、纾民困、暖民心。六要坚持党的全面领导和党的建设，在固本强基中建强战斗堡垒。要始终把党的政治建设摆在首位，用实际行动忠诚拥护“两个确立”、坚决做到“两个维护”。要加强党的基层组织建设，努力把每个基层党组织都建成坚强战斗堡垒。要抓好干部和人才队伍建设，努力锻造忠诚干净担当的高素质专业化干部队伍。要转变工作作风，狠抓工作落实。要坚定不移正风肃纪反腐，一体推进不敢腐、不能腐、不想腐。市委、市人大常委会、市政府、市政协领导班子成员；市法院院长、市检察院检察长；各县（区）党（工）委和政府（管委会）主要负责人；市有关单位主要负责人参加会议。

中共河源市委常委会于2022年5月27日在市会议中心召开扩大会议，传达学习省第十三次党代会精神，研究部署河源市贯彻落实工作。市委书记林涛主持会议并讲话，市长何国森传达省第十三次党代会精神和省委十三届一次全会精神。会议强调，全市各级各部门要深入学习领会省党代会的丰富内涵和精神实质，推动省党代会精神在河源落地落实，以强烈的使命担当加快建设融入粤港澳大湾区生态优先、绿色发展的排头兵和幸福和谐美丽河源，为全省实现习近平总书记赋予广东的使命任务作出河源贡献。一要在忠诚拥护“两个确立”、坚决做到“两个维护”中深刻学习领悟省党代会精神，坚持以习近平新时代中国特色社会主义思想为指导，不断提高忠诚拥护“两个确立”、坚决做到“两个维护”的思想自觉、政治自觉和行动自觉，严格落实“三新一高”（新发展阶段、新发展理念、新发展格局、高质量发展）要求，破解改革发展深层次问题，推动河源发展实现新进步。二要在推进河源高质量发展的新征程中深刻学习领悟省党代会精神，从过去五年取得的历史性成就中汲取宝贵经验，坚定在全省发展大局中作出河源新贡献的信心和决心，在加强党的全面领导和党的建设、推进改革开放、深化落实九项重点工作任务上持续用力，奋力把宏伟蓝图变为美好现实。三要在助力全省实现习近平总书记赋予广东使命任务的实践中深刻学习领悟省党代会精神，紧扣省党代会确定的目标任务，主动在全省大局中找准河源坐标、谋划更高水平发展，更好地服务全省发展大局，引导全市广大党员群众保持“万众一心加油干、越是艰险越向前”的干劲拼劲，努力展现新作为、干出新气象。市委、市人大常委会、市政府、市政协领导班子成员；市法院院长、市检察院检察长，市有关单位主要负责人参加会议。

中共河源市委常委会于2022年10月25日在市会议中心召开扩大会议，深入学习贯彻中共二十大、中共二十届一中全会精神以及习近平总书记重要讲话精神。受市委书记林涛委托，市长何国森主持会议。会议强调，全市各级各部门要把学习宣传贯彻中共二十大精神和习近平总书记重要讲话精神作为当前和今后一个时期的首要政治任务，增强学习宣传贯彻的思想自觉、政治自觉、行动自觉，按照习近平总书记“五个牢牢把握”的重要要求，全面准确把握精神实质，切实做到真学真懂真信真用。一要牢牢把握过去五年工作和新时代十年伟大变革的重大意义，坚定历史自信、增强历史主动。二要牢牢把握习近平新时代中国特色社会主义思想的世界观和方法论，感悟思想伟力、汲取奋进力量。三要牢牢把握以中国式现代化全面推进中华民族伟大复兴的使命任务，心怀“国之大者”、勇担时代重任。四要牢牢把握以伟大自我革命引领伟大社会革命的重要要求，严明政治纪律、永葆政治本色。五要牢牢把握团结奋斗的时代要求，一切为了人民、一切依靠人民。会议强调，要担当实干、勇毅前行，推动贯彻落实中共二十大精神和习近平总书记重要讲话精神往深里走、往实里走，加快建设融入粤港澳大湾区生态优先、绿色发展的排头兵和幸福和谐美丽河源，在向着第二个百年奋斗目标奋勇前进中展现河源担当、贡献河源力量。一要坚持以推动高质量发展为主题，全力服务广东打造新发展格局战略支点。二要大力实施科教兴国战略，用心培养集聚更多专业人才。三要践行全过程人民民主，更好凝聚人民力量。四要大力推进法治河源建设，全面提高工作法治化水平。五要深入推进文化强市建设，提高文化软实力和影响力。六要保障和改善民生，不断实现好、维护好、发展好最广大人民根本利益。七要坚定不移走生态优先、绿色发展之路，打造生态经济发展新标杆。八要统筹发展和安全，坚决维护社会大局平安稳定。九要加强党的全面领导和党的建设，为新时代新征程夺取新胜利提供坚强保证。市委、市人大常委会、市政府、市政协领导班子成员；市法院院长、市检察院检察长；市有关单位主要负责人参加会议。

中共河源市委常委会于2022年12月7日在市会议中心召开扩大会议，专题听取8月市委、市政府专题工作会议部署的十二项重点工作进展情况汇报，研究部署下一步工作。受市委书记林涛委托，市长何国森主持会议。会议强调，一要统一思想抓落实，进一步认识十二项重点工作的重要意义，以更加务实的作风、更加昂扬的斗志、更加有力的举措，把十二项重点工作抓紧抓实，确保高质量完成目标任务。二要提高政治站位抓落实，坚持不懈用习近平新时代中国特色社会主义思想凝心铸魂，持续在全面学习、全面把握、全面落实中共二十大精神上下功夫，提高政治判断力、政治领悟力、政治执行力，抓好年终考核迎检、市领导联镇包片抓落实等工作，确保各项工作任务落到实处。三要突出第一要务抓落实，围绕高质量发展精准发力，抓好经济稳增长，加快推动河源国家高新区跨江融合发展，推动灯塔盆地开发建设提质增效，统筹疫情防控和经济社会发展，统筹发展和安全，推动高质量发展取得实实在在的成效。四要聚焦民生福祉抓落实，践行以人民为中心的发展思想，打造党政主要负责人“面对面”解决群众“急难愁盼”问题机制2.0版本，抓好有关学校迁建扩容等工作，推进学府大桥和河紫高速公路建设，做实做细创建全国文明城市工作，让人民群众看到变化、得到实惠。五要加强组织领导抓落实，压实工作责任，市领导要以上率下、加强调度，各县区和市直有关部门要具体抓、抓具体，把责任落实到岗、明确到人、具体到事，推动形成一级抓一级、层层抓落实的良好局面；同时，加强工作督查，坚持项目化推进，强化工作统筹，推动十二项重点工作取得良好成效，以重点攻坚带动全面突破。市委常委，市人大常委会负责人，副市长，市政协负责人；各县（区）党（工）委主要负责人；市有关单位主要负责人参加会议。

中共河源市委常委会于2022年12月9日在市会议中心召开扩大会议，传达贯彻省委十三届二次全会精神。受市委书记林涛委托，市长何国森主持会议。会议强调，要深入贯彻落实省委全会部署要求，加快建设幸福和谐美丽河源，在中国式现代化进程中走好河源高质量发展之路。一要加速全域全面“融湾”“融深”，建好“硬联通”、优化“软联通”，持续释放战略叠加效应和强大驱动效应。二要全面深化改革开放，加快谋划推出一批“集成式”改革，促进外贸、外资、外包、外经、外智发展，为推动高质量发展赋能增力。三要坚持制造业当家，树立大抓项目、抓大项目意识，推动主导产业融合集群发展，促进平台升级提质增效，激发企业发展动力活力，优化制造业发展环境，提高制造业整体发展水平。四要落实科教兴国战略，坚持办好人民满意的教育，激活创新第一动力，强化现代化人才支撑，把现代化建设的地基打得更稳更牢。五要推进城乡区域协调发展，统筹推进县、镇、村一体化发展，推动城乡面貌持续改善，强化政策机制保障和支撑，把县、镇、村发展的短板转化为高质量发展的潜力板。六要深入实施绿美河源行动，全面推进绿化扩量提质增效，深入打好污染防治攻坚战，加快推动绿色低碳发展。七要加快推进文化强市建设，用习近平新时代中国特色社会主义思想凝心铸魂，筑牢意识形态安全“防火墙”，推进全国文明城市创建，繁荣发展文化事业和文化产业，推动文化高质量发展。八要持续保障和改善民生，持续深入实施“面对面”机制，深化社保体制机制改革，推进共同富裕，提升人民群众的获得感、幸福感。九要高效统筹发展和安全，深入推进平安河源、法治河源建设，有效防范化解重大风险，打造全省最安全稳定、最公平公正、法治环境最好的城市之一。会议强调，要加强组织领导，确保省委全会精神在河源落地落实落具体。要毫不动摇加强党的全面领导和党的建设，坚持把党的政治建设摆在首位，完善党的自我革命制度规范体系，打造忠诚干净担当的高素质专业化干部队伍，继续加强党的基层组织建设，从严从实抓好作风建设，以零容忍态度反腐惩恶，以实际行动忠诚拥护“两个确立”、坚决做到“两个维护”。要迅速掀起学习宣传贯彻省委全会精神热潮，结合实际制定学习宣传贯彻工作方案，精心做好宣传宣讲工作，坚持学以致用，将省委全会精神转变为推动河源高质量发展的有力举措。要抓好岁末年初各项工作，抓好市委、市政府专题工作会议明确的十二项重点工作，全力完成全年既定目标任务。市委、市人大常委会、市政府、市政协领导班子成员；市法院院长、市检察院检察长；源城区、东源县、和平县、龙川县、紫金县、连平县党委、人大常委会、政府、政协主要负责人；江东新区、河源国家高新区、灯塔盆地农高区党（工）委、管委会主要负责人；市直和中央、省驻河源副处以上各单位主要负责人参加会议。

中共河源市委常委会于2022年12月28日在市会议中心召开扩大会议，深入学习贯彻中共二十大精神，全面落实省委十三届二次全会精神，听取河源市经济社会发展和疫情防控工作情况汇报，研究部署下一步工作。市委书记林涛主持会议并讲话。会议强调，要坚持抓学习、统思想，把学习宣传贯彻中共二十大精神作为当前和今后一个时期的首要政治任务和全部工作的重心，持续在全面学习、全面把握、全面落实上下功夫，确保中共二十大精神在河源落地生根、结出丰硕成果。要坚持快贯彻、早见效，深入学习领会省委十三届二次全会精神实质，狠抓贯彻落实、做好对接沟通，走好河源高质量发展之路，推动省委全会精神见行见效。要坚持拼经济、搞建设，坚持抓大产业、大平台、大项目、大招商、大均衡和大环境，坚持实体经济为本、制造业当家，全力打造千亿级电子信息产业集群，推动水经济产业、先进材料产业、机械与模具产业向百亿级产业集群加速迈进，推动河源市经济运行稳字当头、稳中求进。要坚持惠民生、保安全，持续增进民生福祉，深入实施“面对面”机制2.0版本，坚定推进生态文明建设，统筹发展和安全，更好地满足人民群众对美好生活的向往。要坚持讲政治、抓党建，深入推进新时代党的建设新的伟大工程，坚持把党的政治建设摆在首位，打造高素质专业化干部队伍，继续加强党的基层组织建设，从严从实抓好作风建设，零容忍反腐惩恶，巩固拓展风清气正的政治生态。要坚持守底线、不松懈，扎实抓好岁末年初各项重点工作落实，科学精准做好疫情防控工作，加大重点药品市场供给，落实好农村分级分类救治和健康管理服务，同时及早谋划2023年发展各项工作，做好社会稳定、安全生产和民生保障等工作。市长何国森出席会议。市领导余其豹、吴青川、李洋、张和志、廖继聪、叶春球、曹建忠、谢春艳、孙锋；各县（区）党（工）委、政府（管委会）主要负责人；市有关单位主要负责人参加会议。

【全市机关党的建设工作暨深化模范机关创建工作推进会】 河源市委于2022年1月11日在市会议中心召开全市机关党的建设工作暨深化模范机关创建工作推进会。会议的主要任务是，坚持以习近平新时代中国特色社会主义思想为指导，深入学习贯彻习近平总书记“七一”重要讲话和关于机关党建重要论述精神，认真落实全省机关党的建设工作暨深化模范机关创建工作推进会精神，总结过去三年河源市机关党建和模范机关创建工作情况，对进一步加强机关党建和深化模范机关创建工作进行再部署、再推动、再落实。市委书记林涛出席会议并讲话。林涛强调，要突出重点深化模范机关创建，推动全市机关党的建设不断迈上新台阶。一要坚决做到“两个维护”，加强政治教育，严明政治纪律和政治规矩，提升政治能力，始终在思想上政治上行动上同以习近平同志为核心的党中央保持高度一致。二要学思践悟新时代党的创新理论，坚持把学习贯彻习近平新时代中国特色社会主义思想作为首要政治任务，在学懂弄通做实上下功夫，切实把学习成果转化为谋划思路、制定政策、出台措施、推动工作的生动实践。三要大力夯实基层基础，深化标准化规范化，强化针对性有效性，突出特色化品牌化，把机关党建品牌擦得更亮。四要持续正风肃纪反腐，转作风树新风，让“尽责任、快节奏、高效率”成为工作常态，持续开展党章党规党纪教育，持续高压反腐，确保各级机关风清气正。五要围绕中心服务大局，聚焦“中心工作、建强队伍、服务群众”用力，把加强机关党建同培育“五大产业”、实施“七大行动”、常态化推进疫情防控等重点工作结合起来，完善市领导联镇包片抓落实、党政主要负责人“面对面”解决群众“急难愁盼”问题等工作机制，全力服务幸福和谐美丽河源建设。林涛强调，要落实责任，形成推动机关党建高质量发展的强大合力。一要压实各方责任，市委、县区委领导班子要带头抓机关党建，各级机关党组（党委）要担负起机关党建主体责任，各级机关党委（党总支）要落实好机关党建专责机构责任，各级机关工委要履职尽责，把各级机关基层党组织建设得更加坚强有力。二要强化工作联动，要发挥市直机关的示范引领作用，推动市直机关与中央和省驻河源各单位党组织共建联建，选树一批先进典型，激励先进、鞭策后进，推动机关党建上新台阶。三要建强专职队伍，要按照高素质专业化标准培养党务干部，关心党务干部成长，让党务工作既促进事业发展又促进人才成长。市委常委、秘书长、市直机关工委书记孔德胜宣读《中共河源市直属机关工作委员会关于表扬市直机关模范机关创建先进单位的通报》。市委办公室、市政府办公室、市税务局作交流发言。会议以电视电话会议形式开至各县（区）。市委在市会议中心设主会场，各县（区）设分会场。市长何国森主持会议。市政协主席钟挥锷，市委副书记方明出席会议。市领导刘东豪、张和志、江海鹰、廖继聪、陈贤亮、叶春球、梁伟光、骆超、谢新添、张小可、谢红英；市法院、市检察院主要负责人；市直和中央、省驻河源副处以上各单位主要负责人在市主会场参加会议。

【全市生态环境保护攻坚暨中央生态环境保护督察整改工作动员会】 河源市委、市政府于2022年1月11日在市会议中心召开全市生态环境保护攻坚暨中央生态环境保护督察整改工作动员会。会议深入学习贯彻习近平生态文明思想，贯彻落实中央第四生态环境保护督察组督察广东省情况反馈会精神，按照中央决策部署和省委工作要求，加快推进河源市生态环境保护攻坚行动和中央生态环境保护督察整改工作，巩固提升河源核心竞争优势。市委书记林涛出席会议并讲话。林涛强调，要紧盯重点问题关键环节，全面开展生态环境保护攻坚。一要坚持标本兼治，系统攻坚水环境治理难题。要严格落实河（湖）长制，统筹推进河流治理，着力补齐污水收集处理设施短板，推动农村集中供水工程提质增效，全面控制污水垃圾、农业面源、矿山开采等污染，聚焦源头发力，做到源头严防、过程严管、后果严惩，改善水环境质量。二要坚持远近结合，科学攻坚垃圾处置短板。要立足当下、着眼长远，加快补齐垃圾处理能力短板，加强生活垃圾污染治理，提高垃圾处置工作效率，发挥新建医疗废物处置设施作用，提升垃圾处理能力。三要坚持以点带面，攻坚生态修复治理。要树牢红线意识，强化底线思维，严格矿产资源开发审批管理，抓实矿山修复工作，加强涉矿违法犯罪行为整治，强化自然保护地管理，真正为群众留住最稀缺的环境资源、守住最宝贵的生态财富。四要坚持综合施策，有效攻坚根治大气污染顽疾。要精准有力防范污染天气，在源头上遏制扬尘，严格落实网格化巡查监管机制，有序推进碳达峰碳中和行动，确保河源市空气质量持续优良。林涛强调，要加强组织领导，确保生态环境保护攻坚和中央生态环境保护督察整改各项工作落地落实落具体。要坚决扛起责任，严格落实生态环境保护“党政同责、一岗双责”和终身责任制，做到守土有责、守土担责、守土尽责。要强化统筹协调，形成齐抓共管的良好局面，集中力量解决问题。要狠抓督察整改，坚决杜绝“表面整改”“敷衍整改”“虚假整改”，确保全面整改落实到位。副市长孙锋通报河源市生态环境保护督察整改工作进展情况，并部署下一步工作。会议以电视电话会议形式开至各县（区）。市在市会议中心设主会场，各县（区）设分会场。市长何国森主持会议。市委副书记方明出席会议。市领导刘东豪、孔德胜、吴素香、梁伟光、骆超、刘伟德、谢新添、张小可；市法院、市检察院主要负责人；市有关单位主要负责人；市生态环境局班子成员在市主会场参加会议。

【全市党史学习教育总结会议】 河源市委于2022年1月29日在市会议中心召开全市党史学习教育总结会议。会议坚持以习近平新时代中国特色社会主义思想为指导，深入学习贯彻党的十九届六中全会精神，认真贯彻落实习近平总书记关于党史学习教育的重要论述和重要指示精神，按照中央和全省党史学习教育总结会议要求，对河源市开展党史学习教育进行全面总结，对巩固拓展党史学习教育成果、推动党史学习教育常态化长效化进行部署。市委书记、市委党史学习教育领导小组组长林涛出席会议并讲话。林涛强调，要巩固拓展党史学习教育成果，大力弘扬伟大建党精神，以更大作为、更实作风建设幸福和谐美丽河源。一要深刻领悟习近平总书记关于党史学习教育的重要论述精神，推动党史学习教育常态化长效化；用好党委（党组）理论学习中心组等制度、干部教育培训机制、学校思政课、红色资源等，把党史学习教育融入日常、抓在经常，引导全社会更好知史爱党、知史爱国。二要强化理论武装，把学懂弄通做实习近平新时代中国特色社会主义思想引向深入；全面落实“第一议题”等制度，持续开展“大学习、深调研、真落实”工作，推动党的创新理论在河源落地生根、结出丰硕成果。三要持续加强政治建设，把拥护“两个确立”转化为做到“两个维护”的实际行动；旗帜鲜明讲政治抓政治，严格执行省委坚决落实“两个维护”十项制度机制，严明政治纪律和政治规矩，严肃党内政治生活，始终做政治上的“明白人”。四要持续践行人民至上，不断满足人民对美好生活的新期待；树立正确的政绩观，常态化落实“面对面”解决群众“急难愁盼”问题机制，持续推进市领导联镇包片抓落实工作机制，增强群众的获得感幸福感安全感。五要强化使命担当，踔厉奋发推动河源高质量发展；弘扬伟大建党精神，弘扬改革开放精神，发扬斗争精神，教育引导党员干部主动投身到培育“五大产业”、实施“七大行动”中经风雨、壮筋骨、长本领。六要深化自我革命，推动全面从严治党向纵深推进；坚持和加强党的全面领导，树立大抓基层鲜明导向，抓好干部和人才队伍建设，坚定不移正风肃纪反腐，以高水平党建引领河源高质量发展。市长、市委党史学习教育领导小组副组长何国森主持会议时强调，全市各级各部门要切实把思想和行动统一到习近平总书记、党中央决策部署上来，加快建立常态化长效化制度机制，巩固拓展党史学习教育成果，并将其充分运用到经济社会发展各项工作中，加快建设幸福和谐美丽河源，以优异成绩迎接中共二十大胜利召开。会议以电视电话会议形式开至各县（区）。市在市会议中心设主会场，各县（区）设分会场。省委党史学习教育第七巡回指导组组长李振河、副组长黄海光和指导组成员到会指导。市领导张和志、江海鹰、陈贤亮、梁伟光、骆超、谢新添、张小可、谢红英；市法院、市检察院主要负责人；市有关单位主要负责人；市委党史学习教育巡回指导组组长，市委宣讲团成员在市主会场参加会议。

【全市水利高质量发展暨水经济产业发展大会】 河源市委、市政府于2022年2月22日在市会议中心召开全市水利高质量发展暨水经济产业发展大会。会议坚持以习近平新时代中国特色社会主义思想为指导，深入学习贯彻习近平生态文明思想，认真贯彻落实习近平总书记关于治水工作的重要论述和对广东系列重要讲话、重要指示批示精神，贯彻落实全省水利高质量发展大会精神，对新发展阶段推动河源市水利高质量发展和水经济产业发展进行全面部署、推动落实。市委书记林涛出席会议并讲话。林涛强调，要突出重点，把握关键，奋力开创河源市水利高质量发展新局面。一要加强水资源优化配置，强化水资源保护，落实最严格水资源管理制度，提高水资源集约节约利用能力，提升水资源开发利用和节约保护水平。二要构建安全可靠的水灾害防治体系，强化灾害应对处置能力、城镇防涝体系建设和水库安全管理，加快推进中小河流治理，确保防洪安全、江河安澜。三要加强秀水长青的碧道建设，促进河湖生态更加健康，弘扬水文化，打造亮丽的水生态名片，确保水质更加优良。四要加强优质普惠的农村水利建设，提高农村供水保障水平，加快推进灌区改造，推广先进灌溉技术，综合整治农村水系，筑牢乡村振兴水利基础。五要加强协同高效的智慧水利建设，提高水利智慧管理水平，推进依法治水管水，深化水利重点领域改革，提升水利治理现代化水平。同时要注重把握“四个坚持”，即坚持以人民为中心、坚持尊重自然规律、坚持系统观念、坚持服务大局，推进水利事业高质量发展。林涛强调，要加快培育百亿级产业集群，提升河源市水经济产业发展能级。一要加强水经济产业园建设，高起点、高标准、高效能规划建设管理水经济产业园，打造“生产、生活、生态”合一的绿色低碳园区。二要加强水经济产业链招商，制定实施专项招商引资政策，开展产业链招商，构建多元化招商体系，推动形成梯度发展、合理分工、优势互补的水经济产业链。三要加强农产品饮料化开发，推动当地农产品与水经济产业深度融合，开发特色化、地域化食品饮料，鼓励开展农产品饮料化科技创新，推动水经济产业向产业链、价值链高端迈进。四要加强水经济产业品牌建设，用好用足“中国优质饮用水资源开发基地”“中国好水”等国家级品牌优势，实施品牌战略、提升品牌效应、开展品牌宣传，提高河源水经济产业附加值、抢占市场制高点。市长何国森主持会议时强调，全市各级各部门要按照此次会议部署要求，把水利高质量发展摆在重要位置，全力防汛备汛，加强河湖生态保护治理，加快完善生活污水处理设施，加快补齐短板弱项，保障供水安全，加快水经济产业园开发建设，奋力推动水利高质量发展。市委常委、常务副市长刘东豪通报河源市水经济产业发展情况及下一步工作计划。副市长谢春艳总结河源市“十三五”时期水利发展情况。会上播放《新时代河源水利改革发展纪实》专题片。会议以电视电话会议形式开至各县（区）。市委在市会议中心设主会场，各县（区）设分会场。市委副书记方明出席会议。市领导张和志、江海鹰、孔德胜、陈贤亮、梁伟光、骆超、曹建忠、赵峰、岳阳、孙锋、谢新添、张小可、谢红英；市法院、市检察院主要负责人；灯塔盆地农高区党政主要负责人；市有关单位主要负责人在市主会场参加会议。

【全市传达贯彻习近平总书记重要讲话精神暨全国两会精神干部大会】 河源市委于2022年3月12日在市会议中心召开全市传达贯彻习近平总书记重要讲话精神暨全国两会精神干部大会，深入学习贯彻习近平总书记重要讲话精神和全国两会精神，全面落实国家和省有关会议精神，对河源市贯彻落实工作进行部署。市委书记林涛主持会议并讲话。会议强调，要深入学习贯彻习近平总书记重要讲话精神和全国两会精神，把思想和行动统一到习近平总书记、党中央决策部署上来。一要深刻领会党和国家事业取得的新的重大成就，凝心聚力推进现代化建设，在全国全省大局中作出河源贡献。二要深刻领会习近平总书记关于“五个必由之路”的重要认识，沿着习近平总书记指引的道路奋勇前进，在新时代新征程上争取更大荣光。三要深刻领会中国发展的“五个有利条件”，发扬历史主动精神，办好河源的事。四要深刻领会习近平总书记深厚的为民情怀，践行以人民为中心的发展思想，共同创造更加美好的明天。五要深刻领会2022年中国经济社会发展的目标任务和重点工作，结合河源实际形成具体工作措施，高质量推进各项任务落实落地。会议强调，要深入贯彻落实习近平总书记重要讲话精神暨全国两会精神，以更实举措加快建设幸福和谐美丽河源。一要以推进“五大产业”发展为牵引，实施产业兴市行动，加快工业经济提级扩能，培育富有竞争力的企业，推动工业园区提效扩容，加强项目谋划储备，加快构建现代化经济体系。二要以推进“融湾”“融深”行动为契机，加强交通基础设施建设，纵深推进全面深化改革，推进产业深度融合发展，强化与“双区”协同创新，全面激发高质量发展动能。三要以农业农村优先发展为导向，推动巩固拓展脱贫攻坚成果同乡村振兴有效衔接，推动灯塔盆地加快创建国家农高区，狠抓粮食安全这一“国之大者”，树牢大食物观，推动农业全产业链开发，促进乡村全面振兴。四要以打造深圳都市圈副中心为引领，科学系统推进城市建设发展，优化城市空间布局，推进以县城为重要载体的城镇化建设，以创建全国文明城市为抓手促进河源形象提升，全面提升城市功能品质。五要以改善生态环境为抓手，抓好中央生态环保督察问题整改，尽快出台碳达峰碳中和相关工作制度机制，打好污染防治攻坚战，走好生态优先绿色发展新路。六要以“面对面”解难题为切口，践行以人民为中心的发展思想，切实解民忧、纾民困、暖民心，实施就业优先战略，兜住兜牢民生底线，统筹发展和安全，增强人民群众获得感幸福感安全感。会议以电视电话会议形式开至各县（区）。市在市会议中心设主会场，各县（区）设分会场。市长何国森，市政协主席钟挥锷，市委副书记方明出席会议。市委、市人大常委会、市政府、市政协领导班子成员；市法院主要负责人；市四套班子有关秘书长；各县（区）党政主要负责人；市直和中央、省驻河源副处以上各单位主要负责人；市各民主党派主要负责人；河源市全国人大代表在市主会场参加会议。

【河源市委人大工作会议】河源市委于2022年3月17日在市会议中心召开市委人大工作会议。会议坚持以习近平新时代中国特色社会主义思想为指导，深入学习贯彻中共十九届六中全会精神和习近平总书记在中央人大工作会议上的重要讲话精神，贯彻落实省委十二届十五次全会和省委人大工作会议精神，研究部署全市人大工作，推动新时代河源人大工作高质量发展。市委书记、市人大常委会主任林涛出席会议并讲话。林涛强调，要服务中心大局、突出工作重点，推动新时代人大工作高质量发展。一要践行全过程人民民主，发挥人民代表大会制度主阵地、主渠道和重要制度载体作用，尊重民意，推动人民有序政治参与，支持和保障人民当家作主。二要尊崇和严格实施宪法，增强尊崇宪法的自觉性、实施宪法的坚定性和宪法宣传的有效性，在全社会弘扬宪法精神，维护宪法权威和尊严。三要提高立法质量水平，加强党对立法工作的全面领导，健全立法工作制度机制，加强地方立法，以良法促进发展、保障善治。四要用好宪法赋予人大的监督权，突出监督重点，增强监督实效，形成监督合力，做到正确监督、有效监督、依法监督。五要发挥人大代表作用，保持同人民的密切联系，强化人大代表议案建议办理，保障人大代表履职尽责，做到民有所呼、我有所应。林涛强调，要把党对人大工作的全面领导贯穿始终，确保人大工作始终沿着正确方向奋勇前进。一要用习近平新时代中国特色社会主义思想凝心铸魂，推动学思用贯通、知信行统一。二要把党的领导贯彻到人大工作全过程各方面，确保制度执行不走偏不走样。三要全面加强人大自身建设，打造让党中央放心、人民群众满意的政治机关、国家权力机关、工作机关、代表机关。四要凝聚做好人大工作的强大合力，推动“一府一委两院”自觉接受人大监督，加强理论研究和宣传引导，推动全社会关心支持促进人大工作。市人大常委会副主任叶春球传达中央、省委人大工作会议精神。会议以电视电话会议形式开至各县（区）。市在市会议中心设主会场，各县（区）设分会场。市长何国森主持会议。市政协主席钟挥锷，市委副书记方明出席会议。市委、市人大常委会、市政府、市政协领导；市法院、市检察院主要负责人；市四套班子有关秘书长；河源国家高新区、河源灯塔盆地国家农高区党工委主要负责人；市有关单位主要负责人；市人大常委会其他组成人员，驻市人大常委会机关纪检监察组组长，市人大各专门委员会、市人大常委会各工作委员会有关负责人在市主会场参加会议。

【河源市委农村工作会议暨全市实施乡村振兴战略工作推进会】河源市委于2022年4月1日在市会议中心召开市委农村工作会议暨全市实施乡村振兴战略工作推进会，深入学习贯彻习近平总书记关于“三农”工作的重要论述和对广东系列重要讲话、重要指示批示精神，贯彻中央农村工作会议精神，全面落实省委农村工作会议暨全省实施乡村振兴战略工作推进会精神，研究部署2022年河源市全面推进乡村振兴工作。市委书记、市委实施乡村振兴战略领导小组组长林涛出席会议并讲话。林涛强调，要全面推动乡村振兴重点工作落地见效，打造广东农业农村现代化新样板。一要把抓好粮食生产和重要农产品供给摆在首要位置，牢记“国之大者”，坚决守好粮食安全底线。坚持抓好耕地和种子两个要害，严格落实粮食安全党政同责，坚决落实“长牙齿”的耕地保护硬措施，推进种业振兴，树牢大食物观，确保河源市粮食安全。二要巩固拓展脱贫攻坚成果，守住不发生规模性返贫底线。抓好防止返贫硬任务，完善监测、帮扶和兜底机制，深入实施驻镇帮镇扶村工程，统筹推进老区苏区和少数民族地区发展。三要加快推进灯塔盆地开发建设，引领河源市农业农村高质量发展。推进国家农高区创建工作，加快农业高新技术产业发展，提升农业科技创新效能，打造农业科技新城，深化农村综合改革，推动灯塔盆地建设提质增效。四要发展现代高效农业，健全“跨县集群、一县一园、一镇一业、一村一品”现代农业产业体系。坚持以工业化理念、产业化思维发展乡村产业，做大做强优势特色产业，推进预制菜产业发展，统筹县域产业发展，完善乡村产业发展支撑体系。五要推进乡村建设，打造农民安居乐业的美丽家园。完善农村基础设施，推进农村人居环境整治，推进乡村风貌提升，提升农村基本公共服务供给水平，不断满足农民群众对美好生活的向往。六要突出实效改进基层治理，维护农村社会和谐稳定。强化党建引领作用，建设客家特色文明乡风，维护农村平安稳定，建设井然有序、生机勃勃的善治乡村。林涛强调，要坚持和加强党对“三农”工作的全面领导，为全面推进乡村振兴提供坚强保障。要压实工作责任，落实市县镇村四级书记抓乡村振兴责任制，提高农村综合改革效能，保障资金、土地、人才等要素供给，改进工作作风，加强宣传引导，把全面推进乡村振兴各项任务落到实处。市长、市委实施乡村振兴战略领导小组常务副组长何国森主持会议时强调，各级各部门要按照中央决策部署和省委工作要求、市委工作安排，提高政治站位，发展现代高效农业，推动优势特色农业产业提档升级，坚决守好粮食安全底线。要推动脱贫攻坚成果同乡村振兴有效衔接，推进乡村建设，加快完善现代化乡村治理体系，奋力开创全面推进乡村振兴工作新局面，以实际行动迎接中共二十大召开。市委副书记方明对《关于做好2022年乡村振兴重点工作的实施方案（征求意见稿）》作起草说明。会上播放河源市《巩固拓展脱贫攻坚成果、有效衔接乡村振兴》专题片。会议以电视电话会议形式开至各县（区）。市在市会议中心设主会场，各县（区）设分会场。市政协主席钟挥锷出席会议。市领导刘渤、李洋、刘东豪、张和志、江海鹰、孔德胜、廖继聪、叶春球、曹建忠、岳阳、谢春艳、谢新添、谢红英；市法院、市检察院主要负责人；河源国家高新区、市有关单位主要负责人；市农业农村局、市乡村振兴局班子成员，深河指挥部乡村振兴协调组组长在市主会场参加会议。

【河源市委民族工作会议暨民族地区高质量发展推进会】 河源市委于2022年4月26日在市会议中心召开市委民族工作会议暨民族地区高质量发展推进会。会议坚持以习近平新时代中国特色社会主义思想为指导，深入学习贯彻习近平总书记关于加强和改进民族工作的重要思想，全面贯彻落实习近平总书记对广东系列重要讲话和重要指示批示精神，落实中央和省有关会议精神，总结近年来河源市民族工作，研究部署下一步工作，推动新时代河源民族工作高质量发展。市委书记林涛出席会议并讲话。林涛强调，要聚焦铸牢中华民族共同体意识的工作主线精准用力，奋力开创河源民族工作新局面。一要增强中华文化认同，培育和践行社会主义核心价值观，传承弘扬中华优秀传统文化，推动各民族文化互鉴交融，构筑中华民族共有精神家园。二要以改善民生、凝聚人心为出发点和落脚点，完善基础设施和发展特色产业，改善民族地区乡村风貌，保障和改善民生，加强民族文化传承保护与发展，加快推动民族地区高质量发展。三要促进各民族交往交流交融，鼓励和支持各族群众在河源市共居共学共事共乐，深化民族团结进步创建工作，建立完善铸牢中华民族共同体意识宣传教育体系，使各民族在理想、信念、情感、文化上团结统一、守望相助、手足情深。四要推动民族事务治理体系和治理能力现代化，依法保障各族群众合法权益，增强各族群众的获得感、幸福感、安全感。林涛强调，要加强和完善党对民族工作的全面领导，压实各级各部门主体责任，强化统筹保障，优化民族地区干部人才结构，加大对民族地区支持力度，夯实民族工作基层基础，增强民族地区可持续发展能力，推动民族工作和民族地区高质量发展。市长何国森主持会议时表示，全市各级各部门要按照中央决策部署和省委工作要求、市委工作安排，铸牢中华民族共同体意识，全面贯彻落实党的民族政策，以全面推进乡村振兴战略为抓手，加强少数民族文化保护与传承，加快完善民族地区基础设施，推动民族特色产业持续发展，奋力推动民族地区经济社会高质量发展，把新时代河源民族团结进步事业推向新的高度。市委副书记方明出席会议。市领导刘渤、李洋、张和志、江海鹰、孔德胜、廖继聪、陈贤亮、叶春球、梁伟光、岳阳、孙锋、唐汉芳、谢红英、孙宇红；市法院院长、市检察院检察长；各县（区）党（工）委主要负责人；市有关单位主要负责人；东源县漳溪畲族乡党政主要负责人参加会议。

【河源市创建全国文明城市工作推进会】 河源市委于2022年4月28日在市会议中心召开河源市创建全国文明城市工作推进会。会议坚持以习近平新时代中国特色社会主义思想为指导，深入学习贯彻习近平总书记关于精神文明建设的重要论述，全面落实中央文明办和省文明办关于2022年精神文明建设工作部署，动员全市上下加压奋进、乘势而上，以志在必得的决心、奋勇争先的精神，高标准做好创建全国文明城市各项工作。市委书记、市创建全国文明城市工作领导小组组长林涛出席会议并讲话。林涛强调，要突出重点、奋力攻坚，以一流标准推动创建全国文明城市提质升级。一要抓好市民这个主体，引导市民养成文明习惯，抓好市民文明素质提升，培育社会文明风尚，加快构建共建共治共享格局。二要抓好硬件完善，加强基础设施和文化便民设施建设，加大资金投入，尽快补齐设施建设短板。三要抓好环境整治，加大市容环境、交通环境、市场环境和公共场所环境整治力度，全面提升城市综合管理水平。四要抓好文明家庭、文明社区、文明村镇、文明单位创建，在创建延伸、抓好细节、丰富载体上下功夫，让文明走进每个人的心灵，夯实文明城市基础。五要抓好宣传教育，强化线上、社会、公益和主题宣传，提高市民对创建工作的知晓率、参与率和满意度，营造浓厚舆论氛围。林涛强调，要加强领导、压实责任，迅速掀起全域全面创建全国文明城市工作热潮。一要加强组织领导，把创建全国文明城市工作作为重点工作来抓，“一把手”要亲自挂帅、亲力亲为，市创文办要发挥好牵头抓总作用，确保各项工作高效推进。二要强化协同配合，牢固树立全市“一盘棋”思想，各县区尤其是源城区要履行属地管理职责，市直各部门要担起各自职责，齐心协力打好创建全国文明城市攻坚战。三要严格督查问责，实施亮灯考核管理，以考督创、以考促创，做到创建工作进行到哪里、督查问责就跟进到哪里，推动各项工作落实到位。省委副秘书长、宣传部副部长、省文明办主任王桂科到会指导，对河源市创建全国文明城市工作成效给予肯定，希望河源力争率先在粤东粤西粤北地区成功创建首批全国文明城市。市委常委、宣传部部长、市创建全国文明城市工作领导小组执行副组长江海鹰总结河源市2021年创建全国文明城市工作，并对做好2022年工作作具体部署。源城区、市教育局、市公安局作交流发言。会议以电视电话会议形式开至各县（区）。市在市会议中心设主会场，各县（区）设分会场。市长、市创建全国文明城市工作领导小组执行组长何国森主持会议。省委宣传部二级巡视员马必文到会指导。市领导孔德胜、陈贤亮、梁伟光、赵峰、谢春艳、谢新添；市法院院长、市检察院检察长；源城区政府主要负责人；市有关单位主要负责人在市主会场参加会议。

【全市传达学习贯彻省第十三次党代会精神干部大会】 河源市委于2022年5月27日在市会议中心召开全市传达学习贯彻省第十三次党代会精神干部大会。会议坚持以习近平新时代中国特色社会主义思想为指导，深入学习贯彻习近平总书记对广东系列重要讲话和重要指示精神，全面贯彻落实省第十三次党代会精神，动员全市上下埋头苦干、勇毅前行，为广东在全面建设社会主义现代化国家新征程中走在全国前列、创造新的辉煌作出河源贡献，以实际行动迎接中共二十大胜利召开。市委书记林涛主持会议并讲话，市长何国森传达省第十三次党代会精神和省委十三届一次全会精神。林涛强调，要深入贯彻落实省党代会精神，加快打造融入粤港澳大湾区的生态优先、绿色发展排头兵。一要坚持党的全面领导和党的建设，旗帜鲜明讲政治，持续学懂弄通做实习近平新时代中国特色社会主义思想，坚持严的主基调不动摇，纵深推进全面从严治党，把各级党组织锻造得更加坚强有力。二要抓住用好改革开放关键一招，发扬敢闯敢试、敢为人先的精神，与时俱进全面深化改革，锐意开拓全面扩大开放，全面提升自身竞争力、开放监管能力、风险防控能力，持续为推动高质量发展赋能增力。三要加快全域全面“融湾”“融深”，推进交通基础设施互联互通，深化规则衔接、机制对接，推进产业深度融合发展，在更多领域主动接受“双区”和两个合作区辐射带动。四要服务全省打造新发展格局战略支点，建设富有竞争力的现代产业体系，坚持扩投资促消费，加快构建现代化基础设施体系，坚定不移推动高质量发展。五要强化与“双区”协同创新，打造“双区”科技成果转化地，强化企业创新主体作用，营造更好创新生态，做强人才“第一资源”，塑造河源创新和产业发展新优势。六要全面推进乡村振兴，抓好粮食和重要农产品稳产保供，举全市之力推进灯塔盆地创建国家农高区，构建现代乡村产业体系，促进乡村宜居宜业，巩固拓展脱贫攻坚成果，培育广东农业农村现代化新样板。七要深入推进区域协调发展，坚持点状开发、面上保护，推动生态产业化、产业生态化，加快建设以生态农业、绿色工业、生态旅游为主体的产业体系，发展县域经济，打造更具持续力的生态发展新标杆。八要推进文化强市建设，掌握意识形态工作主动权领导权，增强文化软实力促形象提升，实施岭南文化“双创”工程，积极创建全国文明城市，满足人民群众精神文化生活新期待。九要坚持生态优先，稳妥推进碳达峰碳中和，打好污染防治攻坚战，持续加强生态文明建设。十要坚持在发展中保障和改善民生，常态化实施党政主要负责人“面对面”解决群众“急难愁盼”问题机制，提升就业质量和居民收入水平，全面提升教育质量，推进健康河源建设，织密扎牢社会保障安全网，推进共同富裕。十一要防范化解风险隐患，推进平安河源、法治河源建设，加强和创新基层社会治理，更好统筹发展和安全。会议以电视电话会议形式开至各县（区）。市在市会议中心设主会场，各县（区）设分会场。市委、市人大常委会、市政府、市政协领导班子成员；副厅级以上老干部；市法院院长、市检察院检察长；市直和中央、省驻河源副处以上各单位 主要负责人；市直生产和工作一线的省第十三次党代会代表在市主会场参加 会议。

【全市深入打好污染防治攻坚战暨中央生态环境保护督察整改推进会】 河源市委、市政府于2022年6月8日在市会议中心召开全市深入打好污染防治攻坚战暨中央生态环境保护督察整改推进会。会议坚持以习近平新时代中国特色社会主义思想为指导，深入学习贯彻习近平生态文明思想和习近平总书记对广东系列重要讲话、重要指示精神，全面贯彻落实省第十三次党代会精神以及全省深入打好污染防治攻坚战推进会精神，结合中央生态环保督察整改工作，对河源市深入打好污染防治攻坚战进行再部署、再推动、再落实。市委书记林涛出席会议并讲话。林涛强调，要紧盯重点领域和关键环节，深入打好污染防治攻坚战，持续厚植生态环境优势。一要聚焦推进减污降碳协同增效，推进能源绿色发展，推动传统产业绿色转型升级，推广绿色低碳生产生活方式，坚定不移走好绿色低碳发展之路。二要聚焦打好碧水保优战，巩固提升国考、省考断面水质，突出做好水源保护和黑臭水体治理，加快污水处理设施建设，推动水环境质量持续领跑全省。三要聚焦打好蓝天保卫战，强化工业污染源、移动污染源和大气面源污染的治理，推动空气质量继续走在前列。四要聚焦打好净土防御战，推进农业农村污染治理，强化土壤污染风险管控，提升固体废物精细化管理水平，确保土壤环境质量稳定。五要聚焦推进生态系统保护修复，提升重要生态系统质量和稳定性，加大生态保护监管和执法力度，防范化解生态环境风险，守护好绿色生态家园。林涛强调，要推进中央生态环保督察整改落实工作，集中力量解决群众身边的突出生态环境问题。一要接续用力抓好市领导包案督办机制，确保所有事项全部整改落实到位。二要明确整改目标、时限和措施，高质量高效率完成各项整改任务。三要抓实生态环境保护八大攻坚行动，压实责任、加强统筹、强化督查，推动各项工作任务落地落实。市领导陈贤亮、孙锋围绕中央生态环保督察反馈个别问题整改落实工作进行发言。会上播放全市推进污染防治攻坚战专题片。会议以电视电话会议形式开至各县（区）。市在市会议中心设主会场，各县（区）设分会场。市长何国森主持会议。市领导李洋、刘东豪、张和志、江海鹰、孔德胜、梁伟光、曹建忠、赵峰、岳阳、谢春艳、刘伟德；市法院院长、市检察院检察长；市有关单位主要负责人，市生态环境局领导班子成员在市主会场参加会议。

【全市乡村振兴工作会议】 河源市委于2022年6月30日在市会议中心召开全市乡村振兴工作会议，深入学习贯彻习近平总书记关于“三农”工作的重要论述，全力以赴做好乡村振兴各项工作，统筹做好灾后复产重建工作，奋力开创河源市“三农”工作新局面。市委书记林涛主持会议并讲话。林涛强调，全市各级各部门要深入学习贯彻习近平总书记关于“三农”工作的重要论述，提高政治站位，增强做好乡村振兴工作的责任感、使命感、紧迫感，以迎接2021年度省推进乡村振兴战略实绩考核为契机，全面推动2022年乡村振兴重点工作落地落实，确保全市乡村振兴工作走在全省前列。一要加快推进灾后复产重建工作，支持和帮助受灾群众尽快恢复农业生产，做好早稻抗灾保产和晚造粮食生产工作，精准帮扶因灾因疫影响困难群体，深入开展“广东扶贫济困日”活动和“千企帮千镇，万企兴万村”行动，全面守好粮食安全和不发生规模性返贫两条底线。二要对标对表乡村振兴考核硬指标，加强耕地保护工作，加快涉农资金支出进度，千方百计提高农民收入，确保完成乡村振兴硬任务。三要高标准抓好乡村发展、乡村建设、乡村治理三项重点工作，加快灯塔盆地国家农高区创建工作，高标准建设省级油茶跨县集群产业园，推进灯塔盆地灌区改造工程，加快补齐农村基础设施建设短板，推进农村人居环境整治五年提升行动，加快建设乡村振兴示范带，加强农村基层组织建设，加快推广“积分+”“清单制”乡村治理新模式，争取做出新亮点、实现新突破。市长何国森出席会议并部署有关工作。会议以电视电话会议形式开至各县（区）、各乡镇（街道）。市在市会议中心设主会场，各县（区）设分会场。市委、市人大常委会、市政府、市政协领导班子成员；市法院院长，市检察院检察长；市有关单位主要负责人参加会议。

【河源市市领导联镇包片抓落实工作会议】 河源市委于2022年8月24日在市会议中心召开市领导联镇包片抓落实工作会议，总结联镇包片抓落实工作情况，对当前和今后一个时期联镇包片抓落实工作进行研究部署、推动落实。市委书记林涛出席会议并讲话。林涛强调，要突出重点、整体推进，确保联镇包片抓落实工作取得扎实成效。一要强化党建引领，抓牢政治建设这个根本、基层党建三年行动计划这个重点、带头人队伍建设这个关键以及规范化建设这个基础，筑牢基层党组织战斗堡垒。二要坚持稳中求进，确保经济运行在合理区间，发展特色优势产业，建设大湾区产业协作基地，做大做强“六色”旅游品牌，推进以县城为重要载体的城镇化建设，深化农村改革，优化营商环境，提高经济发展质量效益。三要推进乡村振兴，守住粮食安全底线，巩固拓展脱贫攻坚成果，加快灯塔盆地开发建设，稳妥推进乡村建设，打造宜居宜业美丽镇村。四要优化基层治理，做强镇街功能，提升基层治理效能，加强基层社会治理，落实好常态化疫情防控措施，千方百计保安全，全力维护社会稳定，改善生态环境，守牢安全底线生态红线。五要聚焦民生重点，常态化实施党政主要负责人“面对面”解决群众“急难愁盼”问题机制，提高就业质量和收入水平，提升农村基本公共服务供给水平，关心关爱特殊群体，解决好群众“急难愁盼”问题。六要加强纪律建设，纵深推进全面从严治党，督促各镇街党政一把手和领导班子严格落实中央八项规定精神，持续纠治群众身边的腐败问题和不正之风，树立正确政绩观，重视家教家风建设，守住底线、不踩红线、不碰高压线。林涛要求，要加强领导、压实责任，推动联镇包片抓落实工作有力有序有效开展。要压实工作责任，市领导要牵头抓总，市联镇办要完善工作机制，各联镇专班要加强沟通对接，督促指导各镇街担起主体责任，确保联镇包片工作高效运转。要转变工作作风，直面基层和群众解决实际问题，提振干事创业精气神，以实干实效体现担当作为。要落实调研办公和工作调度机制，健全动态督办机制，确保联镇包片工作落实见效。市长何国森主持会议。市领导张和志、叶春球、曹建忠、谢新添分别汇报开展联镇包片抓落实工作情况，其他市领导作书面发言。市委、市人大常委会、市政府、市政协领导班子成员；市领导联镇包片协办单位主要负责人参加会议。

【河源市创建全国文明城市攻坚工作推进会】河源市委、市政府于2022年8月31日在市会议中心召开河源市创建全国文明城市攻坚工作推进会。市长、市创建全国文明城市工作领导小组执行组长何国森出席会议并讲话。何国森强调，各级各部门要深入学习贯彻习近平总书记关于精神文明建设的重要论述，提高政治站位，增强工作的责任感和使命感，履职尽责、真抓实干，高质量做好创建全国文明城市各项工作。一要认真学习对照新版《操作手册》，摸清测评重点、评分标准，逐项分解任务，一一落实到位。二要对照测评体系，全面查漏补缺，补齐基础设施短板，加强市容环境、交通秩序、公共安全等综合整治，特别要抓好未成年人思想道德等精神文明建设重点工作，提升城市文明水平。三要强化网格管理，市、区两级挂钩责任单位要下沉基层一线守好网格，源城区各镇街、社区要落实属地管理责任，确保所在网格工作任务达标。四要营造浓厚氛围，做好入户调查宣传发动、志愿服务工作，提高市民群众参与率、知晓率和满意度，让文明创建理念、文明创建成效深入人心。何国森要求，各级各部门要狠抓责任落实，形成工作合力，确保各项创建任务全面达标达效。市创文办要牵头抓好统筹协调，源城区要履行属地管理职责，市直有关部门要配合，齐心协力抓好抓实创建全国文明城市攻坚工作各项任务。市委常委、宣传部部长江海鹰部署创建全国文明城市攻坚工作。市领导梁伟光、赵峰、岳阳、谢春艳、孙锋、谢红英；市直有关单位主要负责人；源城区政府、区委宣传部主要负责人；江东新区、市高新区党（工）委主要负责人及分管负责人；源城区、江东新区乡镇（街道）党（工）委主要负责人参加会议。

【全市传达贯彻党的二十大精神大会】河源市委于2022年10月29日在市会议中心召开全市传达贯彻中共二十大精神大会。会议坚持以习近平新时代中国特色社会主义思想为指导，传达学习贯彻中共二十大精神，落实省委常委会会议、全省传达贯彻中共二十大精神大会精神，对河源市全面学习、全面把握、全面落实中共二十大精神工作进行动员部署。在外学习的市委书记林涛专门就河源市学习宣传贯彻中共二十大精神工作作出批示。市长何国森出席会议并讲话。会议强调，全市各级各部门要深刻领悟中共二十大精神实质，按照习近平总书记“五个牢牢把握”的重要要求，学深悟透、入脑入心，切实把中共二十大精神转化为我们奋力夺取新胜利的思想武器和行动指南，以实际行动忠诚拥护“两个确立”、坚决做到“两个维护”。一要深刻领悟过去5年和新时代10年伟大变革的重大意义，坚定不移紧跟总书记、奋进新征程。二要深刻领悟习近平新时代中国特色社会主义思想的世界观方法论和贯穿其中的立场观点方法，自觉以之武装头脑、指导实践、推动工作。三要深刻领悟以中国式现代化全面推进中华民族伟大复兴的使命任务，着力在推进中国式现代化进程中展现河源担当。四要深刻领悟以伟大自我革命引领伟大社会革命的重要要求，坚定不移推进全面从严治党。五要深刻领悟团结奋斗的时代要求，在担当实干中践行群众路线、走好新的赶考之路。会议强调，要主动担当作为，把中共二十大精神贯彻落实到河源工作各方面全过程，加快建设融入粤港澳大湾区的生态优先、绿色发展排头兵和幸福和谐美丽河源。一要加快高质量发展步伐，发展实体经济，抓好产业园区提质增效，推动“融湾”“融深”提速增效，全面推进乡村振兴，推动区域协调发展，全力服务广东打造新发展格局战略支点。二要全面落实科教兴国战略，坚持教育优先发展，坚持创新驱动发展，推进人才强市建设，用心培养集聚更多专业人才。三要践行全过程人民民主，扩大人民有序政治参与，全面发展协商民主，引导发展基层民主，巩固和发展最广泛的爱国统一战线，保障人民当家作主。四要坚持全面依法治市，尊崇宪法法律，全力建设法治政府，维护司法公正权威，加快建设法治社会，建设更高水平的法治河源。五要推进文化强市建设，巩固壮大主流思想舆论，深入践行社会主义核心价值观，推动全域文明创建，提升高品质文化供给，实施文化“双创”工程，提升对外传播能力，满足人民群众精神文化生活新期待。六要用心解决群众“急难愁盼”问题，持续深入实施“面对面”机制，提升城市功能品质，促进分配更加公平合理，千方百计稳就业，织牢社会保障安全网，推进健康河源建设，提升人民群众获得感幸福感。七要推进生态优先行动，加快推动绿色低碳发展，抓好中央和省生态环保督察整改，持续打好污染防治攻坚战，稳妥推进碳达峰碳中和，打造美丽广东的河源样板。八要统筹发展和安全，坚决落实维护国家安全各项部署，常态化抓好疫情防控，建设平安河源，提升社会治理效能，坚决维护社会大局平安稳定。会议以电视电话会议形式开至各县（区）。市在市会议中心设主会场，各县（区）设分会场。市委、市人大常委会、市政府、市政协领导班子成员；市法院院长、市检察院检察长；河源市中共二十大生产和工作第一线代表；江东新区、河源国家高新区、灯塔盆地国家农高区党（工）委和管委会主要负责人；市直和中央、省驻河源副处以上各单位主要负责人；市各民主党派、工商联主要负责人；市属国企主要负责人在市主会场参加会议。

重要决策

【制定高层次教育人才引育的措施】 2022年1月29日，中共河源市委、河源市人民政府印发《河源市高层次教育人才引育的若干措施》，提出高层次教育人才引育的总体目标：未来3年，力争新引进教育人才300名（其中硕士及以上研究生不少于150名），培养30名专家型校长，遴选100名卓越校长培养对象、1000名卓越教师培养对象，建设100个名校长、名班主任和名教师工作室等，优化教师队伍结构，壮大高水平教师队伍，提升河源市教师队伍整体水平。提出高层次教育人才引育的主要措施：一是人才引进。1引进对象。本科及以上学历的毕业生或在职教师。2.引进方式和程序。由教育部门研究确定每年人才引进计划和岗位目录，征求市委组织部、市委编办、市人力资源和社会保障局、市财政局等市委人才工作领导小组相关成员单位意见后，通过公开招聘引进人才，公开招聘高层次急需紧缺人才的可采取面试或直接业务考察等方式组织考试。用人单位按规定办理拟聘人员备案手续后，及时签订聘用合同，聘用合同期限不低于5年。3.引进人才待遇。（1）工资待遇。引进人才为事业单位财政核拨编制，执行国家、省政策规定的事业单位工资福利制度。（2）人才奖补。对引进的硕士及以上研究生，给予每人8万元奖补。二是人才培育。1.实施专家型校长工程。委托华南师范大学等高等院校培养专家型校长30名，按每人每年8万元标准支持培养，周期3年。2.实施正高级教师培养工程。每名现职正高级教师与2—3名培养对象师徒结对，为河源市名师专业发展搭建平台、创设条件，提升正高职称中小学教师数量和质量。正高级教师每人每年给予2万元工作经费，周期3年。3.实施在职教师学历提升工程。鼓励在职教师提升学历，对符合条件参加学历提升的给予3000元至1万元学费补助。其中，对全市公办学校在编教师获得研究生学历的，给予1万元学费补助；获得本科学历的，给予3000元学费补助。4.实施“十百千人才”培养工程。立足本地教育发展实际，加大教育人才的培养力度，培养30名专家型校长（即实施专家型校长工程），遴选100名卓越校长培养对象、1000名卓越教师培养对象，对卓越校长和卓越教师培养对象分别按每人每年1万元、3000元标准支持培养，周期3年。5.建设“三名工作室”。建设100个名校长、名班主任、名教师工作室，主要通过集中脱产学习、岗位实践探索、示范引领帮扶、问题研究提升相结合的培养模式进行培养，每个工作室安排工作经费5万元。6.推进“新强师工程”。加大教师培训力度，为河源市教育骨干人才梯队建设夯实基础，提升河源市教师综合素质和能力，每年专项培训经费不低于300万元。7.推进“青年名师学堂工程”。立足本土，培养青年名师100名，按每人每年1万元标准支持培养，周期2年。8.实施结对帮扶工程。建立健全深圳与河源、城镇学校与农村学校之间的校长、教师和教研员支教帮扶、跟岗学习、互派交流机制，丰富结对帮扶内容和形式，巩固结对帮扶成效。

【制定高层次医疗卫生人才引育的措施】 2022年1月29日，中共河源市委、河源市人民政府印发《河源市高层次医疗卫生人才引育的若干措施》，提出高层次医疗卫生人才引育的总体目标：未来3年，通过公开招聘力争新引进博士研究生（正高）30名、急需紧缺专业硕士研究生（副高）70名，柔性引进一批专家人才到河源市开展工作，培育一批医疗卫生学科带头人、骨干医师和青年医师，加速一流人才培育平台建设，为健康河源建设提供坚实的人才支撑。提出高层次医疗卫生人才引育的主要措施：一是人才引进。1.高层次专业人才引进。（1）引进对象。正高职称专业技术人才；获得国内医学院校博士研究生学历学位者，或取得教育部认可的国（境）外高校博士研究生学历学位者。（2）引进条件。高层次人才年龄一般不超过50岁（中医药类别高层次人才可放宽至55岁），引进后须在河源市全职工作，并签订不少于5年的服务合同。（3）补助标准。引进人才与用人单位签订5年以上劳动合同的，在签订劳动合同后一次性给予每人奖补10万元。建立专项考核激励机制，每年度对引进的人才进行考核，按优秀、良好、合格三个考核等次，分别给予8万元、6万元、3.6万元奖补，实施期限为5年。2.急需、紧缺人才引进。（1）引进对象。急需、紧缺专业硕士研究生或副高职称专业技术人才。（2）引进条件。副高职称专业技术人才一般不超过40周岁（有2年以上三甲医院工作经历的可放宽至45周岁），硕士一般不超过35周岁。引进后须在河源市全职工作，并签订不少于5年的服务合同。取得硕士研究生学历学位者，其受聘岗位需与所学专业匹配对口。（3）补助标准。经认定符合条件的硕士研究生或副高职称专业技术人才，与用人单位签订5年以上劳动合同的，在签订劳动合同后一次性给予每人奖补5万元。建立专项考核激励机制，每年度对引进人才进行考核，按优秀、良好、合格三个考核等次，分别给予4万元、3万元、1.8万元奖补，实施期限为5年。3.定向帮扶团队。（1）引进原则。经主管部门认定，由省级医院派出常驻（连续一年以上）河源市直公立医疗机构的管理人员和专家队伍。（2）补助标准。定向派出常驻（连续一年以上）并任职的管理及医疗团队，可享受包含广州往返河源的交通补贴和住宿补贴。其中，正高职称人员（处级干部），每月发放住宿补贴3500元（或免租入住四房两厅人才公寓）和交通补贴4800元；副高职称人员（科级干部）每月发放住宿补贴3000元（或免租入住三房两厅人才公寓）和交通补贴4800元；中级职称及其他人员每月发放住宿补贴2500元（或免租入住两房两厅人才公寓）和交通补贴3200元。4.柔性人才引进。（1）引进原则。坚持“不求常在，但求常来，不求所有，但求所用，追求实效”的理念，突破地域、户籍、身份、人事关系等限制，鼓励公立医疗机构通过岗位聘用、技术聘用、项目聘用、任务聘用、承担科研(课题)项目等方式，将人才柔性引进到河源市工作。（2）引进条件。人才具体待遇根据人才是否常驻、层次高低和贡献大小，由引人单位根据人才层次及实际在河源工作天数（次数）商定。引进相应层次专家学者，须符合国家和省、市等有关规定，签订工作合同。单位实施托管、合作（协作）的，按双方签订的相关协议执行。（3）补助标准。柔性引进副高职称专业技术人才或硕士研究生及以上人才。人才与用人单位签订1年以上服务协议，每年到河源工作40天（20次）以上的，每人每年由用人单位给予适当补助。二是人才培育。1.建立高层次医疗卫生专业人才培养基地。鼓励公立医院联合国内医学院校在河源市建立高层次医疗卫生专业人才培养基地，合作设立高级研修班（校外基地班）及高等院校硕博教学点。2.设立博士后工作站、创新实践基地。在河源市设立博士后工作站、创新实践基地并经认定符合条件的，分别给予培养单位80万元和50万元专项资金。3.在职医疗卫生人才培育。鼓励用人单位每年遴选技术过硬的医疗骨干到国内外知名医院（名科室）进修学习专业技术，择优选拔本科及以上学历青年医师进行培养。

【制定高层次科技人才引育的措施】

2022年1月29日，中共河源市委、河源市人民政府印发《河源市高层次科技人才引育的若干措施》。主要内容：1.支持引进创新创业团队。对河源市企事业单位引进的创新创业团队入选省级及以上人才工程及计划的，按上级补助额度的50%进行配套资助。对国家级科技平台（国家重点实验室和国家工程技术研究中心）主任、副主任，省（重点）实验室主任，省重大人才工程团队带头人，对近五年主持2项（含）以上省部级或1项（含）以上国家级科研项目，或省部级二等奖以上科技奖励主要完成人（一等奖排名前三，二等奖排名第一）的高层次人才领衔的团队，在河源市组建国家级科研平台分支机构，或在河源市组建省级实验室、新型研发机构的，一次性给予人才团队50万元补助；对上述高层次人才领衔的团队携科技成果在河源创办企业，且团队带头人及成员（自然人）持股比例超过30%，企业年主营业务收入1000万元以上的。一次性给予人才团队100万元补助。2.鼓励全职引进人才。对入选国家和省重大人才工程的高层次科技人才，或外国高端人才（即A类人才），引进后全职在河源创新创业的，每引进1名给予用人单位最高20万元补助。3.鼓励公共创新平台引进人才为企业创新服务。对政府与高校、科研院所共建的公共创新平台，引进人才（团队）为企业开展创新服务的，按其促成人才（团队）与企业签订的技术服务合同额的5%给予平台补助，单个项目最高20万元补助。4.支持农村科技特派员工作。鼓励农村科技特派员服务河源市“三农”工作，对经备案的农村科技特派员服务“三农”项目给予最高5万元的经费补助。5.培育本土创新创业团队。支持河源市企事业单位独立组建或与高校、科研机构联合组建创新团队，开展技术攻关与科技成果转化，对认定为市级创新团队的，按A、B、C三档分别给予300万元、200万元、100万元资助。6.培育科技成果转移转化人才队伍。对河源市获得初级、中级、副高级、正高级技术经纪工程技术人才职称的科技人员分别给予每人0.5万元、1万元、3万元、5万元一次性资助。对经市科技局备案的技术经纪工程技术人才，按其促成落地河源地区转化的技术成果交易额的5%给予奖励，每人每年最高50万元。7.支持科技人才成果项目落地转化。对河源市企业通过河源市“技术转移转化平台”购买高校、科研院所科技成果进行转化的，按成交额50%给予每个项目最高50万元补助。对市级及以上创新大赛获奖项目（团队）落户河源市的，前三年按其场地租金的50%予以补贴，最高50万元。8.鼓励人才学术交流活动。对经市科技部门备案的人才沙龙、院士峰会、院士杰青河源行、学术论坛、专题讲座等创新活动，按活动实际支出总额的50%予以补助，单个活动最高20万元。9.实施高层次人才安居补贴。对中国科学院院士、中国工程院院士、国家科学技术进步奖二等奖以上主要完成人（一等奖排名前三，二等奖排名第一）、国家级科技平台（国家重点实验室和国家工程技术研究中心）主任、副主任等杰出人才全职在河源市工作的，自其签订合同之日起，连续5年提供面积不超过200平方米免租房或给予5000元/月的租房补贴，对工作满5年的给予面积不超过200平方米住房或一次性给予200万元购房补贴。对国家级“四青人才”、省（重点）实验室主任，省重大人才工程团队带头人、领军人才等高层次人才全职在河源市工作的，连续5年提供面积不超过100平方米免租房或给予3000元/月的租房补贴，对工作满5年的给予面积不超过100平方米住房或一次性给予100万元购房补贴。

【制定市属国有企业人才引育的措施】

2022年1月29日，中共河源市委、河源市人民政府印发《河源市属国有企业人才引育的若干措施》，提出市属国有企业人才引育的总体目标：未来3年，力争引进具有丰富工作经验、投融资和经营管理能力较强的专业人才到河源市属国有企业任一、二级企业总经理不少于4名，引进一级企业副总经理或总工程师不少于7名，引进本科及以上学历、具有投融资管理或经营管理工作经验人才不少于13名，每年专题业务培训不少于100人。通过引进和培育各类人才，激发人才创业创新活力，进一步为国有企业高质量发展提供有力的人才支撑和智力支持。提出市属国有企业人才引育的主要措施：一是人才引进。1.引进一批优秀人才任企业总经理。通过公开招聘的方式，引进优秀人才到市国资公司、市物投公司、市文旅公司（二级）、市国润公司（二级）等企业任总经理，在享受“底薪+绩效+任期激励”薪酬的基础上，开展专项年度考核，按优秀、良好两个考核等次给予不同额度的人才奖补。其中，一级企业总经理分别给予5万元、3万元奖补；二级企业总经理分别给予3万元、1.5万元奖补，可累计享受3年。2.公开招聘一批市属国有企业紧缺人才。根据企业发展和人才需求的实际，采取面向社会公开招聘的方式，引进一批一级企业副总经理或总工程师，以及本科及以上学历、具有投融资管理或经营管理工作经验人才，享受“底薪+绩效+任期激励”薪酬待遇。对引进的一级企业副总经理或总工程师，实施专项年度考核，按优秀、良好两个考核等次分别给予2万元、1.5万元奖补，可累计享受3年。二是人才培育。1.激活用好现有高职称技能人才。鼓励高技能人才成立技能工作室，对开展典型任务培训、技术攻关、课题研修等项目的人才，给予必要支持。2.开展青年人才能力素质提升工程。采取组织对外交流学习、定期开展技能培训、内部培训和外部专家授课辅导等方式，提高企业员工技能水平。同时，通过开展业务技能比赛、知识竞赛活动，将表现优异的青年职工进行重点培养，建立青年骨干人才数据库，为企业发展储备和培养人才。3.加强骨干人才培训。采取“走出去、请进来”的办法，邀请省内外优秀专家学者到河源开展业务培训；对一些技术过硬、业绩突出、有发展前途的专业技术骨干予以重点培养，支持、选派到高等院校进修、提高学历培训或到发达地区学习深造。4.加强企业人才交流挂职锻炼。以深圳对口帮扶河源为契机，争取粤港澳大湾区国企选派经营管理人才到河源市属国企挂职帮扶。河源市属国企遴选一批有发展潜质的年轻干部到粤港澳大湾区大中型国有企业挂职锻炼。推动国有企业与党政机关和事业单位之间干部交流任职。探索建立国有企业年轻干部到党政机关和企事业单位跟班学习、挂职锻炼制度。

【制定高层次现代农业人才引育的措施】 2022年5月7日，中共河源市委、河源市人民政府印发《河源市高层次现代农业人才引育的若干措施》，提出高层次现代农业人才引育的总体目标：未来3年，力争引进农业类高水平国家级科创平台4个、省级科创平台4个；以平台及项目引进人才500名；举办专题业务培训，其中，线下培训不少于30场1500人次、线上培训不少于3.6万人次；建设县级乡村振兴人才驿站6个；推动10项重大农业科技成果在河源市落地转化。为河源市创建灯塔盆地国家农业高新技术产业示范区，推动现代农业产业高质量发展，加快实现农业农村现代化提供坚实的人才支撑。提出高层次现代农业人才引育的主要措施：1.实施科创平台引育工程。围绕河源市现代农业产业高质量发展特别是创建灯塔盆地国家农业高新技术产业示范区的重大技术需求，引进国家级科创平台4个，每个给予补助不高于300万元；引进省级科创平台4个，每个给予补助不高于150万元。补助资金按第一年50%，第二、三年各25%的比例予以兑现。补助资金的50%用于科创平台的科研设施设备和科研项目；另50%用于引进高层次人才。对引进的国内外农业类院校硕士研究生及以上学历专业人才，已签订不少于3年的聘用合同，每年到灯塔盆地农高区开展工作服务活动不少于100天的，按优秀、良好两个考核等次，分别给予博士研究生10万元、8万元奖补，硕士研究生5万元、4万元奖补。2.实施千名科技专家下千村助力乡村振兴工程。组织农村科技特派员深入河源市农业园区、农业企业、农村基层开展“三农”技术对接服务，构建有效支撑乡村振兴的科技创新与服务体系，强化农村科技特派员在农业生产、农村生活、乡村生态中的创新引领和支撑作用。对经河源市征集入库的农村科技特派员开展服务河源“三农”工作的，按项目化方式给予补助。3.实施农业系统人才技能素质提升工程。通过开展各类线下培训和线上培训，加大对农业系统专业技术人员和管理人员的培训力度，加大对高素质农民的培育力度，推进新型农业经营主体能力提升、种养能手技能培训、农村创新创业者培训等项目开展。3年内开展线下培训班不少于30场，培训人数不少于1500人，每场给予4万元经费支持；结合农科大讲堂等平台，3年内开展线上培训不少于3.6万人次，每年给予10万元经费支持。4.实施乡村振兴人才驿站建设工程。推动乡村振兴人才驿站建设，发挥引才聚才育才和服务人才的平台作用。建设县级乡村振兴人才驿站6个，经验收合格的给予每个每年20万元经费补助。5.实施重大农业科技成果落地转化工程。支持人才团队的科技成果在河源市落地转化，对竞争择优立项的项目，每个给予不高于100万元的资助。

【制定新时代支持革命老区和原中央苏区振兴发展的措施】 2022年7月21日，中共河源市委办公室、河源市人民政府办公室印发《关于新时代支持革命老区和原中央苏区振兴发展的实施方案》（以下简称《实施方案》）。《实施方案》提出支持革命老区和原中央苏区振兴发展的主要目标：到2025年，全市老区苏区脱贫攻坚成果全面巩固拓展，基础设施明显改善，基本公共服务均等化水平提升，居民收入增长幅度高于全省平均水平，红色文化影响力增强，生态环境质量改善。到2035年，全市老区苏区与全国、全省同步基本实现社会主义现代化，现代化经济体系基本形成，居民收入水平显著提升，基本公共服务实现均等化，形成红色文化繁荣、生态环境优美、基础设施完善、产业发展兴旺、人民生活幸福、社会和谐稳定的发展新局面。《实施方案》提出支持革命老区和原中央苏区振兴发展的主要任务：1.全面实施乡村振兴战略。巩固拓展脱贫攻坚成果；加快发展现代高效农业。2.补齐基础设施短板。加快建设综合交通运输体系；提高能源保障供应能力；加强水利基础设施建设。3.增强内生发展动力。培育壮大特色优势产业；推进园区经济和实体经济高质量发展；全面提升创新能力。4.提升公共服务质量。加快推进教育现代化；提高医疗卫生服务能力；提升公共文化服务水平。5.弘扬传承红色文化。加强红色资源保护利用；强化红色资源教育功能。6.加强生态文明建设。巩固提升生态环境质量；加强环境综合治理。7.提高开放合作水平。全域全面融入粤港澳大湾区建设。《实施方案》提出支持革命老区和原中央苏区振兴发展的保障措施：1.加强组织领导。坚持和加强党的领导，把党的领导贯穿老区苏区振兴发展全过程各方面。各级各部门要根据职责分工，主动作为，细化任务，落实责任。老区苏区所在县（区）党委和政府要履行主体责任，制定具体措施，推动老区苏区加快振兴发展。2.加强资金支持。根据政策导向，加强项目谋划、储备和实施，争取纳入国家和省规划。争取省级专项资金支持，完善省级产业园建设，发挥资金的杠杆作用，吸引带动更多社会资本投入。争取省在分配地方政府新增专项债务限额时给予倾斜支持。落实省信贷风险补偿基金和融资担保代偿补偿及降费奖补政策，为符合条件项目提供相应风险保障。3.加强用地保障。开展城镇低效用地再开发，按政策对损毁的建设用地和零星分散的未利用地开发整理成耕地，并纳入占补平衡管理。将符合要求的地块纳入垦造水田计划并组织实施。加快批而未供和闲置土地处置。争取更多项目纳入省重大建设项目范围并按规定给予用地保障。争取用地、用林专项指标倾斜支持。4.加强人才引育。落实“广纳英才·智汇河源”人才开发三年行动方案各项重点任务，推动教育、卫生、科技、国企、农业等领域五项人才引育若干措施落地见效，实施“雁归源”人才行动。深入实施“粤菜师傅”“广东技工”“南粤家政”三项工程。加强与省内高校的交流合作，培养、引进一批高素质专业化人才。落实省直机关及有关单位对口支援老区苏区机制，与省有关部门、省内高校、珠三角地区开展干部双向交流挂职。

【制定大力推进新时代人才强市建设的措施】 2022年8月30日，中共河源市委办公室印发《关于大力推进新时代人才强市建设的实施方案》（以下简称《人才实施方案》）。《人才实施方案》提出推进新时代人才强市建设的目标任务：力争到2025年年底，人才引育载体数量质量明显提升，人才自主培养能力增强，人才发展体制机制改革取得突破，人才服务保障体系更加健全，人才引领经济社会发展的作用发挥，全市人才总量占常住人口比例从19%增加到25%。《人才实施方案》提出推进新时代人才强市建设的措施：1.加快绘制人才图谱。落实省委人才强省“五大工程”部署要求，明确人才分类，全面摸清全市人才底数，加快建立各类型各层次人才数据库。聚焦市委加快培育“五大产业”，实施“七大行动”重点任务，更新急需紧缺人才目录，编制重点产业骨干企业目录，绘制高精尖缺特人才地图和引才图谱。2.深化实施“五项人才引育若干措施”。成立教育、卫生、科技、国企、农业农村等部门引才专班，完善实施方案，制定重点任务清单，细化年度引才目标。加强工作调度和分类指导，实行“一月一盘点、一季一调度、一年一述职”。加强对引进人才的跟踪问效。力争到2025年，新引进高层次教育人才400名，新引进高层次医疗卫生人才130名。3.加快实施“雁归源”人才行动。制定“雁归源”人才行动实施方案，明确“归雁”人才分类标准，建立人才数据库、政策库、产业项目库。畅通引才聚才渠道，完善创业就业培育体系，抓好“雁归源”服务平台建设，加强信息员培训，开展好系列服务活动。支持设立返乡创业顾问团，建立创业导师志愿队伍。实施农村创业带头人培育行动，扶持一批返乡创业能人发展乡村产业。依托商会、行业协会建立返乡入乡投资创业联盟，推动市县“雁归园”建设。力争到2025年，新增就业创业“归雁”人才不少于2万人。4.实施“候鸟汇河”人才行动。依托重点产业、重点项目、科研平台，采取短期聘用、技术入股、项目咨询等方式，柔性靶向引进“候鸟型”人才、“双休日”工程师、“远程式”专家，实现借智借力发展。加强与海外高层次人才沟通交流，构建海外人才信息数据库。完善“兼职兼薪、轮流在岗、项目合作”等柔性引才模式，探索度假疗养与引智相互结合的机制，利用河源生态环境优势，邀请国内外各类高层次人才到河源康养和工作。力争到2025年，实现柔性引才超5000人。5.实施科技领军人才倍增行动。建立顶尖人才引进“直通车”制度，靶向引进具有战略科学家潜质的高层次复合型人才。实施青年人才托举工程，开展青年科技人才托举行动，遴选一批青年科技人才给予重点支持。做好国家重大人才工程申报推荐工作。加快引进高层次人才，以“平台+人才”“项目+人才”“双薪双聘”等方式，依托“扬帆计划”和省重大人才工程，组织实施河源创新创业团队引进计划。支持高校按规定自主设置新兴交叉学科专业，加快培养高水平复合型人才。强化“政产学研教”战略协同，构建“高校+重大科技创新平台+企业”全链条人才培养体系。培育本土科技人才，重点推进华南农业大学河源校区研究生实践基地和河源研究生联合培养基地建设，推动广东技术师范大学河源校区加强本土人才的培育。依托广东省创新方法推广应用研究中心等机构开展科技型企业技术创新领航计划。依托河源广工大协同创新研究院、河源市深大湾区研究院、河源市广师大研究院、博士后工作站、院士工作站等科技创新公共服务平台柔性引进企业发展急需紧缺人才。6.实施卓越工程师锻造行动。加大理工科人才培养力度，重点支持发展一批社会需求旺盛、对接新一代信息技术产业、先进装备制造业、生态医药产业等新型工科专业。落实粤东粤西粤北地区中小学教师公费定向培养计划，推进实施“新强师工程”和中小学“十百千人才”培养工程，建设专兼职结合的“双师型”教师队伍，提升教师教育教学能力。推进建设现代产业学院、特色行政学院，加强校企合作、产教融合，培育一批卓越工程师。

重要活动

【市委书记林涛、市长何国森率队到紫金县调研并召开现场会研究部署统筹做好紫金县常态化疫情防控和经济社会发展工作】 2022年6月2日，市委书记林涛、市长何国森率市党政领导班子成员及市人大常委会、市政协负责人到紫金县调研经济社会发展工作并召开现场会，贯彻落实习近平总书记对广东系列重要讲话和重要指示批示精神，深入学习贯彻省第十三次党代会精神和省委、省政府主要领导到河源调研时的讲话精神，研究部署统筹做好紫金县常态化疫情防控和经济社会发展各项工作，推动紫金县开创又稳又好、加快发展新局面。参加调研活动人员到紫金县九和镇金光村，参观了解南药种植基地规划建设情况，听取紫金县农业产业、乡村振兴工作情况汇报；到紫城工业园和蓝塘产业新城，察看金盛兰优特钢等重点工业项目运营情况，了解紫金县产业园区建设情况；到紫金县“三馆一中心”项目和佑文中学项目建设现场，了解项目建设情况，听取花朝戏传承发展、永安古城保护利用、城南新区规划建设和苏区红色小镇规划设计等情况汇报。现场会上，与会人员听取紫金县经济社会发展情况汇报。会议认为，近年来，紫金县认真贯彻落实总书记、党中央决策部署，按照省委和市委的工作要求，埋头苦干、攻坚克难，推动各项事业取得进步。特别是2022年，紫金县全面打赢“1·31”疫情防控阻击战和“5·10”强降雨防御战，并在2021年实现经济总量争先进位的基础上，持续推进产业发展，2022年第一季度多项主要经济指标持续排在全市前列，经济运行稳步增长、稳中向好，“双统筹”工作取得较好成效，为全市经济社会高质量发展作出重要贡献，值得充分肯定。会议要求，紫金县要坚持以习近平新时代中国特色社会主义思想为指导，深入贯彻落实习近平总书记对广东系列重要讲话和重要指示批示精神，全面落实省第十三次党代会精神和省委、省政府主要领导到河源调研时的讲话精神，按照市第八次党代会和市委八届二次全会部署要求，真抓实干、攻坚克难、奋勇争先，以新担当新作为开创又稳又好、加快发展新局面，以实际行动迎接中共二十大召开。着力做好如下工作：一是推进乡村振兴；二是推进产业兴县；三是推进旅游富民；四是推进安全发展；五是用心用情推进民生文化事业；六是科学有序推进县城扩容提质和打通对外通道；七是坚定不移推进从严治党。会议强调，市直有关部门要立足各自职能，抓紧研究提出稳住经济大盘、稳定经济增长的务实举措，能下放的权力尽量下放、能提供的服务尽量提供、能给予的支持尽量给予，帮助紫金县巩固增长势头、实现高质量发展。市领导刘东豪、张和志、江海鹰、孔德胜、廖继聪、叶春球、曹建忠、岳阳、谢春艳、孙锋、谢新添；市有关部门负责人；紫金县委、县人大常委会、县政府、县政协及有关部门负责人参加活动。

【市委书记林涛、市长何国森率队到和平县调研并召开现场会研究和推动统筹做好和平县经济社会发展工作】 2022年7月20日，市委书记林涛、市长何国森率市党政领导班子成员及市人大常委会、市政协主持日常工作的负责人到和平县调研并召开现场会，研究和推动统筹做好和平县经济社会发展各项工作。参加调研活动人员到和平县公白镇新石村的德福花卉产业示范基地，参观了解基地建设情况，听取和平县农业产业发展、乡村振兴工作情况汇报；到和平县国家级电子商务公共服务中心，察看中心运行情况，详细了解全县商贸业发展情况；到深圳福田（和平）产业转移工业园大坝产业集聚区，了解了产业集聚区项目落户情况，听取和平县工业产业发展情况汇报。现场会上，与会人员听取和平县经济社会发展情况汇报。会议认为，和平县委、县政府能够准确领会总书记、党中央决策部署和省委、市委工作要求，立足又稳又好发展定位，统筹做好经济社会发展、疫情防控和安全稳定各项工作，特别是此次“龙舟水”期间，面对洪涝灾害的严峻考验，坚持人民至上、生命至上，提前谋划部署，县、镇领导干部全力奋战在第一线，成功打赢“龙舟水”防御攻坚战，值得充分肯定。会议要求，和平县要坚持以习近平新时代中国特色社会主义思想为指导，深入贯彻落实习近平总书记对广东系列重要讲话和重要指示精神，全面落实省第十三次党代会和省委书记李希、省长王伟中到河源调研讲话精神，按照市第八次党代会和市委八届二次全会部署要求，以昂扬向上、奋发有为的精气神，奋力开创和平县又稳又好发展新局面。着力做好如下工作：一是全面抓好省党代会精神学习宣传贯彻落实；二是全力推进汛后复产重建；三是全面推进乡村振兴；四是大力实施产业兴县行动；五是聚力增进民生福祉；六是坚决维护社会大局和谐稳定；七是加强党的全面领导和党的建设。会议要求，和平县要以问题为导向，找准发展路径，以实、勤、快的工作作风，确保第三季度工作实现突破。市直有关部门要立足各自职能，围绕和平县情，主动服务，尽职尽责，帮助和平县加快实现经济社会高质量发展。市领导刘东豪、张和志、江海鹰、廖继聪、陈贤亮、叶春球、岳阳、谢春艳、孙锋、谢新添；市有关部门负责人；和平县委、县人大常委会、县政府、县政协及有关部门负责人参加活动。

【市委书记林涛、市长何国森率队到灯塔盆地农高区调研并召开现场会研究和推动灯塔盆地经济社会发展工作】 2022年8月3日，市委书记林涛、市长何国森率市党政领导班子成员及市人大常委会、市政协主持日常工作的负责人到灯塔盆地农高区调研并召开现场会，研究和推动灯塔盆地经济社会发展工作。参加调研活动人员到粤赣高速公路顺天出口，见证粤赣高速公路顺天互通立交正式通车；到连平县三角镇石源村，现场察看灯塔盆地国家农高区翁潭灌区建设情况，听取灯塔盆地近期7个中型灌区规划以及推进情况；到岭南现代农业科学与技术广东省实验室河源分中心，参观灯塔实验室建设情况；到美林油茶加工基地，察看项目建设情况，并听取灯塔盆地有关项目引进和建设情况汇报。现场会上，与会人员听取灯塔盆地农高区工作情况汇报。会议认为，灯塔盆地农高区认真贯彻落实中央决策部署和省、市工作要求，围绕处理好“八个关系”，聚焦产业发展、科技创新、基础设施建设、乡村振兴等重点工作任务，真抓实干、奋勇攻坚，取得阶段性成效，值得充分肯定。会议要求，灯塔盆地农高区要坚持以习近平新时代中国特色社会主义思想为指导，深入贯彻落实习近平总书记对广东系列重要讲话和重要指示精神，全面落实省第十三次党代会和省委书记李希、省长王伟中到河源调研讲话精神，按照市第八次党代会和市委八届二次全会部署要求，开拓进取，奋勇争先，开创又快又稳发展新局面。着力做好如下工作：一是深入学习贯彻省党代会精神和省委书记李希、省长王伟中调研河源讲话精神；二是推动国家农高区创建工作；三是做大做强优势特色产业；四是加强科技创新和成果转化应用；五是加快重大项目建设；六是抓好粮食生产和种源攻关；七是带动村集体经济发展壮大；八是加强党的全面领导和党的建设。会议强调，在推进灯塔盆地各项工作时，要把握好以下六个重点：一是“以农为本”与“以工兴农”相结合；二是乡村振兴与产城融合相结合；三是登高望远与脚踏实地相结合；四是正视问题与坚定信心相结合；五是整体谋划与突出重点相结合；六是稳扎稳打与敢闯敢试相结合。会议强调，灯塔盆地农高区班子成员特别是党政主要领导要既当指挥员又当战斗员，打头阵、冲在前、当表率；各级干部要自我加压、提高标准、担当作为。灯塔盆地农高区要统筹处理好与东源、和平、连平三个县的关系，加强沟通对接，凝聚工作合力。东源、和平、连平县要谋划灯塔盆地范围内各镇村发展建设，共同发力，形成规模效应。市直各有关单位要把灯塔盆地开发建设作为自己的分内事，立足自身职能，加强协调配合，切实帮助灯塔盆地解决发展难题，共同推动灯塔盆地开发建设取得新成绩。市领导张和志、江海鹰、孔德胜、廖继聪、陈贤亮、叶春球、曹建忠、岳阳、谢春艳、孙锋、谢新添；市有关部门负责人；东源县委，和平县委，连平县委主要负责人；灯塔盆地农高区党工委、管委会及有关部门负责人参加活动。

【市长何国森率队到河源国家高新区调研并召开现场会研究和推动河源国家高新区经济社会发展工作】 2022年9月7日，受市委书记林涛的委托，市长何国森率市党政领导班子成员及市人大常委会、市政协主持日常工作的负责人到河源国家高新区调研并召开现场会，研究和推动河源国家高新区经济社会发展工作。参加调研活动人员到河源市水经济产业园、河源市华益盛模具有限公司、河源市艾佛光通讯科技有限公司等地，深入项目建设现场、企业生产车间，实地考察河源国家高新区产业发展情况。现场会上，对河源国家高新区各项工作给予肯定。会议认为，河源国家高新区认真贯彻落实习近平总书记、党中央决策部署和省、市工作要求，立足又快又稳发展定位，开发建设不断加快，质量效益持续提升，成功跻身全国高新区“百强”，值得充分肯定。会议要求，河源国家高新区要坚持以习近平新时代中国特色社会主义思想为指导，深入贯彻落实习近平总书记对广东系列重要讲话和重要指示精神，全面落实省第十三次党代会精神和省委书记李希、省长王伟中到河源调研讲话精神，按照市第八次党代会和市委八届二次全会工作部署，一张蓝图绘到底，一以贯之抓落实，不断开创又快又稳发展新局面。着力做好如下工作：一是担当使命，坚决扛起产业兴市的重任；二是破解瓶颈，推进跨江融合发展；三是集聚要素，加快打造千亿级产业园区；四是优化环境，提升产城融合程度；五是守住底线，更好统筹发展和安全；六是加强党建，全面激发干事创业精气神。会议强调，河源国家高新区要做实做好“高”和“新”两篇文章，发挥好引领带动作用，在全市培育“五大产业”、实施“七大行动”中当先锋、挑重担、做贡献。要始终坚守“发展高科技、实现产业化”的初心使命，深入实施“产业兴市”行动，大抓实体经济发展，加快推动电子信息、食品饮料和水经济、机械与模具三大主导产业集群向更大规模、更高层级迈进，为全市加快构建现代产业体系提供有力支撑。要把握“高”和“新”的发展定位，全域全面“融湾”“融深”，提升科技创新能力，推进产业优化升级，建设成为承接“双区”产业延伸的牵引区。要当好引领全市产业发展的主引擎、主战场、主平台，始终在产业发展、科技创新、产城融合等方面走在全市前列，当好全市经济发展的“增长极”“压舱石”“稳定器”，助力全市经济平稳增长、保持在合理区间。市领导刘东豪、张和志、江海鹰、孔德胜、廖继聪、叶春球、曹建忠、岳阳、谢春艳、孙锋、谢新添；市有关部门负责人；源城区委、江东新区党工委主要负责人；河源国家高新区党工委、管委会及有关部门负责人参加活动。

【市长何国森率队到东源县调研并召开现场会研究和推动东源县经济社会发展工作】 2022年9月27日，受市委书记林涛的委托，市长何国森率市党政领导班子成员及市人大常委会、市政协主持日常工作的负责人到东源县调研并召开现场会，研究和推动东源县经济社会发展工作。参加调研活动人员到东源县船塘现代农业综合体，听取项目建设情况、东源县乡村振兴工作情况汇报；到广东新供销天业（东源）农产品冷链加工基地，听取项目进展情况、东源县农业现代化高质量发展行动计划汇报；到万利科技项目现场，沿途参观东源县先进材料产业园和深圳盐田（东源）共建现代物流园，实地考察东源县产业发展情况。现场会上，与会人员听取东源县经济社会发展情况汇报。会议认为，东源县认真贯彻落实总书记、党中央决策部署，按照省、市工作要求，立足又快又稳发展定位，担当实干、攻坚克难，以更加清晰的发展思路、更加坚实的发展基础、更加稳定的发展环境、更加充足的发展劲头和更加扎实的干部作风，推动经济社会各项事业取得新进展，值得充分肯定。会议要求，东源县要坚持以习近平新时代中国特色社会主义思想为指导，深入贯彻落实习近平总书记对广东系列重要讲话和重要指示精神，全面落实省、市工作要求，特别是要把8月市委、市政府专题工作会议部署的工作任务抓实抓好，为建设幸福和谐美丽河源作出更大贡献。着力做好如下工作：一是全面落实“疫情要防住、经济要稳住、发展要安全”重要要求；二是培育产业发展新动能；三是谱写乡村振兴新篇章；四是提升城市发展新能级；五是探索绿色发展新实践；六是加强党的全面领导和党的建设。会议强调，东源县要狠抓工业经济，加强要素保障，整合全县资源高标准搭建产业发展平台，拓宽产业发展空间，在发展“好产业”的同时，为承接“大产业”做足准备。要狠抓项目落地建设，进一步加快省、市重点项目建设进度，抓好新增一般债项目谋划，完善项目督导机制，并通过政策性开发性金融工具为园区开发、重大项目等提供有力支持。要狠抓营商环境，持续提升服务企业的效率和水平，用好“首席服务员”制度等创新方式，主动协调解决项目推进、企业用工、信用贷款、开拓市场等方面问题，着力为企业“解绊”“松绑”。要狠抓招商引资，开阔眼界思路，深入研究现有产业的高端形态、国际国内形势和未来发展趋势，利用高铁开通的机遇对接深莞惠资源，用活驻深招商小分队、外出乡贤等各类载体，全方位提高招商引资的精准度和命中率。要狠抓重点领域改革，对接河源市要素市场化配置综合改革省级试点工作，用改革的办法提高土地、资本等要素配置效率，着力将改革红利转化为发展动力。要转变工作作风，激扬苦干实干的锐气、敢闯敢为的勇气和廉洁从政的正气，振奋精神、鼓足干劲，开创东源县又快又稳发展新局面。市领导吴青川、刘东豪、张和志、江海鹰、孔德胜、廖继聪、叶春球、曹建忠、岳阳、谢春艳、孙锋、谢新添；市有关部门负责人；东源县委、县人大常委会、县政府、县政协及有关部门负责人参加活动。

【市长何国森率队到龙川县调研并召开现场会研究和推动龙川县经济社会发展工作】 2022年11月1日，受市委书记林涛的委托，市长何国森率市党政领导班子成员及市人大常委会、市政协主持日常工作的负责人到龙川县调研并召开现场会，深入乡村、产业园区、项目建设现场等，面向基层干部群众宣讲中共二十大精神，研究和推动龙川县经济社会发展工作。参加调研活动人员先后到龙川县工业园扩园现场、广东瑞邦智能装备科技有限公司、龙川县幸福新城项目建设现场、老隆镇美丽乡村风貌示范带“进士故里·十里栖溪”项目等地，实地考察龙川县经济社会发展情况。现场会上，与会人员听取龙川县工作情况汇报。会议认为，龙川县深入贯彻落实总书记、党中央决策部署和省、市工作要求，聚焦“又稳又好”定位，谋准发展思路、夯实“稳”的基础、巩固“好”的态势、提振精神干劲，推动经济社会各项事业发生可喜且具有象征意义的变化，值得充分肯定。会议要求，龙川县要把思想和行动统一到中共二十大精神上来，全面贯彻习近平新时代中国特色社会主义思想，全面落实“疫情要防住、经济要稳住、发展要安全”重要要求，贯彻落实省、市工作部署，凝聚合力、担当作为、真抓实干，以“咬定青山不放松”的韧劲奋力再创又稳又好发展新局面，为建设幸福和谐美丽河源作出新的更大贡献。着力做好如下工作：一是深入学习宣传贯彻中共二十大精神；二是做大做强县域经济；三是全面推进乡村振兴；四是持续增进民生福祉；五是确保社会大局平安稳定；六是纵深推进全面从严治党。会议强调，龙川县在推进又稳又好发展过程中，要坚持“三个抓落实”：一要扛起责任抓落实。聚焦市委明确的定位要求和既定的目标任务，研究吸收市领导和市直部门在本次现场会提出的意见建议，狠抓落实、攻坚克难，努力在第四季度实现较大进步，为全市大局作出贡献。二要全面系统抓落实。从千头万绪、错综复杂的工作中理清思路、抓住要害，党政主官要“十个指头弹钢琴”，党政领导班子成员要分工负责、履职尽责，善于在繁杂琐碎的工作中分清先后顺序，杜绝“眉毛胡子一把抓”，做到急事先办、大事精办、要事稳办、特事特办，确保各项工作有条不紊、有序运转。三要一以贯之抓落实。坚持一张蓝图绘到底，不动摇、不懈怠、不折腾，脚踏实地，把目标任务一项一项分解到部门、落实到岗位、量化到个人，明确责任主体、工作标准、时限要求，确保干有目标、干有举措、干有责任。会议强调，市直有关部门要牢固树立全市“一盘棋”意识，立足职能主动支持龙川，能帮必帮、能帮尽帮、能帮快帮，共同推动龙川实现又稳又好发展。市领导吴青川、刘东豪、孔德胜、陈贤亮、叶春球、岳阳、孙锋、谢新添；市有关部门负责人；龙川县委、县人大常委会、县政府、县政协及有关部门负责人参加活动。

【市长何国森率队到源城区调研并召开现场会研究和推动源城区经济社会发展工作】 2022年11月4日，受市委书记林涛的委托，市长何国森率市党政领导班子成员及市人大常委会、市政协主持日常工作的负责人到源城区调研并召开现场会，深入产业园区、项目建设现场等，面向基层干部群众宣讲中共二十大精神，研究和推动源城区经济社会发展工作。参加调研活动人员先后到东城幼儿园项目现场、航嘉工业园、源城区工业园三期扩园项目现场等地实地考察调研，深入了解源城区在产业发展、园区建设、民生改善等方面的工作成效。现场会上，与会人员听取源城区工作情况汇报。会议认为，源城区深入贯彻落实习近平总书记重要讲话和重要指示批示精神，贯彻落实党中央决策部署和省、市工作要求，以团结一致、攻坚克难的干事氛围，能打硬仗、能打胜仗的干部作风，有力有效扛起“首善之区”政治责任，推动经济发展“快”、社会大局“稳”，值得充分肯定。会议要求，源城区要切实把思想和行动统一到中共二十大精神上来，坚持以习近平新时代中国特色社会主义思想为指导，全面落实“疫情要防住、经济要稳住、发展要安全”重要要求，认真贯彻落实省、市工作部署，立足又快又稳发展定位，勇挑重担、奋勇争先，坚决当好示范引领全市经济社会发展的“火车头”“排头兵”，为建设幸福和谐美丽河源作出新的更大贡献。着力做好如下工作：一是纵深推进学习宣传贯彻中共二十大精神；二是坚持制造业、服务业“双轮驱动”；三是提升城市功能品质；四是用心用情造福人民群众；五是维护社会平安稳定；六是坚持和加强党的领导。会议强调，作为河源市经济发展主战场之一，源城区要以抓经济促发展作为当前工作的重中之重，科学分析形势、清醒认识问题、系统谋划发展，全力冲刺第四季度经济发展各项指标任务，全力稳住经济基本盘，开创又快又稳发展新局面。一要开源节流抓发展。持续压减非刚性、非重点项目支出，加强对财政库款的管理，加强“三保”支出保障，确保把有限的财政资源用到推动发展上来。二要坚持市、区一盘棋。坚决服从并服务于市委、市政府的中心大局，全力支持和参与市级各项建设，形成市、区良性互动，加快发展。三要主动作为勇担当。对于市与区职能交叉、边界不清之处，要坚持“条块结合、以块为主”，源城区能多做一点就多做一点，能多跨一步就多跨一步，以源城担当推动市委、市政府工作部署落地落实落具体。市领导吴青川、张和志、陈贤亮、叶春球、岳阳、谢春艳、孙锋、谢新添；市有关部门负责人；源城区委、区人大常委会、区政府、区政协及有关部门负责人参加活动。

【市长何国森率队到江东新区调研并召开现场会研究和推动江东新区经济社会发展工作】 2022年11月15日，受市委书记林涛的委托，市长何国森率市党政领导班子成员及市人大常委会、市政协主持日常工作的负责人到江东新区调研并召开现场会，深入产业园区、企业、项目建设现场等，面向基层干部群众宣讲中共二十大精神，研究和推动江东新区经济社会发展工作。参加调研活动人员先后到江东新区产业园东片区扩园项目现场、河源市凯中精密技术制造有限公司、河源市鸿德医疗用品有限公司、华南师范大学附属河源江东星河学校等地考察调研，了解江东新区在产业发展、城市建设、民生改善等方面的工作成效。现场会上，与会人员听取江东新区工作情况汇报。会议认为，江东新区深入贯彻落实习近平总书记重要讲话和重要指示批示精神，认真贯彻落实党中央决策部署和省、市工作要求，紧紧围绕又快又稳发展目标任务，找准发展的新路径新动能，扎实推动城市建设有新变化、产业发展有了一定基础、城市服务能力有了一定提升，经济社会各项事业取得新进展，值得充分肯定。会议要求，江东新区要切实把思想和行动统一到中共二十大精神上来，坚持以习近平新时代中国特色社会主义思想为指导，全面落实“疫情要防住、经济要稳住、发展要安全”重要要求，认真贯彻落实省、市工作部署，永葆“闯”的精神、“创”的劲头、“干”的作风，锚定目标、狠抓落实，推动江东新区经济社会高质量发展，努力为建设幸福和谐美丽河源作出新的更大贡献。着力做好如下工作：一是纵深推进学习宣传贯彻中共二十大精神；二是凝心聚力谋发展；三是想方设法破瓶颈；四是科学有序兴城市；五是坚定不移保稳定；六是狠抓党建强队伍。会议强调，江东新区要坚持以发展为第一要务，凝心聚力谋发展。一要加快推动工业高质量发展。坚持以龙头企业为牵引推动主导产业建圈强链、集群发展，大力支持工业企业技改创新、增资扩产。借助河源国家高新区跨江融合发展带动效应，推动产业项目落地建设，推动工业产值倍增、能级提升。二要培育高铁经济。不断优化高铁新城空间结构、产业布局，发挥赣深高铁河源东站位于江东新区核心区的优势，吸引资金流、物流、人流等要素聚集，重点培育发展与高铁匹配的现代服务业和以“双区”为目标市场的高附加值旅游业，将高铁发展红利转化为经济发展动力。三要全面推进乡村振兴。正确处理好耕地保护和土地开发建设利用的关系，抓实粮食生产和重要农产品稳产保供，推动蔬菜、土鸡、特色水果、乡村旅游等城郊型特色农业产业发展。利用江东新区乡村紧邻城市的区位、资源优势，加快美丽乡村建设，推进城乡融合发展，探索城郊型农业农村发展之路。四要抓紧抓实项目建设。抢抓第四季度项目建设黄金期，推进签约、新开工、在建、在库项目建设。谋划储备项目，争取更多优质项目纳入国家、省专项资金和地方政府专项债“盘子”。开展招商引资，主动对接“双区”产业链供应链，承接“双区”现代产业转移，着力引进一批大项目、好项目在江东新区落地。市领导吴青川、张和志、廖继聪、叶春球、谢春艳、孙锋、谢新添；市有关部门负责人；河源国家高新区主要负责人；江东新区党委、管委会领导班子成员，镇街、有关部门负责人参加活动。

【市长何国森率队到连平县调研并召开现场会研究和推动连平县经济社会发展工作】 2022年12月14日，受市委书记林涛的委托，市长何国森率市党政领导班子成员及市政协主持日常工作的负责人到连平县调研并召开现场会，深入乡村、产业园区、工业企业、项目建设现场等，面向基层干部群众宣讲中共二十大精神，督导检查连平县学习贯彻落实中共二十大精神，省第十三次党代会、省委十三届二次全会精神，省主要领导到河源调研有关精神，以及市第八次党代会、市委八届二次全会精神等情况，研究和推动连平县经济社会发展工作。参加调研活动人员先后来到万洋众创城项目建设现场、连平县旺良实业发展有限公司、油溪镇富乐村新时代文明实践站、连平县工业园三期项目（城东产业园）建设现场、县城东河片区项目建设现场等地，了解连平县在产业发展、城市建设、乡村振兴等方面的工作成效。现场会上，与会人员听取连平县工作情况汇报。会议认为，近年来，连平县认真贯彻落实总书记、党中央决策部署和省委、市委工作要求，紧紧围绕“又稳又好”发展主基调，以“闯”的精神、“干”的劲头，有力有效应对经济转型、自然灾害、新冠疫情、政治生态等方面风险挑战，扎实推动经济社会实现平稳健康发展，各项事业呈现新面貌、取得新突破，值得充分肯定。会议要求，连平县要认真学习、准确把握、全面落实中共二十大精神，把学习宣传贯彻中共二十大精神与贯彻落实省委十三届二次全会精神结合起来，找准工作突破口，及时完善工作思路，创新工作举措，奋力开创连平“又稳又好”发展新局面。着力做好如下工作：一是要在“产”字上求实效。要坚持发展第一要务，把发展经济的着力点放在实体经济上，抓住项目建设“牛鼻子”，想方设法提高工业产值，夯实高质量发展根基。二是要在“农”字上谱新篇。要狠抓耕地保护和粮食安全，深入开展违法占用耕地专项整治，推进水田垦造，突出抓好高标准农田建设，挖掘森林“粮库”资源潜力，稳定生猪等主要农产品生产，全面提高农产品供给保障能力，确保完成全年粮食生产任务。三是要在“城”字上寻突破。要抢抓省委实施“百县千镇万村高质量发展工程”历史机遇，推进强县促镇带村，推动城乡区域协调发展向着更高水平和更高质量迈进。四是要在“绿”字上出硬招。要深入推进绿美连平生态建设，切实抓好林分改造林相提升，全面落实林长制各项工作任务，发展“林下经济”，统筹抓好城乡绿化美化，探索新时代绿水青山就是金山银山的连平路径。五是要在“稳”字上见真章。要推进平安连平建设，持续开展安全生产大排查大整治，加快建设智慧应急平台、监测预警等防灾减灾基础设施，强化社会治安整体防控，坚决维护社会大局和谐稳定。六是要在“严”字上下功夫。要落实新时代党的建设总要求，坚决扛起管党治党政治责任，把全县各级党组织锻造得更加坚强有力。会议强调，连平县要以此次现场会为契机，一手抓好岁末年初各项工作，打好2021年经济工作收官战，抓实抓细安全稳定、防御寒潮、民生保障等工作；一手抓好2022年工作谋划，按照省委工作部署和市委工作要求，奋勇争先、狠抓落实，百尺竿头、更进一步，力争2022年工作“开门红”，为全市经济社会高质量发展作出新的更大贡献。市领导吴青川、刘东豪、张和志、廖继聪、曹建忠、谢春艳、谢新添；市有关部门负责人；连平县委、县人大常委会、县政府、县政协及有关部门负责人参加活动。

市委办工作

【概况】 2022年，中共河源市委办公室坚持以习近平新时代中国特色社会主义思想为指导，全面贯彻中共二十大精神，深入贯彻落实习近平总书记对广东系列重要讲话和重要指示精神，认真践行“五个坚持”重要要求，按照市委工作部署，持续深化模范机关创建，优质高效做好“三服务”工作，服务市委坚持稳中求进工作总基调，落实“疫情要防住、经济要稳住、发展要安全”的重要要求，统筹疫情防控和经济社会发展，统筹发展和安全，大力培育“五大产业”、扎实推进“七大行动”，为加快建设幸福和谐美丽河源贡献力量。

【文稿起草】 2022年，中共河源市委办公室聚焦服务保障各类会议活动文稿材料，将市委工作部署和市委主要领导意图文字化、具体化，当好市委的参谋助手。起草讲话稿、工作汇报等综合性文稿材料200余篇，审核新闻报道稿300余篇。

【会务服务】2022年，中共河源市委办公室科学统筹谋划会议活动安排，完成全省油茶产业大会、河源市代表团参加省第十三次党代会等重要会议活动服务保障工作。组织市委全会2次、市委常委会会议61次、市委书记专题工作会议19次、书记专题会议19次、其他各类会议132次，市委主要领导调研会见等活动104次。服务省部级以上领导到河源考察调研31次。

【文件服务】2022年，中共河源市委办公室科学制定市委文件制定计划，强化前置审核，严把市委发文总关口，提升文件制发质效，按规定向省委报备的文件全部获通过。及时准确办理来文，精准规范提出拟办意见，服务市委严格落实请示报告制度，确保公文处理、请示报告规范有序，以办文效率的提高助推市委中心工作高效运转。

【信息服务】2022年，中共河源市委办公室立足党委信息“主渠道”作用，坚持全渠道收集、全领域挖掘、全方位呈现省、市领导重点关注、需要了解的各类信息，实现信息工作始终围绕中心、服务大局，为上级了解掌握河源工作情况提供信息、为市委领导决策提供参考。向省委办公厅报送《河源信息（上报）》191篇，编发参阅材料56期、《河源信息（通报）》10期。

【应急值班】2022年，中共河源市委办公室立足早发现、早处置、早化解，做好值班值守、紧急信息收集和报送等工作，协助市委快速妥善处置各类突发事件。编发《值班要情专报》227期、《每日要情快报》275期。

【督查督办】2022年，中共河源市委办公室聚焦市委重点难点工作，组织开展安全生产、疫情防控、经济发展、乡村振兴、自然资源和生态环境保护等各项专项督查督办工作，发挥督查“利剑”作用。建立市委常委会会议决定事项和市委主要领导交办、批示事项“三个台账”，对市委主要领导有关信访批示事项单独列账，及时跟进督办，确保事事有回音、件件有着落。全年跟进督办市委常委会会议决定事项和市委主要领导交办、批示事项428项。

【党务公开】2022年，中共河源市委办公室做好重要党务信息发布工作，做好重要新闻报道安排把关、采访统筹及相关文字、内容审核工作，做好市委主要领导接受采访的对接协调、服务把关工作等。协助各县（区）加强与主流媒体的联系对接，为讲好“河源故事”、传播“河源声音”提供重要宣传素材。

【保密管理】2022年，中共河源市委办公室坚持党管保密、依法治密，推动全市各级各部门提升保密工作水平。强化保密宣传教育培训，分级分类组织培训活动，推动全市保密培训全覆盖。深入开展保密宣传教育月活动及“保密故事大家讲”主题讲述活动，开展全市线上保密知识学习和测试活动。加强保密技术防护能力建设，加大执法监督检查和案件查处力度，推动监督检查常态化、专项化、责任化，切实堵塞保密安全漏洞。

【档案管理】2022年，中共河源市委办公室围绕推动全市档案事业高质量发展，编制《“十四五”河源市档案事业发展规划》，加强档案业务培训指导和档案安全建设，深入开展档案宣传教育活动、档案事业统计年报和市直单位、企业档案安全工作专项检查，全市档案管理工作水平进一步提升。

【驻镇帮镇扶村工作】2022年，中共河源市委办公室发挥驻东源县康禾镇帮扶工作队牵头部门的牵头抓总作用，履行好驻镇帮镇扶村工作职责，推动康禾镇加强基层党建、强化资金项目管理、建立健全防止返贫动态监测和帮扶机制、确立发展支柱产业、做好疫情防控和防汛减灾、人居环境整治常态化等工作，协同康禾镇圆满完成代表河源市接受省2021年度乡村振兴考核工作，得到省考核组的高度评价。（王受章）

组织工作

【概况】截至2022年年底，河源市党员总数为159168名，比上年净增1374名。全市有党组织6963个，其中基层党委290个，总支部525个，支部6148个。

党员队伍结构　党员的性别、民族和学历：女党员41716名，占党员总数的26.2%；少数民族党员1211名，占党员总数的0.76%；具有大专及以上学历的党员75349名，占党员总数的47.3%。党员的年龄：35岁及以下党员31635名，36—45岁党员32277名，46—60岁党员47772名，61岁及以上党员47484名。中华人民共和国成立前入党的53名；中华人民共和国成立后至中共十一届三中全会前入党的21342名，中共十一届三中全会后至中共十八大前入党的105192名，中共十八大后入党的32581名。党员的职业：工人（工勤技能人员）7836名，农牧渔民68172名，企事业单位、社会组织专业技术人员18635名，企事业单位、社会组织管理人员13731名，党政机关工作人员18283名，学生355名，其他职业人员3048名，离退休人员29108名。

发展党员情况　2022年，全市发展党员2596名。发展党员性别、民族、年龄和学历：发展女党员1110名，占42.8%；发展少数民族党员18名，占0.7%；发展35岁及以下党员1932名，占74.4%；发展具有大专及以上学历的党员1793名，占69.1%。发展党员的职业：工人（工勤技能人员）347名，企事业单位、社会组织专业技术人员369名，企事业单位、社会组织管理人员335名，农牧渔民894名，党政机关工作人员377名，学生222名，其他职业人员52名。在生产、工作一线发展党员

2240名。

申请入党情况 2022年，全市入党申请人15187名，其中入党积极分子10307人。

党组织情况 党的地方委员会情况为：全市有党的各级地方委员会7个，其中市党委1个，县（区）党委6个。城市街道、乡镇、社区（居委会）、行政村党组织情况为：全市5个城市街道、95个乡镇、200个社区（居委会）、1251个行政村建立了党组织。机关、事业单位、企业和社会组织党组织情况为：全市有机关基层党组织1675个，事业单位基层党组织1326个，企业基层党组织1248个，社会组织基层党组织307个。

【中共二十大服务工作】 2022年，中共河源市委组织部坚持把服务保障和学习贯彻中共二十大作为重要政治任务，做好中共二十大代表推选等工作，迅速掀起党员干部学习热潮。做好服务保障工作，严格资格条件、严密产生程序、严肃选举纪律，河源市黄东云当选为中共二十大基层代表，精心做好履职培训和服务，组建防范化解重大风险工作专班，做好舆情监测和风险隐患处置工作，营造良好社会氛围。开展组织系统学习贯彻工作，集中收看中共二十大开幕会，先后召开第一议题集中学习会、部务会会议、理论学习中心组专题会、全市组织系统学习贯彻工作会议，部主要领导带头传达学习贯彻中共二十大精神。迅速制定印发学习宣传贯彻通知和方案，部署推进组织系统学习宣传贯彻工作，组工部门领导班子成员牵头开展深调研，形成专项调研报告、提出系列政策建议。坚持把中共二十大精神作为干部教育培训的主要内容，纳入党校必修课，制订学习培训计划，组织各级党代表深入一线宣讲，征订发放辅导读本、辅导百问。服务协调市四套领导班子深入101个镇街集中宣讲，示范带动各级党组织书记讲专题党课6800余场次、参与党员15万名。

【思想政治建设】 2022年，中共河源市委组织部坚持把习近平新时代中国特色社会主义思想作为理论武装中心内容，教育引导广大党员干部坚定拥护“两个确立”、坚决做到“两个维护”。深入开展大学习大培训，全面实施习近平新时代中国特色社会主义思想教育培训，制定落实第一议题制度通知，举办各级党校主体班69期，培训干部1万余人次。实施干部专业化能力提升计划，举办“生态文明与绿色发展”等专题班18期、培训干部2300余人次。完成新时代基层干部主题培训行动计划，全覆盖培训村（社区）党组织书记、驻村第一书记，轮训基层党员10.8万余人次。严把政治关选人用人、发展党员，突出基层党组织政治功能，强化对人才的政治引领、政治吸纳，建立组工部门贯彻落实习近平总书记重要指示批示台账，部务会定期研究推进落实情况，切实把习近平总书记、党中央决策部署转化为具体工作举措。

【干部队伍建设】 2022年，中共河源市委组织部坚持把好干部标准落到实处，树立选人用人正确导向，做好干部育选管用各项工作和加强基层公务员队伍建设，引好干部队伍源头活水，着力建设高素质干部队伍。完善选任体系，打造集信息管理、选任纪实、移动查询、分析研判于一体的干部工作信息化平台。全面选优配强领导班子，常态化开展综合分析研判，开展干部精准“画像”。完成河源市新一届全国、省人大代表和省政协委员推荐提名工作。健全培养选拔优秀年轻干部常态化工作机制，分类建立年轻干部信息库，专项推动干部双向交流、上挂下派。实施高素质专业化公务员选育行动，加强公务员日常管理，优化调转任业务办理流程，建立纪律惩戒与工资办理同步更新机制，完善职级公务员管理机制。强化公务员激励保障，制定公务员奖励工作规程，及时奖励在防疫防汛等工作中表现突出的公务员。做好全国、全省“人民满意的公务员和集体”遴选推荐工作，河源市杨智辉被评为全国“人民满意的公务员”。从严从实加强干部管理监督，严格落实推进领导干部能上能下规定，个人有关事项填报一致率提升至97.47%，开展领导干部违规兼职问题专项整治、因私出国（境）管理检查，完善干部监督工作联席会议制度，形成齐抓共管的“大监督”工作格局。

【组织体系建设】 2022年，中共河源市委组织部坚持抓强基层基础，聚焦“提升党建引领基层治理效能”主题，持续织密建强上下贯通、执行有力的组织体系。推进市领导联镇包片抓落实工作，健全市联镇包片办公室运行机制和镇街抓落实工作机制，服务协调市领导深入基层，督帮并举推动各类资源和力量下沉，办好民生实事，化解信访案件。推进抓党建促乡村振兴，发展壮大村集体经济，全市行政村集体经济年收入均超10万元，村均收入由15.6万元增加到24.5万元，千万级集体经济村实现“零”的突破。全面落实全省党建引领基层治理促乡村振兴现场会部署要求，清单式推进9个方面32项重点任务，8个镇、69个村分别获评省级乡村治理示范镇、村，红色村组织振兴建设红色美丽乡村试点工作有序推进。深化城市基层党建“整区提升、示范引领”行动，健全社区工作者职业体系，打造基层治理体系和治理能力现代化试点社区7个。实施党支部规范化建设行动，统筹推进各领域基层党组织建设，新建“两新”组织党组织61个，精准排查整顿软弱涣散村党组织43个，推进乡镇“五小”场所（乡镇小食堂、小澡堂、小卫生间、小阅览室、小文体活动室）和周转房建设。制定加强“头雁”“雏雁”“归雁”队伍建设若干措施，培养村级后备力量，完成第二批优秀村“两委”干部乡镇事业编制人员招聘工作。全面完成年度发展党员计划指标，深化党员先锋工程，组织6000多个基层党组织，13万余人次党员干部集结一线抗疫防汛。深化落实“双报到”机制，党组织和党员报到率100%。创新实施流动党员“安家”工程，建立流动党员党组织26个。

【人才队伍建设】 2022年，中共河源市委组织部坚持引育并重，抓实“1+1+7”人才工作体系（建立一个党管人才工作机制，完善一套人才政策体系，实施制造业、科创、教育、医疗卫生、乡村振兴、“雁归源”、“候鸟汇河”七大人才行动），推进新时代人才强市建设，增强人才发展新优势。健全“一把手抓第一资源”工作机制，制定人才强市实施方案，出台教育、卫生、科技、国企、农业等领域人才引育若干措施。聚焦“高精尖缺特”靶向引才，完成第二批博（硕）士党政储备人才招聘工作，“一人一策”培养管理使用。深入实施“雁归源”“候鸟汇河”人才行动，发挥4个国家级、4个省级科创平台磁吸效应，全年引进“三高”（高学历、高职称、高技能）人才1000余人、河源籍人才1万余人。培养壮大本土人才方阵，深入开展产教融合、校企合作，持续推进“粤菜师傅”“广东技工”“南粤家政”三项工程，培训技能人才4.3万余人次。实施农业系统人才技能素质提升工程，培训农村实用人才2万余人次，其中212人获评省级“乡土专家”。优化人才发展生态，建立市县镇三级领导班子联系服务专家人才制度，常态化开展“四问”（问候、问情、问需、问策）联系服务。 （黄伟杨）

宣传思想工作

【新闻舆论】 2022年，河源市印发《党的二十大精神宣传工作方案》，推进“奋进新征程 建功新时代”“新征程新时代新伟业”重大主题采访活动，开展学习贯彻中共二十大精神权威访谈，运用主流媒体和各类宣传阵地，全方位、立体式宣传报道河源社会各界学习贯彻中共二十大精神举措，营造河源干部群众狠抓落实的浓厚氛围。开展“微宣传”“微宣讲”“微学习”系列融媒策划，围绕中共二十大报告中的“热词”，以基层党员干部唠家常的形式宣传中共二十大精神。围绕加快培育“五大产业”、大力实施“七大行动”、“面对面”解决群众“急难愁盼”问题机制等市委、市政府重点工作，策划推出踔厉奋发抓发展、打造百亿千亿产业、虎力全开干起来、与群众“面对面”解群众“急难愁盼”等系列专题报道。推出贯彻落实河源市第八次党代会精神一把手访谈，全媒体矩阵协同刊播，累计关注量超百万人次，营造全市上下勇当先锋、争做表率的良好氛围。强化对外宣传，生动形象讲好河源故事。加快构建大宣传格局，推动各级新闻媒体同频共振。打造网络宣传精品，推动“百名网络达人培育工程”。创新开展“发现河源之美”短视频大赛，收到参赛作品3500余件，总播放量3亿多次，点赞量380多万人次，提升河源城市形象。拓宽对外宣传渠道，在新华网广东频道搭建“河源”专题，组织中央、省主流媒体到河源市开展“走进大美河源”主题联合采访活动，展现河源产业发展、文化事业等发展新成果和城市建设新气象。年内，《人民日报》、中国中央电视台、新华网、《南方日报》等主流媒体推出涉及河源正面报道近8000条，其中，新华网刊发的综述报道《广东河源 做好融合发展大文章》阅读量350多万人次。

【理论武装】 2022年，河源市突出“真学深悟”抓理论学习。发挥“关键少数”引领带动作用，组织市委理论学习中心组学习会14场次，组织开展中共二十大精神、省第十三次党代会精神专题学习等活动。全面落实“五学联动”，完善党委（党组）理论学习中心组列席旁听和督促考核工作机制，理论武装更加制度化、规范化。突出“对象分众”抓理论宣讲。邀请省委宣讲团成员到河源市开展中共二十大精神主题宣讲。精心组织学习贯彻中共二十大精神、省第十三次党代会精神等重大主题宣讲，广泛开展“听党话、感党恩、跟党走”群众性宣传教育活动，发挥“百姓宣讲十路轻骑兵”作用，用好“学习强国”学习平台、新时代文明实践中心、县级融媒体中心等平台载体，持续打造“榕树下”“公园里”等百姓宣讲品牌，推动新思想进企业、进农村、进机关、进军营、进校园、进社区、进网络。创新理论宣传宣讲形式，采用花朝戏、音乐快板等群众喜闻乐见的方式，打造“宣讲+文艺”理论宣传精品，让新思想更鲜活、接地气、入人心。突出“资政辅治”抓理论阐释。组织各级新闻媒体开设《二十大时光》《学习宣传贯彻党的二十大精神》《粤声回响》等专栏，加强理论研究和宣传阐释，《河源日报》理论专版推出理论文章1300多篇。成立“思政课实践教学中心”“思政课程研究中心”，加快推进河源职业技术学院马克思主义学院建设。

【文化建设】 2022年，河源市加强文化发展改革规划设计。推动《河源市文化发展“十四五”规划》《河源市推进文化产业高质量发展工作方案》等文件出台，形成文化强市建设的政策举措“组合拳”。打造公共文化服务平台。擦亮河源市图书馆这一文化名片，推进全市1251家农家书屋出版物补充更新工作。举办“2022南国书香节”活动，开展各类阅读体验活动630余场。将岭南书院槎江分院打造成传承弘扬河源市客家文化的重要平台，组织讲学、教育培训、图文展览等活动20场次。广泛开展“红色文艺轻骑兵”“文化进万家”等文化惠民活动。举办“奋进新时代——庆祝党的二十大胜利召开河源美术作品展”等活动。聚力挖掘培育河源特色文化。深挖河源文化特质内涵，持续打造客家文化、红色文化、恐龙文化、水文化品牌。精选文艺项目主题，编创歌曲《历史选择了你》《这一路爱》，音乐快板《党的二十大精神放光芒》，创作大型油画《文化名人东江大营救》《新启程》，版画《砥砺奋进新征程》，国画《筑牢防线为人民》，水彩画《铁骨·负重前行》等一批河源特色精品力作。促进历史文化遗产活化利用。客家童谣、猫头狮等10个项目列入第八批省级非遗代表性项目名录，新增项目7个，全省排名第一，完成13个省级代表性传承人成果记录。深入挖掘南粤古驿道沿线的红色旅游资源，打造省级历史文化游径路线3条。举办“忠信吊灯习俗”线上直播活动，原创客家童谣《月光姊》，打磨提升“蓝大将军出巡节”项目，启动拍摄“客家山歌”纪录片、“客家童谣”慕课。

【精神文明建设】 2022年，河源市以创建全国文明城市为龙头，实施“全域创建”工程，一体推进文明村镇、文明单位、文明家庭、文明校园同步创建。2021年河源市创文取得全国第十二名的历史最好成绩。2022年，评选表彰市文明单位18个、市“最美家庭”25户、市“书香家庭”10户，县级以上文明村和文明镇占比分别为79.42%和93.68%。总结推广源城区源西街道文明实践与基层党建、社区治理、志愿服务深度融合的“筑巢引蜂”工作经验，持续打造龙川县“小珑小川”IP形象、和平县“知行合一”文明实践工作品牌等精品项目。推进《河源市文明行为促进条例》立法，加快构建“15分钟文明生活圈”。创新打造集传播文明、弘扬文明、实践文明于一体的“河源文明学院”网络平台，广泛开展“2022年全市行动传递文明火炬活动”“文明列车进社区”等创文主题活动，掀起文明创建热潮。持续开展河源市出租汽车文明服务拓展行动、河源市高速公路沿线环境优化行动、河源市餐饮行业文明诚信服务行动、河源市农贸市场综合治理行动、河源市文明村镇创建提质行动、河源市乡村文明实践志愿服务提升行动、河源市基层公共文化服务提升行动、河源市传承弘扬好家教好家风行动、河源市网络文明促进行动九大精神文明创建行动，深入实施城区道路“六清”整治，老旧小区整治，城乡接合部、背街小巷整治，建筑工地整治，“门前三包”区域整治，交通秩序整治，集贸市场及周边整治，露天烧烤、宵夜档、非法燃放烟花爆竹整治，市政设施维护整治，校园及周边环境整治十大整治提升行动。大力实施“百街千巷”综合整治，大力治理城市乱搭乱建、乱堆乱放、乱摆卖、乱拉乱挂、乱贴乱写乱画、乱扔乱吐的“六乱”行为，形成“净、洁、绿、美、齐、优”的城市形象和人居环境。 （钟子晖）

统战工作

【理论学习】 2022年，中共河源市委统一战线工作部领导班子会议传达学习“第一议题”42次，办理政治要件9项，举办理论学习中心组学习会8次、宣讲报告会3次。组织领导干部参加学习贯彻中共二十大精神宣讲报告会、专题研讨班、中国干部网络学院网上专题班等，深入学习习近平总书记重要讲话精神和中共二十大报告及《中国共产党章程》等重要文件精神。坚持线上线下同步学，运用党组织“三会一课”、主题党日活动等方式和《党的二十大报告学习辅导百问》等书籍强化线下学习，引导统战干部依托“学习强国”“粤学习”等平台强化线上学习。利用“河源统战”微信公众号开设《学习党的二十大精神》专栏，推送相关理论文章和学习动态信息77篇。组织统一战线广大成员通过收看直播、集中学习、宣传宣讲等方式学习宣传中共二十大精神。抓好《习近平谈治国理政》第四卷的学习贯彻，引导统战干部感悟习近平新时代中国特色社会主义思想的真理力量和实践伟力，深刻领悟“两个确立”的决定性意义，增强“四个意识”、坚定“四个自信”、做到“两个维护”。

【《中国共产党统一战线工作条例》学习宣传】 2022年，中共河源市委统一战线工作部推动将《中国共产党统一战线工作条例》（以下简称《条例》）纳入各级党委理论学习中心组学习内容、纳入市委党校年度教学内容，邀请省委统战部有关领导对《条例》进行宣讲解读，推动《条例》精神深入人心。将《条例》和统战工作纳入县处级领导班子和领导干部考核内容。在“河源统战”微信公众号推出《〈中国共产党统一战线工作条例〉漫读》《漫话统战·学〈条例〉》专栏，推送《条例》相关宣传解读文章21篇。开展贯彻落实《条例》专题调研，指导各县（区）和成员单位落实《河源市学习宣传贯彻〈条例〉工作方案》。召开全市统战部门贯彻落实《条例》情况督查迎检工作部署会，完成省委统一战线工作领导小组对河源市贯彻落实《条例》情况的督查各项工作。

【民主党派工作】 2022年，河源市民主党派提交政协提案35件、人大建议21件。其中，优秀提案5件、重点提案3件；上报社情民意19条，被采用9条。民主党派和无党派人士围绕河源市乡村振兴、民生项目、社会治理等方面开展调查研究和民主监督，形成调研成果10个。其中，获2022年度全市优秀调研成果二等奖4个、三等奖3个。民主党派开展“爱心暖童心·点亮微心愿”“情暖敬老院”“致公·童心阅览室”等各类社会服务活动。

【非公有制经济统战工作】 2022年，中共河源市委统一战线工作部开展组织开展全市民营企业“万企兴万村”行动和“回报家乡专项行动”，动员190家民营企业参与乡村振兴，投入资金492万元。创新实施“乡村群众无忧保”保险项目，发动61家民营企业捐资投保218万元帮扶全市所有乡村2.7万余户脱贫户（除特困人员外）和监测对象共9.4万余人，全年理赔金额达359万元，得到省乡村振兴局、省工商联的肯定，被《人民日报》《人民政协报》《南方日报》等媒体宣传报道。组织召开2022年“广东扶贫济困日”活动民营企业家座谈会，发动民营企业家捐款4000多万元。开展助力乡村振兴“强党建促振兴争先锋”行动，组织市非公党委53个基层党组织与全市45个集体经济薄弱村开展结对共建，合力赋能乡村振兴。推动成立市政协工商联界别委员工作室，引导非公有制经济人士参与政治协商。

【党外知识分子和新的社会阶层人士工作】 2022年，中共河源市委统一战线工作部支持市知联会到基层开展“送医送药、学术讲座暨助残送温暖”等活动，服务群众220余人次。召开党外知识分子和网络人士统战工作座谈会，开展全市党外知识分子、新的社会阶层人士走访调研，推动党外知识分子和新的社会阶层代表人士队伍建设。举办“凝聚新力量筑梦新时代”新的社会阶层人士喜迎中共二十大主题教育活动和中共二十大文艺会演及书画征文活动，引导党外知识分子、新的社会阶层人士坚定听党话、跟党走的信念和决心。加强新的社会阶层人士联谊会组织及实践创新基地建设，市新的社会阶层人士联谊会被选定为省政府立法基层联系点，河源广工大协同创新研究院新的社会阶层人士统战工作实践创新基地被评为省级新的社会阶层人士实践创新基地示范点。

【港澳台统战工作】 2022年，河源市统战部门安排资金120余万元，发动海外联谊会等社会团体及会员企业筹集善款70余万元，支持香港同乡社团抗击疫情。推动港澳爱国同乡社团发展，指导新成立的县级同乡社团和香港镇级同乡社团加强自身建设。打造港澳同胞“思源之旅”参观考察路线，指导港澳同乡社团举办港澳青少年夏令营、青少年国情培训班等活动，促进港澳同胞人心回归。开展走访慰问活动7次，慰问港澳代表人士和社团首长骨干200多人次。在东源县试点开展“情暖三胞”系列活动，为部分河源籍港澳同胞、台湾同胞亲属家庭提供“五个一”服务（每年购买一次保险服务，每年组织一次体检，每年组织一次慰问，每年资助一批“三胞”亲属出境出国探亲，与港澳、海外一个基层社团结对共建）。开展惠台政策宣导，协调解决港澳台企业和同胞困难事项20宗次。创新海峡两岸交流活动形式，以视频方式召开“月满人团圆、河台一线牵”2022年中秋佳节河源、台湾两地乡亲联谊交流座谈会。顺利承办第九届台湾青年岭南行“客家文化体验营”活动，开展第九届“台湾知识进校园”系列活动，促进河源、台湾两地青年交流联谊。

【侨务工作】 2022年，河源市通过微信视频、报刊宣传等方式，在14个国家和地区宣传推广“粤菜师傅·四海同享”品牌项目，提升河源知名度和美誉度。支持海外华社开展文教活动，推荐马来西亚3所学校作为接受省委统战部文化用品赠送单位。开展困难归侨侨眷帮扶工作和春节送温暖慰问侨属活动，举行“侨爱心·光明行”公益活动，帮助困难白内障患者611人。

【大统战工作格局机制建设】 2022年，河源市落实以“二三四三”为主要内容的大统战工作格局体制机制，发挥各级党委统一战线工作领导小组作用。市委常委会会议研究统战工作8次、学习统战有关理论方针政策11次。市委、市政府主要领导对统战有关工作作出批示10次，召开市委统一战线工作领导小组会议2次，调研统战有关工作17次，带头参加统战有关活动29次。推动统战工作融入基层党建和社会治理体系，在12月5日召开的全省统战部门学习贯彻党的二十大精神大会暨基层统战工作电视电话会议上，河源市作基层统战工作先进经验发言。指导各县（区）加强各类统战工作平台规范运行管理，开展理论学习、走访慰问、座谈交流等活动190余场次。建立健全统战工作资料库、党外代表人士人才库。

【统一战线“两支队伍”建设】 2022年，中共河源市委统一战线工作部开展河源市党外干部和党外人士安排使用情况调研，将党外干部纳入《河源市委贯彻落实〈2019—2023年全国党政领导班子建设规划纲要〉实施方案》，制定《河源市党外干部队伍建设工作方案（2022—2026年）》，落实市委组织部、市委统战部党外干部培养选拔工作联席会议制度，强化党外干部的培养使用，2022年提拔重用（晋升职级）党外处级干部5人，选派7名党外干部进行挂职锻炼。开展人大党外代表和政协党外委员人选的调研摸底、资格审查等工作，推荐新一届省人大代表初步人选6名、省政协委员建议人选2名。 （钟 昱）

机构编制

【概况】 中共河源市委机构编制委员会办公室（以下简称“市委编办”）作为市委机构编制委员会的办事机构，承担市委机构编制委员会日常工作，为正处级，列市委办事机构序列，归口市委组织部管理。2022年，市委编办发挥新实名制系统监督作用，严把审核审批关，审核更新人员变动事项3126项，办结用编申请330项、入编申请307项、领导职数使用申请143项。

【编委会议】 2022年4月14日，河源市委机构编制委员会主任林涛在市委常委会议室主持召开市委编委第六次会议，会议传达学习全国、全省编办主任会议和省委机构编制委员会第五次会议精神，审议通过《中共河源市委编委2022年工作要点（送审稿）》。8月23日，市委机构编制委员会主任林涛在市委常委会议室主持召开市委编委第七次会议，传达学习中央编委《机构编制违规违法行为处理和问责规则（试行）》、省委编委《广东省开发区机构设置和编制管理办法（试行）》和省委编委第六次会议精神。

【镇街体制改革】 2022年，中共河源市委机构编制委员会办公室印发《完善镇街指挥协调机制促进基层共建共治共享实施意见》，出台综合治理、综合行政执法、公共服务委员会规范建设指引性文件，推动“三大委员会”高效运作。跟踪709名执法编制下沉镇街使用情况，强化基层执法工作力量配备，协调司法部门开展执法事项评估，科学合理调整下放事项。深入摸排镇街议事协调机构和牌子情况，研究出台2批清理名单，清理加挂的牌子738个、议事协调机构3790个，同步建立规范管理长效机制。组织开展镇街体制改革评估，摸清制约镇街履职痛点堵点问题，形成一镇一清单，推动解决涉及体制机制、基层执法、人员管理、智慧治理等方面问题156项。

【机构改革后续工作】 2022年，中共河源市委机构编制委员会办公室围绕巩固深化机构改革成果，不断解决影响发挥党政部门作用的体制机制问题，持续构建优化协同高效的机构职能体系。

党政机构设置和职能配置进一步完善 制定市委巡察办、市乡村振兴局“三定”规定，调整优化组织、应急、教育等部门机构设置和职能配置，切实提高部门履职能力和水平。

城市管理体制进一步优化 深入调研分析和研判，明晰公安、城管综合执法部门车辆管理职责划分，推动园林绿化管理职责回归城管综合执法部门，解决在车辆停放、园林绿化管理等方面职责不清、推诿扯皮等城市管理体制改革遗留问题。

机构改革评估 成立工作专班，对市直46个党政机构进行全面评估，总结评估机构改革成效，查找并解决部门职责边界不清、归口管理和工作衔接机制不健全等问题19项，推动构建系统完备、科学规范、运行高效的党政机构职能体系。

【机构编制管理】 2022年，中共河源市委机构编制委员会办公室坚持需求导向，持续创新机构编制管理，在经济社会发展大局中谋划推进机构编制工作。围绕市委“五大产业”“七大行动”，完善市县党委农办、疾病预防控制机构设置，加强乡村振兴、安全生产、网络信息安全等重点领域工作力量配置，将有限的机构编制资源重点用于保障市委中心工作。统筹调配编制资源，用好用活中小学教职工编制，实现市县两级教职工编制全面达标。同时，设立市教师发展中心、专门学校等教育机构，增加市直学校工作力量，不断加强教育领域机构编制保障。持续优化办理程序，为机关事业单位提供登记服务，办理事业单位法人设立登记3项、变更100项、注销登记4项、换证18项，办理机关群团统一社会信用代码证变更37项、换领5项。探索建立事业单位监督管理机制，指导试点县出台《连平县事业单位监督管理实施细则（试行）》。开展“条条干预”检查专项行动，推动市直部门深入开展自查自纠，全面梳理各类文件，及时纠正部门“条条干预”机构编制违规行为33项。

【机构编制法定化规范化工作】 2022年，中共河源市委机构编制委员会办公室全面贯彻《中国共产党机构编制工作条例》，准确把握机构编制法治建设的政治方向、重点任务和实践要求，统筹推进机构编制法规制度制定和执行。压紧压实宣贯机构编制工作条例主体责任，出台市委编办工作指引、机构编制与巡察工作协调机制，引导部门规范机构编制相关工作。发挥新实名制系统监督作用，严把审核审批关，审核更新人员变动事项3626项，办结用编申请378项、入编申请387项、领导职数使用申请176项，持续加强数字化监管工作。开展“条条干预”检查专项行动，推动市直部门深入开展自查自纠，全面梳理各类文件，及时纠正部门“条条干预”机构编制违规行为33项。 （蓝嘉琪）

政策研究

【调查研究】 2022年，中共河源市委政策研究室紧扣市委中心工作，深入基层、深入部门、深入群众开展广泛调研。以学习贯彻中共二十大精神为抓手，起草《关于开展“学习贯彻落实党的二十大精神探索全面建设社会主义现代化的河源实践”专题调研工作方案》，围绕34个调研专题，组织各部门对照中共二十大提出的目标任务和部署要求，研究提出补短板、强弱项、固底板、扬优势的新思路、新举措，助力推动河源市高质量发展。在深入调研的基础上，整理汇总超90页调研专题落实举措汇编呈送市领导参阅，并抄送市委全会文件起草组作参考，同时深化形成一批高质量调研报告呈报市委。深入贯彻落实省第十三次党代会和省委十三届二次全会精神，围绕省委提出关于重大项目建设、促进区域协调发展、坚持制造业当家、发展社保第三支柱、加强林分林相改造、促进农业稳产保供、做好疫苗接种等重点工作部署，第一时间协同有关部门组建调研工作专班加强分析研究，完成一批高质量调研报告。立足北部生态发展区丰富的森林资源，在全省率先开展“向森林要食物”研究，组织起草《北部生态发展区“向森林要食物”对策分析》报告，为北部生态发展区“向森林要食物”提出有针对性、建设性的对策参考，获得省委领导的肯定性批示。围绕省领导到河源调研讲话精神和市委中心工作，深入开展“河源争当融入粤港澳大湾区的生态优先、绿色发展排头兵”新目标定位战略研究，形成超5万字的研究报告。围绕河源市第八次党代会、河源市委八届二次全会目标任务，组织开展推动河源产城融合发展加快构建深圳都市圈深莞惠河发展轴、“融湾”“融深”背景下发展现代高效农业、“融湾”“融深”背景下打造“美丽河源”等课题研究，以“跳出河源看河源”视角推动河源市“融湾”“融深”建设。深入落实市委八届第42次常委会会议（套开市委财经委第7次会议）精神，围绕加快推进县域高铁经济发展，先后前往龙川县、和平县进行实地调研，同时借鉴江西赣州，广东清远、汕尾发展经验，形成超万字专题调研报告，获得市委主要领导肯定性批示和高度评价。

【文稿起草】 2022年，中共河源市委政策研究室完成各类重要文稿超120篇。把起草好省领导到河源调研的系列文稿作为全年文稿任务的重中之重，整合力量，加强统筹，完成河源市总体工作情况汇报、河源市“三农”工作情况汇报、河源市“面对面”解决群众“急难愁盼”问题工作情况汇报等重要文稿6篇。编印参阅材料，汇编疫情防控、政治建设、经济发展、文化建设、基础设施、“三农”工作、社会民生、生态建设、安全生产、“三区”建设等领域参阅材料116份、超28万字。完成《河源工作情况》详版和简版汇报材料2份、超3.3万字。起草市委各类综合文稿。通过严格落实“五早”工作法（早知情、早安排、早调研、早起草、早交稿）、创新实施“四新”思维法（常写常新、常悟常新、常用常新、常变常新）和全面压实“三尽”（尽锐出战、尽心竭力、尽善尽美）工作作风，完成市委交办的各类综合文稿任务。及时跟进市委各类会议和公务安排，提前谋划、精心部署，打好“提前量”、下好“先手棋”，起草市委主要领导在市委深改委会议、市委财经委会议、市融湾领导小组会议、全市水利高质量发展暨水经济产业发展大会、市委党校2022年春季学期中青年干部培训班开班式、全市党政主要领导干部自然资源资产离任审计整改工作动员会、市委市政府专题工作会议等重要会议上的讲话材料，以及在中共二十大期间的参阅材料和接受广东卫视采访材料等。起草市政府主要领导在源城区、东源县、连平县、国家高新区等县（区）现场会的讲话材料，以及在全市县处级主要领导干部学习贯彻中共二十大精神专题研讨班上的讲话材料。起草市委领导在省第十三次党代会期间的发言材料以及市委、市政府向上级汇报等重要材料，核改24名省党代表的发言材料。同时，起草省第十三次党代会期间留家市领导值守专班工作情况汇报、在全省秘书长培训班上的发言材料等文稿，分别得到市委主要领导的肯定性批示和省委办公厅领导的“点赞”。对照省委文稿服务标准，加强文稿全流程闭环管理。

【信息服务】 2022年，中共河源市委政策研究室提升《参阅信息》编印水平，编印159期、200余万字。145条信息得到市委主要领导批示。办好各类刊物和微信公众号平台。编印《河源调研》4期41篇文稿，总字数超20万字，围绕深入贯彻落实市委八届二次全会精神、大力实施“七大行动”、深入贯彻省第十三次党代会精神、学习贯彻中共二十大精神等主题，以文稿多方面展现河源市工作新成效、新亮点。办好《河源市情手册》，通过多种渠道收集各县（区）、各行业的新情况、新数据、新做法，全面、准确对外展示河源市各领域新亮点，为干部群众提供较权威的综合性参考资料。《政研参阅》重点围绕乡村振兴等方面编印24期48篇文章，其中有2期获市委主要领导批示。“河源政研”微信公众号全年推送信息82期111条，总阅读量超6.5万人次，其中超过1500人次阅读量的信息28条，用户数量稳步增长，在全省政研系统政务微信中排名第一。完成省领导到河源调研有关参阅材料的编印工作，整理省委书记、省长到河源调研《参阅材料》554页27万字。完成县（区）现场会参阅材料的编印，编辑整理县（区）现场会参阅材料9套超20万字。

【调研报告和重要文稿简介】《北部生态发展区“向森林要食物”对策分析》 习近平总书记强调，粮食安全是“国之大者”，要树立大食物观，要向森林要食物，向江河湖海要食物，向设施农业要食物。调研报告指出，广东省北部生态发展区具有保障全省粮食安全、推动“一核一带一区”区域协调发展、实施乡村振兴战略、满足人民群众美好生活等“向森林要食物”的必要性，且具备“向森林要食物”的现实条件。报告分析北部生态发展区森林食物的现状和短板，认为北部生态发展区森林食物品种丰富多样、产业呈规模发展态势、开发形成多种复合经营模式、具有巨大的优质“森林热量”供给潜力，但还面临底数不够清楚、发展规划不够明晰、产业发展层次不够高、融合不够深入等短板。报告建议，要在正确把握生态安全和食物生产等关系基础上，组织开展全面调查、加快科学规划布局、促进产业融合发展、完善基础设施建设、强化关键要素保障，为推动广东森林“粮库”建设走在全国前列作出积极贡献。

（作者：邓 勇，写于2022年5月）

《关于加快我市县域高铁经济发展的专题调研报告》 市委、市政府高度重视高铁经济发展，在市第八次党代会、市委七届十三次全会、市委八届二次全会、市八届人大一次会议、市政府常务会议等重大会议上进行部署，强调要充分发挥高铁促进全域辐射的联动效应，推动全市高铁经济发展取得明显成效。按照市委主要领导指示要求，市委政研室、市委改革办组成调研组，深入有关县开展实地调研，探索“高铁效应”充分转化为“高铁经济”的有效途径，并提出可行性建议。该调研成果获得市委主要领导肯定性批示和高度评价。在该报告的基础上，根据市委主要领导批示要求，市委政研室主要负责人牵头到县（区）开展调研成果宣讲工作，推动形成发展高铁经济的共识，开创市委政研室的先河。

（作者：邓勇、陈甫逸飞、张剑

辉、刘世林、罗林林、刘志莎，写于2022年8月）

《推动河源产城融合发展 促进深圳都市圈深莞惠河发展轴协调发展》习近平总书记在中共二十大报告中指出，促进区域协调发展，深入实施区域协调发展战略、区域重大战略、主体功能区战略、新型城镇化战略。调研报告认为，河源地处粤港澳大湾区辐射带动第一圈层，是粤港澳大湾区的重要战略腹地。新时代新征程，河源必须抓住用好“双区”历史机遇，以“融湾”为纲、“融深”为牵引，加快培育“五大产业”，大力实施“七大行动”，推动中心城区六大片区与四大园区产域融合发展，推动现代服务业同先进制造业深度融合，带动全市高质量发展。建议进一步融入区域协调发展大局，内外联动共建产城融合发展新样板；坚持制造业当家，构建具有河源特色的现代化产业发展新体系；加快赋能产业转型升级，探索粤港澳大湾区深度合作新示范；持续推进城市功能提质，建设人与自然和谐共生的现代化新河源。

（作者：邓勇、陈甫逸飞、张剑辉、刘世林、罗林林、刘志莎，写于2022年12月）

《河源“争当融入粤港澳大湾区的生态优先、绿色发展排头兵”战略路径研究》 2022年4月，省委主要领导到河源调研时，赋予河源‘争当融入粤港澳大湾区的生态优先、绿色发展排头兵”的新目标任务，为河源奋进新征程、建功新时代指明前进方向。为深入学习领会、全面贯彻落实省委赋予河源的新目标任务，市委政研室牵头开展系统研究，从重要意义、丰富内涵、实践要求3个层面深刻阐述对新目标任务的理解，全面回顾总结河源“融湾”“融深”及绿色发展的成效和经验，提出未来一段时间河源的发展思路及对策建议，指出要坚定不移加强党的全面领导和党的建设，为实现省委赋予河源的新目标任务提供坚强政治保证；进一步发挥改革开放赋能优势，努力在系统集成、借势发展上取得新突破；进一步发挥圈层辐射区位优势，努力在全域全面“融湾”“融深”上取得新突破；进一步发挥产业空间广阔优势，努力在培育壮大“五大产业”上取得新突破；进一步发挥科技创新腹地优势，努力在高水平建设一批大湾区产业协作基地上取得新突破；进一步发挥“三农”基础扎实优势，努力在培育广东农业农村现代化新样板上取得新突破；进一步发挥新型城镇化发展优势，努力在融入粤港澳大湾区世界级城市群上取得新突破；进一步发挥河源文化深厚优势，努力在提升“六色”河源品位上取得新突破；进一步发挥生态环境禀赋优势，努力在打造美丽广东的河源样板上取得新突破；进一步发挥公共服务普惠优势，努力在扩大公共产品供给上取得新突破；进一步发挥多元一体治理优势，努力在建设更高水平的法治河源、平安河源上取得新突破。

（作者：邓勇、陈甫逸飞、董福军、张剑辉、黄智浩，写于2022年8月）

《关于我市乡镇街道体制改革成效的调研评估报告》 基层治理是国家治理的基石，统筹推进乡镇（街道）和城乡社区治理，是实现国家治理体系和治理能力现代化的基础工程。调研报告以加强基层治理体系和治理能力现代化建设为主题，聚焦乡镇街道体制改革“后半篇文章”这个重点，全面总结河源市乡镇街道体制改革的做法和成效，梳理乡镇街道体制改革存在的问题，认真剖析问题原因，并提出针对性的工作意见及建议，强调要进一步提升制度机制管理效能、提升编制资源使用效能、提升下放权限执行效能、提升“四大平台”运行效能。报告分为3个部分，总篇幅超1.1万字。该报告总结成效凝练、分析问题精准，提出建议务实，相关调研成果已融入河源市委八届五次全会、全市县（区）现场会、市委农村工作会议暨全面推进“百县千镇万村高质量发展工程”促进城乡区域协调发展动员大会等重要会议文稿，为推动河源市基层治理体系和治理能力现代化建设提供有力支撑。

（作者：邓勇、陈甫逸飞、董福军、黄文峰、张勇，写于2022年10月）

《关于“融湾”“融深”背景下“美丽河源”建设调研报告》 省委、省政府对河源寄予厚望，赋予河源“建设全省绿色发展示范区，争当融入粤港澳大湾区的生态排头兵”的重要使命。在“融湾”“融深”背景下推进“美丽河源”建设，是实现“美丽中国”目标的有力支撑，是推进建设融入粤港澳大湾区的生态优先、绿色发展排头兵的必然要求。调研报告深入贯彻落实省委工作要求和市委工作安排，聚焦高质量发展这一主题主线，科学分析“美丽河源”建设的必要性和可行性、系统梳理河源建市以来经济社会发展的历程和成就，指出河源发展存在的短板和根源，提出推动“美丽河源”建设面临的机遇和总体思路。报告分7个篇章，共计104页、近5万字，着重强调要构建“美丽城乡”格局，积极融入深圳都市圈发展；要提升“美丽人文”形象，强化河源知名度和美誉度；要用好生态牌，打通“绿水青山”向“金山银山”转化通道。这些针对性对策建议已融入河源市委八届五次全会报告、全市高质量发展现场会讲话稿等，为河源市贯彻落实绿美广东生态建设，百县千镇万村高质量发展工程打下坚实的基础。

（作者：邓勇、陈甫逸飞、董福军、张勇，写于2022年11月）（王卉）

深化改革

【概况】 2022年，中共河源市委全面深化改革委员会发挥“1+2+N”大组制优势，推动河源全面深化改革、“融湾”“融深”等各项工作高质量发展。根据国家发改委主管的中国经济体制改革研究会发布的“改革热度第三方评估报告”显示，2022年河源改革热度指数四个季度均排名广东省前列。《河源市：推进“一庭一品”，探索山区人民法庭改革新路径》被中国经济体制改革杂志社评为“中国改革2022年度地方全面深化改革典型案例”。镇街体制改革巩固提升工程相关工作经验获中央编办主管杂志《中国机构编制》刊发示范推广。

【改革全面深化】 2022年，中共河源市委全面深化改革委员会研究制定《市委全面深化改革委员会2022年重点改革工作安排》，系统部署10大领域67项改革重点任务，细化改革任务、明确落实措施、推行清单式管理，全力抓好改革落实。聚焦困扰群众的“急难愁盼”问题，制定实施9个民生“微改革”项目，以“小切口”改善“大民生”。

全力推进要素市场化配置综合改革省级试点工作 周密部署安排，发挥专班作用，推进要素改革工作展开。细化分解任务，省委深改委印发《河源市要素市场化配置综合改革试点实施方案》后，市委改革办迅速制定《河源市要素市场化配置综合改革试点实施方案重点任务分工方案》，按照3年完成试点任务的进度要求对年度重点任务进行细化分解。坚持“边探索、边总结、边实践”，围绕土地、劳动力、资本、技术、数据及要素市场化运行监管等方面，出台6个改革行动方案，产业园区用地整治、绿色信贷投放等改革工作成效明显。

高质量抓好重点改革课题研究 坚持以调研促改革，制定《河源市2022年重点改革课题研究相关安排》，对分类推进企业上市、构建城乡历史文化保护传承体系等4项具有针对性和实效性的改革工作进行前瞻性研究，相关研究全部形成调研报告，其中3项形成实施方案，研究成果逐步转化为推动河源改革发展的谋划部署和政策措施。

加强改革文件审核把关 对照中央和省委改革部署，研究处理和审核把关有关单位提出的重要改革事项及请示55件次，确保河源市全面深化改革沿着正确的方向稳步推进。

加强改革督察考核 用好督察“利器”，对改革任务挂图作战、“亮灯”管理、定期通报，统筹做好全年改革督察调研，及时掌握改革任务推进情况，针对推进滞后的改革事项，及时发送提醒函、提供支持指导。完成对2021年度全面深化改革工作的考核，优化2022年全面深化改革考核方案，将改革工作纳入季度“亮灯”考核和年度目标考核，首次将县区纳入考核，与市有关单位进行同标准评项目等级、分类别“亮灯”管理，并与年度目标管理责任制考核分数挂钩，使2022年度改革考核更加科学全面、精准有力，推动改革工作提质增效。

营造改革浓厚氛围 打造改革精品，按照难度大小、覆盖影响面、成果成效等标准，结合网络投票和线下核查评估开展优秀案例评选，评出2022年度全面深化改革优秀案例13个。及时总结经验，编印《在全市率先推进县域副中心体制改革，努力打造“连平样板”》《河源国家高新区建立企业诉求快速处理机制》等改革工作简报12期，推广改革成效、共享工作经验。加强与省、市主流媒体合作，加大改革宣传力度，《河源法院打造“一庭一品”特色法庭，做好基层治理大文章》等改革案例在“南方网”刊发。联合河源日报社开展“开门问改革”活动，广泛征求意见建议，凝聚改革共识。

【“融湾”“融深”工作】 2022年，河源市融入粤港澳大湾区建设领导小组坚持以改革促“融湾”，抓住用好“双区”和横琴、前海、南沙三大平台建设等重大机遇，扎实推动“融湾”“融深”提质增效。

科学谋划“融湾”“融深”重点工作。制定印发《河源市融入粤港澳大湾区建设2022年工作要点》，聚焦“交通共网、产业共链、制度共通、科技共兴、生态共治、民生共享、合力共进”等7大方面，细化分解94项工作任务。扎实开展课题研究，部署开展《推动河源市产城融合发展，加快构建深圳都市圈深莞惠发展轴》《“融湾”“融深”背景下推动“美丽河源”建设》等一批重点课题研究，开展向森林要食物、县城高铁经济发展等专题调研，联合县区和市直部门开展22项涉及“融湾”“融深”工作的专题调研，推动各级各部门“融湾”“融深”工作思路更清晰、措施更有力、成效更明显，其中向森林要食物专题调研成果得到省领导批示肯定。召开市融入粤港澳大湾区建设领导小组第四次全体会议，按季度开展“融湾”“融深”工作调研，全面深入了解相关工作进展情况，推动各项工作落实落细。

持续提升“融湾”“融深”质量效益。聚焦“五大联通”（硬联通、软联通、企联通、智联通、心联通），不断强化与“双区”的交通连接、机制衔接、产业对接，全面激发高质量发展新动能。“硬联通”方面，梅龙高铁、龙寻高速、长深高速改扩建等重大交通项目顺利推进，东江航道河源至石龙段列入国家《水运“十四五”发展规划》，融入大湾区的交通“主动脉”进一步打通。“软联通”方面，产业园区用地整治稳步推进，建成一批银行“零碳网点”，首席数据官制度省级试点工作有效推进，300多项事项实现“跨省通办”“省内通办”。“企联通”方面，启动深河产业共建示范区发展规划编制工作，14家企业入驻深圳南山河源国家高新区共建产业园，面向“双区”新引进项目81个，河源国家高新区连续两年跻身全国百强行列、成为全省首批特色产业园，大湾区现代产业战略腹地加快打造。“智联通”方面，国家植物航天育种工程技术研究中心河源创新研究院等13个省级以上科创平台相继落户，建成6家成果转化平台，国家级孵化载体、省级新型研发机构数量居粤东粤西粤北地区前列。“心联通”方面，强化与大湾区民生领域共建共享，培育建成大湾区“菜篮子”基地22个，设计推广5条“两晚三天”精品旅游线路，高品质“双区”优质生活圈承载地加快打造。

【重要会议】 2022年，中共河源市委全面深化改革委员会组织召开3次市委全面深化改革委员会会议，审议《河源市推动基础教育高质量发展行动方案》等4个重要改革文件，听取8个改革专项小组和“一镇一改革”等专项改革工作情况汇报，研究部署全市改革工作。组织召开1次市融入粤港澳大湾区建设领导小组全体会议，审议通过有关文件，听取河源市“融湾”“融深”工作情况汇报，研究部署下一阶段工作。

【“1+2+N”工作机制】 2022年，河源市突出“以改革促调研、以调研推动改革”，探索实行扁平化管理，完善市委政研室、市委改革办“1+2+N”（“1”：由一位分管市领导统筹；“2”：由两个单位的两位主要负责人具体组织；“N”：由两个单位的负责人担任N个工作组组长，经济组、社会组、党建组分别对应市委深改委的10个专项小组和融入粤港澳大湾区建设6个专项小组，承担本领域重要综合材料起草、政策研究等业务工作，改革组承担统筹制定全市年度改革任务安排、改革督察评估、考核等业务工作）大组制机制，形成大“参谋部”，建立高效、规范的运作体制。坚持以文辅政，把起草综合文稿作为服务市委决策的重要抓手和载体，联合市委政研室完成各类重要文稿超120篇。完成省主要领导到河源调研的相关文稿任务，整合资源力量，加强统筹协调，高质高效完成重要文稿6篇，汇编疫情防控和政治、经济、文化等领域参阅材料116份、超28万字，编印河源经济运行情况等图册图表。高质量完成综合文稿任务，及时跟进市委各类会议和公务安排。起草市委深改委会议，市融湾领导小组会议，市委、市政府专题工作会议等重要会议材料和市委、市政府向上级汇报材料等重要文稿。持续擦亮《参阅信息》品牌，围绕市领导关注重点，编印159期、200余万字，提升《参阅信息》编印水平，市委主要领导对145条信息进行批示。

（邱艺锐）

外事

【涉外管理和服务】 2022年，中共河源市委外事工作委员会办公室履行市疫情防控指挥办外事组牵头单位职责，做好新冠肺炎疫情防控涉外各项工作。及时调整办理外国人来华邀请核实单申办指南，为企业办理外国人来华邀请提供便利，受理外国人来华邀请函申请5批8人次。12月，市委常委、秘书长孔德胜率队到河源市涉外企业培匡电子（河源）有限公司、丰达音响（河源）有限公司开展调研，听取企业对河源市优化营商环境的意见建议，全力协调解决企业发展中遇到的困难。

【对外交流交往】 2022年，河源市做好与河源市国际友城在重要节庆时的互动交流工作。1月，河源市市长何国森与韩国安城市市长金补罗互录2022年新年祝福视频，为对方市民送去新年祝福。4月，市长何国森通过贺信形式祝贺韩国安城市成功举办“第25届安城市市民日”活动。7月，组织河源市青少年参加2022年GD YouthLink“粤友杯”广东国际青少年书画比赛，河源市选送的30件作品中有15件在此次大赛中获奖。8月，市长何国森会见韩国驻广州总领事馆总领事韩在爀一行，巩固河源与安城的友谊，推动与友城间的务实交流合作。9月，派员参加韩国驻穗总领事馆活动，宣传推介河源市投资环境，深化与韩国安城市的友城关系。10月，市委外办主任邱志军会见到访的柬埔寨中国商会副会长、柬埔寨（广东）商会常务副会长黎小锋一行，就河源市高质量推进共建“一带一路”、海外领事保护等进行深入交流，凝聚侨心侨力。

【领事保护】 2022年，河源市做好海外领事保护与协助工作，“线上”“线下”推进领事保护预防性宣传。常态化“线上”通过“河源外事”微信公众号、《河源乡情报》等外宣平台面向海内外广泛宣传报道领事保护知识、海外文明安全教育及涉外安全新闻146次，线下深入涉外企业和乡镇开展领事保护主题现场宣传。

【对外宣传】 2022年，河源市通过《河源乡情报》搭建“双向桥梁”，提升国际传播效能，策划一系列具有河源特色的全媒体外宣专题。推出《海内外河源籍乡贤热议中共二十大报告》《外国人在河源》等系列报道及宣传视频，主动对外讲好中国故事、广东故事、河源故事。

（张丽烨）

2022年10月，河源市委外办与柬埔寨（广东）粤商会举行交流座谈会，双方就河源市高质量推进共建“一带一路”、海外领事保护等进行深入交流

（市委外办 提供）

台港澳事务

对台工作

【服务台企台商】2022年，中共河源市委台港澳工作办公室抓好常态化的疫情防控工作，利用座谈交流会、政策宣导会、微信群，16次发送提醒函、慰问信、倡议书，宣传疫苗接种有关政策，落实在河源市139名台胞接种疫苗工作。开展“惠台暖企”活动，省台办副主任肖兵、陈升东，市委常委廖继聪深入裕弘实业、瑞信五金、悦斯莱特公司、万盟医保走访慰问调研，办领导慰问咏昱铝业、总铺师台式料理等困难台企和7名困难台胞。宣传“农林22条”“粤台48条”“粤台农林34条”等政策及省第十三次党代会精神，解读《2022年广东惠台暖企政策措施办事指南》惠台政策措施，指导台企台商学习政策，用好政策，享受红利。结合“我为群众办实事”实践活动，协调解决台资企业铁研电子、政星塑料等问题7宗次，帮助台湾同胞解决困难求助事项5宗次。

【对台交流交往】2022年，中共河源市委台港澳工作办公室加强线上交流，保持与台湾河源客家文化经贸交流协会的联系。联合台湾河源客家文化经贸交流协会、台北市龙川同乡会举办“月满人团圆、河台一线牵”2022年中秋佳节河台两地乡亲联谊交流视频座谈会，市委常委廖继聪应邀出席，是河源市首次以视频方式举办海峡两岸交流联谊活动。承办由省海峡两岸交流促进会（省台办）、省文旅厅等部门联合主办的第九届台湾青年岭南行“客家文化体验营”活动，海峡两岸60多名青年参与，深入了解客家文化精神，促进河台两地青年学子联谊联络、交流合作。

【招商引资】2022年，中共河源市委台港澳工作办公室深入贯彻落实“农林22条”“粤台农林34条”等惠台政策精神，引导协助2名有意向投资农林产业的台商到河源市实地考察。组织台商参加省“台商走电商”培训活动、省台资企业资本市场培训活动和东莞台湾名品博览会等，利用机会宣传推介河源市投资环境及政策优势。

【涉台宣传】2022年，中共河源市委台港澳工作办公室组织召开2022年河源市台港澳工作会议，传达贯彻广东省对台工作会议精神以及省委、市委常委会会议有关精神，总结2021年全市台港澳工作，部署河源市2022年台港澳工作主要任务。专题宣讲《台湾问题与新时代中国统一事业》白皮书，全面系统阐述党和政府在新时代推进实现祖国统一的立场、方针、政策，要求海峡两岸同胞携手为推进海峡两岸关系和平发展而努力。举办第九届“台湾知识进校园”系列活动，讲好故事，发出强音。全年刊发《河源台港澳工作信息》38期，被《粤台视窗》网站采用20篇，被国台办网站采用2篇。

港澳工作

【服务港澳同胞】2022年，中共河源市委台港澳工作办公室担负起港澳台组、市支援香港抗疫工作专班的牵头重任，结合具体工作实际，制定下发工作方案，细化工作职责分工，强化防控业务培训，落实疫情防控责任。宣传疫苗接种有关政策，落实在河源市港澳同胞接种疫苗工作。办领导带队深入天虹手袋制品、永勤实业、豪劲塑胶包装制品等港澳资企业走访调研，为做好统筹推进疫情防控和经济社会发展、统筹发展和安全“双统筹”工作，奋力夺取疫情防控和实现经济社会发展目标“双胜利”，推动企业稳步发展夯实基础。结合“我为群众办实事”实践活动，协助解决跨境运输企业司机因疫情滞留香港问题17宗次。

【涉港澳交流交往】2022年，中共河源市委台港澳工作办公室组织召开在河源香港河源社团骨干座谈会2次，专门拜会在河源香港河源社团总会干部等有关人士6人次，宣传最新政策措施，增进感情交流联谊。协助香港工联会惠州工联咨询服务中心开展“千人汇湾区”活动，组织40多名港人到源城区埔前镇上村村红色文化教育基地参观学习。组织开展“同心圆·红色行”主题活动，组织在河源的香港青少年约50人到爱国主义教育基地——阮啸仙故居参观学习，了解无产阶级革命家阮啸仙的革命事迹，加深香港青少年学生对祖国和家乡的了解，增强对国家的认同感和对传统文化的归属感。加强政策法规宣传，对在河源市港澳同胞开展宣传《中华人民共和国香港特别行政区维护国家安全法》《中华人民共和国香港特别行政区基本法附件一香港特别行政区行政长官的产生办法》《中华人民共和国香港特别行政区基本法附件二香港特别行政区立法会的产生办法和表决程序》等，鼓励参与广东、河源“十四五”规划、融入“两个合作区”和粤港澳大湾区建设，鼓励香港青年同胞用好粤港澳“双区”建设政策机遇，融入粤港澳大湾区建设、融入国家发展大局。

【因公赴港澳办证工作】2022年，中共河源市委台港澳工作办公室为落实习近平总书记对香港疫情重要指示批示精神，按照省、市的具体工作部署要求，按时按质按量做好河源市517名援港医护人员因公赴港的办证工作。根据上级工作部署，完成河源市12家民营跨境运输企业478名司机赴港澳证件办理移交工作，收缴原办理的因公港澳通行证978本，协助企业因疫情滞留香港的17名司机返粤，所有企业的司机均在河源市公安局办理证照，实现平稳过渡。根据新修订的管理制度，强化规范因公赴港澳通行证的审批办证、管理工作，全年审核报批70批794人次，其中粤港跨境司机48批264人次、公务人员22批

530人次。（谢小明）

党校工作

【概况】2022年，中共河源市委党校坚持质量立校，以办学质量评估迎评为抓手，聚焦主业主课，统筹抓好干部培训、思想引领、理论建设、决策咨询等工作。全年举办主体班22期，培训党员干部1469人次，编印《河源市情参阅》6期、《河源论坛》4期，获课题立项16项，结项课题16项，公开发表文章32篇。

【政治建校】2022年，中共河源市委党校始终坚持政治建校，牢牢把握正确办学方向，坚定不移把做到“两个维护”融入党校工作全过程各方面。深入学习宣传贯彻中共二十大精神。将学习宣传贯彻中共二十大精神作为首要政治任务抓紧抓实，召开理论学习中心组会、学习研讨会、专家座谈会、专题工作会议，举办专题师资班，组织参加全国党校师资班，分层次多形式开展学习宣传，引导教师先学一步、学深一层，并实现干部职工全参与全覆盖。制定工作方案，印发工作通知，把学习贯彻中共二十大精神作为干部教育培训主要内容，及时调整教学安排，做好课程设计，制定备课指引，组织集体备课，开发专题课程，推动中共二十大精神进教材、进课堂、进头脑。协助市委举办学习贯彻中共二十大精神专题研讨班3期。校领导带头深调研，完成8个课题任务。抓好中共二十大精神宣传阐释，召开全市党校专题理论研讨会，组织撰写理论文章，选派骨干教师参加市委宣讲团，开展“送课下基层”，唱响党校声音。坚持用习近平新时代中国特色社会主义思想凝心铸魂。是年，“第一议题”学习专题52个，召开理论学习中心组会21次，重点学习习近平新时代中国特色社会主义思想和习近平总书记重要讲话、重要指示批示精神，安排干部谈体会26人次；组织党员干部旁听专题课程5次；发动党员干部通过省干部网络教育学院、“学习强国”学习平台等平台开展自学，强化理论武装，提高党员干部“政治三力”（政治判断力、政治领悟力、政治执行力）。坚决做到“两个维护”。认真贯彻执行省委坚决落实“两个维护”十项制度机制，严格执行政治要件闭环落实机制，把习近平总书记重要指示批示精神作为重要政治要件，形成传达学习、建立台账、督办落实、定期报告、跟踪问效的工作机制。全年建立政治要件台账60项。筑牢意识形态安全“防火墙”。坚持底线思维、增强忧患意识，把意识形态工作摆在突出位置，全年召开5次校委会会议研究意识形态工作，深入学习贯彻习近平总书记关于意识形态工作的重要论述和上级有关会议精神。修订意识形态工作责任制实施细则，严格落实教师外出授课审批、课件审查和校刊、内部资料审核机制，组织签订意识形态责任书，每个主体班安排联络员实时跟踪掌握授课情况，确保党校课堂和校刊、内部资料内容不出现违反政治纪律的情况。

【干部培训】2022年，中共河源市委党校坚持以教学工作为中心，多举措提高教学质量和培训水平，干部培训针对性、实效性不断增强。突出主业主课，优化课程设置。坚持党的理论教育和党性教育主业主课地位，按照“一个中心、四个方面”（“一个中心”是坚持以学习习近平新时代中国特色社会主义思想为中心内容和首要任务；“四个方面”分别是理论基础、党性修养、世界眼光和战略思维）的教学布局，优化课程体系，将23项需列入干部培训的内容纳入主体班课程，新开发8门课程。全年开设党的理论教育和党性教育课程1680个课时，主体班党的理论教育和党性教育占总课时的77%，其中，党性教育占总课时的25%。坚持把习近平新时代中国特色社会主义思想作为主体班次核心课程，开设专题课24门1040个课时，占理论课总课时的62%。坚持多措并举，提高教学质量。牢固树立“课比天大”理念，加大精品课开发力度，组织教师对标全国全省党校精品课，开展集体备课、新课试讲、集体评课，不断提高课程质量，1门课程被评为省社会主义学院精品课程。实施“精品课”带动战略，开展全市党校系统精品课评选，示范带动教师提升课堂教学效果，推动全市党校系统教学质量和水平迈上新台阶。创新教学方法，在教学中安排互动环节，首次开设微论坛，促进教学相长、学学相长。全年开展学员微论坛18次。推动领导干部上讲台常态化，邀请市领导13人次、其他党政领导干部39人次到校授课，补足师资力量短板。打造特色品牌，增强现场教学成效。建立现场教学点数据库，优化6条现场教学线路，召开全市党校系统现场教学点建设现场会，举办现场教学师资培训班，落实省关于“支持在河源、清远等市建设省委党校现场教学点”要求，市委及有关县区党委分别出台配套文件，全力支持、推进东源县半江生态文明实践基地、东源县阮啸仙故居、紫金县苏区革命旧遗址群、和平县和东行政委员会旧址等4个教学点建设，成效明显，获得省委党校授牌，并举行授（揭）牌仪式。严格学员管理，加强学风建设。修订主体班管理制度，实行校领导“推门听课”，配强班主任，配备联络员，成立临时党支部和班委会，全面加强对学员的教育、管理和监督。开展形式多样的学习活动，落实多维度量化考核评优机制，推动学风建设。

【科研咨政】2022年，中共河源市委党校建立健全教学出题目、科研做文章、成果进课堂、结论转咨政运行机制，科研咨政成果数量和质量实现“双提高”。提升研究水平，做实咨政服务。发挥党校资源优势，建立学员参与市情研究机制，围绕市委中心工作、重大决策部署和群众“急难愁盼”问题开展市情研究，决策咨询报告质量和成果转化率显著提高。编印《河源市情参阅》6期，得到市领导批示10次，其中，市委、市政府主要领导批示5次。开展课题研究，提高科研能力。认真做好省、市、校级课题项目立项、结项工作，注重规范课题结项验收工作流程，课题研究水平明显提升。获省级课题立项3项，市级课题立项5项，校级课题立项25项；结项课题24项，其中1项市级课题获评优秀等次，1项课题研究成果被编入《广东统一战线理论研究与探索》。营造学术氛围，激发科研活力。联合县区党校举办全市党校系统“学习贯彻习近平总书记出席庆祝香港回归祖国25周年活动重要讲话精神”“学习贯彻省第十三次党代会精神”“学习贯彻党的二十大精神”理论研讨会。参加全省、全市各类学术研讨和征文活动，8篇论文入选省级学术研讨活动征文，1篇论文获市级征文一等奖。编印《河源论坛》4期。聚焦学习贯彻省、市党代会精神，组织教师撰写理论文章，在《河源日报》发表文章28篇，在《广东省社会主义学院学报》等期刊刊登论文4篇。组织8人次接受《河源日报》、河源电视台等媒体采访，选派3人次参加市委宣讲团，组织52人次开展“送课下基层”活动，推动习近平新时代中国特色社会主义思想进企业、进农村、进机关、进校园、进社区。

【办学质量评估】 2022年，中共河源市委党校坚持把办学质量评估迎评工作作为重中之重，集中力量做好评估各项工作。扎实开展县级党校办学质量实地评估，严格对照评估细则，仔细查找县级党校在落实党校工作条例、办学治校及支撑材料方面存在的问题，确保评估精准。做好自评，先后召开3次校委会、3次评估工作推进会，研究部署推进评估工作，确保考准考实各项指标。做好评估“后半篇文章”，坚持边评边改，向各县（区）委书记发送提醒函，这一做法得到省评估组高度肯定。全市党校系统以评估整改为契机，补短板强弱项，提升办学治校水平。完成问题整改58项。

【县区党校工作】 2022年，河源市县区党校举办主体班次32期，其中源城、东源、和平、龙川、紫金、连平分别举办6期、8期、5期、6期、1期、6期。全市县区党校完成科研成果42篇（项），其中源城党校完成课题1项，5篇理论文章入选理论研讨会；东源党校完成课题2项，7篇理论文章入选理论研讨会；和平党校完成课题1项，2篇理论文章入选理论研讨会；龙川党校完成课题1项，6篇理论文章入选理论研讨会；紫金党校完成课题1项，4篇理论文章入选理论研讨会；连平党校完成课题7项，5篇理论文章入选理论研讨会。领导班子成员赴各县区党校调研指导工作12次，协调县区党委政府解决党校遇到的问题。为县区党校教师提供学习培训平台，先后组织县区党校骨干教师104人次参加中央党校、省、市级学习培训。

【镇街党校工作】 2022年，中共河源市委党校建立校领导和教研室挂点联系指导镇街党校工作制度，加强业务指导，督促镇街党校规范办学，市委党校领导到镇街党校调研10人次，选派教师到镇街党校开展教学活动34人次。

（周丽娜）

党史·地方志

【党史学习教育常态化长效化开展】

2022年，中共河源市委党史研究室通过开展集中学习、个人自学和观看《党史故事100讲》等方式，把党史学习教育融入日常工作生活中。常态化开展党员志愿服务活动、指导县镇村修史修志，依托党史教育基地开展“送课下乡”活动，把党史学习教育与党史教育基地 开发利用结合起来，推动“我为群众办实事”。

【资政辅治】 2022年，中共河源市委党史研究室组织相关单位挖掘改革创新的典型案例、先进人物，系统梳理河源市落实党中央重要决策部署的执政纪事资料，完成《中共广东省委执政纪事》组稿工作。协助市委组织部挖掘15个红色村革命历史、红色故事、乡村振兴工作亮点，参与编辑《河源市红色村红色故事》。指导《红色黄村》《红色连平》《阮啸仙学生时代的故事》等3个项目申请中央党史和文献研究宣传引导资金。做好相关提案办复工作，推动相关职能部门达成革命遗址保护利用的共识，加快红色旅游资源综合开发进程。协助市退役军人事务局开展革命烈士评定工作，多项意见建议被采纳。

【红色资源保护利用】 2022年，中共河源市委党史研究室推动县民间自发成立党史研究队伍，指导黄村镇率先成立推红工作组，推动黄村商会成立推红工作部，依靠人民群众挖掘当地红色资源，补录数十处革命遗址旧址，出版《粤黄风云》《崇伊中学红史》《康禾红史》等红色书籍，在深圳举行《粤黄风云》新书发行仪式，并义捐1万余册。

【河源市红色革命遗址数据库等级保护测评完成】 2021年年底，河源红色革命遗址数据库迁移至政务云，并对数据库开展等级保护测评。按照河源市红色革命遗址数据库等保差距测评反馈问题清单和市公安局源城分局网络警察大队检查要求，组织安排开发人员及维护人员对照问题清单逐条逐项加以落实整改，完成系统存在的风险漏洞问题整改以及管理部分文档和制度的建设工作。2022年，经市直相关部门、中国赛宝实验室的测评验证，河源市红色革命遗址数据库录入248处革命遗址信息。

【志鉴史编修】 2022年6月，河源市地方志办公室组织编写的《中国国家人文地理·河源》出版发行。鼓励并指导各镇村重视修志工作。编修《佗城镇志》

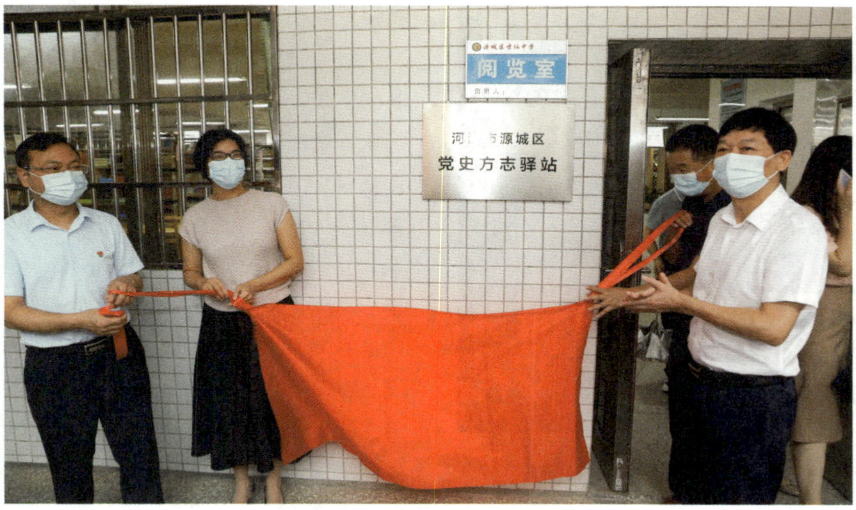

2022年7月，源城区啸仙中学“党史方志驿站”揭牌　（市地方志办　提供）

《老隆镇志》《老围村志》等多部镇村志。其中，《黄布镇志》《佗城镇志》出版发行。《全粤村情（河源篇）》各县区分卷文稿已送出版社审校，完成印刷4卷（龙川县卷一、龙川县卷二、龙川县卷四、和平卷）。《河源年鉴（2022）》于2022年12月底出版发行，全书采用分类编辑法，主要载录河源市2021年经济社会发展的基本资料，132.9万字。推进河源首部地方史著作《河源通史》编纂工作，并形成《河源通史》编目。组织力量对省委党史研究室编纂的《广东省红色革命遗址精览》中河源市277处被列入广东省红色革命遗址的史料进行核对。

【河源首批党史方志驿站建成】2022年，河源市地方志办公室指导源城区依托新时代文明实践中心、文化站、图书室等建设党史方志驿站。7月，河源市首批党史方志驿站授牌仪式在源城区啸仙中学举行。年内，源城区建成27个党史方志驿站。把“党史方志驿站”打造成弘扬传统文化的窗口、教化育人的基地、记录历史的宝库和乡音乡愁的精神家园，推动史志文化服务城市发展和乡村振兴、增进群众对本地经济社会发展的认识，满足群众的文化需求。

【数字化建设进程加快】2022年，河源市地方志办公室加快志鉴史、地情书等图书资料的数字化进程，数字化入库工作上传率95%。报送省情网《产业·产品》栏目类稿件23篇，其中《连平鹰嘴蜜桃》《蓝塘猪》《广东和平县产业转移工业园区》在省情网上传发布；为省情网《工作动态》栏目推荐9篇新闻稿件。政府门户网站开设的地方志专属地情信息类栏目，发布地情信息数量25条。“河源史志”微信公众号发布推文24期。

【地情文化宣传】2022年，河源市地方志办公室开展多彩乡村主题教育实践活动。投稿8个作品，分别是1篇调研报告、7个主题的摄影作品。开展“多彩乡村 百村（校）行”主题教育实践活动4场；15篇红色村故事稿件入编《广东乡村集萃系列丛书》《广东名村系列丛书》。与市政协、河源日报社联合在《河源日报》周日头版整版刊发，开办《河源文史》专栏，设有《河源前事志》《河源风物志》等系列，挖掘和宣传河源地情文化。

（李　威）

老干部工作

【概况】2022年年底，河源市有离退休干部24923人。其中，离休干部272人：机关单位117人，事业单位82人，企业单位73人；退休干部24651人：机关单位8672人，事业单位15539人，企业单位440人。

【老干部队伍建设】2022年，河源市抓好离退休干部思想建设、政治建设、党组织建设，完善和落实老干部参加重要会议和重大活动、通报情况、参观考察等制度，组织老干部收听收看中共二十大开幕会，组织各级老干部工作部门举办各类学习会、宣讲会、辅导报告会、形势报告会73场，参加老干部7215人次；抓好离退休干部党支部“头雁”建设，全市举办离退休干部党支部书记（委员）培训班10期；规范灵活设置离退休干部党组织，全市离退休干部党支部增至179个，在离退休干部居住较为集中的市区3个小区试点成立离退休干部临时党支部，吸收313名老党员到临时党支部报到。

【老干部待遇】2022年，河源市离休干部“三个保障机制”（离休费保障机制、医药费保障机制、财政支持机制）正常运转，全市离休干部生活待遇的相关补贴、离休费都按时、足额发放，医药费实报实销。出台市直离休干部门诊医药费实报实销制度，实行定点医院挂账结算、财政全额报销。全面落实“一人一策”精准服务清单，加大对生活特殊困难离退休干部的帮扶力度，针对不同需求的离退休干部实施“关爱行动”。

【走访慰问老干部】2022年，河源市做好走访慰问老干部工作，向老干部通报全市经济社会发展情况，征求老干部的意见和建议。全市各级老干部门召开座谈会、报告会等20多场次。坚持在重大节日、老干部生病住院或有特殊困难时，通过电话问候、召开座谈会、茶话会、走访等方式，开展慰问活动。全年全覆盖走访慰问全市离休干部，走访慰问老党员、老干部2732人次，帮扶213名困难老干部。

2022年9月28日，河源市举办老干部重阳节趣味游园活动　　（老干部局 提供）

【老干部优势和作用发挥】2022年，河源市引导老干部围绕中心大局发挥自身优势特长，组织开展“建言二十大”“我看中国特色社会主义新时代”等专题调研活动68场次，参与老干部3000余人，收集意见建议4000余条。深化“银发生辉”老干部工作品牌建设，为老干部搭建发挥余热平台载体，组织有医疗、科技、教育等特长的老干部深入乡村一线，开展“送医送课下乡”“科技筑梦·创新成长”活动。引导老干部围绕文明城市创建、社区基层治理、培育时代新人等开展志愿服务，在常态化助力全市创文宣传、文明监督、疫情防控等方面贡献力量。

【老干部活动】2022年，河源市组织老干部举办征文、文艺演出、座谈讨论会、书画摄影展览、小型文艺会、音乐会、歌舞比赛等文艺活动20多场次。组织引导老干部志愿者服务队、社区老干部等主动融入市委中心工作，开展相关志愿服务活动10多场次，参加活动200多人次。6月，组织市直老干部深入东源县蓝口镇开展“送医送课下乡”志愿服务活动。8月，组织老干部编排文艺节目，参加“喜迎二十大，银龄舞风采——广东省老年大学协会舞蹈教学成果交流主题活动”。10月，组织东江首府小区、凯旋城小区、长城世纪华府小区离退休干部临时党支部分别举办2022年“我们的节日·重阳节”主题活动。同月，以“喜迎二十大 奋进新征程”为主题，举办“挥笔洒墨颂党恩”河源市庆祝中共二十大胜利召开老年书画作品展、“情暖桑榆 爱伴夕阳”河源市老干部重阳节文艺演出、“欢度重阳节·喜迎二十大”登高望远、“庆国庆·度重阳·迎二十大”乒乓球友谊赛等文体活动26场次。

（郭建芬）

保密工作

【保密宣传教育】2022年，河源市国家保密局制定《全市保密宣传教育月活动方案》《全市保密系列培训工作安排》，牵头举办一系列保密教育培训。“4·15”全民国家安全教育日联合有关部门在广东技术师范大学河源校区、河源职业技术学院举办“践行总体国家安全观，护航民族复兴新征程”主题展览活动，宣传保密知识，发放保密宣传手册、案例警示等宣传资料3000余份。深入机关、校园、社区、街道开展保密普法宣传，发放《中华人民共和国保守国家秘密法》等法律法规读本5000册，印发保密宣传海报800套，并在全市各类媒体平台播放保密公益宣传片7000余次。分期分类举办全市涉密人员保密管理培训班、新闻媒体工作人员培训班、国家秘密载体维修资质单位人员培训班、市领导联络员保密培训班、保密形势专题报告会，培训3100余人。派员为市委党校举办的公务员任职培训班、县处级干部进修班、中青年干部培训班作保密专题辅导4次，为30个市直单位作保密专题授课，培训1600余人。组织开展“保密故事大家讲”主题讲述活动和“护航新征程、喜迎二十大”全国保密演讲赛活动全市初赛，创建微视频200余个，向省推荐优秀作品4个，其中1个作品获省评三等奖。组织开展中小学保密教育优秀课例评选活动，其中1个课例获得全省三等奖，4个获得全省优秀奖。组织开展2023年度保密公益宣传片创意文案和保密公益宣传海报征集评选活动，其中1个宣传海报作品获得全国二等奖。

【保密监督检查】2022年，河源市国家保密局开展常态化保密检查，深入开展有关保密专项检查，坚持开展县区保密巡回检查和保密自查自评督查，对全市63个单位进行保密现场检查。开展国家统一考试试卷“两室一所”安全保密

2022年4月15日，河源市保密局联合有关部门在河源职业技术学院举办“践行总体国家安全观，护航民族复兴新征程”主题展览活动　　（市保密局 提供）

专项检查，严格执行教育考试试卷保密室管理规定，对全市教育试卷保密室进行现场检查验收，并重新更换合格证，确保全市各类试卷保密室建设达标、管理到位。加大保密执法力度，依法依规查处违法违规案件。

【保密技术防护】 2022年，河源市国家保密局聚焦保密技术防护能力提升，基本完成市级保密技术监督平台建设，组织开展重要公务场所及周边环境技术检测。协助省完成河源市有关涉密项目测评审查，完成县区有关网络远程终端接入节点的测评审查及批复投入使用工作。

【服务保障】 2022年，河源市国家保密局制定落实中共二十大有关保密服务保障工作方案，做好中共二十大安全保密工作。协助做好省第十三次党代会，省委十三届二次全会，市委八届三次、四次全会等重大会议活动的保密服务保障，抓好参会人员和会议工作人员的保密教育提醒工作，严格管理会议文件材料，落实会场保密管理措施，确保重大活动、重要时间节点保密安全。加大文件资料等纸介质和光盘、硬盘等磁介质销毁力度，提升涉密载体销毁服务水平和质量。 （何长万）

直属机关工委工作

【思想政治建设】 2022年，中共河源市直属机关工作委员会围绕习近平新时代中国特色社会主义思想，指导、督促市直机关单位党委（党组）定期开展中心组理论学习，落实"第一议题""三会一课"制度。加强对党员干部的思想淬炼，举办18期政治能力专题培训班，培训1200余名党员干部，增强党员干部政治意识。统筹指导市直机关各级党组织做好中共二十大精神学习用书、《习近平谈治国理政》第四卷等学习用书的征订工作，确保市直机关党员干部人手一册，推进党员学习教育全覆盖。着力讲好河源机关党建故事，精选42个党建工作和模范机关创建优秀案例编发22期简报，在市直单位推广学习，其中市委办公室《认真践行"五个坚持"着力打造"五型机关"》、市委党史研究室《河源红色史迹》被省直机关工委杂志《跨越》刊载。举办"强国复兴有我"线上知识竞赛，88个单位参与活动，3189名党员干部参与线上答题，游览达49065人次。

【组织建设】 2022年，中共河源市直属机关工作委员会聚焦"提升党建引领基层治理效能"主题，深入推进基层党建三年行动计划，夯实基层党组织建设，筑牢坚强战斗堡垒。抓好头雁工程。压紧压实党组（党委）书记、机关党委书记、党支部书记全面从严治党责任，督促领导班子成员落实"一岗双责"；对70个机关党委、机关纪委、党支部换届、补选、改选等情况把关审批，推动94个单位选优配强机关党组织负责人。抓好党员先锋工程。推动机关党员干部下沉基层一线服务乡村振兴、开展专项督查，助力河源市迎接省2021年度推进乡村振兴战略实绩考核工作；推动市直机关94个单位党组织和8537名在职党员到社区"双报到"开展服务工作，参与社区开展疫情防控、交通安全等志愿活动90余场，参与7000余人次；成立市直机关党员突击队（预备队），支援河源市疫情防控工作一线；选派河源市民兵应急营民兵小队深入疫情防控前沿阵地参与防控工作，遏制疫情蔓延；组织民兵骨干到连平县油溪镇开展防汛备汛支援工作；发展党员181名；向35名老党员发放"光荣在党50年"纪念章；慰问老党员、困难党员500余人。抓好党支部规范化建设工程。开展市直机关清查整治突出问题规范党务工作专项工作，选取20个党组织作为市直机关党支部规范化建设试点，每月进行调度"晒成效""跟情况""作部署"，并召开现场推进会，解决党建工作不规范、党内生活不正常、党建与业务"两张皮"等突出问题。年底，市级4个建设点处于验收阶段，市直机关16个建设点处于总结推进阶段。加强党建工作保障。突出政治保障，做好市直机关出席中共二十大代表候选人和省十三次党代会代表候选人推荐工作，严格资格条件，严密产生程序，确保推荐出素质优良、结构合理、分布广泛、党员拥护的代表。突出组织保障，推进党的组织和党的工作全覆盖，在市委巡察组、审查调查专案组等临时组建的机构成立临时党支部19个；在市直机关党员突击队（预备队）成立临时党委，成立临时党支部10个。突出经费保障，划拨留存党费422.5万元支持66个单位党组织开展疫情防控、防汛备汛、支部规范化建设等专项工作，加强经费的使用管理和监督，确保专款专用。持续深化模范机关建设。制定印发《市直机关"奋进新征程 建功新时代 以模范机关创建实际成效迎接党的二十大胜利召开"主题活动工作方案》和模范机关创建工作责任清单，召开市直机关动员会进行全面部署，推动各级党组织以实际行动迎接中共二十大胜利召开。市档案馆开展"喜迎二十大·档案颂辉煌"主题宣传活动；市公安局开展"喜迎二十大·奋进新征程"青年民警座谈会、"笃行正青春·奋发向未来"演讲比赛、"支部办实事·青年做好事"志愿服务等系列活动；市妇联开展"巾帼心向党 喜迎二十大"群众性主题宣传教育活动。

【机关作风建设】 2022年，中共河源市直属机关工作委员会强化转作风树新风。实施"戴党徽亮身份""我的岗位我负责"行动，推进市直机关民主评议政风行风工作，开展整治形式主义为基层减负工作，推动"尽责任、快节奏、高效率"成为工作常态，提升窗口单位、服务行业服务质量。强化机关党建考核。制定印发《关于印发〈2022年河源市市直机关单位党建考核实施方案〉的通知》，对市直各单位党组织履行全

2022年11月4日，市直机关党支部规范化建设现场推进会召开

（市直工委 提供）

面从严治党主体责任、完成年度党建重要工作等方面的履职情况进行全面考核。全覆盖开展市直机关党组织书记抓基层党建述职评议考核，推动处级党员干部落实双重组织生活制度。强化机关纪委建设。配齐配强机关纪委书记、副书记，加强与市直纪监工委的工作联动，强化对机关纪委的业务指导和监督，推动47个机关纪委规范化运转。强化机关党建督查。建立健全党建督查常态化机制，针对当前市直机关党建工作存在的“薄弱点”“老大难”问题，以党建督查为契机，推进市直各单位将党建工作与业务工作同安排、同部署、同考核。做好政风行风工作，优化升级《政风行风热线》栏目，将其打造成市委书记、市长“面对面”解决群众“急难愁盼”问题落实的“延伸阵地”。截至年底，《政风行风热线》播出41期，接听热线电话114个，其中现场解答81个，调查处理33个，问题办结率90%以上。

【活力机关建设】 2022年，中共河源市直属机关工作委员会开展争创党建示范项目活动，选取市直机关党支部规范化建设试点作为首批创建党建示范项目活动党组织，带领工委班子成员定期分组到各级党组织进行实地考察指导，打造“一支部一特色一品牌”，提升党建服务效能。开展“三服务”实践活动，推动机关党建走在前、做表率。推进市直机关“我为群众办实事”党团员志愿服务活动，开展活动3442次，参与活动25528人次。8月20—21日，联合市文化广电旅游体育局在富家乒乓球馆举办2022年市直机关“表率杯”乒乓球团体赛。此次团体赛有26支代表队、134名选手参赛。举办第五届市县（区）机关工作创新大赛，分“围绕中心、党建创新、服务群众”三个类别，吸引市县（区）机关104个团队参赛。选送27个“金点子”代表河源市参加第十届广东省“先锋杯”工作创新大赛，入围参赛作品数量位列全省各地级市第五，其中市档案馆《“1234”党建机制赋能 助推档案资源“活”起来》等8个作品进入省决赛并获得三等奖。（王 涛）

关心下一代工作

【概况】 2022年，河源市各级关心下一代工作委员会（以下简称“关工委”）和“五老”（老干部、老战士、老专家、老教师、老模范）落实习近平总书记对关心下一代工作的重要指示精神，围绕市委、市政府的中心开展工作，以培养担当民族复兴大任的时代新人为着眼点，以立德树人为根本任务，与青少年携手同行，立足基层，创新思路、强化措施，培育和践行社会主义核心价值观、加强青少年思想道德建设，将党建带关建作为工作的主要切入点，着重抓好基层关工委组织建设，推进调查研究和农村创业青年培训工作，构建“大关工”格局。以培育和践行社会主义核心价值观为主线，健全“五老”队伍，创新联动机制，形成齐抓共管合力，发挥社会组织的资源优势，参与创新社会管理。

【青少年思想道德教育】 *加强青少年学生爱国主义教育* 2022年，河源市各级关心下一代工作委员会联合市教育局和市文学艺术界联合会举办“喜迎二十大 讴歌新时代”2022年河源市青少年书法作品展；为传承红色基因，市关工委联合东源县关工委举行红色传统教育进社区活动；清明节期间，组织全市各中小学开展扫墓、瞻仰烈士纪念碑、参观革命纪念馆、讲革命故事等活动1149场次，受教育青少年17.4万人次。

打造富有特色的各类教育活动 市关工委联合市教育局发动参与2022年广东省少年儿童践行社会主义核心价值观主题征文活动（劳动创造幸福），举行145场次活动，参与少年儿童人次7.28万人次，收集征文11673篇，推荐到市关工委1089篇，上报省关工委征文作品213篇，经省组织专家评选，河源市有12人获奖；联合教育局及相关部门开展“朝阳读书”活动、河源市2022年“诗歌创作漫谈”文化文艺志愿服务活动以及禁毒宣传教育活动；市关工委与市教育局、团市委、市妇联联合下发《河源市2022年预防未成年人溺水专项行动实施方案》，与市游泳协会举办“珍爱生命，严防溺水”的校园宣传讲座；5月，市关工委牵头拍摄的《危险夏日》被教育部推选为面向全国中小学生的宣传推广影片。市关工委联合市教育局、市妇联开展河源市“百万幸福家”公益计划——“幸福家学堂”，通过线上线下相结合的方式，构建家校社协同育人的模式，其中，“合格家长班”从2022年8月起，将连续执行5年。全市开展文化育人活动269场次，受教育青少年11.4万人次；开展家庭教育的

2022年7月27日，河源市关工委举办进社区红色传统教育讲座

（市关工委 提供）

讲座报告等活动164场次，受教育家长约1.3万人次。

【参与关爱留守儿童工作】 2022年，河源市各级关工委重视和关爱留守儿童工作，深入开展“学校、家庭、社会”相结合教育活动，教育、公安、妇联、团委等有关职能部门互相配合，联合关工、社工、义工等社会力量，形成以学校为中心，以家庭为重心，以社区为重点的关爱留守儿童网络，开展以关爱留守儿童为重点的弱势群体的关爱工作。继续延展“三工”（关工、义工、社工）联动的“大关工”工作格局，以“三爱”（爱学习、爱劳动、爱祖国）教育为课题，完善关爱留守儿童的帮扶保障网络。利用各方载体开展形式多样的关爱活动。“六一”儿童节前夕，市关工委深入市一中召开特殊群体学生座谈会，了解关爱学生的学习和生活情况，并分别为参会的25名学生送上慰问金和励志书籍；在“六一”期间，组织慰问团送去节日祝愿慰问金；与企业和农村创业青年协会共同开展助学活动，资助困难学生。全市发放助学金760余万元，资助青少年4960人；建立关爱之家86个，关爱留守儿童和困境儿童3万余人。

【农村创业青年培训】 2022年，河源市组织市县农村创业青年协会联谊会班子成员，以会议与实地调研形式开展、探讨、研究农村创业青年发展的情况，聚焦创业青年遇到的新情况、新问题，了解创业青年“急难愁盼”的问题，为他们提出解决问题的新理念、新思路、新办法。组织安排市关工委和各县区关工委主任及市农村创业青年协会会长、秘书长参加全省农村创业青年培训工作电视电话会议。会后，组织市创业青年协会班子成员传达学习全省农村创业青年培训工作电视电话会议精神，并结合实际畅谈学习心得；为持续深化农村创业青年培训工作的品牌建设，由市关工委牵头与部门联动，共同举办各类培训班。11月，市关工委举办2022年度农村创业青年培训提高班，同时，安排农村创业青年到省里参加培训。全年各级关工委举办各类农村创业青年培训班52期，培训4532人次。

【关工建设】 2022年，河源市关心下一代工作委员会坚持“党建带关建”，提升市县关工委的工作能力。检查跟进各县区贯彻落实习近平总书记对关心下一代工作重要指示精神和中央两办《关于加强新时代关心下一代工作委员会工作的意见》的情况，根据不同工作要求开展各类专项调研活动，推动建立和完善“党建带关建”的工作机制，在争取市委和县区委把关心下一代工作列入党建工作责任考核体系这项工作上取得一定成效。市县两级关工委加大宣传工作的力度，截至11月底，河源市在《秋光》杂志社刊发22篇稿件，比上年增加1倍。

（骆尹霖）

河源市人民代表大会

重要会议

【概况】 2022年，河源市第八届人民代表大会召开全会2次、常委会会议11次。

【市八届人大一次会议】 河源市第八届人民代表大会第一次会议于2022年1月6—8日在河源市区举行。河源市第八届人民代表大会应出席代表357名，出席会议的代表343名，符合法定人数。会议审议通过关于河源市人民政府工作报告的决议、关于河源市2021年国民经济和社会发展计划执行情况及2022年计划的决议、关于河源市2021年预算执行情况及2022年预算的决议、关于河源市人民代表大会常务委员会工作报告的决议、关于河源市中级人民法院工作报告的决议、关于河源市人民检察院工作报告的决议。经过选举，林涛当选河源市八届人大常委会主任；何国森当选河源市人民政府市长；叶春球、吴素香、徐先龙、钟壬旺、梁伟光、骆超当选河源市八届人大常委会副主任，钟壬旺当选河源市八届人大常委会秘书长，邝卫人等30人当选河源市八届人大常委会委员；刘东豪、曹建忠、赵峰、岳阳、谢春艳、孙锋当选河源市人民政府副市长；李洋当选河源市监察委员会主任；王庆丰当选河源市中级人民法院院长；刘旭东当选河源市人民检察院检察长(根据法律规定，还须报经省人民检察院检察长提请省人大常委会批准)。会议还票选出2022年河源市十件民生实事项目。

【市八届人大二次会议】 河源市第八届人民代表大会第二次会议于2022年12月16—18日在河源市区举行。河源市第七届人民代表大会共有代表353名，应出席会议代表352名，出席大会的代表有280名，符合法定人数。会议依法选举卢海等24人为河源市出席广东省第十四届人民代表大会代表；何少华当选为河源市第八届人民代表大会常务委员会秘书长。

【市八届人大常委会会议】 2022年，河源市八届人大常委会召开人大常委会会议11次。

市八届人大常委会第一次会议 审议和表决通过关于接受丁红都和吴善平辞去广东省第十三届人民代表大会代表职务请求的议案。投票补选孙志洋、何国森、叶春球为广东省第十三届人民代表大会代表，其代表资格需报广东省人大常委会代表资格审查委员会确认。

市八届人大常委会第二次会议 表决通过河源市第八届人大常委会代表资格审查委员会组成人员的议案以及有关人事任免事项。

市八届人大常委会第三次会议 表决通过有关代表资格事项。

市八届人大常委会第四次会议 投票补选陈秋彦为广东省第十三届人民代表大会代表，其代表资格需报广东省人大常委会代表资格审查委员会确认。还表决通过有关人事任免事项。

市八届人大常委会第五次会议 对《河源市暴雨灾害预警与响应条例（草案）》进行初审，表决通过关于批准市政府提请审议2022年第1批新增地方政府债券转贷资金分配使用及市本级预算调整方案议案的决议、市政府关于河源市2020年度市级预算执行和其他财政收支审计查出突出问题整改落实情况的报告、市政府关于2021年度全市环境状况和环境保护目标完成情况的报告，以及关于河源市贯彻实施《广东省防汛防旱防风条例》工作情况的报告。还表决通过市八届人大常委会代表资格审查委员会关于个别代表的代表资格审查报告及有关人事任免事项。

市八届人大常委会第六次会议 审议《河源市暴雨灾害预警与响应条例（草案修改稿）》，以及关于河源市“四好农村路”建设使用情况的调研报告；表决通过市政府关于提请审议2022年第二批新增地方政府债券转贷资金分配使用及市本级预算调整方案的议案、市政府关于河源市农村集中供水工作情况的报告、市政府关于河源市基层公共体育设施建设工作情况的报告，以及市政府关于河源市开展行政诉讼案件行政机关负责人出庭应诉工作情况的报告；会议还表决通过有关人事任免事项。

市八届人大常委会第七次会议 审议市政府关于河源市2021年市本级财政收支决算草案的报告、2021年度市本级预算执行和其他财政收支的审计工作报告，批准2021年市本级财政收支决算；表决通过市政府关于河源市2022年1—6月国民经济和社会发展计划执行情况的报告、2022年1—6月财政预算收支执行情况的报告，市检察院关于检察机关贯彻落实认罪认罚从宽制度工作情况的报告；审议市人大常委会关于河源市地质灾害综合治理情况的视察报告；表决通过市人大常委会关于废止《河源市人民代表大会常务委员会人事任免办法》的决定、市八届人大常委会立法咨询专家名单，市八届人大常委会代表资格审查委员会关于个别代表的代表资格审查报告；表决通过《河源市暴雨灾害预警与响应条例》，将按法定程序报省人大常委会批准；还表决通过有关人事任免事项。

市八届人大常委会第八次会议 传达学习贯彻中共二十大精神，对《河源市文明行为促进条例（草案）》进行第一次审议；表决通过新修订的《河源市人民代表大会常务委员会规范性文件备案审查工作办法》、关于批准市政府提请审议河源市收回调整2022年新增专项债务限额和第三批新增债券资金用途调整方案及市本级预算调整方案议案的决议、市政府关于河源市义务教育阶段“双减”专项工作情况的报告；表决通过有关人事任免事项。还审议市人大常委会关于加强撂荒耕地整治切实保障粮食安全工作情况的调研报告、关于推动市领导联镇包片抓落实工作情况的调研报告。

市八届人大常委会第九次会议 表决通过关于召开河源市第八届人民代表大会第二次会议的决定，决定会议于2022年12月5—7日在市区召开。建议会议的主要议程：一、选举河源市出席广东省第十四届人民代表大会代表；二、选举河源市第八届人民代表大会常务委员会秘书长；三、其他。

市八届人大常委会第十次会议 表决通过关于调整河源市第八届人民代表大会第二次会议召开时间的决定。决定召开时间调整为2022年12月16—18日。会议表决通过河源市第八届人民代表大会第二次会议主席团和秘书长名单（草案）、新修订的《河源市人民代表大会常务委员会组成人员守则》、市八届人大常委会代表资格审查委员会关于个别代表的代表资格审查报告以及有关人事任免事项。还传达学习省人大常委会主任黄楚平对河源市人大常委会工作的批示精神。

市八届人大常委会第一一次会议 表决通过市人大常委会关于批准市政府提请审议2022年市本级预算调整方案议案的决议、市政府关于市八届人大一次会议代表建议办理情况的报告、市八届人大常委会代表资格审查委员会关于个别代表的代表资格审查报告，审议市政府关于2022年市十件民生实事工作完成情况的报告，并现场开展满意度测评，结果全部获得“满意”评价。还审议2022年市人大常委会规范性文件备案审查工作情况的报告。

重要工作和活动

【概况】2022年，河源市第八届人民代表大会召开市人大常委会会议11次、主任会议16次，听取审议“一府两院”专项工作报告14项，审议法规草案2部，开展专题调研3项、执法检查1项，组织代表集中视察2次，“回头看”检查1项，作出决议决定9项，完成市八届人大一次会议确定的目标任务。

【人大任免选举】2022年，河源市人大常委会依法批准和任免国家机关工作人员80人次，补选省一三届人大代表4名，及时跟进落实省委和市委工作要求和人事安排。做好新一届全国人大代表的推荐、考察工作，召开市八届人大二次会议，依法选举产生河源市的省十四届人大代表24名。

【人大监督】2022年，河源市加大人大监督力度。

拓展财政经济监督“深度” 听取审议市政府关于2022年上半年计划执行情况报告，组织开展知识产权专题调研，推动营商环境持续优化，助力河源市经济社会发展大局持续健康稳定。盯紧老百姓的“钱袋子”，做好预算、决算、审计和国有资产管理监督，4次批准新增地方政府债券转贷资金分配使用及市本级预算调整方案的议案，听取审议市政府关于2020年度审计查出突出问题整改情况报告，使纳税人的每一分钱都用在“刀刃”上。

深化生态环境监督“绿度” 听取审议市政府关于2021年度环境状况和环境保护目标完成情况报告，主动开展中央生态环境保护督察反馈问题专项监督，协助省人大开展环境保护“一法一条例”和《广东省城市绿化条例》等执法检查，助推河源市绿色发展指数跃升北部生态发展区第一，永葆河源生态“绿码”，2022年河源市PM_{10}浓度为31微克每立方米、比上年下降8微克每立方米，$PM_{2.5}$浓度为18微克每立方米、下降3微克每立方米，空气质量综合指数排名全省前列。

体现民生保障监督“温度” 抓住人民最关心最直接最现实的利益问题，听取审议市政府关于河源市义务教育阶段“双减”专项工作、基层公共体育设施建设、农村集中供水工作情况报告，助推全市138所学校开展课后服务，义务教育阶段学科类培训机构从191个减至5个，体育基础设施建设一系列重要指标全部达标，1251个行政村实现集中供水。检查《广东省防汛防旱防风条例》实施情况，切实保障人民群众生命财产安全。深化民生实事项目代表票决制，督促全市十件民生实事15项分解任务全面完成，投入资金23.42亿元，让改革发展成果更多更公平惠及全市人民。

增强乡村振兴监督“力度” 推进全面实施《河源市农村生活垃圾治理条例》，促进全市健全“村收集、镇转运、县处理”的农村生活垃圾收运处置体系，体系覆盖率和村庄保洁覆盖率均100%，推动河源市乡村面貌大变化、颜值大提升。组织开展“四好农村路”建设专题调研，助推全市100人以上自然村基本实现村道硬底化，建制村通客运率100%。开展加强撂荒耕地整治专题调研，推动全市2022复耕复种撂荒耕地1.167万公顷（17.5万亩），为确保饭碗牢牢端在自己手中作出贡献。

提升法治建设监督“宽度” 听取审议市政府关于行政诉讼案件行政机关负责人出庭应诉工作情况的报告，行政机关负责人出庭率从2021年的46.77%提升到2022年的77.22%；听取审议市检察院关于检察机关贯彻落实认罪认罚从宽制度工作情况的报告，认罪认罚适用率从2021年的84.2%提升到2022年的85.06%；“回头看”检查打击治理电信网络诈骗犯罪审议意见的落实情况，2022年全市接报电信网络诈骗警情2188起，比上年下降5.85%，立案2721件，比上年下降2.92%，近五年来首次实现电诈警情数、案件数双下降；协助省人大常委会开展关于加强检察公益诉讼工作决定的执法检查，努力让人民群众在每一个司法案件中感受到公平正义。深入实施宪法宣誓制度，开展国家宪法日

2022年8月9日，河源市人大常委会组织全国、省、市三级人大代表对紫金县地质灾害综合治理工作情况进行集中视察　（市人大办 提供）

活动，推动全社会尊法学法守法用法蔚然成风。

【人大代表工作】 2022年，河源市制定实施市人大代表履职管理办法、代表活动经费管理办法等制度，加强服务保障，激发履职动力。深入实施“双联系”制度，扩大代表对市人大常委会、专委会等工作的参与，组织906人次代表列席市人大常委会会议以及参加立法、监督、执法检查、预算审查等工作。围绕爱国卫生工作，组织五级人大代表开展“更好发挥人大代表作用”主题活动，接待群众11690人次，收集意见建议1252条，推动解决1104条，问题解决率88.2%。围绕电子信息产业发展和地质灾害综合治理，组织三级人大代表集中视察，为市委、市政府坚持制造业当家和提升防灾减灾水平献计出力。落实市委书记、市长“面对面”解决群众“急难愁盼”问题机制，选派8批次相关领域代表参加座谈会，为市委、市政府解决“上学难”“看病难”等问题提出高质量意见建议。深化“掌上联络站”建设，打造“线上+线下”阵地，实现代表“全天候”反映民情民意、“全链条”推进建议办理。召开全市代表联络站“三化”（标准化、规范化、常态化）建设推进会，做好“建管用融”4篇文章，推进101个镇街代表中心联络站和1358个村居代表联络站标准化、规范化、常态化建设，指导各县区打造特色品牌代表联络站，“民意窗”“连心桥”“监督岗”作用充分发挥。年内，各级人大代表进站19953人次，接访群众21919人次，收集意见建议11453条，其中解决10389条，问题解决率90.7%，群众满意率95.1%。加强建议督办效力。通过召开建议办理推进会、领导领办督办、“面对面”督办、听取审议专项工作报告等方式，推动代表建议“内容高质量、办理高质量”。市八届人大一次会议期间代表提出的155件建议和闭会期间收到的1件建议全部办理答复完毕，重点督办推进茶产业发展、解决群众“用水难”问题等5件建议。一批高质量的建议转化为引领推动改革发展的规章制度，一批针对性强的建议转化为促发展、暖民心的政策举措，一批群众关切的热点、难点、堵点问题得到稳妥解决，代表满意率100%，比上年提高7.2%。

市人大代表建议选辑

【关于加大对农村留守儿童关爱保护力度的建议】 留守儿童依然是一个特殊的群体，他们在生活、教育方面面临许多困难与问题，突出表现在以下几个方面：

一、缺少亲情的关爱，心理健康存在隐患。

留守儿童中大部分正处于身心迅速发展的时期，对自身变化、人际交往等方面有着自己的理解与认识，同时也面临许多方面的问题和烦恼，需要有渠道倾诉，有亲人引导。但父母长年在外务工，一年难有几次回家探望家中双亲及子女，有的父母多年不与孩子见面，孩子甚至忘了父母的相貌，这直接造成子女在性格上的孤僻，在日常行为习惯方面的失管失控，甚至造成心理疾病，如感情脆弱、自暴自弃、焦虑自闭、缺乏自信、悲观消极。

二、学习教育缺少引导，成绩大都中等偏下。

大部分孩子留守在家中，均由祖父母或其他亲戚朋友作为临时监护人，他们大多数都是年纪较大，文化层次不高，有的是文盲或半文盲，不知道从心理上关心孩子、照顾孩子，不能在学习上给予帮助和指导，在教育态度、教育方法上还是老一套，对孩子的成长成才仍有旧思想的偏差，与孩子在交流和沟通上存在困难，加之他们还要承担家务劳动和田间农活，基本上没有时间和精力去关注孩子的学习。

三、生活条件较差，安全得不到保障。

农村外出打工人员多数从事体力劳动，工资收入微薄，只能维持家庭的生活，儿童能吃得饱穿得暖已经很好了，根本谈不上吃好穿好。据了解，部分留守儿童因父母长期不在身边，生活起居得不到妥善的照顾，营养严重不足，身体健康受到极大损害。同时，部分临时监护人对留守儿童的安全教育不够、意识不强、监护不力，导致部分留守儿童的安全也难以得到保障，特别是在双休日、寒暑假期间，脱离学校管理，临时监护人的管理难以到位，因此存在极大的安全隐患，甚至出现过安全事故。根据上述现象和问题，现提出以下建议：

（一）加强对留守儿童在寒暑假期间的安全教育，解决留守儿童无人照看，学习和安全得不到保障的问题。

1.村委或学校联合公益组织，办一个爱心驿站或爱心信箱，给留守儿童或自闭学生可以以书信方式，说出心中开心、不开心或想说的话。

如果能够以书信方式直接与他们沟通，这样最容易了解留守儿童的动态，掌握情况，建议村委或村妇联与公益组织购买服务方式，让公益组织社工和志愿者一起，帮助留守儿童，倾听农村留守儿童最真切的心声。

2.村委或妇联可以采用与公益组织购买服务方式，让公益组织社工、志愿者定时每个月组织一天，到村委陪留守儿童聊天，进行开导，做游戏，或开展一些娱乐活动。还可以开展DIY蛋糕、饼干，跳蚤市场，趣味运动会等一些动手活动，培养农村留守儿童动手能力和自信。

（二）强化监管，指导留守儿童监护人树立正确的教育观念。

留守儿童所在学校、家庭所在社区或乡镇相关部门，或联合公益组织要定期走进留守儿童家庭，指导监护人树立正确的教育责任观，明确教育子女是自己的应尽之责，即使在外地务工，也要把教育孩子的那份责任承担起来，多与孩子沟通联系，多给予孩子关心和温暖，同时主动与老师加强沟通，共同商讨教育孩子的策略和方法。家长还应加强与临时监护人联系及亲子间的沟通，及时掌握孩子的学业、品行及身体健康状况，并通过各种方式对孩子的学习和生活进行指导，要求监护人一定要保证孩子充分的学习时间，嘱咐其对孩子的严格要求，加强生活和学业的监护。

（三）儿童正处于生理心理生长发育的关键时期，由于亲情的缺失，与父母缺乏交流沟通，缺少父母的关注和呵护，极易产生认识、价值观的偏离，引起一系列心理问题和道德问题。所以关注儿童的健康成长，促进父母与孩子的沟通交流方式方法，已是一个不容忽视的社会问题。

领衔代表：詹舒宇

【关于推进农业农村信息化建设的建议】 中共十九大提出实施乡村振兴战略，加快农业信息化建设的发展。农业信息化服务是农业现代化的重要支撑，对粮食增产、农民增收具有重要的促进作用。2020年中央一号文件指出，要加强现代农业设施建设，依托现有资源建设农业农村大数据中心，加快互联网、大数据等现代信息术在农业技领域的应用。农业信息化建设水平的有效提升对于推动农业经济的长远发展具有重要的现实意义。在2021年1月24日省两会上，省政府工作报告提出“全面实施乡村振兴战略，着力改善生产生活条件，加快农业农村现代化”。

在市委、市政府的大力推动下，河源市农村农业信息的发展虽然取得一定的成绩，但仍存不少问题。

（一）农业农村产业底子薄、基础弱。传统农村农业生产经营规模小而分散，小农经营长期占主导地位，且受制因素多，大多数农村地区只进行简单的农业种植，农产品种类少且优质率低，农业科技含量不高，农产品加工水平偏低，农村工业化滞后，总体产业结构单一、基础薄弱。（二）农业信息化基础设施建设不完善。在农村地区，农业信息化基础设施建设仍然薄弱，主要表现为农业信息化基础设施建设投入资源不足、组织机构不完善。农村地区农业信息基础设施建设普遍不完善，互联网未达到全部覆盖，且存在信号不稳定的问题，使得农户不能及时、全面地接收农业信息。（三）农业信息化专业人才缺乏。随着新型工业化和城镇化进程加快，大量农村青壮年劳动力进城务工就业，农村地区青壮年劳动力流失严重，“兼业化、老龄化、女性化、低文化”的现象十分普遍。留守人员整体人力资本水平低下，对农业信息的认识不足，对农业信息化的理解不到位，对农业信息化设备的使用掌握不精。基层农业服务工作人员专业知识参差不齐，来源分散。从业人员对信息化和农业生产知识的掌握程度不够，增加了推广难度，效果不理想。

为此建议如下：

（一）完善农业信息化基础设施建设。农业信息化建设可以通过完善农村农业产业链、提升农业种植技术、提高农业生产效率来推进农产品加工业发展。其次，大范围普及农业信息化技术，有利于开拓农产品市场，增加农产品的交易量并提高经济效益，进而优化农村农业产业结构。建设新型职业农民信息化服务云平台，对接“12316”农业综合信息服务平台，整合农业专家和农技推广服务等线上资源，充分利用云计算、大数据、互联网、智能装备等现代信息技术手段，为农民提供灵活便捷、智能高效的在线教育培训、移动互联服务和全程跟踪指导，提高培育效果。

（二）加强信息技术与农业生产服务融合应用。加快互联网、大数据、区块链、遥感监测及人工智能等现代信息技术与农业生产过程全面深度融合与应用，通过实施信息农业体系，实现农业生产从耕种、灌溉、施肥、收获、运输、销售等过程的智能化、信息化服务，实现农业精细化、高效化和绿色化生产，全方位支撑农业发展向“产出高效、产品安全、资源节约、环境友好”方向转变。囊括了农业生产过程中从产到销的各个环节。不但能够展示县镇的乡村总户数、乡村总人口、农业从业人员数量，不同类别的合作社数量以及县域内的农机分布及具体数量；而且对县域内种植的作物种类、种植面积、水域养殖面积等在平台上也能够一目了然。农业生产服务的各种要素实行数字化设计、智能化控制、精准化运行、科学化管理与智慧化服务，构建信息装备标准化体系，提升农业生产服务自动化、标准化和智能化水平，引领农业转型升级。

（三）培养高素质农业信息化专业人才。有序推进农业信息化建设水平的提升需要以掌握信息技术和农业生产经营知识技能的复合型专业人才作支撑。同时，农业信息化专业人才要对相关政策有更高的认知，在实际工作中带领农民朝正确的方向发展。各地区应通过优厚待遇和激励机制引进农业信息化专业人才，重视农业信息化专业人才的培养；鼓励相关专业的高校大学生从事农业生产经营工作，为行业储备人才，以更好地提升农民的总体素质；建立培训体系，保障农民能够学习到更多的农业信息化知识。通过培训提高一批、吸引发展一批、培养储备一批，加快构建一支有文化、懂技术、善经营、会管理的新型职业农民队伍，为农业现代化建设提供坚实的人力基础保障。

（四）完善农业信息化服务体系。构建信息进村入户的组织体系，不断完善农业农村部管理协调、省统筹资源、县运营维护及村户为服务主体的推进机制。建立政府补贴制度，突出公益服务，协同推进经营性服务，加强农业信息社会化服务体系建设。鼓励科研机构、行业协会、IT企业及新型经营主体等市场主体发展生产性服务业，积极运用现代化信息技术开展农业生产经营全程托管、农业植保等服务，推进分享经济发展。鼓励农户基于互联网进行创业创新，参与代理服务、物流配送等环节服务。利用“互联网+”创新农业金融、保险，提升信贷、保险支农服务能力。推进农业大数据开发利用、乡村农产品网上营销等信息化服务业态发展，拓展农业信息化服务领域。

领衔代表：叶建云

【关于加强茶文化包装提升茶科技水平，推动茶产业持续发展的建议】“十三五”期间，河源市委、市政府出台《广东省河源市东江上游茶产业带发展总体规划》《关于促进我市茶产业发展的实施意见》等政策，极大助推河源市茶产业发展速度，不管从种植规模扩大、品牌建设成果、质量体系把控等方面都形成河源茶产业发展优势。2022年《河源市政府工作报告》中强调，河源要发展全域旅游生态业，构筑宜居、宜业、宜游的新高地这一政策机遇，也将为下一步河源市茶产业发展提供强有力的支撑。

河源市好山好水，具有适宜茶叶生长的黄金纬度，截至2020年，河源市茶园种植面积1.26万公顷，其中，紫金种植面积为0.4万公顷；东源种植面积为0.36万公顷；源城种植面积为0.037万公顷；龙川种植面积为0.12万公顷；连平种植面积为0.2万公顷；和平种植面积为0.14万公顷。目前种植的主要品种是省级和传统的群体种，国级名优品种较少。

然而，纵观整个河源市茶产业发展，也存在着制约发展的问题：一是茶文化宣传和茶文化活动重视不够，附加于河源茶叶产品的文化价值不高。二是国内茶行业发展竞争压力很大，河源茶存在品牌整体实力不强，特别是在区域公共品牌打造及运营方面，普遍存在地方保护和企业本位意识倾向，难以形成区域品牌的市场合力。三是对良种推广、良种繁育工作重视不够，优质茶叶原料供给不足，产业研发水平较低，缺乏科技支撑。

围绕茶文化、茶产业、茶科技，加快打造河源茶文化建设，茶产业发展，茶科技支撑，带动乡村产业发展，以先富带后富的形式造福河源百姓，为此建议：

一、加大力度对河源茶文化进行塑造宣传，深入挖掘整理弘扬茶文化和客家茶文化。初中、小学开设课外选修课程，或在线上学习、大班科普、小班授课和茶艺培训等教学方式，开展茶文化“进机关、进学校、进企业、进社区、进家庭”的“五进”活动，普及河源茶文化，宣传河源茶文化。培育出更多了解河源茶文化，能讲好河源茶故事的社会人才，用茶文化引领河源茶产业高质量发展。

二、要坚持茶产业三产融合发展。增品种，提品质，创品牌，走茶旅融合发展。支持建设茶博园、茶博物馆和休闲观光园、茶叶特色镇村、茶文化精品旅游路线推介等。

三、茶科技支撑茶产业发展。在中国农业经典产业中，唯有茶叶富有三产交融、跨界拓展、全价利用的产业潜力优势。充分发挥院校科研对河源茶新产品研发。开发河源新茶饮、速溶茶、冷泡茶等新产品，研发深加工产品，如茶食品、茶保健品、茶文创产品、茶化妆品，进一步拉长河源茶产业链。

领衔代表：曹锦旺

（邹菡蔿）

河源市人民政府

重要会议和重要政务活动

【概况】 2022年，河源市人民政府办公室组织安排各类会议、活动241次，组织收看和收听电视电话会议204次，疫情防控方面的会议100次。

【重要会议】 2022年，河源市人民政府办公室组织安排各类会议主要有:全市2022年征兵工作电视电话会议；全市重点项目工作推进会；全市审计查出问题整改工作电视电话会议；2022年全市市场监管暨深化商事制度改革工作电视电话会议；2022年全市第一次经济工作会议；2021年全市固定资产投资，重点项目建设及政府专项债券工作会议；全市春季农业生产暨农机闹春耕现场会；2022年广东油茶产业大会；全市被征地农民养老保障留存资金分配及知青问题审计整改工作推进会；2022年全市第二次经济工作会议；全市第二季度防范生产安全事故和消防工作电视电话会议暨道路交通安全工作联席会议；2022年全市审计工作电视电话会议；全市一季度经济运行分析暨重大项目（龙川县）建设推进会；2022年全市第三次经济工作会议；河源市审计整改监督现场见面会；2022年全市第四次经济工作会议；河源市成品油行业专项整治工作会议；2022年1—7月全市经济形势分析研判会议；全市产业园区用地整治提升行动第一年度工作总结暨第二年度工作部署会议；市城市生活垃圾分类工作领导小组会议；全市农村生活污水治理攻坚行动现场会；河源市国家园林城市复查工作动员会议；迎接第三轮省内对口帮扶协作工作评价实地调研动员会；全市产业园区高质量发展工作现场会；全市道路交通安全问题挂牌整治工作动员部署电视电话会议；全市重大项目（江东新区）建设推进会；专题工作会议（研究河源市解决农民工资拖欠及做好国有资产保值增值工作）；专题工作会议（副省长王曦定点联系河源相关工作）；专题工作会议（研究土地出让工作）；春节前疫情防控和安全生产工作视频会议；专题工作会议（研究省政府主要领导人走访调研有关材料）；专题工作会议（研究河源市基本公共服务“十四五”规划编制工作）；专题工作会议（研究河源市审计发现问题整改工作）；专题工作会议［研究河源市国土空间规划“三区三线”（“三区”是指城镇空间、农业空间、生态空间三种类型的国土空间。“三线”是指城镇开发边界、永久基本农田、生态保护红线三条控制线）、第三轮试划、河源市综合交通运输体系发展“十四五”规划、河源市主城区交通优化提升行动工作］；专题工作会议（研究东江干流河源市区50年一遇防洪能力提升工程有关工作）；专题工作会议（研究红火蚁防控及其他重点农业工作）；专题工作会议（研究灯塔盆地有关工作）；专题工作会议（研究河源市城市内涝治理系统化工作）；专题工作会议（研究需省支持解决事项）；专题工作会议（研究源城区城市北区污水处理设施和配套管网建设、土地供应策略有关工作）；专题工作会议（听取市热力发电厂项目进展情况汇报）；专题工作会议（研究土地供应策略有关工作）；迎接全国安全生产大检查综合督导暨2021年度省级政府安全生产和消防工作考核巡查工作部署视频会议；专题工作会议（研究河源市矿产资源从严管理有关工作）；专题工作会议（听取东源县城综合市场重大火灾隐患整治工作进展情况）；市政府与市区部分企业家代表座谈会；专题工作会议（研究省专项债有关工作）；专题工作会议（研究省领导调研有关工作）；专题工作会议（研究河源市2021年度粮食安全责任考核有关工作）；专题工作会议（研究闲置土地有关工作、听取河源市“三旧”改造实施办法修订工作情况汇报）；专题工作会议（听取2022年市十件民生实事进展情况汇报）；专题工作会议（研究河源市城镇燃气百日行动有关工作）；专题工作会议（研究灯塔盆地灌区建设有关工作）；专题工作会议（研究河源市国土空间总体规划“三区三线”划定工作情况）；专题工作会议（研究油富风光水利枢纽工程有关问题处置工作）；专题工作会议（研究市区水源工程取水对新丰江电站发电损失补偿协议有关事项）；专题工作会议（听取相关签约工作情况汇报）；专题工作会议（研究点状供地试点项目推进工作情况）；专题工作会议［研究河源市矿产资源总体规划（2021—2025年）］；专题工作会议［研究东江流域治理工程（河源段）社会稳定有关方案］；专题会议（研究河源市可经营性项目招商大会工作方案）；专题工作会议（听取河紫高速建设项目招商工作情况汇报）；专题工作会议（听取河紫高速建设项目招商工作情况汇报）；专题工作会议（研究河源市职业年金实账积累工作及河源市技能培训中心项目建设有关工作）；专题工作会议（研究近期拟设立采矿权出让有关工作）；专题工作会议（听取河源市储备土地出让及住建专项工作情况）；专题工作会议（听取市热力发电厂项目推进情况汇报）；全市防寒防冻工作会议；专题工作会议（研究2022年和2023年有关经济工作情况）。

【参加省级以上会议】 2022年，河源市参加省级以上的会议主要有：全省现代农业产业园建设推进工作电视电话会议、第六次全省残疾人事业工作会议（视频）、全国安全生产电视电话会议及全省安全生产和消防工作暨第一季度防范重特大生产安全事故电视电话会议、2021年度全省政府办公室（厅）工作会议、全省进一步深化供销合作社综合改革工作电视电话会议、2022年全省交通运输工作电视电话会议、2022年省政府第一次全体会议、全省河（湖）长制暨水利工作电视电话会议、全省商务工作电视电话会议、全省就业工作座谈会暨省就业工作领导小组全体会议、全省困难家庭中特殊群体排查救助专项行动动员部署暨民政领域疫情防控工作会议、省电视电话会议（研究协调推动加快专项债券项目开工建设有关工作）、省专题会议（研究推动省关键项目和专项债券项目加快建设）、全省电力保供工作视频会议、（省召开）中国侨商投资（广东）大会组委会第一次会议、全省绿化委员会工作电视电话会议、省大学科技园高质量发展现场会、省国土空间规划委员会工作电视电话会议、全省审计工作会议、全省文物考古工作会议、2022年全省第一季度经济形势研判会、省金融季度形势分析会、省重大工程建设项目总指挥部会议，贯彻落实中央和省委深改委会议精神、深入推进数字政府改革建设动员部署会，全国普通高考毕业生就业创业电视电话会议，生态环境事项资金预算执行推进会议，全国稳住经济大盘电视电话会议，粤东西北地区经济形势研判会，全省电力能源保供应促投资重点项目推进会议，全省水利防汛工作会议，2022年全省住房城乡建设系统预算执行通报会商视频会议，全省乡村振兴示范带建设工作视频会，全国气象高质量发展工作电视电话会议，国务院物流保通畅工作领导小组总指挥（全体）调度会议暨全省交通运输领域疫情防控、保通保畅及安全生产工作电视电话会议，省加强城市地下市政基础设施建设工作领导小组暨加快推进城市天然气事业高质量发展工作领导小组电视电话会议，研究协调推动加快专项债券项目建设和支出使用工作电视电话会议，（省召开）防范和化解拖欠中小企业账款工作视频会议，2022年上半年全省工业经济运行调度电视电话会议，全省交通运输领域年中工作会议，全省退役军人移交安置工作电视电话会议，全省开展重点企业服务活动工作交流会，全省深化涉农资金统筹整合改革工作会议，省高新区稳行经济促发展暨全省高新区建设工作会议，全省就业工作电视电话会议暨省就业工作领导小组全体会议，省住房城乡建设厅召开落实国务院第九次大督查第十二督查组暗访发现问题整改工作电视电话会议，全国深化“放管服”改革持续优化营商环境电视电话会议，“粤盾-2022”总结会暨省数字政府二十大重保任务部署会，（省教育厅召开）省职教城管理和跨市办学工作专题会议，（省交通运输厅召开）加快推进政策性开发性金融工具公路港航项目开工建设工作视频会议，全省城市黑臭水体治理工作推进视频会，基金项目用地报批政策培训电视电话会议，全省稳外贸工作研判调度会议，进一步推进防范和化解拖欠中小企业账款工作视频会议，省专题会议（研究部署2023年提前批专项债券有关工作），省“数字政府”改革建设工作领导小组办公室关于举办“粤复用”——广东省数字政府应用超市上线仪式，全省耕地“进出平衡”工作推进电视电话会议，全省卫生健康、医保领域防风险保安全护稳定工作电视电话会议暨省生物安全工作协调机制会议，省“平安医院”建设工作小组联席会议，全省病险水库加固攻坚战（2022—2023年）动员部署电视电话会议，2022年省水利厅主管对下转移支付资金支出进度和全口径水利建设投资计划落实调度会，全省深化涉农资金统筹整合改革工作会议，全省农村生活治理推进工作电视电话会议，十三届省政府第178次常务会议，十三届省政府第180次常务会议，十三届省政府第185次常务会议，十三届省政府第186次常务会议，十三届省政府第188次常务会议，十三届省政府第189次常务会议，十三届省政府第192次常务会议，十三届省政府第196次常务会议，十三届省政府第198次常务会议，十三届省政府第199次常务会议，十三届省政府第200次常务会议，十三届省政府第203次常务会议，十三届省政府第204次常务会议，十三届省政府第206次常务会议，十三届省政府第207次常务会议，十三届省政府第208次常务会议，十三届省政府第212次常务会议。

【重要政务活动】 2022年，河源市人民政府办公室组织安排的活动主要有：副省长王志忠在河源调研行程安排，河源市2022年金融服务实体经济支持中小微企业发展对接专场活动、副省长孙志洋在河源调研行程安排，副省长张新在河源调研行程安排，市长何国森到源城区（市高新区）开展春节送温暖活动和开展联镇包片及定点联系工作，何国森开展春节送温暖慰问老干部活动，何国森检查春节假期安全生产、疫情防控、食品安全和节日保供应工作，何国森到紫金县、江东新区调研，水利部副部长刘伟平一行在河源调研行程安排，省安全生产责任制及消防工作现场考核工作组在河源行程安排，广东省税务局局长吴紫骊在河源调研行程安排，何国森会见省高速公路有限公司董事长陈佩林一行，何国森会见河源市全国人大代表，何国森到紫金县调研重点项目进展情况，省生态环境保护监察办公室调研组在河源行程安排，何国森到源城区调研重点项目建设情况、检查创文工作及开展市领导联镇包片和定点联系工作，何国森会见中国农业发展银行广东分行党委书记、行长吴飚一行，何国森到东源县开展巡河及调研水库除险加固和运行保护工作，何国森到连平县调研重点项目建设情况，省铁投集团党委副书记、总经理杨晚华在河源行程安排，何国森到东源县调研重点项目建设情况，何国森到和平县调研重点项目建设、水库除险加固、防汛备汛及地质灾害综合防治工作情况并与部分企业代表座谈，省国开行行长刘浩在河源行程安排，何国森到源城区（源南镇）检查清明节前安全生产、疫情防控有关工作及开展定点联系和联镇包片工作，何国森到江东新区调研重点项目建设情况、检查水库除险加固工作情况，何国森到龙川县调研有关工作，何国森检查“五一”期间安全生产、值班值守和疫情防控工作，何国森会见美林基业集团董事长刘远炳一行，深圳市副市长张华在河源调研行程安排，何国森到河源高级中学调研检查高考备考及疫情防控工作，何国森督导检查端午节期间安全生产、疫情防控及防汛工作，何国森到源城区（高埔岗）开展定点联系和联镇包片及检查创文工作，何国森在龙川县调研重点项目建设情况并开展巡河工作，国家防办工作组在河源行程安排，省防汛督导组在河源调研行程安排，何国森督导检查尾矿库汛期安全生产工作，茂名市人民政府考察团在河源调研行程安排，何国森开展“七一”慰问活动，何国森会见中铁广州工程局集团有限公司党委书记、董事长袁敏一行，省农科院副院长廖明在河源行程安排，省保障农民工工资支付工作考核第十三核查组在河源核查行程安排，何国森到市教育局调研，何国森会见民进广东省委主委、省生态环境厅厅长鲁修禄一行，何国森会见立业集团董事长林立一行，何国森会见中国联通河源分公司总经理陈鑫一行，何国森会见广东电网公司副总经理李铭钧一行，何国森到连平县调研中小河流行洪情况，何国森会见工商银行广东省分行行长韩松一行，何国森到市城管综合执法局调研，省生态环境厅党组书记徐晓霞在河源调研行程安排，何国森到部队开展八一慰问活动，何国森到市交通运输局调研，河源市人民政府与广东电网有限责任公司电网发展战略合作框架协议签约仪式安排，何国森调研市职业技术学校、市田家炳实验中学迁建工作情况，何国森到源城区开展定点联系和联镇包片工作并开展检查督导创文、生态环境保护、城市治理专项督查“回头看”问题整改落实情况，何国森到访省气象局，2021年度省粮食安全责任考核实地抽查组在河源行程安排，河源市2022年新一代电子信息产业系列经贸活动行程安排，何国森到连平县调研督导部队提出有关问题解决工作，何国森到市国资委调研，何国森出席灯塔盆地大型灌区东源县片区续建配套与节水改造工程动工仪式活动，何国森会见中交第四航务工程局党委书记、总经理方丘浲一行，何国森检查中秋节期间安全生产、疫情防控及道路交通安全工作，省委常委、省军区少将司令员周河在河源行程安排，何国森拜访省能源集团，何国森会见深圳大学党委书记李清泉一行，何国森会见华润电力控股有限公司副总裁后永杰一行，何国森会见交通银行广东省分行行长唐朔一行，何国森调研检查国庆节安全生产、疫情防控、食品安全及森林防火工作，何国森会见京能、中电建、锦泰公司代表一行，何国森会见裕邦集团董事长陈钦城一行，何国森开展重点企业走访服务活动及调研粮食安全工作，何国森到市信访局调研，何国森督导检查中共二十大期间安全稳定工作并开展巡林和检查矿山安全生产工作，何国森督导检查中共二十大期间安全稳定工作并开展巡河和检查创文工作，何国森开展全国消防日慰问活动，何国森到源城区开展中共二十大精神宣讲及定点联系和联镇包片工作并督导检查创文、疫情防控工作，省委常委、副省长王曦在河源调研行程安排，何国森督导检查道路交通安全工作，省委常委、统战部部长王瑞军在河源行程安排，何国森到市委党校作辅导报告，何国森会见北京联东集团副总裁、湾区总裁俞进一行，何国森会见广东粤海水务股份有限公司党委书记、董事长郑航桅一行，何国森督导检查元旦假期安全生产、包保食品生产经营A级主体和节日值班工作。 （刘　雳）

重大举措

【印发河源市加快培育规模以上工业企业奖励实施办法】 2022年，河源市人民政府印发《河源市加快培育规模以上工业企业奖励实施办法》，对2021年1月1日至2023年12月31日期间全市范围由规模以下转型升级为规模以上并通过统计部门审核纳入规模以上统计范畴的工业企业（以下简称“新上规”）分3年奖励30万元。其中，新上规当年奖励10万元；第二年满足年主营收入实现正增长且增速高于全市平均水平条件，奖励10万元；第三年满足年主营收入实现正增长且增速高于全市平均水平条件，奖励10万元。

【深化“证照分离”改革】 2022年，河源市人民政府印发《河源市深化“证照分离”改革实施方案》，将自2021年7月1日起，在全市范围内实施涉企经营许可事项全覆盖清单管理，将法律、行政法规、国务院决定设定的523项涉企经营许可事项，广东省地方性法规、省政府规章设定的2项涉企经营许可事项，全部纳入改革范围，按照直接取消审批、审批改为备案、实行告知承诺、优化审批服务等4种方式分类推进改革。该方案自2022年4月20日开始实施，2027年4月19日失效。

【完善支持中小微企业融资专项资金管理】 2022年，河源市人民政府办公室修订印发《河源市支持中小微企业融资专项资金管理办法》。按照“政府主导、封闭运作、有偿使用、严控风险”原则，由市财政分批安排总计3000万元资金设立河源市支持中小微企业融资专项资金，为符合条件的中小微企业提供单笔1500万元以下（含1500万元）的贷款转贷服务，主要用于协助河源市辖内短期资金周转困难的法人企业或企业主按时转贷，帮助中小微企业及时获得金融机构转贷支持，防止和化解资金链断裂风险。

【加强电网建设】 2022年，河源市人民政府印发《河源市人民政府关于推进电网建设的意见》。建立电网建设工作机制和评定机制，保障电网建设规划实施，提高电网建设办事效率，落实电网设施安全保护，规范电网建设补偿办法，到2025年形成分区供电、互相支持、坚强可靠的电网结构，建成“安全、可靠、绿色、高效”的智能电网体系。

【规范商事主体住所（经营场所）登记管理】 2022年，河源市人民政府印发《河源市商事主体住所（经营场所）登记管理办法》。分类试行住所（经营场所）自主申报承诺制，对适用实行住所自主申报承诺制条件，而未能提供房屋产权证明或其他相关使用证明的，申请人提交住所（经营场所）申报信息表和自主申报承诺书，即可予以登记，无需提交不动产权属证明、租赁协议、居（村）委会证明等住所使用证明材料；对商事主体将住宅作为住所（经营场所）登记的，实行告知承诺制，由登记机关告知其将住宅改变为经营性用房的法律法规和规章规定，由商事主体及房产业主作出承诺后办理登记，无需提交同意住改商的证明，进一步减证便民。

【开展促进消费提档升级行动】 2022年，河源市人民政府办公室印发《河源市2022年促进消费提档升级行动方案》。切实实施贸易高质量发展九大行动，坚持统筹抓好疫情防控和促进消费工作，坚持稳中求进、稳中拓新，进一步完善消费体制机制建设，壮大市场主体，打造特色商圈，稳定和扩大汽车消费，激活餐饮消费，促进新兴服务消费，加强文旅消费，促进农村消费，充分释放消费潜力，推动河源市消费提档升级，促进消费市场逐步回暖。

【促进邮政快递业高质量发展】 2022年，河源市人民政府印发《河源市促进邮政快递业高质量发展实施方案》。着力完善基础设施、培育骨干企业、健全网络体系、加强科技应用、深化联动融合，力争到2025年全市邮政业务总量达到14.16亿元、年均增长14.2%，业务收入达到16.52亿元、年均增长15.5%，建成快速高效的城市末端投递网络和便捷通达的农村末端服务网络。邮政快递业先进技术应用和自主创新能力显著增强，绿色低碳的用邮方式和企业运营模式基本确立，跨境寄递进一步发展，行业安全生产和治理能力明显提升。

【加强和改进临时救助工作】 2022年，河源市人民政府印发《河源市临时救助实施细则》，对遭遇突发事件、意外伤害、重大疾病或其他特殊原因导致基本生活陷入困境，其他社会救助制度暂时无法覆盖或救助之后基本生活暂时仍有严重困难的家庭或个人给予的应急性、过渡性的救助。凡认为符合救助条件的城乡居民均可到户籍所在地或经常居住地的乡镇人民政府（街道办事处）提出临时救助申请。个人临时救助标准原则上不低于当地2个月城镇最低生活保障标准，以家庭为救助对象的，按照人均计算。 （黄紫纯）

市府办工作

【办文办会】 2022年，河源市人民政府办公室坚持高标准、严要求，创新工作方式，完善工作机制，不断提高办文办会的质量和水平。

公文办理 严格按照办文工作细则和办公室收文要件，做好来文登记、拟办、呈批、交办等工作，提高文件办理效率。办理各级各单位给市政府或市府办公室来文1万余件，其中本级来文4400余件、上级及其他来文5600余件；办理疫情防控文件2000余件。严格控制以市政府（或办公室）名义下发的文件数量，可发可不发的文件坚决不发，可由部门印发的文件不由市政府（或办公室）印发。2022年，以市政府、市府办公室名义下发正式文件分别为43个、48个。

会务安排 完善会议办理机制，强化会前准备、会中服务、会后落实三大环节管理，提高办会质量。召开市政府党组会25次、市政府常务会议47次、联审会45次；办理上级领导及有关兄弟市团组到河源市考察调研的公务活动241次，其中，省政府领导调研7次；安排市领导公务活动108次，其中，县区调研34次；组织收看收听上级电视电话会议204次；组织疫情防控方面的会议100次。

【统筹协调】 2022年，河源市人民政府办公室围绕市委、市政府的中心工作，认真履责，勇于担当，积极督促部门落实有关工作安排。各位副秘书长牵头协调，扎实推进疫情防控、稳住经济发展大局、生态环保、公共服务提级扩能、防灾救灾、灾后复产、乡村振兴等重点工作，先后出台《河源市科技创新“十四五”规划》《河源市农村生活污水治理攻坚行动方案》《河源市推动基础教育高质量发展行动方案》等文件。同时，加强与上级办公厅和下级办公室、与部门的沟通交流，加强与市委、人大、政协、“两院”衔接联系，在工作上争取支持和配合，确保政府工作顺利开展。

【以文辅政】 2022年，河源市人民政府办公室围绕市委、市政府和上级党政的重大决策和部署，准确把握领导意图，紧贴基层工作实际，做好文稿起草工作。起草、核改各类文稿约600篇、240万字，编辑出版《河源研究》4期。

【督查督办】 2022年，河源市人民政府办公室一以贯之严格抓好督查督办工作，将《政府工作报告》督查重点任务分解细化，逐一明确分管市领导、各承办单位及负责人。对市政府承诺的十件民生实事及一些年度性重大部署，明确工作要求。按照“逐项推进、逐件检查、逐个落实”原则，对《政府工作报告》、十件民生实事实行“亮灯管理”；对市政府常务会议决定、市政府主要领导批示交办事项等进行督促检查。市政府督查重点任务297项，省、市十件民生实事58项，市政府常务会议决定事项75项，“互联网+督查”平台问题线索办理579项，市政府主要领导调研、检查、批示、专题会议交办事项156项，政府系统落实上级督查检查考核事项26项，开展、参与现场督促检查调研及会议152次，跟进8场“面对面”解决群众“急难愁盼”问题座谈会交办事项4826项，拟写《河源政务督查》（通报、专报）24期。

【政务信息公开】 2022年，河源市人民政府办公室围绕深化改革、改善民生、助力政府建设等工作，推进政务信息和政务公开。严格实行全国公众假期和敏感时期24小时应急值守制度，确保政府门户网站和政务新媒体安全运维。高质量答复群众诉求，办理网民给总理、省长留言69件，均按时回复；办理17个依申请公开文件，实现“零复议”“零诉讼”。政务信息工作有声有色，编印《河源政务信息》95期，被省采用信息20条，获省政府领导批示8条。

【“放管服”改革】 2022年，河源市人民政府办公室发挥统筹协调作用，督促市相关部门推动行政审批流程再造，权责清单动态调整，提升政务服务效能。为优化市高新区发展和服务环境，推进市高新区实现高质量发展，在新区发展所需、市直部门配合、司法部门合法审查基础上，赋予市高新区第四批市级经济和社会管理权限6项。

【乡村振兴】 2022年，河源市人民政府办公室开展调查研究，结合实际制定《义容镇乡村振兴驻镇帮镇扶村工作方案》《义容镇美丽圩建设规划》等文件。深入开展防止返贫监测工作，坚决守住不发生规模性返贫的底线。做好乡村振兴驻镇帮镇扶村对口帮扶工作，实现巩固拓展脱贫攻坚成果同乡村振兴有效衔接。

【应急值守】2022年，河源市人民政府办公室严格落实岗位责任制，安排专人分管、落实专人负责，值班人员实行24小时全天候值班工作制度。做好市领导政务活动信息汇总和发布工作。接报各地各部门报告相关重要紧急信息1383条，向市有关领导编发手机短信息6.8万余条，编发《值班信息》179期，及时向省政府总值班室报告《突发事件信息专报》48期（含信息专报），未出现迟报、漏报等情况。强化值班值守督促检查，抽查208个单位4117人次。

（叶必亮）

信访工作

【概况】2022年，河源市信访总量7286件，比上年增长16.5%。其中，来信1040件，下降14.89%；来访944件，下降37.06%；网信5302件，增长50.11%。

是年，河源市在2022年全省信访工作考核中获得优秀等次。市驻京信访工作组2次被省信访联席办评为先进集体（全省唯一连续两次被评先进集体的地市），周文梁、刘平被评为先进个人，郭晓锋被评为“全国信访系统优秀信访局长”。张春荣被评为“全省最美信访干部”。陈锦璇、周文梁、陈薇、李军基被评为“广东信访铁军标兵”。

【矛盾纠纷化解】2022年，河源市信访局推动党政主要领导、分管领导带头落实值班接访和包案化解工作制度，高位推动化解一批积案。依托市委书记、市长“面对面”解决群众“急难愁盼”问题机制，深入开展民生重点领域信访突出问题化解专项行动，排查化解一大批重点民生领域突出信访问题。深入开展集中治理重复访、化解信访积案专项工作，中央信访联席办交办河源市485件重复信访件完成化解484件，化解率99.79%。全面推进局领导包案工作，局领导班子成员包案1352件，办结1331件，其中，国家信访局登记的意见建议、申诉、求决类的非匿名初件并纳入群众满意度评价的信访事项751件，占领导班子成员总包案数的56%，办结737件，评价512件，信访人评价基本满意以上426件，责任单位满意率83%。

（李军基）

移民安置

【概况】2022年，河源市水库移民工作局做好移民各项工作，移民生产生活持续改善，移民社会总体稳定可控。河源市移民美丽家园示范点建设继续走在全省前列，移民美丽家园建设经验材料《蓝图变实景》《河源市源城区埔前镇坪围村移民美丽家园建设实践》先后在《中国水利报》《水工程移民》上刊发，《打造移民美丽家园新样板》在省水利厅简报上得以推广。

【移民美丽家园建设】2022年，河源市水库移民工作局深入调查研究、合理安排布局，重点建设移民村美丽家园、饮水安全、基础设施、生产发展、民生福祉及公共服务等项目486个，其中重点打造10个具有河源特色、生态宜居的市级移民美丽家园示范点。同时，深化拓展全市移民美丽家园创建工作，按照“居住环境好、公共设施好、产业发展好、群众收入好、乡村治理好”的原则，评选出6个“河源市移民美丽家园样板村”，以优秀样板辐射带动全市移民美丽家园建设。

【移民生产生活】2022年，河源市水库移民工作局发展壮大移民村集体经济，扶持30个集体经济薄弱的移民村发展产业项目，实现集体经济年收入10万元以上。持续实施创新性惠民政策，对省属水库移民购买新型农村合作医疗保险及实施复明手术的移民给予补助，对新丰江水库“投亲靠友”移民租住市直公租房给予补贴。推进移民技能培训工作，“订单式”开展“粤菜师傅”、“南粤家政”（月嫂）、乡村民宿管理、电商直播、乡村振兴宣传解说员等专题培训班5期，培训148人次。学员取得结业证书率100%，技能相关专项资格证达80%，就业率80%以上。是年，全市移民年人均可支配收入增速继续领先全市农村居民人均可支配收入。

【移民园区管理】2022年，河源市水库移民工作局通过惠企助企，减免市级移民园区小微企业及个体工商户3个月租金56万元；通过靠前服务，帮助进

2022年10月15日，新港镇双田村“河源市移民美丽家园样板村”挂牌仪式举行

（市移民工作局 提供）

驻企业解决缺工、缺电、物流运输等实际困难；通过强化管理，加固整修园区厂房，更新维护园区设施，园区整体形象不断提升。市级移民园区出租率99.8%，比上年增长4.8%。

【移民项目建设及资金使用】2022年，河源市水库移民工作局按照“全面提速、严格把关、不拖后腿”的移民工作总基调，坚持关口前移，超前谋划项目储备工作，严格抓好项目入库质效，实现由“钱等项目”到“项目等钱”的转变。坚持建管并重，争取部门联动，主动对接发改、财政等部门，实行信息共享，各类资金下达实现全面提速。坚持挂图作战，采取“四个一”措施推进工作，即每周一统计、每半月一通报、每月一调度、每季一攻坚，以时间倒逼进度，移民项目建设和资金使用进度明显加快。截至年底，全市移民资金投资完成进度比上年提高10.7%。

【移民资金项目监管】2022年，河源市水库移民工作局加强移民项目实施和资金使用的全过程监管，制定《移民资金绩效管理实施细则》，事前严把项目入库关，事中深入现场监督检查，事后全面开展稽查、监测评估、绩效评价、内部审计等工作，确保移民项目质量和移民资金安全。完成广东省对河源市2021年度移民工作绩效评价、监测评估及稽查等专项检查，其中，在全省2021年度水库移民后期扶持资金绩效自评复核中，河源市获评“优”等次，排名全省第五、粤东西北地区第一。

【移民安全稳定工作】2022年，河源市水库移民工作局常态化抓好移民园区疫情防控工作，严格落实扫码通行、来访登记、体温检测和佩戴口罩等措施。坚持严管安全生产，通过现场办公、实地督导，日常排查、季度研判，把问题隐患解决在萌芽之时。定期开展移民矛盾纠纷排查分析研判工作，完善意识形态四项制度，实行移民“线上线下”动态监管。市县移民部门全年接访移民群众来访38批131人次，比上年下降64%，处理群众来信37件（重复件20件）。信件及时办理率和按期办结率均为100%。（袁芳　钟舒珊）

政务服务

【“数字政府”改革建设】2022年，河源市实行规划引领，提升政务云、政务网络精细化管理能力，健全公共支撑平台。

强化数字政府顶层设计　推动印发《河源市数字政府“十四五”发展规划》《河源市数字政府改革建设2022年工作要点》等文件，明确河源数字政府中长期建设方向以及年度任务要求，提供综合性、基础性和指导性的规划蓝图，提升“十四五”期间河源数字政府在经济调节、市场监管、社会管理、公共服务、生态环境保护等领域的支撑能力，助推河源数字经济发展。

加强信息化项目管理　编制印发《河源市市级政务信息化项目立项审批细则（试行）》《河源市市级政务信息化项目验收前符合性审查细则（试行）》等配套文件，健全政务信息化项目规划、立项、实施、验收等环节制度文件，优化全市政务信息化项目管理系统和市级政务信息化专家库。

推动数字政府“一网统管”工作　完成“粤治慧”平台市、县（区）部署建设，落实平台功能模块综合态势中心、应用赋能中心、平台管理中心的测试等工作，并持续维护功能迭代升级，实现省市两级平台互联调度。根据实际需求，在河源“粤治慧”平台开发小屏应用“粤政易”协同办公专题，实时展示河源“粤政易”协同办公的相关指标数据。

推动数据要素市场化改革　组织起草河源市《建立健全政务数据共享协调机制加快推进数据有序共享工作方案》，为全市各部门开展日常数据共享工作提供政策依据。深入摸清政务信息系统和公共数据资源底数，完成全市首轮政务信息化能力和公共数据资源普查工作，实现信息系统和数据资源“一本账”管理。截至12月底，完成5650个本地目录的数据挂接，实现44个市自建业务系统与“一网共享”平台的对接。

网络安全防护水平提升　在2022年广东省“粤盾”网络安全攻防演练中，河源市排名第十二，并获得优秀组织奖；在2022年广东省数字政府网络安全指数评估中，河源市排名第十三，排名位于粤东西北地区前列。同时，夯实信息化基础设施，截至12月底，为67个单位205个政务信息系统分配云资源，其中新建系统127个，迁移上云系统78个，政务数据安全、完整上云。

全面监督政务服务行为　推进市政务服务综合效能监督系统县（区）、镇（街）对接应用实施工作。截至12月底，全市五县一区及所有镇街政务服务中心完成效能监督系统接入，实现线下大厅监督可视化及线上线下政务服务同步监督管理。强化“好差评”常态化测评，采取季度测评、年度考核相结合方式，定期对政务服务评价、办事指南准确度、政务服务改革配合度、数据汇聚与共享、网上中介超市、政务服务效能监督等指标进行测评考核，高效推进工作落实。截至12月底，“好差评”大厅推广度98%、主动评价率98%。

强化公共资源交易管理　强化组织领导，健全完善管理机制，重新调整市公共资源交易工作委员会成员，围绕建设全省公共资源交易“一张网”目标，完成河源市公共资源交易平台整合共享工作。畅通公共资源交易各市场主体投诉，建成河源市招标投标线上投诉系统并上线，为群众依法维权提供便利。截至12月底，全市交易总数4591宗，交易总额115.83亿元，节约总额1.34亿元，增收总额0.37亿元。

推进网上中介服务超市运营管理　在全市范围内加大中介服务超市宣传推

广力度，引导中介服务机构和项目业主通过中介服务超市承接和购买中介服务，并优化选取方式，要求各单位凡使用财政资金购买省级规定的中介服务，100%通过网上中介服务超市选取采购，确保公共资源交易环境公平、公正、透明。截至12月底，河源市网上中介超市项目业主入驻1274家，发布项目总数4766宗，选取3497宗，中选价为2.52亿元。

【政务服务改革】 2022年，河源市深化改革创新，全面优化审批流程，深化政务服务“一网通办”，着力提升政务服务水平。

持续开展市级政务服务能力提升改革 按照“一网、一门、一次”改革和加快推进政务服务标准化规范化便利化要求，开展市级未进驻市大厅事项改革，2022年市大厅进驻46个单位1424个政务服务事项，事项进驻率提升至95.89%。4月28日，正式挂牌成立“河源市政务服务中心不动产登记分中心”，将不动产登记分中心纳入市政务服务中心实行一体化管理。推动不动产登记分中心集成服务内容、再造服务流程、统一规范管理、提升服务效能，企业群众办理不动产登记业务更方便快捷。

加快电子证照推广应用 开展证照签发、证照数据归集、系统平台对接等工作，完成河源市电子证照系统与省大数据中心融合，新增150种电子证照，推动10种电子证照存量转化，为河源市推动行政审批全程电子化奠定基础。2022年，河源市签发238种电子证照，证照签发量1476万张，全市12110个用证事项实现电子证照互认共享，54类证照实现实体证照和电子证照同步制发、证照数据同步“落库”，3335个政务服务事项实现“免证办”清单，减少群众办事纸质材料提交。

持续推进“一件事”主题集成服务 在“粤商通”河源专区接入10个“一件事”主题服务事项，可与企业开办实现主题式办理，针对出生、教育等重点领域，推出51个高频“一件事”在市、县两级落地，涉及34个单位93个单事项，覆盖出生、住房、教育等17个领域，政务服务由“多次办”变“一次办”，完成国家、省要求的13个“一件事一次办”清单的认领和编制发布工作，实现群众办事减跑动、减材料、减时限的便捷目标。

推进“跨域通办”和“四免”优化 深入推进政务服务“跨域通办”，推动河源市第二批231项政务服务事项实现“市内通办”，群众办事满意度获得感提升。推进“四少一快”政务服务优化，梳理700个“四免”事项，实现市级50%政务服务事项实现“四免”优化要求。

创新政务服务方式 依托企业群众办事的主阵地——市政务服务中心，持续提供“中午不停歇”及延时服务、上门服务、错时服务、帮办代办服务、免费速递服务、设立“办不成事”反映窗口和“首贷服务中心”等个性化服务，实现便民利企“有温度”。

深化“粤系列”移动政务服务平台应用 加强“粤省事”平台应用，依托“粤省事”码推广“扫码亮证”等应用场景，加速推进本地高频服务事项接入“粤商通”，完成“粤商通”河源专区建设，同步上线整合企业开办一网通办、企业社保、企业办税等86个事项，同时推动食品经营许可证（核发）、食品经营许可备案等8个本地事项在“粤商通”实现证照联办。推行“政务+金融”模式，全市投放“粤智助”政府服务自助机1458台，河源市全部镇街、行政村实现“粤智助”投放全覆盖，可为群众提供“城乡居民领取养老保险待遇资格认证、身份证复印件打印”等158项高频服务事项，办理业务54.5万宗，服务群众26.04万人次，基层群众办事实现不出镇、不出村。

【河源市“12345”热线工作质效全面提升】 2022年，河源市完善优化热线整合归并工作，拓宽政民沟通互动渠道，打造便捷、高效、规范、智慧的政务服务“总客服”，“河源市‘12345’政府服务热线”更名为“河源市‘12345’政务服务便民热线”。年内，市“12345”热线受理群众诉求494073宗，比上年提高104.84%，其中，当场答复337120宗，转办工单156953宗，按时办结率99.99%。在2022年全国政务热线发展高峰论坛发布的全国333个城市政务服务热线服务质量排名中，河源市获“政务服务热线服务质量B+级城市”，处于前三等级，粤东西北第一梯队。9月1日，河源市“12345”热线开通企业专席，向企业提供7×24小时政策咨询、政策推送、手续办理查询及诉求受理办理等个性化、精准化、高效化的便捷服务。

【市委书记、市长“面对面”解决群众“急难愁盼”问题机制常态化落实】 2022年，河源市依托“12345”热线“粤省心”平台，利用大数据分析，常态化落实“面对面”工作机制，注重加强市县联动，构建市县协同工作体系，集中资源力量共同推动民生问题解决。组织开展“出行难”“养老难”“电动车充电与安全”“关爱保护未成年人”“城市服务”等5场座谈会，收集群众反映强烈的代表性民生问题3659宗，办结3258宗，剩余401宗正在持续跟进解决。“面对面”机制的经验做法在省委办公厅《广东信息》上单篇刊登。先后获得中央主要媒体、省级媒体和市级多家主流媒体报道。 （李　悦）

应急管理

应急管理综述

【概况】 2022年，河源市发生生产安全事故98起、受伤41人，比上年分别下降18.3%、67.2%；有力应对多点频发的局地强降雨和1969年以来最强“龙舟水”袭击；实现森林火灾和林火卫星热点比上年分别下降68.4%和69.7%，春节、清明节、中秋节、国庆节等重大节假日未发生森林火灾。中共二十大召开期间，生产安全领域实现“零事故”。打赢“龙舟水”防御攻坚战，市三防指挥部得到广东省省长王伟中、省委常委王曦等领导的批示肯定，市应急管理局汛旱风科获第六届广东省“人民满意的公务员集体”称号。

【安全生产】 2022年，河源市制定出台市级党政领导干部安全生产“职责清单”和年度“工作清单”，推动国务院安委会安全生产十五条、广东省安委会65条硬措施和河源市安委会70条具体措施的落实，坚决把安全生产专项整治三年行动和安全生产大检查作为覆盖全市、贯穿安全生产工作的主抓手，持续开展道路交通、城镇燃气、自建房领域、消防等重点行业领域安全生产大排查大整治行动，督促指导各县（区）各行业部门抓实抓细安全生产各项工作。河源市安委办先后组织开展6轮安全生产综合督导检查，运用督查考核、警示约谈、挂牌督办等方式倒逼安全生产责任落实，消除一批事故隐患，生产安全事故起数连续3年实现两位数下降，其中水上交通等10个重点领域生产安全“零事故”。以危险化学品安全风险集中治理、工贸行业安全生产专项整治“百日清零行动”和非煤矿山大检查大整治为抓手，持续开展自身监管行业全覆盖风险隐患排查整治，检查各类生产经营单位3873家次，整改消除事故隐患7800余项。完成危险化学品安全风险集中治理重点任务和工贸行业安全生产专项整治“百日清零行动”工作任务，完成15家露天矿山高陡边坡治理和7座尾矿库销库工作，实现危险化学品、非煤矿山安全生产“零事故”。率先在全省实施烟花爆竹“打非”基层网格化管理，得到广东省安全生产委员会办公室在全省推广。

【防汛救灾】 2022年，河源市未雨绸缪、提前谋划举办防灾减灾与度汛安全专题研讨班暨防汛工作动员会，市、县、镇三级党政主要负责人及三防指挥部成员单位主要负责人1831人参加培训，提升防灾减灾和度汛安全能力。及时调整更新各级三防指挥部成员及三防责任人名单15974人，并全部安装“应急一键通”，严格督促落实三防工作责任制，推动形成市、县、镇、村四级抓防汛减灾的良好格局。并率先在全国推动出台地方暴雨灾害预警与响应条例，得到国家、省级层面推广学习，为河源做好暴雨灾害防御工作、保障群众生命财产安全提供法治保障。同时，扎实开展汛前安全隐患大排查大整治，对全市630宗水库和821宗水电站开展“一线三排”［“一线”是指坚守发展决不能以牺牲人的生命为代价这条不可逾越的红线；“三排”是指排查（对生产过程中存在隐患进行排查）、排序（根据隐患排除难易程度及影响程度进行排序）、排除（排除隐患措施、过程）］。全覆盖排查，加固修复水库、水电站、堤防67宗，综合治理完成地质灾害隐患点184处，整治削坡建房风险点6574户，对排查发现存在风险的8777个各类隐患点制订落实安全防范应急处置措施。发挥应急管理部门在会商研判、科学决策、精准调度、联防联控、应急救援、物资保障、信息收集、情况上报等方面的专业优势，实现因灾损失远小于2019年和1964年“龙舟水”。同期，全市没有发生群死群伤事故，没有发生因洪涝灾害造成人员伤亡的事件。

2022年2月24日，河源市召开全市防灾减灾与度汛安全专题研讨班暨防汛工作动员会
（市应急管理局　提供）

【森林防火“安全墙”筑牢】 2022年，河源市贯彻“综合防、专业救”的工作思路，督促各级有关部门落实森林防灭火责任。深入开展森林火灾隐患排查整治和查处违规用火行为专项行动，出动执法人员1674人次，侦破刑事案件19件、行政案件51件，处罚104人。做好林区输配电设施森林火灾隐患专项排查治理工作，排查整治路边、重点设施、景区周边、神坛庙宇等隐患可燃物920处，维护生物防火林带、林区小道约60千米，清理连片纯松林可燃物隐患60余公顷，清理输电线路保护区内高秆植物402处2万余棵树木，对相关责任单位和责任人发出整改通知书132份，并督促落实整改。派出6个督导组下沉县区一线抓森林防灭火督导检查，组织镇村干部、扑火队员和护林员每日进村进户开展森林防灭火宣传，投放130万条公益防火短视频广告，发送森林防火提醒短信220万条。全面落实“包山头、守路口、盯重点、签责任、打早小”综合管控措施，建立并落实高火险天气节假日和周末期间进驻各县区开展驻点督

导和全市8支586人的专业森林消防队伍分片靠前驻防巡防重点镇村机制，按照“七个一”（一个森林防火宣传检查站牌子、一个“护林防火”红袖章、一个防火码、一个防火宣传大喇叭、一本进山登记本、一套宣传资料、一个火种保管箱）的要求，在主要进山路口等设置森林防火宣传检查站1260个，实现森林火灾、林火卫星热点双下降。

【防灾减灾救灾新理念】2022年，河源市坚决落实“两个坚持、三个转变”，以防为主、防抗救相结合，实现从注重灾后救助向注重灾前预防转变。完成第一次全国自然灾害综合风险普查，统筹推进应急救灾救助和灾后复产重建工作，及时会同有关部门调拨救灾物资、下拨中央和省自然灾害生活救助资金，完成全市因灾“全倒户”130户、因灾“严损户”253户重建修缮，保障受灾群众有饭吃、有衣穿、有干净水喝、有房住、有病能得到及时医治，快速恢复受灾地区正常生产生活秩序。同时，推进防震减灾体系建设，完成国家地震烈度速报与预警工程项目工程3个基准站、8个基本站、71个一般站、11个地震预警信息终端示范点建设和市级地震预警发布中心及80套地震预警终端设备安装任务，实现数据接入率100%。全面组织开展地震易发区学校、医院、重要交通生命线、城镇住宅、农村民居等11类工程加固工作，科学应对2.0级以上有感地震9次。

【应急管理体系‘一张网”织密】2022年，河源市推动市、县、镇三级全覆盖配备“华为云”应急视频调度系统和省级“值班值守系统”，市、县两级应急指挥平台接入综治网，实现市、县、镇、村四级应急指挥视频调度全贯通。推动市、县、镇三级修订完善应急预案和所有村（居）防汛减灾“一页纸”预案，组织开展各类应急演练200多场次。推进《河源市基层应急救援力量体系建设工作方案》落地见效，推动101个镇街设置应急管理办公室并实体化运作，组建镇级专兼职应急救援队伍110支、村级应急救援志愿队伍1452支。印发实施《河源市应急救援力量快速投送保障机制（试行）》，保障抢险、救援、救灾工作高效有序开展。组织签订《深莞惠汕河应急管理合作协议》，加强应急管理区域合作，优化应急资源配置，提高应急处置效率，形成防范应对突发事件的强大合力。建成镇级应急物资仓库101个。河源市应急救援队发挥应急救援的先锋队、专业队的作用，完成“龙舟水”期间应急救援任务和14场森林火灾扑救任务，先后支援韶关、清远、梅州等地开展防汛救援、森林火灾扑救等跨区域救援任务。河源市应急救援队被广东省人力资源和社会保障厅、省应急管理厅授予广东省应急救援先进集体称号。

（陈雪梅）

消　防

【概况】2022年，河源市消防救援机构受理警情3920起，其中灭火救援1495起，抢险救援930起，社会救助（含其他）1495起，抢救疏散被困群众2993人，保护和抢救财产价值1.05亿元。事故涉及人员死亡34人，受伤77人，其中火灾事故造成2人死亡（均为自杀），5人受伤；抢险救援事故造成32人死亡（交通事故19人、溺水6人、坠井1人、安全事故2人、坠楼1人、山地救援1人、房屋倒塌1人、爆炸事故1人），受伤72人。成功处置源城“3·19”龙岭工业园厂房火灾、高塘“7·7”三友农牧集团仓库火灾、高新区“8·7”西可电子厂火灾、1969年来最强“龙舟水”抗洪救援等急难险重任务。

【消防监督】2022年，河源市消防救援机构响应党中央适应国家治理体系和治理能力现代化作出的战略决策，市、县两级政府主要领导担任消安委主任，各镇（街）消安委落实党政主官“双主任”制度，并逐级修订完善消安委章程。提请市、县两级政府挂牌督办火灾隐患重点地区15个、重大火灾隐患单位24个，强力推进重大火灾隐患整治。提请将电动自行车消防安全纳入“市长面对面”解决群众“急难盼愁”范畴，推进电动自行车消防安全治理，出台《河源市电动自行车消防安全管理办法》，建设集中充电桩1280个。健全完善与应急、住建、文旅、公安、卫健、教育、民政等7个部门联合工作机制，全面开展托育机构、养老机构、在建工地、宾馆酒店、农贸批发市场、大型商业综合体、物流仓储和“三合一”等火灾防范重点场所治理。出台《河源市火灾事故调查处理规定》，加强火灾事故调查处理工作。联合民政、应急、邮政管理等部门联合开展8场“线上+线下”约谈培训会，培训养老服务机构、工厂企业、外卖快递等行业领域“消防安全明白人”10.59万人次，全面提升消防安全管理意识。

【消防演练】2022年，河源市消防救援机构打造符合河源市情的高层建筑、城市综合体、水域救援、森林火灾扑救等4个大类32支专业救援分队，举办车辆事故救援、水域救援等培训班5期；开展大型综合演练11次、桌面推演战例复盘研讨9次、“高低大化”和地震救援、森林火灾扑救等类型场所熟悉550余次。创新开展“6+2”（“6+2”模式：在“六熟悉”基础上组织开展“驻训”和单位来队学习）防消联勤工作，围绕“六化”（“六化”：训练实战化，防灭火一体化，作战对象复杂化，攻坚课题化，驻训、跟训一体化，训练、巡查、维保、管理一体化）开展“全链条”驻训工作6次［大跨度大空间厂房、大型商业综合体（高层建筑）、森林火灾扑救、交通事故救援、水域救援、山岳救援］，举办首届“槎城火焰蓝杯”体技能争霸赛，分层次组织16次国家队体技能竞赛、专职队季度会操、微型消防站技能竞赛活动。配齐

2022年11月9日，河源市举办“11·9”消防日实战演练活动

（市消防救援支队 提供）

6名专家组成员，完善与应急、地震、气象等行业部门的会商研判、联勤联动联战机制，与市公安局建立“警消”联勤联动联战7项工作机制（“绿波”带警力护航、现场警戒及前期处置、应急救援联战、日常监督检查、新闻宣传互通、火灾事故调查、联合会商研判），统筹蓝天救援队、市应急救援队和退伍军人应急救援队等社会救援力量，以常态化联训提升协同作战能力。推动全市100%的乡镇政府专职消防队接入119指挥调度系统，并全部安装视频会议系统。

【消防宣传】2022年，河源市消防救援支队推广“支队长讲消防”“政委讲消防”，在市委、市政府防灾减灾与度汛安全专题研讨班上为全市1800余名党政干部授课；支队主官先后到源城区、江东新区、市卫生健康局开展消防法规宣传贯彻和专题授课。与市教育局建立联合机制，将学生消防安全教育纳入河源市平安校园建设巩固提升年行动，推行消防安全“副校长”“副园长”工作机制，创建21所“消防宣传教育示范学校”，向学校赠送2.26万本消防安全教育读本。新建2个消防主题公园，牵手12个志愿者驿站、8家奶茶（咖啡）店，打造消防主题宣传站点。常态化落实科普教育基地预约开放机制，开展消防“零距离”体验活动200余次。借力重要节日、重大活动，开展“消防安全进万家”“大手拉小手”“开学第一课”“暖企”“全民消防安全素质提升3+N工程”（宣传教育、实操实训、疏散演练+日常开展的各项消防安全工作）等消防宣传活动2000余次。在中央、省、市三级主流媒体及新媒体刊发新闻900余篇，原创消防宣传作品阅读播放量突破1亿人次。

【公共消防基础设施建设】2022年，河源市政府八届39次常务会议审议通过消防训练基地与国防教育基地共建项目并立项，新购置12辆执勤消防车和8981件（套）器材装备，建成25支乡镇政府专职消防队。全市水域救援训练中心、东源和紫金大队指挥中心建成并投入使用；完成和平县阳明消防站样板工程建设，高新区特勤站和连平县元善站完成升级改造；江东消防站、文星消防站正在进行内部装修；源城、连平大队公寓房建设项目主体结构封顶正进行外墙装修；东源县万绿湖水陆两用消防站和源城区源西小型消防站启动建设；河源北高铁政府专职消防队、灯塔镇政府专职消防队落实营房及人员配置，车辆装备购置经费保障到位。组建全市装备维修中心，自主研发出“消防车载线缆排障装置”并获得国家实用新型专利。

【消防救援队伍建设】2022年，河源市消防救援支队下辖6个消防救援大队、8个执勤消防站、2个大队筹备组和59个直管政府专职消防队。年内，支队获全省“攻坚克难先进支队”“安全工作先进支队”“执勤训练先进支队”称号，被市委、市政府记集体二等功，所属6个大队全部被党委、政府记集体三等功，1名个人获国家消防救援局表彰，1个集体、5名个人获省级表彰，4个集体、9名个人获市级表彰；1个集体、6名个人获三等功奖励。全省装备比武竞赛获1个单项冠军、1个单项亚军，全省消防刑侦火灾调查及新闻宣传比武竞赛获非珠三角赛区火灾调查团体三等奖；北京冬奥会、珠海航展消防安保和备战第十七届世界消防救援锦标赛中均有支队指战员身影。市委书记林涛称赞河源市消防救援支队是“一支对党忠诚、纪律严明、全面过硬，关键时刻拉得出、打得赢，对保护河源经济社会发展有特殊贡献的队伍”；市长何国森赞誉消防员是“当之无愧的城市英雄，新时代最可爱的人”。（李伟）

接待工作

【重要接待】2022年，中共河源市委河源市人民政府接待办公室完成对李希、何厚铧等国家领导人和王伟中等省部级领导接待任务；完成全省春耕生产暨支农服务下乡现场会、河源市2022年新一代电子信息产业系列经贸活动等重大会议活动的接待任务。

【接待水平持续提升】2022年，中共河源市委河源市人民政府接待办公室围绕中心、服务大局，细化工作流程、完善接待体系，构建领导有力、部门协作、资源整合的“大接待”格局，推动接待工作成为河源加强对外联系、展示形象和促进招商引资的重要平台。落实落细疫情防控措施，筑牢安全生产防线，更新完善本办内部控制规范建设，多措并举加强培训力度，建立各县

（区）政务接待工作互相交流学习机制，巩固“大接待”工作发展，提升“大接待”工作效能，以认真负责、严谨细致、无微不至、精益求精的工作态度和工作作风完成各项二作任务。

（骆 飞）

机关事务

【财务管理】2022年，河源市机关事务管理局坚持勤俭办一切事业，严控“三公”经费、机关公共运转经费开支，做好全市重大会议（活动）、重大项目等经费保障工作，依法依规组织实施政府采购33宗，做好财务分析，加强财务收支管理，节约有效地使用每一项资金，行政运行成本较大幅度降低。完成该局2022 年度部门预决算公开，获“全市财政部门决算工作优秀奖”。完成34个市直单位2021年度机关运行成本统计调查工作。

【房管工作】2022年，河源市机关事务管理局建立河源市办公用房信息统计报告机制，按时完成全市党政机关办公用房信息统计报告工作。以调查研究、政策咨询、制定方案、数据报送、实地测量等方式推进市级单位办公用房重核工作，收集市级单位办公用房数据114家，如期完成10万平方米办公用房重核工作。加强办公用房日常维修维护和安全隐患排查，办公用房修缮150宗，处理各类建筑安全隐患16宗。加强办公用房管理指导工作，确保有关县（区）、市直单位依法依规调配使用办公用房。

【安保工作】2022年，河源市机关事务管理局每季度定期召开平安建设工作会议，定期开展安全生产检查工作，建立每日安保工作例会制度，全面升级改造市机关大院视频监控，实现大院视频监控全覆盖，严格管控办公区（生活区）人员进出，开展消防培训演练，全年消防安全巡查680余次，发出隐患整改通知20余份，消除各种安全隐患，实现安保工作“零事故”目标。

【会务工作】2022年，河源市机关事务管理局推动制订全市第一部《河源市党政会议服务规范》地方标准，完善大型会议工作指引和资料库，建立市人大会议表决系统、高清视频会议系统、粤视会视频系统，提高会议质量和效率，优化市会议中心环境，升级改造市政府、市政协重要会议室音视频系统，在常态化疫情防控形势下完成市委全会、市两会等全市重要会议、重大活动的后勤服务保障，会议保障服务659场次。

【厅级离退休干部服务】2022年，河源市机关事务管理局慰问老干部118人次，在中秋节、春节前夕逐一走访慰问老干部109人次，在老干部生病住院、家庭出现重大变故时及时看望慰问，慰问重病住院老干部4人次，走访慰问体弱多病及80岁以上老干部5人次。做好老干部就医看病的服务工作，为老干部安排用车260多次，协助老干部解决看病就医困难200多人次。

【公务用车管理】2022年，河源市机关事务管理局完成新一轮机构改革后全市各级党政机关、事业单位公务用车编制核定工作，开展全市事业单位综合保障业务用车编制管理调研活动，公务用车制度改革成果深化巩固。为25个镇街综合行政执法大队核定行政综合执法用车编制25个，江东新区、市灯塔盆地农高区等新功能区增加一般公务用车编制16个。全年处置超编车辆22辆、划转16车次，完成行驶证与单位法人名称统一登记336个，审核审批公务用车管理业务287宗。

【国有资产管理】2022年，河源市机关事务管理局做好27个从事生产经营事业单位改革资产处置工作，全面完成21个涉改单位的审计清查报告审核工作、11个涉改单位的资产清查复核工作、5个涉改单位的资产处置审核工作；深入指导市污水处理厂等4个涉改事业单位开展资产清查工作，清查资产约10.64亿元。依法依规实施资产审批处置，全面做好29个市直行政事业单位产权界定工作，审核审批资产处置业务49项，处置资产约1.16亿元，备案审核资产处置业务57项，处置资产收入约35.8万元。

【机关服务】2022年，河源市机关事务管理局在交通运行服务方面，强化市四大机关公务用车服务平台管理，严格落实车辆维修保养、用车检车等制度，及时排查安全隐患，配备安全器材，加强驾驶员队伍建设，安全高效完成公务出行服务3000多次，重大会议（活动）公务出行服务20次。在服务干部生活方面，优化膳食服务，建立局领导食堂值班督导制度，严格把控食品安全关，加强与机关单位食堂经验交流，改善菜品供给质量；做好市四套班子后勤服务保障，落实易地任职领导干部办公用房、住房保障服务工作。在物业管理方面，实施市机关大院绿化、水电网络等硬件设施设备升级改造工程，加强办公区（生活区）日常巡查和管理，定期对物业公司进行质量考核，办公区（生活区）变得更美、更干净、更安全。全面完成市人大办公楼、市政务服务数据管理局办公楼老旧电梯更换工程、市机关大院2号、3号、8号楼电网升级改造工程以及商务小区篮球场修缮改造工程。

（谢晓晴）

派驻机构

【市驻北京联络处】河源市人民政府驻北京联络处是河源市人民政府派驻北京的办事机构，为参照公务员法管理的公益一类事业单位，正处级，成立于1997年10月。

2022年1月，该联络处领导率队到广州、佛山、中山、湛江、清远等市驻京联络处考察交流。3月，服务保障河源市代表、委员参加全国两会；处领导到中电科资产经营公司、北京明朝万达科技股份有限公司、华谊兄弟星剧场等企业调研考察。8月，到中央文明办、国家发改委、文化和旅游部等中央部委衔接汇报有关工作。10月，服务保障河源市党代表参加中共二十大；举办学习贯彻中共二十大精神动员部署会暨专题报告会。11月，联络处主要领导调整，党支部书记补选。12月，具瑞新获评中共二十大期间广东省驻京信访安全保障工作先进个人，刘喜权获评2022年度广东省优秀驻京信访工作者。（刘喜权）

【市驻广州办事处】 2022年，河源市人民政府驻广州办事处加强与省直和广州市有关部门沟通联系，做好常态化政务服务工作和市领导在穗政务服务工作，做好广东省第十三次党代会、广东省两会等政务服务工作，确保河源市党政领导和有关部门与省、穗有关党政领导及有关部门的交流互访活动顺利进行。讲好“河源故事”。主动走访省内多地河源商会，推介河源投资环境、招商政策，激发企业投资兴趣。参加中山市河源商会换届工作，其间，就河源的基本情况、发展方向、政务服务以及产业优势、环境优势、政策优势等企业关心的内容进行重点推介，激发企业投资兴趣；协助广州市连平商会到连平县高莞镇开展助学助教活动，推动乡贤企业为家乡文化振兴贡献企业力量；参加广州市协作办“七一”党建活动，借势讲好“河源故事”，较好地发挥融入“双区”桥梁、窗口等桥头堡作用。重视信息报送工作。利用全国驻穗机构信息协会平台，围绕市委、市政府的重点工作主动收集、挖掘和传递有价值的信息；编报《信息参考》30期，向河源市委办报送信息121条。

是年，该机构获全国各省市人民政府驻广州办事处信息协会2022年度先进单位称号；在2022年度充分发挥驻外机构作用方面受到广州市协作办表扬。

（陈铭涛）

2022年11月15日，广州市连平商会一行到市驻广州办事处拜访交流
（市驻广州办事处 提供）

政协河源市委员会

重要会议

【市政协八届一次会议】 2022年1月5日，中国人民政治协商会议第八届河源市委员会第一次会议在市会议中心隆重开幕。会议议程为听取和审议中国人民政治协商会议第七届河源市委员会常务委员会工作报告；听取和审议中国人民政治协商会议第七届河源市委员会常务委员会提案工作情况的报告；收听收看河源市八届人大一次会议第一次全体会议，听取和讨论市政府工作报告及其他报告；选举中国人民政治协商会议第八届河源市委员会主席、副主席、秘书长和常务委员；审议提案审查委员会关于中国人民政治协商会议第八届河源市委员会第一次会议期间提案审查情况的报告；表彰中国人民政治协商会议第七届河源市委员会第五次会议以来的优秀提案；表彰中国人民政治协商会议河源市委员会2021年度优秀委员；审议通过中国人民政治协商会议第八届河源市委员会第一次会议决议。

【市政协常委会会议】 2022年，市政协召开常委会会议4次。

市政协八届一次常委会会议 3月22日，政协第八届河源市委员会常务委员会第一次会议召开。会议学习贯彻习近平总书记重要讲话精神暨全国两会精神及省、市相关会议精神；会议审议通过《市政协常委会关于我市人才建设的专题调研工作方案》《市政协常委会关于加快高铁经济发展的专题视察工作方案》。

市政协八届二次常委会会议 4月21日，政协第八届河源市委员会常务委员会第二次会议召开。会议学习贯彻习近平总书记在3月17日中共中央政治局常务委员会会议上的重要讲话精神；学习贯彻习近平总书记在中央政协工作会议暨庆祝中国人民政治协商会议成立70周年大会上的重要讲话精神；学习贯彻习近平总书记在中共中央政治局第三十七次集体学习时的重要讲话精神、习近平总书记重要文章《坚持把解决好“三农”问题作为全党工作重中之重，举全党全社会之力推动乡村振兴》及《中共中央办公厅印发〈关于加强和改进新时代市县政协工作的意见〉的通知》等内容；审议通过有关人事事项。

市政协八届三次常委会会议 9月15日，政协第八届河源市委员会常务委员会第三次会议召开。会议审议通过《关于我市人才建设的专题调研报告》《关于加快我市高铁经济发展的视察报告》，并进行专题议政；审议通过《中国人民政治协商会议河源市委员会专门委员会通则》，协商通过有关人事事宜。

市政协八届四次常委会会议 11月23日，政协第八届河源市委员会常务委员会第四次会议召开。举行学习贯彻中共二十大精神专题辅导报告会，协商通过有关人事事宜。

重要工作和活动

【政治建设】 深入学习贯彻中共二十大精神 2022年，政协河源市委员会把学习贯彻中共二十大精神作为首要政治任务和工作重心，精心制定《市政协学习宣传贯彻中共二十大精神实施方案》等系列文件，对学习宣传贯彻工作进行全面动员部署。市政协领导率先垂范，带头学习研讨，带头上党课，带头开展工作调研，带头到基层宣讲，引领全市各级政协组织和政协委员深刻认识中共二十大的开创性、里程碑意义；通过召开专题培训、理论研讨、辅导报告、宣传宣讲等10多项具体举措，确保中共二十大精神学习在全市政协系统实现全覆盖；结合中共二十大对政协工作新要求新部署，围绕发挥政协委员作用开展深入调研，围绕提高协商互动、意见表达、凝聚共识水平开展理论研究，推动全市政协组织形成持续学习宣传贯彻热潮。

坚持以创新理论武装头脑 坚持以思想政治建设为统领，严格落实“第一议题”学习制度，及时跟进学习习近平总书记最新重要讲话精神，有计划、分专题学思践悟《习近平谈治国理政》第四卷，深刻领会习近平总书记重要讲话的丰富内涵、精神实质和实践要求；持续深入学习贯彻中央、省委、市委政协工作会议精神，把习近平总书记关于加强和改进人民政协工作的重要思想，以及《中国共产党政治协商工作条例》《关于加强和改进新时代市县政协工作的意见》精神贯通起来领悟、统筹起来落实，深刻认识人民政协制度的优越性；推动党史学习教育常态化长效化，坚定历史自信，凝聚奋进力量，引领全市各级政协组织深刻领悟“两个确立”的决定性意义，增强“四个意识”、坚定“四个自信”、做到“两个维护”，在政治立场、政治方向、政治原则、政治道路上同以习近平同志为核心的党中央保持高度一致。全年召开市政协党组会议25次、主席会议21次、市政协党组理论学习中心组会议28次、市政协常委会专题学习会4次，举办各种形式的委员履职能力提升培训活动3次，培训委员600多人次。

全面加强党对政协工作领导 中共河源市委高度重视政协工作，市委常委会多次听取政协工作情况汇报，市委书记林涛多次就加强和改进政协工作作出指示批示、提出明确要求；市长何国森对政协履职成果给予肯定并提出办理意见。始终坚持在市委领导下开展工作，坚持重大工作、重要事项向市委请示报告制度，及时主动向市委报告市政协党组和市政协常委会的年度工作情况，年度协商计划报市委确定后实施。不断探索“两个全覆盖”的实现形式，全体会议期间和重要视察考察调研、集中学习培训等活动设立临时党组织，贯彻党委意图和要求；通过走访委员、组织座谈、开展活动等形式宣传党的政治主张，引导广大政协委员和界别群众坚定不移听党话、跟党走，实现党的组织对党员委员全覆盖，党的工作对政协委员全覆盖，把党对政协工作的全面领导落实到政协工作各方面全过程，确保人民政协履职的正确政治方向。

【协商议政】 2022年，政协河源市委员会构建完善以全体会议为龙头，以专题议政性常委会会议、提案办理协商会、界别协商会、对口协商会为重点的协商议政格局。通过全体会议围绕实体经济发展、生态环境保护、科教文卫发展、城市规划管理、道路交通建设等事关河源市经济社会发展的重大问题和人民群众关注的民生短板问题进行讨论、协商，形成意见建议210多条，分类整理后报送市委、市政府。灵活运用专题协商、提案办理协商、界别协商、对口协商等形式，对农村饮用水源地规范化建设、推动秸秆综合利用、农村宅基地规范管理、加大对小微企业扶持力度、民族地区高质量发展等切口小、涉及面广的工作开展专题调研并进行协商议政，所提建议被吸纳到河源市有关发展规划和政策文件中。全年召开全体会议协商会1次、常委会专题议政协商会3次、提案办理协商会24次、对口协商会12次、界别协商会9次。

支持委员参与社会治理，组织委员参加市委书记、市长“面对面”解决群众“急难愁盼”问题座谈会，围绕出行难、养老难、电动车充电与安全、未成年人保护、提升城市服务等方面提出工作建议。

【民主监督】2022年，政协河源市委员会推荐委员以监委特约监察员、市委政法委执法监督员、海关特约监督员、廉洁征兵监督员、检察院听证员等身份开展民主监督工作；支持委员参与法律修订、重大案件审理、部门公开活动、“河源好人”评审等活动。聚焦宜居乡村建设，通过部门座谈、现场督导、分类推动方式对《关于加大力度做好村庄保洁的系列提案》进行督办，推动农村人居环境改善。围绕群众关心的农村饮水安全、污水治理、“双减”政策落实、提升养老质量、公立幼儿园建设、关爱未成年人心理健康开展协商式民主监督，分析问题、提出建议，推动和改进相关工作。

专题调研 2022年，政协河源市委员会围绕人才建设深入各县（区）、企业、高校实地调研，广泛听取意见建议，掌握实情，赴珠三角部分城市学习先进经验，提出打造具有吸引力的优质引才体系、优化具有实效性的创新育才机制、营造具有高品质的良好留才生态、深化具有科学性的用才评价机制等4个方面28条建议。

专题视察 为助力河源市做好产业文章，以加快高铁经济发展为切入点深入开展专题视察，通过察看现场，与县（区）政府、有关部门负责人座谈，咨询委员和专家意见，围绕完善接驳高铁的地方交通体系、提高高铁新城集聚集约发展能力、加快高铁新城建设推动城市建设扩容提质等5个方面提出意见建议31条。市委、市政府主要领导肯定调研视察成果并作出批示；分管市领导参加专题协商会并部署相关工作，部分建议被吸纳到市委、市政府工作措施中。关注未成年人成长，组织委员对河源市贯彻实施新修订的《中华人民共和国未成年人保护法》情况进行视察，了解实施过程中存在的不足，围绕保障未成年人合法权益提出意见建议，市委、市政府领导对视察报告给予肯定并要求相关部门建立健全工作机制，强化工作合力，推动该法贯彻实施。

【提案工作】2022年，政协河源市委员会围绕党委政府中心工作，通过广泛听取党政部门意见、深入调查研究、网络征集建议，形成110多条提案线索；引导政协委员根据这些线索撰写提案，建言献策。市政协八届一次会议以来立案提案128件，内容涵盖经济发展、民生改善、生态建设、文明创建、社会管理等方面；市委、市政府主要领导及市政协领导领衔督办重点提案10件，各专门委员会挂案督办提案14件，推动相关工作落地落实。

【交流联谊】2022年，政协河源市委员会配合做好省政协到河源市开展的省内河水运大通道建设、加快县级医院服务能力建设、增强粤东西北地区产业承接能力等11个专题调研视察工作，协助兄弟市政协到河源市调研考察，推介河源经济社会高质量发展取得的丰富成果。克服新冠肺炎疫情的影响，加强与港澳地区委员的联系交流，采取多种形式向港澳地区委员通报河源的经济社会发展情况，使委员更关注河源，热爱河源；围绕加强港澳联谊促进河源“融湾”开展专题调研，对提升港澳联谊工作的深度和广度提出意见建议。加强与委员的沟通联系，落实谈心谈话、联系服务群众等制度规定，全年走访委员115人次，听取委员履职情况及对政协工作的意见建议。

市政协领导定期率队走访各民主党派，加强与党派团体和各界人士的联系合作、交往交流；为民主党派在政协发挥作用搭建更多平台、创造更好条件，邀请各民主党派和无党派人士参加政协各类调研和民主监督活动，在政协全体会议、常委会会议、各类协商会等重要平台建言献策。

【文史资政团结育人作用发挥】2022年，政协河源市委员会围绕文化强市建设，引导委员紧扣城市品牌文化建设、全国文明城市创建、传统文化教育、红色文化挖掘保护等方面深入调研并提出意见建议。以“河源前事志”“河源风物志”“党旗正红Ⅱ”为主题，继续在《河源日报》开设《河源文史》栏目讲述河源故事及本土风情，全年刊发46期；与河源广播电视台联合推出《口述河源文史》，用声音传播发生在河源的革命故事、红色记忆，全年播出50期；大力挖掘东江纵队在河源活动的红色史料，通过讲好党史故事弘扬伟大建党精神。

【意识形态工作】2022年，政协河源市委员会严格落实意识形态工作责任制，守好意识形态阵地，强化在敏感点、风险点、关切点问题上的思想政治引领，站稳政治立场，做到正面发声，凝聚共识。切实强化对市政协所属意识形态阵地和宣传载体的建设与管理，拓展提升市政协门户网、微信公众号、《河源政协》杂志、委员直播间等平台建设，在《人民政协报》刊登工作专题报道6期，市政协门户网站发布信息590余条，微信公众号推送145期456条，《委员直播间》播出52期，《河源政协》杂志印发4期，在市级媒体刊播新闻110余条，广泛传播政协履职好声音、奋进正能量。

【政协队伍建设】2022年，政协河源市委员会强化委员责任担当。着力加强履职能力建设，组织委员参加全国政协开展的读书活动及省政协组织的学习会、座谈会和“政协悦读”活动；开展线上线下委员培训活动，邀请省社科院专家、省政协理论研究会教授为政协委员作履职专题辅导报告；建立14个线上培训群组，委员全员入群学习；在“数字政协”开设委员读书群，组织5期读书活动。优化委员服务管理，认真落实政协常委提交履职报告、委员履职量化考核等制度，提高委员履职积极性主动性；开设政协委员履职管理服务信息化系统，创新委员履职、学习、交流形式。借助媒体平台全方位、多角度报道委员调研视察、民主监督、团结联谊等履职活动。

强化机制创新与理论研究。修订《中国人民政治协商会议河源市委员会专门委员会通则》，提升专门委员会工作制度化、规范化和程序化水平。推进界别委员工作室建设，创建工商联、工青妇、民革3个界别委员工作室，其中工商联界别委员工作室推动成立的“乡村群众无忧保”保险项目在助力乡村振兴工作中取得显著成效。巩固和提升乡镇政协联络工委建设，以规范机构设置、规范工作机制、规范履职活动为抓手，推进乡镇政协联络工委规范化建设。加强河源市人民政协理论研究会建设，深化政协理论研究，在全市政协组织开展“人民政协与全过程人民民主”专题研讨，形成理论文章36篇，深化对全过程人民民主的理解把握，以及对人民政协工作的规律性认识。

市政协委员提案选辑

【关于发挥万绿湖水资源优势，做大做强河源市水经济产业的系列提案】 案由：河源市水资源丰富，素有“粤东宝库”之称，境内集雨面积100平方千米以上的河流47条，人均水资源占有量4500立方米，约为全国、全省人均水资源拥有量的2倍。河源万绿湖拥有华南地区最优质的天然水资源，水质一直保持在国家地表水Ⅰ类标准，是素有“水中大熊猫”之称桃花水母的栖息乐园。2004年4月，中国食品工业协会组织专家对万绿湖水质进行专项权威鉴定，授予万绿湖为当时全国唯一的“中国优质饮用水资源开发基地”称号。2015年万绿湖入选首批“中国好水”五大水源地之一。由此可见，水资源优势是河源最大的自然禀赋，是支撑河源市做大做强水经济产业的重要战略性资源。

2021年7月7日，市委书记林涛在市委理论学习中心组（扩大）会议上提出要重点引进一批行业领军企业，打造百亿级食品饮料及水经济产业。2021年8月13日，市委七届十三次全会提出河源要加快建设省现代农业与食品产业集群核心城市，打造百亿级食品饮料及水经济产业集群，系统谋划推进水经济产业发展。当前，河源市利用开发万绿湖水资源发展水经济产业在各方努力下取得一些成效，制定水经济产业发展“路线图”，着手规划布局建设水经济产业园，吸引农夫山泉三期、怡宝等龙头企业聚集水经济产业园，水经济产业发展势头愈发迅猛，水经济产业集聚趋势正加速形成，为河源推动形成“融湾”“融深”绿色发展新格局，努力建设成为“全省绿色发展示范区”“融入粤港澳大湾区生态排头兵”迈出坚实有力的一步。

目前，河源市饮用水经济产业发展取得明显成效，呈现出规模集聚，总量扩张，多元化发展的良好态势。但在深度开发储量巨大优质水的潜在商业价值方面缺乏战略性考虑和布局，除了农夫山泉、今麦郎、碧优选三家企业外，现有其他饮用水生产企业规模均较小，本土企业品牌不响、产品竞争力不强、产业链单一，产业发展层次不高，产业配套薄弱，政策执行缺乏延续性，现有土地、环保政策等条件受限，还存在一些亟待解决的问题：

（一）饮用水产业发展没有形成集群优势。在水经济产业发展中，企业之间还存在各自为政、单打独斗的现象，没有凝心聚力、集团集群发展意识，这些都不利于饮用水产业做大做强。同时，由于缺乏较为统一的品牌，产品核心价值发掘不够，未把水产业与河源市的好山、好水等生态资源深度融合起来，万绿河源出好水、好水助健康长寿等名片没有得到很好利用。

（二）饮用水行业管理不够规范。饮用水产业是许可类产业，行业准入门槛较低。全市目前尚未成立饮用水行业协会，没有行业约束，一些规模小、实力弱的小企业自律意识不强、诚信缺失，产品检验不合格，企业之间同质化和无序竞争严重，影响产业健康发展。

（三）饮用水品牌影响力不强。当前国内消费者对河源生产的包装饮用水产品认知程度相对较低，一些企业对产品品牌重视认识和保护不够，品牌推广意识不强，对外推介宣传力度不大。目前，除了农夫山泉、碧优选等品牌有一定的知名度外，其他企业无论在规模上还是在市场营销上，都没有形成具有全国全省知名度和市场影响力的品牌。

建议：

2021年12月1日，省长马兴瑞到河源调研指导工作，对河源市发展水业给予充分肯定和大力支持，极大地增强做大做强河源市水经济产业的信心决心，河源市水经济产业迎来重大发展机遇。针对河源市做大做强水产业品牌的有利条件及存在的主要问题和短板，结合河源市实际，现就做大做强水产业提出几点意见建议：

一、抓好水源保护，筑牢水经济产业发展基础。保障优质的原水供应，是做大做强水经济产业的基本前提条件之一，要持续加强万绿湖水源保护，确保原水质量。一是加强对万绿湖库区农业面源污染的行为管控，加强对万绿湖库区居民生活垃圾、生活污水排放的监管，加强库内旅游开发项目的管理。二是对矿泉水资源重新进行全面勘查，同时坚持保护与开发并重原则，科学规划，适度开发。由市政府委托有资质的水文地质勘测单位，对河源市各县（区）优质饮用水资源分布及储量、水质情况进行一次详细的普查，摸清家底。

二、抓好服务管理，规范饮用水产业发展。注重矿泉水产业发展的规范管理，坚持保护与开发并重原则，健全机构，强化监管，优化存量，扩大增量。一是成立河源市饮用水产业管理机构，统筹全市饮用水产业发展方向和规划布局，制定河源市饮用水产业管理的有关规定，出台支持河源市饮用水产业发展的政策文件，理顺各部门的监督管理职责；二是充分发挥市场在资源配置中的基础性作用，按照“政府主导、企业主体”原则，引导企业发起成立河源市饮用水行业协会，通过行业自律强化管理，促进产业持续、健康、稳定发展。

三、抓好品牌培育，打响河源水经济产业品牌。发挥农夫山泉、今麦郎、怡宝等企业在行业和产品领域中的领头羊地位和形象，借助其雄厚的资金及营销、宣传网络，加大对河源本土品牌水企业的支持培育力度，巩固提升企业核心竞争力，努力培育几家具有一定规模和竞争力的本土水产品企业，并落户到水经济产业园区，带领河源本土水企业做大做强，共同打响河源水产业品牌。同时，不断完善饮用水的产业链体系，形成低、中、高三个梯度多层次的产品格局，鼓励企业研发创新，开发化妆水、茶道水、母婴用水、医疗美容用水等专用系列产品，打造特色领先优势。

四、抓好优质服务，打造水经济产业聚集发展高地。成立市级层面的水经济产业发展领导机构，宏观协调水经济产业园布局及招商选资。成立工作专班，专门协调解决水经济产业企业遇到的困难。建立“一对一”专人咨询服务机制，对签约落户企业进行贴心服务。加大政策扶持力度，出台有竞争力的人才培养、引进、挽留制度，依托人才与技术创新，推动水产业高质量发展。推动产业公共服务平台建设，完善产业要素配套和物流配套。

五、抓好宣传推介，提升万绿湖“健康水”知名度，促进市场开拓。加强万绿湖水文化的宣传开发，突出“人无我有，人有我优”的万绿湖优质水优势，大力宣传万绿湖天然“健康水”“养生水”理念，满足人民对健康生活的追求，积极发展水康养产业，做大做强水产业蛋糕。一是由市政府主办，行业协会承办，每年开展两次河源饮用水品牌宣传推介活动。二是积极组织饮用水企业参加省内外重大食品交易会、展销会等促销活动，提高产品知名度、美誉度。三是采取政府推动、企业运作的模式，每年在“北上广深”等地开展三至四次河源生态健康长寿饮用水专题推介活动。四是积极开拓国内、国际市场，充分运用“互联网+”、大数据、信息技术和物流技术，搭建电商、超市对接平台，发展连锁经营，推动好水入市。

六、抓好战略谋划，统筹推进水经济产业融合发展。一是高质量编制全市水产业发展专项规划，研究将万绿湖供水管道延伸至临江古竹片区布局水经济产业发展，统筹解决江东新区居民用水，盘活利用好现有闲置土地。二是积极谋划通过铺设专用管道，将万绿湖优质水引至深圳，依托水资源实现“融深”“融湾”硬联通。三是利用深层低温水及新丰江电厂电力直销，在大坝下游建设广东云计算数据基地。四是积极整合资源，实施品牌驱动发展，全力打造河源市饮用水产业的“航空母舰”。要培育发展壮大农夫山泉、碧优选、华润怡宝等一批饮用水龙头企业，以龙头企业整合为抓手，大力推进企业联合重组、整合，推动饮用水产业向产业化、规模化、品牌化、高端化发展。按照市场化原则，整合现有饮用水企业规模，形成饮用水企业集团，实现企业抱团发展、产业集聚发展。五是实行严格的准入制度，推进优质资源与知名企业、知名品牌的完美结盟。积极引进省内外大公司、大集团对境内企业进行收购、兼并，借助大企业、大集团雄厚的资金优势，先进的管理理念、技术水平、成熟的销售体系以及人才储备，促进产业向规模化、集约化、高规格化、高品质化发展。

提案者：民建河源市总支部，何丽琴

承办单位：市工业和信息化局、商务局、水资源开发办

领衔督办领导：林涛

【关于加快推进岭南现代农业科学与技术广东省实验室河源分中心建设的提案】 案由：科技立则民族立，科技强则国家强。2013年，在中共十八届中央政治局第九次集体学习会上，习近平总书记发出一个对历史的深刻追问：“近代以来，中国屡屡被经济总量远不如我们的国家打败，为什么？其实，不是输在经济规模上，而是输在科技落后上。”

2019年3月27日，广东省委书记李希在省科技创新大会上指出，要大力谋划推进省实验室建设。以培育创建国家实验室、打造实验室“预备队”为目标，加快推进省实验室建设。

一、基本情况

为了弥补岭南现代农业省实验室在粤东粤北战略布局的空白，以及支持河源创建国家农高区的迫切需要，为乡村振兴装上科技引擎，河源市政府在2020年4月28日向省政府提出支持建设岭南现代农业科学与技术广东省实验室河源分中心（以下简称“灯塔实验室”）的请示，得到省委、省政府的大力支持，在2020年8月22日得到省长马兴瑞批准同意筹建，2021年3月19日注册登记成立。灯塔实验室在总部实验室指导下由市政府负责建设，华南农业大学、仲恺农业工程学院、广东省农科院、中山大学、华南理工大学、广东省科学院、北京理工大学珠海学院及河源市主要科研院所为参建单位，同时吸纳民间资本，形成“总部实验室+河源市政府+科研单位+企业+社会资本”融合建设模式，积极探索，大胆改革，全力服务农业农村发展。

结合河源市现有产业基础和优势，瞄准广东省现代农业产业发展的重大前沿科学问题，灯塔实验室设置三个研究方向，岭南丘陵盆地特色农产品高效生产与综合利用、智慧农业与智能物、畜禽生态健康养殖；引入中国工程院院士赵春江任实验室主任、中国工程院院士张洪程任学术委员会主任。

省实验室是国之重器，是国家战略科技力量体系的重要组成部分，也是实现科技自立自强的重要抓手。省政府还赋予省实验室独立的人财物自主权，主要包括以下几个重要内容：

1.分中心可自主评审正高级职称；

2.自主决策孵化企业3000万元以下投资；

3.自主设立的科技项目视同省科技

计划项目；

4.重点引进的人才团队纳入省重大人才工程；

5.与高校联合共建博士点、硕士点，培养高水平创新人才。

以上重要权限说明省实验室的重要位置，说明省实验室在实施创新驱动发展战略中的重要作用，以上几项权限比一所全日制本科院校的权限还大，灯塔实验室要用好用足这个政策，让省实验室真正成为科技创新的主引擎、国家发展的战略支撑。

河源市政府是灯塔实验室的建设单位，市委、市政府高度重视灯塔实验室建设，市领导多次召开专题会议研究，并明确灯塔盆地（农高区）管委会为灯塔实验室的建设运营主管单位，负责灯塔实验室人、财、物的投入和管理，市科技局作为业务主管部门，提供业务指导，做好服务和监督管理。

二、存在问题

由于河源市地处粤东北欠发达山区，各方面基础建设正加快推进，目前还存在科技人才短缺，尤其高水平领军人物较少等问题，因而也影响省实验室人才团队引进、科研攻关、基础建设等主要建设内容，严重制约灯塔实验室的正常建设，到目前为止仅承担2项省科技重大计划研发项目，各项工作停滞不前，难以完成三年建设期的各项建设目标。

建议：

按照《广东省实验室建设管理办法（试行）》，灯塔实验室应该在登记注册后三年内为建设期，要完成人才团队引进、建立规章制度、固定资产投入，并开展职称评审、科学研究和科技攻关并实现成果转化，省科技主管部门在省实验室建设期满后组织考核评估，决定这个实验室能否继续列入省实验室序列。为了做好灯塔实验室这个省实验室的建设工作，确保能充分发挥省实验室的权限和作用，建议如下：

1.在灯塔实验室建设方面，主动积极向省级各部门争取项目、资金、人才引进支持，加快完成实验室建设的立项、土地划拨、规划设计、环境影响评估等工作。

2.组建人才队伍。一是加快建立一支结构合理、素质高的实验室管理队伍，建立健全人才管理制度，提高灯塔实验室管理水平，建立科学、规范的管理机制。二是探讨通过联合培养研究生、引进高端人才、聘任客座教授等方式，让各类人才为灯塔实验室服务。三是确实落实人才引进奖励等优惠措施，全力保障人才权益，为人才搭建对外交流、学术研究等平台，让人才有更大的上升空间，以此吸纳同领域不同渠道的杰出人才，组建一支稳定的服务实验室建设和发展的高素质科研人才队伍。

3.结合产业发展引进人才团队。采用“企业+省实验室”的模式，按照产业发展的需求，和国家级农业龙头企业（目前全市5家）合作，将企业引进的人才团队纳入灯塔实验室的人才团队进行管理服务。逐步构建完善“省实验室+学校+产业园区+企业”联动，实现产学研协同创新。

4.开展科研项目自主立项工作。灯塔实验室应尽快建立科学规范、高效公正的自主立项管理机制，优化科研管理，赋予项目负责人科研决策、经费使用等自主权，结合产业发展重大需求，凝练部署重大科学任务，组织开展一批前瞻性、原创性、集成性科学研究和科技攻关。建立全科技资源开放共享制度，设立开放课题，广泛开展国内外合作研究，积极参与各类科技合作计划。

5.加强科研攻关的信心。发挥省实验室国之重器的作用，利用院士团队的优势争取国家自然科学基金项目、国家重点研发计划、科技部重大专项等国家级的科研项目，这样才能符合省实验室在创新体系中的重要地位。

河源市要始终心怀“国之大者”，以更大力度更实举措推动灯塔实验室的创新发展，加快实现科技自立自强，为河源在新征程中走在前列，创造新的辉煌提供科技支撑。

提案者：韦锐辉

承办单位：市灯塔盆地农高区管委会、市科技局、市农业农村局

领衔督办领导：何国森

【关于加大力度做好村庄保洁的系列提案】 案由：近年来，市委、市政府高度重视村庄清洁工作，深入贯彻落实习近平总书记关于农村人居环境整治重要讲话精神和重要指示批示精神，按照省委、省政府部署要求，全面实施农村人居环境整治三年行动计划，扎实开展“三清一改”“三清三拆三整治”等专项行动，统筹推进农村生活垃圾治理、农村改厕、污水和黑臭水体治理等重点任务，村容村貌进一步改善，农村人居环境不断提升，群众生产生活条件改善明显。514个村达到美丽宜居村标准，干净整洁自然村达标率89.32%，群众的获得感、幸福感、安全感明显增强，建设幸福和谐美丽河源的环境基础更加扎实。

虽然近年来对村庄清洁投入了大量的资源，但对村庄的后续保洁、管理等没有跟上，每次专项考核、检查过后，部分村庄恢复老样子，该怎么样还是怎么样。主要存在问题及原因：

一、经费投入不足。农村环境综合整治主要内容“六清六建”中的每一项都需要资金投入，由于部分乡镇财力比较薄弱且配套资金不足，难以承担垃圾填埋基础设施建设的配套投入、垃圾中转站的运行、维护和人员工资以及村保洁员的费用补贴等，影响保洁工作的顺利开展。多元化资金投入机制尚未建立，社会资本参与程度较低。

二、重视程度不够。河源市乡村村落数量多，各个乡村的基础及发展成效不一样，对环境卫生整治的重视程度也不一样，导致各乡村环境卫生、保洁效果不一样。一些地方的领导干部对村庄保洁工作的重要性认识不足，没有真正把农村环境整治提高到“建设生态、文明、和谐的新农村”的目标要求上来，日常工作存在敷衍塞则、走过场现象，临时应对的思想比较严重，为检查考核

而突击整治是部分镇村的主要做法。

三、管理水平不高。乡镇专业技术力量缺乏，村“两委”干部管理水平较低，卫生保洁人员管理不规范，管理体系不够健全，监督检查制度、保洁员的工作责任及管理制度、环境卫生绩效考核制度、环境卫生保洁奖罚制度等管理制度有待进一步完善。并且部分村挑选保洁员是出于对老弱病残人员的照顾，远远不能满足工作需要。

四、村集体经济较差。农村集体经济普遍较差，乡村发展缺乏产业支撑，大部分镇村产业还存在产业门类不宽、产业链条不长、质量效益不高等问题，自我造血功能尚未形成，村庄保洁所需经费主要通过项目经费或者“上面给一点、自己筹一点、下面收一点、企业捐一点”的方式解决，经济效益更无从谈起，缺乏经济收入无法支持村庄保洁工作形成良性循环。

五、机制体制不健全。缺乏统一的环境卫生长效保洁机制，村庄保洁工作是一项系统工程，各地没有把村庄保洁当成一项长期的工作来抓，当前相关制度、标准、考核考评等制度不够完善，能够全面推广应用的系统长效管理机制还未建立，缺乏必要的监管措施，多数村级保洁工作仍处于摸索阶段。

六、宣传力度不够。“重”行政推动，“轻”宣传发动现象比较突出，上级部门习惯于“下任务，定指标”，层层传递压力，宣传发动力度不够大，基层和群众工作做得不够深。开展宣传教育形式不多，没有充分调动村民积极性，未形成人人参与保洁的良好局面。

建议：

针对以上存在的主要问题及产生问题的原因，提出意见建议如下：

一、加强组织领导。切实加强党对“三农”工作的全面领导，坚持高位推进，市、县、镇、村四级联动抓村庄清洁行动，一级抓一级，层层抓落实。强化农业农村、住建、交通、爱卫等部门协作配合，形成工作合力。充分发挥县（区）、乡镇政府主体作用，成立镇一级工作领导小组，制定三年村庄保洁工作行动方案，将村庄清洁行动纳入农村疫情防控重要工作议程，明确职责分工，细化措施举措，加大统筹力度，加强督促指导，确保工作落到实处。

二、加大经费投入。积极争取上级扶持政策，争取农村环境保护和污染整治项目资金，逐年增加对农村环境保护的财政投入和技术扶持，重点支持饮用水源地保护、农村生活污水和垃圾治理、畜禽养殖污染治理等工程。加强村企结合，积极开展“千企帮千村”活动，建立引导激励机制，鼓励社会资本参与新农村各项工程建设。完善村级公益事业建设“一事一议”财政奖补机制，调动农民参与农村人居环境建设的积极性。推动政府通过委托、承包、采购等方式向社会购买村庄垃圾收运处理、日常保洁、设施管护等公共服务。

三、发展村级经济。立足产业结构调整升级，及时转移农村环境整治工作重心，大力推行农业清洁生产，发展循环经济，充分依托村级集体拥有的自然资源禀赋，发展“村级+公司”合作模式，盘活和整合农村土地，培植河源本地特色优势乡村产业，提高村集体收入。大力发展第三产业，打造“采摘体验+休闲饮食+旅游观光”消费链，建设休闲观光点。探索组建综合服务公司，由村集体进行管理，自负盈亏，聘用专业人员，主要从事集村道保洁、垃圾清运等有偿性业务服务，促进村庄保洁工作形成良性循环。

四、建立长效机制。建立农村保洁日常管理机制，坚持群众事群众抓、群众参与、群众监督，接受群众咨询、举报，对反映的问题及时进行核查、整改和回应。细化完善农村人居环境整治考核办法，健全“正向激励为主，负面约束相结合”的考核机制，以强有力的督查问效推动工作落实。同时发挥新闻舆论的监督作用，对村庄保洁工作进行跟踪报道，促进整体发展。

五、加强示范打造。扎实推进乡村风貌提升，鼓励企业和公益性团体参与推动美丽乡村建设，打造乡村振兴示范带。加强传统建筑、传统村落、有文化底蕴的客家民居保护。深化“百村示范、千村整治”行动，推进各地因地制宜梯次创建美丽宜居村、特色精品村。用好典型示范这一重要抓手，打造一批村庄保洁示范村和示范镇，在农村卫生保洁做好示范，通过示范引领，带动全区农村人居环境整治提升。

六、加强教育引导。要充分发挥新媒体作用，采取微信、抖音小视频等农民喜闻乐见的方式，大力宣传村庄清洁的重要意义，进一步增强基层群众的环境卫生意识和资源节约意识。结合党史学习教育和“改陋习、树新风”相关主题活动，着力培养基层群众良好的卫生习惯，自觉养成文明健康的生活方式。建立对环境卫生文明户的奖励机制，发挥榜样的示范带动作用。在中小学开设环保、健康教育课，加强对青少年环卫意识的培养，通过“大手牵小手”，带动家长改变落后的生活习惯。

七、加强监督力度。加强对保洁效果的监督，首先对村庄环境卫生实行村支书、村主任负责制。将村庄环境卫生纳入各村日常重点工作，每月考核结果与村支书、村主任绩效工资挂钩，年度考核结果与各村评优评先结合。县镇环卫部门不定时进入各村庄督导检查环境卫生状况，定期汇总、评比、通报，确保村庄环境卫生长效保洁机制落到实处。其次，对环境卫生保洁好的村庄可适当给予奖补资金，进一步激发村庄搞好环境卫生、提高人居生活质量的积极性。再次，要制定奖罚制度，将考核压力传导给乡村保洁人员，对乡村保洁人员进行工作效果考核，或与待遇水平挂钩。

八、加强管理培训。完善保洁管理制度，对村干部、卫生保洁人员规范化管理，加强上岗培训，明确工作责任。

提案者：黄少立、谢素德

承办单位：市乡村振兴局、市财政局、市住房和城乡建设局

领衔督办领导：钟挥锷

（黄尧铭）

中共河源市纪律检查委员会
河源市监察委员会

重要会议

【八届二次全会】2022年2月14日，中国共产党河源市第八届纪律检查委员会第二次全体会议在市会议中心召开，中共河源市委书记、市人大常委会主任林涛出席全会并讲话。全会审议通过市委常委、市纪委书记、市监委主任李洋代表市纪委常委会所作的《永葆自我革命精神推进新时代河源纪检监察工作高质量发展，以实际行动迎接党的二十大胜利召开》的工作报告。

【工作会议】2022年1月12日，河源市纪委监委召开学习贯彻中共十九届六中全会精神宣讲报告会。1月28日，召开市纪委监委机关2021年度工作总结会议。2月11日，召开全市纪检监察机关审查调查安全工作会议。7月14日，召开市纪委监委派驻（出）机构工作会议。7月22日，召开市纪委监委学习贯彻省第十三次党代会精神宣讲报告会。8月12日，召开全市纪检监察机关监督检查和审查调查工作会议。10月31日，召开市纪委监委传达贯彻中共二十大精神大会。11月18日，召开市纪委监委学习宣传贯彻中共二十大精神交流研讨会。

主要工作

【中共二十大精神学习宣传贯彻】2022年，河源市纪委监委召开市纪委常委会会议、理论学习中心组学习会，深刻领悟中共二十大提出的新思想新论断、作出的新部署新要求，自觉用中共二十大精神统一思想、凝聚力量。制定《市纪委监委学习宣传贯彻党的二十大精神工作方案》，对学习宣传贯彻工作进行动员部署。采取多种方式开展“党的二十大精神大家谈”学习分享活动，开展读书分享会等活动，把学习贯彻中共二十大精神、习近平总书记重要讲话精神与推进重点工作任务结合起来，督促、指导、推动中共二十大精神落细落实。

【政治监督】2022年，河源市纪委监委贯彻落实习近平总书记关于“疫情要防住、经济要稳住、发展要安全”重要指示精神，开展疫情防控监督检查10轮，发现并推动整改问题286个。贯彻落实习近平总书记关于粮食安全、耕地保护的重要指示精神，聚焦粮食生产、耕地撂荒整治、乱占耕地建房开展监督检查，督促整改问题54个，追责问责22人。贯彻落实习近平总书记关于广州市大规模迁移砍伐城市树木事件重要指示精神，督促做好省纪委监委城市治理专项督查“回头看”发现的9个问题的整改落实，追责问责7人。贯彻落实习近平总书记关于根治欠薪工作的重要指示精神，开展拖欠农民工工资问题专项督查，推动追回拖欠工资3594万元，约谈提醒9人。贯彻落实习近平生态文明思想，加强对中央生态环保督察移交问题整改情况的监督检查，聚焦农村人居环境整治提升、“两高项目”（高耗能、高排放项目）盲目发展、违规倾倒和填埋垃圾等重点问题开展监督检查，发现并督促整改问题144个，追责问责22人。加强换届纪律风气监督，做好市八届人大一次会议、市政协八届一次会议会风会纪监督。精准规范审慎回复党风廉政意见，严把政治关、廉洁关，全市党风廉政意见回复9155人次，提出暂缓使用、不宜使用意见99人次。

【“三不腐”一体推进】2022年，市纪委监委深化反腐败斗争，一体推进不敢腐、不能腐、不想腐，持续释放治理腐败综合效能。加强对“一把手”和领导班子的监督，受省纪委监委委托，市纪委监委主要负责人对23名新任职省管干部开展谈话提醒，督促严格落实中央八项规定及其实施细则精神。创新“提交报告—审核反馈—跟踪整改”的市管“一把手”述责述廉新工作模式，组织97名市管“一把手”向市委书面述责述廉，向84名“一把手”反馈意见建议260条，推动实现以“述”促改、以“述”促建良好效果。建立健全900余名市管干部廉政档案，为监督执纪问责和监督调查处置、综合分析党风廉政建设情况提供参考依据。

坚持惩前毖后、治病救人，全市纪检监察机关运用“四种形态”（让“红红脸、出出汗”成为常态；党纪轻处分、组织调整成为违纪处理的大多数；党纪重处分、重大职务调整的成为少数；严重违纪涉嫌违法立案审查的成为极少数）批评教育帮助和处理2943人次。其中，运用第一种形态以教育帮助为主谈话函询、提醒批评1718人次；运用第二种形态给予轻处分、组织调整946人次；运用第三种形态给予重处分、职务调整125人次；运用第四种形态处理严重违纪违法、触犯刑律的

154人次。精准规范问责促进担当作为，全市问责党组织7个，问责党员领导干部、监察对象328人。

深化以案为鉴、以案促改、以案促治。坚持正面引导和反面警示相结合，拍摄全面从严治党警示教育片《镜鉴》《套牢》，以身边人、身边事、身边案为警示，开展同级同类警示教育。创新督导方式方法，升格牵头主体、升格带队领导、升格召开范围，推动全市7个县（区）党（工）委和94个市直单位党组（党委）召开以案促改专题民主生活会，查摆问题3100余个，提出整改措施3600余个。

聚焦重点领域突出问题开展专项治理。开展全市国家工作人员因私出国（境）问题专项监督检查，制定提示函，督促堵塞漏洞，遏制违规出国（境）问题。开展关于虚列开支套取财政资金问题的专题调研，督促财政部门开展专项整治，力促经济领域营造全面从严治党新气象。开展防汛专项监督，发现并督促整改问题54个，问责27人。开展农村集体“三资”管理领域腐败和作风问题专项整治，推动整改问题1047个，推动建立完善制度2个。聚焦巩固拓展脱贫攻坚成果、产业发展、乡村建设等重点，监督发现问题26个，有序推动整改。

【“四风”持续纠治】 2022年，河源市纪委监委坚决落实中央八项规定精神，持续纠治“四风”，推动党风政风持续向好。深挖彻查违纪违法案件中的“四风”问题，全市纪检监察机关通报曝光违反中央八项规定精神典型问题24起24人。开展领导干部违规兼职取酬专项整治，给予党纪政务处分6人，其他处理25人。开展党政事业单位主责主业项目违规外包问题专项整治，处理10人。紧盯重要时间节点，印发纠“四风”树新风有关通知，督促各级各单位召开警示教育学习会500余场，印发提醒短信10万余条。全市查处享乐主义、奢靡之风问题122个，给予党纪政务处分152人；查处形式主义、官僚主义问题71个，给予党纪政务处分121人。加强新时代廉洁文化建设，创新宣传载体、扩大宣传阵地，推动开展廉洁文化进家庭、进校园活动。推进廉政教育进党校，市纪委监委领导为县处级、新任正科级、新录用公务员等党员干部作专题辅导报告。严格落实意识形态工作责任制，规范“万绿清风”网站、“河源纪检监察”微信公众号信息发布工作，增强纪检监察宣传工作传播力、引导力、影响力。

【基层正风反腐】 2022年，河源市纪委监委坚持人民至上根本立场，深入整治群众身边腐败和不正之风。强化信访分析，交办督办信访举报22件，推动治理重复举报22件。强化靶向施治，分级分类开展20项整治。全市一盘棋推进乡村振兴驻镇帮镇扶村、医保基金、营商环境、补充耕地指标交易领域突出问题4项重点整治。督促主管部门实施14项行业性问题整治，指导各县（区）纪委监委结合实际开展5项专项监督，结合河源实际统筹开展2项特色整治。强化直查督办，深挖彻查损害群众利益的典型案件，针对社保基金涉嫌违法违规和失职渎职问题，全市立案7人。全市查处群众身边腐败和作风问题191个，给予党纪政务处分290人；查处乡村振兴领域违纪违法问题47个，给予党纪政务处分57人；查处涉黑涉恶腐败及“保护伞”33人，给予党纪政务处分32人。

【政治巡察】 2022年，河源市纪委监委坚守政治巡察定位，巡察利剑作用持续彰显。把“两个维护”（坚决维护习近平总书记党中央的核心、全党的核心地位，坚决维护党中央权威和集中统一领导）作为根本任务，着力发现和纠正政治偏差，完成2轮对14个市直单位党组织的常规巡察，发现问题218个，发现问题线索35件。开展国资国企系统专项巡察，发现问题160个，发现问题线索27条，推动纪检监察机关留置4人。开展优化营商环境专项巡察，发现问题112个，发现问题线索8条。组织开展规范化建设年活动，健全完善19项制度。强化巡察上下联动，开展河源市乡村振兴资金管理使用暨农村集体“三资”管理专项巡察，发现问题1379个，发现问题线索174条。配合省巡察指导督导工作，落实反馈的12个问题整改，优化机构设置，完善制度机制。对14个单位开展选人用人、意识形态工作责任制专项检查。探索“巡审联动”机制，推动巡察监督与其他监督贯通融合、形成合力。贯彻落实《关于加强巡视整改和成果运用的意见》，制定任务清单和责任清单，推进以巡促改、以巡促建、以巡促治。制定《市纪委监委关于加强巡察整改日常监督工作的实施办法》《开展选人用人专项检查工作指引》，加强巡纪联动，推动巡察整改取得实效。

【纪检监察队伍建设】 2022年，河源市纪委监委坚持“第一议题”制度，召开58次市纪委常委会会议、理论学习中心组学习会，持续跟进学习习近平总书记重要讲话和重要指示精神，深入学习《习近平谈治国理政》第一卷至第四卷等经典文献。学习贯彻《中国共产党纪律检查委员会工作条例》等新法规新制度，印发案管、审理等工作提示13份，明确权力边界，严格内控机制。落实《广东省纪检监察机关问题线索督办暂行办法》，全流程规范问题线索督办管理。深化全员培训，强化能力提升，全市纪检监察机关举办培训班76期，培训干部2209人次。制定《关于开展全市基层纪检监察干部“以案代训”的工作方案》，常态化开展“以案代训”，提升基层纪检监察干部履职能力。建立借调至上级纪委、“以案代训”纪检监察干部及纪检监察系统外借调干部等人才库，强化基层基础基本功。贯彻落实《纪检监察机关派驻机构工作规则》，持续深化派驻机构改革，设立市纪委监委驻市国资委纪检监察组，加大对国资国企的监督力度。（陶思明）

民主党派·工商联

编辑：李文举

民主党派

【概况】 截至2022年年底，河源市民主党派有1个市级委员会、5个基层委员会、1个总支部委员会，分别是民革河源市委员会、民盟河源市基层委员会、民建河源市基层委员会、民进河源市基层委员会、农工党河源市基层委员会、致公党河源市总支部、九三学社河源市基层委员会。民主党派成员586人。

【中国国民党革命委员会河源市委员会】 截至2022年年底，中国国民党革命委员会河源市委员会（以下简称民革河源市委会）有支部8个，设专门工作委员会3个和监督委员会1个，党员113人（其中新发展党员5人），主要为教育、医卫和科技界的中高级知识分子。成员中，担任市人大代表1名，县（区）人大代表2名，市政协副主席1名、常委3名、委员8名，县（区）政协常委3名、委员7名。根据民革中央和省委会的工作部署，继续开展“不忘合作初心，继续携手前进’政治交接主题教育活动；组织举办年度骨干党员培训班，邀请省社会主义学院和市委党校老师授课，深入学习中共二十大精神，并结合民革工作拓展学习，凝聚共识和力量；组织市委会班子及各支部支委学习贯彻民革中央和省委会有关会议精神，及时传达河源市委八届三次、四次全会精神和全市统战工作会议精神，以思想政治引领指导党派工作上新台阶。是年，民革河源市委会获评民革广东省委会“2021—2022年度参政议政工作先进集体二等奖”、民革广东省委会和《团结报》广东记者站“2021年度《团结报》工作先进集体二等奖”。

参政议政 2022年，民革河源市委会完成调研报告2份，提交提案17件、人大建议3份，撰写提交社情民意8份，其中2件提案被评为优秀提案，多份社情民意被政协采纳。两会期间，河源民革13名政协委员、人大代表向大会提交集体提案4件、个人提案9件、建议3份，涉及经济、乡村振兴、生态环境、教育事业、民生实事等，其中1份大会提案被列为重点督办提案，提交的社情民意《关于窨井盖加装防坠设施的建议》得到市政府主要领导批示。完成调研课题《关于碳达峰碳中和背景下，有效解决我市电力能源供应问题的建议》《后疫情时代，生态旅游业发展面临的困局和破局》。2022年，民革河源市委会党员9人分别担任市、县区不同部门的人民监督员、特约监察员、党风政风监督员、督察员和评审员等职务，利用党派成员身份对各部门进行监督，促进执法公平、公开、正义。

社会服务 2022年，民革河源市委会资助困难学生49名，联系兄弟市单位帮扶9名学生。发动民革党员及其他社会团队、爱心人士先后在和平县和龙川县开展2场微心愿活动，向农村留守儿童捐赠课外书籍、文具和运动用品等，帮助1051名农村留守儿童圆梦微心愿。与东源、和平、龙川和连平4个县的7个乡镇签订医疗对口帮扶协议，每年对帮扶单位开展2次医疗培训和技术帮扶活动。

【中国民主同盟河源市基层委员会】

截至2022年年底，中国民主同盟河源市基层委员会（以下简称民盟河源市基层委员会）有支部6个，设专门工作委员会1个，党员110人（其中新发展党员10人），主要为教育和科技界的中高级知识分子。成员中，担任市政协常委3名、委员5名，县（区）政协副主席1名、常委2名、委员2名。民盟河源市基层委组织盟干、新盟员前往东源县义合镇上屯村开展“矢志不渝跟党走，携手奋进新时代”政治交接主题教育活动，参观阮啸仙故居、闻啸轩学堂等爱国主义及红色教育基地，提高盟干及新盟员的政治判断力、政治领悟力、政治执行力，保持同中国共产党同心同德，团结奋斗的政治本色。选派盟干参加“民盟广东省委委员暨盟务骨干培训班”。是年，民盟河源市基层委被评为民盟广东省委会“庆祝广东民盟组织成立80周年先进集体”。

参政议政 2022年，在两会召开期间，民盟盟员中的8名市政协委员围绕河源市医疗、教育、司法、文化旅游、

城市治理、乡村振兴等方面问题开展研讨，提交建议提案12件，其中《关于加快我市新能源汽车充电桩配套建设的提案》被列为重点提案。围绕“双减政策背景下，河源市中小学面临的困境及对策研究”“关于加强民营经济司法保障，营造河源良好法制化营商环境的调研”组织开展课题调研；“深化产教融合，促进我省职业教育高质量发展”被民盟广东省委会列为重点课题。根据《河源市统一战线同心筑梦助力民族地区高质量发展工作方案》，民盟河源市基层委员会挂钩东源县漳溪畲族乡上蓝村，同时结合省委员会《关于在全省开展“乡村振兴粤盟行”活动的工作方案》，河源民盟将“乡村振兴粤盟行”的主要活动地点选定在上蓝村。多次到上蓝村开展调研，与村“两委”干部、企业单位、有关部门深入交流，了解现状，发现问题和困难，并提出建设性意见建议。

社会服务 2022年，民盟河源市基层委员会借助河源市友益爱心促进会平台，协同市妇联、河源市巾帼志愿者协会及相关爱心企业开展“护苗关爱残障儿童”“呵护眼眸 看见未来”“守护夕阳 关爱空巢老人”“税爱关怀·微心愿”等主题活动26场次。动员盟员参与所在单位和民盟组织开展的捐款捐物、消费帮扶、访贫慰问等活动。开展“共护成长·相伴童行”系列活动。围绕“乡村振兴粤盟行”“同心筑梦助力民族地区高质量发展”两个主题，赴东源县漳溪畲族乡上蓝畲族小学开展“共护成长·相伴童行”系列活动，捐赠图书600多册、书架8个、电风扇36台、双面打印复印扫描一体机1台、体育器材60件（套）、益智玩具54件（套）等。

【中国民主建国会河源市基层委员会】

截至2022年年底，中国民主建国会河源市基层委员会（以下简称民建河源市基层委员会）有支部4个、会员81人（其中新发展会员4人），主要为经济界人士。成员中，担任市人大代表4名，县（区）人大常委会委员1名，市政协常委1名、委员4名，县（区）政协常委4名、委员6名。民建河源市基层委员会学习贯彻中共二十大精神、全国两会精神、中央统战工作会议精神、中共广东省第十三次代表大会精神、民建广东省第十次代表大会精神等，确保思想和行动始终与党委保持高度一致。采取理论领学、集体研学和专题辅导报告等方式，通过支委会议、支委（扩大）学习会、会员大会组织会员开展理论学习。发动会员围绕“人民政协与全过程人民民主”“民主党派基层组织建设”等课题开展理论学习，并鼓励会员撰写《关于提升新时代民主党派参政议政能力的思考》文章，巩固学习成果。民建河源市总支部升格为民建河源市基层委员会，选举产生民建河源市基层委员会第一届领导班子，新增支部1个，发展新会员4名。是年，民建河源市基层委员会被评为民建广东省委会“先进基层组织”。

参政议政 2022年，民建河源市基层委员会围绕党委政府的中心工作和民生热点开展调查研究，提交9份政协提案、6份人大建议和3份社情民意。围绕“加快我市跨境电子商务综合试验区建设”课题，邀请行业专家和部分会员组成调研组，通过听取相关单位情况汇报、深入市区实地考察、召开相关座谈会，并与杭州、深圳、佛山、惠州等地开展学习交流等方式，为助推河源市跨境电子商务综合试验区建设提出对策建议。组织调研组前往河源市深大研究院、河源恐龙博物馆，就如何发挥研究院科研平台优势助推河源实现产业转型升级、恐龙文化主题公园筹建等问题开展专题调研。做好对点挂钩联系东源县蓝口镇花径畲族村的各项工作，与市委统战部、市知联会相关负责人组成调研组，前往花径村开展实地调研活动，挖掘花径村特色优势，立足村情民意，帮助制定民族村发展规划。

社会服务 2022年，民建河源市基层委员会组织拍摄并发布70多部乡村文旅专题视频，其中播出的《粤赣古驿道》美景视频在广东乡村振兴短视频打卡赛中大放异彩。组织会员前往东源县瑞康儿童康复中心开展“情暖童心，欢度六一”关爱活动。联合会员企业到紫金县柏埔中学开展“擦亮你的眼睛，‘5+2’爱眼护眼行动”公益活动，开展保护视力、预防近视主题讲座。组织开展“金秋助学”活动，引导会员根据自身情况，通过各种渠道参与爱心助学活动，为农村困难青少年资助学费。

【中国民主促进会河源市基层委员会】

截至2022年年底，中国民主促进会河源市基层委员会（以下简称民进河源市基层委员会）有支部9个，设专门工作委员会4个，党员100人，主要为教育、文化及科学技术领域相关人士。成员中，担任省人大代表2名，市人大常委会委员1名、代表4名，县（区）人大常委会委员2名、代表3名，市政协常委1名、委员4名，县（区）政协常委3名、委员2名。民进河源市基层委员会开展“矢志不渝跟党走、携手奋进新时代”政治交接主题教育活动，开展宣讲活动30次，参加学习400人次；策划录制“矢志不渝跟党走、携手奋进新时代”活动视频，巩固会员的政治共识；制定《民进河源市基层委员会信息化建设工作主题年工作方案》，完善《支部活动制度》《参政议政制度》等制度；派出会员参加广东民进青年会员代表学习、2022年新会员学习、广东民进参政议政履职能力培训班，组织40多名会员参加“公务礼仪”培训班、“公文写作”培训等。是年，民进河源市基层委员会被评为民进中央委员会“民进信息化建设先进集体”、民进广东省委会“2021年民进广东省新闻宣传（会刊报）工作先进单位”。

参政议政 2022年，民进河源市基层委员会在河源两会上提交提案23份，立案23份；会内5名市人大代表提交人大建议10份。成立3个调研小组围绕促进茶产业发展、提升公办初中教育、基本农田异地有偿代保体制机制等3个课题分别开展调研，形成《关于促进河源市茶产业高质量发展的调研报告》《关于我市公办初中教育情况调研报告》《关于进一步完善我省基本农田异地有偿代保体制机制的建议》等3份调研报告。与各部门围绕提案答复协商20次，促进相关政策落地，其中，6份提案受到电台《政协委员直播间》邀请，通过电台将提案因果、承办单位的办理情况进行分享。

社会服务　2022年，民进河源市基层委员会开展敬老慰问活动2次，服务人次150人次，服务资金3万元。启动“爱心促教，帮扶成长”结对帮扶活动，与连平县内莞镇中心小学结对，通过开展城乡学校帮扶结对活动，向农村学校传送教育理念、教育教学方法，提高农村师资队伍整体素质。开展“情满敬老院”活动，给敬老院提供生活物资、药品、理发款等，该服务项目专款支出经费约8万元。开展“同心彩虹·教师成长”活动，广泛联系组织会内会外教育专家学者、一线名师主动为河源教育服务，服务对象暂定为源城区光明学校、河源市南天复读学校，聘请会内外优秀导师23名，开展28场专题讲座、课堂诊断、示范课等活动。

【中国农工民主党河源市基层委员会】

截至2022年年底，中国农工民主党河源市基层委员会（以下简称农工党河源市基层委员会）有支部3个，党员45人（新发展党员2人），主要为医药卫生界人士。成员中，担任市人大代表2名，县（区）人大常委会副主任1名，市政协常委2名、委员2名，县（区）政协常委1名。农工党河源市基层委员会以“矢志不渝跟党走”学习大讨论活动作为统战工作实践创新项目，通过该载体，在全体党员中开展“矢志不渝跟党走、携手奋进新时代”政治交接主题教育活动。组织党员参加农工党省委会举办的全省骨干会员学习培训，推荐党员担任农工党省委会青年工作委员会委员。

参政议政　2022年，河源两会期间，农工党河源市基层委员会提交4篇提案，其中《关于加快推进岭南现代农业科学与技术广东省实验室河源分中心建设》被列为市重点提案，由市长亲自督办。做好信息宣传和报送工作，上报给省委会、市委统战部、市政协办及《团结报》稿件20余篇，其中被省委会采用18篇。开展“我为河源发展献一策”活动，鼓励每个党员参与全市社会经济发展建设，围绕创建全国文明城市、乡村振兴、健康养老等社会热点难点建言献策。

社会服务　2022年，农工党河源市基层委员会前往龙川县田心镇开展科技助力乡村振兴工作调研，深入塔丰村航天水稻示范基地和田心华滢智慧农场，实地考察航天水稻种植和“龙川草鱼华支睾吸虫综合防控技术研究和示范项目”实施情况，并结合田心镇产业技术需求，精准匹配农村科技特派员，推动产学研深度融合。抓好增坑畲族村挂钩联系工作。多次召开专题会议，研究部署民族村对接联系工作，发挥农工党党派优势，主动对接挂钩联系和平县东水镇增坑畲族村，围绕医疗卫生、疾病防预、人居环境的整治等方面开展各项帮扶工作。参与农工党广东省委会发起的“同心圆工程”99公益日活动。组织全体党员为乡村医生公益培训项目捐款。

【中国致公党河源市总支部委员会】

截至2022年年底，中国致公党河源市总支部委员会（以下简称致公党河源市总支部）有支部2个，党员42人（新发展党员5个），主要为归侨、侨眷中的中上层人士。成员中，担任省政协委员1名，市政协常委1名、委员3名，县（区）政协委员1名。致公党河源市总支部开展“发扬优良传统、争取更大贡献”“矢志不渝跟党走、携手奋进新时代”主题教育活动，强化思想政治引领。坚持将学习贯彻习近平总书记重要讲话、重要指示批示精神作为各类会议的“第一议题”。组织党员参加致公党中央、省委会的学习会议，组织新党员参加省委会举办的新党员培训班，推荐党员到东源县住建局挂职锻炼。开展书香支部活动，学原文读原著，结合时事热点及党员专长开展专题讲座，并对党员关注的体检指标、基因检测等问题进行问答释疑。是年，党员颜彩玲被评为致公党中央委员会“中国致公党宣传思想工作先进个人”。

参政议政　2022年，致公党河源市总支部组织骨干党员成立“发展数字经济赋能乡村振兴”调研组，通过走访调研，形成《数字经济赋能乡村振兴》专题调研报告。立足河源市经济社会发展和民生热点问题，组织党员深入开展调查研究，在市政协八届一次会议提交政协提案4件，其中3件被列为大会发言提案。《关于进一步做好残疾儿童康复救助保障工作的提案》被评为2022年度优秀提案，《关于建设宜居宜业园区，留住产业工人的提案》被列为重要提案。关注人民群众的“急难愁盼”问题，组织党员深入群众中调研，提交社情民意7件，其中《关于完善燃气费缴纳服务的建议》得到市政府主要领导重视并批转部门承办，《关于增加“三支一扶”大学生到基层锻炼名额的建议》被致公党中央采用。

社会服务　2022年，致公党河源市总支部以“走进山区，为留守儿童点亮心灵明灯”为主题，为龙川县岩镇东方希望小学捐建致公童心阅览室，购置一批少儿读物、书柜、桌凳等物品，引导乡村留守儿童热爱阅读、拓宽视野。开展“致公·情暖学子心”活动，为连平县陂头镇陂头中学捐赠80张学生宿舍铁架床。组织开展致公舒心心理疏导讲座，为残疾儿童家长、特殊教育老师等有需要进行心理疏导的人员开展专题讲座。做好挂扶东源县叶潭镇半埔畲族村工作。

【九三学社河源市基层委员会】　截至2022年年底，九三学社河源市基层委员会有支部4个，社员93人，主要为科学技术界以及相关的高等教育、医药卫生领域的中高级知识分子。成员中，担任市政协副主席1名、常委3名、委员4名，县（区）政协常委1名、委员2名，市人大代表1名，县（区）人大常委会委员1名。九三学社河源市基层委员会组织社员围绕中共二十大报告提出的新思想、新理念、新战略，深入开展学习讨论，始终在思想上、政治上、行动上同以习近平同志为核心的中共中央保持高度一致。通过培训研讨，组织社员采取集体学、自学、培训、座谈讨论等多种形式开展政治理论学习，增强社员思想觉悟、综合素质和履职能力。是年，社员范志君、温婉琳、林潮炫、黄袁金被评为九三学社广东省委会“九三学社广东省组织工作先进个人”。

参政议政 2022年河源市两会期间，九三学社河源市基层委员会提交1件集体提案、6件个人及联名提案。社内8名政协委员共同完成的《河源市科技创新平台建设情况调研报告》《关于加快推进河源市跨区域中小学集团化办学的研究》获得全市优秀调研成果三等奖。九三学社河源市基层委员会被市委统战部评为信息工作先进单位。深入基层一线开展关于“推动秸秆综合利用，助力实现碳达峰碳中和目标”专题调研，形成调研报告报送市委、市政府。

社会服务 2022年，九三学社河源市基层委员会按照《河源市统一战线同心筑梦助力民族地区高质量发展工作方案》有关要求，组织相关领域的社员深入下蓝民族村调研，成立帮扶工作组，结合党派自身资源优势谋划部署帮扶项目。组织社内医学专家团队，为群众提供就医指引、健康咨询、医学健康教育、慢性病自我管理科普等服务。组织开展植树节植树活动，助力绿美河源生态建设。（邓惠敏）

河源市工商业联合会

【概况】 至2022年年底，河源市工商联会员有8233人，有7个县级以上工商联组织，58个各级团体会员商协会。是年，河源市工商业联合会获全省工商联2022年度民营企业调查点工作先进市级工商联称号、2022年度全市统战工作实践创新成果一等奖。

【思想政治引领】 2022年，河源市工商业联合会把学习贯彻中共二十大精神及习近平新时代中国特色社会主义思想作为头等大事和首要政治任务，召开党组会议29次，理论学习中心组学习26次，安排“第一议题”40余个，引领全市工商联系统深刻认识“两个确立”的决定性意义，增强“四个意识”、坚定“四个自信”、做到“两个维护”，筑牢共同思想政治基础。开展理想信念教育活动，注重对非公有制经济人士的教育培训。通过组织各类学习会、报告会、宣讲会，引导非公有制经济人士自我学习、自我教育、自我提升。先后举办中共十九届六中全会宣讲会、全国两会精神宣讲会、省第十三次党代会精神、中共二十大精神等各类学习会、报告会、宣讲会9场次，非公有制经济人士代表近1000人次参加。组织非公有制经济人士参加全国、省工商联举办的各类专题网络培训班，近300人参加。11月，举办河源市推进非公有制经济高质量发展民营企业家培训班，近200人参加。东瑞食品集团股份有限公司被全国工商联、人力资源和社会保障部、全国总工会授予全国就业与社会保障先进民营企业。

【服务企业发展】 2022年，河源市工商业联合会组织企业代表与政府职能部门进行“面对面”座谈，帮助解决民营企业发展中“急难愁盼”问题，分别会同市纪委监委、法院、检察院、市人社局、税务局、金融局联合举办6场次。开展线上、线下银企沙龙活动。争取金融机构的支持，收集整理金融政策和5大信用贷款平台和10家银行金融产品信息，在线上进行广泛宣传，同时提供企业与金融机构直接交流的平台，为67家企业解决融资22.75亿元贷款。持续开展法律服务。推进“千所联千会”机制建设落实，承办省工商联“美好生活·民法典相伴”主题宣传暨“法治民企”大讲堂第8期活动，开展《中华人民共和国民法典》普法工作。推进涉案企业合规建设工作，会同河源市人民检察院等有关职能部门成立河源市涉案企业合规第三方机制管委会，出台系列文件，建立第三方监督评估机制，组织专业人才库。联合河源市税务局印发《2022年助力小微市场主体发展“春雨润苗”专项行动实施方案》，举办“春雨润苗”暖企宣讲活动，详细解读2022年新的组合式税费支持政策和乡村振兴税费优惠政策。截至9月，全市新增减税降费及退税缓税缓费超35亿元。持续推进“优惠政策话你知·暖企行动”。制定实施方案，收集汇总市中级人民法院、市税务局、市司法局、市人社局等10多个部门的涉企政策法规，在河源市工商业联合会微信公众号及微信工作群等新媒体平台发布推送及转载134次；组织民营企业、商协会参与法律护航促发展、法律大讲堂等线上、线下涉企法律法规宣讲活动50余次，发放相关惠企政策宣传手册2000余份。

【社会责任履行】 2022年，河源市工商业联合会创新推出河源“乡村群众无忧保”保险项目，助力乡村振兴。与河源人保财险签订河源“乡村群众无忧保”保险项目合作协议，从“医、食、住、行、教”五方面为河源市建档立卡脱贫户（除特困人员外）和监测对象2.7万余户（9.4万余人）购买“乡村群众无忧保”保险，保险费用所需资金218万元，由全市工商联系统发动爱心企业捐赠承担，项目可撬动保险资金1.5亿元。此保险项目为保险对象赔付资金359.26万元。举办河源市民营企业“万企兴万村”行动推进会暨“回报家乡专项行动”启动仪式，引导民营企业加大对家乡产业振兴的帮扶力度。截至10月底，

2022年6月23日，市工商联与农发行河源市分行、农行河源分行签订金融服务“万企兴万村”行动合作协议 （市工商联 提供）

新参与帮扶镇（村）民营企业数109家，投入资金274.3万元；引进一批乡贤企业回报家乡参与东源县康禾镇“田坑十三坊”项目建设和产品共销，现场签订100万元农产品采购协议。

全市民营企业参与2022年“6·30”扶贫济困日活动，认捐赠4258.52万元；助力抗洪救灾捐资45.69万元；开展关爱儿童捐款31.1万元，其中捐赠物资3000余份；开展慰问退伍军人、山区老人捐赠物资600件。举办广东省“同心助学”公益活动河源市启动仪式，引导广东省教育基金会、广东圣丰集团、广东省山东商会、格乐国际公益基金管委会向河源捐赠价值520万元的教育设备。

【非公有制经济领域党建】 2022年，河源市工商业联合会加强非公有制经济组织基层党组织建设。举办各类专题宣讲会、报告会、学习会5场次，参加人员近500人次，先后举办基层党组织书记和党务工作者培训班、党务知识专题培训1期，提高基层党组织书记及党务工作者整体素质。广东霸王花集团党委获河源市先进基层党组织称号、广东锦泰电力集团党支部欧远珍获河源市优秀党务工作者称号、广东华域重工有限公司党支部易新河获河源市优秀共产党员称号，为2位50年以上党龄老党员颁发“光荣在党50年”纪念章。市非公有制经济组织党委召开2021年度市非公有制经济组织党委基层党组织书记抓基层党建工作述职评议暨“两优一先”表彰大会，表彰10名优秀共产党员、5名优秀党务工作者和5个先进基层党组织。制定《河源市非公企业党建工作的指导意见》，开展“双培双推”（把优秀党员培养成管理干部，把骨干教师培养成党员；推动管理水平全面提升，推动教育质量全面提高）工程，提升党组织在企业发展中的影响力。市工商联机关党支部以及市非公有制经济组织党委53个基层党组织与河源市45个集体经济薄弱村开展结对共建，围绕产业振兴、人才振兴、文化振兴、生态振兴、组织振兴的目标任务，在组织共建、产业帮扶、消费帮扶、就业帮扶、文化帮扶等方面，企业党支部和村党支部可根据框架协议，结合实际从中选择共建内容，制定具体措施推进落实。

【基层组织建设】 2022年，河源市工商业联合会以创建全国“五好”（领导班子好、会员发展好、商会建设好、作用发挥好、工作保障好）县级工商联为抓手，印发《2022年河源市推进“五好”县级工商联建设工作实施方案》，推动全市县级工商联基层组织建设再上新台阶。加强所属团体会员商协会交流，召开市工商联团体会员商协会秘书长交流座谈会，抓好商会“关键少数”的培训，促进商协会建设。源城区、东源县、和平县、龙川县、紫金县工商联获得全国工商联2020—2021年度全国“五好”县级工商联的称号；和平酒业协会获广东省“四好”（政治引领好、队伍建设好、服务发展好、自律规范好）商会。河源市兴宁商会、东源县黄村商会获得2022年广东省“四好”商会，河源市四川商会、河源市湖南商会获评2021—2022年度全国“四好”商会。

【政协平台建设】 2022年，政协河源市委员会工商联界别委员工作室揭牌成立，工作室办公地点设在市工商联，成员由政协委员会中市工商联执委以上企业委员、团体商协会会员委员组成，共33名。主要协助执委中的政协委员开展工作讨论、调研视察、撰写提案和参与光彩事业活动等，是河源市发挥政协委员作用、密切联系民营企业、服务民营经济发展的一项创新举措。结合工作室职能，加强民营企业调查点建设。完成民营企业2022年四个季度运行状况调查问卷580余次，在线填报率均在90%以上，提升调研信息化水平。动员民营企业填报绿色发展调研问卷，组织24家企业参与调研填报，兼顾不同行业、不同规模企业，为政协委员撰写提案提供重要参考。做好非公有制经济人士的政治推荐、安排。物色推荐33名思想政治强、行业代表性强、参政议政强、社会信誉好“三强一好”（思想政治强、行业代表性强、参政议政强、社会信誉好）的非公有制经济人士代表为河源市政协委员，提升非公有制经济人士参政议政水平。加强协调沟通，推动政协委员履职尽责。组织政协委员参与有关职能部门调研86人次、座谈133人次，提交政协提案34个，参与各种光彩事业捐赠总额493万元。 （李 艺）

群众团体

编辑：李文举

河源市总工会

【概况】截至2022年年底，河源市各级工会组织2841家，工会会员324675人。新建基层工会组织174家，基层工会换届304家，新发展会员1.75万人。新建“三新”（新产业、新业态、新商业模式）领域行业工会组织121家，新发展货车司机、快递员等新业态劳动者群体会员11733人，建成“三个一批”［一批镇（街）或工业园区工会联合会，一批社会化工会工作者队伍，建设一批会、站、家一体化的职工服务中心（站）］示范点12个，“司机之家”9个。

【思想政治引领】2022年，河源市总工会加强职工思想政治教育工作。开展“中国梦·劳动美——喜迎二十大 建功新时代”职工摄影大赛和书法大赛、“强国复兴有我”河源市最美新时代工人故事分享会、邀请中共二十大代表、广东龙川威达绝缘材料有限公司工会主席黄东云到各级工会组织作宣讲报告等活动，以职工群众喜闻乐见的形式推动中共二十大精神进企业、进车间、进班组。通过“粤工惠·河源号”平台、河源市总工会微信公众号推送学习习近平新时代中国特色社会主义思想、省第十三次党代会、市委八届二次全会精神等各类信息177期339条次，其中，被中工网、《工人日报》等官媒官网转载4篇，被《南方工报》刊登16篇，被省总工会官网转载28篇，引导职工群众爱党爱国、敬业乐业，坚定不移听党话、矢志不渝跟党走。

【服务经济社会发展】2022年，河源市总工会聚焦河源市加快培育“五大产业”、大力实施“七大行动”目标任务，组织职工1万多人次500家企业开展劳动和技能竞赛，产生“金牌工人”66人、“岗位技术能手”132人。发挥劳模、工匠示范引领作用，在全省率先布局劳模创新创业示范基地项目，命名2家市劳模创新创业示范基地，创建省劳模和创新工作室14家、市劳模和创新工作室67家，命名市劳模和工匠人才创新工作室11家。在全省率先建成河源劳模文化馆、河源工运史展馆的基础上，将两馆分别建成广东省第一个VR劳模文化馆和第一个VR工运史展馆并开始运营。开馆1个多月，网上点击量近2万人次。召开产业工人队伍建设改革专题工作会议，推动印发《河源市总工会产业工人队伍建设改革三年行动工作计划》，全市选取2个县（区）、21家企业开展产业工人改革试点，试点数量排在全省前列，实现县区全覆盖、重点任务全覆盖、单位类型全覆盖。

【职工合法权益维护】2022年，河源市总工会加大职工维权服务力度，高效处理劳资纠纷舆情和“12351”工单事件78宗，组建工会律师团，聘请38名律师担任76家非公有制企业工会法律顾问，参与调处诉前调解案件12件。建立和完善劳资沟通协商机制，指导52家职工人数50—99人的企业建立劳资沟通协商机制。

2022年11月11日，河源市召开产业工人队伍建设改革专题工作会议

（市总工会 提供）

【职工帮扶解困工作】 2022年，河源市总工会做实春送岗位、夏送清凉、金秋助学、冬送温暖帮扶品牌。春节前夕开展“送温暖”走访慰问，走访慰问困难企业24家、困难职工1.23万人，发放慰问金71.6万元。在夏季，为2500多名快递小哥、建筑工人及“城市美容师”送上凉茶、凉粉、矿泉水等降暑物资近7万元。开展“金秋助学”等活动，为259名困难职工家庭，发放医疗、生活、助学帮扶金105.3万元。丰富职工的文化活动，发挥市职工文化活动中心功能，常态化举办各类公益文体培训班73个班次，举办爱心托管班3期，惠及职工3100余人次。

【基层工会建设】 2022年，河源市新建基层工会组织174家，基层工会换届304家，发展会员17451人。新建非公有制企业党组织35个、新发展产业工人党员420名。全市组建新业态行业工会121家，发展会员11733人。加大基层支持力度，向110个乡镇、街道工会（工联会）拨付工作经费220万元；拨付社会化工会工作者工资、岗位补贴和绩效工资739.84万元、社会化工会工作者绩效资金30.3万元；转拨“三个一批”示范点聘用社会化工会工作者人员补助15.6万元。推进职工之家创建工作，命名中石化河源分公司高埔加油站等9个爱心驿站为河源市“司机之家”，为司机提供舒适便捷、经济实惠的休息场所。 （黄 翠）

中国共产主义青年团河源市委员会

【概况】 2022年年底，河源市有共青团员116466名，少先队员320815名，团组织8015个（其中，学校团组织4687个，机关团组织709个，国企团组织56个，非公团组织314个，新社会组织团组织68个，村级团组织1714个，其他团组织467个）。

【青少年思想政治引领】 2022年，共青团河源市委员会创新形式载体，丰富方法手段，聚焦党建带团建、青年思想教育等工作，增强思想政治引领的针对性和实效性。

推动党建带团建工作 市委主要领导和分管领导调研指导党建带团建、队建工作并帮助解决实际困难。将党建带团建工作纳入市直单位党建工作考核，印发《关于进一步加强“推优入党”工作的若干措施》，向党组织输送新鲜血液，“推优入团”工作走在全省前列。

强化青年理论武装 印发《河源共青团关于学习宣传贯彻党的二十大精神的通知》等文件，开展“喜迎二十大、永远跟党走、奋进新征程”主题教育实践活动3000余场，“青年大学习”主题团课参学率长期排名全省前两名，实现分层分类覆盖。深入学习《习近平谈治国理政》第四卷、《论党的青年工作》，切实用习近平新时代中国特色社会主义思想凝心聚魂。

抓实网上共青团建设 强化正面宣传教育，打造网络宣传精品，全方位筑牢青年领域意识形态安全防线。在省、市主流媒体推送稿件236篇（其中，《中青报》2篇、团省委主管刊物1篇），推出“强国复兴有我”河源青年访谈等视频展播11期，《青春有为 逐梦河源》《看见光 成为光》等新媒体产品总浏览量超800万人次并获《人民日报》、新华网等新媒体客户端推送。连平县依托团代表联络站密切联系青年的经验做法在《中青报》刊载，展现新时代河源青年的青春风采。推出关爱服务青少年“3+N”（“3”是指青少年防溺水，预防和治理未成年人违法犯罪、预防未成年人受侵害，关爱青少年心理健康；“N”是指河源共青团服务青年“十件实事”等关爱服务青少年各项活动）专项行动主题报道38篇。

发挥实践育人作用 加强入团、入队、成人礼等仪式教育，推动党、团、队育人链条相衔接、相贯通。用好“东江三杰”（阮啸仙、刘尔崧、黄居仁）、五兴龙县苏维埃政府旧址、九连小延安等红色资源，承办2022年广东省青少年传承红色基因志愿宣讲视频展播活动2场次，发挥“红领巾讲解员”等作用，讲好河源红色故事。选树“两红两优”（五四红旗团委、五四红旗团支部、优秀共青团干部、优秀共青团员）、“南粤最美少年”等市级以上先进典型280个（含国家级7个），评选表彰一批志愿者和志愿服务组织，引领青少年弘扬雷锋精神、践行社会主义核心价值观。组织2000余名返乡大学生开展“三下乡”等社会实践，依托少先队校外实践教育营地常态化开展红领巾打卡等实践活动。

【志愿服务活动】 2022年，共青团河源市委员会围绕乡村振兴、疫情防控、文明创建、生态建设、防汛救灾等方面开展志愿服务活动，带领青年在幸福和谐美丽河源建设中青春建功。

赋能乡村振兴 招募406名乡村振兴志愿者在基层一线服务，为全市乡村振兴提供人才支撑。培训“领头雁”农村青年人才200名，组织82名志愿者到基层学校开展为期1—2年的支教工作，助力乡村人才振兴。印发《河源共青团服务村集体经济发展壮大若干措施》，落实电商助农等11项具体措施，举办青年电商人才培训班，开展助农直播活动56场，赋能乡村产业发展。组织志愿者开展乡村振兴宣传宣讲、人居环境整治、撂荒地复耕等志愿服务活动600余场次。

助力疫情防控 动员团员青年、志愿者参与核酸检测、疫苗接种、疫情心理咨询等工作，开展防疫志愿服务活动3367场次、参与志愿者1.2万余人，充实基层防疫工作力量。组建防疫应急志愿服务队伍，联合组织、卫健等部门招募核酸采样志愿者1.1万余名，构建市、县、镇、村四级核酸采样队伍体系。招募方舱医院志愿者配合医护人员开展志愿服务工作，组建心理健康咨询志愿服务队，支援方舱医院管理。

添彩文明创建 履行“创文”志愿服务组牵头单位职责，开展各类志愿服务培训、交流活动，做好文明交通示范路口、志愿驿站和志愿服务岗建设指导等工作，在市区打造文明交通示范路口18个，建设运营公园广场志愿驿站12个，指导窗口单位建设学雷锋志愿服务岗60个，组织市直机关单位党团员志愿者常态化开展文明交通劝导、关爱留守儿童、文明实践等“创文”志愿服务活动近2万场次。

聚力生态建设 紧扣河源筑牢粤北生态屏障的目标，构建市、县、镇、村四级“河小青”队伍网格体系，“河小青”志愿者超2万人，打造护河志愿服务阵地3个，开展护河志愿者培训19场，开展植树护绿、巡河护河、垃圾分类、环保宣传等志愿服务活动1700余场，参与志愿者6万余人。引领青年参与生态河源建设，推动“两山”（绿水青山就是金山银山）理念高效转化。

勇担急难险重任务 汛期组织近1900名志愿者参与防汛救灾、复产重建等志愿服务活动，发动市青企协、市青商会捐款捐物70余万元，助力打赢“龙舟水”防御攻坚战。在重点项目工程等领域组建青年突击队420支，深化青年文明号、青年安全生产示范岗创建活动，新增全国青年文明号一星号4个、省青年文明号一星号22个、市青年文明号25个，举办青年文明号集中服务月和开放周活动，引领青年挑重担、冲在前。

【促进交融创新】 2022年，共青团河源市委员会强化深河两地共青团战略协作，打造河港澳青年创业基地，为港澳青年到河源实习见习、就业创业提供便利，助力“融湾”“融深”。举办河源市第十届青年创新创业大赛，吸引143个项目参赛，3个优秀项目获广东大学生乡村创业帮扶计划资助，搭建青年创新创业平台。

【关爱服务青少年“3+N”专项行动】 2022年，共青团河源市委员会落实市委关于关爱服务青少年“3+N”工作部署，护航青少年健康成长。

青少年防溺水工作 层级化组建防溺水志愿服务队伍，构建市、县、镇、村四级防溺水志愿服务组织体系，组建防溺水志愿服务队1500余支，组织1865名返乡大学生成立134支志愿服务队，参与志愿者30余万人次，实现镇村防溺水志愿服务队全覆盖。开展防溺水主题团队日活动等1.3万余场次，推出专题宣传片《谨防溺水 安全“童”行》等，发放防溺水宣传资料近50万份，刊播宣传音频、视频5万余条次，覆盖青少年70余万人次。

青少年防侵害、防犯罪工作 关注重点青少年群体，核查闲散青少年、有不良行为或严重不良行为的重点青少年1192人，落实点亮“微心愿”、跟踪辅导等关爱帮扶措施，开展日常走访慰问676人次。推进2个省级“青少年零犯罪、零受害社区（村）”试点工作，深化青少年维权岗创建工作，帮助167名社矫青少年再社会化。开展防侵害、防犯罪、禁毒等宣教活动2.6万余场次，派发普法宣教资料15万余份，覆盖青少年近35万人，增强青少年法治意识。

青少年心理健康护航工作 建成标准化乡村留守青少年服务中心3个，组织4410名留守儿童参与书信陪伴活动，跟踪帮扶192个心理异常个案。市、县两级校外未成年人心理健康辅导站接受个案面询、网站留言咨询、热线咨询1478人次，录制心理健康微视频15期，发放心理健康宣传海报3万余份，帮助青少年疏导心理压力、调整心理状态。组织心理咨询师培训近40场次，开展父母学堂、社区心理团辅等活动1000余场次，提高家长预防、识别子女心理行为问题的能力。

关爱服务青少年活动 落实市委书记“面对面”解决群众“急难愁盼”问题座谈会关于关爱保护未成年人的要求，筹集帮扶资金110余万元，深入开展留守儿童等特殊群体走访慰问、亲情陪伴、春节关爱等活动，守护未成年人健康成长。纵深实施中长期青年发展规划，开发青年实习、见习岗位2000余个，开展青年交友联谊活动76场，助力200名务工青年提升学历层次和技能水平，募集200余万元推进“两帮两促”行动、希望工程、“福彩育苗班”等帮扶活动。

2022年3月5日，“喜迎二十大 志愿建功行”2022年河源市学雷锋全民志愿服务行动月系列活动启动仪式举行 （团市委 提供）

【推进深化改革和从严治团】 2022年，共青团河源市委员会突出改革赋能，自觉对标全面从严治党要求，深入推进全面从严治团。

共青团政治建设 抓好理论武装工作，召开中心组理论学习会议14次、开展“第一议题”学习40余次，严格执行政治要件闭环落实机制，带动各级团组织忠诚拥护“两个确立”，坚决做到

“两个维护”。抓实团的领导机关党的建设，深化模范机关创建工作，推进党支部规范化建设，构建学习联动（“第一议题+工作例会”）、活动联建（“党建活动+部门活动”）、实绩联评（“党建考核+业务考核”）的“三联融合”模式，推动党建与业务深度融合。

全面从严治团 优化团干部选拔任用，完成县（区）团委集中换届工作。规范团员、团干教育管理，抓好基层团组织书记述职评议工作，举办共青团干部政治能力提升专题研讨班和“青马工程”培训班，加强团干部思想淬炼、政治历练、实践锻炼、专业训练，完善推优入团、积分入团等制度，规范发展团员5138名。

团的基层基础建设 依托“智慧团建”系统对全市各级团组织、团干部、团员和团的组织生活进行网络化、信息化管理，对不同主体实施分类评价。推进基层团建示范创建工作，在源城区康乐路北社区打造市级基层团建示范点。成立市属国有企业团工委，新增社会领域团组织750个、“两新”（新经济组织和新社会组织）团组织70个。

【志愿服务乡村振兴行动】 由共青团河源市委员会牵头实施的志愿服务河源乡村振兴行动被列为2022年河源市“十件民生实事”之一。2022年，共青团河源市委员会将志愿服务河源乡村振兴行动作为主动融入全市乡村振兴大局的抓手，招募选派406名高校毕业生志愿者到乡村基层一线从事2—3年乡村振兴志愿服务，为青年返乡、入乡“有事干、有盼头、留得住”提供平台和路径，规模化引导青年返乡入乡投身乡村振兴，为乡村振兴注入青春活力。

2022年8月2日，2022年广东高校毕业生志愿服务河源乡村振兴行动志愿者出征仪式举行

（团市委 提供）

【县域共青团基层组织改革】2022年10月，共青团河源市委员会组织召开河源市县域共青团基层组织改革工作动员部署会，印发《河源市县域共青团基层组织改革分工方案》，细化43项具体改革举措，全面铺开县域共青团基层组织改革，提升基层团组织吸引力、凝聚力和战斗力。作为全国县域共青团改革试点地区，源城区试点工作得到团省委领导和市委分管领导批示和肯定。

（温思静）

河源市妇女联合会

【概况】 2022年，河源市妇女联合会组建巾帼志愿宣讲团，围绕群众性主题宣传教育活动开展线上线下教育2086场。在“河源女声”微信公众号、“妇联好声音”平台开设《致敬了不起的她》《非凡十年 巾帼圆梦》等专栏，全方位宣传先进典型事迹。培育选树先进典型，涌现全国和省、市三八红旗手（集体）、巾帼文明岗等一批先进典型72个，打造省、市“三八红旗工作室”15个。

【妇女就业创业扶持】 2022年，河源市妇女联合会举办全市女大学生就业创业报告会，创建4个“广东省女大学生创业实践和就业实习基地”。依托巾帼家政联盟、巾帼电商实训基地等开展各类培训班69期。拓展妇联组织覆盖面，建立东瑞集团、坚基商圈等“四新”（新领域、新业态、新阶层、新群体）领域妇联组织49个，引领妇女在高质量发展中建新功。打造全国巾帼现代农业科技示范基地1个、省市巾帼创业基地5个。开展“共建清洁家园 助力乡村振兴”行动，寻找市级“美丽庭院”100户、示范户7户。开展“巾帼科技助农直通车”系列活动，举办“科技助农 巾帼圆梦”新型农业经营主体带头人培训，培育致富新型农业女带头人。推广妇女创业小额担保财政贴息贷款业务，全市发放贴息贷款885万元，扶持带动近一千名妇女就业创业。

【家庭文明弘扬】 2022年，河源市妇女联合会培树全国、省、市最美家庭、五好家庭、书香家庭等优秀家庭46户。创建省、市家庭文明建设示范点35个、市家教家风实践基地13个。开展“我与孩子共成长”家庭教育系列活动，发布7条传承弘扬好家教、好家风亲子研学推荐线路。开展“送法进万家”宣讲活动900余场，受益家长20多万名。实施“幸福家公益学堂”项目，普及家庭教育促进法。开展“精神的力量”巡展活动190场次，观展1.5万人次。组织全市1452支巾帼志愿者队伍深入基层开展青少年防溺水宣传，组织巾帼志愿者、大学生志愿者开展寒暑期关爱服务2171场。实施“爱心父母大联盟”“童·奔康”“留心庭”等关爱贫困儿童公益行动项目。加强重点节日困难儿童关爱服务，走访慰问孤儿、单亲子女、留守儿童等400余名。

【民生福祉增进】 2022年，河源市妇

2022年5月15日，由市妇联、市委宣传部、市文明办主办的“喜迎二十大 传承好家风”河源市十大最美家庭揭晓仪式在市文化馆以网络直播方式举行

（市妇联 提供）

女联合会推动《河源市妇女发展规划（2021—2030年）》《河源市儿童发展规划（2021—2030年）》颁布实施，组织开展河源市妇女儿童发展规划暨媒体从业人员培训班。开设《普法微课堂》《以案说法》等专栏，组建“妇联干部+法律心理专家+志愿者”普法维权队伍，开展妇女普法大讲堂等活动400余场次。妇女维权与信息服务站、“12338”妇女维权热线受理信访案件366件，来电来访处理率100%。打造“河·护苗”工作品牌，开展“关爱女童护苗成长”系列活动400余场、受益群众6万余人。组织全市各级妇联干部对重点未成年人开展入户结对关爱，实施“一人一策”，常态开展探访排查、结对帮扶等关爱服务。组织开展“玫瑰公益行动”，为1.3万名妇联执委赠送防疫保险。开展“情系抗疫一线 感恩最美坚守”慰问一线抗疫人员等各类志愿服务活动3665场次，受益群众2.5万人。

【河源市十大最美家庭揭晓仪式举行】2022年5月15日，由市妇联、市委宣传部、市文明办主办的“喜迎二十大 传承好家风”河源市十大最美家庭揭晓仪式在市文化馆以网络直播方式举行。市委宣传部副部长李冰、市妇联副主席曾洪虹、市文明办副主任徐南敏等领导出席活动，来自河源的全国、市“最美家庭”代表，各县区妇联分管领导，市直和中央、省驻河源有关单位妇委会代表现场参加活动。（吴 璁）

河源市科学技术协会

【概况】2022年，河源市科学技术协会（以下简称市科协），由市级学会、协会、研究会，市辖各县（区）科协、乡镇科协及高校、企业科协等基层组织组成。有市级学会28个，会员5687人，下属事业单位有市科技馆和市科技咨询服务中心。市科协被省科协评为信息建设工作先进单位、基层科协组织建设及提升基层科协组织力“3+1”工作先进单位、2022年全国科普日活动优秀组织单位，被省科协指定在2022年全省科协工作会议上作典型经验交流。

【服务科技工作者】2022年，河源市科学技术协会开展“全国科技工作者日”系列活动。召开2022年河源市全国科技工作者日座谈会，走访慰问一线科技工作者。开展“最美科技工作者”评选，评选出10名2022年河源最美科技工作者并推荐3名参评2022年广东最美科技工作者。开展科技工作者交流活动，提升科技工作者能力和水平。组织科技工作者服务乡村振兴。组织90名专家赴各县（区）开展茶叶、蜜柚种植等各类农用技术指导、培训，开展种养户、致富带头人等各类人群技能培训28场次，培训700余人，为全市培养一批素质优良、创新力强的农村实用人才，助力乡村振兴。

【创新驱动发展】2022年，河源市科学技术协会联合市医学会举办第二十届河源市科协学术活动月开幕式，为全市开展学术活动作动员部署，开展12场学术交流活动，600余人参与交流。搭建创新平台，推动河源市金源绿色生命有限公司等3家企业成功申报广东省科技专家工作站，柔性引进专家20人。推进市级学会承接政府转移职能。市医学会承接医疗事故技术鉴定，鉴定结论与省再次鉴定结论相符率96.35%。

【全民科学素质提高】2022年，河源市科学技术协会召开河源市科普工作联席会议。推动市府出台《河源市全民科学素质行动规划纲要工作实施方案（2021—2025年）》。加强科普供给体系建设。推动东源县、和平县创建全国科普示范县，东源县科技馆获评广东省十佳科普教育基地。出台《河源市科普教育基地管理办法》，新建2家省级科普教育基地、32家市级科普教育基地。统筹推进实体科技馆、流动科技馆、科普大篷车、校园科技馆协同发展，全市4家科技馆获得中央财政免费开放补助资金310.65万元，全年接待观众总数约16万人次，举办各类展教活动100多场，科普资源助力“双减”活动服务学校约56家。推动源城区、龙川县、连平县科技馆建设。推动紫金县出台《乡镇科技馆建设规划方案（2022—2024）》，建成开放5个镇校园科技馆。紫金县“花小钱，办大事”的改建、共建、共营科技馆体系模式得到中国科协肯定。创新大联合、大协作机制，开展“全国科普日”线上科普知识闯关大赛和“全国科技活动周”线上科普知识竞赛，参赛约12万人次。举办爱国卫生、森林防

2022年，河源市科学技术协会举办“喜迎二十大，科普向未来”全国科普日活动

（市科协 提供）

火、新冠肺炎疫情防控、安全生产等各类主题科普活动70余场次，举办“第四届河源市科普剧大赛”“第十一届小学生科普作品竞赛”“第十七届河源市青少年科技创新大赛”等品牌赛事。参加第三十七届广东省青少年科技创新大赛和广东省第二十二届青少年机器人竞赛获奖36项。其中，青少年科技创新项目推荐参加国赛1项，实现河源市青少年科技创新项目参加国赛“零”的突破。开展“科学与中国”20周年系列活动之2022年院士专家校园行活动，在2个县（区）30所中小学校举办科普报告30场次，受众5500人次。‘河源科协’双微平台影响扩大。科技志愿服务活动参与度直线上升，实名注册的科技志愿者4000余人，科普信息员近9000人。

（赖浩健）

河源市归国华侨联合会

【概况】 2022年，河源市有市、县（区）、镇（乡、街道办）、村（社区）4级67个侨联基层组织。其中，市级侨联1个，县（区）级侨联6个，镇（乡、街道办）级侨联51个，村（社区）级侨联4个。侨界社会团体5个。源城区新作塘社区获“全国侨联系统优秀侨胞之家”称号。紫金县义容镇侨胞之家获“全国侨联系统侨胞之家典型选树单位”称号。

【侨界思想政治引领强化】 2022年，河源市归国华侨联合会以党的创新理论夯实各级侨联组织思想根基，对标对表制定各级侨联学习宣传贯彻中共二十大精神实施方案，确保中共二十大精神在侨联工作中得到全面贯彻落实。以党的全面领导把准侨联履职方向。切实加强党风廉政建设，教育引导机关干部职工严守党纪国法，筑牢拒腐防变的思想道德防线。

【侨界力量助力经济社会发展】 2022年，河源市归国华侨联合会联系市商贸部门，走访侨团侨企，促进交流与合作；向省侨联报送侨商投资项目5个，总投资23.16亿元。巩固基层侨联组织基础。拨出党建带侨建示范点和“侨胞之家”项目补助经费23万元，支持全市14个“侨胞之家”的新建和巩固发展项目。其中，紫金县义容镇“侨胞之家”获2021—2022年度全国侨联系统“侨胞之家”典型选树单位。履行驻镇帮镇扶村工作成员单位职责。在“扶贫济困日”筹集侨界捐款2万元。争取侨界基金会、社团支持落到实处。向困难群众发放棉衣2600件；承办侨心善行公益活动，代表捐赠方向20所基层卫生院捐赠一批价值185万元的药品。支持香港抗疫工作。通过发布倡议书，联络河源在港协会、社团及侨联委员募集到2.46万元，防疫物品6000余份。发动侨界企业捐款捐物，争取补助金3万元慰问龙川灾区群众并支持连平县基层水利的灾后修复。开展“侨爱心·光明行”困难白内障患者免费复明活动，解决611名患者医治难问题。

【意识形态安全底线织密固牢】 2022年，河源市归国华侨联合会成立意识形态工作领导小组，制定年度工作计划，常态化抓好侨界意识形态工作；通过媒体网络、专题讲座等方式，向归侨侨眷和海外侨胞宣传党和国家的方针政策，形成侨心向党合力。加强协会的管理与引导。指导市侨界海归协会做好换届工作；组织沙龙等丰富多彩活动，团结凝聚广大留学归国人员和侨界青年爱国爱党爱家。在河源侨界掀起学习宣传贯彻热潮。组织市侨青会、市海归协会及归侨侨眷代表一起收看庆祝香港回归祖国25周年大会和中共二十大。

【为侨服务】 2022年，河源市归国华侨联合会做好困难归侨侨眷帮扶工作。春节发放慰问金5.5万元，慰问40人；建立困难归侨侨眷帮扶数据库，向144户困难归侨家庭发放救助补助资金32.75万元。开展侨界普法维权工作。吸纳优秀人才加入法顾委；主动向司法部门推荐人民监督员；多渠道向侨界群众宣传法律法规。服务侨界创新创业发展。组织侨界青年企业家到河源知名侨企开展专题考察交流，促进侨界创新创业项目对接。发挥桥梁纽带作用。接待柬埔寨海外侨胞3次并带领访问团到市高新区进行商务考察，促成经贸合作。召开法顾委工作会议。专门对涉侨纠纷作出专题培训，推进涉侨纠纷调解、监督工作规范化、标准化、法治化发展，对促进河源市涉侨领域营商环境优化工作起到推动作用。

【中国侨联党组成员、副主席程学源到河源调研】 2022年1月30日，中国侨联党组成员、副主席程学源到河源市慰问侨界困难群众。慰问前，市委书记林涛与程学源一行进行交流会见。林涛向程学源介绍河源市经济社会发展情况及侨联工作情况。程学源对河源市学习贯彻习近平新时代中国特色社会主义思想，全面贯彻落实习近平总书记、党中央的统一部署，结合河源特点进行探索所 取得的各项成绩表示肯定，并表示中国侨联将一如既往地关心关注河源经济社会发展，希望河源继续以更加积极主动的作为、建设更强有力的侨联组织，为建设幸福和谐美丽河源建设贡献力量。当天下午，程学源一行看望困难归侨并为他们送上慰问品、慰问金和新春的祝福。（何 柔）

河源市文学艺术界联合会

【概况】2022年，河源市文学艺术界联合会下辖16个市级文艺家协会（分别是市作家协会、戏剧家协会、音乐家协会、舞蹈家协会、美术家协会、书法家协会、摄影家协会、曲艺家协会、民间文艺家协会、诗词协会、民俗摄影协会、朗诵艺术学会、国际标准舞协会、文化艺术交流协会、流行音乐协会、网络作家协会等）和2个行业文联（分别是河源公安文联、市金融系统文化体育联合会）以及五县二区文联7个（分别是源城区文联、东源县文联、和平县文联、龙川县文联、紫金县文联、连平县文联、江东新区文联）。是年，市级会员2039人（其中，国家级会员79人、省级会员335人）。

【主题文艺活动】2022年，河源市文学艺术界联合会举办“喜迎二十大 礼赞新时代——天上瑶池水 醉美万绿湖”文艺采风活动、“奋进新时代”——庆祝党的二十大胜利召开河源美术作品展、“壮丽的赞歌——喜迎党的二十大”2022年河源市曲艺大赛、“喜迎二十大 奋进新征程”——河源市书法作品展、“非凡十年 多彩河源”——河源市摄影作品展等。组织开展“和谐邻里 共迎中秋”“唱响文明之声”“凝聚青春力量 强国复兴有我”等主题文艺汇演；开展志愿服务进校园、进社区的“诗歌创作漫谈”“舞出健康活力 引领居民新风尚”志愿服务活动；举办“河源市2022年新时代文明实践活动——‘春之源’主题摄影展”等各类文艺志愿服务活动（展演）73场次。

2022年7月22日，河源市文学艺术界联合会在市文化馆举办2022年河源市曲艺大赛

（市文联 提供）

【文艺作品】2022年，河源市文学艺术界联合会开展文艺品质提升工程，打造河源市美术作品展、新农村少儿舞蹈美育工程、河源市校园歌王大赛等文艺品牌。重点抓好红色革命文化、河源客家文化、“融深”“融湾”建设等题材的艺术创作。36件（幅）文艺精品获国家级奖项、90件（幅）获省级奖项。

【文艺人才培养】2022年，河源市文学艺术界联合会抓好中青年文艺人才、新文艺群体的梯队建设。新增市级文艺家协会会员67人，加入省级会员25人，加入国家级会员3人。开展“敬业自律 德艺双修”——2022年河源市文艺界规范守则教育实践活动，组织学习《中国文艺工作者职业道德公约》，传达学习全国文联职业道德和行风建设工作座谈会精神，开展文娱领域综合治理专项工作。组织所属文艺家协会平稳有序换届，选好配强新一届文艺家协会领导班子。市诗词协会完成换届工作。

【文艺交流】2022年，河源市文学艺术界联合会开展文化交流，举办省作家协会领导到河源调研工作座谈会、“春满芳洲”——叶绿野门下弟子画展、“共筑中国梦 同唱幸福歌”——“融湾”“融深”2022深河文化交流惠民 演出、河源市兰亭雅会——第二届王羲之经典法帖临摹大赛、“发现河源生态 之美”摄影展，组织参加“新时代山乡巨变文学与你同行”红色文学轻骑兵活动。

【网络文艺和信息化建设】2022年，河源市文学艺术界联合会做好网络文艺和信息化建设，加强网络阵地和网络内容建设，推动优质文艺经典数字化转化、网络化利用，通过网络媒体宣传河源文艺界优秀文艺作品、文艺活动。举办“月圆天下 共话美好”河源市2022年“我们的节日 中秋节”联欢晚会（线上直播）活动、河源市2022年中秋文艺惠民演出活动、“678组合”专场音乐会、第二届校园歌王大赛、《迎着新时代的阳光》河源市2022年新年诗文朗诵会，参与《发现河源之美——深河网红看河源》短视频大赛启动仪式朗诵活动现场直播等。办好河源文联微信公众号，及时反映文艺界动态，重点报道中心工作和大型活动，通过线上、线下相结合，提升文联媒体的传播能力。

【文艺志愿活动】2022年，河源市文学艺术界联合会带领文艺工作者到基层开展文艺志愿活动，建立健全文艺志愿服务长效工作机制，推进省、市、县三级文艺工作者挂点联系新时代文明实践中心（所、站）活动，拓展该市新时代文明实践中心建设。开展“我为群众办实事”活动，举办“河源红色文艺轻骑兵新春走基层义写春联活动”书法公益志愿服务活动、市美协志愿者服务队到东源县黄田镇黄田中学开展送教下乡活动、“爱党爱国爱家 共创幸福家园”河源红色文艺轻骑兵2022年新春走基层活动、河源市2022年新时代文明实践活动——“春之源”主题影展、广东省新农村少儿舞蹈教室美育活动等。五县两区文联，金融、公安行业文联以及作家、美术、舞蹈、摄影、曲艺、民俗摄影等文艺家协会，动员各领域各层次文艺人才开展文艺支教、文艺培训、惠民展演等，全市举办活动270余场次，惠及群众4万余人次。（黄伟忠）

河源市残疾人联合会

【社会保障】2022年，河源市残疾人联合会推进残疾人脱贫攻坚成果与“乡村振兴”战略衔接，防止返贫现象的发生。配合民政、社保等部门落实符合条件的残疾人按单人户纳入城乡最低生活保障范围、参加城乡居民社会保险享受个人缴费资助等社会保障政策。残疾人“两项补贴”（困难残疾人生活补贴和重度残疾人护理补贴）实现提标扩面，全市享受残疾人“两项补贴”达到83985人次，其中重度残疾人护理补贴59349人（每人每月252元），困难残疾人生活补贴24636人（每人每月188元）。残疾人托养服务稳步推进，推进104家社区康园中心规范化运作，对99个康园中心进行星级评定，为2483名残疾人提供支撑性社区托养服务。帮助889户困难重度残疾人家庭完成居家无障碍改造。

【康复服务】2022年，河源市残疾人联合会围绕残疾人“人人享有康复服务”的目标，实施精准康复工程，为13323名有康复需求残疾人提供康复服务，康复服务覆盖率98.23%；为3139名残疾人提供辅具适配3740件，辅具适配率92.43%。其中，全市1539名0—6岁残疾儿童在河源市定点康复机构接受康复训练，完成白内障复明手术2160例，社区康复2950名，对3535名精神障碍患者开展康复救助。推进全市残疾人康复服务设施建设，紫金县残疾人康复综合服务中心全面投入使用。

【教育就业】2022年，河源市残疾人联合会落实“一人一案”安置入学方案，安置适龄残疾儿童入学3736人，入学率97.75%；实施“南粤扶残助学工程”，为符合条件的47名残疾大学生发放助学金50万元；开展“2022年残疾人就业宣传年”活动，全市城乡残疾人稳定就业14384人，残疾人新增就业1630人，开展城镇职业技能和农村实用技术培训958人次。河源市残疾人选手参加广东省“众创杯”创业创新大赛残疾人公益赛收获1金。全市征收残疾人就业保障金6278万元。加强与深圳市残联对口帮扶联系工作，在残疾人就业培训、康复服务和社会组织参与等方面，为河源市残疾人和河源市各级残联提供精准帮扶。

【信访与维权】2022年，河源市残疾人联合会实施5期“谁执法谁普法”法治宣传教育活动，提升残疾人法治意识和维权意识。建立健全7个残疾人法律救助站，畅通信访渠道。全市残联接待来访217人次，来信131件，来电2773次，网上信访4件，“12385”残疾人服务热线受理问题36宗，来访、来信、来电反映问题均得到解决。落实人大代表、政协委员议案、提案4件。

【组织建设】2022年，河源市残疾人联合会制定实施《河源市“十四五”残疾人保障和发展规划》。深入贯彻中央党的群团工作会议精神，推进基层残联组织改革，全市残联系统完成换届工作。健全全市各级残疾人工作组织网络，加强乡镇（街道）残疾人专职委员管理。加强残疾人专门协会建设，先后成立市聋人协会、市智力残疾人及亲友协会和市盲人协会，较好发挥协会桥梁纽带作用。对全市101463名残疾人开展基本服务状况和需求信息数据动态更新工作。河源市残疾人持证率稳步提高，截至12月底，全市100733人持有残疾人证。

【文体宣传】2022年，河源市残疾人联合会发挥企业微信“粤群通”网宣服务平台作用，开展残疾人文化节、全市

2022年11月24日，在2022年广东“众创杯”创业创新大赛之残疾人公益赛决赛中，河源市残疾人选手张巧琦（右三）的“变废为宝绿色梦”项目获得企业组自强类金奖（市残联 提供）

美术作品大赛、《我与残疾人保障法》征文大赛等活动，引导残疾人听党话、感党恩、跟党走。在河源广播电视台开办《共享阳光　与爱同行》广播专栏和电视手语节目，帮助残疾人了解社会资讯。组团参加省第九届残疾人运动会，获得特奥项目14枚金牌、4枚银牌、6枚铜牌。参加第十届广东省残疾人美术作品大赛，获得一等奖2名、二等奖1名、三等奖1名。在全社会大力弘扬人道主义精神、自强不息精神和扶残助残良好风尚，围绕全国助残日活动，开办河源市残疾人众筹公益募捐平台，全市接到捐赠款物价值606.4万元。　（赖晓龙）

河源市红十字会

【概况】 2022年，河源市红十字会加强基层组织和服务阵地建设，壮大会员和志愿者队伍，新增志愿服队3支，新增红十字志愿者200余人。东源县义合镇下屯村获得“全国红十字模范单位”称号。加强备灾救灾建设，募集救灾款物价值492.55万元，被市政府防汛防旱防风指挥部评为“近50年最强龙舟水防御表现突出集体”，接收新冠肺炎疫情社会捐赠款物超过70万元。深入推动应急救护培训，举办急救员培训班29期。做好无偿献血、造血干细胞、器官“三献”工作。开展志愿服务活动88场。

【红十字会改革】 2022年，河源市红十字系统全面贯彻落实《关于全省红十字系统落实省领导批示精神的指导意见》，推进红十字会改革落地落实。县区红十字会体制机制理顺，东源县红十字会率先设立党组。建成全市首个旅游景区志愿服务站、首个县级红十字志愿服务站，持续推动下屯村等“博爱家园”项目建设。

【救灾救助】 2022年，河源市红十字会出台应急预案，加强应急救援队、赈济救援队建设，应急救援体系进一步完善。6月，河源市发生严重洪涝灾害，全市红十字会系统迅速组织发动人员、募集和调拨款物投入防汛救灾，募集救灾款物价值492.55万元，组织救援队投入一线救援。做好新冠肺炎疫情捐赠款物接收管理工作，接收社会捐赠款物超过70万元。持续推进扶弱济困，人道救助惠及更多最易受损群体。常态化实施人道救助品牌项目，开展助困、助医、助老、助学等活动，其中“红十字博爱送万家”活动筹集款物近25万元，慰问困难群众3000余人次；实施“大病救助”“小天使基金”“红十字救心”等人道救助项目，救助贫困患者81人，资助金额150多万元。在全市组织开展“‘5·8’人道公益日”等线上线下公益筹资活动，全年筹集款物超800万元。

【应急救护】 2022年，河源市红十字会营造“人人学急救”氛围，强化救护师资培训，新培训讲师37人。打造“红十字救在身边”品牌项目，开展应急救护培训进机关、企业、社区、学校和农村工作，开展急救员培训班29期，培训急救员699人，举办知识普及讲座50期，发放宣传资料2万余份。

【无偿捐献】 2022年，河源市无偿献血843万毫升，造血干细胞入库血样223份，成功捐献造血干细胞6人，并在2022年全省造血干细胞工作会议上作经验介绍。人体器官捐献工作取得重大突破，登记器官捐献志愿者15人，成功捐献器官3例，帮助15名大病患者获“新生”。

【志愿服务】 2022年，河源市红十字会实施志愿服务项目，推进人道服务深入开展。巩固拓展“童心行——关爱留守儿童”“情暖槎城·博爱驿站”等志愿服务品牌，不断拓展志愿服务新领域，当年新注册志愿者208人，有志愿者1309人，开展志愿服务活动88场（其中支援新冠肺炎疫情防控工作15次），参与志愿者3000余人次，服务群众1.5万余人。市红十字志愿者协会获评“全国红十字模范单位”，1支志愿服务队获评“广东省最佳志愿服务组织”，1人获评“全国红十字志愿服务先进典型”，1人获评“广东省学雷锋志愿服务先进典型”，2人获评“河源好人”、1人获评“河源市道德模范”。

【红十字青少年工作】 2022年，河源市红十字会推进新时代学校红十字工作。联合市教育局出台《关于进一步加强和改进新时代学校红十字工作的通知》，明确未来发展方向和目标任务，夯实学校红十字工作发展基础。建成2所学校红十字博爱校医室，开展红十字校园宣传活动12场，应急救护技能培训讲座8场，受益师生9000余人。　（罗　超）

2022年6月18日，市红十字会与连平县红十字会联合举行2022年“6·13”水灾救灾物资发放仪式　（市红十字会　提供）

法 治

编辑：李文举

人大立法

【立法概况】2022年，河源市着眼解决长期以来暴雨灾害给河源市人民群众造成较大生命财产损失的重大现实问题，在全国地级市第一个制定实施暴雨灾害预警与响应方面的法规《河源市暴雨灾害预警与响应条例》，对河源市各级政府及主管部门职责、预警发布、响应和保障措施等进行明确和细化，健全暴雨灾害预警与响应纵横联动工作机制，为增强河源市防灾救灾能力、保障人民群众生命财产安全提供法治保障。推进《河源市文明行为促进条例》制定。10月31日，市八届人大常委会第八次会议对《河源市文明行为促进条例（草案）》进行第一次审议。

发挥基层立法联系点、代表联络站“民意直通车”作用，听取群众意见建议，让立法工作建立在坚实的民意基础上。健全完善立法工作制度，重视发挥立法智库作用，调整立法咨询专家队伍，举办立法培训班，邀请专家学者授课。修订规范性文件备案审查工作办法，听取审议备案审查工作报告，提升备案审查工作规范化水平。坚持“有件必备、有备必审、有错必纠”原则，依法审查市政府规范性文件13件、县人大常委会决定1件，向省人大常委会报备地方性法规1件、决定决议2件，报备率、及时率、规范率均为100%。

【立法培训】2022年2月23日，河源市第八届人民代表大会法制委员会举行第一次全体会议，对新一届法制委委员进行相关业务培训。12月7日，为加强河源市地方立法队伍建设，提高立法业务水平，增强科学立法、民主立法、依法立法能力，河源市人大常委会举办2022年地方立法专题培训班，邀请相关领域高校专家学者和职能部门业务骨干作专题辅导报告。

【立法研讨】2022年4月8日，河源市八届人大常委会副主任梁伟光率队到连平县开展《河源市暴雨灾害预警与响应条例（草案）》立法调研。4月29日，市人大常委会组织召开《河源市暴雨灾害预警与响应条例（草案）》征求意见座谈会听取市政府及有关职能部门、市人大代表、市政协委员的意见建议。6月14日，省人大常委会采取网络视频形式，组织召开《河源市暴雨灾害预警与响应条例（草案修改论证稿）》专家论证会。市人大常委会法制委、市人大常委会法工委、市应急管理局、市气象局等单位的有关人员参加会议。6月15—16日，市八届人大常委会副主任徐先龙率队到和平县、连平县开展立法调研，组织和平、连平两县人大机关和各乡镇对《河源市暴雨灾害预警与响应条例（草案）》进行研究，听取基层干部和群众的意见建议。8月2日，市人大常委会组织召开《河源市暴雨灾害预警与响应条例（草案）》表决前评估会，邀请省委党校、省司法厅、省气象局、中山大学、广州大学等专家学者组成评估组，对《河源市暴雨灾害预警与响应条例（草案）》进行重点讨论和评估。

（邹蒿茑）

政法委与综治

【概况】2022年，河源市政法战线坚持统筹发展和安全，聚焦中共二十大维稳安保工作主线，落实“瞪大眼睛、竖起耳朵、随时待命、及时出手”工作要求，全力防风险、保安全、护稳定、抗疫情、促发展，维护全市政治社会大局持续稳定。坚持党对政法工作的绝对领导，发扬斗争精神、提高斗争本领，主动履职尽责，推进政法工作现代化，努力建设更高水平的平安河源、法治河源，为河源高质量发展提供保障。

【维护社会稳定】2022年，河源市扎实开展维护政治安全专项行动工作，深入开展社会矛盾问题专项治理和基层矛盾纠纷排查化解。全市共列账基层矛盾纠纷515宗，化解率98%。持续开展基层维稳“结亲连心”活动，全领域开展社会治理创新，落实重大决策社会稳定风险评估机制，严格落实等级响应工作机制，实行“六个一”组合拳，完成全国“两会”、中共二十大等重要时期安保任务，全市未发生重大涉稳案（事）件，未发生涉政治类重大敏感案（事）件。

【平安河源建设】 2022年，河源市深入开展预防和治理未成年人案事件专项行动，组建“1+N”关爱小组，摸排出未成年人重点关注群体并落实关爱帮教2818人。深入开展“河安2022”专项行动和“百日行动”。做好市域社会治理现代化试点前期基础性工作，完善社会治理风险隐患和负面清单预警制度。推进乡镇（街道）综治中心规范化建设，深化“粤平安”社会治理平台推广使用，推动业务单位数源汇聚入块。推进“雪亮工程”、大数据智能化建设，推进社会面治安防控“四个一”体系建设。建立“平安指数”月通报制度。落实“1、3、5分钟”快速反应机制，推动最小应急单元建设，加强道路交通安全管理。推进人民法庭“一庭一品”创建，新设8个网上巡回法庭，“法律赴圩”“客家擂茶调解法”等经验做法得到省肯定。加强严重精神障碍患者服务，河源市被评为2021年度广东省严重精神障碍管理治疗工作优秀市（全省2个）。

【常态化开展扫黑除恶斗争】 2022年，河源市常态化开展扫黑除恶斗争，打掉涉恶犯罪集团6个、涉恶犯罪团伙1个，立案查处涉黑涉恶腐败和“保护伞”35人；深入开展打击整治养老诈骗专项行动，立涉养老诈骗案件94件，破案93件，抓获犯罪嫌疑人98人，打掉团伙9个。宣传贯彻《中华人民共和国反有组织犯罪法》取得良好成效。各地各成员单位将学习《中华人民共和国反有组织犯罪法》纳入各级党委（党组）理论学习中心组学习内容；创新方式方法，通过举办培训班、专题讲座、普法考试等形式，多渠道开展宣传贯彻活动538场次，组织全市295名村（居）委会法律顾问开展专题培训并进村入户宣讲。

【法治河源建设】 2022年，河源市制定实施法治建设“一规划两方案”。推进《暴雨灾害预警与响应条例》《文明行为促进条例》等立法工作。推动设立依法治镇（街）委员会及其办公室，实现市、县、镇法治建设议事协调机构全覆盖。推进“全国首个司法所”建设和阮啸仙法治文化展览馆建设。推进全市“智慧矫正中心”建设。推进镇街综合行政执法体制改革，市、县、镇三级执法主体全面上线应用“粤执法”平台。加强政法领域执法司法制约监督，建立执法监督人才库。大力开展法学研究和法治实践，市法学会在全省2021年度工作考核综合排名全省第四，“法润河源”普法品牌获评全省“谁执法谁普法”优秀普法项目，《法治声音》获评“广东省法治政府建设示范项目”。

2022年6月9日，市委政法委、市法学会开展“弘扬法治 扫黑除恶”宣传教育活动 （市政法委 提供）

【政法队伍建设】 2022年，河源市深化推进政治建警，开展政治轮训，举办习近平法治思想研讨班，筑牢政治忠诚思想根基。严格落实新时代政法干警“十个严禁”，深化政法队伍教育整顿和党史学习教育成果，严格落实省市有关以案促改工作要求，加强政法系统警示教育，坚决严惩执法司法腐败。完善协管、协查工作机制，组织对东源、和平县委政法委开展政治督察。加强干警职业保障，健全政法干警履职保护机制，完善关心关爱政策。开展“党建带队建创模范机关活动”“我为党旗添光彩先进典型巡回宣讲活动”，举办全市首届优秀公诉人业务竞赛。建立两级法院双向挂职锻炼机制，健全政法领导干部交流轮岗、政法干警日常考核管理和提拔任用制度机制。加强政法战线先进典型选树，大力弘扬政法英模精神，全市政法系统有167个集体、682名个人立功受奖。其中，25个集体、40名个人受到省级表彰；4个集体、9名个人获得国家表彰。

链接：

相关词语解释

“结亲连心” 在领导包案制度基础上，要求镇（街）村（居）两级干部主动进村入户，通过“相亲、定亲、走亲、暖亲”四个步骤开展活动，以干部的“真心诚心用心”换取群众的“信任理解支持”，进一步维护社会稳定。

“三人小组” 指的是由民警、医护人员和社区干部组成的防疫队伍，同时赶赴现场、同时开展工作、同时处置疫情。

“平安敲门行动” 组织动员社会各方面力量，围绕平安建设、市域社会治理、扫黑除恶、安全生产等方面持续开展各种形式的平安宣传活动。

“1+N” 由1名社区包片干部牵头，社区医生、下沉干部、志愿者等多人参与，对居家观察家庭进行结对帮扶、精准服务。

“河安2022” 指严厉清查打击和防范当前多发、高发的盗窃、电信网络诈骗、道路交通事故等警情案件和违法犯罪。

“百日行动” 是公安部决定从6月22日起至9月底在全国开展的为期100天的夏季治安打击整治行动的简称。

“雪亮工程” 是以县、乡、村三级综治中心为指挥平台、以综治信息化为支撑、以网格化管理为基础、以公共安全视频监控联网应用为重点的“群众性治安防控工程”。它通过三级综治中心建设把治安防范措施延伸到群众身边，发动社会力量和广大群众共同监看视频监控，共同参与治安防范，从而真正实现治安防控“全覆盖、无死角”。因为“群众的眼睛是雪亮的”，所以称之为“雪亮工程”。

“一庭一品” 一个法庭创建一个品牌，坚持以党建为引领，加强党建与业务的深度融合，创建具有各庭室司法职能特色的党建工作品牌。

“全国首个司法所” 河源市司法局以打造“全国首个司法所”为目标，高标准建设蓝塘司法所，展示乡镇司法行政机构历史进程，努力把蓝塘司法所打造成为全省乃至全国的基层示范所。

“智慧矫正中心” 以社区矫正中心为载体，将信息技术与社区矫正工作深度融合再造，实现人力、设备和信息等资源有效整合与优化配置，构建集自动化数据采集与共享、精准化大数据分析与研判、智能化管理决策与指挥调度等功能为一体的全流程智能化社区矫正信息化体系。

“粤执法” 广东省一体化行政执法平台，赋能社会治理，有效实现行政执法办案线上线下智慧联动。

“法润河源” 河源市中级人民法院深入挖掘河源本地资源、充分调动干警积极性，以“法小青”志愿普法团队为抓手，采取市中院、各基层法院双轨制的思路创建“法润河源”法治宣传品牌。

“谁执法谁普法 要求各部门各行业要按照该原则，积极面向社会开展本部门本行业相关法律法规的宣传普及工作，也就是要求实施法律的部门和机构承担起普法的任务和责任。

“十个严禁” 严禁搞两面派、做两面人。严禁有令不行、有禁不止。严禁放任错误思潮侵蚀影响。严禁不当交往、干预执法司法。严禁玩忽职守、徇私枉法。严禁违规参与营利活动。严禁包庇纵容黑恶势力。严禁滥用执法司法权。严禁不作为乱作为、耍特权抖威风。严禁跑风漏气、失密泄密。

（肖　榕）

公　安

【概况】 2022年，河源市公安机关推进夏季治安打击整治“百日行动”和“河安2022”系列专项行动，严厉打击违法犯罪活动，强化公共安全管理，抓实警务机制改革和基层基础建设，持之以恒从严治警正风肃纪，完成重要节点、重要活动安保维稳工作以及疫情防控、抗洪抢险等系列急难险重任务。是年，河源市强制隔离戒毒所病残吸毒人员收治大队获评全国优秀公安基层单位、河源市看守所女子中队获评全国公安机关爱民模范集体。全市有2个单位立集体二等功、19个单位立集体三等功、27个单位获集体嘉奖，2名民警立个人一等功、4名民警立个人二等功、125名民警立个人三等功、191名民警获个人嘉奖、9名辅警记二级嘉奖、139名辅警记三级嘉奖、237名辅警记四级嘉奖。

【维护国家安全和社会稳定】 2022年，河源市公安机关坚定不移贯彻总体国家安全观，全力防范化解重大风险，严厉打击各类破坏活动，筑牢防暴恐防线，严防发生重大政治安全事件，维护国家政治安全。扎实开展矛盾纠纷排查工作，及时预警化解各类风险隐患，做好涉警信访工作，及时依法妥善处置新发信访事项。

【严打突出违法犯罪】 2022年，河源市公安机关始终保持严打高压态势不动摇，以夏季治安打击整治“百日行动”和“河安2022”系列专项行动为牵引，以线上线下合成作战中心为载体，坚持“警种协作、专业研判、高效集约、精准打击”的工作理念，常态化开展扫黑除恶斗争，严打严防电信网络诈骗、黄赌毒、盗抢骗、食药环等各类突出违法犯罪，扎实开展反偷渡反走私、“三非”外国人治理，保障人民群众生命财产安全，全市接报刑事治安警情数比上年下降13.92%，河源市成为全省警情最少、发案最低的地级市之一；刑事案件立案数比上年下降6%，破案数增长4%，八类暴力案件破案率92.08%，实现命案全破，侦破公安部挂账督办命案积案1件（1999年龙川佗城大江抢劫杀人案）；电信网络诈骗案件破案数比上年增长92.12%，预警劝阻高危潜在受骗群众55万余名，止付金额1.027亿元；打掉恶势力犯罪集团4个，打掉“砂霸”“矿霸”恶势力犯罪团伙3个。

【社会治安防控体系建设】 2022年，河源市公安机关深入开展常态化疫情防控、交通管理、治安安全隐患排查治理等公共安全治理各项工作，深化“人、地、物、事、组织”五大要素风险摸排，持续强化重点行业、重点部位、重点领域的日常管理，织密公共安全管理防护网。全市1148所校园完成安装一键报警装置，推动保安员持证上岗工作，切实维护校园内部及周边治安秩序。全面加强对民爆物品、易制爆化学品单位的储存、经营、运输、保管、使用环节的安全监管工作，及时消除潜在风险隐患。以事故预防“减量控大”为抓手，全面抓实挂牌整治工作，开展系统防范化解道路交通安全风险行动和农村交通安全固本强基攻坚行动，整治各类突出交通违法行为，确保全市交通安全形势平稳向好。全年全市发生一般道

河源市2022年"6·26"国际禁毒日活动暨禁毒示范创建现场会

（市公安局 提供）

路交通事故比上年下降16.62%，亡人道路交通事故下降17.15%，死亡人数下降18.75%。

【公安基层基础建设】2022年，河源市公安机关按照"市县主战、派出所主防"的职能体系要求，加强任务一张表、指挥一张图、管理一张网、勤务一套机制的"四个一"应用体系建设，推进智能感知网、线上线下合成作战中心、公安监所基础设施、智能化执法办案场所、公安检查站"升级增效"等公安基础设施建设。全市建设最小应急单元3091个，推动市专门教育学校（河源市启正学校）建设。

【公安改革】2022年，河源市公安机关深化派出所"两队一室"（综合指挥室、案件办理队、社区警务队）、"两组一岗"（综合指挥岗、案件办理组、社区警务组）改革，推动基层社会治理再上新台阶。推进便民利民服务改革，全面推广"一次办""网上办"，实施6项户口迁移业务"跨省通办"、行政审批事项"网上办""邮寄办"、出入境证照自助受理、交通违法处罚等便民服务，提升服务群众能力水平。持续健全完善"110"社会联动机制，推动非警务警情联动分流对接"12345"热线，减轻基层负担。办好"平安厅"厅局长信箱，听取群众呼声，及时回应群众关切，解决群众"急难愁盼"问题400余个。

【公安队伍建设】2022年，河源市公安机关坚持以党的政治建设为统领，坚持不懈用习近平新时代中国特色社会主义思想武装头脑、指导实践、推动工作。坚持以民主集中制为核心，严格落实党组织主要负责人第一责任人制度，压紧压实"一岗双责"，不断健全党内制度严肃性和权威性。深入开展"红旗党支部"创建活动，打造市直机关党建示范项目。狠抓各项警纪警规贯彻落实，落实中央八项规定及其实施细则精神，严格执行各项纪律规定，着力锻造"三个绝对"（绝对忠诚、绝对纯洁、绝对可靠）、"四个铁一般"（铁一般的理想信念、铁一般的责任担当、铁一般的过硬本领、铁一般的纪律作风）的高素质专业化过硬公安队伍。狠抓执法规范化建设，提升警种部门的执法规范化水平。深入开展河源市公安机关辅警队伍"大检视大整改大培训"活动，提升辅警队伍规范化管理水平。持续落实暖警爱警措施，增强公安民警、辅警职业荣誉感和归属感。（宋永鸿）

检　察

【概况】2022年，河源市检察院围绕河源经济社会发展大局，推动中央《关于加强新时代检察机关法律监督工作的意见》和省委《关于加强新时代检察机关法律监督工作的实施方案》、市委《关于加强新时代检察机关法律监督工作的若干措施》的落实，依法履行法律监督职责，扎实推进平安河源、法治河源建设，各项检察工作取得新进展。市检察院获评"全国维护妇女儿童权益先进集体"，龙川县检察院获评"全国检察机关文明接待室"，东源、和平、紫金等3个县检察院获评全省新时代"五好"（指党的建设好、检察理念好、职能发挥好、素质能力好、纪律作风好）基层检察院，涌现出全省扫黑除恶先进集体、全国检察宣传先进个人、全省行政检察业务标兵等一批先进典型。

【基层检察院建设】2022年，河源市检察院坚持强基导向，加强对基层检察院的领导。深化开展新时代"五好"基层检察院建设，建立"挂钩联系班子成员+员额检察官+政工干部"的联系指导模式，加强对基层院的工作和办案指导。与省检察院共同开展调研督导、靶向施策，促进薄弱基层检察院脱薄、夯实发展根基，全市基层检察院整体工作实现提质升档。

【国家安全和社会安定维护】2022年，河源市检察院受理审查逮捕案件1927件2848人，比上年分别下降8.19%和9.07%；受理审查起诉案件2998件3975人，分别下降5.49%和9.99%；批准和决定逮捕933件1343人，不批准和不予决定逮捕1525人；起诉2291件3064人，不起诉490人。参与维护政治安全专项行动，依法审慎稳妥办好危害国家安全和重大敏感犯罪案件。对严重暴力犯罪始终保持高压态势，批捕影响群众安全感的重大刑事犯罪260人，起诉

282人。推进扫黑除恶斗争常态化，批捕涉黑恶犯罪34人，起诉44人，依法从严惩处24人涉恶案以及其他群众反映强烈的案件。参与全民禁毒斗争，批捕毒品犯罪36人，起诉65人。参与网络治理，批捕侵犯公民个人信息罪、帮助信息网络犯罪活动罪等41人，起诉124人。

【安商惠企法治化营商环境营造】 2022年，河源市坚持平等保护各类市场主体合法权益，批捕破坏市场经济秩序犯罪91人，起诉143人。市检察院与江东新区、河源国家高新区、灯塔盆地农高区联签建立联系机制的意见，制定10条服务措施，由检察长和检察官专人对接联系，提供“定制式”法律服务。全面推行涉案企业合规改革，实现第三方监督评估机制管委会市县两级全覆盖，组建52人的市级第三方机制专业人员库，司法、执法、行业监管联手，监督引导2家涉案企业进行合规整改，力防企业因案陷入困境。加强知识产权检察保护，起诉侵犯知识产权、生产销售假冒伪劣商品犯罪31人。协同推进“断卡”行动，依法惩治危害金融安全、涉众型经济犯罪，批捕27人，起诉48人。

【河源绿水青山守护】 2022年，河源市检察院围绕市委实施生态优先行动，与市河长办、市林长办及36个成员单位建立“河湖长、林长+检察长”协作机制。参与配合中央生态环境保护督察整改，惩治、起诉破坏生态环境犯罪84人；在开展打击危险废物环境违法犯罪活动中，获最高检、公安部、生态环境部联合通报表扬。推动生态环境系统治理，办理生态环境公益诉讼案件82件，督促修复、治理被损毁污染的林地耕地和水域98.2公顷，处理生活垃圾、固体废物38522吨，挽回经济损失5386万元。开展“保古树、守村落、护文物”公益诉讼专项监督，联合当地政府和有关部门对全市近100个乡镇上千棵古树名木养护情况进行实地调查，督促加强养护管理。

【反腐败工作】 2022年，河源市检察院依法办理职务犯罪案件，主动加强与监察机关的沟通衔接，对监察机关移送审查的职务犯罪决定逮捕12人，起诉30人。依法行使检察机关侦查权，立案侦查司法工作人员滥用职权、玩忽职守、徇私枉法等相关职务犯罪16人，办案数位居全省前列。

【民生司法保障强化】 2022年，河源市检察院依法守护群众“舌尖上的安全”，起诉危害食品药品安全犯罪15人，办理该领域公益诉讼12件。开展打击整治养老诈骗专项行动，批捕10人，起诉21人，制发检察建议3份，助力护好老年人的“钱袋子”。做实司法救助助力乡村振兴，向因案导致生活困难的95名当事人发放救助金183万元，省市县三级联动办理的张某英、罗某飞司法救助案入选最高检与国家乡村振兴局加强司法救助协作典型案例。

【社会治理】 2022年，河源市检察院参与防范化解各类风险，做好信访安全保障，对471件信访案件全部做到7日内程序性回复、3个月内办理过程或者结果答复，用心解决群众揪心事、烦心事。全面规范开展检察听证，创新推行“检察听证+”司法办案新模式，率先在全省建立检察听证员库，对重大案件开展听证41场次，让当事人把事说清、检察官把法讲透，促进案结事了。“检察听证+”司法办案新模式获全市第五届工作创新大赛三等奖，成为全省唯一向最高检推荐的听证典型案例。狠抓最高检一至八号检察建议（自2018年10月至2022年3月，最高人民检察院以防治校园性侵、规范公告送达、强化金融监管、严防窨井“吃人”、防治虚假诉讼、治理网络空间、强化寄递安全监管、安全生产监管等为主题，先后向教育部、最高人民法院、中央主管机关、住房和城乡建设部、最高人民法院、工业和信息化部、国家邮政局、应急管理部发出一至八号检察建议书，建议有关单位完善制度，强化源头治理，促进社会管理和服务，助力国家治理体系和治理能力现代化）落实，制发社会治理类检察建议30份，助力提升环境、卫生、寄递、安全生产等领域治理效能。

【未成年人综合司法保护】 2022年，河源市检察院主动融入市委关爱和保护未成年人工作大局，以有力的司法保护助力“六大保护”（家庭保护、学校保护、社会保护、网络保护、政府保护、司法保护）形成合力。从严惩治侵害未成年人犯罪，批捕228人，起诉275人。对轻微的未成年人犯罪不捕不诉186人，联合公安机关对50名未达到刑事 责任年龄的未成年人送往特殊学校教育，教育感化挽救涉案未成年人。针对严重监

2022年5月26日，市检察院举行“携手落实‘两法’共护祖国未来”主题检察开放日活动，邀请市教育局、市关工委、市妇联、团市委等相关负责人、部分人大代表、政协委员以及学校代表召开座谈会　　（市检察院 提供）

护失职，发出“督促监护令”58份，监督“甩手家长”依法带娃。开展以未成年人保护为主题的检察开放日、新闻发布会和送法进校园系列活动84场次，为全市49所中小学配备检察官法治副校长，近6万名师生和家长接受法治教育。

【刑事检察】 2022年，河源市检察院健全侦查监督与协作配合机制，在公安机关设立侦查监督与协作配合办公室，每周二检察官在公安机关上班，实现市县两级全覆盖、刑事案件数据信息共享，与市公安局联合在全省率先开展对公安派出所的巡回监督。监督立案24件、撤案20件，追捕追诉30人；有关行政执法机关通过“两法衔接”平台移送涉嫌犯罪案件79件；纠正侦查活动违法和不规范情形63件次，发出纠正违法检察建议39份。开展刑事犯罪案件“侦查挂案”专项监督，督促侦查机关清理“挂案”80件。对认为确有错误的刑事裁判提出抗诉4件，对刑事审判活动违法情形提出纠正意见23件。

【刑事执行检察】 2022年，河源市检察院加强对“高墙内外”的监督，依法审查刑罚执行机关提请的减刑、假释、暂予监外执行案件1649件，监督纠正违法和不当变更刑罚执行291人，监督纠正脱管漏管监外执行罪犯34人，监督纠正财产刑执行不当161件。全面完成对江门监狱、肇庆会城监狱交叉巡回检察和对河源监狱的常规巡回检察，对全市看守所开展巡回检察，维护监管秩序安全和被监管人合法权益。接受茂名检察机关对河源监狱和派驻监狱检察工作交叉巡回检察，抓好反馈问题整改。在全省率先实现全市社区矫正巡回检察全覆盖，发现并反馈、移送问题线索39件，制发纠正违法通知书7份。

【民事检察】 2022年，河源市检察院坚持精准监督，受理民事检察案件137件，依法办理民事生效裁判监督案件70件、民事审判监督程序案件37件、民事执行监督案件30件，发出检察建议58份，对认为确有错误的民事裁判提出抗诉和提请抗诉7件，办理的邓某华子女抚养纠纷执行监督案入选全省检察机关民事执行监督典型案例。突出加强民事虚假诉讼监督，受理该领域案件23件，提出抗诉4件、再审检察建议13件。发挥检察一体化作用，对刑事案件中发现的民事检察线索接续监督，办理肖某威等人虚假诉讼系列案。

【行政检察】 2022年，河源市检察院受理行政检察监督案件118件，依法办理行政生效裁判监督案件5件、行政审判程序违法监督案件4件、行政执行监督案件75件，发出检察建议56份，实质性化解行政争议8件。针对土地执法、住房和城乡建设等重点领域，依法办理行政非诉执行监督案件73件。开展行政违法行为监督，受理行政违法和行政不作为监督案件34件，发出检察建议29份。连平县检察院检察建议书获评全省行政检察优秀法律文书。

【公益诉讼检察】 2022年，河源市检察院立案公益诉讼案件156件，向行政机关发出诉前检察建议79份，行政机关均在诉前整改到位；提起刑事附带民事公益诉讼15件，均获法院判决支持。和平县检察院推动辖区内96座零散烈士墓迁移至县烈士陵园集中管理，让英烈英魂得到更好安息。开展无障碍环境检察公益诉讼专项监督，督促推动加强盲道安全管理，守护群众“脚底下的安全”。

【司法体制改革】 2022年，河源市检察机关全面落实司法责任制，完善检察官进退流转管理办法，全市新遴选17名员额检察官；两级检察院入额院领导带头办理案件1294件，检察长列席同级法院审判委员会11次，司法亲历性更加彰显。推进执法司法责任体系建设，健全检察官业绩考评制度和检委会讨论决定重大疑难复杂案件的工作机制，新型检察权运行机制更加健全。深化检务公开，向社会公开案件信息4267件、生效法律文书173份，为律师提供查询服务889次，以公开促公正、赢公信。

【案件质量管理】 2022年，河源市检察院深入开展“质量建设年”活动，贯彻宽严相济刑事司法政策，联合市公安局制定《关于降低诉前羁押率的工作指引》，全市刑事案件诉前羁押率降至35.42%。落实认罪认罚从宽制度，听取当事人、律师意见全程同步录音录像，认罪认罚适用率上升至85.06%。河源市认罪认罚从宽制度适用情况的报告获市人大常委会全票通过。全市聘任20名行政机关专业人员兼任检察官助理，促进提升办案专业化水平。

【检察队伍建设】 2022年，河源市检察院制定《关于进一步激励我市检察干警新时代新担当新作为的意见》《河源市检察机关队伍建设和人才培养三年规划（2022—2024年）》，加大人才招录和年轻干部培养力度，统筹有序推进干部交流和基层历练、多岗锻炼。严格落实中央八项规定精神，深化开展纪律教育学习月，对基层检察院开展的政治督察、纪律作风督察实现全覆盖。支持纪委监委工作，全市检察机关以“零容忍”态度处理7名违纪违法检察人员，以案为鉴强化警示教育。严格执行防止干预司法“三个规定”（《领导干部干预司法活动、插手具体案件处理的记录、通报和责任追究规定》《司法机关内部人员过问案件的记录和责任追究规定》《关于进一步规范司法人员与当事人、律师、特殊关系人、中介组织接触交往行为的若干规定》），全市填报252人次。11个集体和14名个人获得省级以上表彰。（谢童瑶）

法院

【概况】 2022年，河源市法院收各类

案件42789件，审结42343件，分别比上年增长11.2%和20.9%。其中市法院收各类案件6583件，审结6486件，分别增长12.3%和19.5%。

【审判执行】2022年，河源市法院审结一审刑事案件2282件3229人，比上年下降9.3%。依法审结涉黑恶案件，黑恶势力受到打击。推进黑财清底，执行到位总金额1.1亿余元，坚决摧毁黑恶势力经济基础。推进“打伞破网”，审结贪污、贿赂、渎职犯罪案件22件。紧盯自然资源、交通运输、金融放贷、信息网络等重点行业领域，发出司法建议16份。审结各类民商事案件24336件，比上年增长17.7%。召开全市金融纠纷多元化解工作推进会，建立小额金融纠纷快速调解机制，联合出台涉住房和城乡建设领域纠纷多元化解机制，推进诉源治理向重点行业领域延伸。完善企业破产处置工作府院联动工作机制，推进简易破产案件快速审理，妥善解决涉及职工安置补偿、小业主办证难、危险化学气体清理等众多难题。探索知识产权案件跨区域集中管辖，推动诉讼标的500万元以下的知识产权案件由东源县人民法院审理，落实知识产权审判“三合一”（指由同一审判庭统一审理某一领域内的民事、行政、刑事案件）改革，服务创新驱动发展。推动设立万绿湖旅游巡回法庭，综合运用环境保护禁止令、生态修复、惩罚性赔偿等司法措施，审结各类涉环境资源案件36件。建立驻镇帮镇扶村组团单位季度联席会议机制，出台司法服务保障乡村振兴14条，为灯塔盆地争创国家级农高区等重点工作注入司法新动能。助力法治政府建设，审结行政案件368件，行政机关负责人出庭应诉率上升至77.2%。推动成立东源县行政争议诉前和解中心，促进行政诉讼案件源头实质化解。

【司法为民】2022年，河源市法院执结案件16089件，执行到位15.8亿元。全面推行执行事务集约、繁简分流、团队办案三项机制，深化与公安部门的联动查人扣车专项行动，开展“根治欠薪”等专项行动，执行到位金额1.7亿元。完善失信联合惩戒机制，发布失信名单6395人次，限制消费10277人次，促成2240名被执行人主动履行生效判决义务。推动金融机构优化“法拍贷”，落实“执行+保险”机制，促成司法拍卖445件，成交额6.7亿元。指导紫金县法院联合构建“禾坪说事+驻镇法官+驻村法律顾问”诉源治理新模式，推出司法服务工业园发展20条措施，发放法官惠民联系卡，创新“法院+”调解模式，推动“无讼乡村、无讼园区”创建。组织开展“一庭一品”创建，总结推广客家擂茶调解、饶让调解等新时代河源“枫桥经验”，打造党建引领、庭所共建、调解优先等人民法庭建设样本，“一庭一品”改革入选中国改革2022年度地方全面深化改革典型案例。创新打造“法润河源”法治宣传品牌，组建志愿普法团队，推出普法精品课程库，实行“菜单式”普法宣传，提升法律“六进”（进机关、进乡村、进社区、进学校、进企业、进单位）工作实效。创新开展“法律赴圩”活动，到辖区镇街进行“法律赶集”31场次。制作“套路贷”微电影、禁毒宣传片等新媒体普法作品，原创普法作品客家话禁毒宣传片获省法治文化节普法新媒体优秀奖。《“漫”谈法律》栏目被中国普法网、《人民法院报》等中央媒体转载。

【法院改革深化】2022年，河源市法院开展“一站式建设提升年”活动，持续深化大集约服务格局，全市法院系统集约办理网上立案22331件，网上调解4534次，网上开庭1965次，电子送达133258次。在线对接基层治理组织84个，引入特邀调解员255名，配备专职调解员10名，诉前成功调解案件7913件。推进案件繁简分流、快慢分道，适用小额诉讼程序和简易程序17086件，一审普通程序独任制6394件。组建速裁快审团队18个，推行要素式、令状式、表格式审理方式，审结案件10169件，平均审理时长28天。出台落实院庭长办案工作实施办法，院庭长办结案件23937件，占结案总数的56.5%。印发《审判委员会工作规则》《专业法官会议工作规则》，全面实施参阅案例制度和类案强制检索，强化审判委员会、专业法官会议统一法律适用功能，加强类案同判体系建设。强化发改案件分析，常态化开展案件评查，健全违法办案线索发现和倒查机制，推动违法审判惩戒制度实质化运行。落实最高人民法院一审民事和行政案件级别管辖标准，完成一审知识产权案件跨区域集中管辖，推动更多一审民事和行政纠纷化解在基层。推动设立东源县行政争议和解中心，源头化解行政纠纷15件。指导全市法院在高铁新城等镇村、社区新设8个网上巡回法庭，开展人民法院调解平台“三进”（进乡村、进社区、进网格）活动52场次，在线对接84个基层自治组织，为群众提供家门口诉讼服务6663人次。指导源城区法院推进全链条适老型诉讼服务改革，探索陪同诉讼、真实意愿查证等机制，经验做法在省委办公厅内刊登载。

【法院队伍建设】2022年，河源市法院实施新一轮基层组织建设三年行动计划，与驻镇帮镇扶村组团单位联合开展“五共建五提升”（共强理论武装，提升党建工作政治效能；共筑组织基础，提升基层党组织战斗力；共树党建品牌，提升基层党建服务水平；共办实事好事，提升为民宗旨意识；共创青年活动，提升干事创业精气神）活动，创新党建“五学五用”（“关键少数”用心领学，“学习计划”用力导学，“学习小组”用功自学，“英模榜样”用情促学，“共建单位”用帮互学）模式，深入开展“我为党旗添光彩”先进典型巡回宣讲报告、星级党支部创建和党员先锋干警评选等活动。推进分类分级精准化培训，组织政治能力、职业道德、专业技能等培训446场3200人次。强化专

2022年9月21日，河源市政府与河源市中级人民法院联合召开全市企业破产处置工作联席会议工作小组第一次全体会议　　（市法院 提供）

业训练，定期开展业务技能竞赛和岗位能手评比，组织评选全市法院“十佳调解能手”。组建破产、知识产权等24个专业审判团队，高标准遴选法官19名。健全青年干部学习教育培养机制，成立18个青年理论学习小组，创新开展青年导师传帮带、读书分享会等活动36场。探索上下级法院双向挂职锻炼，安排青年干警在办理重大案件、改革攻坚和下沉乡村振兴一线中历练过硬本领，指导基层法院试行新提拔干部和新录用公务员到人民法庭任职锻炼。

【河源市企业破产处置工作联席会议工作小组第一次全体会议】 2022年9月21日，河源市政府与河源市中级人民法院联合召开全市企业破产处置工作联席会议工作小组第一次全体会议，推动河源市企业破产处置工作府院联动机制实质化运行，加快构建企业破产处置府院联动7个配套子机制，完成“僵尸企业”出清任务，妥善审理鸿儒公司等一批破产案件。　　（李文慧）

司法行政

【人民调解和安置帮教】 2022年，河源市组织开展基层矛盾纠纷大排查大化解专项行动，全市人民调解组织调处矛盾纠纷8110宗，调处成功7938宗，调解成功率98%。举办基层司法行政履职能力培训班，提升基层维护社会和谐稳定的能力水平。落实刑满释放人员衔接和疫情防控等工作要求，衔接刑满释放人员2517人，安置2499人，帮教2509人，安置率99.3%，帮教率99.7%。

【社区矫正】 2022年，河源市开展社区矫正隐患排查整治专项督查，对排查出的13个问题全部整改落实。开展社区矫正工作巡回检察，对巡回检察反馈的39个问题，部署开展为期2个月的专项整改行动，反馈问题均整改到位。全市在管社矫对象958人，纳入信息化监管899人，信息化监管率为93.74%，实现“四个不发生”（社区矫正对象在矫期间不发生特别重大安全事故、参与特别重大群体性事件、发生特别重大刑事案件；社区矫正工作不发生重大舆情；社区矫正对象在矫期间不发生闹访或越级上访事件；社区矫正工作人员不发生因不依法履职被追究刑事责任）和“一个不高于”（社矫对象年度再犯罪率不高于0.2%的平均水平）目标。

【全民普法】 2022年，河源市全面落实“八五”普法规划，深入开展第五个“宪法宣传周”“美好生活民法典相伴”主题宣传活动，实施公民法治素养提升行动计划。持续开展全市国家机关“谁执法谁普法”履职报告评议活动。创新开展“法治挂历进万家，普法惠民迎新春”活动。承办第四届广东省法治文化节“寻迹 法治故事”语言类法治文艺作品颁奖展演活动。完成3个全国民主法治示范村（社区）和12个省级民主法治示范村（社区）创建。组织实施“一人一户”培养工程，全市1452 个村（社区）培育有法律明白人5905人，学法用法示范户1129户。市普法办被评全国“七五”普法工作先进单位。

【公共法律服务体系建设】 2022年，河源市建成101个示范性镇街公共法律服务工作站，830个示范性村（社区）公共法律服务工作室。组织351名律师进驻广东法律服务网资源库，服务群众42479人次。开展“乡村振兴 法治同行”活动，将公证、司法鉴定、仲裁服务向镇村延伸。全市办理各项公证案件4967件，公证收费347万元；全市司法鉴定机构办理案件3969件；河源仲裁委受理案件591件，涉案总标的12.5亿元，受案数量和总标的实现连续两年成倍增长。

【律师工作】 2022年，河源市执业律师发展至567人，律师事务所发展至60家。召开河源市第六届律师代表大会，选举产生新一届市律协理事会、监事会。深入开展“百所联百会”“法治体检”活动，深化“一村（社区）一法律顾问”工作。派出公职、法援律师陪同市领导接访45次，接待来访群众10批62人次。

【法律援助】 2022年，河源市落实省十件民生实事，为困难群众提供便捷高效的市域通办服务，受理14件市域通办法律援助案件。受理法律援助案件4425件，比上年增长10%。　　（陈 健）

军 事

编辑：蔡娜 张惠芬

河源军分区

【概况】 思想政治建设 2022年，河源军分区制定《学习宣传贯彻中共二十大精神工作计划》，学习贯彻习近平新时代中国特色社会主义思想、习近平强军思想、习近平总书记最新重要指示重要讲话精神和中共十九届六中全会精神，落实《改进中校以上军官学风的措施》，抓好33天党委中心组带机关理论学习，参加省军区党建培训和中校以上军官理论培训。聚焦‘忠诚维护核心、矢志奋斗强军”深化主题教育，组织“三会一好”优秀政治教员评比活动，2人在省军区评比中获奖。其中，1人代表省军区参加军委国防动员部精品好课评选，获得优秀奖。贯彻军委主席负责制，严格抓好习近平主席重要批示指示落实督办，报送要讯信息，军分区要讯工作在省军区排名第四、新闻报道采用稿量排名第六。

党的建设 组织党支部书记、党小组长和保卫委员、思想骨干、纪检干部培训，编发《党务工作政策规定汇编》和《政法工作常用政策法规汇编》。研究制定抓建基层计划．党委常委分工蹲点帮带基层，召开专题形势分析会，每季度对人武部进行等级评定，为基层办好5件实事。做好迎接军委巡视巡察问题整改“回头看”和“加强政治建设，严守政治纪律”专项巡视准备，制定迎巡实施方案，细化责任分工，对照落实3个方面9项监督重点内容、7项整改和“五个落实”措施。指导东源县人武部完成省军区赋予的廉政文化建设试点任务，在省军区展播纪实录像片，试点经验被省军区转发，并在纪委书记培训会上作交流。

战备训练 参加省军区小型作战会2次，结合辖区担负任务实际解析汇报2个国防动员方案，交流新丰江防卫问题研究成果。研制国防动员专项方案，组织市县方案对接2次，提升落案水平。围绕保障部队过（入）境、重要目标防卫行动等课题进行研讨交流，把研究成果融入未来对台战略决胜和现实应对强敌两个国防动员方案，完成国防动员新域新质力量建设运用、网络信息体系分域架构、民兵支援分队清单组合式大纲2个、课题研究编写3个。“俄乌冲突中的舆论战给国动援战的启示”“民兵参与信息化舆论战人民战争的几点思考”2项研究成果获得省军区机关肯定。推进军事职业教育训练落实，定期更换图书共约1000册，引接电子图书阅览室，安装电子图书管理信息系统，配齐办公设备20余台。统筹推进指挥信息网络建设，征调国防光缆资源，引接地方“雪亮工程”，实现对辖区重要目标、交通干线实时监控。加快市国防教育训练基地建设，建立健全党组织和运行体制机制，协调召开书记专题会议、市委议军会逐项打通关节难点，截至年底，完成97%。

国防动员 拟制《河源市深化国防动员体制改革实施方案》，与市委改革办协调对接，配合市委编办、市人防办设立市国防动员委员会联合办公室，明确联合办人员设置，建立定期例会、联合办文、协调指导等制度机制。投入资金建设市征兵办，解决征兵无场地、人员难管理、工作难规范等问题。加强与市委编办和“两区一县”沟通协调，研究论证设立江东新区武装工作机构。

安全管理 落实党委议管制度，开展安全学习培训、军车交通违法集中整训、微信泄密专项清理、保密工作专项整治、用频安全隐患核查等活动。结合重大节日及蹲点帮带等时机，开展6次安全大检查，发现整改问题159个，推动风险隐患整治清零。开展“四严四整”教育整训，组织保密专题辅导授课，加强失泄密案件警示教育，针对24个重点纠治问题、“6个管住、40个严禁”隐患，突出“六个方面深查”，对机关和人武部、市国防动员委员会联合办公室各专业办、征兵办成员单位进行深查细纠，使保密风险防控向军地交叉领域及地方人员延伸。落实“一事一案”“一事一析”，定期研究分析形势，滚动修订疫情防控预案，协调市妇幼保健院、市中医院做好常态化核酸检测，组织2000余人次协助疫情防控，补充采购各类防疫物资16086件（套）。

服务保障 推进财务正规化建设，

制定《应急应战财务保障方案》《战备机动费管理使用实施细则》，与银行签订《应急资金结算服务保障协议》，组织应急资金保障演练，开展财务行业廉政建设形势分析，完成财务正规化建设自评整改。深化后勤重点行业领域整肃治理，清理整治生活待遇经费、随军未就业配偶保险。围绕《财务行业廉政风险隐患排查清单》，开展财务行业问题“大排查”“大起底”，提升财务管理质效。开展财务法规“学习月”活动，学习《审计典型案例分析》，观看《加固堤坝》《零容忍》等警示教育片。参加省军区装备管理集训，组织装备实力数据核查更新，依托和平县人武部进行兵器室正规化建设试点，全区兵器室规范化建设全部达标。联合地方9个部门，查纠销售“军”字号烟酒，共同推进“守护戎装”活动。

双拥共建 参与“全国双拥模范城”五连冠创建活动，协调驻军配合做好中期考评工作。开展国防教育活动，联合市委宣传部举办国防教育宣传周启动仪式和“爱我国防暨第七届南粤长城杯”演讲比赛，协调组织军营“开放日”活动，选派现役干部到2所学校开展国防教育。严格党管武装工作制度，组织人武部党委第一书记述职。回访慰问军分区挂钩贫困村，探索研究脱贫攻坚与乡村振兴有效衔接的路子。

【政治工作会议暨主题教育示范先行会议召开】 2022年，河源军分区在和平县人武部召开军分区政治工作会议暨主题教育示范先行现场会，改革教育模式，探索“视频+引导、沉浸+感悟、言传+身教”的教育方法，规范3类教育路子，打造教育样板，形成6项成果；利用腾讯会议App、地方融媒体中心等互联网平台，推广“线上教育”模式，化解教育难集中、官兵难互动、效果难评估“三难”问题。针对民兵队伍自主抓建能力弱的矛盾，组织全区民兵应急连政治指导员开展民兵思想政治教育、临战动员2项内容示范教学。规范民兵预建党组织7项组织生活制度，提升民兵党组织3项能力。分析人武部党委班子建设存在的5个方面问题，研讨交流廉洁文化建设、党管武装、新闻宣传、文职人员培养、专武干部队伍建设5个方面的经验，以点带面提升人武部党委班子建设水平。

【党管武装工作量化考评】 2022年，河源军分区依据《2022年河源市党管武装工作量化考评办法》，于10月18—20日，由市委常委、军分区政治委员方文华带队，市委组织部、市委宣传部、市退役军人事务局，军分区战备建设处、动员处、政治工作处等相关人员组成军地联合考评组，采取听取汇报、查阅资料、座谈了解、现地检查等方式，坚持平时检查与现场考核相结合、定性与定量相结合，对照评分细则，以百分制量化方式对各县区涉及武装工作相关单位逐项逐条考评采分。

【民兵整组】 2022年，河源军分区在优化结构、实化编组、强化练兵中推动民兵建设发展，实现“十四五”时期基干民兵由应急、专业、特殊3类力量向应急、支援两类力量调整。全市所有排以上民兵分队都预建有党组织，所有排以上民兵干部都是中共正式党员，建制班均有党员，各项硬性指标均达到规定标准。先后组织数据会审3次，组织民兵整组检查考评或督导帮带4轮。

【学生军训】 2022年，河源军分区与市教育局多次对接、核准学生军训帮训需求，派遣教官完成全市48所高中以上学校学生军训任务。

【征兵工作】 2022年，河源市各级坚决贯彻省、市征兵工作会议精神，树立征优导向，强化组织领导，紧盯征兵宣传、体检政考、役前训练、审批定兵等关键环节，严守疫情、舆情、廉洁底线。紫金县征兵办被省征兵办推荐到国防部征兵办表彰。

【国防动员潜力调查】 2022年，河源军分区召开国防动员潜力调查任务部署会，拟制下发《关于做好2022年国防动员潜力统计调查工作的通知》，针对综合、人民武装、国民经济、人民防空、交通运输、政治动员、武器装备、新兴领域等进行核查更新。5月18—25日，综合办组织各县区国防动员委员会联合办公室和市国防动员委员会联合办公室各专业办公室对省国防动员委员会联合办公室集中会审问题进行“钉钉子”式整改或补采，完善数据报省国动委综合办二次审核后，河源市是唯一一个问题清零、无需进一步整改的单位。

【防汛救灾】 2022年，河源军分区向

2022年7月5日，连平县人武部组织民兵开展抗洪抢险行动 （河源军分区 提供）

全市民兵、专武干部发布动员令，出动民兵、冲锋舟（橡皮艇）参加防汛救灾，转移受灾群众。协调2支部队、武警河源支队备勤人员和直升机，出色完成各类抢险救灾任务。（周 普）

武警河源支队

【概况】 中国人民武装警察部队河源支队（以下简称武警河源支队）前身是东江纵队第三支队，成立于1944年9月，先后经历13次编制体制调整。2018年1月1日，依据武警部队编制体制改革部署，支队整编为“中国人民武装警察部队河源支队”。2022年完成“6·9”重大抗洪抢险任务，被总队表彰为“基层建设先进支队”；连续20年安全无事故。所属和平中队自1998年以来，连续22年被总队表彰为基层建设标兵中队，1次被武警部队表彰为基层建设标兵中队，2次被武警部队表彰为基层建设先进中队，3次被武警部队表彰为先进基层党组织，先后立集体一等功1次、二等功7次、三等功15次。

【思想政治建设】 2022年，武警河源支队开展教育“三课”（理论课、教育课、分享课）和“八个分享”（思想分享、任务分享、训练分享、读书分享、情感分享、才艺分享、快乐分享、成长分享）群众性自我教育活动，总结运用政治工作20类载体，围绕培塑战士成长“10个好习惯”“经常性教育十二问”。学习习近平总书记重要讲话精神、全国两会精神，构建“3+1”（听党指挥、能打胜仗、作风优良、警示教育）施教组学内容体系，推动思想政治教育“破冰”。组织先进典型事迹报告会，研究落实“双争”评比，为总队“聚火讲堂”拍摄《点燃“争”途》，经验做法受到总队主要领导肯定。开展“倾向性问题整治”、“四反”专题教育，抓好形势分析、政治考核、纪律警示等常态工作落实。

【聚焦备战打仗】 2022年，武警河源支队开展“学、研、推方案”活动，做到动态修案、常态推案、实兵演案。抓好基于任务的专攻精练和不打招呼的战备拉动检查，提升部队真打实备水平。巩固新时代执勤安保工作规范化集训和“执勤战备培训周”培训成果，开展“学用执勤法规”“查隐患、找问题、补漏洞、保安全”和“执勤工作专题调研”活动，精细规范“三员一兵一组”执勤工作清单。开展“学研用”大纲活动，加强训练计划审核，分级分类组训施考。端正训风、演风、考风，开展军事训练领域大调研、大检查、大起底，坚持每天视频查训、每周实地督训、每月检查通报。

【安全管理】 2022年，武警河源支队严密组织“四个秩序”（战备、训练、工作、生活）正规化建设学习培训，对内务设置、军容风纪、标牌悬挂、物品摆放、作风养成等进行全面规范，持续归正“四个秩序”。坚持每日喊安全口号、翻安全计时牌，每周组织安全提示，开展安全小教育。按组织责任抓安全，叫响“既挂帅又出征”的口号，用好安全工作协调督导机制，开展安全大检查、“四不两直”督查，指名道姓点问题、跟踪督导抓整改，确保风险控在最低、问题止于萌芽。按业务领域抓安全，明确“管行业必须管安全”的要求，厘清责任、对口认领，确保问题清仓、隐患归零。按领导层级抓安全，落实“谁挂钩、谁负责”“谁检查、谁签字”的原则，坚持把险点部位、重点人员、堵点环节想到、问到、走到、看到、查到。

【后勤管理】 2022年，武警河源支队紧跟新冠肺炎疫情防控形势，及时召开疫情防控工作会议，第一时间研究部署、贯彻落实上级关于新冠肺炎疫情防控的指示精神，修订完善新冠肺炎疫情防控预案，建立规范完备的值班、预警、防控、发现、隔离等机制流程，做好科学防控、精准防控、常态防控。刚性落实新冠肺炎疫情防控措施，突出抓好担负执勤任务、休假出差在外、公寓房家属等重点人员教育管控。参照“深圳中农网”标准质量价格体系完成市区片部队副食品供应商招标。开展“后勤管理年”活动，推动后勤行业领域整肃治理攻坚，开展采购领域审价工作，行业风气有效纯正。加强副食品配送监督管理，坚持定期评估配送质量、每周考察公示价格、严格规范实物验收，精细搞好伙食调剂，落实精准下单。市政府同意参照军分区由市医保局代办地方医保的做法。（卢文淦）

生态·环保

编辑：吴静文

环境质量

【概况】 2022年，河源市生态环境质量总体保持优良水平。主要江河湖库水质保持优良，10个国考省考断面水质达标率100%，全市集中式饮用水水源水质达标率100%，地表水水质优良比例保持100%。市区空气质量优良率96.2%，优良天数351天。其中，优的天数236天，良的天数115天，轻度污染的天数14天，无中度及以上污染状况；环境空气6项指标均达到国家《环境空气质量标准》二级标准或以上。市区声环境质量基本稳定，城市声环境功能区昼间时段达标率77.5%；土壤环境总体安全；农村生态环境良好，均达到功能要求；辐射环境处于安全状态。

【水环境质量】 2022年，河源市水环境质量保持优良水平，新丰江水库断面水质均值Ⅰ类、东江干流断面水质均值Ⅱ类，东江入选全国“最美家乡河”。统筹推进水环境整治，印发实施《河源市2022年水污染防治攻坚工作方案》，落实断面水质提升、印发水质提醒函、开展现场督导等措施。推进新丰江水库主要支流水环境综合整治，加强库区和入库支流水质监测和溯源分析，科学研判汛期水环境形势并精准防控应对，编制水环境精准治理与水生态保护修复行动方案，谋划水环境治理项目入库。改善市区水环境质量，印发实施市区水生态环境保护攻坚方案，推动市区重点支流水环境整治。加强饮用水水源水质保护，完成9个东江饮用水水源保障工程项目建设，基本完成乡镇级集中式饮用水水源地规范化建设和保护区划定，推进农村水源地摸底排查，基本完成对52.24万名农村人口集中供水的任务并实现水质全面达标。开展水生态调查评估，完成新丰江水库、枫树坝水库、东江干流、秋香江、浰江、琴江、鹤市河等河湖调查评估。加快推进入河排污口整治，完成71个问题入河排污口整治，完成省下达年度整治任务。

【大气环境质量】 2022年，河源市环境空气质量综合指数2.56；PM_{10}、$PM_{2.5}$年平均浓度分别31微克每立方米、18微克每立方米；主要空气污染物O_3-8h，其作为每日首要污染物的比例83.1%；超标首要污染物O_3-8h，比例92.9%。印发实施《2022年夏秋季大气污染防治攻坚行动实施方案》《秋冬季大气污染防治百日攻坚及帮扶服务工作方案》等，统筹开展“管车、降尘、治污、禁烧、控放”等措施，落实每日巡查立查立改、会商研判和预警预报制度，启动污染天气应对8次56天。深化涉VOCs排放企业深度治理，完成12家省重点涉VOCs企业现场治理；开展工业炉窑污染综合治理，35家工业炉窑企业中，8家拆除工业炉窑、24家达到B级管控要求、3家达到C级管控要求，B级炉窑占比91%、达到省目标要求；推进钢铁企业开展超低排放改造和天然气锅炉低氮燃烧改造。强化移动源治理，开展机动车排气路检79次、用车大户入户执法检查55次，审核转入二手车13775辆，检查加油站488座次，抽检机动车853辆次，处置“黑烟车”141辆次，467辆排气超标车辆完成维护维修，推进中重型载运汽车限行管理系统等项目建设；登记非道路移动机械4111台，开展工地非道路移动机械检查311次，查处冒黑烟非道路移动机械12台；全市公交电动化率96.6%，市区公交电动化率100%，超额达标。协同治理面源，牵头推进《河源市扬尘污染防治条例》宣传贯彻工作；利用大气烟尘高空视频监控系统24小时监控市区烟尘排放情况，协调住建、城管、交通等部门加强工地和道路扬尘、露天焚烧、餐饮油烟整治。

【土壤环境质量】 2022年，河源市生态环境局持续推进土壤和固体废物污染防治，严防土壤和固体废物污染。防治土壤和地下水污染，印发实施土壤与地下水污染防治年度方案和“十四五”规划，强化土壤污染重点监管单位规范化管理，组织完成22个地块土壤污染状况调查评审，重点建设用地安全利用得到有效保障；编制地下水国考点位水质达标改善方案，推进地下水“双源”（地下水型饮用水源和地下水污染源）调查等工作。强化重金属排查整治，印发“十四五”重金属污染防治工作方案，排查重金属重点行业污染源，暂无新增污染源整治清单。强化危险废物规范化管理，开展打击非法倾倒固体废物专项督查，移交县区的11条线索均完成整改，办理6件涉固体废物案件；1345家产废单位完成危险废物年度申报登记、1280家产废单位完成管理计划备案，委外利用处置危险废物4.38万吨，工业危险废物安全处置率99%以上。规范医疗废物处置，加强对医疗机构、隔离场所、核酸检测点的医疗废物、医疗污水规范处置督导，市医疗废物处置设施（河源市康源环保技术有限公司）一期正常运行、二期热解气化焚烧线建成调试，县级以上医疗废物无害化处置率100%。

【环境管治能力】 2022年，河源市生态环境局严格环境执法监管，开展安全生产督导、执法大练兵等工作。常态化落实“双随机、一公开”（即在监管过程中随机抽取检查对象，随机选派执法检查人员，抽查情况及查处结果及时向社会公开）制度，推行排污许可“一证式”执法，开展汛期环境安全大检查、危险化学品安全风险集中治理等20项专项行动，出动执法人员8377人次，检查企业3111家次，责令整改企业202家，下达处罚决定书36份，办理查封扣押案件2件、移送行政拘留案件2件、涉嫌环境污染犯罪案件2件。加强畜禽养殖污染整治，开展新丰江水库集雨区畜禽养殖业专项执法行动，排查养殖场282家，存在环境管理问题或环境违法行为的养殖场（户）全部完成整改，整改完成率100%。加强环境应急和信访，推进环境应急“南阳实践”和应急救援队伍建设项目，做好中共二十大、省党代会等重大节点期间的环境信访工作。推动平安建设，受理调处环境信访案件1202件，办结1174件，结案率97.7%。提升智慧监管能力，完成生态量化监管系统项目，新增在线监控联网企业60余家（其中国发平台重点企业12家），重点污染源在线监测数据传输有效率97.1%、达到有效率95%以上的要求。推进环境法治建设，全面实施“八五”普法规划，完成年度学法考试任务，参考率和优秀率100%。完成19件建议提案办理答复等工作，加强行政处罚案件法制审核、案卷评查、行政执法与刑事司法衔接。推进生态环境损害赔偿制度改革，印发《关于加强生态环境损害赔偿与司法保护衔接机制的实施意见》，开展磋商生态环境损害赔偿案件6件，成功磋商5件，追索赔偿金额1630万余元。

【环保服务水平】 2022年，河源市生态环境局推进生态文明建设，开展生态文明体制改革，制定推进河源市生态文明体制改革方案和整改工作清单，完成年度改革任务；印发实施《河源市生态环境保护“十四五”规划》《河源市创建国家生态文明建设示范市规划》等。把好空间和项目关，强化“三线一单”（生态保护红线、环境质量底线、资源利用上线和生态环境准入清单）实施应用和环境准入，开展规划环评审查服务，坚决遏制“两高”（高耗能、高排放）项目盲目发展，优化建设项目跟踪指导、绿色通道审批服务，落实告知承诺、环评豁免和简化环评编制内容等惠企便利措施。审批环评项目214个（报告书11个、报告表203个），网上登记备案298个，对3个项目采用告知承诺制审批，对73个项目豁免办理环评手续，对85个项目简化环评编制内容，97%以上的审批类项目由县（区）审批。推进减污降碳，推进重点减排工程项目；组织29家企业完成清洁生产审核，超额完成年度任务（20家）；加强控排企业、重点排放企业碳排放权交易监管，控排企业履约率100%；开发碳普惠核证减排量项目2个（深能龙川新能源有限公司、河源锐天科技有限公司分布式光伏发电），初步核证减排量6300多吨二氧化碳当量。

【环保督察整改】 2022年，河源市落实环保督察整改任务，市生态环境保护督察整改工作领导小组实行市委书记和市长任组长的双组长制，召开全市生态环境保护督察整改工作动员会、推进会，动员部署督察整改工作。建立市领导包案督办机制，由15名市领导对第二轮中央生态环保督察整改16个事项（4个反馈个性问题、12宗交办信访件）进行包案督办。加快推进第二轮央督整改，印发《河源市贯彻落实第二轮中央生态环境保护督察反馈意见整改方案》，针对17个整改任务细化制定58项整改措施。225宗交办信访件已办结，办结率100%；17项整改任务中4项已完成（农村集中供水全覆盖、“两高”项目和兴水泥公司节能减排技改项目整治、市医废处置设施项目高温蒸煮线工程、连平省级地质公园眼镜湖矿区生态修复工程），其他13项正按时序推进。推进第一轮中央环保督察整改，29项任务已全面完成整改，需销号的27项整改任务已完成销号。 （赵晓菲）

省级自然保护区简介

【广东河源新港省级保护区】 广东河源新港省级保护区前身是1976年6月经广东省林业局革委会批准成立的“河源县新港珍贵动物保护站”，时归河源县林业局管理，1979年3月归属于新丰江林管局管理。1989年经广东省林业厅批准晋升为广东河源新港省级自然保护区。保护区位于河源市东源县，整合优化后面积7611.90公顷，森林活立木蓄积16.7万立方米，森林覆盖率81.9%。保护区主要保护对象是南亚热带常绿阔叶林、珍稀动植物（水鹿）。保护区内野生动植物资源丰富，有维管植物168科574属956种，野生脊椎动物270种，隶属5纲33目105科。

【广东河源大桂山省级自然保护区】 广东河源大桂山省级自然保护区始建于

1998年7月，2000年8月经河源市人民政府批准晋升为市级自然保护区，2006年2月经省政府批准晋升为省级自然保护区。保护区位于河源市源城区南部，总面积7505.2公顷，主要保护对象是涵养水源的亚热带常绿阔叶林生态系统以及区内生长的国家和省级珍稀濒危保护动植物。保护区记录到野生维管束植物有179科706属1466种。其中，石松和蕨类植物25科61属131种，裸子植物4科4属5种，被子植物150科641属1330种；并记录有陆生脊椎动物24目88科247种。其中，哺乳类5目14科24种，鸟类15目51科151种，爬行类2目15科46种，两栖类2目8科26种，记录到国家二级重点保护动物35种；广东省重点保护物种25种。

【广东龙川枫树坝省级自然保护区】

广东龙川枫树坝省级自然保护区于1998年12月28日经广东省人民政府批准成立，总规划面积15806.5公顷。保护区主要保护对象为南亚热带至中亚热带南缘的森林植被及水源涵养林（林地11006.9公顷）、湿地生态系统（湿地面积3822.74公顷系广东省第一批湿地名录）、水资源（水域面积4630公顷）、保护区内整个生态系统和生态环境、国家和省级保护的珍稀濒危动植物。保护区内已查明的国家保护植物种类有7科8种，均属国家二级保护植物；分布有鱼类102种、两栖类动物14种、爬行类动物39种、鸟类94种、哺乳类38种。

【广东河源恐龙化石省级自然保护区】

广东河源恐龙化石省级自然保护区前身是始建于2000年的河源恐龙蛋化石、菊石化石自然保护区，2001年由广东省人民政府批准晋升为广东河源恐龙化石省级自然保护区，属古生物自然遗迹类型自然保护区。整合优化后保护区面积538.39公顷。保护区主要保护对象为恐龙蛋、恐龙骨骼、恐龙足迹以及菊石化石。保护区内的化石分布较为集中，且保存完好，风化程度较其他地区低，对于研究物种灭绝，生物进化、地质遗迹等具有较高的研究和保护价值。

【广东东源康禾省级自然保护区】 广东东源康禾省级自然保护区于2001年10月经广东省人民政府批准成立，位于广东省河源市东源县东部的康禾镇，总面积6621.4公顷。保护区主要保护对象为天然次生常绿阔叶林、水土保持林以及珍稀野生动植物。区内植物种类丰富，记录到维管植物193科701属1356种；栖息着种类繁多的珍稀濒危野生动物；记录到陆生野生脊柱动物238种，隶属于25目86科。在1200平方米的样地中，1.5米以上的立木达70种，可与鼎湖山自然保护区、黑石顶自然保护区相媲美。保护区的天然次生阔叶林面积大、保存完好，多样的生物物种形成的森林生态系统和部分地方奇特的自然景观。区内水资源丰富，河流众多，呈树枝状的小溪流终年流水不断。

【广东紫金白溪省级自然保护区】 广东紫金白溪省级自然保护区于2001年经省人民政府批准成立，位于东江中游、紫金县的东北部，总面积5755.5公顷。保护区主要保护对象为亚热带常绿阔叶林及珍稀野生动植物和水资源。此外，保护区还是广东省科普教育基地和广东省自然教育基地。区内有野生维管植物1138种。其中，国家一级重点保护野生植物紫纹兜兰1种，国家二级重点保护植物20种，广东省重点保护植物10种，兰科植物62种。有陆生野生脊椎动物205种。其中，国家一级重点保护野生动物2种，国家二级重点保护野生动物32种，广东省重点保护野生动物中25种。保护区结合特色资源开发“压花艺术”新课程，在粤港澳自然教育季、全国科普日等重大节日开展自然教育活动，并联合学校师生团体，及相关单位组织自然科普活动。2022年，保护区获“岭南动植物科学技术奖”二等奖、“第三届粤港澳自然教育季优秀单位”称号。

【广东连平黄牛石省级自然保护区】 广东连平黄牛石省级自然保护区始建于1999年6月，2001年10月经省政府批准晋升为省级自然保护区，总面积4334公顷。保护区地处九连山脉，为亚热带地区中低山地，山体自北向南渐次降低，主要保护对象为中亚热带常绿阔叶林森林生态系统、以黄腹角雉、金斑喙凤蝶、南方红豆杉和兰科植物为代表的国家重点保护野生动植物及其栖息地、植被垂直带谱、奇特的自然景观、水源地。保护区内记录到维管植物214科787属1620余种（栽培植物72种），大型真菌22科31属52种。其中，珍稀濒危野生保护植物20科37属51种，国家重点保护野生植物28种。记录到陆生野生脊

2022年，广东连平黄牛石省级自然保护区重点保护对象之一——南方红豆杉
（广东连平黄牛石省级自然保护区管理处提供）

椎动物26目80科223种，蝶类9科81属113种。

【广东和平黄石坳省级自然保护区】广东和平黄石坳省级自然保护区于2004年1月经广东省政府批准成立，位于广东省河源市和平县西南部，总面积8096.8公顷。保护区主要保护对象为珍稀动植物资源及其栖息地；复杂的森林类型和亚热带森林生态系统；独特的物种种质资源。保护区内的地带性植被为典型的亚热带常绿阔叶林，可分为常绿阔叶林、常绿与落叶阔叶混交林、针阔叶混交林、暖性针叶林、热性针叶林、灌草丛、竹林和人工植被8种类型。区内野生动植物资源丰富，物种繁多，有维管植物206科740属1417种，属国家重点保护植物有10科11属11种，属珍稀濒危植物有7科7属7种，有脊椎动物148种。属国家和省级重点保护野生动物有17种。此外，被列入CITE公约附录、《中国濒危动物红皮书》和《IUCN红皮书》的珍稀濒危种类和我国特有种类有小麂、华南兔、蓝胸秧鸡、平胸龟、灰鼠蛇、滑鼠蛇、银环蛇、眼镜王蛇、黑斑肥螈、沼水蛙、东坡长汀品唇鳅等。（王 子）

水生态文明建设

【“清漂”“清四乱”常态化推进】2022年，河源市推进“清漂”“清四乱”常态化，清理河道长度5829.88千米、水域面积617.01平方千米、水面垃圾漂浮物5.03万吨。整治销号河湖“四乱”问题413宗，整治妨碍河道行洪突出问题56宗，水环境、水安全有效提升。印发《河源市50平方公里以下河流及小微水体管理范围划定工作指南(试行）》，累计完成划定615条河流河段7204千米管理范围划定工作。

【水土保持工作】2022年，河源市全面强化水土流失审查审批工作，完成水土保持方案审批142宗、水土保持设施验收59宗。加强水土流失治理，完成199宗省级遥感监管疑似违法违规扰动图斑现场核查、认定、查处及24宗历史违法违规项目的整改销号工作，完成水土流失治理面积90平方千米。推进3宗水土保持综合治理工程项目，预防和减少水土流失，保护和改善生态环境。加大水土保持预防监督管理力度，加强生产建设项目的事中事后监管,对20个生产建设项目开展水土保持监督检查，开展水土保持监督执法165次。

【水资源管理制度落实】2022年，河源市实施最严格水资源管理制度，印发《河源市“十四五”水资源管控指标分解方案》，编制《河源市东江流域水资源保护和利用中长期规划》《河源市重要饮用水源地安全保障达标建设实施方案》《铁场河生态流量保障实施方案》。加强取水活动监管，完成1690宗取水问题整改，整改完成率100%。开展取水计量监管，对41宗较大取水户和22宗一般中型灌区安装在线监控设施。用水量15.44亿立方米，万元GDP用水量降幅11%、万元工业增加值用水量降幅34%。

【节水型社会创建】2022年，河源市推进县域节水型社会达标建设，创建小区63家、公共机构140家、企业16家和灌区等节水载体，源城区、东源县通过省水利厅验收及水利部复检。完成44家市级党政机关节水型单位创建工作，水利行业节水机关创建率100%。河源国家高新区获省级节水标杆园区称号，东源县白礤灌区、大坑灌区、赤竹径灌区获评省级节水灌区称号。组织开展“世界水日”“中国水周”节水宣传活动，提高群众节水意识。（宋丽平）

新丰江库区(万绿湖)生态保护

【概况】新丰江库区（万绿湖）内有半江镇、锡场镇、新回龙镇、新港镇、双江镇、涧头镇、新丰江林场等6镇1场。2022年，区域总面积约1600平方千米。其中，林地面积约1100平方千米，水域面积约370平方千米。有360多个小岛，集雨面积5734平方千米，丰水期（最高）水位116.701米（1983年6月20日），枯水期（最低）水位84.14米（1972年4月5日）。库内设有新港省级自然保护区、新丰江国家森林公园、万绿湖国家湿地公园、万绿湖国家AAAA级旅游景区。

【水产养殖】2022年，广东省新丰江林业管理局严格执行禁（休）渔制度，开展增殖放流活动，促进万绿湖渔业资源增长和水生生物多样性。在库区各镇村、码头张贴禁渔公告500余张，悬挂横幅43条，发放渔业安全生产宣传材料600余份，通过短信、微信等平台发布禁渔信息8000余条；查获非法捕捞11宗，查处22人；劝返禁渔期捕鱼人次130余人，截留放生渔获物40多千克；拆除网具430张，没收电池电灯87个，查扣非法捕捞船只9艘，并召开现场会对收缴到的非法渔具进行集中销毁；累计开展渔业增殖放流活动4次，投放“四大家鱼”、鳡鱼等鱼苗1000万尾。

【森林资源培育】2022年，广东省新丰江林业管理局完成高质量水源林抚育0.09万公顷、造林0.07万公顷和2021年中央财政森林抚育0.08万公顷，发动群众义务植树7.62万株。开展“送苗下乡”活动，送出美丽异木棉、黄花风铃木、樱花、铁冬青等花色品种苗木2.72万株和100千克的草籽到库区各乡镇。库区生态公益林面积9.56万公顷。编制《新丰江库区锡场公益林示范区建设规划（2022—2027年）》总体规划。设立镇级林长78名、村级林长66名、监管员62名、护林员228名，各级林长累计巡林3834次、“护林员”App上岗率100%。

【林木、林地资源管理】2022年，广东省新丰江林业管理局对2021年森林督查变化图斑152个，有5个违法图斑查处整改，查处整改率100%。库区0.25万公顷桉树林改造任务，已完成砍伐0.23万公顷，占桉改任务的91.4%。其中，除萌0.12万公顷，未除萌0.11万公顷，已造林0.04万公顷。对2016年开展的新丰江库区古树名木普查的63株古树建立“一树一档”的古树名木信息档案，详细记录每株古树的树种、树龄、胸径、冠幅、长势等生长环境基础信息，对有关古树的历史典故、传说、故事等做记录和整理，形成古树调查档案，录入广东省古树名木信息管理系统，生成每株古树的古树编号和二维码，并进行挂牌保护工作。

【森林防火】2022年，广东省新丰江林业管理局开展森林火灾风险普查工作。通过开展“2022年森林防灭火宣传月”等活动、签订责任书和防火承诺书、印发《森林防火禁火令》《致新丰江库区人民群众森林防火告知书》（野外违规用火处罚案例）等宣传资料，对库区的28个固定的森林防火宣传牌进行翻新等形式进行宣传教育。通过开展“五清”（清坟边、清林边、清地边、清隔离带、清旅游景区内可燃物）行动、2022年森林火灾隐患排查整治和查处违规用火行为专项行动（整改森林火灾风险隐患170多处）、森林火灾风险普查调查数据及矢量数据采集等行动，及时排查和消除森林火灾隐患，全年实现“零山火”。

【野生动植物资源保护管理】2022年，广东省新丰江林业管理局完成万绿湖国家湿地公园三期落界工作，举行“人与自然和谐共生、共建共享美丽家园”主题宣传活动，提高公众生态保护意识、动员全社会参与保护野生动物。万绿湖国家湿地公园，总面积26348.7公顷。其中，湿地面积24880.4公顷，属人工湿地中的库塘湿地。有维管植物184科589属915种，珍稀濒危植物7科9属9种。野生脊椎动物28目63科132属158种，其中国家重点保护动物27种（国家一级重点保护动物3种；国家二级重点保护动物24种）。

新港省级自然保护区，总面积7513公顷。有维管植物168科574属956种，野生脊椎动物270种，隶属5纲33目105科（国家一级保护野生动物2种、国家二级保护野生动物30种）。是年1月，新港省级自然保护区首次通过红外相机监测记录到国家二级保护野生动物水鹿的影像。

2022年1月，新港省级自然保护区首次通过红外相机监测记录到国家二级保护野生动物水鹿的影像 （新丰江林管局 提供）

【水资源保护】2022年，广东省新丰江林业管理局常态化抓好湖面清漂保洁。加大万绿湖水浮莲等漂浮物的打捞力度，二期拦漂工程正式投入运营，打捞水浮莲等漂浮物4万多吨。

【森林病虫害防治】2022年，广东省新丰江林业管理局对库区检疫性病虫害进行调查与监测，加强库区进出调运木材、种苗和花草的检疫。完成防治松材线虫病0.24万公顷（其中飞防0.13万公顷）、防治红火蚁20.67公顷。

【旅游资源开发】万绿湖是华南地区最大的人工湖，总面积1600平方千米，其中水域面积370平方千米，林地面积1100平方千米，蓄水总量139亿立方米，内有360多座岛屿。湖内主要景区景点有龙凤岛、水月湾、桂山、镜花缘、客家风情馆、万绿谷。其中，龙凤岛、水月湾、镜花缘、客家风情馆、万绿谷为创建国家AAAAA级旅游景区范围景点。

河源新丰江万绿湖风景区管理委员会按照国家文旅部现场检查组、省文旅厅专家组实地检查反馈的意见，以及市、县工作要求，成立万绿湖创建国家AAAAA级旅游景区整改提升工作领导小组和工作专班，制定《万绿湖风景区创建国家AAAAA级旅游景区现场检查反馈问题整改工作方案》，学习江西三百山、杭州千岛湖等景区创建国家AAAAA级旅游景区工作经验、联系落实采购新能源船等工作。开展旅游宣传推介，开展“中国万绿湖 世界中华龙”水月湾恐龙新春互动游、万绿湖忠信花灯文化展等活动。2022年万绿湖风景区接待游客117.94万人次，收入6114.21万元。 （黄国华 徐粤霞）

经济管理

编辑：曾红艳

发展与协调

【科学编制规划与计划】2022年，河源市发展和改革局统筹推进全市“十四五”规划编制工作，定期跟进规划编制进度，加强规划纲要与空间规划、专项规划的衔接，及时出具衔接意见，协调解决规划编制过程中遇到的问题和困难，推动规划编制工作有序开展，全市30个报市政府审批的专项规划编制工作全部完成；做好年度计划编制工作，在全面总结前一年度经济社会发展情况基础上，分析宏观经济环境和疫情发展态势，科学研判预测主要经济指标2022年预期目标，谋划全市各领域2022年主要工作任务，编制《河源市2022年国民经济和社会发展计划》，并以市政府名义下达实施。

【重大问题研究与经济运行管理】2022年，河源市发展和改革局开展“河源市推进新型城镇化路径研究”“河源市发改系统简政放权政策落实情况”“加强信用数据采集助力社会信用体系建设”等多个专题调研，为推动河源市经济社会高质量发展提供有价值的参考。创新和加强经济运行管理，推动建立“以周保旬、以旬保月、以月保季、以季保年”调度工作机制，及时协调解决经济运行难点、堵点问题；出台河源市贯彻落实扎实稳住经济一揽子政策措施实施方案和接续政策措施工作方案，推动稳经济政策措施落地见效；制订重点企业服务工作方案，统筹协调市领导及主要经济部门对全市7大领域148家重点企业逐一进行走访。

【项目审批与资金争取】2022年，河源市发展和改革局深化项目审批制度改革，实行投资项目全程“不见面”审批，提高审批效率，局内项目审批时间控制在1个工作日内，按照审批权限审核备项目39个，总投资49.27亿元。争取上级资金支持，9个项目获得中央预算内资金7334万元，62个项目获得地方政府专项债券资金64.5亿元支持，1个项目获得政策性开发性金融工具3.81亿元。

【重点项目服务与协调】2022年，河源市发展和改革局推动建立重大工程建设项目总指挥部运行机制、重点项目跟踪监测和协调调度机制，组建重大项目并联审批工作专班，对重点项目实施“日跟踪、周调度、月研判通报、季度召开现场会”，及时协调解决项目堵点问题，推动项目加快建设，形成更多实物量。2022年，全市完成固定资产投资653.58亿元，其中工业投资215.69亿元，占投资总额的33%，比上年增长4.9%；190个市重点项目完成投资298.5率亿元；其中，57个省重点项目完成投资187亿元，完成年度投资计划的106.7%。

【重大项目谋划与建设】2022年，河源市发展和改革局围绕产业兴市和制造业、兜住民生底线和生态红线、用足用活上级政策红利，常态化高质量推进项目谋划储备，谋划安排重点项目195个、年度计划投资332亿元；其中，制造业项目73个，年度计划投资117.8亿元，比上年增长25.6%。狠抓重大项目落地建设，推动东源东瑞农牧（船塘）现代农业生态养殖基地、龙川县科逸家居整体浴室生产基地、今麦郎饮品河源生产基地等一批总投资超5亿元的重大项目相继建成投产，长深高速公路改扩建项目（河源段）、国道205线河源市热水至埔前段改线工程、市高新区尚雷仕智能新型材料制造基地等一批重大项目加快建设。（傅新凤）

公共资源交易

【概况】2022年，河源市公共资源交易中心交易总数为4591宗，交易金额115.83亿元，节约总额1.34亿元，增收总额0.37亿元。

【政府采购】2022年，河源市公共资源交易中心组织实施政府采购项目51批次，采购预算1.99亿元，中标金额1.93亿元，节约资金525.82万元，节约率2.7%。中介服务超市3497项，中选价2.52亿元。

【建设工程交易】 2022年，河源市公共资源交易中心发布318个项目招标公告，预算金额97.56亿元，中标价96.27亿元，节约资金1.29亿元，下浮1.3%。

【国有建设用地交易】 2022年，河源市公共资源交易中心土地挂牌成交155宗，挂牌成交总面积355.33万平方米，总成交额11.14亿元，对比委托价增收2370万元，增收率2.2%。

【产权交易】 2022年，河源市公共资源交易中心进场570宗，成交160宗，委托挂牌价值3.83亿元，成交值3.96亿元，对比挂牌金额增长1280.63万元，增长3.3%。

【交易平台】 推动公共资源交易从依托有形场所向以电子化平台为主转变 2022年，该中心系统梳理公共资源交易流程，精简办事流程，推行网上办理，降低制度性交易成本，推动公共资源交易从依托有形场所向以电子化平台为主转变。自5月1日起，取消该市工程交易电子招标文件费用的收取，取消没有法律法规依据的报名环节，全过程接受潜在投标人投标，工程招投标项目实行以线上投诉为原则、线下投诉为例外的投诉受理处理模式。

推动“远程异地评标” 2022年5月13日，该中心与广东18个地市公共资源交易平台签订远程异地评标协议。7月28日，该中心在工程交易领域首次实现市县远程异地评标。工程交易和政府采购实现跨地市“远程异地评标”，开展6场远程异地评标，远程异地评标，实现统筹共享优质专家资源、场地资源和技术资源，防范围标串标行为。

推行“中标贷”金融服务 2022年，该中心创新融资服务方式，在省内率先推出“中标贷”服务，专门为中标的中小微企业提供优质、便捷的金融服务，解决企业融资难、融资贵、融资慢、融资繁等问题，支持中小微企业发展，优化该市公共资源交易领域营商环境。11月16日，河源市公共资源交易平台正式上线运行“中标贷”服务，额度最高可达300万元。

推进网上中介服务超市 2022年，该中心与市审计局、市财政局、市政务数据局等部门沟通，寻求将中介超市纳入巡察和财政资金监管范围。加强对各县分中心工作人员在中介服务超市入驻及项目发布审核标准、办件时限、业务宣传等方面的指导，定期对县分中心的办件质量进行监督检查，促进中介服务提质增效。制作《“中介服务”进超市 方便“点”快捷“点”》宣传短视频并在主流媒体轮流播放。

（何　莹）

国有资产管理

【概况】 2022年，河源市人民政府国有资产监督管理委员会直接监管的企业9家［市国资公司、市城投公司、市交投公司、市水投公司、市物投公司（市市场物管处）、市国顺公司、市金叶公司、市城乡公司、市物资公司］；参股一级企业1家（市粤运公司）；与江东新区管委会、灯塔盆地管委会共管企业各1家（市江东开发公司、市灯塔盆地建设公司）。经营业务涵盖国有资产经营、产业投资、城市投资建设、交通投资建设、产业园区投资运营、交通运输、农贸市场、物业管理等行业。是年，河源市人民政府国有资产监督管理委员会被国家机关事务管理局、中共中央直属机关事务管理局、国家发展和改革委员会、财政部授予“节约型机关”称号。

【国企改革】 2022年，河源市人民政府国有资产监督管理委员会完成国企改革任务。推进国有经济布局优化和结构调整，将3家企业（河源市源声电影有限公司、河源市港务管理局、河源市商业企业集团公司）划转至市国资公司；推动市矿业公司、市河砂公司、市康源公司重组整合；推进市国资系统34家“僵尸企业”司法出清后续工作；明晰企业主责主业，推进“瘦身健体”工作，歇业公司1家、分流安置54人。完善中国特色现代企业制度，推进董事会规范化建设，13家企业建立董事会，其中，5家板块企业董事会实现外部董事占多数。完善市场化薪酬分配机制，印发并实施《河源市市属国有企业工资决定机制改革实施办法》，重新修订印发《河源市市属国有企业负责人高质量发展经营业绩考核暂行办法》。健全市场化经营机制，对46家企业经理层成员实行任期制和契约化管理，市属企业及其下属子企业按照制度规定与经理层签订任期经营业绩责任书、年度经营业绩责任书，签约85人。

【国资经营】 2022年，河源市人民政府国有资产监督管理委员会监管企业资产总额338.49亿元，负债总额186.01亿元，资产负债率55.0%，所有者权益152.48亿元。实现营业收入7.92亿元，净利润亏损1.81亿元，上缴税费0.89亿元。

【项目建设】 2022年，河源市人民政府国有资产监督管理委员会监管企业实施民生工程和重点项目17个，累计完成投资额11.79亿元。其中：市中小学生综合实践基地、市医疗废物处置项目投入运营，粤赣高速河源市顺天互通立交建设工程完工并通车运营。

【国资监管】 2022年，河源市人民政府国有资产监督管理委员会修订和完善各项制度23项，抓好制度执行。印发《河源市市属国有企业财务监督管理办法》，加强企业财务监管；落实财务监督检查“回头看”，注销企业银行账户34个。印发《河源市市属企业国有资产交易监督管理办法》，规定国有资产转让由履行出资人职责的机构决定，明确转让程序。印发《关于进一步规范市属企业人员招聘工作的通知》，规范选人用人程序。修订和完善《河源市市属企业资产租赁管理办法》，加强对企业资产租赁行为的监管。

【融资筹资】 2022年，河源市人民政府国有资产监督管理委员会融资18.51亿元，完成提款15.38亿元（含以前年度授信额度于2022年的提款），主要用于支付项目建设款补充流动资金等。其中，市国资公司提款6.59亿元；市城投公司提款7.24亿元；市交投公司提款5637.41万元；市水投公司提款500万元；市江东开发公司提款8350万元；市灯塔盆地建设公司提款527.37万元；市城乡公司提款500万元。 （潘 蔚）

财 政

【概况】 2022年，河源市一般公共预算收入71.64亿元，可比口径下降10.7%（剔除留抵退税影响，下同）。其中，税收收入36.31亿元，可比口径下降21.3%；非税收入35.33亿元，比上年增长6.0%。全市一般公共预算支出333.79亿元，下降3.4%。其中，民生支出261.92亿元，增长0.3%，占一般公共预算支出78.5%。全市政府性基金收入28.91亿元，下降64.9%。其中，国有土地使用权出让收入23.23亿元，下降68.3%，占政府性基金预算收入的80.4%。全市政府性基金支出111.70亿元，下降1.9%。其中，国有土地使用权出让收入相关支出24.71万元，下降43.6%。

【财政经济调控】 2022年，河源市向省财政厅争取到地方政府新增债券资金78.5亿元。争取涉农资金24.36亿元，在全省排第六位，在粤北山区5市排第三位，支持全市实施473个涉农项目。开展全市落实2022年增值税留抵退税政策成效分析课题研究。2022年实现市直行政事业单位经营性国有资产收益520万元。下达省级科技创新专项资金（大专项+任务清单）3400万元，为该市中小企业创新能力提升、科技管理能力提升、孵化器提质增效、重大创新平台建设、农业科技创新等提供财力保障；兑现河源市促进科技创新若干政策措施补助项目资金308.55万元。落实政策提升营商环境。发放708.6万元河源市惠民消费券；实施家电“以旧换新”实际补贴289.8万元；兑现奖补730万元支持培育工业企业上规模发展；下达省级促进经济高质量发展项目资金7334万元。将联合科技信贷风险准备金总规模扩大到4139万元，为科技型中小微企业提供融资增信担保。是年，河源市做好查漏补缺化解风险工作。规范债券资金使用，严控政府债务风险，巩固隐性债务“清零”成果。巩固脱贫攻坚成果同乡村振兴衔接。推动现有财政保障政策有序平稳过渡，坚持把农业农村作为财政支出的优先保障领域，全市筹集财政资金33.05亿元支持乡村振兴。支持污染防治攻坚战，支持生态环保项目开展。统筹4.88亿元支持河源市生态林业发展。落实东江流域省内生态保护补偿改革机制，争取到生态保护补偿资金4.32亿元。统筹中央自然灾害防治资金1790万元，推进大、中、小型地质灾害综合治理项目。

【财政民生保障】 2022年，河源市加强基本民生保障底线，安排7.29亿元用于保障底线民生，提高困难群众救助补助保障水平。安排1.72亿元支持提高困难残疾人生活补贴、重度残疾人护理补贴标准。下达14.98亿元支持将城乡居民基本医疗保险财政补助标准，从每人每年580元提高到每人每年610元。下达1053.84万元，推动全面实现适龄女生HPV疫苗免费接种。统筹2240.9万元，推进落实“粤菜师傅”“广东技工”“南粤家政”三大工程，促进居民就业。加强粮食等储备物资管理，确保各项应急物资储备充足。落实普惠性学前教育扩学位、提质量资金。安排下达资金1385.02万元，用于河源中学、田家炳中学食堂修缮改造及改善学校办学环境。落实原民办代课教师生活困难补助市配套资金793.38万元。

【财政改革】 2022年，河源市推进财政管理体制改革，完善“数字政府”公共财政综合管理平台执行域、核算域系统功能配置。推进全市财务核算信息集中监管改革工作。提前实现广东省电子非税收入一般缴款书上线目标。提高财政预算管理水平，开展涵盖预算编制、执行、监督的系列管理改革。健全预算绩效考核机制，推动将预算绩效评价结果应用纳入机关绩效考核范围，加大预算绩效约束，明确绩效评价结果与预算安排挂钩，推动对县（区）党政部门考核。制订出台《河源市自然资源领域市级与县（区）财政事权划分工作方案》《河源市生态环境领域市级与县（区）财政事权划分工作方案》。《构建工业企业培育机制，力促全市工业高质量发展》获评2022年度河源市全面深化改革优秀案例。

【财政管理】 2022年，河源市财政局组织市直250个预算单位开展会计信息质量检查和套取财政资金专项整治行动。加强对2022年预决算公开常态化检查。强化全市行政事业性收费和政府性基金目录清单动态管理，落实企业减负政策。加强行政执法机关罚没财物处置工作，规范全市罚没财物处置。完成公务员工资清理规范工作阶段性任务。

（朱小文）

税 务

【概况】 2022年，河源市税务系统有管户129713户（含企业、个体户及其他管户）。全市税务系统累计组织税费收入211.52亿元，比上年下降7.7%，扣除留抵退税因素还原后比上年增长2.0%。国内税收收入完成87.15亿元，下降

36.5%。其中，中央级税收收入37.45亿元，下降37.6%；地方级税收收入49.70亿元，下降35.6%，其中市县级税收收入37.39亿元，下降28.0%。扣除留抵退税因素还原后，国内税收收入完成113.69亿元，下降19.7%。其中，中央级税收收入50.72亿元，下降18.5%；地方级税收收入62.97亿元，下降20.6%，其中，市县级税收收入41.37亿元，下降21.3%。全市税务部门办理出口产品退（免）税21.88亿元，下降8.6%。2022年，国家税务总局河源市税务局被国管局、中直管理局、国家发展改革委、财政部认定为第二批节约型机关；国家万税务总局河源市税务局案例被国家机 关事务管理局评定《践行绿色发展理 念奏响税务文明乐章》为“典型示范案例”。

【落实新的组合式税费支持政策】 2022年，河源市税务局落实新的组合式税费支持政策作为建强政治机关、服务“国之大者”的实际行动，搭建“2+3+4+5”（市、县区税务局两级例会制度，税务、人行、财政三部门联动机制，日报、简报、专报和通报“四报”制度，明确退税资金安排、大额疑难退税申请、重大退税风险隐患、重大骗税案件、重大舆情事件）运转机制，是年，全市税务系统合计办理新增减税降费及退税缓税缓费45亿多元。

【服务发展大局】 2022年，河源市税务局发挥以税资政作用，围绕河源市委、市政府打造“五大产业”（千亿级电子信息产业集群、百亿级水产业集群、百亿级先进材料产业集群、生态旅游业、现代高效农业）、做强园区经济等开展调研分析，每季度向市委、市政府至少报送1篇有分量的分析报告，全市税务系统累计有40篇分析报告得到党政领导批示肯定50人次，其中，参与广东省税务局课题《乡村振兴评价指标体系构建研究——基于广东实践探索》，被评为2019—2020年度全国税务系统优秀税收科研成果二等奖。

【税收征管改革】 2022年，河源市税务局贯彻落实《关于进一步深化税收征管改革的意见》，在广东省税务局统一框架下，到全市41个基层税务分局开展专题调研，分析税务系统机构设置、税费征管、人力资源特点，科学谋划改革措施，形成《深化税收征管改革背景下县区征管模式调整和人力资源配置优化调研报告》。打造集全市同城通办“非接触式”办税缴费业务和“送问办询评”综合服务的作业型纳税服务运营中心，7类33项业务实现全市线上业务受理一个入口、业务办理一个标准、操作流程一套规范，每日办理业务量占全市电子税务局后台审核业务量超85%；非接触式渠道分流率95%，做到“当日件、当日结”，各县区税务局后台审核人员数量节约43%。拓宽跨区域缴税渠道，全市首笔跨境人民币电子缴税业务成功落地。在保持税款入库级次和入库地点不变的前提下，推动市区（包括源城区、高新区、江东新区）范围内二手房交易涉税事项实现“一窗收件，集约办理”。加强非居民税收管理以及国际税收征管协作，完成河源首例非居民股权间接转让补税事项。推进数字化电子发票试点工作，打造一体化智能监测体系，建立和完善税收数据质量监控体系，自主运用信息技术开发纳税服务运营中心大屏展示软件、异地建安智慧防控系统、大企业税收分析工具软件等系统软件，推动智慧税务建设提档升级。河源市税务局智税竞赛团队在全省税务系统“智税·2022”大数据竞赛风险分析赛中名列第九名，获得二等奖；东源县税务局干部陈奕名获得个人赛第三十名，创历年来最好成绩。建立“1+N”（以河源市税务局第一税务分局为主体、各业务部门和各县区税务局为延伸，横向联动、纵向贯通、闭环管理的大企业税收服务与管理机制）工作机制，提升大企业税收服务与管理水平。推动社保费“统模式”改革高效落地，推进金三标准版机关事业单位养老保险和职业年金上线工作，成功划转国有土地使用权出让收入、矿产资源专项收入等4项非税收入项目。

【依法治税】 2022年，河源市税务局坚持“露头就打”“打早打小”，常态化打击“假企业”虚开发票、“假出口”骗取退税、“假申报”骗取税费优惠等涉税违法行为，是年，累计立案检查102件，审结95件（含以前年度未结案件），查补税款3791.37万元，入库税款2415.71万元，开展其他稽查督导查补税款7572.97万元，入库税款7291.04万元。落实“信用+风险”监管，做好案件检举工作，完善税收“黑名单”和联合惩戒工作，公布并实施惩戒措施33户。以“税务+司法”为路径，与市司法局签订《法治税务合作共建备忘录》，围绕促进依法全面履行税收工作职能等开展合作，以法治税务建设护航营商环境。紫金县税务局被评为“广东省依法治省工作先进单位”。

【优化税收营商环境】 2022年，河源市税务局以打造“税收营商环境提优工程”抓手，开展第31个全国税收宣传月活动，聚焦河源加速培育“五大产业”战略部署，梳理汇编《五大产业税费优惠政策系列指引》，持续拓展覆盖高端装备制造等产业，为2万多户企业提供“5+3”（千亿级电子信息产业集群、百亿级水产业集群、百亿级先进材料产业集群、生态旅游业、现代高效农业；高端装备制造业、医疗健康产业、汽车配件产业）产业税费优惠政策系列指引2.0版。制作“2022年新的组合式税费支持政策”系列电子书27本，均被国家税务总局、《中国税务报》微信公众号采用，总阅读量600多万人次。建立“首席纳税服务员”工作机制，组建“专属纳税服务团队”34个，推出十项“智慧税务 春暖槎城”成果计划，推出“一企一策”“一产业一方案”“一园

2022年4月2日，河源市税务局发布《“五大产业”税费优惠政策指引》
（河源市税务局 提供）

区一品牌”个性化服务，建立123个分级分类网格化服务群组，覆盖6万多户纳税人。相关服务措施成效被市级以上媒体刊发新闻报道987篇次，其中，被CCTV、《中国日报》、《中国青年报》、光明网、“学习强国”学习平台等央级平台刊发72篇次。连续第九年开展“便民办税春风行动”，打造全市首个大学生税费服务站，助力大学毕业生就业创业。依托全市1441个村（社区）党群服务中心和“粤智助”平台，持续开展“税爱未来·便捷100+”税费服务进村居（社区）行动，让纳税人缴费人在家门口即可办理41项税费业务。将全市38个办税服务厅（点）对外公开电话归并整合成8个县级小呼中心，通过“一号多机、一号多人、专人专岗”实现税费咨询“一线通答”。对出口企业实施分类评定、分类管理，全市251户出口退（免）税企业申报出口额34.36亿美元，比上年增长8.7%；申报退（免）税额21.82亿元，增长7.8%；简化退税流程，全市出口退税从申报到退至企业银行账号上的平均办理时间压缩至1.2个工作日，远快于上级对一、二类出口企业正常出口退税办理时间压缩在3个工作日的要求。推动增量房交易契税申报网上办理，被列入河源市2022年八件法治实事、2022年民生“微改革”项目之一，并在“粤税通”、电子税务局等平台上线。

2022年河源市分税费种收入情况统计表（按入库口径）

表4

项　　目	累计收入（万元）	上年同期收入（万元）	增长（%）	增收额（万元）
税费收入	2135003	2317674	-7.9	-182671
其中：税务部门组织税费收入	2115191	2290614	-7.7	-175423
一、税收收入合计	891317	1398439	-36.3	-507122
（一）税务部门组织税收收入	871505	1371379	-36.5	-499874
其中：中央级	374516	600076	-37.6	-225560
地方级	496989	771303	-35.6	-274314
省级	123135	252207	-51.2	-129072
市县级	373854	519096	-28.0	-145242
其中：市本级	101764	182369	-44.2	-80605
其中：市直	49118	109158	-55.0	-60040
1.国内增值税	283213	601624	-52.9	-318411
2.国内消费税	59554	46379	28.4	13175
3.企业所得税	168485	208413	-19.2	-39928
4.个人所得税	54907	100300	-45.3	-45393
5.资源税	5703	8630	-33.9	-2927

续表4

项　　目	累计收入（万元）	上年同期收入（万元）	增长（%）	增收额（万元）
6.土地使用税	23563	25990	-9.3	-2427
7.城市维护建设税	30761	37556	-18.1	-6795
8.印花税	12518	12758	-1.9	-240
9.土地增值税	66315	85798	-22.7	-19483
10.房产税	30724	30675	0.2	49
11.车船税	12886	11962	7.7	924
12.车辆购置税	38916	67388	-42.3	-28472
13.耕地占用税	39435	47080	-16.2	-7645
14.契税	43136	85694	-49.7	-42558
15.环境保护税	1335	1077	24.0	258
16.其他税收	54	55	-1.8	-1
（二）海关代征税收收入	19812	27060	-26.8	-7248
二、费金收入合计	1243686	919235	35.3	324451
（一）社保费收入	986752	863420	14.3	123332
（二）非税收入	248851	48038	418.0	200813
（三）其他收入	8083	7777	3.9	306
出口退（免）税合计	-218829	-239499	-8.6	20670

（赖周鸣）

审　计

【概况】 2022年，河源市审计机关完成审计项目153个。查出主要问题金额201.87亿元，其中违规金额7.96亿元、管理不规范金额193.39亿元；审计发现非金额计量问题1197个；损益（收支）不实金额52.16亿元；出具审计报告和专项审计调查报告219篇。审计期间整改金额2.54亿元；审计处理处罚金额18.99亿元，其中应上缴财政7.43亿元、应归还原渠道资金2.06亿元、应调账处理金额9.49亿元；移送司法、纪检监察机关和有关部门处理事项12件，移送处理金额3580万元。审计促进整改落实有关问题资金19.53亿元；审计后挽回（避免）损失8655万元。审计提出建议776条；促进被审计单位制定整改措施56项；提交审计信息7篇，向社会公告审计结果17篇。

【政策落实情况跟踪审计】 2022年，河源市审计局重点对中央及省级直达资金管理使用、省级工业园区高质量发展资金管理使用及相关政策落实、支持市场主体应对疫情纾困发展政策措施落实情况等3项重大政策措施落实情况及资金管理使用情况开展跟踪审计，推动中央、省、市重大决策部署得到贯彻执行。

【财政审计】 2022年，河源市审计局完成2021年度市本级财政预算执行、决算草案以及其他财政收支情况审计；对8个部门单位及市政府公共运转经费2021年度预算执行情况和3家公立医院部分财政专项资金使用情况开展审计，延伸审计5家二级预算单位；对市高新区2016—2020年财政财务收支情况、地方政府专项债券管理使用情况进行审计、对部分非税收入征管情况进行专项审计调查，披露预算管理、债务债券资金管理使用以及重点专项资金使用绩效等方面的问题，促进财政资金提质增效、非税收入规范征收管理，推动各部门规范预算管理，提升预算执行效率和资金使用绩效。

【经济责任审计】 2022年，河源市审计局围绕促进权力规范运行，对57个单位81名领导干部履行经济责任情况开展审计，查出主要问题金额10.06亿元；持续对2个省级自然保护区管理处和24个镇（街）45名党政主要领导干部开展经济责任和自然资源资产离任审计，查出主要问题金额4.14亿元，促进领导干部履职尽责。

【民生审计】 2022年，河源市审计局加大对民生项目的审计力度，对全市2021年度社会保险基金预算执行情况、粮食安全和粮食购销情况、巩固拓展脱贫攻坚成果同乡村振兴衔接相关政策措施落实情况等进行专项审计及调查，推动补齐民生短板，促进各项惠民富民政策。

【政府投资审计】 2022年，河源市审计局对全市2014年至2020年政府投资项目评审情况、市区污水收集系统跨新丰江河管道工程建设情况开展审计，促进提升政府投资工程项目资金使用绩效。

【国企审计】 2022年，河源市审计局对重点国有企业开展审计，揭示国企运营管理中存在的突出问题，推动深化国有企业改革、规范国有资源资产管理、防范化解重大风险。

2022年河源市本级及所辖区（市、县）审计工作统计表

表5

审计机关	完成审计项目（个）	审计查出主要问题金额（万元）	审计发现非金额计量问题（个）	审计期间整改金额（万元）	出具审计报告和审计调查报告（篇）	审计处理情况		审计促进整改落实有关问题资金（万元）	审计提出建议（条）
						审计处理处罚金额（万元）	移送处理事项（件）		
河源市 河源市本级	31	785532	332	1142	44	61609	8	50338	99
源城区审计局	18	299525	129	0	31	573	0	1867	67
东源县审计局	20	277453	142	216	30	93212	0	14184	274
和平县审计局	29	68756	110	18642	42	76	0	29741	143
龙川县审计局	17	291514	90	50	17	27731	0	1252	68
紫金县审计局	21	70366	311	7	33	3147	4	0	81
连平县审计局	17	225577	83	5359	22	3527	0	97960	44
合　计	153	2018723	1197	25416	219	189875	12	195342	776

（潘森群）

统　计

【概况】 2022年，河源市统计局贯彻落实《关于更加有效发挥统计监督职能作用的意见》《广东省统计条例》，开展统计造假不收手不收敛专项纠治，完成2022年度地区生产总值1294.57亿元核算任务，编印《河源统计资料》《河源统计月报》《河源统计年鉴》等统计产品，抓好人口、经济等大型普查，组织1600多家规上企业完成月度和年度统计报表报送任务。

【监测预警】 2022年，河源市统计局发挥经济运行监测预警预判职能，加强对各县（区）和职能部门日常上报统计数据监控，重点对统计数据出现异常的企业进行核查，每季度季前、季后召开全市统计经济预警监测会和经济分析会，按照统一流程和方法科学核算地区生产总值，及时做好数据发布解读工作。

【数据开放】 2022年，河源市统计局通过政风行风热线、“12345”热线、统计开放日等渠道回应社会关切，在河源政府门户网站同步更新统计数据和统计分析，及时编印《河源统计年鉴》《河源统计月报》《河源市统计分析汇编》等丰富优质的统计服务产品，满足党政领导和社会各界对统计产品的多元需求。举办以“数说新时代 奋进新征程”为主题的第十三届“中国统计开放日”暨河源专场活动，累计发布统计月报11期、经济运行简况11篇，编印《河源统计资料》36期。提升统计分析研究水平，局机关各科室围绕经济运行热点、难点、焦点问题展开统计分析，对数字背后经济关系及经济规律的剖析，统计分析水平提高。撰写各类经济运行分析材料70余篇，《2022年1—5月河源市工业经济运行分析》《2022年河源市移动支付现状调查》等分析材料。开展社情民意调查，聚焦群众关心关注的热点民生问题，拓展社情民意调查广度和深度，完成居民生育观现状调查、移动支付调查、生态旅游发展现状调查等3个调查课题。

【执法监督】 2022年，河源市统计局完成统计造假不收手不收敛专项纠治各

2022年9月28日，由市统计局主办，源城区统计局、东源县统计局协办的“第十三届中国统计开放日”暨河源专场活动在市图书馆正门广场举行

（河源市统计局 提供）

项工作，聚焦统计造假的突出领域、重点区域、主要方式，综合采取全面自查、重点抽查、执法检查等，开展统计执法，研究制订河源市2022年统计执法检查计划，全市统计系统累计完成“双随机、一公开”统计执法检查159家。加大统计数据核查力度，及时电询或实地走访相关企业，摸清数据真实情况，累计到县区开展指导检查或数据质量核查60余次，核查乡镇、村和企业（项目）400余个。

【统计基层基础建设】2022年，河源市统计局全面贯彻落实省统计局关于基层统计“7个一”［打造一支有信仰有担当的高素质基层统计队伍、健全完善一个科学规范的基层统计管理体系、落实一揽子基层统计数据质量管理工作举措、构建一个完备的基层统计工作保障机制、紧扣一个基层统计创新发展主题、建立一套乡镇（街道）统计规范化标准、坚守一方基层统计求真求实净土］规范化建设工作要求，在全市开展统计基层基础建设示范镇创建工作，选取各县区8个乡镇（街道）16个村（社区）作为统计基层基础建设示范镇，坚持问题导向，补齐工作短板，落实好人员、经费、场地等各项保障，总结推广优秀经验，以点带面提升全市统计基层基础建设水平。经省、市统计局验收，4个县区统计局及13个镇街达到达标以上等次。

【第七次全国人口普查开发利用】2022年，河源市统计局开展第七次全国人口普查资料分析开发工作，完成《河源城市人口变化趋势与经济发展研究》《河源市妇女多孩生育特征、生育水平和生育模式及变化趋势研究》《河源市人口教育水平现状及变化》等4个课题报告，全市统计系统撰写人普分析材料22篇。

【第五次全国经济普查工作筹备】2022年，河源市统计局筹备第五次全国经济普查工作，主要领导靠前指导，亲自过问、亲自协调筹备工作中的重大事项，按照“谋划要早、推动要紧、落实要严”的原则，及时成立市统计局第五次全国经济普查领导小组及办公室，并做好人员、经费预算以及重点问题研究等准备工作。（邱伟伟）

价格管理

【稳物价惠民生】2022年，河源市居民消费价格指数累计上涨1.8%，价格总水平基本保持稳定。重新修订完善河源市社会救助和保障标准与物价上涨挂钩联动机制，着力保障困难群众基本生活，并在7月、8月、10月和12月启动社会救助和保障标准与物价上涨挂钩的联动机制，向全市城乡低保对象、享受国家定期抚恤补助的优抚对象、特困人员、领取失业保险金人员、孤儿等困难群众发放价格临时补贴1440.86万元，惠及困难群众约47万人次。

【价格领域改革】2022年，河源市持续推进全市农业水价综合改革，下达分解年度改革任务,组织开展改革验收工作，加强指导督促，建立月调度工作机制；加强天然气价格管理，启动气源采购成本与销售价格联动机制调整市区管道天然气非居民用气价格，及时疏导因上游天然气价格上下浮动造成的价格矛盾，保障天然气市场的正常供应。

【收费管理】2022年，河源市组织开展涉企违规收费专项整治行动。联合工业和信息局、市场监督管理局等部门印发《河源市开展涉企违规收费专项整治行动方案》，重点对交通物流、水电气、地方财经、金融、行业协会商会和中介机构等六大领域涉企收费开展专项整治，通过打击各类涉企“三乱”和不落实国家降费减负政策等行为，保障助企纾困各项政策不折不扣落到实处，降低企业生产经营成本。加强教育收费管理。制定出台义务教育学校课后服务收费政策，保障课后服务工作正常实施；明确市直初中、高中住宿费问题。开展行政审批中介服务收费清理规范工作，组织各县（区）和20个市直单位开展自查自纠。

【助企纾困一揽子稳经济政策措施落实】2022年，河源市清理规范城镇供水供电供气行业收费，建立水电气行业收费目录清单制度；落实“欠费不停供”政策，对受疫情影响暂时出现生产经营困难的小微企业和个体工商户用水用电用气设立6个月费用缓缴期，对企业、个体工商户污水处理费和生活垃圾处理费设立一个季度缓缴期，缓缴期间免收滞纳金。（曾子荣）

市场监督管理

【疫情防控】2022年，河源市市场监督管理局牵头做好农贸市场和进口冷链食品新型冠状病毒肺炎疫情防控专班、医疗器械企业疫情防控专班工作，发挥药店“哨点”作用，推进“互联网+冷库”视频建设，摄像头安装比例98.7%、全省排名靠前。在国家防控政策措施优化调整后，转变监管重心，加强涉疫药品和医疗用品稳价、保质、保供应，维护药品市场秩序，保障人民群众生命安全和身体健康。

【“放管服”改革】2022年，河源市市场监督管理局加强商事制度改革和“证照分离”改革，推动出台《河源市深化“证照分离”改革实施方案》，加强住所（经营场所）登记制度改革，企业开办压缩到1个环节、时间压减到1个工作日，简易注销公示时间由原来的45天压缩为20天。是年，全市实有市场主体25.16万户、比上年增长4.7%；全市新增市场主体31895户。开展民生“微改革”项目，推动107家零售药店和便利店开设24小时售药窗口，打造市区“15分钟夜间购药圈”，该项改革获评2022年河源市改革优秀案例。在全省率先推动出台《河源市推进要素市场运行监管行动方案》。全面落实省、市关于稳住经济一揽子政策措施实施方案要求，出台精准帮扶市场主体“16条”措施，发展市场主体，帮助市场主体纾困解难。

【质量强市】2022年，河源市市场监督管理局实施《河源市加快推进质量强市建设实施方案》，表彰河源市第二届政府质量奖获奖单位，引导和激励全社会崇尚质量、追求品牌。聚焦产业聚集区开展质量强业活动，围绕新型节能环保墙体材料、饮用水、肉制品、水泥、电子产品开展质量提升行动，为502家企业提供质量管理、计量、标准等方面质量技术服务。

【标准化工作】2022年，河源市市场监督管理局推进农业、服务业标准化品牌化建设，创建2个省级农业标准化试点，发布3项农业地方标准，新增“圳品”2个（原香绿茶、鳙鱼）。推进2个国家级和1个省级公共服务类和服务业标准化试点项目建设工作，发布公共服务地方标准1项、服务业团体标准1项，参与制订湾区标准3项。推进国家消费类电子产品标准化试点（移动通信设备）项目建设。

【质量基础建设】2022年，河源市市场监督管理局夯实计量基础，实施计量惠民行动，新建15个公用计量标准。开展小微企业质量管理体系认证质量提升行动，为该市50家企业提供质量管理体系问诊、免费培训及提升意见建议等技术服务，新增3C认证证书174张、体系认证证书514张。建成省新型显示器件产业计量检测中心，完成省质量监督加工食品（饮用水）检验站（河源）微生物项目的检测能力水平提升项目建设，广东省药品检验所中药标本馆河源分馆完成建设并交付使用。获得科研项目立项15个，申请专利12项，软著3项，论文发表9篇。

【知识产权】2022年，河源市召开知识产权保护大会、知识产权战略实施工作联席会议，专题研究部署知识产权工作。推动出台《河源市知识产权事业发展“十四五”规划》，建立专利侵权纠纷处理快速反应机制，强化代理行业监管，开展关键环节、重点领域行政执法专项行动，是年，全市市场监管系统查办知识产权侵权假冒案件95件。河源市市场监督管理局与法院、检察院、海关等部门联合建立并实施行政执法与刑事司法衔接工作机制、侵权惩罚机制、协同保护方案、纠纷诉调对接工作机制、加强知识产权保护合作备忘录等，行政保护、司法保护及海关保护实现衔接。推动各县区设立知识产权维权援助工作站，建成全市知识产权维权援助“一张网”。以战略性产业集群为重点培育建设2家高价值专利培育中心，在产业核心关键领域培育产出若干高质量的发明专利。开展知识产权分析评议及专利导航，发布《河源市新一代电子信息产业专利导航报告》。是年，全市专利授权量4230件，每万人口发明专利拥有量3.03件，比上年增加0.49件；高价值发明专利343件，增长28.5%；有效注册商标量32687件，增长17.2%；全市知识产权质押融资登记40笔，登记金额增长175.3%。“东源仙湖茶”成功注册河源首个地理标志证明商标，首家企业获评“国家知识产权示范企业”，2个项目获评第二十三届“中国专利优秀奖”。建成高新区知识产权协同运营中心、新一代电子信息产业集群知识产权运营中心。推进知识产权质押融资工作，全市知识产权质押融资登记40笔，登记金额增长175.3%。落实知识产权质押融资贴息、评估费用资助等政策，举办知识产权质押融资“入园惠企”及银企对接活动22场，惠及企业500余家。加强政府部门与金融机构战略合作，与6家金融机构签署《知识产权金融战略合作协议》。全市知识产权质押融资登记40笔，登记金额7.98亿元，增长175.3%。

【食品药品安全监管】2022年，河源市市场监督管理局扎实开展食品安全“守底线、查隐患、保安全”专项行动、食品小作坊提质行动、餐饮质量安全提升行动、校园食品安全守护行动等系列专项行动，农村假冒伪劣食品三年（2020—2022年）专项整治行动收官，实现食品小作坊监督检查与抽检计划覆盖率100%，从事接触直接入口食品工作的从业人员健康证明持有率100%，食品安全管理人员配备率100%，自查率100%；该市持证餐饮服务提供者“明厨亮灶”建设覆盖率85.9%。深入推动和平县腐竹产业园建设，建设县腐竹产业科技创新中心、合水腐竹三产融合发展区、贝墩腐竹精深集中加工区。做好民生实事食品抽检、食用农产品快检工作，完成食品抽检22949批次，任务完成率135%；食用农产品快检155845批次，任务完成率105.6%。推动落实食品安全“两个责任”（食品安全属地管理责任和企业食品安全主体责任）工作机制，实现调查摸底、清单建立、组织承诺、宣传培训、现场督导完成率“5个100%”。深化药品监管综合改革，创新“两品一械”（药品、化妆品、医疗器械）跨县区“三三”融合监管模式，融合“检查+技术+执法”的三方监管力量，建立专业化职业化“两品一械”检查员库，统筹利用市、县（区）、镇三级监管人员进行综合监管，召开市、县（区）、镇三级风险会商研判会议。深入开展药品安全专项整治行动，强化“三医联动”（医保体制改革、卫生体制改革与药品流通体制改革联动），出台《河源市市场监督管理局药品化妆品医疗器械综合监管工作制度（试行）》《河源市药品化妆品医疗器械质量安全风险研判制度（试行）》《河源市药品安全信息通报工作制度（试行）》等系列机制和制度。加强检验监测，强化风险预警，全年完成药品检验600批次、化妆品71批次；全市上报并通过审核评价的药品、医疗器械、化妆品不良反应/事件报告表4938份，二级以上医疗机构监测覆盖率100%。推动出台《河源市推动生物医药和医疗器械产业高质量发展实施方案》《河源市推动化妆品产业高质量发展实施方案》《河源市中药（南药）产业发展“十四五”规划》，支持健康产业园建设。该局在省药品安全考核中排名第十、粤东西北第一，在省质量工作考核中排名B级第一、粤东西北第三，在全市目标管理责任制考核中获评优秀等次。

【特种设备安全监察】 2022年，河源市市场监督管理局落实国务院安全生产“十五条”硬措施和省“65条”、市“70条”具体措施，推进安全生产专项整治“三年行动”（2020—2022年）和安全生产“一线三排”（“一线”：坚守发展决不能以牺牲人的生命为代价这条不可逾越的红线；“三排”：事故隐患的排查、排序、排除）工作，开展城镇燃气安全专项整治、燃气安全“百日行动”、叉车安全隐患排查等专项工作。开展客运索道、电梯、危化品等应急救援演练18场，举办全市特种设备安全监察员考证班和特种设备安全监察业务提升培训班。强化信息化建设，于7月18日正式上线运行广东省特种设备电子监管新系统。是年，检查特种设备生产使用单位3467家次，发出安全监察指令书853份，消除一般隐患1056个、严重隐患178个，立案52件。

【重点产品质量安全监管】 2022年，河源市市场监督管理局加强产品质量监管系统建库工作，全市建立制造业生产者、销售者8.52万户档案数据库。强化工业产品、危化品及生产许可证后的事中事后监管，加强产品质量监督抽查，2022年省级监督抽查537批次，市级监督抽查259批次，移送不合格报告73批次，质量问题线索143条。开展儿童和学生用品安全守护行动、电线电缆专项整治行动、电动自行车及配件产品专项整治等系列行动，签订各类产品质量安全承诺书789份，落实企业产品质量安全主体责任，打击质量违法违规行为。

【公平竞争审查】 2022年，河源市市场监督管理局牵头组织召开公平竞争审查工作部门间联席会议全体成员会议，建立抽查、会审和举报回应机制，起草制订《河源市公平竞争审查抽查工作办法（暂行）》《河源市公平竞争审查会审工作办法（暂行）》《河源市公平竞争审查举报处理工作办法（暂行）》。开展滥用行政权力排除限制竞争执法专项行动以及重点部门重点领域“一事一议”政策文件公平竞争专项抽查工作，加强公平竞争审查抽查和违法行为线索摸排，是年，全市抽查各类政策措施文件以及“一事一议”政策文件173份，发现涉嫌违反公平竞争审查标准问题的线索2条。督促做好增量审查和存量清理，开展第三方机构抽查评估。出台《河源市反不正当竞争部际联席会议工作规则》。组织开展2022年反不正当竞争专项执法行动，聚焦四大重点问题和十三项重点领域，加大反不正当竞争执法工作力度。是年，检查相关经营场所2987户，开展跨部门协作执法7次，立案5件，结案4件。依法查处互联网领域平台企业“二选一”、大数据杀熟、屏蔽封锁、刷单炒信、自我优待等垄断行为，保障平台经济相关市场主体公平参与市场竞争。

【价格监管】 2022年，河源市市场监督管理局持续加强防控物资和生活物资市场价格监管，制订印发《河源市新冠肺炎疫情防控期间价格监督检查工作预案》，落实重要商品价格监测制度，新增设9个重要商品价格监测点，扩大监测范围，强化价格检查巡查，市场价格秩序总体平稳，稳定市场预期。开展殡葬服务价格监管检查、新冠病毒检测价格专项检查、教育收费专项检查、医疗乱象专项治理行动、端午节期间高价粽子市场检查、月饼市场检查；加强供水、供电、供气、供暖、通信、有线电视等公用事业服务行业价格监管工作；组织开展春运客运票价、煤炭价格、农资市场价格等专项检查；组织开展2022年涉企违规收费专项整治行动，推进各项降费政策落实。查处价格收费案件33宗，督促相关单位退费96.7万元。

【行政执法与“双打”工作】 2022年，河源市市场监督管理局推进常态化扫黑除恶斗争，加强市场流通领域突出问题整治。以食品、药品、儿童用品等为重点产品，聚焦涉老“食品”“保健品”等领域涉诈骗问题隐患，以农村和城乡接合部、侵权假冒高发集贸市场等为重点区域，开展系列专项整治行动，组织开展食品药品抽检、产品质量抽查，重拳打击各类违法行为。2022年抽查水泥、化肥、电线电缆等产品120批，检出不合格产品41批次。开展“两品一械”抽检735批，检出不合格产品6批，所有不合格产品均按要求开展核查处置；其中完成该市十件民生实事药品生产企业的国家基本制剂6个品种100%覆盖抽检。全市查处市场领域案件2123件，移送公安机关涉刑案件18件。

【信用监管】 2022年，河源市市场监督管理局宣传发动和引导各类企业通过国家企业信用信息系统进行年报公示，向公众披露财务、经营信息，接受社会监督。该市2021年企业年报公示率98.1%，位居全省第二。及时调整由市场监督管理、发展和改革、卫生健康等35个部门组成的河源市“双随机、一公开”监管工作联席会议制度，将“双随机、一公开”监管工作列入河源市委全面深化改革重点工作任务之一，并作为营商环境考评指标列入2022年目标管理责任制考核。全市各级市场监管领域成员单位组织抽查检查对象11438户，其中跨部门联合检查对象450户；在广东省“双随机、一公开”综合监管平台制订计划602个、任务759项，对5485户市场主体进行抽查检查。其中跨部门抽查计划99个104项任务，对398户市场主体进行跨部门联合抽查检查，并实现检查结果100%向社会公示，接受社会监督，推动信息共享，实现社会共治。推动构建以信用为基础的新型行业监管机制，针对不同信用风险类别的企业，在事中事后监管中采取差异化措施，全市市场监管系统对1964户企业进行登记事项、公示信息抽查检查，发现问题401户，问题发现率20.4%；对全市215户冠名“生物”“科技”“新材料”的高风险企业100%开展登记事项、公示信息“双随机”抽查工作，问题发现率73.5%。

【网络和广告监管】 2022年，河源市市场监督管理局在“6·18”“双十一”“双十二”等重点消费节点，对全市网络主体进行监测，查处虚假宣传、儿童玩具未展示3C认证证书、虚假促销、使用格式条款规避责任等各类违法违规行为，监测全市网络主体12126家次，监测到各类涉嫌违法违规行为线索65条，并全部完成交办。开展整治借重大活动从事违法违规商业广告宣传集中整治行动，加强互联网广告及互联网弹窗广告监测，落实涉嫌违法广告线索快速处理制度，突出“校外培训”“金融理财”“医疗美容”“近视防治”等关系人民群众身体健康和财产安全的重点领域广告监管。检查广告经营主体872户次，监测传统媒体广告425077条次，互联网媒介广告46167条次，立案查处29件。

【消费维权】 2022年，河源市市场监督管理局开展“3·15”国际消费者权益日系列活动，开展经营者“放心消费承诺”和“线下无理由退货承诺”等放心消费创建活动，畅通消费维权投诉举报渠道，发展OD（在线消费纠纷解决系统）R企业39家，推进“12315”维权服务站工作，做好消费投诉处理工作。是年，受理消费者投诉举报13561件，办结10489件，办结率77.4%，为消费者挽回经济损失450.99万元。

【“创文”工作】 2022年，河源市市场监督管理局推进市场监管领域各项创文工作，开展志愿服务活动，开展农贸市场和商场超市整治提升工作，强化农贸市场环境卫生整治，完成农贸市场升级改造62家，改造面积8.5万平方米，投入改造资金6300万元。

【依法行政】 2022年，河源市市场监督管理局健全依法行政制度体系，出台《河源市市场监督管理局2022年市场监管法制工作要点》《河源市市场监督管理局2022年法治政府建设工作要点》。完善权责清单，印发《河源市市场监督管理局行政执法减免责清单》，规范公正文明执法，推进包容审慎监管，优化营商环境，激发市场主体活力。履行行政应诉职责，依法行政复议。落实行政执法监督职责，开展行政执法案卷评查工作。按照“谁执法谁公示”原则，落实行政执法公示制度、执法全过程记录制度、重大执法决定法制审核制度“三项制度”，在广东省行政执法信息公示平台及时、准确公示执法信息。

【信息新闻宣传】 2022年，河源市市场监督管理局落实意识形态工作责任制，加强主阵地建设，通过《河源日报》、《河源晚报》、河源电视台、河源广播电台、“河源市场监管”微信公众号等媒体平台，开展“3·15”国际消费者权益日、“食品安全宣传周”、“世界计量日”、“安全生产月”、“知识产权宣传周”、“质量月”等系列主题宣传活动，加大对食品药品、特种设备安全、工业产品质量安全等重要民生领域宣传力度，及时做好政策解读、政务服务引导等工作宣传。是年，在《河源日报》专版“市场监管在线”专题报道40期、政务微信87期242条，在河源电视台滚动播放宣传视频30条、音频560条。　（戴小茜）

农业农村

编辑：吴静文

综 述

【概况】2022年，河源市农林牧渔业总产值253.67亿元，比上年增长4.9%。农村居民人均可支配收入20190元，增长5.4%。粮食作物播种面积13.41万公顷，粮食产量81.54万吨；撂荒耕地复耕复种面积0.26万公顷，落实耕地地力补贴1亿元。畜牧业产值比上年增长7.1%。年出栏生猪136.4万头，增长5.5%。茶叶种植面积1万公顷，茶叶产量8227吨。油茶种植面积6.03万公顷，油茶籽产量8.52万吨，茶油产量1.9万吨，油茶产业综合产值31亿元。农机购置补贴和报废更新补贴501.03万元。政策性农业保险(含种植险、养殖险)年总保费23817.80万元。杂交稻深优9528、深两优870被农业农村部、全国农技推广中心分别认定为超级稻品种、全国10大优质籼型超级稻品种。有省级现代农业产业园18家（新增4家）。国家级重点农业龙头企业5家。有省级重点农业龙头企业87家，新增11家。累计培育市级以上重点农业龙头企业292家。有示范农民专业合作社453家，示范家庭农场125家。“万绿河源”农产品区域公用品牌授权23家，“粤字号”品牌农产品80个，广东省区域公用品牌16个，全国名特优新农产品14个。新增省级“菜篮子”基地11个、粤港澳大湾区“菜篮子”基地3个。“天翔1号”成为全国首个通过国家畜禽遗传资源委员会审定的肉鸽新品种，并被认定为2022年广东省唯一肉鸽主导品种；东瑞食品集团股份有限公司被认定为国家核心场，紫金东瑞农牧发展有限公司被认定为省级保种场。

【绿色农业发展】2022年，河源市开展化肥减量增效工作。东源县、和平县、连平县申报化肥减量增效项目。开展化肥减量增效技术“三新”（施肥新技术、新产品、新机具）技术示范0.67万公顷，化肥施用量连年持续保持“负增长”。落实受污染耕地安全利用措施，开展耕地土壤和农产品协同监测评价，措施到位率100%，安全利用率稳定在90%以上。完成625个农户施肥点位调查和333个耕地质量调查点位采样，建设12个耕地质量长期定位监测点。收集更新农业外来入侵物种普查数据和材料。推进基层农技推广体系改革与建设补助项目建设，遴选发布农业主导品种87个、主推技术165项。完成年度高素质农民培育、省乡土专家申报、广东最美农村乡土专家申报和“广东十佳最美农技员”评选活动，完成769名高素质农民培育任务，212名农技工作者获省农村乡土专家认定。

【科技兴农】2022年，河源市种植花生、紫云英和丝苗米成为广东省首个当地选种、航天育种、当地培育范例，航聚香丝苗水稻在河源开展大面积示范试验工作，种植面积333.33公顷，亩产量500千克。依托中国工程院院士罗锡文团队和国家航天育种工程技术研究中心河源创新研究院，以“良种+良法”方式，打造柳城万亩智慧水稻农场，种业科技创新应用能力和成果转化水平在广东省领先。

【惠农补贴】2022年，河源市落实中央财政农机购置、农机报废、耕地地力保护等各类惠农补贴政策，兑现《河源市优势特色农业产业化提档升级行动计划（2021—2025年）》奖励，扩大农业政策性保险覆盖面，保障农民种粮权益，在国家产粮大县实施水稻完全成本保险试点。落实农机购置补贴资金458.57万元，发放耕地地力保护补贴资金8000余万元，完成种粮农民一次性补贴（3批）资金2933万元；完成油茶气象指数保险、鸽子（含肉鸽、种鸽）养殖险等地方特色农业保险险种覆盖。

【农村土地流转】2022年，河源市贯彻落实《河源市鼓励农村承包土地经营权流转奖补实施方案》，通过扶持特色产业发展带动流转，对规模流转的承包农户、农业经营主体和乡镇政府、村委会进行奖补激励流转。全市承包耕地流转面积4.76万公顷（不含转让和互换），占家庭承包耕地面积的44%。其中，流转到家庭农场、农民合作社、农业企业1.85万公顷，占39%，提高3个百分点。流转形式上，出租（转包）面积2.44万公顷，占51%；入股面积0.51万公顷，占11%；转让面积0.03万公顷，占0.6%；互换面积0.12万公顷，占2.5%。落实耕地“田长负责制”，采取“停止地力补贴”“收回经营权”“集体组织代耕代种”等措施推进复耕复种，引导撂荒耕地优先发展粮食生产，鼓励多种方式流转复耕，逐步解决耕地撂荒问题。

【农业产业体系优化】 2022年，河源市累计建成高标准农田8.79万公顷（含在建0.57万公顷）。东源县被定为广东省小型农田水利试点县之一。广东油茶跨县集群产业园（河源）完成油茶林种植近万亩，新增流转山地面积768公顷。东瑞食品集团（船塘）现代农业综合体建设项目有序推进，总投资20亿元，首期工程已建成投产。太二农业科技有限公司落户东源县灯塔镇建设加州鲈养殖基地，总投资3.5亿元，初期工程建成投产。在全省率先建立河源预制菜产业高质量发展工作联席会议制度，印发《河源市推进预制菜产业高质量发展实施方案》，成立预制菜产业发展联盟，有预制菜关联（含净菜）加工企业40家，以客家盆菜、客家汤料包组合、五指毛桃鸡、客家豆腐丸为代表。

【农业生产托管服务】 2022年，河源市农业社会化服务组织数量3376个，农业生产托管服务面积2.74万公顷次，农业机械总动力82.266万千瓦，水稻耕种收综合机械化水平超过68%。受理办理农机购置补贴机具561台，补贴资金487.79万元，受益户350户。服务小农户数量11.96万户次，农业生产托管服务企业107家、合作社1654家。东源县在广东农业生产托管南粤行争先赛中获三等奖，广东万绿智慧农业科技有限公司在大比拼活动中获二等奖，分别获得奖补资金500万元、50万元。

【农业安全生产】 2022年，河源市统筹农业安全生产和农村新冠肺炎疫情防控。常态化开展农村新冠肺炎疫情防控。排查涉疫重点地区返乡人员245751人，按分类管理要求落实健康管理措施；实现农村新冠肺炎疫情防控风险隐患排查县区全覆盖，问题短板整改率100%。排查农机安全隐患39起，畜禽粪污贮存池及沼气隐患场所595个。农产品定量检测合格率98.90%，基本建立农产品质量安全市、县网格化管理体系。

【农业专项整治】 2022年，河源市围绕农资打假、非法捕捞、生猪屠宰等农业生产重点领域开展专项整治行动。出动农业执法人员6139人次，追踪整改安全隐患问题22处，查处违规渔船和涉渔“三无”（无船名船号、无船舶证书、无船籍港）船只19艘，捣毁私屠滥宰窝点4个，查获生猪产品1796.2千克，活猪10头。化解涉农领域矛盾纠纷。落实矛盾纠纷排查化解“季度研判”制度，回应农民群众急难愁盼问题，信访反馈满意率100%。

【农村创业创新】 2022年，河源市鼓励支持高校毕业生、退伍军人、农民工、妇女等返乡入乡创业，推动农村电商、仓储物流、生产托管服务等新业态发展，动员、组织各类农业经营主体参加创业创新大赛，培育农业农村经济持续发展。河源市黑蒜精深加工项目获“建行杯”广东省农业农村创业创新大赛二等奖，河源市美芳源食品有限公司袁月晃获2021年全国农村创业创新带头人称号。 （姚文凤）

种植业

【粮食作物种植】 2022年，河源市粮食播种面积13.41万公顷，总产量81.54万吨，超额完成省下达的粮食生产任务。其中水稻面积12.30万公顷，产量77.48万吨，亩产420千克，较全省平均水平高17千克。撂荒耕地复耕复种面积0.26万公顷，落实耕地地力补贴1亿元。

【特色农业产业种植】 2022年，河源市蔬菜生产面积4.08万公顷，比上年增加0.15万公顷，总产量83.11万吨，增长4.2%。茶叶种植面积1万公顷，茶叶产量8227吨。油料播种面积2.45万公顷，总产量7.95万吨。其中，花生2.43万公顷、油菜籽0.012万公顷、芝麻0.00067万公顷；花生7.93万吨、油菜籽0.03万吨、芝麻0.001万吨。油茶种植面积6.03万公顷，油茶籽产量8.52万吨，茶油产量1.9万吨，油茶产业综合产值31亿元。园林水果种植面积3.79万公顷，总产量47.23万吨。

养殖业

【畜牧业】 2022年，河源市生猪年末存栏94.66万头，比上年增长3.5%。其中，能繁母猪存栏9.63万头，增长16.16%；生猪出栏136.40万头，增长5.5%；家禽年末存栏1855.8万羽；家禽出栏量5705.13万羽，增长11.81%。

【渔业】 2022年，河源市渔业养殖面积5845公顷，水产品总产量48955吨，比上年增长4.03%。其中，淡水养殖产量47118吨，淡水捕捞产量1837吨；渔业总产值7.1亿元，增长8.4%，发展速度3.2%。河源太二农业科技有限公司工厂化循环水养殖加州鲈养殖基地一期项目已竣工投产，带动多地兴起利用新型镀锌板帆布池（桶）进行水产养殖，全市约有养殖池（桶）1300多个，养殖水体约5万立方米。全市约60公顷稻田养殖，包括稻渔共生、稻虾共生、稻蟹共生等养殖模式。和平县、紫金县繁育日本锦鲤和热带观赏鱼，销往粤港澳大湾区及国外市场。龙川县及3家企业创建2022年省级水产健康养殖和生态养殖示范区，健康养殖示范面积占比58.60%。全市有东源县、龙川县2个省级水产健康养殖示范县，有水产健康养殖示范场国家级12个、省级14个，省级水产健康养殖和生态养殖示范区（生产主体）6个。

林 业

【概况】 2022年，河源市有林业用地面积120.75万公顷，占辖区面积的77.0%。其中，森林面积114.61万公顷。国家级、省级生态公益林面积68.52万公顷，森林蓄积量7160万立方米，森林覆盖率73.20%，位居全省地级市前列。自然保护区52个（其中，省级8个、市级6个、县级38个），森林公园33个（国家级森林公园2个、省级森林公园3个），省级地质公园1个，湿地公园11个（国家级2个）。

【造林绿化】 2022年，河源市举办各类创森主题宣传活动，对标对表国家森林城市指标，推进河源市创建国家森林城市工作。建设高质量水源林0.61万公顷，新造林抚育1万公顷，中幼林抚育1.65万公顷。绿化美化乡村54个。以“科学推进国土绿化，建设幸福和谐美丽河源”为主题，在客家文化公园等地开展义务植树活动。累计参加植树活动136.69万人次，折算植树株数约576.93万株。8月，市林业局被全国绿化委员会、人力资源和社会保障部、国家林业和草原局评为“全国绿化先进集体”。

【森林防火】 2022年，河源市印发实施《河源市森林防火规划（2021—2025年）》，推进森林火灾预防、扑救、保障三大体系建设。率先在全省出台《河源市森林防火宣传检查站工作规范》。制定《河源市森林火灾风险隐患大排查大整治工作方案》，开展风险隐患大排查大整治专项行动，有效减少火险隐患。牵头制定《全市护林员和半专业扑火队伍业务培训及半专业扑火队伍技能大比武活动方案》，提升基层两支队伍的森林火灾防控及早期火情处置能力。开展森林防火宣传，通过宣传牌、标语、小手册、网络平台等多种形式，提升市民群众对森林防火相关法律认识。印制森林防火宣传小手册30万本，发送提醒森林防火公益短信220万条，组织全市公职人员签订《森林防火承诺书》6万余份。较2021年森林火灾发生率下降68.42%，森林火灾受害率下降84.05%，林火卫星热点数量下降77.56%，森林火灾受害率远远低于省控指标0.9‰，未发生重大以上森林火灾，春节、清明、中秋等重大节日期间实现“零山火”。

【林地林木管理】 2022年，河源市创新建立“林长巡林+督办”林长解决问题机制及“林长+检察长”“林长+警长”协作机制，印发林长制工作七项配套制度，率先规范镇村林长制运行，村（社区）建立以村级林长、基层监管员、护林员为主体的“一长两员”森林资源源头管护机制。全市设立林长4753名，落实监管员2022名，聘请护林员3812名，市、县、镇、村四级林长体系基本建立。河源市林长制年度考核被省评为“优秀”。印发《河源古树名木》画册1000册，开展古树名木补充调查、挂牌和抢救复壮等工作。通过开展古树名木补充调查，新发现古树337株，对全市131株长势衰弱或存在病虫害风险的古树进行抢救复壮，完成全市录入系统的2229株古树的保护牌悬挂工作。以每年的“森林督查”为抓手，开展打击毁林违建专项行动，打击毁林违建等破坏森林资源的违法犯罪行为，以高度负责的态度保护好森林资源。争取省林业局下达河源市林地定额指标600公顷，保障河源市基础设施和民生项目建设及省、市重点项目。

【生态公益林和自然保护管理】 2022年，河源市加强各类自然保护地的巡护巡查和保护管理工作。各自然保护地以本底清查、常规监测和生态保护为重点，通过卫星遥感技术、红外相机监测等技术和方法，对重要物种及其栖息地质量开展本底资源的综合观测与研究。9月，保护区安装红外自动相机野外监测拍摄到国家一级重点保护野生动物黄腹角雉活动的珍贵影像，这是首次在河源市发现该物种。在“植树节”“环境日”“森林文化周”等，做好森林资源保护宣传教育工作。全面实施封山育林，加快实施低效林林分改造，优化生态公益林布局，提高公益林生态功能等级。

【森林病虫害防治】 2022年，河源市贯彻落实国家、省关于松材线虫病疫情防控五年攻坚要求，实施松材线虫病等重大林业有害生物防治。累计投入5694.6万元，完成省下达松材线虫病防治面积7.80万公顷，完成压减面积0.41万公顷，实现无新冠肺炎疫情乡镇疫点1个。河源市在全省林业有害生物防治工作视频会议上作书面典型发言，全省松材线虫病防控五年攻坚行动培训班、林业植物检疫员资格培训班在河源市举办。河源市2022年松材线虫病防治工作得到省林业局通报表扬并在林长制年度考核中评定优秀等次。

【林下经济】 2022年，河源市以“公司＋基地＋农户（合作社）”经营模式，发展南药、油茶等林下经济。和平县瑞丰种养专业合作社、连平县九连华森林场、广东省林石生态农业发展有限公司、紫金县龙窝镇梅园种养农民专业被认定为广东省林下经济示范基地，和平县赤石嶂油茶种植专业合作社、紫金县伟民种植农民专业合作社、紫金县中坝镇永旺种养农民专业合作社、紫金县龙窝镇梅园种养农民专业合作社、紫金县茶博士茶叶种植农民专业合作社、紫金县义容镇石牙坡种养农民专业合作社被评为广东省林业专业合作社示范社，和平县合水诗淇生态林场、和平县林景养殖农场被评为广东省示范家庭林场。

落实专项资金补助，争取中央、省财政支持，对新造、低产改造的油茶进行专项资金补助，提高企业（农户）新建油茶林及改造低产低效油茶林的积极性，提升油茶种植科学化、标准化、规范化水平。实施油茶新造面积6446公顷，油茶低产低效林改造面积7013公顷。龙川县、和平县被授予广东省油茶特色产业发展基地，“云度”“绿油”两个茶油品牌被评为广东十大茶油。拓宽油茶销售渠道，加强与电商平台合作，开展茶油产品网络促销活动。推动省级林业龙头企业的申报工作，申报省级林业龙头企业2家，至2022年年底，有省级林业龙头企业40家，入选“南粤红绿径”特色线路1条，入选第二批南粤森林人家4个，有4个省级以上森林康养基地。（王 子）

灯塔盆地国家现代农业示范区 灯塔盆地农业高新技术产业示范区

【概况】 灯塔盆地国家现代农业示范区包括东源、和平、连平3个县20个乡镇239个村（居委），约57.3万人，总面积2291平方千米。盆地可用于农业开发的土地面积17.99万公顷，占盆地总面积的78.5%。其中，耕地面积3.53万公顷（含旱地1.4万公顷、水田2.13万公顷），林地面积12.8万公顷，园地面积0.77万公顷，未利用土地面积0.88万公顷。

灯塔盆地农业高新技术产业示范区包括东源县顺天镇全域（含致富林场），灯塔镇黄埔地村、柯木村、新光村、灯塔村、结游草村及高车村2个镇18个村，总面积152.92平方千米。其中，耕地面积0.32万公顷（含水田0.12万公顷、旱地0.20万公顷）、园地面积0.14万公顷、林地面积0.82万公顷，其他土地0.25万公顷。农高区南接粤港澳大湾区，北连大内陆，成为连接“长三角”与粤港澳大湾区的“大陆桥”。地形以山地、丘陵为主，境内气候温和、雨量充足、土地肥沃，年平均气温20.7℃，年平均降水量1768.9毫米，年平均日照时数1687.0小时，无霜期267—345天，地表水资源和动植物资源丰富，适宜粮食作物、蔬菜、亚热带水果、经济苗木、南方药材和养殖业等农业产业发展。

【产业基础发展】 2022年，灯塔盆地农业高新技术产业示范区初步形成以油茶种植及精深加工业为主，以预制菜、农业机械、生态畜禽、特色水果等产业为辅的生态循环农业产业布局。引进落户产业项目15个、投资总额40.3亿元。其中，动工建设项目9个，竣工投产项目3个。建立项目储备库，储备产业项目14个，计划投资总额38.3亿元。实施“油瓶子”工程，服务油茶跨县集群产业园建设发展。完成油茶种植533.33公顷，新增流转土地866.67公顷，推动美林油茶加工产业园如期投产。

【科创资源聚集】 2022年，灯塔实验室与10个科研团队达成合作意向，与19家企业签订共建共研共享协议，5大科研中心125名科研人员入驻实验室。三年建设实施方案获省科技厅批复，第一批价值800万元的科研仪器设备采购到位，开展2个广东省重点研发计划项目和第一批37个自主立项科研项目，获批广东省自然科学基金项目1个，申请国家发明专利4项，申请软件著作权1项，制定食品加工类标准4项。华南农业大学河源研究生联合培养基地设立专业硕士创新班，完成30名专业硕士招生任务。以实施“扬帆计划”为抓手，依托灯塔实验室等科创平台引育和柔性引进高层次人才133名，利用与仲恺农业工程学院合作共建的乡村振兴培训学院平台培养基层实用人才3500多人。

【基础设施建设】 2022年，灯塔盆地农业高新技术产业示范区完善国土空间规划，加快推进水利设施、市政道路、民生工程等重点基础设施建设。粤赣高速顺天互通立交建成通车，农高区灌渠工程、农业大道、污水处理设施、供水一体化工程、塔涧线迁改和5条园区市政路等基础设施如期推进。协调对接东源县，在农高区核心区规划设计小型商务中心。划定农高区152.92平方千米建设范围，做好土地收储，成立土地流转和土地征收工作专班，新增征收土地83.87公顷，报批建设用地18.47公顷，报批林地12.2公顷，完成土地出让9.27公顷，平整土地18.67公顷。

【乡村振兴实施】 2022年，灯塔盆地农业高新技术产业示范区实施乡村振兴战略，探索农村改革新模式，形成可复制推广的灯塔盆地农业农村发展新做法、新经验。探索形成沙溪肓桥小组“三变”改革（资源变资产、资金变股金、农民变股东）做法、美林公司返还5%土地种植收益的联农富农机制、党演村自主流转集约土地经营模式等农村综合改革经验做法，壮大村集体收入和促进农民增收。运用市场化手段创新土地收储模式，探索形成由用地企业担保、国资平台统一收储、政策性银行提供融资的土地流转新机制，通过政银企三方联动，破解桉树退出、企业用地、资金补偿等难题，新增流转土地866.67公顷，保障产业种植面积需求。多举措支持农业龙头企业，带动10个省级现代农业产业园扩园增产，盆地年供应粤港澳大湾区粮食5.2万吨、蔬菜34万吨、水果20万吨、水产品1万吨、冰鲜鸡1万吨、生猪22万头（占比全国供港生猪比例1/3），保障粤港澳大湾区优质农产品供应。（谢浩然）

规模以上农业龙头企业选介

【东瑞食品集团股份有限公司】 东瑞食品集团股份有限公司创立于2002年，于2021年4月在深交所主板挂牌上市。公司总部位于河源，是一家集生猪生产、科研、贸易于一体的现代化农业企业，是农业产业化国家重点龙头企业、

2022年，东源东瑞（船塘）现代农业综合体项目（生产基地）

（市农业农村局 提供）

国家生猪核心育种场、广东出口活猪质量安全示范企业、广东省光彩事业贡献奖企业。东瑞股份旗下拥有分、子公司15个，合资公司1个，大型注册养殖场7个；建立2个高标准的研发检测中心、数字农业信息展示中心。

公司通过“自繁自育一体化生态养殖”经营模式，依托研发的“高床发酵型养猪系统”“多层楼房智能化生态养殖系统”，形成集种猪扩繁、商品猪养殖、饲料生产、活大猪供港及内地销售、生猪屠宰于一体的完整产业链，实现生猪产品在香港和内地2个市场的优化配置，是内地供港活大猪优质领先供应商和粤港澳大湾区“菜篮子”重要生产基地，“东瑞”牌活肉猪被评为“广东十大名牌农产品——广东名猪”。

【广东村长伯伯电子商务有限公司】 广东村长伯伯电子商务有限公司成立于2016年，地处河源市紫金县，毗邻粤港澳大湾区，是广东省农业龙头企业、广东省粤字号农业品牌、广东股权交易中心农高板挂牌上市企业。2022年，公司获得河源市诚信标杆企业奖，“发现河源之美深河网红看河源”短视频大赛三等奖，省级星创空间备案。

公司业务从原来单一的蜜柚产业，扩展到以农业产业的科研、种植、收购、生产、加工、仓储、销售为主，以电子商务、培训、物流、供应链、园区管理、平台生态链于一体的创新型农业科技企业，先后在被中央电视台、“南方+”、河源电视台等媒体宣传报道。

【广东兆华种业有限公司】 广东兆华种业有限公司始创于2003年，是主要农作物种子育、繁、推一体化的省级民营种子企业，是广东省杂交水稻育种创新能力和生产推广规模最强最大的民营种子企业之一。公司位于河源市源城区高埔岗，占地面积2.5万平方米，育种实验室800平方米（国家南繁基地），种子加工厂房3500平方米，标准种子储藏仓库4500平方米，配套专业先进的种子检测及全自动种子加工、计量包装成套设备，种子加工能力为每小时10吨以上。并连续10年以上承担国家、省等各级粮食救灾应急任务。公司研发技术主要支撑单位——国家植物航天育种研究中心（国家级）。

下属研发机构——广东兆华种业科学研究院，主要研发基地建设在国家南繁科研育种基地（海南），自主研发通过国家审定水稻品种21个，已通过省级鉴定不育系4个（壮丰A、厚S、华6S、兆6S）。 （姚文凤）

水利水电

【概况】 2022年，河源市开展民生水利建设，落实最严格水资源管理制度，提升水旱灾害防御能力。全市有大型水库2宗，中型水库15宗，小（1）型水库89宗，小（2）型水库519宗，小水电站806座，初步形成具有防洪、排灌、灌溉、发电、供水、养殖及水生态等多功能的水利工程体系。万亩以上的中型灌区有22宗，设计总灌溉面积2.65万公顷，实际总灌溉面积2.11万公顷。千亩以上小型灌区566宗，设计总灌溉面积5.9万公顷，实际总灌溉面积5.71万公顷。

【民生水利工程建设】 2022年，河源建立水库除险加固建设长效机制，33宗小型病险水库治理项目和1宗中型水库除险加固项目全部开工。开展小型水库标准化建设，已累计创建小型标准化水库552宗。创新水库运行管护机制，2019—2022年，全市539宗水库已实行物业化管理，剩余的水库通过区域集中管护的方式由同属的电站企业管护，水库安全运行管护水平大幅度提升。推进3宗水土保持综合治理工程项目，完成水土流失治理面积90平方千米。推进灯塔盆地灌区工程建设，完成新建加固渠道291千米，渠道基础开挖310千米，改造提升水库9宗、加固改造山塘23宗，新建2座抽水泵站等系列工程量，总体形象进度86.63%。

【汛情灾情】 雨情 2022年，河源市平均降水量1963.3毫米，较常年1726.6毫米，偏多13.7%，汛期平均总降水量1430.4毫米，较常年同期1407.8毫米，偏多2%。“龙舟水”期间（5月21日至6月20日），降雨具有“累计雨量大、影响范围广、降雨持续时间长、暴雨日数多、短时强降雨明显、降雨主要集中在后期”的特点。“龙舟水”期间，平均总降水量653.9毫米，较常年同期320.9毫米，偏多1.04倍，为1960年以来同期第三位（1968年710.4毫米、1964年664.5毫米），为近50年（1969年）以来同期最多。

2022年，新丰江水库　　（市水务局 提供）

水情　2022年，东江主要控制站龙川、河源水文站平均来水分别为184立方米每秒和346立方米每秒，较多年同期平均（1991—2020年）分别偏少8%和23%。汛期全市“龙舟水”偏强，有11条江河13个水文站点发生超警洪水。枫树坝水库和大部分中型水库超汛限水位。

险情、灾情　全年出现9场次主要强降水过程。其中，主要的致灾过程有3个：5月10—14日的最强5月暴雨（全市平均面水量140.4毫米）、6月12—21日的近50年最强“龙舟水”（全市平均面水量306.8毫米）、7月2—7日的台风“暹芭”（全市平均面水量115.3毫米）。全市水利工程因灾直接经济损失6.66亿元。其中，损坏中型水库1座、30万元；损坏小型水库19座、1708万元；损坏堤防762处、77千米、18408万元；损坏护岸574处、15840万元；损坏水闸9座、24万元；损坏塘坝158座、6628.65万元；损坏灌溉设施1322处、11197.97万元；损坏机电泵站5座、88万元；损坏小型水电站29座、591.3万元；其他损失12036.75万元。

【水旱灾害防御】　2022年，河源市启动水利防汛Ⅳ级应急响应6次、Ⅲ级应急响应2次、Ⅱ级应急响应1次，各县区水务局启动应急响应35次。市县两级水务部门下达重要水工程调度令49次，派出工作组192组次，人员1494人次。各县区水务部门及时处置山洪灾害预警83个，向镇村防御责任人发送山洪预警短信9756条，提醒当地政府转移群众13186人。科学调度枫树坝水库，避免龙川县城3次被淹，最高洪水位比天然洪水削减0.7米，新丰江水库在“龙舟水”期间把新丰江、连平河、大席河、忠信河等河流洪水全部拦蓄下来，基本没有出库，把市区近20年一遇洪水削减到不到5年一遇洪水。

【依法治水】　2022年，河源市推动落实“谁执法谁普法”责任机制。加强对水利事项的事中事后监管，推进“双随机、一公开”监管工作，完成“互联网+监管”30项水利监管事项的检查实施清单编制和监管事项覆盖。全市水政执法队伍开展执法巡查1305次，出动执法人员4768人次，巡查河道8.5万千米，现场制止违法行为64次，依法查处水事违法案件20件，没收违法所得5.73万元，作出行政处罚金额80.76万元。

【供水节水】　2022年，河源市区供水量10350万立方米，DN75以上管网总长度937.56千米，完成管网新敷设及改造完成市区老旧管网长度36.91千米。加强供水管网查漏降耗管理，加大供水管网巡查力度，及时排查整治管网安全隐患，管网漏损率降低8.84%。出厂水、管网水水质综合评价合格率100%，保障城市供水安全。　　（宋丽平）

万绿湖水资源开发管理

【万绿湖优质水直供项目】　河源新丰江水库（万绿湖）拥有华南地区最优质的天然水资源，年均入库量61亿立方米，且水质长期保持在国家地表水Ⅰ类标准，被中国食品工业协会、中国环境科学学会先后授予当时全国唯一“中国优质饮用水资源开发基地”和首届“中国好水”水源地称号，是国内罕见的水域功能最高的源头水和珠三角主要城市最重要的饮用水源区。河源万绿湖优质水资源直供深圳，改善城市饮用水水质，补齐深圳建设中国特色社会主义先行示范区基础设施的“硬件”需要。

【河源市区水源工程】　河源市区水源工程通过隧洞从新丰江水库大坝上游右岸1400米处取水，经隧洞、分岔管、主输水干管和支管将原水送往市区两家新建水厂。工程供水区域主要为城市规划区内的东埔区、老城区、新城区、江东新区、白田区、高新区、源城工业区、埔前镇、东源县城等区域，日供水能力64万立方米/天，惠及供水人口104万人，总投资约3亿元。工程分两期实施，第一期为取水口、隧洞、主管线、南支线工程，满足市区新建南水厂、市水经济水产业园生产用水及直饮水项目水源；第二期为北支线管道工程，主要满足市区新建北水厂的生产水源。市区水源工程供水已服务城南粤海水厂、市水业集团及其西环路应急水厂，日供水量达23万立方米，缓解市区边远地区供水不足问题。工程向市水经济产业园的农夫山泉一厂、二厂，以及华润怡宝水产企业供应万绿湖原水，是市政府打造百亿级水经济产业的基础配套工程。

（曾海锋）

工 业

编辑：曾红艳

综 述

【概况】2022年，河源市全社会工业增加值378.9亿元，增长5.4%；规模以上工业销售产值1472.7亿元，增长3.5%；规模以上工业增加值363.5亿元，增长2.4%。工业经济平稳增长，1—12月，排名全省第五位、粤东西北第一位。

【防疫物资保障】2022年，河源市工业和信息化局加强防疫物资生产储备，保障各类防疫物资生产，全市各类口罩日产能676.5万个、医用防护服日产能5000套、医用隔离衣日产能12000套、熔喷布日产能25吨。储备医用防护服18.87万套、隔离衣15万套、医用外科口罩228.96万个、防护面屏23.73万个、核酸检测试剂47.06万人份。做好重点产业链供应链服务保障，推动农夫山泉、今麦郎面品、立国制药等企业纳入工信部及省厅产业链供应链重点保障“白名单”，加强企业运力、人员、原材料等生产要素保障。

【主导产业培育壮大】2022年，河源市工业和信息化局推动新投产卓翼科技10亿元规模。引进京泉华、禾望电气、麦格米特等能源电子领域企业。全市电子信息产业实现规模以上产值525.06亿元，比上年增加8.3%。水经济产业园加快建设，今麦郎饮品6月投产，投资40亿元的华润怡宝华南基地项目签约落地，农夫山泉签约投资30亿元的三期项目。是年，水经济产业实现规模以上产值48.2亿元。先进材料产业园建设，铂科新材料、晟源永磁材料等项目相继引进发展，富马硬质合金等优质存量企业增资扩产。2022年，先进材料产业实现规模以上产值49亿元。加快推动深河国际模具城建设，引进华益盛、乔丰科技等一批优质企业。机械与模具产业实现规模以上产值109亿元。

【园区发展加快】2022年，河源市工业和信息化局推进市高新区跨江融合发展。高起点规划建设高新区扩展区，跨江融合发展总体产业规划及空间融合发展区详规编制完成、首期开发建设推进。推进用地整治提升行动。完成盘活存量产业用地537.6公顷，推动190多个、投资额450多亿元的项目投资建设，争取省奖励新增建设用地指标200公顷。加强产业园区合作共建，推动深圳南山河源高新区产业园、深圳南山（连平）产业园等加快建设，建立河源招商引资清单和招商引资项目库。加快完善园区基础、产业和生活配套，投入基础设施建设资金83.3亿元，完成“三通一平”6.8平方千米，深河金地创谷孵化器、鹏城智能科技产业园等配套设施加快建设。2022年，园区实现工业增加值295.9亿元，入库税收28.2亿元。

【企业创新发展】2022年，河源市工业和信息化局引导支持企业转型升级，争取7709万元省、市财政资金支持，带动100多家企业开展技术改造，完成技改投资40.4亿元。推荐申报国家、省级制造创新项目，组织河源精电、雅达电子申报2022年国家技术创新示范企业。推动“专精特新”企业发展，指导培育6家省级“专精特新”中小企业申报国家级“小巨人”企业，142家企业申报省级“创新型中小企业”“专精特新中小企业”。开展企业绿色清洁生产工作，组织清洁生产审核培训、宣传83场次，圣威玻璃等29家企业被授予“河源市市级清洁生产企业”称号。

【工业项目投资】2022年，河源市工业和信息化局落实省“制造业投资十条”等政策，推动先进制造业项目落地建设。东源县出台《工业项目建设奖励办法》，对实现竣工投产的项目给予奖补；市高新区、江东新区持续落实项目建设奖励政策，在增资扩产、技术改造等予以支持。加强项目服务。充分发挥市、县、区领导挂钩项目建设工作机制的作用，加强重大制造业项目服务，推动签约项目加快转化开工、在建项目加快建设。是年，全市完成工业投资215.7亿元，占全市固投的33%，比全省高5.05个百分点。制造业投资占工业投

2022年11月20日，“高端对话：5G赋能经济社会高质量发展”专场活动在河源市举办
（河源市工业和信息化局 提供）

资比重明显提高，2022年占比81.7%，比上年提高7.6个百分点。

【信息基础建设】2022年，河源市工业和信息化局推进通信基站和光纤网络建设。全市5G基站建设累计4441个、重点场所5G覆盖率100%；累计建设4G基站1.2万多个、基站站址4430个。推进“三线”（是指室外架空设置的电力线、电压等级380伏及以下线路、广播电视线及通信网络线）整治。成立工作专班，印发实施《河源市镇村“三线”整治实施方案》。是年，各县区“三线”整治经费到位资金1.48亿元，95个镇纳入乡村振兴“三线”整治任务。推动工业企业数字化转型，成立河源市数字经济协会，加强工业企业数字化转型指导。推动51家、累计261家规模以上企业完成数字化转型，建成“西可通信5G+工业互联网智能制造应用”示范击标杆。

主要工业产业

【食品饮料业】2022年，河源食品饮料业完成工业增加值21.41亿元，比上年增长8.3%（忽略工价指数变动）。其中，农副产品加工业增加值1.14亿元，增长15.9%；食品制造业增加值3.96亿元，下降34%；酒、饮料和精制茶制造业产值16.31亿元，增长27.2%；完成软饮料产量325.36万吨，增长10.5%。

【矿产冶金业】2022年，河源市矿产冶金业完成增加值51.78亿元，比上年增长0.01%（忽略工价指数变动）。其中，黑色金属矿采选业增加值17.09亿元，增长3.4%；有色金属采选业增加值0.68亿元，增长117.8%；黑色金属冶炼及压延加工业增加值24.5亿元，下降9.1%；有色金属冶炼及压延加工业增加值2.13亿元，下降7.9%；金属制品业增加值7.38亿元，增长31.8%。主要产品中，铁矿石原矿量394.45万吨，下降43.9%；钢材287.23万吨，增长19.9%。

【机械制造业】2022年，河源市机械制造业完成工业增加值49.42亿元，比上年下降11.61%（忽略工价指数变动）。其中，专用设备制造业增加值11.20亿元，下降25.3%，完成模具31.49万套，下降19%；通用设备制造业增加值5.88亿元，增长9.7%；仪器仪表制造业增加值2.96亿元，下降4.9%；文教、工美、体育和娱乐用品制造业增加值28.01亿元，下降8.61%；其他制造业增加值1.37亿元，下降24.2%。

【电子电器业】2022年，河源市电子电器业完成工业增加值137.39亿元，比上年增长8.5%。其中，电气机械及器材制造业增加值9.93亿元，下降25%；计算机、通信和其他电子设备制造业增加值127.46亿元，增长12.4%。

【轻纺服装业】2022年，河源市轻纺服装业完成增加值16.22亿元，比上年增长18.6%（忽略工价指数变动）。其中，纺织业增加值1.47亿元，增长31.7%，纺织服装、服饰制造业增加值8.62亿元，增长7.5%；皮革、毛皮、羽毛（绒）制造业增加值6.13亿元，增长35.0%。主要产品中，制作服装914.5万件，增长17.4%；制作皮革鞋靴911.4万双，下降7%。

【建材陶瓷业】2022年，河源市建材陶瓷业完成工业增加值24.59亿元，比上年下降8.2%（忽略工价指数变动）。其中，非金属矿采选业增加值2.84亿元，下降0.2%；非金属矿物制品业增加值21.75亿元，下降9.1%。主要产品中，水泥产量245.44万吨，下降29%；瓷质砖产量1921.64万平方米，增长6.4%。

【医药制造业】2022年，河源市医药制药业完成增加值3.58亿元，比上年增长24.7%。主要产品中，化学原料药产量697.40吨，增长8.7%；中成药产量7830吨，下降6%。

【电力、热力生产及供应业】2022年，河源市电力、热力生产及供应业完成增加值36.22亿元，比上年增长19.3%。全年累计发电量166.3亿千瓦时，增长55.6%；全市用电量117.21亿千瓦时，增长1.3%，其中工业用电量61.73亿千瓦时，下降1.4%。

【化工及石化制品业】2022年，河源市化工及石化制品业完成工业增加值9.68亿元，比上年增长5.1%（忽略工价指数变动）。其中，化学原料及化学制品制造业增加值2.37亿元，增长5.4%；橡胶和塑料制品业增加值7.31亿元，增长5.1%。（杨桂莲）

工业企业选介

【河源供电局】 河源供电局是广东电网有限责任公司直属单位，担负着河源市五县一区的电网规划建设和电力供应服务。供电面积1.57万平方千米，人口372万人，供电152.6万户，营业网点100个。2022年，河源全网运行的35千伏及以上等级变电站109座(不含5座110千伏牵引站和7座110千伏用户站)，其中500千伏2座、220千伏13座、110千伏65座、35千伏29座，主变210台，容量1269.25万千伏安，输电线路267回（不含用户线路），长度4706.965千米。2022年统调最高负荷216万千瓦；客户平均停电时间3.38小时/户，下降16.5%。

保障供电安全 2022年，河源供电局统筹开展安全大检查工作，运用风险分级管控与隐患排查治理双重预防机制，有效降低社会人员触电风险。有序组织汛期应急抢修，成功抵御53年来最强“龙舟水”，保障灾区及时复电与临时安置点群众用电。有效应对低温雨雪冰冻灾害，完成河源北部220千伏塔九甲线等5条输电线路的技术改造，实现对冰情的在线监测；对位于桂山好汉顶的河源市气象雷达站供电线路进行防冰加固改造，保障极端天气下的可靠供电。加强森林火灾风险防控，常态化巡视山火隐患区段，清理输电线路周边高秆植物9万余棵，未发生线路施工运维或线路故障等原因导致的森林火灾。政企联动开展大面积停电等各类应急演练。

提升供电服务质量，做好重大项目用电服务 为中兴通讯、景旺电子等头部企业提供优质供电保障。支持水产业规划发展及产业园建设，主动对接客户，确保农夫山泉增容项目、华润怡宝（河源）饮用水项目等尽快投产用电，服务产业兴市发展。坚持政企联动，由市政府主要领导挂帅成立电力供应保障协调机构，督导协调重大工程建设，形成全市电力保供合力。协调枫树坝电厂适时开机，灵活调节发电曲线，提高河源电力供应能力10万千瓦，缓解高峰负荷压力。2022年，河源市全社会年累计供电量117.2亿千瓦时，比上年增长1.3%，增速位居全省第九；售电量113.57亿千瓦时，增长1.5%，增速位居全省第六。是年，未发生错峰用电，守住“决不允许拉闸限电”的底线。

抢抓“融湾”“融深”机遇，服务产业园区扩能增效 推进500千伏外环东段、500千伏碧山输变电等省重点工程建设，提升河源电网与大湾区电网互联互通水平，促进河源电网提档升级。主动成立服务高新区跨江融合发展和水经济产业园电网规划工作专班，区域内规划新增2座110千伏变电站，满足园区高速发展用电增长需求。服务制造业用能需要，主动对景旺电子等重点企业开展供电线路防雷改造，引导企业对电压敏感设备实施电压监测保护，解决供电闪断问题。建立重大用户项目全流程跟踪服务体系，开展规上项目专项服务行动，推动用户项目早对接、早办理、早完工、早送电。

提升客户服务水平，持续优化营商环境 2022年，挂牌成立河源市提升“获得电力”服务水平工作协调小组办公室，政企联动协同解决“获得电力”难点问题，协调重大项目用电用能需求。进一步延伸投资界面，为客户节省办电支出2625万元，实现全市报装容量160千瓦及以下小微企业用电报装“零投资”。在南方电网公司2022年第三方客户满意度调查中，河源供电局以88分位列全省第八；在广东省社情民意调查中心发布的地方政府公共服务评价中，连续11年位列全市第一。

优化电网结构，保障河源经济社会发展 2022年，累计完成固定资产投资16.95亿元。按期投产110千伏黄田输变电等工程，完成220千伏塔岭站、龙川站稳控策略开通，提升河源北部供应能力6万千瓦，在迎峰度夏前投产220千伏万绿湖输变电工程，完善河源南部片区电网结构，缓解城区负荷压力。

服务乡村振兴发展 2022年，立足行业发挥优势，乡村振兴工作取得实效，在市推进乡村振兴实绩考核中，河源供电局被评为“优秀”。全面提升农村用电质量，100%落实免费电惠民政策，完成农村电网投资3.66亿元，强化农村电网网架结构，为乡村振兴战略提供充足的电力保障。

服务城市提质 坚持“产权归谁，责任归谁”“谁违章、谁整改”的原则，加快“三线”（电力线、通信线、电视线）搭挂整治行动，推动各产权方开展全面普查，制订整改计划并限期整改。排查并整治低压线路设备隐患661宗，同时对“三线”运营单位发出隐患告知，督促各运营商落实整改，协同推动城市形象提升。配合205国道、市区4座人行天桥建设、老旧小区改造

2022年8月3日，河源市区第二座智能变电站——河源220千伏万绿湖变电站竣工投产 （河源供电局 提供）

等市政工程项目涉及的电力线路迁改工作，服务城市功能品质完善。

推动电网与城市融合发展 2022年，河源供电局在“十四五”期间规划新增47座智能变电站，主动融入城市公共服务能力提升与生态优先最前沿。践行“两山”理念，坚持以“双碳”（碳中和、碳达峰）引领绿色发展，推广应用清洁能源和电能替代，是年，消纳清洁能源23.6亿千瓦时，完成可量化电能替代电量1.94亿千瓦时，完成率排名全省第二。新受理新能源项目100%线上办理，完成河源市热力发电厂等重点项目接入系统预审，提升新能源并网服务效率和质量。配合市政府出台光伏产业发展规划，成立河源市光伏产业发展工作专班，引导集中式光伏资源有序开发。落实提高森林覆盖率要求，做好防山火巡视工作，严防电力线路运维施工和电力设施故障造成森林火灾。

补齐电网短板弱项，解决“出城补能”难题 优化充电设施网络布点，累计投产168条充电枪，在中共二十大前实现全市95个乡镇全覆盖，启动两个充电站储能配套项目建设，加快补齐储能短板弱项，解决电动汽车出城补能痛点，落实市长“面对面”为群众解决出行难问题的工作部署。

提升乡村供电质量 加快农村电网改造升级，围绕户均配变容量、供电可靠率、电压合格率三大指标，针对重过载、低电压、频繁停电等问题，专项紧急立项119个、总投资4492万元，解决121个严重供电质量问题台区，提升供电服务质量，增强乡村产业“造血”功能。 （刘 婷）

【广东粤电新丰江发电有限责任公司】

2022年，广东粤电新丰江发电有限责任公司累计发电量5.20亿千瓦时，上网电量5.17亿千瓦时；机组平均等完成率89.9%；发电耗水率5.64立方米/千瓦时，水能利用提高率19.4%；厂用电率0.3%；两票（工作票和操作票）合格率100%；年度“两措”（反事故措施计划和安全技术劳动保护措施计划）完成率100%。公司继保、励磁专业获广东省电力系统技术监督先进单位；生产部团支部被评为2021—2022年度“广东省国资系统五四红旗团支部”；人力资源部获“广东能源集团巾帼文明示范岗”；“220千伏线路保护装置接线结构优化研究及应用”项目获中国电力技术市场协会电力科技管理创新成果三等奖；公司员工陈绍群被授予广东省五一劳动奖章。

安全生产 2022年，广东粤电新丰江发电有限责任公司贯彻落实新《安全生产法》为抓手，完善安全管理体系和责任体系，把安全主体责任和监督责任传递到各层级、各部门、各岗位。提升应急能力，完成大坝安全运行应急预案、大坝防洪抢险应急预案的编写和评审备案，新建造和配置公司微型消防站，加强完善应急体系和应急设施建设，做好科学抗旱保供水，执行水量调度计划、指令，抓好发电保供水工作。落实反恐设备设施整改，通过“水力发电企业一级重点目标达标”检查，在省公安厅工作会议上受到表扬。未发生电力生产人身轻伤及以上事故，未发生电力生产设备事故，未发生火灾事故、未发生交通事故，未发生职业健康危害事件。

水库运行 2022年，新丰江水库入库水量73.4亿立方米，比建库以来的均值偏多22.7%，属偏丰年份；全年平均水位104.16米，比建库以来的均值增加0.98米，提高发电水头效益2%；机组平均负荷率87%，比上年提高17%；年平均发电耗水率5.64立方米/千瓦时，完成年发电量5.2亿千瓦时，实现净利润1906.1万元，增长118.6%；2022年，水库年末水位109.8米，可调水量43.32亿立方米，比上年增加蓄水40.6亿立方米，保证枯水期下游需求。

企业管理 2022年，广东粤电新丰江发电有限责任公司，完成国企改革三年行动任务。建立董事会授权制度，明确董事会授权事项清单；完善细化股东、董事会、经理层权责，各治理主体权责边界进一步厘清。全面实行经理层成员任期制和契约化管理，组织经理层成员签订经营业绩责任书；推行管理人员竞争上岗、末等调整和不胜任退出等制度。

履行水电分公司职能 2022年，广东粤电新丰江发电有限责任公司明确目标、压实责任，与各水电单位签订安全生产、党风廉政、经营目标责任书。组织防汛、安全交互检查、节前安全大检查等。完成党组织书记抓党建工作述职评议考核，党组织主要负责人述责述廉民主评议、党风廉政建设“两个责任”落实情况查评。推动落实水电分公司纪检监察体制改革；

推进蓄能项目建设 云浮水源山、陆河蓄能项目2022年7月相继获核准批复，是省内“十四五”以来第一、第二获得核准的抽水蓄能新站点。大埔青溪蓄能项目列为省2022年重点建设预备项目；怀集青皮、龙川佗城、陆河二期、新兴平河、罗定二垌、肇庆高要等项目完成站址研究，推动纳规；初步完成汕尾、江门及肇庆中小型蓄能站址资源排查。

新能源项目推进 水电板块成立新能源公司9家，完成投资决策项目31个、容量990兆瓦。

检修工作 2022年，广东粤电新丰江发电有限责任公司抓好检修管理工作。合理安排检修计划，完成省内系统水电单位机组检修38台次，其中A修1台次、B修3台次、C修29台次、D修5台次，质量、安全考核全优。与业务电厂沟通确定设备检修周期、实施项目，寻求最优状态检修；强化全过程管控，加强检修质量管理，依据检修进度节点，完成20次现场督导，发出整改通知37项，整改完成率100%。规范检修安全管理，“水电检修安全生产标准化”成果通过验收。 （邹思宽）

【广东粤电枫树坝发电有限责任公司】

广东粤电枫树坝发电有限责任公司隶属广东省能源集团有限公司，是广东省第二大常规水力发电厂。2022年，广东粤电枫树坝发电有限责任公司贯彻落实集团公司、水电分公司工作部署，统筹推进党的建设、安全生产、经营发展、抗旱防汛和疫情防控等重点工作，完成各项目标任务。克服建库以来最严重旱情和最强“龙舟水”，完成中共二十大、北京冬奥会等特别防护期保安全保电力供应任务，推动新能源发展建设，协助分公司推动“龙川佗城抽水蓄能站点”入规，枫树坝发电公司连续安全生产6223天。是年，获南方电网总调“2021年度发电先进集体”称号。

安全生产 2022年，广东粤电枫树坝发电有限责任公司修订完善全员安全生产责任制，逐级签订安全生产责任书；完成水力发电生产业务名录和管理体系标准模板验收。强化安全风险管控和隐患排查治理，组织完成内外部检查发现184项问题和隐患，其中36项列入公司级风险隐患台账进行闭环跟踪督办。强化设备设施管理，做好技改修理工作。推动厂区消防系统改造、厂区生活区地质灾害整治、反恐重点目标达标建设、2#机组转子引线过热和转轮裂纹等重大隐患消缺等工作；完成妨碍河道行洪突出问题整治；机组增容认定取得实质性成果；完成年度研发投入531.9万元，研发强度4.7%。加强综治、交通、信息安全风险隐患，筑牢安全屏障。通过省级反恐重点目标达标建设验收；重视保障农民工工资支付工作；公司车辆安全行驶1183趟次、22万千米，防汛工作船安全出航47趟次。

企业经营 2022年，广东粤电枫树坝发电有限责任公司流域平均降雨1704毫米，比历年均值增长7.9%，入库水量39亿立方米，比历年均值下降3.7%，来水预测平均准确率75.8%；完成水库回蓄任务的基础上实现上网电量4.06亿千瓦时，主营收入1.14亿元，净利润2407万元；生产项目费用完成91.9%，国有资本保值增值109%。

做好抗旱保供水 2022年，广东粤电枫树坝发电有限责任公司在“旱涝急转”“50年最强龙舟水”期间，执行东江局水量调度、市三防防汛调度的指令，向下游累计补水5.36亿立方米，水库回蓄水位26.95米，根据市三防洪水复盘数据“枫树坝水库拦蓄39%的洪量，削减24%—78%的洪峰，避免龙川县城3次被淹，降低0.7米的最高洪峰水位”，完成抗旱保供水、防洪度汛工作任务。在北江流域遭遇百年一遇特大洪水时，该公司 选派技术人员林仲贤驰援南水抗洪抢险前线。 （罗 君）

【河源电厂】经营业绩 2022年，河源电厂全年发电量146.66亿千瓦时，实现营业收入67.22亿元，完成供电标煤耗298.76克/千瓦时。其中百万机组综合供电标准煤耗电290.11克/千瓦时，在三省（广东、广西、海南）60家燃煤电厂中排名第一。实施科技创新项目2项，实用新型专利16项。完成电力保供及机组大修任务，消除液氨安全隐患，推进燃料互联互通项目，热力公司运营平稳。

环保设施 2022年，河源电厂环保治理累计投入11.2亿元，占总投资的21.5%。该厂建立高效的环保设施运维管理机制，建设有标准烟气脱硝、脱硫、除尘及废水“零排放”等环保设施，有完整的废水、废气与固废处理系统，脱硫效率98.65%，除尘效率99.99%，利用自有专利技术率先在国内实现废水“零排放”，固废全部综合利用。自建成投产以来，各项环保及节能减排指标在国内保持领先地位，环保设施投运率100%，排污申报合格率100%，连续12年获得广东省环保信用评价绿牌。

2022年，该厂无轻伤及以上人身伤害事件、无一般以上安全事件，持续实现“五无”（无重大伤亡事故、无中毒、无倒塌、无火灾、无重大机械设备交通事故）。 （杜 娟）

【河源中光电通讯技术有限公司】河源中光电通讯技术有限公司总部位于深圳科技园，生产基地于2011年落户河源市高新区，占地6万平方米，厂房面积10万平方米，是一家集液晶触显一体化屏（TFT-LCD Module）研发、生产、销售于一体的国家高新技术企业，产品涵盖高端智能手机、工业控制、教育电子、广告展览、公共显示、汽车电子、医疗仪器、航天航空、安防电子等领域。

公司于2013年通过ISO 9001：2008质量管理体系和ISO 14001：2004环境管理体系，并实现上游产业链的完整配套，是全套资源整合的国家高新技术企业。公司拥有强大的研发队伍，获得广东省重点培育民营企业、广东省先进集体、电子信息行业标杆企业、企业安全生产责任制考核优秀单位、科技创新企业、环保先进企业、当地纳税大户等荣誉称号。自2012年投产以来，销售额每年增幅超过50%，企业员工超过2500人。

【河源龙记金属制品有限公司】河源龙记金属制品有限公司成立于1997年9月，是香港龙记集团在国内最大的生产基地，主要生产和销售精密型腔模、模具标准件及非标准件。

龙记集团是世界四大模架制造商之一，始创于1975年，1993年在香港联合交易所上市，是香港首家利用数控加工中心进行生产的模架制造商，在东莞、上海、广州、河源、台湾、台州及新加坡、日本、马来西亚等地设有多家子公司，销售网络遍及全球，产品被广泛应用于各种行业，模架销售量多年来稳居亚洲之冠。龙记标准模架系列不仅被视为亚洲行业标准，获得认定为中国国家标准，龙记所有产品均获得ISO 9001:2008国际质量体系认证。

河源龙记公司占地36万平方米，总建筑面积25万平方米，经过5次增资扩产，投资总额15亿元。自1999年投产以来，公司产值及规模都保持稳定的增长，并在2005—2015年间，连续11次获得“中国机械500强”称号。

【今麦郎饮品（河源）有限公司】今麦郎饮品（河源）有限公司是由今麦郎集团投资建设的全资子公司，位居世界同行业前六、国内前三，国内市场占有率20%。2019年3月签约落户市高新区。该项目总投资7亿元，主要生产软化纯净水、茶饮料等产品。该项目占地面积10万平方米，一栋钢结构厂房，总建筑面积6.7万平方米，为今麦郎全国饮品项目单体最大厂房。2022年8月进行试投产。

【力升树灯（河源）有限公司】 力升树灯（河源）有限公司于2004年落户于河源市东源县，是隶属于保利高集团旗下，集设计、生产、销售为一体的子公司。保利高集团4大生产基地之一，坐落于东源县仙塘工业园，厂区的总占地面积33万平方米，总建筑面积50万平方米，总注册资本12.14亿港元，高峰期员工1万多人。集团主营业务为生产圣诞树、圣诞彩灯、水池、吹气塑胶制品等产品，产品100%外销欧美市场，占全球70%市场份额。公司生产和销售自产的五金制品、塑胶制品、灯串工艺制品，属于垂直生产链，从原材料、所有配件、主要包装材料都是内部生产和控制。该公司提高生产效率，重视自动化设备改良及生产流程优化，2022年，公司连续两年出口总产值20多亿元。

该公司多次获得“纳税大户”“突出贡献企业”等称号。

【河源德润钢铁有限公司】 河源德润钢铁有限公司是福建金盛兰集团旗下的民营钢铁企业，成立于2003年，厂区位于河源市紫金县蓝塘工业片区，占地面积122.13公顷，2022年有员工900多人。企业主要生产销售热轧卷板钢材（用于船舶、家电等金属制品）、优质碳素结构钢、齿轮钢、弹簧钢、冷镦钢及H钢、高强度抗震耐腐蚀钢材等。德润公司是河源市重点民营钢铁企业，于2014年获准列入工业和信息化部《钢铁行业规范条件》（第三批）企业名单。

德润公司于2020年1月通过产能置换异地改建，在紫金县蓝塘产业新城动工建设短流程电炉炼钢一期项目，项目投资25亿元，建设1座120吨德国普瑞特最新高效环保废钢预热量子电炉、LF精炼炉、连铸、热送连轧生产线，以及相应的公辅配套设施，产能为90万吨/年。项目于2020年初动工建设，并相继列入2020年、2021年省重点项目建设计划，2022年1月竣工投产。

德润公司实施的电炉短流程优特钢异地改建项目，在确保不新增产能的前提下，通过技术装备升级，实现降低企业能耗、减少污染物排放和提高产品质量水平的目标，全力打造“绿色、高效、智能”的现代化短流程钢铁企业。

产业转移工业园

【概况】 2022年，河源市建有8个省级产业园，其中深圳（河源）产业转移工业园是国家级高新区。8个园区总规划面积191.14平方千米，已开发面积69.7平方千米，累计落户项目1300多个。围绕加快培育“五大产业”（五大产业千亿级电子信息产业、百亿级水产业、百亿级先进材料产业、生态旅游业、现代高效农业），打造“1+3”产业集群（打造千亿级电子信息产业集群，培育百亿级水产业集群，培育百亿级先进材料产业集群），实施“七大行动”（实施产业兴市行动、实施“融湾”“融深”行动、实施乡村振兴行动、实施城市提质行动、实施形象提升行动、实施民生保障行动、实施生态优先行动）。按照“面上保护、点上开发”原则，以工业园区转型升级、提质增效为主线，工业园区加快提质增效，园区产业集聚度、承载力和协同性增强。

【园区质量效益】 2022年，河源市园区规模以上工业企业506个，占全市规模以上工业企业数量的79.4%；实现规模以上工业增加值287.1亿元，比上年增长10.3%；园区实现入库税收30.6亿元，比上年增长9.2%；河源市工业园区完成园区基础设施建设投入资金83.3亿元，完成“三通一平”标准化建设6.8平方千米。

【河源市承接产业有序转移主平台】 2022年，河源市按照“重点突破、以园带市”的思路，依托深圳（河源）产业转移工业园、深圳大鹏（河源源城）产业转移工业园、深圳盐田（东源）产业转移工业园谋划建设承接产业有序转移主平台，推动河源市承接产业有序转移主平台加快建设成为省内承接国内外特别是粤港澳大湾区产业转移的主力军，粤东、粤西、粤北地区工业经济发展的新高地，主动对接“双区”、横琴、前海、南沙重大平台建设的重要联动区域，成为广东省区域协调发展的重要引擎。

【“飞地经济”助力产业共建】 2022年，河源市深化深河两市产业共建，发挥辐射带动功能，延伸产业链条，持续深化“小组团开发、市场化运营、高标准招商”的深河共建产业园模式，为推动深圳市与河源市产业“转移—承接”无缝对接、产业互动协调发展提供“飞地经济”载体。深圳南山（高新区）共建园、深圳南山（连平）共建园，16家企业相继建成投产。（杨桂莲）

交通运输

编辑：蔡娜 张惠芬

交通管理

【交通基础设施建设】 2022年，河源市加快构建“米”字形现代综合立体交通网络，完成交通建设投资65.4亿元。其中，高速公路、高速铁路完成投资40.37亿元，普通国省道完成投资13.28亿元、农村公路及其他完成投资11.75亿元。河源形成以高速公路为主骨架，国省道干线公路为重要支撑，县乡公路为联络支线的公路网络体系。全市公路通车里程17416.5千米，公路密度111.55千米/百平方千米。其中，高速公路通车里程712.38千米，国省道里程2271.95千米，农村公路里程14432.17千米；二级及以上等级公路2012.46千米，占全市公路总里程的11.6%。

综合交通运输发展规划 8月，河源市人民政府印发《河源市综合交通运输体系发展“十四五”规划》，内容涵盖公、铁、水、空多种交通运输方式，规划期为2021—2025年，展望到2035年。《河源市综合交通运输体系发展“十四五”规划》提出以优化完善综合交通基础设施为重点，完善运输服务与管理，以未来五年政府投资效益最优解为目标导向，贯彻落实综合交通中长期发展规划，推动河源交通高质量发展。完成重点项目国土空间规划，把高速公路、国省道、航道港口、航空机场等103个项目报自然资源部门申请纳入市国土空间总体规划。

重点项目建设 推进赣深高铁临时用地复垦、环评拆迁、“三改”工程等收尾工作，完成年度投资12.15亿元；梅龙铁路基本完成征地拆迁工作，完成投资10.55亿元。粤赣高速公路顺天互通立交建成通车；长深高速公路改扩建启动建设，河源段全长42.79千米，投资约62.48亿元，2022年计划投资2.5亿元，完成投资5.69亿元；11月，省政府同意将河源紫金至江东新区高速公路纳入广东省高速公路网规划。

市域交通 国道、省道建设项目25个，完成投资14.3亿元，完成路面60千米。其中，国道236线龙川县龙江大桥新建工程、省道259线韶关市界至锡场段路面改造工程、省道243线东源县柳城镇柳星村至下坝村段路面改造工程、省道230线东源县叶潭镇双头村至吉布村段路面改造工程、省道339线龙川县赤光至车田段路面改造工程（一期）等5个项目基本完工；国道205线热水至埔前段改线工程、国道205线龙川县城段改线工程、国道236线龙川丰稔至龙川县城段改建工程、省道253线忠信至青州段改建工程、省道341线连平隆街至新河村段改建工程、省道512线和平县浰源至热水段路面改造工程（K0+000—K20+195段）、省道253和平县青州至热水段改建工程、省道238线四都至贝岭段改建工程及黄鹤出口至紫市段改造工程、省道120线改建工程等14个项目持续推进；省道230线东源蓝口乐村至义合渡口段先行工程（K25+570—K28+230）准备开工；国道238线和平县鸭塘至兴隆中桥段改建工程、国道105线连平县城过境段改线工程、省道230线河源市市区泥坑村至前进村段（东环路）路面改造工程、省道341线东源县半江镇西溪村至半江村段路面改造工程、省道333线龙川县新田径塘至赤光大芬段改建工程等5个项目加快推进前期工作。

【农村公路建设】 2022年，河源市加快县乡道升级改造，推进通建制村公路单车道改双车道工程，推动“四好农村路”（建好、护好、管好、运营好）高质量发展，打造“一村一路、多路成网、多村成片”的农村公路网体系，完成建设里程530千米。联合市财政局、市农业农村局、市乡村振兴局、市公路事务中心评选源城区埔前镇等10个市级“四好农村路”建设先进镇和龙川县县道418线珠塘至霍山公路等10条市级“十大最美农村路”，龙川县列入2022年度“四好农村路”全国示范县创建名单。

【运输服务保障】 *道路运输许可* 2022年，河源市在客运方面办理客运企业、线路、车辆有关业务3937件。办理危运企业、车辆有关业务204件。组织危运从业资格考试4场，组织客运从业资格考试6场。受理客货运从业资格证申领761份，核发货运从业资格证732份；办理客货从业资格管理业务5129件，办理危运从业资格换证40件。

驾培服务 印发《河源市交通运输局关于进一步加强机动车驾驶员培训监管的通知》，落实定期抽查、每月通报、异常培训数据核查、违法线索移送查处、招生指标弹性管理等措施，针对异地培训、学时造假等行为进行重点监管。全年抽查并下发通报11次，整理汇总河源市查处及行业指导监督信息呈报省厅3次。

疫情防控 做好“两站一港口一服务区”常态化防控工作，设置有19个交通联合检测点，全年交通、公安、卫健、林业、农业等部门派驻检测点人员排查检测。助力紫金“1·31”、东源“3·5”疫情防控攻坚仗。成立入粤货车司机疫情防控专职工作组，建立地方、高速公路双组长机制。落实到河源旅客落地核酸检测工作，设置核酸检测服务点，提供免费核酸检测。协助广州市海珠区开展新冠疫情防控工作。

【法治交通】 行业“放管服”改革 2022年，河源市规范行政审批流程，做好46个主项业务89个子项业务151个办理项政务服务工作，动态更新办事指南，梳理办理流程、办理条件、申请材料等事前公示事项，让企业群众“零跑动”。受理行政许可申请10350件、决定许可10045件，办理行政确认事项754件、其他行政权力事项2748件。推动部门“双随机、一公开”抽查规范化及部门联合“双随机、一公开”抽查常态化，创建“双随机、一公开”抽查计划56个，执行检查任务60次，抽查市场主体179家。其中，检查发现问题27家，整改完成率100%。

规范执法 压实科室和岗位人员责任，落实行政执法“三项制度”（行政执法公示制度、行政执法全过程记录制度、重大执法决定法制审核制度）。成立实施机构，制定年度方案，建立健全行政执法协调监督工作体系。落实交通运输综合行政执法规范化长效机制重点工作任务、说理式执法工作模式、执法体验周活动、执法为民实践活动、为群众办实事解难题项目清单，全年未出现执法人员违反《交通运输行政执法人员风纪规范》《交通运输行政执法禁令》的现象。

信用交通建设 建立健全以信用为基础的新型监管机制，2022年该局对25家道路客运企业现场诚信评价达标项目250项、对81家驾驶员培训机构现场诚信评价达标项目2913项、对31家机动车维修企业线上共享扣分1689.5分、对29名从业人员线上共享扣分136分，按时完成2021年道路运输领域诚信评价年终市初评工作。全年上传“双公示”信息3950条，在该局数据范围内发生惩戒案例276件，协助失信企业完成20件信用修复案件，分级分类落实三级奖励及三级惩戒监管措施。

【平安交通】 2022年，河源市交通部门推进安全生产专项整治三年行动、交通运输行业危险化学品安全风险集中治理、交通运输行业道路交通安全综合治理等重点工作。全年发生道路运输事故1起，死亡1人，未发生较大以上事故。

“两客一危一重”监管 对新增395辆“两客一危一重”营运车辆，全部按要求安装智能视频监控报警装置，完成在用客车前轮爆胎应急装置安装329辆。办理省际包车合同备案456件。其中，不同意包车合同报备28件，办理班车客运线路转包车38条。督促危运企业严格实施危险货物道路运输电子运单管理，14家危运企业上传电子运单4.92万单，实现实施电子运单企业覆盖率100%，电子运单车次上传率100%。

坚守公路水运工程质量安全红线专项行动 开展“坚守公路水运工程质量安全红线”专项行动，派出检查人员165人次，检查公路工程项目77个次。其中，农村公路项目31个次、国省道项目44个次，高速公路项目2个次，发现并整改质量安全问题2个。

铁路沿线安全隐患综合整治 建立健全市、县区、镇三级铁路沿线环境安全监管联席会议制度以及安全隐患排查整治长效工作机制，同时配合铁路部门排查铁路内外安全隐患，落实好“双段长”制，加强路地防洪防汛联防联控。

水上交通安全监管 制订印发《河源市2022年集中打击水上交通运输非法营运行为整治“百日行动”方案》，同时结合“双随机、一公开”以及节假日、重点时段对辖区航运企业开展水路运输安全检查，发现并整改一般隐患15处。

应急管理 修订印发交通运输行业应急预案，健全暴雨灾害预警与响应机制，推进体系化制度化应急管理。梳理交通运输行业应急资源，组织应急演练，提升关键时刻保障能力。

【交通运输执法】 2022年，河源市交通运输部门开展行业常态化扫黑除恶斗争和非法营运、变相挂靠、危险货物运输、出租汽车客运、驾培行业、干线公路路域环境，规范道路交通运输市场秩序，查处交通运输违法违规案件2851件。部署开展以打击“黑大巴”、“营转非”客车、危险货物运输车辆、普通货物运输车辆、出租汽车等车辆 从事非法营运、非法违法运输为重点的专项整治行动，查处非法营运案件186件。

“两客一危”整治 加强客运班车、旅游包车执法监管，查处客运案件256件。其中、客运班车案件21件、包车（旅游）客运案件8件。部署开展打击危险货物运输车辆非法违法运输行为专项整治行动，查处道路危险货物运输案件10件，未发生因危险货物运输车辆引发的安全责任事故。

客运市场整治 联合市公安局出台《河源市开展道路客运市场专项整治工作方案》，明确高铁站、大学城路段等重点路段及工作重点。打击小汽车、假冒出租汽车、非法网约车从事非法营运活动；查处出租汽车异地驻点经营等违法违规经营行为；通过追根溯源，对网约车平台的违规派单行为进行处罚。查处出租车（含网约车）客运案件191件，处罚网约车平台案件29件。

道路运输行业整治 市县两级交通执法部门开展打击机动车维修行业、机动车驾驶员培训行业违法经营行为专项整治行动，组织执法力量深入辖区内机动车维修业户和企业、驾培机构报名点、教学场地等场所开展执法监督检查，排查维修企业759家，督促236家机动车维修企业的备案工作，辖区大货车维修企业已全部备案；查处机动车维修经营案件5件，机动车驾驶员培训经营案件89件。

治超工作 坚持路面治超联合执法、源头治超监管、高速公路入口治超联合执法、公路治超非现场执法等多措并举地推进治超工作，查处超限超载案件2033件，卸载转运货物16877吨。全市完成省民生实事建设工程10个超限监测点和16个公路不停车治超监测点建设。

（张静雅）

公路建设

【概况】 2022年，河源市通车公路总里程17416.496千米。其中，高速公路712.381千米，一级公路里程220.559千米，二级公路里程1079.515千米，三级公路里程1740.664千米，四级公路里程13649.371千米，等级公路里程14.006千米；其中普通国道1288.745千米，普通省道1695.582千米，县道2259.334千米，乡道4882.627千米，村道7290.208千米。6月12日至7月初，河源市遭受50年以来最强“龙舟水”，全市公路基础设施受损严重（损失约12亿元）。全市公路部门全力做好各项防御及应急抢险工作，在强降雨结束后，迅速从应急抢险转入灾后重建工作。7月，河源市公路事务中心被市评为“近50年最强‘龙舟水’防御表现突出集体”。

【普通国省干线公路建设】 2022年，河源市普通国省道新改建和路面改造工程已开工项目19个（其中5个已完工，14个在建），完成路面里程42千米，完成投资约11.9亿元。其中，省市重点项目国道205线河源市热水至埔前段改线工程。完成投资约6亿元。土地预审已经完成，用地报批组卷工作积极推进，路基一标和路基二标开工（路基一标累计完成产值4.37亿元，占合同总价的67.8%；路基二标累计完成产值4.32亿元，占合同总价的27.3%），路面一标的施工单位进场施工。

【农村公路建设】 2022年，河源市完成农村公路建设里程405.4千米，完成384千米农村公路安防工程建设；开展“四好农村路”示范创建活动，龙川县被国家有关部委列入“四好农村路”国家示范县创建公示名单，紫金县已提交“四好农村路”全国示范县复核资料；组织“四好农村路”建设先进镇和“十大最美农村路”活动，通过内业考核和网络投票相结合方式，已经从参与评选的21个乡镇和20条农村公路中选出10个建设先进镇和10条最美农村路。

【公路桥梁检测和安全保障工程】 2022年，河源市公路事务中心实施公路桥梁检测和安全保障工程，包括两项工作：对全市413座普通公路桥梁开展安全检测；对存在安全隐患的45座四、五类桥梁及时进行加固改造。截至2022年，413座桥梁检测任务于8月全部完成；危桥改造年度完工任务45座于12月如期全面完工，此件民生实事工程通过市人大等部门的检查验收考核。

【粤赣高速顺天互通立交工程】 粤赣高速公路顺天互通立交工程为已建粤赣高速公路新增连接顺天镇县道166线的服务型互通立交，互通采用A型单喇叭方案，主线设计速度100千米/时，长1.408千米；匝道设计速度40千米/时，新建匝道总长2.59千米。项目于2021年5月开工，2022年7月24日通过交工验收。

【公路管理机构改革】 2022年，按照市委关于公益三类及从事生产经营活动事业单位改革有关要求，河源市公路事务中心落实下属6个涉改事业单位改革工作。储备站、质监站完成改革任务（改为登记设立事业单位）；公路建设投资管理中心（撤销单位）的人员安置和资产处置工作已完成；直属养路费征收站（撤销单位）人员安置等工作完成。

（温剑波）

道路运输管理

【概况】 2022年，河源市有客运企业

2022年8月1日，粤赣高速公路顺天互通立交工程顺利开通

（市公路事务中心 提供）

29家，车辆989辆，3.07万个客位。等级客运站25个，其中，三级及以上客运站7个（一级1个、二级3个、三级3个）；货运企业263家，货运车辆1.15万辆（载货汽车4232辆、牵引车3134辆、挂车4149辆），19.12万吨，其中：危运企业14家，危运车辆299台（挂车80台）；出租车汽车企业14家，出租车205辆。其中，市区116辆；一、二类汽车维修企业144家；汽车类驾驶员培训业户85家，道路运输行业从业人员1.2万人。

【春运保障服务】 2022年春运期间，河源市保障134.8万人次的出行及境内高速1202.3万车次的通行，全市道路、水路、铁路旅客运输没有发生人员伤亡的安全生产事故，全市未出现疫情输入和传播。

【客货运输管理】 2022年，河源市交通运输综合事务中心根据最新法律法规要求，重新调整更新《危运车辆现场审验记录表》，完善现场审验工作流程，完成审验305辆车。跟进外市交通主管部门和交警抄送河源市市籍车辆477台在外市违章的教育整改工作。各县区头交通运输主管部门对各自辖区违章的运输企业、经营者和驾驶员均进行教育处理。

【驾培维修管理】 2022年，河源市交通运输部门加强从业资格管理。做好新冠疫情防控期间从业资格管理，对受新冠肺炎疫情影响未换证的从业人员不实施处罚，并允许其从业资格证有效期延续至新冠肺炎疫情结束后45天。全年受理道路客货运从业资格证到期换证、遗失补办、破损换发、信息变更等业务5129人次，网办件成功率92.22%。不定期对培训系统培训数据进行抽查，全年抽查机动车驾驶员培训培训记录726条，下发通报11次、工作提醒函1次，并督促县区交通运输主管部门落实机动车驾驶员培训机构整改49家次，暂停新学员招收8家次，教练车停训30车次，教练员停训33人次，教练员列入黑名单16人次，清理无效学时335条，违法违规线索移交执法查处17件。落实机动车维修企业备案。把机动车维修危险废物的分类、收集、储存、利用和处置等情况纳入机动车维修经营备案；全市144家一、二类机动车维修企业均安装使用“汽车维修电子健康档案”服务监管系统，实现全国联网服务。

【道路运输安全管理】 2022年，河源市交通运输综合事务中心参加行业安全生产督查检查。参与市交通运输局组织的安全生产综合督查活动，派去检查人员5批10人次，检查运输企业20家次，发现存在问题48处。根据县区整改报告和事后复查结果，督查发现的存在问题均能按要求及时整改到位，减少车辆带病上路、企业带病经营等现象。落实市交通运输局道路运输车辆动态监控工作机制，每月对车辆风险信息进行统计分析，对全市车辆动态监控存在问题进行通报，每季度协助市交通运输局道路运输车辆动态监控工作领导小组组织召开季度分析会议；针对新启用的“两客一危一重”智能监管系统，组织市、县两级监管平台和企业监控平台监控人员，定期不定期开展线上培训；印发道路运输车辆动态监控相关法律法规及相关文件汇编200份；印发“两客一危一重”道路运输车辆动态监控宣传手册3000份。

【行业管理服务】 2022年，河源市交通运输部门加强行业诚信建设。完成2021年度道路运输企业质量信誉考核和诚信评价工作。全市道路旅客运输企业28家，AAAA级2家，AAA级26家；道路货物运输企业78家，AAAA级1家，AAA级13家，AA级64家；危险品货物运输企业13家，AAAA级1家，AAA级12家。汽车、摩托车驾驶员培训机构106家，AAAA级9家，AAA级84家，AA级13家；一、二类机动车维修业户59户，AAAA级为4户，AAA级50户，AA级5户；评价道路运输驾驶员39831名，AAA级34788名，AA级2247名，A级2795名，B级（不合格）1名，并督促评价不合格的驾驶员完成专项继续教育学习。做好“12328”交通运输服务监督电话管理工作，并与“12345”政府服务热线合并运行，推动群众投诉建议受理工作在监督下开展。截至2022年12月，受理群众投诉、询问910件，办结率100%。 （张静雅 高秋燕）

城市交通

【概况】 2022年，河源市有公交公司6家（市区、东源、和平、龙川、紫金、连平各1家），公交车506辆。市区公交企业是粤运绿都公交公司，常规公交线路47条、定制公交线路6条、车辆250辆，线路总长度724.1千米，年运营里程约1036万千米。全市公交车电动化率96.6%，其中市区100%。市区中心城区公交站点500米覆盖率98.13%。全市有网络预约出租汽车平台企业19家，核发“网络预约出租汽车驾驶员证”2789张。

【城市公共交通工具】 2022年，河源市市区有共享单车企业4家，车辆1万辆。全市有出租车企业14家，出租车205辆。

公交车 做好河源市2022年民生“微改革”项目。聚焦“面对面”机制高新区群众反映比较强烈的高峰期公交“出行难”问题，利用现有公交运力，优化设置公交线路，合理安排发车班次，构建便捷顺畅的出行服务体系。

共享单车 协调做好对共享单车的管理，召开互联网租赁自行车行业文明城市创建部署工作会议和有关管理工作协调会议，解决共享单车新车更新、配额减少等方面问题。

网约车 开展15批次网约车驾驶员从业资格考试，2789人通过考核取得“网络预约出租汽车驾驶员证”。新增网络预约出租汽车平台企业4家。

出租车 开展2021年度全市出租汽车企业及驾驶员服务质量信誉考核，2021年度全市14家出租汽车企业及261名出租汽车驾驶员服务质量信誉参加考核，13家出租汽车企业初评为AAA级、1家初评为AA级；70名驾驶员初评为AAA级，180名驾驶员初评为AA级，11名驾驶员初评为A级。参与开展全国文明城市创建和“高考爱心直通车”大型公益活动。建立网约车行业“双随机、一公开”联合监管机制；公开发布2期次全市出租汽车市场运行监测指标信息，合理引导社会预期。

（张静雅）

国有交通企业选介

【河源市粤运汽车运输有限公司】 2022年，河源市粤运汽车运输有限公司（以下简称“河源粤运”）有员工633人，比上年减少463人；营运车辆581辆（含营运客车、公交车和出租车），比上年减少72辆，运营线路56条。营运车辆安全行驶里程2281.81万车千米，完成旅客运输量1154.64万人次（含公交运输），比上年下降31.3%；实现营业收入6646.01万元，下降37.19%；有城市公交车辆319辆（其中市区粤运绿都公交公司250辆，东源公交分公司20辆，龙川粤运公交分公司49辆），运行线路61条。

开展安全生产专项整治 河源粤运制订并下发《河源粤运安全生产强化年工作方案》《“安全带—生命带”专项治理活动工作方案》《河源粤运强化道路交通安全风险及事故防范特别防护期工作方案》，把“十五条硬措施”细化为“五十八条具体落实措施”，并传达到公司系统每一个单位和每一名员工，全面推进“十五条硬措施”落细落实，确保企业安全生产形势稳定向好，以实际行动迎接中共二十大召开。

强化素质提升保安全 河源公司加强对从业人员的安全警示教育，组织开展“营运驾驶员安全行车心理辅导”安全知识培训，公司及属下各单位分别组织开展《春运安全行车及应急救援知识》《企业安全生产规章制度及操作规程》《事故预防与出险理赔指南》《技术管理培训》《职业健康知识》《消防安全知识》《防御性驾驶技术》等安全教育培训活动。开展企业安全生产第一责任人安全知识讲座并组织观看学习《生命重于泰山》电视专题片，重点是学习习近平总书记关于安全生产重要论述和安全生产十五条硬措施。是年，该公司开展安全教育培训18场次，培训4180人次。

宣传企业文化 河源粤运做好粤运企业文化和党建活动开展情况的正面宣传，利用好省市级新媒体平台和“河源粤运”微信公众号等，加强对企业宣传。其中，公司所属河源客运站和龙川公交分公司助力洪灾人员转运而开展“我为群众办实事”——《闻“汛”而动！57辆“粤运快车”连夜转移群众超2100人》的典型事例，被国家和省市多家媒体，以及广东党建订阅号、省国资委、省交通集团等广泛宣传。

实行经理层任期制和契约化管理 河源粤运按照广东省国资委“国有企业改革三年行动方案”的有关要求，为落实公司法人治理结构在企业的实际运用，强化法人企业职业经理人的监督考核，公司结合粤运交通的指导意见，拟订《河源粤运推动三项制度改革攻坚2022年专项行动方案》。根据粤运交通契约化工作建议，重新签订2021年及2022年公司高层管理人员4人、绿都公交公司班子成员5人的《公司经理人聘用协议书》《个人任期战略目标责任书》《个人年度经营管理目标责任书》。

“便捷化”改造客运站场 河源粤运按照广东粤运交通股份有限公司印发《粤运交通运输企业“一企一策”站场关停并转考核实施细则》有关客运站日均客流量的实际情况，对站场售票厅、候车室和停车场地面积以及功能结构，按规范进行调整改造和设置，完成市区河源汽车客运站、新城汽车客运站、连平汽车客运站和紫金汽车客运站的便捷化改造，将腾出的站房及空地用作物业出租经营。

定编定岗 河源粤运根据粤运交通《关于做好县一级经营主体关停并转的通知》的文件要求，到各单位进行实地走访摸底，与各单位员工进行沟通分析，按实际业务量匹配各岗位人员。制订公司上半年、下半年“瘦身”任务指标考核分解方案，对“瘦身”任务指标数完成情况与月度绩效薪酬挂钩。从6月开始分别对连平客运站、和平客运站和紫金客运站实施“便捷站”运营模式进行人员定编。优化后的属下单位职能部门由30个缩减至15个、本部职能部门由6个缩减至4个，该公司管理人员由年初287人缩减至168人。（徐海志）

【河源市粤运绿都公共交通有限公司】 河源市粤运绿都公共交通有限公司前身是成立于2010年5月的河源市绿都公共交通有限公司。2012年12月28日，更名为“河源市粤运绿都公共交通有限公司”，系河源粤运公司下属全资子公司，也是河源市区唯一一家经营城市公交的国有公交企业。

2022年，该公司有建成的公交首末站3个（客家公园北、文化广场、蝴蝶岭首末站），完成枢纽站一期工程建设项目的有龙岭工业园枢纽站、完成枢纽站二期建设项目的有技工学校枢纽站，完成首末站一期工程建设的公交首末站2个（儿童公园、高新区首末站），完成二期建设的综合公交站场1个（源西公交综合站场）；现设有调度点5个；设有充电站10个，配置有40个充电桩。全年日均投入运营车辆146台次，营运总里程1035.22万千米，完成客运运输量825.66万人次。是年，公司有员工289人，公交线路47条，其中，市区线路25条，郊区线路22条；新能源纯电动车250台。优化调整2条公交线路，线路总数为47条，线路总长724.1千米，比上年增加4.5千米。

是年，该公司开展驾驶员创建“党员先锋岗”活动和党员‘下一线、保安全、促生产、提服务’志愿活动；以“党建带工建”，加强对工、青、妇、团工作的领导；定期组织党员、积极分子以及管理人员到线路集中、客流较大的公交站点（大学城、太平街路口等）做好乘客疏导和维持秩序；开展文明服务质量整治活动；落实‘我为群众办实事”实践活动要求，在文化广场公交首末站候车亭人行道处设立办卡专用通道，安装挡雨棚及等候座椅，提供等候休息服务，开放办卡专用窗口，提升办卡的舒适性和效率，规范公交站场秩序，有效地强化站场安全管理。做好公交首末站候车广告亭的“创文”宣传、各调度点的“创文”公益广告宣传及车身“创文”公益广告宣传工作；注重规范公交驾驶员的上岗着装、文明礼仪服务工作，加强各公交站场及车辆卫生管理工作。（温海城）

铁路运输

【概况】截至2022年年底，河源市铁路通车里程393.6千米。其中，普铁2条228千米，分别是京九铁路193千米、漳龙铁路35千米；2021年12月10日通车的赣深高铁，长165.6千米。在建梅龙高铁，长35千米。运营的铁路运输场站17个（3个客货共用站），其中普铁客运站3个（河源站、龙川站及和平站）、高铁客运站4个（河源东站、河源北站、龙川西站、和平北站）、货运站8个。

是年，全市铁路发送旅客172.5万人次，比上年下降22.1%；到达旅客164.2万人次，比上年同期下降25.1%；其中高铁发送旅客73.63万人次，到达旅客60.65万人次。2022年全市铁路货运到发量869.2万吨。其中，货物到达量677.3万吨，到达量比上年增长38.5%，货物发送量191.9万吨，下降30.4%。（张静雅）

【河源火车站】河源火车站为三等一般中转站，主要办理旅客到发及货物列车通过作业。到发、通过旅客列车到达广东的广州、深圳、汕头、梅州；江西的南昌、九江、鹰潭、上饶；安徽的合肥、阜阳；福建的龙岩、厦门；河南的信阳、潢川、商丘；湖北的武昌、襄阳、随州、麻城；山东的菏泽、聊城、青岛；陕西的安康、西安；四川的成都；青海的西宁；甘肃兰州；江苏南京、徐州、苏州、南通；北京、上海、杭州、南京、昆明、重庆、大同、沈阳、齐齐哈尔等地。2022年，实行火车票实名制和电子客票制度，采取互联网购票、电话订票和人工窗口售票相结合，火车票代售点2家，车站售票厅提供互联网自动取票机3台，进站口安装3台实名验证闸机，进站口安装6台自助检票闸机和2台半自助闸机，出站口安装4台自助检票闸机和半自助闸机。实行火车票全国联网售票、退票、改签。

河源货场主要办理全国各铁路营业站运输作业到发站作业，2022年发送货物主要为铁矿、石子、饮料矿泉水、集装箱，发送地点涉及全国各货运营业站；到达主要货物为矿建、钢铁、饮料、化肥、化工、集装箱。

2022年车站客运收入3443万元，比上年下降53.7%；发送旅客50万人，下降55.5%；完成装车30398车，发送量185万吨，下降36.9%；卸车107330车，到达量679.3万吨，增长35.6%。

（肖美娜）

【龙川火车站】龙川火车站客运站位于龙川县老隆镇新城经济开发区，京九和广梅汕铁路交会处，占地面积2.02万平方米，其中主副客运大楼建筑面积3800平方米。2022年，火车客运站有旅客乘降站台2个，军供站隧道1座，售票厅自助取票机4台，进站口自助验证验票闸机3台，候车室柜式空调7台。火车客运站验票口全自助验证闸机6台，半自助机2台，出站口全自助验证闸机4台，半自助闸机1台。车站发送旅客48.8万人次，比上年减少58.7万人次，减幅54.6%。完成客运收入2953.1万元，减少3449.9万元，减幅53.8%。停时完成27.1小时。调车作业907批，7822勾；装车1164辆，比上年减少4239辆，卸车4097辆，增加3796辆。

（钟文芳）

【龙川北站】龙川北站位于广东省河源市龙川县老隆镇境内，该站中心里程位于京九线2093.399千米处，隶属中国铁路广州局集团有限公司惠州车务段管辖。

龙川北站按技术性质为编组站，按业务性质为货运站，车站等级为二等站，电气化区段车站。车站主要办理京九线、漳龙线、畲龙线、梅汕线货物列车到达、解编、始发作业以及京九线旅客列车通过作业，汕头机务段专用线及广州北车辆段龙川北运用车间站修专用线货运营业业务，不办理客运业务。

站场设备为单向横列式一级三场，即上行到发场(Ⅲ场)、下行到发场(Ⅰ场)、编组场(Ⅱ场)，及自动化驼峰一座。到发场有12条股道，编组场有14条股道。随着集装化运输和电煤运输快速发展，车站作业量也是逐年递增，2022年车站日均办理车4110车，单日办理车最高5649车。（王晓宁）

海事管理

【概况】河源海事局隶属中华人民共和国广东海事局，为广东海事局的一个分支局。2022年，河源辖区通航里程223千米，包括东江干流201千米，新丰江支流9千米，秋香江支流13千米。辖区万绿湖是华南地区第一大人工湖，水域面积370平方千米，涉及6个乡镇，通航总里程140多千米。东江流域的枫树坝水库水域面积30平方千米，在2020年被列为非通航水域。辖区登记注册船舶企业6家，各类登记在册船舶518艘，其中客船93艘，货船202艘，非运输船

223艘。注册船员4608人，持有内河船员有效适任证书的船员为1768人。辖区有渡口28道，渡船25艘。

【水上交通安全】 2022年，河源海事局践行“人民至上、生命至上”，保障1.8万艘次船舶安全进出港，30.4万人次安全出行，辖区没有发生列入统计的水上交通事故，4项指标全部为零，河源海事局再度获评“优秀”等次。保障重点时段水上交通安全，完成中共二十大重点防护期安全监管工作。万绿湖水上交通安全“百日行动”，开展执法行动181次，出动执法（工作）人员643人次。在东源县新港镇杨梅村开展自用船舶管理示范试点建设工作，实行“一船一档、一牌一卡”管理模式，自用船舶管理得到初步规范，在全市范围推广相关工作经验。

【水上应急保障】 2022年，东源县水上搜救分中心挂牌成立，建立健全万绿湖和东源县全域水上交通应急管理体制。组织召开2022年市水上搜救中心成员会议暨船舶防汛防热带气旋工作会议，举办2022年河源市水上险情综合桌面演练和首届水上搜救知识技能竞赛。组织水运企业开展船舶应急消防联合演练、渡运安全应急演练，指导辖区水上施工单位“三防”应急演练，检验河源市水上搜救应急预案的实用性、可操作性，增强成员单位协调配合能力。妥善处置“5·10”“6·12”两轮强降雨中义合砂石船漂航、苏家围景区船舶断缆险情。在辖区推广新能源船舶，推动万绿湖风景区用纯电动力船逐步淘汰老旧柴油动力船，制订新能源船舶更新计划。辖区首艘LNG（液化天然气）动力船舶下水试航，另有3艘在建，87艘适改船舶100%完成生活污水收集处理设备改造。

【专业优势发挥】 2022年，河源海事局牵头向市政协递交《推动东江航道扩能升级和江海联运战略落地》提案。河源市平安建设水路联防联控工作获得满分。助力新港客货码头投入使用，解决库区乡镇群众出行难问题。利用传统媒体和新媒体开展“防灾减灾”“防汛防台”“防溺水”安全宣传进校园（企业、社区）活动，覆盖10万人以上。在万绿湖开展“净滩行动”“巡湖行动”系列环保活动1645人次/小时。参加“先锋杯”创新大赛，获二等奖。

（赖雨欢）

航道管理

【概况】 2022年，广东省东江航道事务中心河源航标与测绘所主要负责东江干流枫树坝至观音阁及新丰江库区航道的维护管理，总里程515千米（航道发展规划技术等级Ⅲ级航道313千米、Ⅳ—Ⅶ级航道64千米、等外级航道138千米）。承担辖区通航水域航标的设置、迁移和撤除工作；恢复漂移、流失、损坏的航标；承担辖区航道的测绘，向相关单位、船舶提供航道尺度的信息及变化情况；采集与航道有关的水文信息；承担航道机构管辖的船闸、拦河坝操作运行和管理工作。

【航道维护管理】 2022年，广东省东江航道事务中心河源航标与测绘所加强在节假日期间对新丰江、东江苏家围旅游航线巡查，确保辖区航道安全畅通。做好航道浅滩维护疏浚，清除航道内碍航物，组织施工船舶对辖区伍塘村、潮沙洲、泥金村、横圳等4处浅滩开展应急维护性疏浚3次，疏浚浅滩航道总里程3.67千米，自筹资金107.95万元。航道维护水深保证率100%。开展航道巡查81次，参加人员162人次，巡查航道里程7456千米。

【航标维护管理】 2022年，广东省东江航道事务中心河源航标与测绘所做好航标日常维护管理，调整航标标位181座次。活锚作业181座次。完成426座航标的大保养。完成河源市东江大桥（紫金桥）、汕昆高速桥、郭屋村的江特大桥、柳城东江特大桥等桥区标志的设置。航标维护正常率100%。

【船舶和船闸养护管理】 2022年，广东省东江航道事务中心河源航标与测绘所做好船舶日常三级保养工作。完成粤道工26船、粤道政208船的排修任务，船闸通航时间保证率100%。

【航道安全生产】 2022年，广东省东江航道事务中心河源航标与测绘所组织开展“两长两员”（两长：班组长、工会组长；两员：安全员、劳动保护监督员）安全教育培训、船舶应急应变演习等活动。开展“航道班组安全标准化管理规范”“航标起吊作业操作规程”实操演练活动。强化船舶船闸、起吊设备、水轮机组等设备维护管理，提高设备安全性能和安全系数。加强航道船舶的日常保养，确保船舶随时适航。

【航道项目建设】 2022年，广东省东江航道事务中心河源航标与测绘所推进基建任务，河源站粤标223船技术改造项目完成竣工验收；古竹站粤标221船技术改造项目首期工程于11月开始动工建设。

【航道改革】 2022年，广东省东江航道事务中心河源航标与测绘所优化整合河源站、古竹站和龙川站的发电班、船闸班，全面优化站船班组管理，深化改革工作绩效考核办法，重新修订《河源航标与测绘所绩效考核工资分配及考核实施方案》。

（程晓静）

邮 政

【概况】 2022年，河源市邮政行业业务收入（不包括邮政储蓄银行直接营业收入）完成10.1亿元，比上年增长7.4%；邮政行业寄递业务量完成

8394.7万件，比上年增长10.4%。其中河源市快递业务收入完成6.5亿元，比上年增长3.6%，业务量完成4155.8万件，增长17.1%。落实减税降费政策，宣传减税降费有关政策，减税降费2356.68万元。推动邮政综合服务平台建设，开办警邮合作网点10个。其中，7家代办交管业务，3家代办港澳通行证及身份证办理业务。开办政邮合作点6个，实现县区级全覆盖。警邮合作产生业务量36.66万件，税邮合作产生业务量28.9万件，政邮合作产生业务量10.2万件。快递企业交通物流专项贷款授信677.5万元，贷款550万元。推进行业信用体系建设，通报试点企业信用评定结果，扩大试点范围，优化信用评定指标，邮政、圆通利用第三方平台开展立信工作。联合河源市交通运输局等八个部门印发《关于进一步做好河源市快递员群体合法权益保障工作的实施方案》，联合河源市人力资源和社会保障局等10个部门印发《河源市落实广东省新就业形态就业人员职业伤害保障试点工作部门协调联动工作方案》，维护快递员群体的合法权益。支持快递员参加单项工伤保险，全市快递员基本工伤保险覆盖率96%。推动河源市加快农村邮政快递配送体系建设工作，主动承接代拟《河源市加快农村邮政快递配送体系建设工作实施方案》的工作，成立方案编制工作领导小组，负责统筹编制相关工作。

【疫情防控服务】2022年，河源市邮政快递企业采取应用自动化消毒设备或人工消毒的方式对进入该市全部邮件快件进行全覆盖二次消杀。邮政快递企业分拣投递人员均全程接种疫苗，加强针接种率98%以上。督促从业人员分类定期核酸检测情况，快递员“一周两检”（一周进行两次核酸检测）规范率97%以上。推进粤康码“公共场所码”的创建和应用，落实测温、查验健康码行程码等出入管理措施，加强跨市邮件快件运输车辆及司乘人员疫情防控工作。牵头成立市进境邮件快件疫情防控工作专班，统筹全市邮政快递行业疫情防控，依托各级联防联控机制，强化行业疫情防控监督检查，重点对邮件快件中转场实施全覆盖监督检查。主动汇报疫情防控工作，争取地方资金40万元，设立河源市进境邮件集中取件服务中心。成立河源市邮政快递业保通保畅工作领导小组，部署行业保通保畅工作，制订应急方案。督促各邮政快递企业畅通邮政快递服务网络，根据形势变化，完善应急预案内容，加强资源调配，做好区域内人员统筹，加快处理积压存量，为应对新冠肺炎疫情可能带来的突发增量做好准备，快递企业优先保障药品、防疫用品、生活必需品的投递，满足群众对民生物资和医疗物资的寄递需求。

【安全监管不断强化】2022年，河源市邮政系统开展“一线三排”[“一线”是指坚守发展决不能以牺牲人的生命为代价这条不可逾越的红线；“三排”是指排查（对生产过程中存在隐患进行排查）、排序（根据隐患排除难易程度及影响程度进行排序）、排除（排除隐患措施、过程）]，督导企业开展安全生产自查和整改。与企业签订安全生产责任书，建立健全从主要负责人到一线岗位员工覆盖所有管理和操作岗位的安全生产责任制，明确企业所有人员承担的安全生产责任，建立企业内部安全生产监督考核机制，推动各个岗位安全生产责任落实到位。开展道路交通安全百日攻坚行动、寄递渠道危险化学品安全风险集中治理、邮政快递领域个人信息安全专项治理、安全生产大检查大整治、全国两会、中共二十大等重点活动及节日期间安全保障检查等专项行动，坚持出重拳、用重典，规范快递企业经营行为。联合市公安局、国安局开展安全检查，配合源城区禁毒办开展联合检查。落实最高检察院第七号检察建议，联合市检察院开展督导检查。加强与市禁毒办、公安、消防局等部门的密切协作，互通检查情况，发挥寄递渠道安全领导小组机制职能优势，不定期开展联合执法检查，联合应对处置寄递渠道发生的各类突发情况，确保寄递渠道安全畅通。

【邮政许可管理】2022年，河源市邮政系统做好普遍服务营业场所行政审批、备案管理和快递企业行政许可企业申请协查、分支机构核查、末端网点备案等工作。完成撤销和设置普遍服务营业场所各1个，信息变更备案17个，迁址备案4个，暂时停止办理邮政普遍服务业务和特殊服务业务的备案5个，新增许可企业申请协查2个，分支机构变更核查14个，末端网点备案157个。

【邮政服务质量监督】2022年，河源市邮政行业实施邮政普遍服务营业场所分级监管，开展乡镇邮政服务质量专项行动，巩固建制村直接通邮成果，保障建制村直接通邮率保持100%。强化机要通信管理，联合市保密局开展两轮全覆盖检查，下发责令整改通知书1份。组织开展社会特邀监督员视频培训，提升特邀监督员业务能力，完善社会监督工作机制。按时召开季度统计分析会议，做好统计制度培训，开展统计专项检查和统计督查“回头看”。实现“12305”申诉热线和地方政务服务热线“12345”双线归并、双号并行，完善消费者申诉与市场监管衔接联动机制，指导企业对待消费者咨询和投诉，妥善处理邮政、快递服务消费纠纷。“12305”申诉中心受理申诉223件，有效申诉件27件；“12345”政府热线受理1124件，经调解，申诉全部妥善处理，满意率98%，为寄递用户挽回经济损失4.18万元。实施日常执法检查“双随机、一公开”制度，加强日常检查，建立约谈制度，根据检查情况，对于存在问题的企业，约谈企业主要负责人，要求立即整改，并及时上报整改报告。出动执法人员442人次，检查邮政普服营业场所160处，投递处理场所15处，快递企业133家，约谈企业8次，发出整改通知书34份，检查通报1份，立案处罚17件。

【邮政服务“乡村振兴”战略】 2022年，河源市邮政系统推动快递服务现代农业，畅通“快递进村、农品出村”微循环，实现基层网点、一线员工和农民受益。主动对接服务乡村振兴战略，做好与商务、交通、人社、供销等部门的协作配合工作。全市快递进村服务覆盖率100%。组织顺丰、京东、极兔、德邦、中通、申通、圆通、韵达等主要快递品牌公布服务范围，做好末端违规收费治理。推动“邮快合作”，组织召开“邮快合作”座谈会，解决“快递进村”和快递派送“最后一公里”难题。建制村邮快合作覆盖率100%。2月帮助紫金县处理滞销柑橘7.5吨。7月，龙川县贝岭镇邮快合作示范点正式运行。全市培育邮政“一市一品”“一县一品”农特产品出村进城项目2个，带动农产品销售额203.2万元，产生寄递业务量32.2万件，寄递业务收入174.4万元。加快建设县、乡、村三级物流体系，建成335个邮乐购站点，不断完善电商扶贫服务功能和组织体系。

【邮政绿色发展】 2022年，河源市邮政系统督促各寄递企业推进“9917”工程，加强可循环快递箱（盒）等绿色环保包装产品的推广应用，严禁过度包装、随意包装、减少二次包装。2022年底全部邮政快递网点禁止使用不可降解的塑料包装袋、一次性塑料编织袋等，降低不可降解的塑料胶带使用量。辖区内未发现重金属和特定物质含量超标包装袋，落实情况较好。组织召开全市邮政快递业综合业务培训班，重点解读《邮件快件包装管理办法》《快递暂行条例》等法律法规。开展生态环保专项检查，立案处罚1件，每月通报工作进展情况。将邮政快递业包装绿色治理纳入生活垃圾分类治理体系和无废城市建设范畴。联合市垃圾分类领导小组开展宣传培训，指导企业做好快递包装减量化工作。（曾妮丽）

【中国邮政集团有限公司河源市分公司】 2022年，中国邮政集团有限公司河源市分公司邮政营业服务达标率100%、县以上党政机关《人民日报》见报率100%；国网申诉处理满意率100%；条码平信丢损率0，普服给据邮件丢损率达标，机要通信保密安全万无一失；建制村实地打卡率、普邮全程时限达标率均达标；全市没有违反两条“红线”（指未经邮政管理部门批准，停止办理或者限制办理邮政普遍服务业务和特殊服务业务；或者撤销提供邮政普遍服务的邮政营业场所）情况。系统性推进三级物流体系建设，全市已完成村站点建设1221个、镇中心建设11个。依托三级物流体系初步构建线上线下相融合的“农产品进城”和“工业品下乡”双向流通渠道。推进绿色邮政建设行动暨生态环境保护工作，在邮政服务网点滚动播放绿色公益广告片，在企业微信公众号推广“绿色邮政、人人参与”倡议书，集中开展“每天节约一张纸、一度电、一滴水”活动。全市可循环中转袋使用率99.99%，电商快包不二次包装率99.99%。

服务地方经济　河源邮政三级物流体系建设工作加强，完善升级基础网络设施，建强农村寄递物流体系，对接“快递进村”工程，推进农村投递汽车化高质量发展；加大综合便民服务覆盖，建立“网点+站点”生态，打造“多站合一”“一站多能”的邮政综合便民服务站，构建“网点+站点”同心圆服务生态。全市代理金融总资产新增规模稳定增长，存款规模稳步提升；推进社保卡发卡工作，退役军人优待证项目取得突破；支持民营企业发展，提升风险防控能力和提升服务地方经济发展服务能力。

渠道转型　推进渠道平台转型工作，实现全市116个网点100%转型全覆盖。推进转型网点业务叠加工作，全面叠加标快、邮件自提代投、简易保险、金融转介等业务，重点推进社区团购连锁经营模式，构建“网点+站点、线上+线下”农村电商服务生态。

“邮快”合作　与5家民营快递企业签订框架协议，全市开展邮快合作覆盖94个乡镇1251条建制村。落实“邮快合作”，开放共享寄递网络，延伸服务触角，实现邮快合作建制村覆盖率100%。

能力建设　实现邮运资源全集中。市网路运营中心集中运营所有邮运车辆，自办县乡邮路套跑。通过调整市趟出口作业组织模式，优化市趟转趟邮路3条。推广应用“司机帮”App，规范邮路派车。市趟运输吨公里单价由年初的5.78元下降到3.96元。全市邮运车辆日均行驶里程145千米。出台加快快包业务发展政策，结合装载率、边际贡献率的情况，对于轻小件给予成本补贴，摊薄收寄、运输、管理的沉没成本。目标确定为县（区）上半年日均收寄量1.8万件，下半年日均收寄量2万件，同比增幅40%以上；上行车辆装载率从29.6%提升至50%以上。推进全市邮运资源一体化管理，提升自有车辆和邮运司机使用率；开展“交邮”“邮快”合作，降低运输成本，对于偏、远和邮件量少的乡镇网点进行全面梳理，拟定依靠社会运力带运的方案。全市投入98.8万元用于26个网点形象改造工作。推进代理金融网点整治工作，完成整治代理金融网点8个。分别对河源市54个网点二道门门禁系统与14个网点视频监控投入138万元用于改造。

（丘育银）

通信业

编辑：蔡娜 张惠芬

综 述

【基站建设】2022年，河源市累计建成通信基站2.4万个。其中，建设5G基站4441座，每万人拥有5G基站数15.7个，5G基站建设完成比例107.9%，重点场所5G网络通达率100%；10G PON端口占比35.1%，5G基站占比18.8%，千兆以上用户占比14.0%，5G用户占比36.1%。全市开放公共物业支持通信基础设施建设713个。

【宽带发展情况】2022年，河源市固定宽带接入用户数89.9万户，其中家庭宽带接入用户数77.5万户，家庭宽带普及率88.6%（排名全省第十二位）；500M以上用户占比15.7%，1000M以上用户占比14%。移动宽带用户数253.1万户，移动宽带普及率89.2%，其中5G用户99.7万户，占比36.1%（排名全省第十位）。宽带建设发展总分0.44分，百分制得分22.04分，排全省第十三名。

（杨桂莲）

移动通信

【概况】2022年，中国移动通信集团广东有限公司河源分公司通信服务收入超20亿元，比上年增长超12%；完成投资6.5亿元，增长超8%，带动地方就业超2万人。服务个人客户超205万户、家宽客户超50万户、电视客户超40万户、集团客户超4万家、物联网连接数超97万家。开展提速降费，落实中小企业宽带和专线平均资费较2021年再降10%，助力中小企业纾困解难。

【信息基础设施建设】2022年，中国移动通信集团广东有限公司河源分公司累计投入超70亿元打造以无线网络、有线光宽带、物联网为主体的安全、高速、泛在的全业务网络体系。5G建设加速推进，投资超6.29亿元投产超3400个5G站点，扩大5G广域覆盖结构，率先在全市实现5G“村村通”。光纤网络提速提质，投入超5.5亿元建设家企宽端口123万个，实现100户以上自然村的100%覆盖，全市自然村覆盖率提升至79%。

【品质数字生活打造】2022年，中国移动通信集团广东有限公司河源分公司推进个人客户畅享数字服务。降低乡镇客户换机成本，加快5G终端惠及大众，截至12月销售5G终端超11万台，推广粤享5G、移动云盘、视频彩铃等应用服务，活跃客户超70万户，服务个人客户规模超205万户，全年新增客户超38万户。推进家庭客户畅享智家服务。提供千兆宽带等高速率网络，融合丰富的大屏超高清内容，服务家庭客户近50万户，全年新增客户超9万户。

【信息赋能】2022年，中国移动通信集团广东有限公司河源分公司打造和平县电子商务农产品上行体系及乡村振兴公共服务系统平台，带动当地农产品相关产业发展，推进东源5G+智慧园区等12个5G示范项目实施，面向工业、医疗、环保等九大行业推广“9+2”信息化服务平台，为中小企业提供“基础连接+通用能力+专业能力”解决方案，服务超6万中小企用户。信息化助力科学防疫，发送防疫短信12000万条，为超80家单位提供红外测温、和对讲、云视讯等信息化服务。推进乡村振兴，为乡村建设投入超2亿元，实现全市1251个行政村光纤100%覆盖，推动全市6218个自然村光纤入户，成为广东唯一获“中国移动脱贫攻坚模范”的单位。

【反诈报送】2022年，河源移动公司落实“断卡2.0”行动，警企联动报送反诈线索34次，协助公安机关抓获嫌疑人62人。投资总额超70亿元，带动地方就业超2万人，2018—2022年民生相关投入超15亿元。

（黄文涛）

联通通信

【概况】2022年，中国联合网络通信有限公司河源市分公司坚持发展“大联接、大计算、大数据、大应用、大安全”五大主责主业，全面推进“1+9+3”

（“1”是1个战略规划纲要；“9”是9个行动计划；“3”是3个指导意见）战略规划体系。加快建设人才高地和创新高地。推动一体化、专业化运营机制优化，完成市场业务组、政企业务组和网络业务组运营体系组织的优化。

【信息化基础网络】2022年，河源联通与电信进行5G/4G基站共建共享，实现乡镇及以上区域5G网络连续覆盖，速率更快、可靠性更高。推进900兆赫兹低频打底网建设，提升农村及边远地区的网络覆盖水平。千兆宽带网络覆盖市区和县城大部分的小区，具备覆盖超过80万用户的能力。近百个政企精品网满足高价值区域客户对高品质、服务好、低时延的接入需求。光缆网高价值子区实现接入距离缩短至300米以内，光缆网建设提高。建设基于河源的云标准机柜，以及部署信安系统，可提供高运算能力、高存储能力、河源快速接入的云池资源。交付和支撑能力不断提升，售前支撑满意率100%，售中交付及时率、售后响应及时率均超过98%。制定一户一案、精细化保障，重要节日和重大活动网络安全稳定运行“零故障、零投诉”。

【数字化转型】2022年，中国联合网络通信有限公司河源市分公司通过融云、融数、融安全，植入联通自研平台，打造行业标杆项目。在数字政府领域，助力河源数字政府改革建设；发挥要素市场化配置改革试点的需求，推动公共数据的汇聚和共享；参与政务数据安全体系建设、探索构建公共数据运营模式，助力河源打造网络安全生态，助推智慧城市规划建设数字化、精细化、智慧化；在医疗领域，以科技凝聚温度，助力河源疫情防控，针对重点人群、场景开展智能语音智通知和智慧短信服务，助力政府基层高效无接触完成防疫工作，协助全市完成800万次通语音智通知服务、发送疫情相关短信超300万条、部署智能门磁隔离智能化管理超2000套。在48小时内快速完成河源连平方舱医院的建设开舱，完成方舱医院云上方舱平台系统搭建上线、网络信号全覆盖、千兆接入及高清摄像头调度与安装；在工业互联网领域，布局“5G+工业互联网”，配合市、区、县政府对区域内重点制造业企业的数字化转型开展深调研活动；践行国家“双碳”政策，助力全市20余家重点能耗企业搭建能耗管理平台，企业自主实时监控能耗管理。

【信息安全保障】2022年，中国联合网络通信有限公司河源市分公司通过前中后台全流程协调保障机制，通过提供全系统一体化保障，完成中共二十大重保、防汛防台等工作。筑牢安全防线，化解安全风险，安全生产，安全创优提升至“四星级”单位标准。配合信息安全工作，协助河源市公安局发送反诈公益短信660万条，联合开展宣传防范活动22次，关停疑似涉诈号卡7506个，协助公安机关查处抓获39人，捣毁13个虚拟拨号诈骗窝点，推动“断卡”行动向纵深发展遏制电信网络诈骗高发态势。推进龙川县黄布镇“平安乡村”项目一期建设，为全镇核心区及部分自然村超1万人提供安全保障；以“积分系统”助力组织振兴，在金鱼村推行环境整治积分制管理示范村建设。

（廖　劲）

电信通信

【概况】2022年，中国电信股份有限公司河源分公司成立上云青年突击队，为客户上云和数字化转型提供电信服务，深耕教育客户上云需求，签约500余台云桌面。派出保障人员1500余人次，超350辆次保障车辆对疫情防控和汛期应急通信现场进行通信保障工作；创新开展“单位共建”，与河源市消防救援支队签订单位共建协议书，河源市12个党支部开展“党建翼联”活动22次，共建单位1个，参加人数564人次。规范流程加强短信审核管控，控制用户关怀网内短信数量，对高频发送短信、被举报发送垃圾短信及疑似发送垃圾短信的号码一律停机处理，公司垃圾短信被举报量0件。

【提速降费】2022年，中国电信股份有限公司河源分公司推进光宽千兆接入能力建设，完成158个千兆小区改造，新增XGPON端口4944个，10G PON端口占比从47.5%提升至57%，全省排名第十，实现千兆能力覆盖。开展网络隐患整治，OLT双路由率从40%提升至64.55%，IPRAN B/D设备双路由率从70%提升至100%。推动新建小区、人口密集老小区的光纤覆盖水平，通过开展末梢光纤衰耗整治专项工作、扩容上联端口速率，加强城市、农村光纤宽带覆盖能力，提升用户宽带感知和光宽服务质量。互联网总出口2260G。其中，MSE上联CR 1280G，BR上联CR 80G，IDC出口900G；IPTV出口780G。光宽接点：OLT 524台，光端口84.1万个，千兆网络覆盖五县一区所有乡镇（街道），全市实现千兆网络接入。有宽带用户35.81万户，光纤用户34.72万户，100兆以上32.40万户，100兆以上占比90.47%；农村光纤用户14.52户。宽带不可用时长从19.9分钟压降至13.63分钟，光衰达标率从97.33%提升至98.15%。

提升4G/5G移动网络覆盖，完成5G新建站819个，其中室分基站196个，宏基站623个，全省率先完成5G四期建设任务，5G分流比从年初的14.5%提升至37.95%，从全省第十一名提升至第八名。快速开通408个农村站点，20户自然村4G覆盖率从74.53%提升至89.1%，全省排名从最后一名提升至第十五名，粤北排名第二。针对4G热点周边无5G信号问题，规划并开通340个4G站、322个5G站；解决29个高负荷站点扩容，实施负荷均衡151个小区，4G热点高负荷周边有5G覆盖占比从38.3%提升至71.7%。

【“智慧河源”信息化建设】2022年，

中国电信股份有限公司河源分公司打造粤企云、天翼私有云等高质量云服务，提供公、私、专、混多形态的国企定制的全栈云服务，提升战略性项目参与度，政务云部署68个单位的188个系统，优化服务流程，创新服务方式，推进数据共享，打通信息孤岛，助力提升政务服务智慧化水平。中标多个灾普、医疗信息化等战略性项目。公司全年中标DICT项目数超30个。

【实名制规定严格执行】2022年，中国电信股份有限公司河源分公司，杜绝非实名入网，确保人证一致，强校验活体验证，照片留底清晰，手持告知牌拍照留底。新入网实名率100%，开展在网存量用户疑似未实名用户整改清理工作，确保在网用户100%实名，执行过户、补换卡等业务办理规范，执行线上线下实名认证方式不得混用，开展疑似风险入网监测、核查处置与筛查模型优化，提升技防、人防。

【通信信息诈骗打击】2022年，中国电信股份有限公司河源分公司优化反诈专项管理机制和技术手段，实现重点业务风险管控“四个100%”（语音专线100%主叫鉴权，100%关闭除白名单外的语音专线呼转，100%关闭号码隐藏，移动新装、补换卡号码100%外呼回访）目标；派员进驻市公安反诈骗中心，配合政府部门的防范打击诈骗行动，打击通信信息诈骗高发态势。（江奕君）

广播电视网络

【概况】2022年，广东省广播电视网络股份有限公司河源分公司传输电视节目113套、广播节目11套，其中高清电视节目61套，4K电视节目3套，标清电视节目36套。完成FTTH（光纤到户）改造覆盖用户数近1.8万户，FTTH网改覆盖用户数超21万多户。新楼盘建设完成近2万户，新楼盘覆盖用户数超12万户。网络质量平均基本指标95.04%，网络质量平均较优指标94.21%。互动渗透率51.29%，比上年增长9.29%。宽带渗透率49.17%，增长9.98%。

【安全保障】2022年，广东省广播电视网络股份有限公司河源分公司做好中共二十大安全保障工作，成立安全检查领导小组，制定安全保障工作方案，建立健全安全播出、网络安全和安全生产保障响应机制。精心组织交叉检查、开展应急演练、隐患排查整治以及“回头看”复查等工作，完成中共二十大安全播出保障工作。完成市委宣传部和市文广旅体局有关龙川、连平、和平银视三县安全保障电视信号的政治任务。

【政企业务】2022年，广东省广播电视网络股份有限公司河源分公司发展未整合县域高清互动相关业务，中标和平县融媒体中心的高清互动数字平台升级改造及网络建设一期、二期项目。利用综治视联网覆盖至村居一级优势，发展横向部门业务，拓展市级与多个县区应急管理局视联网项目。中标“河源市农业农村局河源市农业农村大数据平台（第一期）项目”，该项目为加大智慧广电·乡村振兴公共服务平台、传输专线等业务推广力度奠定基础。

【广电5G业务】2022年，中国广电5G业务在全国范围内正式放号，打破以往国内三大运营商的格局。河源广电网络按照国网和省广电网络公司部署，重点围绕国网5G产品体系中“固移融合资费”，推出广电5G融合套餐“慧家”套餐、“慧家特惠”套餐。

（欧瑜旋）

铁塔

【概况】2022年，中国铁塔股份有限公司河源市分公司营业收入1.94亿元，资产规模6.60亿元；截至年底，公司站址总数4410个，租户7486个（移动3355个、联通1395个、电信2736个），站址共享率49.67%，减少新建铁塔2257座，节约投资3.69亿元，节约土地5.06平方米。

【5G基站建设统筹推进】截至2022年12月，中国铁塔股份有限公司河源市分公司完成河源三大运营商4037个5G基站建设任务，投入5G建设资金4959万元。根据《河源市加快5G产业发展行动计划（2019—2022年）》文件要求，铁塔河源市分公司加强规划统筹，扩大5G建设覆盖区域，主要覆盖五县一区主要区域、各乡镇街镇、赣深高铁沿线及各区县新发展区域。

【高效监控和保障】2022年，中国铁塔股份有限公司河源市分公司在故障处理方面，通过运维平台集中监控全市基站站址，集网管监控和故障派单于一体，提供7×24小时不间断故障申告服务，实现故障全流程闭环管理，提升故障响应速度；在电力保障方面，铁塔河源市分公司具备动力配套设施的站址全部安装动环监控，第一时间采集停电信息上传运维监控平台，平台根据机房（机柜）内蓄电池续航时长，动态派发发电工单，让维护人员第一时间响应发电需求，通过蓄电池备电、油机发电等方式提供后备电力续航服务，确保机房7×24小时不间断供电，保障设备持续稳定运行。

【资源多元化整合拓展】2022年，中国铁塔股份有限公司河源市分公司利用站址资源、持续的电力保障、集中的维护平台以及便利的通信条件，整合站址资源，传输专线及多种第三方设备，为客户提供从数据采集、回传、汇总到分析及应用的端到端的“一揽子”服务，向不同行业的客户提供站址资源服务和基于站址的信息服务。（叶 科）

商 务

编辑：蔡娜 张惠芬

商贸流通

【概况】2022年，河源市社会消费品零售总额378.01亿元，比上年下降2.5%。按经营地统计，城镇消费品零售额289.22亿元，下降1.9%；乡村消费品零售额88.80亿元，下降4.4%。从消费类型看，商品零售348.88亿元，下降2.3%；餐饮收入29.14亿元，下降4.4%。限额以上单位实现零售额105.56亿元，下降5.1%。从消费热点看，升级换代类消费增长较好，限额以上家用电器和音像器材类商品中能效高等节能类商品零售额增加2.33倍，新能源汽车商品零售额增加1.12倍，体育、娱乐用品类商品零售额增长16.8%，合计拉动限额以上单位商品零售额增速3.3个百分点。成立全市促进商业消费工作专班，联合市发改、城管、市场监管、税务等部门抓好企业上限入库、数据纳统、消费氛围和消费环境的提升等工作。落实《河源市支持鼓励商贸流通业高质量发展促进消费增长若干措施》，牵头制定并实施《河源市2022年促进消费提档升级行动方案》《2022年河源市惠民消费券发放活动方案》《2022年河源市进一步发放消费券活动实施方案》《2022年河源市家电“以旧换新”促消费工作方案》。组织开展2022年春季惠民消费月活动、2022河源市“家520”暨家电消费补贴活动、“粤贸全国”暨汽车家电消费下乡展销活动、2022河源市“多彩夏日·时尚夜秀”消费季、消费惠民过大年·河源促消费暨“123买年货”等系列主题活动。优化壮大限上商贸企业库，完成月度上限纳统企业4家。同时，建立重点商贸企业跟踪服务机制，协调相关县区和部门有针对性地开展主动服务，为企业排忧解难，“提级保障”推动消费品市场稳步发展。

【电子商务】2022年，中国（河源）跨境电子商务综合试验区获批，全市新增跨境电商企业6家，跨境电商出口交易额2.2亿元人民币。和平、龙川、紫金三个县国家级电子商务进农村综合示范县项目通过省商务厅验收。其中，龙川县、紫金县被评为优秀，和平县被评为良好。东源省级电子商务进农村综合示范县在省商务厅绩效评价中被评为优秀，连平省级电子商务进农村综合示范县在省商务厅绩效评价中被评为良好。

（赖惠宇）

粮油业

【应急供应网络建设加强】2022年，河源市按照国家和省的有关要求，加强全市粮油应急供应网点合理布局，调查和摸底全市粮油应急供应网络建设情况。按照“每个乡镇、街道应至少有1个应急供应网点；各市、县政府所在地人口集中的社区，每3万人应至少有1个应急供应网点”的要求，分解下达粮食应急网点建设任务。截至12月底，全市确定应急加工企业16家，应急供应网点12家，应急配送中心6家，应急储运企业9家。

【粮食安全和应急物资保障“十四五”规划按计划开展】2022年，河源市根据《广东省粮食安全和应急物资保障“十四五”规划》《广东省粮食流通和物资储备设施“十四五”规划》，结合河源市实际，制定《河源市落实省粮食安全和应急物资保障“十四五”规划市县两级分工方案》《河源市粮食和物资储备局贯彻落实广东省粮食安全和应急物资保障“十四五”规划实施方案》，明确各地各单位的工作分工和责任，确保推进各项目标落地落实。

【小包装成品粮油落实】2022年，河源市根据省粮食和物资储备局工作部署，于10月启动建立小包装成品粮油工作，按小包装成品粮油满足本市城区人口3天以上供应量的要求，于12月按计划落实，食用植物油规模854吨全部实现小包装，成品粮落实小包装5967吨。

（郭进科）

供销合作业

【概况】2022年，河源市供销合作社销售总额39.06亿元，比上年增长56.24%。利润总额1579.5万元，比上年增长33.87%。

【联农扩面五项工程开展】2022年，河源市供销合作系统通过县级社统筹、镇级社联络带动，以开放办社形式吸收系统内外经营实体，在农产品生产加工、农村电商、农业社会化服务、再生资源回收利用等方面进行业务合作、项目共建，推动产业链上下游资源整合，新增培育农民专业合作社56个，发展农业产业化联合体27个，建设当地特色农产品全产业链服务示范基地2个，重点发展三项以上服务功能镇级社13个，新建村级社25个，打通镇村级流通服务渠道，提升农业综合生产能力，推动现代农业经营体系的建设。

【农资农技服务网络建设】2022年，河源市供销合作系统依托县域助农服务综合平台，承接政府部门项目，采用无人机播种。加强开放办社力度，为农户提供农业生产全程的社会化服务。依托供销系统组织网络和龙头企业打造网络健全、功能完善的供销社专业化农资农技服务网络、为农户提供水稻种植选种、播种、统防统治、统施统配、田间管理、机耕机收、烘干、销售、培训的全程社会化服务。全市供销社系统完成建设3个农业生产服务中心（农服驿站），22个镇村作物服务中心（庄稼医院），推动农业面源污染防控、撂荒耕地复耕等生产托管服务。

【冷链物流基础设施骨干网建设】2022年，河源市供销合作系统在河源市规划建设农产品冷链库容10万吨、建成库容7万吨。东源（灯塔）冷链物流产业园建设完成并通过验收；紫金县冷链物流产业园建设完成；和平县冷链物流产业园建设进展顺利；龙川县冷链物流产业园项目前期工作完成。

【放心农产品直供配送网络建设】2022年，河源市供销合作系统争取市级财政专项资金620万元入股省级平台公司和源城、东源区域配送中心。打造放心农产品直供配送河源区域子平台网络建设。拓展机团配送、中央厨房、消费扶贫等业务，承担应急稳价保供任务，推进优质农产品进机关、进学校、进医院、进企业、进社区等，打造河源放心农产品直供配送中心和直供基地。源城区和东源县区域直供配送中心正式挂牌运营，已对接农场、农户数量约200户，带动农户增收约45万元。

【安全生产】2022年，河源市供销合作系统落实国家国务院安委会安全生产十五条重要举措、省安委会65条举措和市安委会70条举措，执行“一岗双责”制度，建立健全经常性、常态化安全生产检查巡查工作机制，定期对市社直属企业、县（区）烟花爆竹销售、储存网点及仓库进行日常检查。开展好“安全生产月”活动，全市供销系统全年安全生产零事故。 （周 维）

卷烟业

【概况】广东省河源市烟草专卖局（公司）下辖东源、龙川、紫金、连平、和平5个县级烟草专卖局（分公司），2022年年底，全市有从业人员479人。统筹做好疫情防控和生产经营，加强对违法违规大户的查处力度，查处违法违规大户案件121件，比上年增长95%。获行业第三十二届优秀质量管理小组活动二等奖1个，全省系统第八届优秀质量管理小组成果二等奖1个和优秀引进应用奖2个，“南粤之星”金钻奖和金奖各1个；获2022年全国QC小组成果发表交流活动专业级奖项2个，入围全省企业核心竞争力典型案例1项、好经验好做法2项。

【卷烟经营】2022年，广东省河源市烟草专卖局（公司）贯彻落实“总量控制、稍紧平衡，增速合理、贵在持续”方针，将保持良好的市场状态摆在突出位置。优化卷烟品牌布局，引入国产卷烟新品13个，清库退市疲软品规7个。提升重点品牌内质，推动营销资源向“136”“345”品牌集聚。推进“四员”联动网格化管理、“痕迹工作法”“明察暗访”等模式，开展覆盖60个乡镇和1440户零售户的市场走访，规范卷烟经营。确立“万绿情”服务品牌和电商平台，将20支品牌商品融入农网供应链条，打造“万绿河源”与“万绿情”双品牌赋能的农网特色门店，推进“135”政企共建工程，建设“三转”农网终端447户、农特终端18户、城网农特货架陈列142户。

【专卖管理】打假打私 2022年，广东省河源市烟草专卖局（公司）完善“政府领导、部门联合、多方参与、科技支撑、密切协作”的打假打私体系，以“蓝剑”“河剑”“百日攻坚”三大专项行动为抓手，制定“内打仓储、外拦运输”攻坚策略，查处涉烟案件753件，查获假烟1657.4万支，走私烟45.2万支，烟叶烟丝155.7吨，同比增加3倍，总案值约3330万元；捣毁集仓储、打码、中转、分销一体的窝点8个，侦破非法运输烟草专卖品案件40件；协助公安机关现场抓获犯罪嫌疑人54名，逮捕18名，判刑7名，破获国标网络案件1件，省标网络案件8件。

市场监管 加强真烟非法流通治理，规范卷烟经营行为，真烟外流总量23.78万支，比上年下降45.93%；卷烟外流规格90个，比上年减少36个。加强对违法违规大户的查处力度，查处违法违规大户案件121件，比上年增长95%，零售户守法经营率稳定在93%。深入开展清理无证照经营卷烟专项行动，查处无证户案件181件（比上年

2022年3月14日，河源市烟草专卖局会同市市场监管局、市公安局、市财政局等部门在东源县垃圾填埋场公开销毁假冒伪劣烟草产品　　（市烟草专卖局 提供）

增长61%），查处非法物流寄递案件11件。

电子烟监管 首创“6+”市场监管模式，深入推进严厉打击涉电子烟违法犯罪专项工作、保护未成年人免受烟侵害“守护成长”专项行动，捣毁电子烟制假窝点2个，查处向未成年人销售电子烟、卷烟案件26件，查处数量在全省位列第一。

【企业管理】2022年，广东省河源市烟草专卖局（公司）围绕广东烟草数字化转型“GD-1268”总体目标，完成数字工具RPA（机器人流程自动化）及低代码平台的构建，开发工作任务管理、防疫信息上报等工具，夯实数字化基础平台。推广实施智慧营销、智慧物流、智慧专卖、智慧综管、智慧决策五大统一应用平台，完成全省电子公文系统和营销一体化平台上线和河源烟草OA系统接入全省统一身份认证，推动“‘万绿情’乡村振兴电商平台”和“河源市二十支商业连锁有限公司总仓仓储管理系统”试点。发挥8个创新工作室作用，申报创新课题18个，推进2个科技立项。对接省青科协、华工、华农等科创资源，建立健全与高校、科创企业联合共建机制。

（李子灏）

盐　业

【概况】2022年，河源市销售盐产品7189.4吨，其中小包装食盐5787.7吨。主营业务收入2038.76万元，利润总额93.22万元。

【食盐储备】2022年，广东省盐业集团河源有限公司秉持“有盐同咸、无盐同淡”的初心使命，高度重视政府食盐储备工作，足额储存政府食盐储备任务，以“严、细、实”的作风狠抓工作落实，做好储存、轮换、质量安全管理等工作，担负好民生国企的政治责任和社会责任，保障食盐安全稳定供应。为保障食盐不断档、不脱销，各类型商超、食盐零售店、边远山区农村小店等都能看到员工配送、补货食盐的身影，切实保障食盐保供稳价。

【品牌宣传】2022年，广东省盐业集团河源有限公司通过多形式、多渠道开展线上、线下宣传活动，塑造“粤盐”品牌影响力和知名度。以“3·15”消费者权益日，“5·15”防治碘缺乏病日为契机，携手市场监督管理局、消费者协会、疾控中心等部门在全市开展食盐安全科普活动20余场次，向广大消费者宣传健康安全用盐知识，普及碘缺乏防治知识，提高市民群安全科学用盐意识。与河源广播电视台携手合作，向广大市民宣传“减盐不减咸，低钠更健康”的健康理念，形成全社会科学减盐、合理膳食的浓厚氛围。

【市场化经营能力】2022年，广东省盐业集团河源有限公司树立全员市场竞争意识，强化渠道建设，细化客户经理网格化管理，深耕市场、细耕市场、扎根市场，落实人员下沉，提升直配直送覆盖面，打通配送“最后一公里”。坚持把商超导购、地推（晚上或周末）作为一项常态化工作，提升粤盐品牌知名度。坚持粤盐品牌引领，投放店招、车体、商超门头广告，多渠道提升“粤盐”品牌影响力和竞争力。坚持“管”“防”“严”“实”的安全生产工作方针，以大概率思维应对小概率事件，抓好安全生产工作，以“时时放心不下”的责任感主动作为、担当负责、狠抓落实，确保全年安全无事故。（邵新）

石化销售

【概况】中国石化销售股份有限公司广东河源石油分公司（以下简称“中石化河源分公司”）是河源地区成品油供应的主渠道，企业拥有河源地区唯一一座成品油储存油库及遍布城乡的加油站网络。2022年，在营加油站94座，易捷便利店网点94个，主要从事汽油、柴油、润滑油的零售、直销、批发及便利店非油品销售等业务，同时引进汽服、简餐、充值、保险、旅游等20多种新业务，易捷便利店商品供应超过5000种，满足客户多元化需求，打造“人·车·生活”于一体的综合服务驿站。中石化新运加油站荣获全国“安康杯”竞赛“优胜班组”。

【经营业绩】2022年，面对国际形势错综复杂、资源紧张等方面的压力，中石化河源分公司积极应对市场变化，拓市增效、精细管理，发挥品牌影响力，争取上级资源支持，实现营业收入61.06亿元，日均服务客户5.5万人。

【安全环保】2022年，中石化河源分公司通过质量、健康、安全、环境QHSE管理体系，严格落实风险分级管控，关注加油加气站、综合汽服等新业态风险，加强过程管理，聚焦风险防控，提升加油站接卸油准确率，各级政府质量抽检合格率100%，全年未发生安全环保事故。推进绿色加油站建设，加强加油站水、土、气、固废等设施设备建设、保养，实现环保依法合规，助力生态河源建设。

【国企担当】2022年，中石化河源分公司精心筹划“卡车之家”“爱心驿站”公益活动，挑选高速公路、国省道柴油大站建设“卡车之家”，提供冲凉、洗衣、充电、小药箱等免费服务，满足卡车司机实际需求；在春运期间，为返乡摩骑免费加油，提供热粥、姜汤、休息室、母婴室等免费服务。　（曾丹萍）

对外经济贸易

【概况】2022年，河源市外贸进出口总额243.8亿元，比上年下降20.6%。其中，出口193.9亿元，下降21.4%；进口49.9亿元，下降17.2%。

【对外经济贸易结构】2022年，河源市对外经济贸易结构从贸易方式看，加工贸易进出口158.8亿元，比上年下降0.1%；一般贸易进出口84.7亿元、下降0.8%。从企业性质看，外商投资企业进出口177.0亿元、下降5.8%；民营企业进出口66.8亿元、下降43.8%。从进出口商品看，进口商品前三位分别是机电产品、高新技术产品、初级形状的塑料；出口商品前三位分别是机电产品、劳动密集型产品、高新技术产品。全市活猪基地出口活猪25.92万头，出口总额7.86亿元，增长3.01%；出口活猪数量排名全国地级市首位。

【外贸活动】2022年，河源市组织企业参加第131届网上广交会、第132届网上广交会、进博会、2022粤澳名优展、“粤贸全球”广东线上展览平台等展会，支持企业在遵守疫情防控有关规定前提下赴境外参加重点展会，助力企业线上线下抢抓订单，开拓海外市场。

对外及对中国台港澳经济合作

【招商引资】2022年，河源市新签约项目190个，计划投资总额710.66亿元（其中工业类150个，计划投资总额501.57亿元）；动工项目111个，计划投资总额240.94亿元（其中工业类103个，计划投资总额214.6亿元）；投产项目75个，计划投资总额152.55亿元（其中工业类75个，计划投资总额152.55亿元）。签约项目中，计划投资总额超亿元项目134个，超10亿元以上项目18个，项目主要涉及电子信息、水经济及食品饮料、先进材料等行业。紧盯大湾区、长三角等重点招商地区，强化中介招商、平台招商、以商引商、驻点招商等方式，灵活通过线上线下方式，扎实开展产业招商工作；制作《携手河源·共创未来》《时光·河源》宣传片，并运用微博微信、广电网络等媒体平台精准投放、扩大推广；依托平台优势，精准开展系列专题推介工作，参加第二届中国国际消费品博览会、“粤贸全国·共享机遇”（海南）对接洽谈会，以及2022粤港澳大湾区全球招商大会、省招商引资工作现场会、新一代电子信息产业、新材料产业云招商会等活动，举办河源市（海口）水经济产业招商推介会、河源市2022年新一代电子信息产业系列经贸活动等，助力搭建项目对接平台；推行工业类招商项目“挂图作战”服务制度、招商项目“首席服务官”制度等机制，深化应用《河源市招商引资工作体系指引手册（试行）》，提升县（区）招商引资工作实效。组建河源市招商引资“海豹突击队”，举办河源市招商引资“海豹突击队”首期培训班，改进新时期招商引资工作开展的模式和手段。借助河源市商务礼仪创新工作室工作机制，围绕推介演讲、商务交流等内容，对县（区）招商推介小分队开展系统性培训。

【外商直接投资】2022年，河源市实际利用外资11.38亿元，比上年增长7.3%，增速排名全省第十一。其中，制造业实际利用外资6.6亿元、增长35.1%。新设立外商直接投资项目（企业）36个，合同利用外资35.25亿元、增长59.85%，其中高技术产业（制造业）合同利用外资比上年减少0.8亿元，增资扩产项目的外资项目14个，增资总额49.46亿元。　（赖惠宇）

海关

【概况】2022年，河源海关通关时间保持广州关区前列。“多证合一”实现突破，指引企业通过省政务平台“多证合一”系统录入海关备案申请，注册备案10家，比例上升至12.34%。推进“智慧海关供港澳活猪检疫监管系统”试点工作，有6家供港澳活猪养殖场安装智慧海关“供港澳活猪监管系统”。

【企业升级计划实施】2022年，河源海关开展企业升级计划，培育高级认证企业2家，指导34家高级认证企业开展合规自查、4家失信企业进行信用修复，高级认证企业占在册企业总数的3.74%，在广州关区保持前列。深化关地协作。一体化对接地方稳经济一揽子政策，结合不同县区产业特点，先后与东源县、江东新区、高新区等县区单位签订共促发展合作备忘录。开展重点企业调研486家次，收集问题19类（项）并建档跟进解决，举办线上政策宣讲会2期，培训120余人次。推广高端制造业全产业链保税模式。指导河源市联腾实业有限公司的供应商设立公用型保税仓库，指导今麦郎、农夫山泉等企业用好海关政策，办理高新设备进口快速通关，帮助企业减免税款400余万元。

【出口产品转内销】2022年，河源海关推广内销集中纳税模式，对内销征税金额超10万元的15家企业开展政策宣传。引导加工贸易企业参与边角废料网上拍卖。指导加工贸易企业开展边角料拍卖，推动加工贸易边角废料变废为宝。发挥企业协调员制度。了解企业存在困难及诉求，指导企业结合订单情况快速办理手册的延期、变更手续，实现灵活经营。

【外贸转型升级】 2022年，河源海关用好原产地优惠政策。签发出口原产地证书5318份，签证金额18399.0万美元，为河源出口产品在进口方享受关税减免约5296.3万元，推动首家RCEP经核准出口商认证成功。加大出口知识产权企业培塑力度。做好14家有自主品牌企业知识产权保护工作，与市知识产权局签署合作备忘录，对18家意向企业实施梯度培育，指导2家高新骨干企业获总署备案核准。服务粤港澳大湾区“菜篮子”建设。提供全年24小时预约通关服务，检疫监装供港澳活猪7074批次、27.9万头，比上年增长18.7%，稳居全国地级市首位。受理进境加工粮食调运申请初审联系单44批次、13.1万吨，指导1家备案种植场申请加入粤港澳大湾区“菜篮子”工程。开展专业技术和企业认证体系培训，受训1000余人次，协助地方市场监管部门开展食品、农产品安全监督抽检510批次，提供检测技术服务1000余项次。提高海关查验效率，助力6329批次竹木草制品通关。

【海关统计和政研服务】 2022年，河源海关做好外贸运行情况监测预警。密切关注关区外贸发展状况，定期向分管市领导、商务部门报送外贸运行情况。主动对接企业，开展调研和政策宣讲，引导重点企业数据落地近3亿美元。引导税收回流纳统。周密开展异地纳税情况监控，协调进口煤炭属地申报，引导美晨通讯、深能（河源）电力和航嘉源等企业回流税款4407.2万元。优质高效做好统计服务。支持地方政府做好外贸研究分析，关地协作促进河源市外贸发展，根据市商务局等部门个性化需求，提供统计数据35次。围绕河源市“五大产业”热点难点问题，组织政研团队撰写外贸高质量发展专报15篇，获得市领导批示16次，通过专报促请市政府成立促外贸稳增长、引导数据回流、冷链产业发展3个工作专班。

【后续监管工作】2022年，河源海关强化关地监管协作。联合税务部门理清出口退税企业监管风险，与人民银行、外管部门签署《联合打击走私、洗钱和逃套汇违法犯罪协作机制》，形成多部门打虚打骗执法合力。依法行政强化监管。依托内控平台对重点风险领域开展数据分析，稽核查追补税约3084.44万元，编制《加工贸易业务办理指南》，提高加工贸易企业规范经营水平。聚焦“中央关注、社会关切、群众关心”的突出走私问题，全年立案60件，案值5298万元。其中，刑事立案12件，比上年增长约71%，行政立案48件，增加约3.8倍。动态维护企业信息。对河源关区近五年无进出口记录企业进行全面分析，严格按照程序启动海关备案注销工作，年内注销企业32家，提高海关注册备案企业的有效性。（刘　鹏）

打击走私

【概况】2022年，河源市公安机关打击走私部门围绕中共二十大安保维稳工作主线，纵深推进打击治理粤港澳海上跨境走私第二轮联合行动和反偷渡反走私联合行动，深入开展打击走私“清湾2022”系列专项行动、反偷渡反走私、夏季治安打击整治“百日行动”，打击震慑各类走私违法犯罪活动，确保河源市反走私形势持续稳定。全市公安机关侦破涉走私刑事案件29件，刑拘44人，逮捕47人，涉案值1005.405万元。

【烟草走私案件侦查】2022年，河源市公安机关加大对烟草走私的打击力度，侦破涉烟草案件3件，刑拘犯罪嫌疑人3人，起诉6人，查扣涉案烟草27972条（4305千克），案值616.6万元。

（宋永鸿）

旅游业

编辑：蔡娜 张惠芬

综 述

【概况】2022年，河源市文化广电旅游体育系统以提高河源旅游核心竞争力为重点，围绕打造“六色”旅游品牌，推进全域旅游创建。河源市参加2022年“活力广东·万绿河源·滨海汕尾”河源、汕尾旅游推介会，先后在新疆乌鲁木齐、宁夏银川推介河源旅游资源。全市接待旅游总人数574.67万人次，比上年下降11.62%。其中，国内游客574.34万人次，下降11.6%；入境游客0.33万人次，下降34.61%。旅游住宿设施接待过夜游客267.45万人次，下降15.86%。全年旅游总收入41.6亿元，下降18.57%。

【全域旅游创建】2022年，河源市文化广电旅游体育局推动万绿湖风景区创建国家AAAAA级旅游景区，督促加强旅游环境及软硬件设施整改，新开通高铁东站至万绿湖景区公交线路，推动万绿湖在全省A级景区满意度排名中以98.22%排名第一。推动紫金县苏区革命旧遗址群景区、林寨古村和仙坑古村3个旅游景区成功创建AAA级旅游景区；推动黄龙岩、佗城景区创建国家AAAA级旅游景区；推动源城区、东源县创建国家级全域旅游示范区，紫金县成功创建省级全域旅游示范区。是年，巴伐利亚庄园成功申请省旅游重点建设项目贷款贴息资金1000万元。全市新评省级休闲农业与乡村旅游重点县1个，首批广东省驿道乡村酒店1家。源城区埔前镇坪围村、东源县义合镇下屯村、紫金县龙窝镇彭坊村等3个村获评第三批广东省文化和旅游特色村。源城区“源城埔前镇红色生态休闲游”、东源县“东源休闲乡村特色游”、和平县“绿色和平·醉美客乡”之旅等3条线路获评第三批广东省乡村旅游精品线路。河源“相约源城”美丽乡村之旅入选全国乡村旅游精品线路。埔前镇被评为第二批全国乡村旅游重点镇。东源县下屯村、仙坑村入选省乡村研学旅行特色村。连平县乡村振兴南部片区示范带入选广东省文化产业赋能乡村振兴典型案例。全市28个前八批省级休闲农业与乡村旅游示范点继续保留“广东省休闲农业与乡村旅游示范点”称号。

【“六色旅游”品牌】2022年，河源市文化广电旅游体育局打造“六色”旅游品牌，编印河源“六色”文旅招商手册及招商宣传片，举办2022年河源“六色”文旅招商推介会，签约24个项目，金额35亿元。组织河源景区、酒店、旅行社、民宿等20多家文旅企业参加广东国际旅游博览会。推动全市旅游业由观光型向休闲度假型转变，加快打造河源文旅新IP，打造南片区河源“入户大堂”，推动全市核心景区、特色小镇、特色乡村串珠成链。持续提升以万绿湖、野趣沟、桂山、霍山、九连山等为代表的“万绿河源”30多家生态景区。截至2022年年底，河源有5个县区成功创建全域旅游示范区，完成“70%以上县区创建省级全域旅游示范区”的目标。持续举办河源市乡村文旅融合创新大赛，河源民宿招商推介会等文旅融合活动。探索“微景区化+研学、亲子、团建、文创、电商”河源民宿发展模式。聚焦“中国万绿湖·世界中华龙”文旅宣传新口号，推进万绿湖风景区创建国家AAAAA级旅游景区，举办万绿湖打鱼节、客家乡土文旅周等特色活动，推介河源水文化，做好“河源水”文旅文章。做深“古色”人文旅游，抓实考古发掘、文物研究工作，“让文物活起来”，掀起河源“恐龙文化热”。通过实施《河源市革命旧址保护条例》，加大红色遗址保护，讲好红色河源故事，修复一批红色革命旧址，创作一批具有河源时代精神的精品力作。将温泉康养旅游串入“两晚三天”旅游线路中，打造温泉康养胜地。充分发挥巴伐利亚庄园“国家级旅游度假区”龙头带动作用，推动河源温泉康养旅游产业发展。依托两江四岸夜景观及太平古街、大同文创园、坚基商业中心、桃花水母剧院、万隆城等，激活“夜色”旅游发展动能，在公共文化、旅游、体育场馆等设施，举办群众喜闻乐见的广场舞、健步走、广场文艺演出等系列活动，拉动河源夜间消费。

【旅游宣传推广】2022年，河源市围绕赣深高铁通车，以“中国万绿湖·世界中华龙”冠名两组高铁列车，开展沿线城市文旅推广；与马蜂窝旅游网、南方卫视等合作，加大“中国万绿湖·世界中华龙”新的文旅口号宣传；在市区主要游客集散地及交通要道（三路三园）设置河源恐龙IP形象平面展示牌。与各大主流媒体合作，推出河源文旅融合高质量发展的宣传报道。联合大湾区卫视开展“乘高铁游河源”特攻行动，走进广州、深圳等赣深高铁沿线6个城市，向市民推广河源旅游。与河源广播电视台合作，推出“河源文旅体 六色竞缤纷”主题节目，宣传推广“中国万绿湖 世界中华龙”旅游品牌。与河源日报合作推出“2晚3天游河源”“六色”文旅促销费短视频，在河源日报微信公众号、河源日报微生活公众号“源河”客户端动态宣传全市文广旅体重点政务信息。与河源晚报合作推出“河源文旅人”“河源旅游文化”“河源旅游民宿”等专题宣传。与河源乡情报合作推出《寻宝河源》漫画专栏和《魅力河源》专栏，同时在《河源乡情报》、“河源乡情报”“打卡河源”微信公众号加强文旅融合等内容的宣传。

2022年，河源文化广电旅游体育局组织开展百企百场带货文旅“公益纾困”活动、百项文旅惠民措施以及文旅宣传推广“十大行动”；持续举办繁花音乐季活动，完成“以音乐名义为‘六色’再添色”繁花音乐季第五季活动；开展2022河源市客家文化旅游周系列活动，举办打鱼节、非遗美食节、鱼梁节等活动。组织开展2022年度文化及相关产业统计工作，包括旅游景区、旅行社、酒店在内的文旅企业41家。成功推荐百家鲜客家女奇妙乐园申评国家工业旅游示范基地备选单位；“色彩之旅”（河源市云彩实业有限公司）成功申报省工业旅游培育资源库；“河源今麦郎与客家女食品工业之旅”被评为省工业旅游精品线路。

【河源乡村民宿】2022年，河源市文化广电旅游体育局对全市民宿资源进行调研，编制并印发《河源市乡村民宿高质量发展战略与路径》。举行第四届乡村文旅融合创新大赛，培育出一批民宿集聚示范区，评选出一批沉浸式体验研学课程视频。全市登记民宿179家，其中第一批丙级以上创建单位民宿31家。义合镇被评为省乡村民宿示范镇，8家民宿被评为省乡村民宿示范点。源城区高埔岗大水井、东源县仙塘镇观塘村、和平县热水镇南湖村、连平县上坪镇新镇村成功创建特色民宿村。

【文旅纾困】2022年，河源市文化广电旅游体育局先后争取省级财政扶持资金1300多万元，用于文旅项目奖补和AAAA级以上旅游景区、省级以上旅游度假区纾困。组织全市文旅企业参加2022年广东省文化和旅游企业纾困政策培训班、文化和旅游领域设备更新改造贷款财政贴息备选项目申报工作会、2022广东文化和旅游产业投融资对接会等，为文旅企业拓宽融资渠道，搭建纾困惠企平台。开展“三个100一个10”（简称“310”）系列活动，包括百企百场带货文旅公益纾困活动、百项文旅惠民措施以及文旅宣传推广“十大行动”，加大文旅宣传。其中，百企百场带货文旅公益纾困活动直接为河源市文旅企业做公益宣传，为一百多家报名企业免费制作短视频，开展一百多场线上销售活动。发动河源本地市民开展“河源人游河源”活动，开展市内游、周边游。鼓励和发动河源市各县区文旅企业，挖掘本地市民游客市场，共同推出超100项文旅优惠措施。与深河指挥部联手，在“圳帮扶”平台开展“两晚三天”经典旅游线路宣传，举办河源文旅繁花音乐季系列宣传活动。

2022年8月，河源、汕尾（银川）推介会在银川举办　（市文广旅体局 提供）

【文明旅游】2022年，河源市文化广电旅游体育局举办2022年河源市文明旅游志愿服务等文明旅游主题活动15场，参与志愿者157人次，服务游客1500多人次。该局及时回应社会关切，办结文化市场举报投诉22件，“12301”全国旅游举报投诉平台未接到任何投诉。是年，巴伐利亚庄园成功创建全省首批文明旅游示范单位。

【旅游厕所革命】2022年，根据《广东省加快推进文化和旅游融合发展三年行动计划（2020—2022年）》工作要求，全市完成新建、改扩建旅游厕所18座，并在“全国旅游厕所管理系统”中申报立项，完成地图标注；落实旅游厕所运营管理试点补助，推动厕所革命重心向“管好、用好”转变。

旅游餐饮与土特产品

【特色美食】美味靓汤（10种）五指毛桃龙骨汤、鲫鱼豆腐汤、客家猪肚鸡汤、塘虱乌豆汤、紫金牛肉丸汤、枸杞叶猪什汤、八刀汤（全猪汤）、酸菜鱼头汤、黄酒鸡蛋汤、鸡蛋腐竹汤。

特色名菜（20种）东江盐焗鸡、客家娘酒鸡、板栗焖鸡、水晶（蒸）鸡、蒸鸡腿、客家酿豆腐、炸豆腐、上汤牛三鲜、紫金天光牛肉、清蒸桂花鱼、苦荬炒黄鳝、鱼生、仔姜焖鸭、蒸圆蹄、客家红焖肉、客家腊味、客家酿三宝、酸菜炒猪肠、煎酿鸡蛋（蛋角煲）、客家菜干煲。

风味小食（30种）老隆牛筋糕、蒸（炒）米粉、炒板栗、忠信蒜香花生、客家豆腐花、猪脚粉、豆腐角、客家擂茶、酸萝卜、河源蛋卷、料花、花生麻糕、酥角、“牛耳朵”、炒米（米糕）、铁勺饼（铁勺喇）、月光饼、连平米饼、豆腐头饼、粄皮（铜盘皮）、灰水粽、油粄（煎堆）、糍粑、仙人粄（凉粉）、灰水粄、艾粄、萝卜粄、酿粄、蒸笼粄、米酵粄。

【客家乡土特产】土特产品种类 河源土特产品种类多，且具地方特色。2022年，当地盛产品质端正、优良的板栗、鹰嘴桃、忠信花生、香菇等特产，勤劳智慧的客家人用传统的工艺，把它们加工成或美味可口或具有保健作用的绿色天然食品、饮料、汤料，其品种齐全，部分产品走向系列化、品牌化，既活跃市场，又丰富群众生活。传统的土特产主要有：紫金辣椒酱、竹壳茶、龙川牛筋糕，连平火蒜、忠信花生、康禾茶、河源蛋卷、料花等。

河源十佳土特产 2022年，河源市十佳土特产品：霸王花牌米排粉；聪明人奇异果果汁饮料；上莞仙湖茶；望郎回风味炒栗；绿纯客家喜酒；河之源山泉饮用天然净水；黄日牌黄田米酒；赵佗牌枫深腐竹；上莞丹仙湖茶；万宝源客家米饼。

旅游行业管理

【文旅企业安全监管加强】2022年，河源市文化广电旅游体育局紧盯元旦、春节、清明节、“五一”节、端午节、中秋节、国庆节等重要节点、重要时段开展安全生产大检查，排查治理各类风险隐患。开展行业安全生产大检查13次，发现并督促整改安全生产隐患50处。出动执法人员942人次，检查文化、旅游企业412家次。

【高危旅游项目管控】2022年，河源市文化广电旅游体育局组织对全市景区玻璃桥、玻璃滑道、玻璃栈道等高风险项目进行安全督查，加强游泳场馆、攀岩等高危体育项目的安全指导和监管。敦促江东新区管委会对越王山旅游风景区在建“飞拉达”高危项目进行审批并加强监管。

【市场综合执法加强】2022年，河源市文化广电旅游体育局结合平安文化市场创建、扫黄打非、扫黑除恶等工作，规范文旅市场管理。河源市文化市场综合执法支队组织开展各类执法检查，出动执法人员5948人次，检查各类场所1487家次。其中，检查网吧929家次、娱乐场所346家次、旅游景区31家次、旅行社14家次、电影院24家次、演出场所8家次、出版物经营单位92家次、印刷复制企业18家次、网络文化企业15家、音像制品店10家。立案侵权盗版案件1件、网吧违规接纳未成年人案件1件，查扣涉冬奥版权物品377件，对埔前镇1家无证经营娱乐活动的餐吧进行关停；通过全国文化市场技术监管与服务平台报送执法信息32条。依法受理旅行社设立、变更、注销事项9项。

【安全生产宣传培训】2022年，河源市文化广电旅游体育局举办全市民宿消防安全管理培训班、导游业务培训和保密安全培训班等，参与和开展安全生产各类主题活动10场，派发宣传资料逾6000多份；及时发布旅游出行安全温馨提示和天气预警预报信息，提高旅游企业和游客的安全红线意识，全年发布预警信息、温馨提示、安全知识700条次，提升旅游行业的安全意识。

AAAA级旅游景区

【万绿湖风景区】万绿湖景区 位于东源县境内，距市区6千米，是新丰江水库建成后的华南地区最大的人工湖，因其处处是绿、四季皆绿而得名。湖区总面积1600平方千米，湖中360多个绿岛，水域面积370平方千米，平均深度30—40米，最深处达到80多米，水质达到国家地表水Ⅰ类标准，水域壮美、水质纯美、水性恬美、水色秀美，与云南的西双版纳、肇庆的鼎湖山一起，被誉为北回归线上沙漠腰带的“东三奇”。至2022年，以万绿湖为依托，形成的景区、景点主要有桂山、镜花缘、万绿谷、万绿湖客家情馆、镜花岭、龙凤岛、水月湾、送水观音等。

桂山风景区 依山面湖，山环水抱，主峰千秀峰海拔1056米，自然风光得天独厚。花、果、山、林、石、溪、藤、瀑形成桂山风景区的八大特色，素有“植物王国、动物乐园、旅游天堂”之美誉。至2022年年底，风景区开发有三大功能区：生态文化体能娱乐区、杂技表演娱乐区、保健养生娱乐区及摘果观湖区，是野营、环保、教育、拓展训练、旅游观光、休闲度假的理想之地。

镜花缘景区 依托万绿湖优美的自然风光和良好的生态环境，以清代著名的小说家李汝珍的长篇古典神话名著《镜花缘》为文化底蕴，将中国古典传说与自然环境巧妙地融合在一起。景区主要项目有大型客家歌舞、仙女戏水狂欢、高空速降、红颜洞、森林攀爬、水上娱乐、迷缘阵、5D电影、碉楼小镇等。

万绿谷休闲度假旅游区（简称万绿谷） 位于东源县新回龙镇东星村万绿湖畔，距河源市区约30千米，是万绿湖环湖公路上第一个原生态自然渔村。景区由原生态体验区和叶屋坪湖边渔家度假区两大部分组成，精彩项目有空中漂流、原生态体验区、沙滩排球、田园采摘、干塘捕鱼、天然泳场、野趣烧烤场、乡村卡拉OK、篝火晚会、烟花会演等项目。

【巴伐利亚庄园】巴伐利亚庄园是国家级旅游度假区，位于广东省河源市源城区，地处万绿湖水脉和大桂山龙脉交会之处，占山地面积近5平方千米，距香港、深圳、广州仅2小时车程。2022年，庄园继续打造集娱乐游玩、美食购物、休闲养生度假为一体的特色旅游品牌，创新融合金融保险、医疗教育、生物科技、农场体验、国药温泉等资源，合力打造健康养生、禅修养心、度假养老的“三养度假”梦想庄园。

【客天下河源水晶温泉度假区】客天下河源水晶温泉度假区，是省级旅游度假区，位于源城区高埔岗，距市区13千米，占地面积133.33公顷（2000多亩）。温泉水资源十分丰富，有12个泉眼，日流量9000立方米，平均水温68℃，勘测日流量近万吨，含有40多种有益身体的微量元素，是广东省内唯一同时富含游离二氧化碳和氡的矿疗温泉。度假区以世界沐浴文化为主题，有热带风景区、中国浴区、日本浴区、别墅区、欧洲浴区、东南亚浴区等，集世界沐浴文化为一体，是一处综合性的休闲度假旅游区。

【御临门温泉度假村】御临门温泉位于紫金县九和镇，距河源市区1小时车程。温泉出水口温度86℃—92℃，日流量1万立方米，温泉水晶莹剔透，富含偏硅酸等多种对人体有益的微量元素和矿物质。景区以巴厘岛风情和客家文化的结合为主题，建有东南亚风情特色的各式竹楼、垂钓长廊、小桥凉亭等休闲设施，是一所集住宿、餐饮、会议、娱乐、休闲、商务、健身和大型露天温泉功能于一体的豪华温泉度假村。在这里您将体会到巴厘岛式风情建筑散发出的异域神秘和诱人的东南亚气息。

【苏家围·东江画廊旅游景区】苏家围客家乡村旅游区位于东源县义合镇苏围村，距市区26千米，是全国首批农业旅游示范点，是国家AAAA级旅游景区。景区因苏东坡后裔在此聚居而得名，由18座府第式的客家民居组成，其中最古老的房子有500多年的历史，是回归自然乡村、品味客家文化和苏氏文化的好去处。客家古老民居、乡村性别文化、农耕农事长廊，游人处处能体会到客家人的纯朴与自然。古榕、老屋、江风、竹韵、牧歌和野趣，造就一个南中国的画里乡村。

东江画廊风景区位于东江东源县河段，全长76千米，距市区7千米。景区是以东江为主线，两岸风景为依托，农业生态、客家民俗为主题，集客家风情、田园风光、科普教育、农业科技、休闲娱乐于一体的新型综合功能景区。乘坐玻璃钢游船饱览东江美景，沿岸风景秀美，如一幅幅客家乡土气息浓厚的水彩画，体会“船在江中走，人在画中游”的感觉。同时欣赏船上的客家歌舞表演，感受东江流域客家风情。

【叶园温泉旅游度假区】叶园温泉度假区位于东源县黄田镇。温泉出水口温度在68℃左右，水质含有多种对人体有益的矿物质及微量元素，尤以碱的含量最高，故为“苏打泉”，有很好的养生、医疗、美容、养颜之功效。景区以“客家·生态”文化为主题，打造酒店客房、度假别墅、客家围屋休闲区、神秘神山溶洞区、造浪池、水疗SPA池、客家草药池、亲亲鱼疗池等项目，是一家集温泉养生、休闲度假、观光旅游、商务会议为一体的综合型休闲度假景区。

【和平县温泉之都旅游区】和平县温泉之都旅游区，位于广东省河源市和平县热水镇南湖村，热龙温泉以其独特的设计理念被建设部、中国环境艺术委员会评为“中国环境艺术示范基地”。2022年，热龙温泉旗下的热龙温泉度假村、九连山温泉度假山庄、热水漂流、粤北老区自驾车示范营地、女子越野训练营、5D大型实景生态水秀在营业中。热龙温泉是以养生度假为核心，集休闲旅游、商务会议、文化科普和运动娱乐五大功能为一体的“大美山谷、大养汤泉”度假胜地。

【霍山风景区】霍山风景区位于龙川县田心镇、铁场镇的交界处，距河源市区146千米。秦始皇时有霍龙字灵阳者居之，因名霍山，是国家AAAA级旅游景区、省级森林公园。景区属于丹霞地貌，有“粤东丹霞”之美誉，名胜颇多，有险峻峰峦372座，以其险峻的丹崖赤壁和奇岩秀石而闻名遐迩，为广东七大名山之一，著名的景点有船头观日、玉麟玩月、雄狮吼风、横岩傲雾、一线曙光、砻盂接佛、七井仙泉、沙僧拜寿、铁拐李挑葫芦等。

【恐龙文博园】河源恐龙文博园是国家AAAA级旅游景区，园内有河源市博物馆、河源恐龙博物馆、龟峰塔等场馆。其中，河源恐龙博物馆（中国古动物馆恐龙蛋馆）以恐龙文化为主题，主要展出馆藏数量世界第一的近2万枚各种恐龙蛋化石、10多具恐龙骨骼化石个体及众多恐龙足迹化石模型，展现河源市作为“中华恐龙之乡”的丰富恐龙化石资源。馆内建设有“史前部落”恐龙科普主题乐园等项目。河源市博物馆以“河源历史文化”和“河源客家民俗”两个基本陈列，展现河源从新石器时代到近现代的5000多年时光，以及河源客家人的生活习俗、文化传统和精神生活。位于园内龟峰山上的龟峰塔是全国重点文物保护单位，始建于南宋绍兴二年（1132），是“河源八景”之首，有“东江第一塔”美誉。此外，园内还建有总跨度800米的大型《恐龙梦幻世界》雕塑墙、10组钢铁恐龙创意雕塑和“龟峰塔诗词文化长廊”“客家建筑文化墙展示区”等景点。（刘崇昱）

金融业

编辑：曾红艳

综 述

【概况】2022年，河源辖区主要银行业金融机构有：政策性银行市分行1家，机构网点2个；国有商业银行市级分行5家，机构网点79个；股份制银行市分行1家，机构网点7个；外资银行1家，机构网点1个；农村商业银行7家，其中6家为地方法人农商行，1家为广州农商行河源分行，机构网点177个；邮政储蓄银行市分行1家，机构网点79个；村镇银行2家，机构网点4个；小额贷款公司23家。

【金融运行】各项存款情况 2022年，河源市银行业金融机构本外币各项存款余额1647.28亿元，比上年增加79.30亿元，增长5.1%；其中，人民币各项存款余额1630.93亿元，增加79.72亿元，增长5.1%；外汇各项存款余额2.35亿美元，比上年减少0.28亿美元，下降10.6%。

各项贷款情况 2022年，全市银行业金融机构本外币各项贷款余额1756.15亿元，比上年增加84.79亿元，增长5.1%。其中，人民币各项贷款余额1744.34亿元，增加80.21亿元，增长4.8%；外汇各项贷款余额1.70亿美元，增加0.56亿美元，增长49.5%。

贷款质量与盈利情况 2022年，全市银行机构不良贷款余额25.63亿元，比上年增加5.89亿元，增长29.9%；不良贷款率1.5%，增长0.28个百分点，全市银行机构实现税后利润20.02亿元，减少12.43亿元，降低38.3%。

银行结售汇情况 2022年，河源市银行代客结售汇总额17.58亿美元，比上年下降6.4%；结汇16.41亿美元，下降2.9%；售汇1.17亿美元，下降37.6%；结售汇顺差15.24亿美元，上升1.4%。其中，经常账户顺差14.40亿美元，下降1.1%；资本与金融项目顺差0.83亿美元，上升81.5%。

【货币政策】2022年，中国人民银行河源市中心支行贯彻落实党中央、国务院关于支持中小微企业和个体工商户的决策部署，强化货币政策工具的精准滴灌作用，加大金融对受疫情严重冲击的小微企业和个体工商户的纾困帮扶力度，发放支农再贷款4.9亿元，增长25.8%；发放支小再贷款11.5亿元，增长45.1%；通过实施普惠金融定向降准、“比例考核”优惠政策及定向降准，推动银行机构加大对普惠小微企业、“三农”领域等薄弱环节的信贷投入。是年，全市各项贷款余额1756.15亿元，比上年增长5.1%；存贷比106.61%，位居全省地市第二；全市涉农贷款余额662.37亿元，增长5.6%；小微企业贷款余额314.07亿元，占企业贷款余额的比例55%；普惠口径小微企业贷款余额251.78亿元，增长16.9%。

【金融稳定与改革】2022年，中国人民银行河源市中心支行贯彻党中央、国务院决策部署，处置化解突出风险点，完善金融风险防控体制机制，深化金融体制改革，健全金融稳定保障体系，防范化解金融风险取得新成果，维护辖区金融稳定大局。是年，河源辖区金融业保持稳健运行，金融风险整体收敛、总体可控，未发生重大金融风险事件，未出现高风险法人金融机构。是年，全市6家农商行累计处置表内外不良及风险贷款达43.19亿元，其中处置表内不良贷款19.27亿元、表外不良贷款15.11亿元、高风险贷款8.81亿元。辖区大型商业银行发展稳定，各项存款余额930.12亿元，增长8.3%，各项贷款余额1123.47亿元，增长8.6%。

是年，中国人民银行河源市中心支行贯彻落实碳达峰碳中和重大决策部署，多措并举推动绿色金融改革创新。绿色信贷规模持续增长。河源市绿色贷款余额55.4亿元，增长24.7%，涵盖清洁生产、清洁能源、绿色农业、绿色建筑、绿色交通等领域。绿色金融产品体系持续丰富。引导辖区金融机构推出“可再生能源补贴确权贷款”“碳排放权质押融资”“小企业排污贷”“绿色项目贷款”“林权抵押贷”“真猪贷”“商品林保险”“蛋鸡保险”等绿色金融产品。引导推动金融机构自身运营层面率先实现碳达峰碳中和，实施“零碳”机构网点建设示范，推动建成银行零碳网点2家（交通银行分行和连平农商行新城支行）。

【金融服务】征信体系建设 2022年，中国人民银行河源市中心支行提升征信服务质效。在个人征信查询网点区县全覆盖的基础上，加强查询网点优化布局。是年，辖内设立25个个人信用报告自助查询点，提供个人查询服务150774笔。

夯实征信平台建设，助力实体经济发展 加大“中征平台”和“粤信融”平台推广应用，助力企业融资发展。是年，辖内“中征平台”实现融资成交255笔，交易金额47.55亿元；“粤信融”平台撮合银企融资1107笔，金额86.15亿元。推进动产和权利担保统一登记工作，拓宽担保融资业务范围。是年，辖内动产和权利担保统一登记公示系统发生登记业务425笔，查询1506笔。推进“农融通”平台涉农信息主体信息采集和更新，打通涉农主体融资对接障碍。是年，辖内“农融通”平台累计采集新型农业经营主体信息7120家，对接融资137笔，金额13.79亿元。立足“一村一品、一镇一业”建设，持续开展信用村“整村授信”工作，探索有地方特色的“整村授信+”模式，提升金融支持乡村振兴的精准度和有效性。2022年，累计对辖内805个信用村实施“整村授信”，授信金额83.35亿元，实际用信11601笔，用信金额24.15亿元，惠及涉农主体7794个。

支付服务水平 做好ACS（中央银行会计核算数据集中系统）等现代化支付系统的运行和维护工作，保障辖区资金支付高效便捷安全。2022年，全市银行卡跨行支付系统联网特约商户3.64万户，增长21.3%，联网ATM机具1020台，增长0.4%；全市银行机构发生银行卡交易金额2309.72亿元，票据业务金额372.99亿元，增长6.6%和19%；助农取款服务点1643个，全覆盖全市1251个行政村。推动银联云闪付实现各类便民场景的规模化应用，移动支付便民工程和示范镇建设取得成效。是年，移动支付示范镇建设中，完成2个移动支付精品示范镇，17个移动支付示范镇的建设。其中，2022年源城区埔前镇建成“广东省移动支付精品示范镇”，和平县阳明镇、东源县柳城镇、紫金县蓝塘镇、龙川县老隆镇、连平县隆街镇等8个乡镇建成“广东省移动支付示范镇”。

货币发行管理和服务 加强现金投放、回笼工作，2022年累计投放现金58.51亿元，回笼现金50.04亿元，净投放8.47亿元，保障全市现金供应稳定。坚持抗击疫情和保证现金供应两手抓，调拨新钞支持社会用现需求，公布实施现金消毒政策稳定民心，确保基础金融服务工作“不掉线”。在全市开展数字人民币试点工作。

跨境人民币业务 2022年，该局推进贸易投资便利化，推动跨境人民币便利化政策在河源落地见效；引导企业树立“本币优先”理念，提升跨境贸易投资人民币结算占比；促进自贸区FT账户业务在河源地区发展，拓展企业融资渠道；完善跨境资金流动监测预警机制，着力防范跨境资金流动风险。是年，河源市跨境人民币结算金额112.51亿元，比上年上升29.5%，占本外币跨境收支比例41.44%，比上年提高9.18个百分点，新增跨境人民币结算企业32家（累计361家）；河源辖区相关企业通过FT全功能型跨境双向人民币资金池累计获得境外资金6亿元。

金融管理与服务 2022年，中国人民银行河源市中心支行与市中级人民法院、市金融工作局、河源银保监分局签署《关于推进金融纠纷多元化解工作合作备忘录》，指导河源金消协与工行河源分行签署《关于合作建立小额纠纷快速解决机制备忘录》，鼓励辖区金融机构主动参与调解并根据自身实际情况出台调解专项工作方案，为提升金融纠纷调解质量提供制度保障。是年，河源金消协化解金融纠纷83件，比上年增长176.8%，其中申请司法确认63件，涉及金额累计2001万元。该项工作现已被河源市委改革办评为“2021年度河源市全面深化改革优秀案例”，获市长批示。反洗钱监管和协助打击洗钱犯罪成效显著，联合市10个部门成立河源市打击治理洗钱违法犯罪领导小组，联合制定印发《河源市打击治理洗钱违法犯 罪三年行动计划工作方案（2022—2024年）》；与河源海关签署《联合打击走私、洗钱和逃套汇违法犯罪的协作机制》，健全反洗钱协调机制；推动4宗洗钱罪判决，增长1倍，实现自洗钱案件“零”的突破；协助破获该市建市以来最大一起虚开增值税专用发票案；依法开展反洗钱现场和非现场监管，维护辖区金融秩序。

【外汇管理】2022年，国家外汇管理局河源市中心支局促进党建与业务深度融合，加强基层党组织建设，设立国际收支科（外汇检查科）党支部和外汇管理科党支部，成立中心支局党总支。坚持稳字当头、稳中求进，贯彻新发展理念，融入新发展格局，统筹发展和安全，推进外汇领域改革开放，提升贸易投融资便利化水平，强化外汇市场微观监管，维护外汇市场健康秩序，紧紧围绕“六稳”“六保”（“六稳”：稳就业、稳金融、稳外贸、稳外资、稳投资、稳预期工作，“六保”：保居民就业、保基本民生、保市场主体、保粮食能源安全、保产业链供应链稳定、保基层运转）工作任务，加强履职创新，加强协作配合，加强党的建设，推动地方开放型经济高质量发展。跨部门监管合力，与中国人民银行河源市中心支行、河源海关联合签署《关于联合打击走私、洗钱和逃套汇等违法犯罪的协作机制》；联合公安部门破获“5·26”非法经营案，零容忍打击非法金融外汇活动。 （邝彩辉）

金融管理

【概况】银行业 2022年，河源市银行

业金融机构（分支机构）18家，本外币各项存款余额1647.28亿元，本外币各项贷款余额1756.15亿元；存贷比106.6%，居全省地级市（含深圳市）第二位，比全省平均水平高出30.38个百分点。

保险业 全市保险机构（地市级分公司）29家（其中财产险公司17家，寿险公司12家）。全市保费收入42.15亿元。

证券业 全市12家证券公司营业部总资产98.44亿元，保证金余额6.95亿元，营业总收入7304.39万元。

小额贷款公司 全市小额贷款公司24家，各项贷款余额15.34亿元（注册资本20.67亿元），比上年增加0.72亿元，增长4.9%。

融资性担保公司 全市持有效经营许可证的4家融资性担保公司注册资本金合计3.2亿元。

典当行 全市25家典当行，注册资本金合计3.14亿元，典当总额16.59亿元，增长4.24%。

【金融服务实体】2022年，河源市银行机构新增贷款加权平均利率4.8%，比上年下降0.92个百分点。其中，小微企业贷款加权平均利率5.2%，下降0.75个百分点；普惠小微企业贷款加权平均利率4.7%，下降0.33个百分点。持续推广省中小企业融资平台，推动4494家河源市企业注册进驻平台，16家银行机构接入平台，发布77款信贷产品，为本地中小微企业线上授信186户，授信金额8.28亿元。依托中小微企业融资专项资金，协助短期资金周转困难的中小微企业按时转贷，转贷金额由单笔最高1000万元提升至1500万元，由单户每年最多2笔累计金额不超过2000万元提升至单户每年最多3笔累计金额不超过4500万元，为河源辖区128家企业办理169笔、10.55亿元的转贷续贷业务，为企业直接减负2047.76万元。创新“政务+金融”服务模式设立河源市首贷服务中心，通过为小微企业和个体工商户提供“一门、一窗”首贷全流程服务，提升融资业务办理效率。推动辖内银行机构对接首贷户181户、放款金额2.52亿元。强化政银企高效对接，举办河源市2022年金融服务实体经济支持中小微企业发展融资对接活动，组织金融机构到各县区（管委会）开展政银企融资对接专项行动11场次，对接企业153家，对接授信金额超20亿元。抓早抓实政策性开发性金融工具落地，河源国家高新区电子信息智能制造产业园项目成功获得3.81亿元政策性金融基础设施基金，撬动项目总投资38亿元建设；农发行发放保交楼专项借款10.14亿元。

【企业股改上市】2022年，河源市企业广东雅达电子股份有限公司上市申请于北交所上市委员会审议通过并获得中国证监会批复。引导和扶持重点企业股改，累计推动33家企业完成股改。形成上市后备企业梯队，纳入上市（挂牌）企业后备资源库企业110家，聘请有资质的第三方对市重点上市后备企业进行调研评估。引导企业开展股权挂牌融资，加强与前海股权交易中心和广东股权交易中心战略合作，协助本地企业通过股权转让、挂牌融资等方式实现股权直接融资。起草并推动市政府与工行广东省分行、广发证券股份有限公司分别签订战略合作框架协议。其中，工行广东省分行（2022—2027年）内将为河源提供总金额不少于500亿元的意向性融资支持。推动设立深圳证券交易所河源服务基地，联合上交所南方中心举办“聚集硬科技 服务高新企业”培训及路演活动，从企业培育、专业培训、投融资对接服务等方面提供全方位的专业支持和服务。

【农村金融服务】2022年，河源市金融局联合多部门印发《关于做好金融支持河源市全面推进乡村振兴有关工作通知》《河源市信用村“整村授信”专项行动服务乡村振兴战略的工作方案》，加强金融服务乡村振兴工作的组织领导，优化完善配套政策。加大金融信贷支持农业发展力度，辖内金融机构创新推出“真猪贷”“一村一品贷”“乡村振兴贷”“蝉茶贷”“鱼生贷”“风貌贷”等超过40种涉农特色信贷产品。是年，辖区银行机构涉农贷款余额662.37亿元，增长5.6%；普惠型涉农贷款增速高于各项贷款增速，全辖银行机构普惠型涉农贷款余额145.41亿元，增长15.8%，比各项贷款增速高10.7个百分点。开展普惠金融户户通，完善农村信用体系建设。推动农商行系统运用“白名单”预授信、批量授信等模式，与全市912个行政村开展“整村授信”工作，走访居民、农户、个体及小微基础信息建档数210.96万人（户），预授信和授信53.65万户。做好政策性农村住房保险工作。通过公开招标，确定三家保险（中国人民财产保险股份有限公司河源市分公司、中国人寿财产保险股份有限公司广东省分公司、中华联合财产保险股份有限公司广东分公司）机构承保该市2022—2024年农村住房保险，推动承保的保险公司对受灾农房快速完成查勘定损，保障农户权益。发挥河源生态优势，推进绿色金融工作。推动辖内金融机构推出多种绿色金融产品；交通银行河源分行、连平农商行分别建成“零碳网点”。是年，绿色信贷余额55.41亿元，增长24.7%，增速高于各项贷款19.64个百分点，涵盖节能环保、清洁生产、清洁能源、绿色农业、绿色建筑、绿色交通等领域。

【地方金融监管】2022年，河源市金融局加强和完善地方金融组织监管。依托“金鹰”“灵鲲”两大金融风险监测系统，监测该市企业6137家，对全市地方金融组织及其关联市场主体实施实时监测，及时甄别非法金融活动。加强金融突发事件应急保障。印发《河源市金融突发事件应急预案》，推动河源市金融应急管理现代化。防范和处置非法集资。结合打击养老诈骗专项行动、涉众金融、互联网金融整治、规范第三方财富管理公司和常态化扫黑除恶斗争，开展防范非法集资“七进”（进机关、进社区、进学校、进企业、进单位、进军营、进网络）宣传。2022年，未发生非法集资案件；推动化解非法集资陈案工作。及时消除风险企业安全隐患。对全市62家黄色风险和1家橙色预警疑似从事私募业务风险企业开展核查处置工作。（胡斯敏）

银行保险业监管

【概况】2022年，中国银行保险监督管理委员会河源监管分局监管所在辖区银行业金融机构资产总额2186.08亿元，负债总额2101.74亿元，分别增长4.2%、4.9%。其中存款1647.28亿元，贷款1756.12亿元，分别增长5.1%、5.1%。存贷比106.61%，比全省平均水平高25.03个百分点，位居全省（不含深圳，下同）第二。税后利润18.68亿元，下降41.5%。保险业金融机构原保费收入38.56亿元，下降4.4%。赔付支出16.83亿元，增长9.5%。提供风险保障金额70339.68亿元，增长13.3%。实现承保利润1.4亿元，增长7.7%。

【业务监管】2022年，中国银行保险监督管理委员会河源监管分局强化监管引领，筑牢重点领域风险防控金融安全网。

落实房地产金融政策 传达贯彻落实金融支持房地产市场平稳健康发展16条、保函置换预售监管资金等最新文件精神，支持个人住房贷款合理需求，稳定房地产业贷款投放；房地产贷款余额796.61亿元，增加23.72亿元，增长3.1%，当年新增房地产开发贷款17.61亿元，增加17.17亿元，增长39倍。

加强保险市场乱象整治 采取分类监管、监管约谈与走访督导、支持保协依法自律三项措施整治省内异地车业务，车险综合费用率25.9%，下降1.38个百分点；加大寿险违规整治力度，针对发现的销售误导、给予合同外利益、虚挂保单等违规问题共监管约谈机构2家次，发出监管函6份；开展保险中介机构“多散乱”治理，针对10家“三无”（无业务、无场所、无人员）机构，督促7家撤销，并向其余3家发出监管函督促整改。

提升执法能力 制订现场检查方案，成立检查组，开展现场检查，涉及机构7家；对违法行为保持高压态势，运用行政处罚手段保障金融监管有效开展，作出行政处罚6件。

强化金融消费者合法权益保护 与河源市中级人民法院等四部门联合签署《合作备忘录》，提升多元化解工作协同水平；开展整治“代理退保”黑产乱象专项行动，重复投诉、敏感投诉问题清理化解专项工作，涉企乱收费专项整治行动，侵害个人信息权益乱象专项整治工作；组织“3·15”、“7·8”、9月消费者保护月宣教活动。

【金融服务】2022年，中国银行保险监督管理委员会河源监管分局坚持金融服务实体经济的天职，引导金融资源支持重点领域助力河源经济企稳回升。

推动稳经济政策落地落实 组织召开金融支持实体经济及落实纾困政策工作座谈会，及时传达落实政策文件精神，出台多项纾困政策，细化措施95项，全覆盖现场督导各机构落实；推动政策性开发性金融工具在河源落地。

保障重点领域信贷资金需求 保持信贷投放的持续性和稳定性，辖区实体经济贷款余额965.89亿元，增长6.9%，高于各项贷款平均水平1.87个百分点；引导金融资源更多向中高端制造业聚集，围绕先进制造业、战略性新兴产业、传统产业转型升级等重点领域，持续增加中长期贷款投放，制造业贷款增长21.3%，增速为各项贷款增速的4.21倍。其中，制造业中长期贷款增长43.0%，占制造业贷款51.60%，提高7.81个百分点；围绕“五大产业”（千亿级电子信息产业、百亿级水产业、百亿级先进材料产业、生态旅游业、现代高效农业）“七大行动”（产业兴市行动、“融湾”“融深”行动、乡村振兴行动、城市提质行动、形象提升行动、民生保障行动、生态优先行动）制订《重点项目贷款情况表》，推动机构走访企业150家次，累计发放贷款22.20亿元；引导银行机构加大对“融湾”“融深”领域和绿色发展的支持，相关贷款分别增长9.7%、49.0%。

强化普惠小微金融服务 小微企业信贷投放总体呈现“量增、面扩、价降、质升”的良好态势，小微企业信用贷款余额60.08亿元，增长72.4%；发放小微企业法人“首贷户”贷款户数增长22.0%，惠及企业676户；新发放普惠型小微企业贷款平均年利率4.7%，下降0.37个百分点，节约融资成本7121万元；累计116.24亿元、2245户贷款实施延期还本付息；联合金融局举办2022年金融服务实体经济支持中小微企业发展融资对接活动，组织金融机构到各县区开展政银企融资对接专项行动12场次，对接企业261家，对接授信金额52.25亿元。坚持践行以人民为中心的发展思想，完善薄弱环节满足人民日益增长的优质金融服务需求。

优化新市民金融服务 制订指导意见，明确优化11项任务清单，按月跟踪机构金融服务情况；上线政风行风热线宣讲“新市民”金融服务相关政策；部署开展“新市民金融服务宣传月”活动，线上线下面向公众开展活动125次，触达19.61万人次；新市民贷款余额102.36亿元，户数3.08万户，分别增长46.7%、45.1%，为新市民群体提供风险保障151.1亿元。

助力推进乡村振兴 推动全省首个“乡村群众无忧保”保险项目、农产品质量安全责任险等支农新险种相继落地河源；农业保险原保费收入2.9亿元，增长54.1%，提供233.6亿元的风险保障，增长38.5%，已决赔款1.62亿元，增长57.6%，受益农户4.76万户次，是年，中央级和省级财政补贴农险险种落地20个，覆盖率90.9%；引导机构以驻镇帮镇扶村为契机，派驻金融助理525

2022年9月，河源银保监分局组织开展2022年河源市银行业保险业“金融知识普及月”宣传活动，指导19家银行保险机构开展宣传工作

（中国银行保险监督管理委员会河源监管分局 提供）

人，对接村镇金融需求，737个信用村实现“整村授信”，授信金额63.45亿元。

推动保险业服务重点民生领域 联合市医保局印发《河源市普惠型商业补充医疗保险指导意见》，推动城市定制型商业补充医疗有效衔接基本医疗；配合交警部门建成警保合作劝导站点，巩固重型货车安装监控的政策成效，助力压降道路交通安全风险；组织辖区中国人寿、泰康人寿等5家经营专属商业养老保险产品寿险机构开展座谈，推动养老第三支柱发展。 （廖永祥）

金融机构选介

【中国工商银行股份有限公司河源分行】 2022年，中国工商银行股份有限公司河源分行个人客户168.82万户，各项存款余额221.16亿元，各项贷款余额289.09亿元，辖内网点19家。

加大对涉农领域的信贷支持，推动乡村振兴战略落地 利用以工行乡村振兴专属产品粤农e贷为抓手，重点支持当地农业龙头企业以及特色产业现代农业产业园，助力当地茶叶、鹰嘴桃、猕猴桃、油茶等特色农产品发展；对接乡村振兴领域各级政府，与岭南实验室河源分中心、紫金县乡村振兴局、和平县乡村振兴局、龙川县四都镇、东源县涧头镇等22个单位签订乡村振兴战略服务框架协议，为后续进镇入村服务打下良好基础；优化乡村基础金融服务环境，在龙川县四都镇、东源县涧头镇等乡镇设立6家镇级“工银兴农通”乡村振兴金融服务站。并在源城区源南镇白田村试点推行整村授信工作，签订整村授信合作协议，授信金额500万元，提升涉农主体融资服务可得性。是年，涉农贷款余额58.92亿元，比上年增加14.15亿元，增长3.9个百分点。

推动创新产品落地，突破企业融资难题 2022年，该行响应人行、银保监局、金融局等部门号召，运用科技手段及大数据，通过“粤信融”“广东省中小微企业融资”“信易贷”“中征应收账款融资服务”等中小微企业综合融资平台，与企业实现对接，破解银企信息不对称难题，缓解企业融资难融资贵等难题，特别是增加信用贷款投放。是年，该行累计为231户企业发放信用贷款18.83亿元，其中制造业信用贷款6.3亿元，占比33.5%。

全面风险防控 提升信贷风险管理的前瞻性 把好入口，管好闸口，抓好贷后过程管理，细化“三道防线”（第一道防线是指一级分行、二级分行各营销及产品部门、支行。第二道防线是指案防综合管理和职能控制部门。第三道防线是指具有独立性的内部审计部门。各级机构、各部门主要承担第一道防线、第二道防线的案防职责，同时协助第三道防线的内审机构完成相关工作。）履职要求。抓好疫情后的风险化解工作。增强内控案防的有效性。压实关键少数内控案防主体责任，通过“一季度一主题”、以身边事警示身边人、抓好重点关注机构帮扶督导及整改、深化员工异常行为“两化”（智能化、网格化）管控、利用监测分析系统+违规风险智能识别系统（VIS）+员工网格化管理系统（GIS）形成的“智能查证”体系全面强化过程管理，以“价值服务年”为主题，抓实合规文化建设，管控风险、严防案件发生，实现安全运营。 （黄乔冠）

【中国农业银行股份有限公司河源分行】 2022年，中国农业银行股份有限公司河源分行本外币各项存款余额174.48亿元；贷款市场份额保持同业首位，本外币各项贷款余额291.32亿元，居四大行第一，其中个人贷款存量、增量实现同业“双第一”。

服务“三农” 2022年，中国农业银行股份有限公司河源分行涉农贷款余额157亿元。实现全辖19个省级农业产业园金融服务全覆盖。辖内风险补偿金业务“零”的突破，推进联农带农富农模式，覆盖全市95个乡镇行政村1068个，乡镇金融服务覆盖100%。推进驻镇帮镇扶村工作，对接乡镇重点项目，该行“三农”金融部获“广东省工人先锋号”称号。

服务实体 2022年，中国农业银行股份有限公司河源分行坚守服务实体，持续优化信贷结构，全年新增法人贷款主要投向重大基建、民生保障、新型制造业等项目，实现固定资产贷款投放9.25亿元，人行口径绿色信贷余额11.64亿元，制造业贷款余额17.79亿元。

服务普惠民生 2022年，中国农业银行股份有限公司河源分行执行减费让利，加大普惠金融投放力度，普惠贷款户数增量与普惠贷款增量居四行排名第一。推进网点办贷工程，落实“保交楼 稳民生”工程，个人住房贷款余额145.46亿元，余额市场份额同业第一。

（黄玉琼）

【中国银行股份有限公司河源分行】2022年，中国银行股份有限公司河源分行辖内营业网点12家（其中东源、紫金、龙川、和平各1家），本外币存款余额89.23亿元，比上年增长15.13亿元，增长20.4%；本外币各项贷款余额145.22亿元，比上年增长9.08亿元，增长6.7%。

支持实体经济 2022年，中国银行股份有限公司河源分行实行服务国家战略、支持实体经济发展计划。为制造业发放贷款14.73亿元，比上年新增17.5%，占总投放量的47.5%。

支持科技创新 2022年，中国银行股份有限公司河源分行运用广东科企支持贷、中银科技通宝、专精特新贷款及广东技工贷等产品，为该市科技型中小微企业提供“一对一”的银企对接机会，解决融资需求,支持市科创企业发展金融力量。科技金融贷款余额7.72亿元。

助力乡村振兴 2022年，中国银行股份有限公司河源分行贯彻落实党中央、国务院关于做好“三农”工作的决策部署，推出中银惠农通宝业务服务方案，涵盖扶贫贷、扶农贷、助农贷、新农贷、特产贷、供应链贷等多个授信品种，支持农、林、渔业及相关客户的信贷业务需求，客户可随借随还、循环使用，进一步降低融资成本。是年，该行投放涉农类企业贷款14.89亿元。

加强新市民消费者权益保护 2022年，中国银行股份有限公司河源分行主动加强金融知识宣传，通过金融知识“六进”活动，（进社区、进校园、进企业、进乡村、进商圈、进工地）、“金融广播”活动、发送公益宣传短信等方式和途径，提高社会群众的金融风险防范意识和能力。加强警银联动，共同打击电信网络诈骗等金融违法犯罪活动，守住群众的“钱袋子”，维护金融秩序稳定。

（袁俊毅）

【中国建设银行河源市分行】2022年，中国建设银行股份有限公司河源市分行围绕以人民为中心的发展理念、助稳经济大盘等重点工作策划主题宣传，联合省级媒体“南方+”报道市分行助力小企业发展、乡村振兴等工作。

存款业务 2022年，中国建设银行股份有限公司河源市分行一般性存款211.86亿元。其中，企业存款86.33亿元，个人存款125.53亿元。

贷款业务 2022年，中国建设银行股份有限公司河源市分行各项贷款247.38亿元。其中，个人贷款余额183.25亿元，对公贷款余额64.13亿元。

利润指标 2022年，中国建设银行股份有限公司河源市分行实现拨备前利润7.60亿元，中间业务收入1.20亿元。

住房租赁 2022年，中国建设银行股份有限公司河源市分行成功投放市分行历史上首笔住房租赁贷款，实现了“零”的突破；重点项目“数字住房粤安居”全市上线。

普惠金融 2022年，中国建设银行股份有限公司河源市分行普惠贷款余额26.40亿元，先后投放市分行首笔“善担贷”、“商叶云贷”、“商户云贷”银联版、“厂房快贷”等业务，提升支持实体经济和制造业企业金融服务能力。

乡村振兴 2022年，中国建设银行股份有限公司河源市分行涉农贷款余额40.3亿元，较年初新增13.5亿元，增长50.37%。

社会责任 2022年，中国建设银行股份有限公司河源市分行绿色信贷余额3.41亿元，比年初增加0.96亿元，增速44%。中国建设银行股份有限公司河源市分行安保工作实现“三无”目标，无发生重大案件、无发生重大安全责任事故、无发生重大群体性事件。

（王华锋）

【中国人民财产保险股份有限公司河源市分公司】2022年，中国人民财产保险股份有限公司河源市分公司保费收入10.86亿元，比上年增长6.1%，市场份额54%，提供风险保障34.59万亿元，增长18.5%，用于处理理赔案41.07万笔，赔付支出7.31亿元，增长9.1%。

助力乡村振兴 2022年，中国人民财产保险股份有限公司河源市分公司重点围绕“传统+特色”“政策+商业”融合发展模式，积极推动生猪、肉鸡养殖以及温室大棚、特色种植等产业的保险供给，形成补贴有效率、产业有保障、农民得实惠、机构可持续的多赢局面。2022年，支付农业保险赔款9258万元。

创新园区保业务 2022年，中国人民财产保险股份有限公司河源市分公司针对产业园区内自然灾害、安全生产、场所安全、环境污染等多样化风险，推出差异化的产业园区保险解决方案，减轻园区风险管理压力，提高抗风险能力。护航高新技术企业，完善河源“专精特新”中小企业研发生产、商品流通、销售后端等全链条风险保障体系，重点保障高新技术企业的自主创新和自主知识产权。

参与社会治理 2022年，中国人民财产保险股份有限公司河源市分公司连续3年承保紫金县政府救助保险；连续七年承保河源市巨灾指数保险，累计赔款2亿元。承保农民工工资支付履约保证保险180笔，提供风险保障2亿元。全省首单“河源乡村群众无忧保”，围绕医、食、住、行、教为全市27257户建档立卡脱贫户共94686人（除特困人员外）和监测对象提供1.5亿元的风险保障，支付赔款385万元。

填补河源保险空白 2022年，中国人民财产保险股份有限公司河源市分公司签出17笔全省或全市首单保险，如蓝莓气象指数保险、水稻制种保险、水稻补充保险、高标准农田建设工程质量潜在缺陷责任保险、河源“乡村群众无忧保”保险、全市“三支一扶”（支教、支医、支农，扶贫）人员团体意外保险等。

科技理赔 2022年，中国人民财产保险股份有限公司河源市分公司践行“承保+减损+赋能+理赔”保险新逻辑，打造“科技理赔”服务模式，广泛应用卫星遥感、无人机及“粤农保”移动终端等科技资源，与传统理赔资源形成抗灾救灾合力，开展各项理赔工作。坚持应赔尽赔快赔原则，是年，支付大灾赔款9753万元。

践行温暖工程 2022年，中国人民财产保险股份有限公司河源市分公司捐赠价值55万元的179台抽水机，支持54个乡镇撂荒耕地复耕复种，捐赠价值80万元的一批消毒药物、农药、化肥、喷雾器支持受灾县区重建复产。是年列支各类防灾减损费405万元，支持水利、林业、农业等公益设施修复、建设。

（刘伟荣）

【中国人寿保险股份有限公司河源分公司】 2022年，中国人寿河源分公司实现保费收入7.59亿元，市场份额35.2%，位列行业第一；赔付支出2.65亿元，占全市寿险各类给付支出56.6%，理赔件数1.47万多件，理赔服务1.13万多人；临柜累计接待客户3.4万多人次，日均接待客户量93人。

民生保险 2022年 中国人寿河源分公司参与承保城市定制型商业医疗保险业务“槎城河家保”项目及河源市城乡居民大病保险项目，累计赔付4.82万人次，赔付金额5283.27万元；承保老人险、女性玫瑰公益保险、退伍军人意外保险、文联志愿者保险、学生险等民生保险项目，保障71.5万多人，提供保险保障1368.5亿多元；聚焦新业态和灵活就业人群，承保建筑工人、网约车司机等1万多人。

推进乡村振兴 2022年，中国人寿河源分公司，派出驻村帮扶干部2名，承接帮扶点工作，为全市2102人捐赠总保额8109万元的“防返贫”意外保险；为610名驻镇帮镇扶村干部捐赠总保额1.77亿元的意外伤害保险；农村小额参保6319人，风险保额10亿多元；组织挂点乡镇村医参加远程医疗培训。

助力中小企业发展 2022年，中国人寿河源分公司，中国人寿河源分公司针对中小企业实际需要，为客户量身订制定期寿险、意外伤害、意外医疗、企业年金等全方位福利保障方案，丰富保险产品供给。是年，累计为2260家13.7万个中小企业员工提供767.2亿多元风险保障，团单报价优惠3000多万元；为其中2116人次给付1359.2万元的保险理赔金，解决中小企业用人用工中的风险和经济补偿责任。

开展保险权益宣传 2022年，中国人寿河源分公司推进消费者权益保护各项工作落地，以“3·15”、“7·8”、金融知识宣传月、新市民金融知识普及等活动为抓手，开展线上线下教育宣传活动，强化消费者防范金融风险和依法维权的意识，加强消费者权益保护；组织增值服务项目，全年健康知识普及讲座服务3万人次。

（叶 珊）

2022年3月15日，中国人寿河源分公司开展“3·15”消费者权益保护宣传教育活动 （中国人寿保险股份有限公司河源分公司 提供）

2022年驻河源保险公司一览表

表6

序号	单位名称	序号	单位名称
1	中国人民财产保险股份有限公司河源市分公司	7	中国平安财产保险股份有限公司河源中心支公司
2	中国人寿保险股份有限公司河源分公司	8	中华联合财产保险股份有限公司河源中心支公司
3	天安财产保险股份有限公司河源中心支公司	9	大家财产保险股份有限公司河源中心支公司
4	永安财产保险股份有限公司河源中心支公司	10	中国平安人寿保险股份有限公司河源中心支公司
5	泰康人寿保险有限责任公司广东河源中心支公司	11	中国大地财产保险股份有限公司河源中心支公司
6	中国太平洋财产保险股份有限公司河源中心支公司	12	合众人寿保险股份有限公司河源中心支公司

续表6

序号	单位名称	序号	单位名称
13	民生人寿保险股份有限公司河源中心支公司	22	华夏人寿保险股份有限公司河源中心支公司
14	国泰财产保险有限责任公司广东分公司河源营销服务部	23	华泰人寿保险股份有限公司广东分公司河源中心支公司
15	中国人民人寿保险股份有限公司河源市分公司	24	鼎和财产保险股份有限公司河源中心支公司
16	富德生命人寿保险股份有限公司河源中心支公司	25	阳光财产保险股份有限公司河源中心支公司
17	新华人寿保险股份有限公司河源中心支公司	26	众诚汽车保险股份有限公司河源中心支公司
18	中国人寿财产保险股份有限公司河源中心支公司	27	华安财产保险股份有限公司河源中心支公司
19	前海人寿保险股份有限公司河源分公司	28	安盛天平财产保险股份有限公司河源中心支公司
20	华泰财产保险有限公司河源中心支公司	29	太平财产保险股份有限公司河源中心支公司
21	太平人寿保险有限公司河源中心支公司		

（刘艳花）

【安信证券股份有限公司河源分公司】

安信证券河源分公司，成立于2006年，下设河源龙川营业部、河源紫金安良大道营业部。2022年，安信证券河源分公司坚持“为客户提供高效服务，为股东持续创造价值，为员工搭建广阔发展平台”的经营理念，稳健经营，合规运作，提升专业能力，重视履行社会责任，为投资者提供股票、债券、融资融券、期货、期权、基金、理财、港股通等丰富的证券投资品种，为企业提供A股及新三板挂牌上市、融资、财务顾问等推介服务。是年，安信证券河源分公司获国投资本“党员先锋队”称号。

业务情况 2022年，两市（深市、沪市）股基交易量1241.85亿元，本地股基市场份额排名第一，纳税总额354.3万元。是年，安信证券河源分公司持续推进财富管理转型，为客户引进优质产品，强化市场研究及优质基金甄选，帮助客户构建并优化资产配置组合，为客户实现财富增值，成为客户长期专业的投资伙伴。

投资者教育 2022年安信证券河源分公司高度重视投资者保护工作，努力引导投资者树立理性投资理念，增强投资者的守法意识、风险防范意识和自我保护意识，积极普及相关金融与法律知识。是年，在市区及县区举办投资沙龙和各类业务专题讲座5场、线上微学堂4场，与广大投资者分享证券投资分析方法、各类新业务知识与规则、安信证券研究中心策略成果等内容，持续宣导理性投资理念，取得较好效果。

合规工作 2022年，安信证券河源分公司未发生违法违规风险事件。在维稳安全工作中，全年“无刑事案件、无经济案件、无泄密案件、无违反治安管理处罚条例案件、无重大交通事故、无火灾事故、无治安灾害事故、无集体上访”。（张 玲）

乡村振兴

编辑：吴静文

产业发展

【概况】 2022年，河源市围绕优质水稻、高山油茶、绿色蔬菜、特色水果、岭南药材、生态畜禽、健康水产等八大优势特色产业，加快构建现代农业产业体系，推动传统农业向现代农业转型升级。创新建立点状供地项目“1+N”并联快速审批机制，启动7个点状供地项目试点工作。农业保险实现“提标”“增品”“扩面”，保险金额202.05亿元，蔬菜、花卉苗木、茶叶、肉鸭、蛋鸡、淡水水产等险种在河源市实现首次承保。累计建成粤港澳大湾区、省级、市级菜篮子基地20个、34个和95个。创建经农业农村部认定的“无非洲猪瘟小区”3个，累计创建国家级、省级畜禽养殖标准化示范场14个、22个，省级现代化美丽牧场7个。创建国家级、省级水产健康养殖示范场10个、14个，省级水产健康养殖和生态养殖示范区（生产主体）3个，东源县成为全省首批水产健康养殖示范县。

【农业产业转型升级】 2022年，河源市累计实施省“一村一品、一镇一业”项目268个，投入资金2.08亿元；获批建设省级现代农业产业园项目18个，完成投资25.3亿元，相关主导产业总种植面积规模11.19万公顷，生猪年出栏量48万头，家禽出栏量2170万羽。获批全国“一村一品、一镇一业”示范村镇12个、省级专业村镇150个，东源县上莞镇仙湖村被评为全国乡村特色产业亿元村。以“龙头企业+合作社+农户”“龙头企业+家庭农场+农户”等利益联结方式，促进小农户与现代农业、巩固脱贫攻坚成果与乡村振兴的有效衔接。通过订单收购、土地流转、入股分红、务工带动、租赁生产线等多种方式，促进当地农民就地就近就业，拓宽农民增收渠道。其中，产业园范围内农民人均可支配收入22663元，高于各县平均水平18.37%；吸纳农民就业人员8.94万人，联农带农人数28.75万人。累计争取村集体经济扶持壮大中央资金8040万元，支持试点村268个村，东源县入选全国首批创建农业现代化示范区。加大对扶贫帮扶项目资产的后续管护力度，推动光伏、小水电、扶贫车间等小微型项目发展。全市纳入国家扶贫系统的光伏帮扶电站有108个，总装机容量1.23万千瓦，发电量792.12万千瓦，上网电量697.25万千瓦，运维覆盖率95.37%。

【农业产业融合发展】 2022年，河源市发展农产品精深加工、休闲农业等二、三产业融合发展。在292家市级以上重点农业龙头企业中有加工企业126家，具备农旅结合发展能力企业30家；有预制菜企业38家，年产值4.5亿元。累计培育中国美丽休闲乡村2个，国家级休闲农业与乡村旅游示范县1个、示范点1个，省级休闲农业与乡村旅游示范单位47个、省级农业公园3个。休闲农业接待游客282.03万人次，实现营业收入9.48亿元。开展“2022年河源市乡村休闲体验季”活动消费券发放工作，盘活全市“近郊游、乡村游、周边游”消费市场，带动乡村旅游经济发展。

【农业经营体系建立】 2022年，河源市累计培育市级以上重点农业龙头企业292家，市级以上农民专业合作社示范社453家,市级以上示范家庭农场125家。创建“万绿河源”农产品区域公用品牌，创新“万绿河源+企业品牌”母子品牌营销模式，累计培育“粤字号”农产品104个、国家地理标志产品4个、“圳品”16个，15个农产品入选全国名特优新农产品名录，“广东十大好春茶”数量居全省第一，农产品品牌建设卓有成效，农业经营体系逐渐向专业化、组织化、品牌化发展。

【现代农业产业园建设】 2022年，河源市获批创建18个省级现代农业产业园，在全省排名第四。累计获得省级财政支持资金10亿元，实现全市“一县一园”“一县多园”的发展布局。在第二轮产业园建设情况中，河源市获批创建9个省级现代农业产业园（1个跨县集群产业园、8个特色产业园)。其中，是年获批4个[源城区蔬菜产业园（扩容提

2022年，东源县柳城镇万绿智慧农场　　（市农业农村局 提供）

质）、东源县丝苗米产业园、和平县丝苗米产业园、龙川县整县推进实施“一镇一园”全覆盖试点]。灯塔盆地国家现代农业示范区（灯塔盆地农业高新技术产业示范区）范围内引进落户产业项目15个、投资总额40.3亿元；储备产业项目14个；完成油茶种植533.33公顷，新增流转土地966.67公顷，推动美林油茶加工产业园如期投产。

【新型农业经营主体培育】 截至2022年9月，河源市发展各类家庭农场1201家。其中，从事种植业有734家，从事养殖业有116家，从事种养结合有351家。家庭农场流转和自有经营土地面积约0.86万公顷，家庭农场劳动力总数4193人。其中家庭成员数4563人。全市依法登记在册的合作社6616家。完成龙川县、连平县农民合作社高质量发展整县推进工作。争取省级专项资金416.6万元，推进农民合作社高质量发展整县推进，建立龙川县、连平县农民合作社服务中心。同时，指导和平县成立农民合作社服务中心。

【乡村精准赋能】 截至2022年，河源市累计培育高素质农民5946人，评定乡村工匠专业人才136人；朱振中、刘少农、万绿古邑农业咨询服务（河源市）有限公司分别入选2022年度首批广东省乡村休闲产业发展专家智库、咨询机构，培育一批有文化、懂技术、善经营、会管理、能带动农业农村高质量发展的乡村产业发展骨干人才。省级现代农业产业园区累计贷款余额23.42亿元，河源市落地全省首笔“粤供易贷”，银担合作贷款6.47亿元，金融资源向乡村产业倾斜。

农村改革

【农村集体产权制度改革】 2022年，河源市推动农村集体经济组织管理规范化，完善集体经济组织成员信息，拓展改革成果应用。全市累计完成集体经济组织成员身份确认327万人，登记赋码颁证22208份、完成率100%，列入资产量化计划的869个经联社、10719个经济社全面完成资产量化工作。发展壮大村集体经济整体提升，村集体经济收入全面达到10万元以上。贯彻中央农村改革各项措施，开展农村集体产权制度改革，推进农村土地股份合作制试点，集体经济组织合作制改革等试点任务持续深化，95个乡镇98项“一镇一改革”的改革任务进入攻坚阶段。

【村集体“三资”监管】 2022年，河源市开展农村集体资产专项清理行动，加强农村集体经济组织资产管理，完善农村集体资产监督管理服务体系，农业农村局制定《关于开展农村集体“三资”自查自纠活动》，用3个月（5—7月）时间对全市农村集体“三资”进行自查自纠，重点核查农村集体经济组织所有的资金、资产、资源使用情况。全市101个镇街、1274个经联社、20934个经济社已基本完成“三资”自查自纠工作。全市22208个经济组织清查出3991个问题。其中，清产核资方面1990个；财务收支方面188个；资产资源管理方面1031个（其中问题合同767份）；债权债务方面584个；工程建设方面111个，其他问题98个，整改问题2443个（其中整改问题合同241份），未整改问题1548个（尚有526份问题合同未整改），整改率61.2%（问题合同整改率31.4%）。

【农村宅基地管理】 2022年，河源市落实“一户一宅”，贯彻《河源市农村村民住房建设管理办法》，研究制订一系列相关配套政策。先后出台《河源市农村宅基地审批管理工作指引(试行)》《河源市新建农房建设管控指引》《河源市农房风貌改造提升指引》《全面推进农房管控和乡村风貌提升的工作方案（试行）》等一系列措施，规范宅基地审批管理。全市各乡镇收到农户申请宅基地建住宅6166宗，需求建设面积71.19公顷。其中，申请使用新增建设用地999宗，需求建设面积13.81公顷。已审批的有2714宗，批准建设面积27.83公顷。其中，批准使用新增建设用地294宗，批准建设面积12.68公顷。

（姚文凤）

村镇建设

【传统文化传承发展】 2022年，河源市有楼镇彩扎、香火龙等111个项目列入市级非物质文化遗产代表性项目名录，紫金花朝戏、连平花灯2项为国家级代表性项目，客家童谣、龙川猫头狮等29项为省级代表性项目，打造市级非

2022年，龙川县龙母镇张乐村——龙川最美一号公路　（市乡村振兴局 提供）

遗传习基地16个。龙川县黎咀镇获2021—2023年度“广东省民间文化艺术之乡”。

【农村人居环境整治】2022年，河源市全域开展“三清三拆三整治”，农村残垣断壁、破旧泥砖房得到全面清理，“村收集、镇转运、县处理”的垃圾收运处置体系全覆盖运行。东源县获评2022年度全国村庄清洁行动先进县。农村生活污水治理覆盖4663个自然村、治理率54.37%，系统排查整改问题户厕6222个、问题公厕96个。市政府与各县（区）长（主任）签订年度责任状，按照资源化利用、建设污水处理设施的方式加快污水治理。因地制宜打造“四小园”（小菜园、小果园、小花园、小公园）44054个，创建美丽宜居村807个、特色精品村57个。建设15条县级乡村振兴示范带，源城区“蔬香田园”、东源县“诗画田园”、连平县“十里花灯”、紫金县“红色基因·古韵茶香”等示范带建设成效初显。全市完成驻镇帮镇扶村五年（2021—2025年）发展规划。制定完成“东江画廊”专项规划。有94个圩镇达到“宜居圩镇”标准。印发实施《河源市美丽圩镇建设攻坚行动计划》，开展圩镇人居环境整治，全市通过验收达到“宜居圩镇标准”的乡镇有36个。

【生态环境治理系统推进】2022年，河源市完成桉树林改造0.84万公顷，秸秆综合利用广泛推广，启动垦造水田93.66公顷，建成都市型、城镇型、乡野型和自然生态型碧道244千米，“柏埔河碧道”入选广东“十大浪漫碧道”，万绿湖水质继续保持国家地表水I类，全市水环境质量持续领跑全省。（朱辉敏）

【乡村道路建设】2022年，河源市加快县乡道升级改造，推进通建制村公路单车道改双车道工程，推动“四好农村路”（建好、护好、管好、运营好）高质量发展，打造“一村一路、多路成网、多村成片”的农村公路网体系，完成建设里程480千米。联合市财政局、市农业农村局、市乡村振兴局、市公路事务中心评选源城区埔前镇等10个市级“四好农村路”建设先进镇和龙川县县道418线珠塘至霍山公路等10条市级“十大最美农村路”，龙川县列入2022年度“四好农村路”全国示范县创建名单。（张静雅）

【农村供水改造提升工程】2022年，河源市农村自来水普及率99%以上，农村供水工程规模化覆盖人口比例55.9%。完善基层防汛减灾设施。安装智能水位预警柱215套，对全市624个简易水位报警器进行升级改造，向各县区发放铜锣口哨335套，提高基层山洪灾害预警预报能力。

【中型灌区工程建设与改造】2022年，河源市加快灯塔盆地近期项目建设，完成新建加固渠道291千米，渠道基础开挖310千米，改造提升水库9宗、加固改造山塘23宗，新建2座抽水泵站等系列工程量，总体形象进度86.63%，改善当地农业生产条件，提高粮食生产综合能力。加大灌区续建配套与节水改造，东源县白礤灌区、大坑灌区、赤竹径灌区获评省级节水灌区称号。

（宋丽平）

【驻镇帮镇扶村实施】2022年，河源市有1537名市直单位派驻镇帮镇扶村干部在镇村一线抓发展、促振兴，新增“三支一扶”、高校毕业生志愿者、科技特派员等人员588人。组织开展驻镇帮扶工作队员培训9期、2300多人次，提升帮扶队伍能力素质和履职能力。利

2022年，源城区“蔬香田园·静谧山水”乡村振兴示范带（市乡村振兴局 提供）

用帮扶单位资源优势，牵线搭桥引进帮扶企业154家落户乡镇，带动镇村1万余名低收入人口实现就近就业。及时调整优化帮镇扶村五年规划和年度帮扶计划，协助完成镇域乡村振兴规划，10个乡镇的乡村振兴调研报告、8个乡镇的乡村振兴规划获得全省通报表彰。各级落实驻镇帮镇扶村资金21.54亿元。其中，省级13.6亿元、深圳5.7亿元、市级0.38亿元、县级1.867亿元。实施乡村振兴项目1783个，支持巩固脱贫成果、乡村产业发展和乡村建设。

乡村治理

【乡村“三治”】2022年，河源市健全乡村“三治”（德治、法治、自治）相结合的乡村治理体系。村规民约实现全覆盖并与时更新，“一村一法律顾问”助民排忧解难。紫金县龙窝镇“‘小积分’撬动乡村治理‘大格局’”的做法入选全国社会治理创新最佳案例，和平县阳明镇梅径村、紫金县敬梓镇冯坑村等10个村（社区）获评国家民主法治示范村（社区），和平县大坝镇水背村、龙川县佗城镇枫深村等4个村获评为全国乡村治理示范村，8个镇、69个村获评为全省乡村治理“百镇千村”示范镇村。连平县音乐快板节目《客家新风》登上全国第三届“县乡长说唱移风易俗”舞台，《河源干部大返乡，构筑乡村振兴“强引擎”》经验做法得到省领导肯定。龙川县成功创建国家级新时代文明实践中心试点县，源城区、东源县成功创建省级试点县（区）。常态化开展“道德模范”“最美家庭”“新时代好少年”“十大最美家庭”等评选活动。推进移风易俗，逐步解决人情攀比、厚葬薄养等现实难题。连平县田源镇音乐快板节目《客家新风》获评第三届“县乡长说唱移风易俗”优秀节目。总结提炼紫金县龙窝镇“五老一贤”工作法和“积分+”治理模式；推广顺天镇关心关爱困难群体“一户四联”（即每一户特殊群众由一名镇领导班子成员、一名镇干部、一名村干部和一名社工直接联系服务）和“三个一”（要求每“一”个月由“一”名镇领导班子成员带头组织开展“一”次特殊困难群体的关心关爱活动，及时掌握独居老人需求，不断解决实际问题）工作机制。（朱辉敏）

【农房安全整治】2022年，河源市完成农村削坡建房风险点整治。省下达该市2022年度农村削坡建房风险点整治任务3260户，开工3260户，开工率100%，竣工3260户，竣工率100%，完成地质灾害防治三年行动计划的农村削坡建房风险点整治任务。全市排查行政村各类农村房屋54.4万栋，整治存在安全隐患的经营性农村自建房73栋，对初判存在风险的7000栋房屋开展评估鉴定；经评估鉴定为危房的农村房屋3440栋，整治740栋。

【传统村落保护】2022年，河源市完成第一批22处历史建筑的测绘建档及第二批26处历史建筑的普查认定工作。推进传统村落保护，组织各县区开展第六批中国传统村落调查推荐工作，该市经住建部公示拟列入第六批中国传统村落名录名单4个。推进保护规划编制，完成《佗城历史文化名城保护规划（2022—2035年）》上报省级审查工作。

【农村生活垃圾收运处理体系完善】2022年，河源市建立完善“村收集、镇转运、县处理”的农村生活垃圾收运处理体系。东源县综合资源利用中心项目（三县联动焚烧）正在开展前期工作，一期处理规模为600吨/日。全市95个乡镇建有101个中转站，配备转运车201辆，每个乡镇均具备垃圾转运能力。全市8575个自然村配备垃圾收集点32507个。

【农村生活污水治理】2022年，河源市是粤北地区农村生活污水治理攻坚试点市，推进农村生活污水治理工作。全市8575个自然村中有4663个村完成生活污水治理任务，农村生活污水治理率54.4%，污水处理能力12.4万吨，管网3563千米。完成新增1288个自然村生活污水治理。开展2022年省民生实事重点区域示范村生活污水治理工作，93个重点区域示范自然村完成治理。通过日常巡查和省住建厅第三方技术单位明察暗访等措施，督导源城区落实属地责任，常态化开展管网维护和河道清淤工作，巩固东埔河黑臭水体治理成效。

（袁国省）

2022年，修缮后的龙川县佗城百姓祠堂街（黄明太 摄）

城市建设·自然资源

编辑：曾红艳

住房和城市建设

【概况】2022年，河源市住房和城乡建设局获得省建设工程优质奖1项，省建设工程优质结构奖10项，省房屋市政工程安全生产文明施工示范工地奖11项，省建设工程项目施工安全生产标准化工地奖11项，省优秀建筑装饰工程奖1项，省建筑业绿色施工示范工程奖1项。

【建筑业发展】2022年，河源市住房和城乡建设局牵头起草的《河源市建筑业企业奖励政策实施细则（试行）》和《河源市建筑业骨干企业评选和奖励办法（试行）》两个文件经市政府同意印发实施。是年，全市有1家本地建筑业企业晋升为施工总承包一级资质企业，有2家本地建筑企业晋升为施工专业承包一级资质企业，广东建工广投工程建设有限公司平移市政公用工程施工总承包一级企业；全市注册地总承包企业完成建筑业总产值170.49亿元，比上年增长6.0%。支持和鼓励本地企业承接业务，鼓励外地企业与本地企业组成联合体投标，对既有在建项目，鼓励外地企业施工项目优先选择本地具有“专业承包+劳务分包”资质的企业参与项目施工，本地企业承揽该市房建市政业务的占比比上年提高10个百分点。办理房屋建筑工程施工报建279个、建筑面积700.46万平方米、造价156.31亿元；其中市区房屋建筑工程施工报建数158个、建筑面积298.7万平方米、造价48.9亿元；办理市政工程施工报建37个、造价9.99亿元，其中市区17个、造价3.37亿元。

【绿色建筑与建筑节能】2022年，河源市新开工绿色建筑总面积265.48万平方米，占城镇新开工民用建筑面积96%；新开工装配式建筑面积61.56万平方米，占新开工建筑面积13.4%。开展建筑节能工作。印发《河源市绿色建筑创建行动实施方案（2021—2023）》，对和平、紫金、龙川和东源县的民用建筑工地现场进行《广东省绿色建筑条例》宣贯，要求民用建筑严格执行国家标准规范要求。加快搅拌站生产绿色化改造进程，全市48家预拌混凝土搅拌站企业14家取得绿色生产星级评价，正在实施绿色改造的预拌混凝土搅拌站有19家。

【工程质量和施工安全】2022年，河源市住房和城乡建设局强化质量管理制度建设，加强质量安全现场和市场联合管理，推行信用为基础的新型质量安全监管机制，开展建材打假、混凝土及用砂等系列质量专项整治行动。督促企业加强施工安全管理，完善各项安全制度，强化安全生产教育培训、人员到岗履职，全覆盖开展隐患排查整治，全面提升工程质量安全管理水平。办理质量监督手续工程317项，建筑面积657.9万平方米，签署承诺书317项，竣工验收备案126项，设立永久性标牌215项，一次竣工验收合格率100%。

加强房屋市政工程安全监管，结合综合检查、专项检查、常态化督导等方式，一线检查企业主体责任落实、危大工程管控、起重机械、高支模、深基坑等重点领域和关键节点的安全风险管控、地下工程有限空间作业安全管理等方面。持续在“五一”、国庆等重要节日和中共二十大召开等重要时期组织各县区住建局、市质安站对辖区建筑工地开展安全隐患大排查，采取市县联合、部门联动、专家互动方式，提高排查整治的精准度和专业度。年内，出动检查人员18827人次，检查工程7055项，下发质量整改通知书385份、安全整改通知书2023份、局部停工令122份，发现质量隐患1672个、安全隐患9395个，安全隐患已全部完成整改。

加快推进自建房专项整治，印发《全市经营性自建房屋安全整治百日攻坚行动方案》《河源市自建房安全专项整治工作实施方案》，加强业务培训，动员专业力量参与整治，加强督促指导，推动自建房整治开展。排查自建房505724栋，排查率71.7%；排查经营性自建房66232栋，排查率100%，经营性自建房排查任务于2022年8月底按时完成；存在安全隐患的经营性自建房

1050栋，均采取工程措施或管理措施。组织市县（两）级抽查核查工作，各县区全部完成抽查核查任务，经营性自建房安全整治工作取得阶段性成果。

是年，全市出具结建式防空地下室设计要点35项，应建人防面积21.15万平方米，办理结建式防空地下室易地建设审批191项，应收人防工程易地建设费3439.44万元。受理建设工程消防设计审查113件、办结110件，受理消防验收83件、办结83件，受理消防验收备案175件、办结175件；办理特殊建设工程消防设计审查意见书7项，审查建筑面积21.73万平方米。

【城建项目建设】 2022年，河源市住房和城乡建设局尊重城市发展规律，传承城市历史文化，协调推进城建项目建设实施，完成西环路旅游大道南段工程与棚户区改造项目首期的高压线迁改、江源安置小区及江源小学、东江公园二期、黄沙河二期整治项目、河源市中小学科普教育馆建设项目等项目建设，推动河源市青少年宫和教师发展中心、中山大道二期等项目建设，协助各业主单位推进文昌北路人行天桥建设工程、华达街与建设大道交叉口人行天桥建设工程、江源小学跨西环路人行天桥建设工程等项目建设。加快推进代建项目建设，代建项目43个，完成投资2.92亿元。

【房地产市场】 2022年，河源市坚持"房住不炒"定位，贯彻落实"一城一策"调控政策，促进房地产市场平稳健康运行。是年，完成房地产开发投资额145.53亿元，比上年下降47.2%；全市新建商品房销售面积268.84万平方米、下降28.9%，房地产销售下降幅度收窄；全市商品房库存面积463.29万平方米，消化周期为21.21个月。推进问题楼盘处置工作，制订"一楼一策一专班一包案领导"工作机制，压实属地管理责任，推进房地产领域涉稳突出风险化解工作，推动一批问题楼盘复工复产和交付工作，处置一批群众反映强烈、矛盾隐患突出的涉房地产问题。完成商品房合同备案1.5万份；白蚁防治备案70宗，面积414.65万平方米。加大房地产市场秩序整治，将商品房预售许可现场勘查与房地产市场秩序日常巡查结合起来，不定期开展专项检查，重点检查企业是否存在发布虚假房源信息和广告、未取得商品房预售许可擅自销售、未公示楼盘表、未落实"一房一标"等扰乱市场秩序的违法违规行为。

【住房保障】 2022年，河源市发放保障房租赁补贴246户，任务完成率109.3%，发放租赁补贴金额54.41万元；新增公租房家庭83套，解决329户家庭987人的住房困难问题。逾期未建成棚改项目加快推进，龙川县搬运新村棚户区项目完成竣工验收并进行安置房交付。

【工程建设项目审批制度改革】 2022年，河源市住房和城乡建设局制订工程建设项目审批相应工作方案及配套制度40余个，制订并印发7类工程建设项目审批流程图、各阶段并联审批实施细则及办事指南并实行动态管理，推行工程建设项目审批分类改革"一通办"，实行"一家牵头、并联审批、限时办结"。全市线上审批的工程建设项目2164个，审批服务办件7624件，实行并联审批办件4099件，并联审批率67.6%，通过系统出具电子证照600多个。2022年,省营商环境考核，该局主办的办理建筑许可指标获全省第六名的好成绩，排名位于粤东西北前列。

（袁国省）

城市管理

【市政建设】 *基础设施建设* 2022年，河源市城市管理和综合执法局完成河源市区4座人行天桥建设，其中雅居乐人行天桥完成总进度60%，华达街人行天桥完成总进度50%，完成总进度45%；推进宝源片区及老城西区污水治理工程建设，完成总进度95%，2#调蓄池完工，下穿铁路护管完成进度10%；新江市场区域水浸点整治工程12月开工建设，完成总进度10%。

设施管理与维护 加强路面隐患整治，组织开展道路交通安全大整治专项行动，累计零星维修960处，累计修复路面4300平方米，修复人行道2300平方米，排水排污管道600米；累计更换井盖井座260套、安装防坠网320个，督促相关管线单位加强井盖管理，确保路面交通安全；开展第一次全国自然灾害（市政道路和桥梁）普查数据质检核查工作，获省级验收通过；做好创文督查整改，累计完成道路、排水、路牌、广告等督查件310件，按时限要求完成并及时反馈；做好投诉件、信访件处理和反馈工作，受理470件，办结反馈率100%，办理建议提案15件，答复满意率100%，是年，实施改造的沿江路九龙城路段调头路口。

城市桥梁安全管理 组织桥梁管护单位对市区34座城市桥梁进行年度检测，对个别桥梁进行复检，检测结果为A级2座、B级20座、C级11座、合格级1座，没有D级和E级桥梁，根据检测的结果，计划对部分存在病害的城市桥梁进行维修加固，完成施工图设计预算评审；邀请省建科院桥梁专家对市区36座城市桥梁进行汛期现场检查勘查；完成迎客大桥通航能力和抗撞性能评估，按检测、勘察、评估结果来看，市区城市桥梁未存在重大结构性安全隐患，桥梁总体运行安全可靠。

城市防汛排涝能力持续提升 提前部署，组织市政养护单位对市区排水管网进行地毯式清疏，累计检查排查管道97千米，完成清疏管井5500座、截水沟1800米和滨江大道排水泵房改造；对规模较小、工程量不大的积水点纳入市政维护小型项目或零星维护中解决，对工程规模较大的水浸点纳入年度城建计划解决。完成长塘路、中提路、湖滨路、

越王大道下穿隧道、永丰路口32个局部积水点改造；加快推进新江市场区域水浸点项目建设；强化应急值班值守，发出应急排涝指令18次，累计出动排涝人员960人次、车辆250辆次，完成排水防涝阶段性任务。

照明亮化 智慧路灯建设进展有效，在中山大道、建设大道等11条主干道安装路灯无线监控终端43个，实现对路灯进行远程控制、远程监测、远程通信，节能减排效果显著。维修或更换路灯1万多盏，修复路灯线路里程2.9万米，排除路灯控制设备故障140多次，应急处置撞毁路灯杆交通事故15起，快速处理路灯投诉1100多宗（办结率100%），保持平均路灯亮灯率在98%以上，路灯设施完好率在99%以上，保障夜间群众出行安全和车辆行驶交通安全。

城市环境卫生环卫管理 2022年，河源市城市管理和综合执法局以补短板、强基础为目标，推进可热力发电厂项目、建筑垃圾消纳场项目建设；加强生活垃圾填埋场运营监管力度，化解生活垃圾、渗滤液处置风险，推进垃圾渗滤液积存减量，化解生活垃圾填埋场运营风险。

生活垃圾处理 2022年，市中心城区生活垃圾产生量36.5万吨，全部实现无害化处理，无害化处理率100%。

【城市管理执法】 **打击违法建设** 2022年，河源市城市管理和综合执法局查处违法建设面积83.91万平方米，其中拆除面积22.48万平方米，对比省住建厅下达河源市2022年35万平方米的治理任务，治理任务进度比239.7%，超额完成省住建厅下达的工作任务。

开展城市“六乱”整治 开展市容专项整治行动118次，查处城市“六乱”（指乱扔吐、乱堆放、乱摆卖、乱拉挂、乱贴画、乱搭建）现象6.8万多宗，拆除违规设置的地锁320多个、没收违规占用公共停车位的雪糕筒2600多个。

开展共享单车治理 组织成立共享单车协会、组合优化停放点1172个，推行第三方统一路面管理、全面上线骑行前人脸识别等举措，将共享单车治理“老大难”问题打造成城市管理精细化服务的“河源品牌”，受到省住建厅和市领导充分肯定，有关工作经验做法作为河源“城管执法这十年”亮点经验被省有关媒体宣传报道。

加强燃气行业监管 围绕燃气安全整治“百日行动”，打击非法经营行为，查处非法运气车辆4辆、非法经营燃气网点98个、老旧不合格燃气瓶3900多个，立案作出处罚12宗、处罚金额5.62万元；排查餐饮场所和用气单位1万多家，整改隐患4800处；落实居民入户安检60万户，餐饮行业安装燃气报警装置率100%；巡查中压管网830千米，覆盖率100%，超额完成省下达的覆盖率30%的要求。

做好综合执法 履行职责，严格依法行政，重点做好户外违规广告拆除、大气污染行为治理、养老诈骗专项整治、校园周边秩序维护等工作。拆除违规户外广告牌1160个；查处整改露天焚烧行为2352宗、露天烧烤行为1421宗；排查各类公园广场和商超112宗次、排查主次干道和背街小巷1170多条次，拉设各类打击整治养老诈骗专项行动横幅标语62条（张），派发《防范养老诈骗宣传手册》1万多份；整治校园及考点周边市容秩序问题630多宗。高考期间，累计出动执法人员350多人次，整治考点周边“六乱”行为120多宗、生活噪声和建筑工地噪声12宗，服务考生110多人次。

【城市供气】 2022年，河源市城市管理和综合执法局落实燃气主管部门行业安全监管责任，在全市范围内开展多轮次燃气安全生产隐患大排查大整治工作，有效防范和化解安全风险。压实安全生产主体责任。各级燃气管理部门切实压实企业安全主体责任，级级签订安全生产责任书，强化安全培训，制订和完善应急预案，开展应急救援演练，加大安全宣传力度，加强安全督导检查，坚决遏制和杜绝燃气事故的发生；举办燃气安全管理工作培训。2022年9月15—16日，联合市燃气行业协会组织城镇燃气安全法律法规及相关安全知识培训，学习贯彻习近平总书记关于安全生产重要论述，观看《生命重于泰山》电视专题片，学习燃气管理实务知识。市、县区燃气主管部门分管领导、业务人员，市燃气行业协会会员、单位燃气从业人员（法定代表人、企业主要负责人、安全负责人及企业安全员）145人参加培训，有力提高各燃气企业人员的安全意识和管理水平；开展燃气应急救援演练。9月和11月，组织河源华润燃气、新奥燃气分别在高新区、市区万隆城购物中心开展天然气供应突发事件应急救援演练，提高燃气突发事件应急处置能力，为河源市高质量发展营造更加安全稳定的社会环境；排查用户端用气安全。排查餐饮场所和用气单位10136家，排查整改一般隐患4833项，督促检查未安装报警装置的用气单位4511家，查处餐饮场所不符合气源要求的燃气具235家。吸取一氧化碳中毒事故教训，在全市范围内开展燃气安全隐患入户排查整治行动，重点排查居民现有在用直排式热水器等隐患，落实居民入户安检60多万户；组织燃气安全大检查。重点排查全市各类燃气场站安全隐患，组织省燃气行业专家联合开展燃气安全大检查，范围覆盖全部33个企业场站，累计排查整治一般安全隐患1672处；开展市政管网排查整治行动。组织开展燃气设施和管网隐患排查治理工作，采取拆除占压物、管道改线、重点监控等方式排除安全风险隐患，巡查中压管网（含放散井，无高压管网）、庭院管网共830千米，覆盖率100%；依法打击整治违规行为。开展安全执法检查2958次，通报单位4家，约谈燃气企业（供应点）186家，开展警示教育128次，全市餐饮等行业燃气报警装置总体安装率100%；开展多轮次液化石油气安全专项集中整治行动，查处查扣非法运气车辆4辆，打击整治非法经营燃气网点98个，扣押老旧不合格燃气瓶3900多个，立案处罚12宗，处罚金额5.62万元；加强安全教育宣传，利用户外广告及媒体平台普及安全用气常识；结合安全生产月，组织各县区燃气主管部门、燃气企业参与开展9场次燃气安全咨询日活动和安全用气入户宣传活动，增强广大市民安全用气意识，筑牢燃气安全生产的思想防线。

（周莹莹）

【城市公园】 2022年，河源市加强城市公园的建设和管理，实施精细化、网格化管理模式。城市建成区绿化覆盖面积1877.07公顷，绿化覆盖率42.68%，绿地面积1764.04公顷，绿地率40.11%，公园绿地面积480.65公顷，人均公园绿地面积15.45平方米。建有各类城市公园广场88个，并根据城市实际建设口袋公园，打造绿色灵动的城市空间，公园绿地服务半径覆盖率91.22%。完成《河源市城市绿化管理办法》编写工作、编制印发《河源市城市树木修剪技术指引》、完善《河源市迁移、砍伐、修剪城市树木，占用城市绿地审批事项办事指引》，为规范管理河源市城市公园提供制度保障。（王 子）

代建项目管理

【概况】 2022年，河源市政府代建项目管理局代建工程43个，其中前期项目18个，在建项目15个，准备验收项目6个，已竣工验收项目4个，总投资55.29亿元，年度完成投资2.90亿元。项目实施方面，完成黄沙河二期整治工程项目（2020年黄沙河管网改造工程），河源市中小学科普教育馆建设项目等项目建设；扎实推进河源市青少年宫和教师发展中心、中山大道改造工程二期、市区三座人行天桥等项目建设，各项建设工作有序开展；项目前期方面，主动对接，提前介入，协助业主单位做好河源市污水处理厂提标升级及配套管网改造、钓鱼台片区工业大道市政工程等项目前期工作。

【推进项目建设】 2022年，河源市政府代建项目管理局抓好疫情防控和安全生产工作。以“安全生产月”为抓手，落实国务院安委会安全生产“十五条”硬措施、“省65条”“市70条”具体措施，强化企业安全生产主体责任落实，排查整治建筑施工各类风险隐患；结合质量安全生产检查工作，以“时时放不下心”的责任感，抓实抓细疫情防控措施，筑牢工地疫情防控防线。是年，该局开展集中检查活动6次，出动检查人员596人次，检查工地68个次，检查发现问题276项。代建项目未发现工人感染新冠肺炎病毒案例，未发生因工重伤、死亡等安全生产事故。

【代建项目工程结算】 2022年，河源市政府代建项目管理局将项目未结算原因分类汇总，与施工、监理、勘察、设计单位及相关职能部门积极沟通，加快推动代建项目工程结算进度。是年，该局向财政部门报送结算评审资料72份，完成施工、监理、设计、勘察等工程分项结算80项。在代建项目完成工程结算后，及时按规办理竣工财务决算相关手续。是年，财政部门出具批复1项；正在办理竣工财务决算20项。（彭芙琳）

城市供水

【概况】 2022年，河源市受理12345电子工单1910件，比上年下降18%。市区供水量10350万米，DN75以上管网总长度937.56千米，管网漏损率8.84%，出厂水、管网水水质综合评价合格率100%，抢修及时率100%。

【水质监测检测】 2022年8月，河源市税务局组织市质量计量监督监测所对市区二次供水、管网水、管网末梢水、出厂水等53个抽样点进行抽样检测，城市管网水水质综合评价合格率100%，均符合国家生活饮用水卫生标准的要求。加强水质管理，要求供水公司加强取水口、出厂水水质检测，并按要求每月报送水质检测结果。加强市区供水规范化管理，完成省对市区2022年城镇供水规范化管理和二次供水专项调研。

【管网改造】 2022年，河源市按照《河源市中心城区城市给水工程系统专项规划（2015—2030年）》及老旧小区改造工程的要求，加快供水配套设施建设。投入1558万元，完成管网新敷设及改造完成市区老旧管网长度36.91千米。配合完成东升幼儿园侧巷道、黄子洞黄石岭小区三巷1—8排周边、石坪路北四巷55号周边、中山大道与益民东街交会东南、万绿湖大道新塘村胜利山庄32号前、学前路（即沿江路至旺源路）益和花园与帝豪国际花园旁、高塘杨梅坪、西一路东三巷等区域市政道路升级改造。配合完成金鼎花园、新风花园、新兴西巷保险宿舍、华达南街广宇楼、新江二路电力小区、永福路北城冠花园、沿江路九龙城原东埔商住楼、永和市场公寓楼等老旧小区管网改造。提高市区供水安全性和保障性，解决部分市政供水管道老化及区域供水水压不足等问题，保障城市正常供水，降低管网漏损率。

【供水产销差降低】 2022年，河源市通过加强供水管网查漏降耗管理、加大供水管网巡查力度、违章用水稽查、管网漏点探测工作、对计量水表实行常态化管理、对管网安全隐患进行排查及确保维修及时性等措施，降低管网漏失率。管网巡查里程68080千米；管道抢修次数11190次，抢修及时率100%；探测地面下暗漏水553处，漏水量2247.44米^3/小时；打击违章用水662多处，更换到期水表1万多个。

【民生饮水问题解决】2022年，河源市贯彻落实市长“面对面”解决群众“饮水难”座谈会精神，并成立工作专班。市区供水问题已基本办结，纳入市政府重点督导的问题10个，已办结8个。其中，碧桂园小区水压低问题完成改造，碧水湾片区恢复正常供水，文昌花园水池改造项目完成投入使用，城南水厂首期建成并调试运行。（宋丽平）

市场物业管理

【概况】2022年，河源市市场物业管理处管辖农贸市场7个，分别为中心市场、古亭综合市场、上角市场、龙尾坝市场（友平生活超市）、卫星市场、城南市场和埔前市场。强化市场管理，按照“一场一策、标本兼治”要求，实行定人定岗工作责任制，规范市场经营环境秩序，营造整洁有序的市场购销环境。

【“创文”“巩卫”宣传】2022年，河源市市场物业管理处按照“创文”“巩卫”工作要求，在管辖的农贸市场分别设置“创文”“巩卫”宣传栏，宣传社会主义核心价值观、未成年人思想道德教育、垃圾分类、公筷公勺、市场诚信经营等公益广告，营造浓厚的宣传氛围。是年，该处投入市场修缮维护、公益广告宣传、市场消杀、消防安全设施、卫生洁具、防疫等创文经费约9.5万元。更换消防水带21条、灭火器32个、消防箱7个、消防栓9个，更换创文宣传广告47幅。

【消防安全管理】2022年，河源市市场物业管理处开展“119”消防安全宣传月活动，发放宣传资料100多份。6月22日，在单位四楼会议室举行消防知识讲座，邀请消防维保公司技术人员指导市场管理人员和市场经营户共20人进行现场使用灭火器等各类消防器材使用方法。（邝其波）

不动产登记

【概况】2022年，河源市不动产登记中心颁发不动产权证书36547本（市区，不含县，下同），比上年下降16.8%；不动产登记证明29834份，下降49.7%。办理首次登记8817宗，增长52.5%；面积597万平方米，下降16.8%。办理抵押登记18342宗，下降21.6%；面积719万平方米，下降34.5%。办理转移登记18096宗，下降31.6%；面积225万平方米，下降37.9%。办理查封登记2925宗，下降6.6%；面积690万平方米，下降0.7%。受理档案查询205248份，增长58.1%。

【“房地一体”农村不动产确权登记】2022年，河源市不动产登记中心完成市区（含源城区、江东新区）68700宗“房地一体”农村宅基地及集体建设用地使用权权属调查、房地测量、成果公示及数据建库工作，颁发不动产权证书11113本。

【不动产登记数据整合】2022年，河源市不动产登记数据质量提升项目成果通过省级专家组验收，完成国有建设用地使用权宗地落图落宗测量总量14028宗，商品房、房改房等自然幢落宗落地测量总量25718宗，完成调查数据入库工作。

【规范窗口建设】2022年，河源市政务服务中心不动产登记分中心挂牌成立，市不动产登记窗口全面纳入市政务服务中心一体化管理，推行“前台综合受理、后台分类审批、统一窗口出证”的“一窗式”办理模式。设立“办不成事”反映窗口，启动不动产登记历史遗留问题处理机制。全市首创开通居住权登记办理。持续推进林权登记业务办理，8月颁发市区首本林权类不动产权证书。（刘俞伶）

住房公积金管理

【概况】2022年，河源市住房公积金新开户446个单位2.62万人，实际缴存3811个单位20.74万人，新增开户职工中，非公有制企业职工1.47万人，占比超过56.2%。新增归集30.23亿元，比上年增长7.4%；累计归集247.61亿元，增长13.9%；归集余额76.14亿元，增长13%；新增办理提取21.47亿元，增长8.4%；累计提取171.47亿元，增长14.3%；新增发放贷款3622笔10.98亿元，分别比上年下降21.7%、21.9%；累计发放贷款5.03万笔111.37亿元，贷款余额61.17亿元，分别比上年增长7.8%、10.9%、9.4%。是年，住房公积金资金运用率80.3%，减少2.66个百分点。河源市住房公积金信息系统通过三级等保测评并取得备案证书，提升公积金系统网络安全综合防护能力。

是年，河源市住房公积金管委会审议通过《河源市2021年住房公积金归集、使用计划执行情况报告》《河源市住房公积金2021年年度报告》《河源市2021年度住房公积金增值收益分配方案》《河源市2022年住房公积金归集、使用计划》《河源市住房公积金异地个人住房贷款管理办法（修订版）》《河源市住房公积金管理中心行政处罚自由裁量权实施办法（修订版）》《河源市住房公积金业务承办银行准入及退出管理办法（试行）》《河源市住房公积金业务承办银行综合评估办法（试行）》等事项。

【住房公积金缴存基数调整】2022年，河源市住房公积金管理中心印发《关于做好2022年度我市住房公积金缴存基数调整工作的通知》，根据相关规定及河源市统计局公布的2021年城镇非私营单位在岗职工月平均工资标准，住房公积金缴存基数不得高于本市2021年城镇非私营单位在岗职工月平均工资的3倍（即22452元），原则上不得低于省政府公布的现行最低工资标准（即1620元）。缴存比例最低为5%，最高为12%。调整缴存基数后，河源市住房公积金缴存最高限额为5388元，缴存最低限额为162元。

【住房公积金阶段性支持政策】2022年，河源市住房公积金管理中心印发《转发〈住房和城乡建设部 财政部 人民银行关于实施住房公积金阶段性支持政策的通知〉的通知》，6月1日至12月31日，受新型冠状病毒肺炎疫情影响的企业，可按规定申请缓缴住房公积金，到期后进行补缴，在此期间，缴存职工正常提取和申请住房公积金贷款，不受缓缴影响；受新冠疫情影响的借款人，不能正常偿还住房公积金贷款的，可申请不作逾期处理；无房且租房提取住房公积金的最高额度由原来每户每月1000元提高到1200元。6—12月，28家受疫情影响企业申请办理住房公积金阶段性缓缴，缓缴金额254.26万元；4名贷款职工受新冠肺炎疫情影响不能正常偿还贷款申请不作逾期处理，涉及贷款余额85.89万元；2596名缴存职工按提高额度办理租房提取，提取总额3702.31万元。

【住房公积金贷款利率调整】2022年，根据9月30日中国人民银行关于下调首套个人住房公积金贷款利率的决定，河源市住房公积金管理中心及时印发《河源市住房公积金管理中心关于下调首套个人住房公积金贷款利率的通知》，自2022年10月1日起，下调首套个人住房公积金贷款利率0.15个百分点，即5年以下（含5年）和5年以上利率分别调整为2.6%和3.1%。并通过“线上推送、线下推介”融合宣传的方式，宣传首套个人住房公积金贷款利率下调政策。

【住房公积金服务】2022年，河源市住房公积金管理中心依托信息系统，新增提前部分偿还住房公积金贷款、出境定居提取、离休退休提取、租房提取、同城转移、异地转移、缓缴等7项线上办理事项；推进“就近办”，调整住房公积金贷款受理部门，自2022年7月1日起，职工申请住房公积金贷款既可以在缴存地办理，也可以在购房所在地办理。

【住房公积金跨省通办】2022年，河源市住房公积金管理中心完成住建部要求的住房公积金汇缴、住房公积金补缴、提前部分偿还住房公积金贷款、租房提取住房公积金、提前退休提取住房公积金等5项“跨省通办”服务事项，并且全部实现“全程网办”。

（黄佩婷）

自然资源管理

【概况】2022年，河源市自然资源局加快形成国土空间规划体系，完成“三区三线”（“三区”是指城镇空间、农业空间、生态空间三种类型的国土空间。“三线”分别对应在城镇空间、农业空间、生态空间划定的城镇开发边界、永久基本农田、生态保护红线三条控制线）划定工作；推进土地资源保护利用，产业园区用地整治成效；落实耕地保护“双管控”（管控耕地“非粮化”“非农化”）“双平衡”（耕地占补平衡和耕地进出平衡）要求，实现年度耕地占补平衡和进出平衡；抓严抓实自然资源领域安全生产工作，确保自然资源领域安全平稳可控；率先建立点状供地“1+N”（在《点状供地项目实施方案》中附带建设工程设计方案、国土空间规划方案、用地报批方案、林地利用规划方案、供地方案等打包形成“1+N”的总体实施方案。待《实施方案》批复后再依规定程序并联开展用地调规、农转用审批等流程，推动实现点状供地项目“一次过会、全程通行”）审批模式，做好自然资源民生服务保障；优化不动产登记服务，全力优化营商环境；“国土三调”（第三次全国国土调查）成果数据正式启用，摸清全市主要地类数据。

【自然资源要素保障】用地指标配置保障　2022年，河源市自然资源局坚持“土地要素跟着项目走”的原则，科学合理分配新增建设用地指标，统筹使用好省预支的1346.67公顷建设用地规模，保障“五大产业”（千亿级电子信息产业、百亿级水产业、百亿级先进材料产业、生态旅游业、现代高效农业）、先进制造业、民生基础设施等用地需求。是年，使用新增建设用地指标525公顷，完成用地批复77宗、面积973.6公顷；申请城乡建设用地规模31宗、面积677.05公顷，为梅龙铁路（龙川段）建设项目、华润怡宝(河源)饮用水生产基地项目等重大项目落地提供用地保障。

土地资源利用保障　开展产业园区用地整治提升行动，累计盘活园区存量产业用地669.8公顷，推动250多个、计划投资额合计570多亿元的产业项目投资建设，争取省奖励新增建设用地指标266.67公顷，释放存量产业用地指标24.33公顷，实现盘活存量用地、推动经济发展和争取新增建设用地指标。2022年，全市完成批而未供处置1154.05公顷，完成闲置土地处置249.56公顷，争取新增建设用地指标588.47公顷，将“历史包袱”转化成“发展资源”。

土地市场供给保障　全市供应土地347宗，面积1069.82公顷，其中挂牌出让162宗，面积366.73公顷，划拨土地177宗，面积697.39公顷。

矿产资源开发保障　完成《河源市矿产资源总体规划（2021—2025年）》编制工作，报市政府印发实施。加快推进绿色矿山建设，组织开展绿色矿山“再回头看”工作，将绿色矿山建设工作作为常态化工作抓实抓细。是年，市持证在采矿山共24家，达到绿色矿山标准17家，达标率71%，超过省定任务。

【国土空间规划】 推进国土空间规划编制 2022年，河源市自然资源局推进市、县级国土空间总体规划编制，按照永久基本农田、生态保护红线、城镇开发边界的优先序统筹划定“三区三线”，划定永久基本农田96186.67公顷、生态保护红线面积442067公顷、城镇开发边界30461公顷，全市国土空间开发保护新格局基本形成。

提高中心城区规划质量 坚持“项目为王”，以推动市水产业园、市高新区跨江融合发展区等产业园区提质扩容为目标，开展中心城区14个片区控制性详细规划编制修改工作，保障重大产业平台、产业园区、重要基础设施“落图落地”。

推动村庄规划优化提升 实施村庄规划优化提升试点和三年（2021—2023年）行动计划，贯彻落实《河源市村庄规划全面优化提升三年行动方案》，加强指导各县区有序推进村庄规划编制工作，优化县镇村国土空间结构和生产力布局，引领乡村建设行动，促进形成乡村产业集中布局和一、二、三产业融合发展的空间格局。

【耕地保护】 2022年，河源市自然资源局落实最严格的耕地保护制度。通过省政府对该市2021年度自然资源综合考核测评，全市各项考核指标均达标，连续22年实现耕地占补平衡。推进2022年水田垦造，超额实施年度垦造水田任务，保障重大项目、重大平台建设用地占补平衡，上缴市财政指标收益1.51亿元。

【生态保护修复】 2022年，河源市自然资源局研究部署全域土地综合整治试点工作，紧抓国家级试点东源县顺天镇和省级试点龙川县佗城镇项目建设，开展垦造水田项目66.67公顷，永久基本农田调整项目26.67公顷，耕地恢复项目20公顷，建设用地整理确定城乡建设用地增减挂钩20公顷，流转土地3333.33公顷，腾挪产业发展空间、百姓居住空间、农田耕作空间，助推现代农业产业做强做大。开展矿山石场治理复绿，完成16个矿山石场治理复绿任务，累计治理复绿面积29.61公顷。

【自然资源执法监督】 2022年，河源市自然资源局制订出台《河源市土地卫片执法落实“长牙齿”硬措施 实行“增违挂钩”机制的实施方案》，对各县区年度违法用地形成刚性约束。抓严抓实土地卫片执法，开展违法用地专项整治“百日攻坚行动”，其中2021年度违法用地完成整改321.2公顷，是年，违法用地完成整改138.47公顷。

【地质灾害综合治理】 2022年，河源市自然资源局通过提早组织部署，巡查排查，及时预警预报，加强值班值守，撤离人员应撤尽撤，应对2022年“龙舟水”，累计出动地质灾害巡查人员4918人次，巡查地质灾害隐患点（风险点）1524处，组织转移群众6671人，成功避险8起237人，实现全市在册地质灾害隐患点人员“零伤亡”，未发生群死群伤地质灾害。完成省市地质灾害防治三年（2020—2023年）行动。完成大型以上地质灾害隐患点综合治理119处，中小型地质灾害隐患点综合治理419处，专业监测289处，组织实施市级1∶10万及6个县级1∶5万地质灾害风险普查，完成紫金县黄屋嶂搬迁避险试点。

【不动产登记】 2022年，河源市自然资源局全面实行“一窗受理”“一窗通办”，推动市不动产登记全业务类型“受审分离”，实现“一个窗口，一次办成”。推行不动产登记事项“一网通办”，“颗粒化”管理不动产登记业务事项，实现高频登记事项1—2天办结。是年，办理一窗受理业务9420宗，金融总对总40159宗，法院总对总1763宗，互联网+企业业务31086宗。全面梳理分析数据库，加快宅基地审批进度，开展“房地一体”农村不动产权籍调查的宗数86.08万宗，完成权籍调查任务；登记发证27.9万宗。

【基础支撑服务】 2022年，河源市自然资源局完成年度土地变更调查。全市共开展调查核实举证图斑21217个，面积6299.7公顷。测绘与地理信息服务保障能力提升。完成3家测绘单位乙级核准、2家信息变更、3家信息补充；向8家测绘单位核发测绘作业证123本；受理审图6宗，发回整改2宗，核发审图号4宗；完成2022年度测绘质量监督管理“双随机、一公开”检查工作，全市16家单位测绘成果合格。推动基础测绘“十四五”规划实施，3个县区完成地图更新。选派6人参加省审图培训并取

2022年，河源市完成中小型地质灾害隐患点综合治理419处。图为治理后的东源县船塘镇新寨村石下岭滑坡地质灾害治理点 （市自然资源局 提供）

得审图资格。7月，配合市委宣传部处置问题地图1宗。在全省2022年市级地理信息综合评估中，河源被评为“三星”等级。（严蕾）

【广东省核工业地质局二九二大队】

广东省核工业地质局二九二大队是从事铀与非铀地质勘查工作的省属正处级公益二类事业单位。该队主要业务涵盖矿产勘查、规划、地灾调查勘查评估设计治理监测、削坡建房设计、工程勘察、垦造水田、城市地质、旅游地质、生态修复、测绘、地质科普、实验测试等。2022年，广东省核工业地质局二九二大队受聘为“河源市绿色矿业发展联合会副会长”，一队属单位被广东省总工会命名为“工人先锋号”，陈洪仁获授“广东省五一劳动奖章”称号。

主要业务 2022年，广东省核工业地质局二九二大队牵头完成国内首个古驿道调查规范团标——《南粤古驿道调查规范》，为统一规范全省开展南粤古驿道调查保护工作提供技术支撑。是年，该队贯彻落实国家和省重大战略，承接“中央红色交通线（大埔段）”保护利用项目，挖掘区域地质资源和地质文化。实施地灾类项目46项，构建科学完善的“防—救—治”技术支撑体系。首创《强降雨地质灾害撤离群众返回住技术指引（试行）》和《地质灾害应急排险及应急治理技术指引（试行）》，为地方探索建立一套“从汛期如何转移受威胁群众、汛期后如何组织群众安全有序返回到返回前如何科学安全除险”全流程防御工作指引和长效机制提供重要技术依据。编制的《河源市矿产资源总体规划（2021—2025年）》通过省、市两级专家评审，为行政管理部门依法审批和监督管理地质勘查、矿产资源开发利用与保护活动提供重要 依据。

生态环境保护 2022年，广东省核工业地质局二九二大队承担环境地质项目27项，包括实施水源地勘查、生态环境地质调查、水文地质调查、矿山环境地质调查、矿山地质环境保护与土地复垦，其中完成的“广东省梅州市铁山嶂废弃矿区（梅县区）生态综合治理修复工程勘察、设计”等一批生态综合治理项目，为全面提升矿山生态环境提供依据；完成的“河东镇黄湖村撂荒耕地找水”及“涧头镇饮用水勘查项目”2个公益找水项目，为当地百姓解决撂荒地用水难问题。（徐珍）

土地储备

【概况】2022年，河源市土地储备中心以挂账收储为土地储备工作重点，累计收储11.6万平方米，挂牌出让土地1.16万平方米。

【土地收储】2022年，河源市土地储备中心累计完成土地收储11.6万平方米，其中土地征收1.16万平方米，收回土地6宗土地10.44万平方米。

【土地经营】2022年，河源市土地储备中心围绕市委市政府的目标任务，加强土地出让运作，制订8宗土地挂牌出让方案，出让面积21.8万平方米，挂牌出让底价95361万元。实现挂牌出让5宗，完成出让1宗，出让面积1.16万平方米，成交价格5911万元。

【土地开发】2022年，河源市土地储备中心开展“我为群众办实事”实践活动，风光安置小区（一）于6月交付使用；完成东城西片区F路、红星东路（李氏祠堂段）和滨江南片区风光安置小区（一）配套道路市政工程建设。创新已储未用土地监管方式，在东埔片区进行试点，将已储未用的23宗土地委托给东埔街道办管护，解决已储未用土地监管难题。（黄集宏）

教育·科学

编辑：蔡娜 张惠芬

教育综述

【概况】2022年，河源市有各级各类学校1726所。其中，普通高校2所（广东技术师范大学河源校区、河源职业技术学院），中职（含技工，下同）学校18所，基础教育（高中、初中、小学）学校560所，特殊教育学校7所，专门学校1所，幼儿园565所。其中，民办中职学校4所，民办基础教育学校29所（小学4所、九年一贯制14所、十二年一贯制5所、完全中学4所、高级中学2所）。

全市有在校学生713436人。其中，普通高校在校学生25728人，中职学校在校学生42921人（含技工学校在校生10310人），基础教育（高中、初中、小学）在校学生537091人，特殊学校在校学生1043人（不含随班就读和送教上门学生），专门学校在校学生63人，在园幼儿111590人。此外，民办中职在校学生6334人，占全市中职学校在校学生的14.75%；民办基础教育义务教育阶段（初中、小学）在校学生45669人，占全市义务教育在校学生总数（456740人）的9.99%；高中在校学生12060人，占全市高中在校学生总数（80311人）的15.01%。

全市有565所幼儿园。其中，公办幼儿园230所，民办幼儿园335所（包括普惠性民办幼儿园261所）。全市在园幼儿111590人。其中，公办园在园幼儿57118人（包括购买学位8913人），公办园在园幼儿占比51.19%；民办园在园幼儿54472人（包括民办普惠性幼儿园41508人）；普惠性幼儿园（即公办幼儿园和普惠性民办幼儿园）在园幼儿98626人，占比88.38%。

全市有在岗教职工60701人。其中，普通高校教职工数1305人，中职学校教职工2557人，中小学教职工（含公办临聘和民办）43174人（其中专任教师39553人，高中专任教师6290人、初中专任教师12446人、小学专任教师20817人），特殊学校教职工392人，幼儿园教职工13273人（其中专任教师和保育员9737人）。

【“双减”工作】2022年，河源市推进“双减”（减少学生作业负担，减少校外培训负担）工作。全市义务教育阶段学校作业时长和总量达标率100%；开展课后服务学校138所，达到应开尽开学校全覆盖，学生平均参与率75.22%以上，其中中心城区学生参与率90.23%。大幅压减学科类校外培训机构，对比治理前原有机构数量191个，压减率为97.9%。推进“学转非”“营转非”工作，对206个面向中小学生非学科机构的主体资格等重新审核，限期整改，在全省地级市中率先实现合规率100%。是年，开展55次校外培训机构联合检查，停办295家、取缔51家不符合办学条件的培训机构，注销退出117家机构。全面推进监管平台信息化应用工作。

【教育队伍水平提升】2022年，河源市选派1666名骨干教师、校长参加2022年“国培计划”和“新强师工程”省级培训项目，组织2903名骨干教师、校长参加市级培训项目。推进全口径全方位融入式帮扶工作，主动对接深圳市和深圳大学、广东技术师范大学等高校，按照签订的双方结对帮扶协议，落实任务清单工作。组织实施2022年河源市“百名博（硕）士党政储备人才引育工程”，通过选调补充的方式，配齐配强学科专职教研员。全市在编教研员155人，比2021年增加42人，增幅为37.2%。做好中小学教师定向培养工作，公费定向应届毕业生上岗履约就业率100%。

【教育信息化水平提升】2022年，河源市推进信息技术与教学实践充分融合，扩大“网络学习空间人人通”覆盖面，完全小学以上学校装备“班班通”多媒体覆盖率100%，中小学教师终端覆盖率100%。全市有15个信息化课题获得首批省能力提升工程2.0专项科研课题立项，20个学科课例入选省能力提升工程2.0典型课例，7所学校入选省能力提升工程2.0整校推进典型案例。

【未成年人教育保护工作】2022年，

河源市创建粤东西北地区首所公办性质的专门教育学校——河源市启正学校，并于2022年9月正式招生办学。制定印发《2022年河源市未成年人思想道德建设工作实施方案》《河源市中小学未成年人思想道德建设工作测评任务分解表暨考评体系》，建立健全联防联动工作机制，做好未成年人重点群体思想道德、关爱教育引导，全面做好未成年人教育保护工作。

【教育安全防护工作】2022年，河源市加强校园安全应急保障体系和应急指挥体系建设，强化意识形态阵地建设，开展“校园安全全年”活动，通过对校园欺凌、心理健康、疫情防控、防溺水、校园周边安全等12个重点问题开展专项治理和整改，提升防范化解风险能力，织密筑牢河源教育安全防线。期间，全市教育系统开展校外培训机构治理行动13次、校园及周边环境治理和安全隐患大排查大整治行动22次，出动执法检查人员1812人次，排查整治校园及周边安全隐患202项、检查培训机构1735个，责令整改培训机构141个。

基础教育

【学前教育】2022年，河源市完成新建改扩建公办幼儿园14所，新增公办学位4890个；新增认定普惠性民办幼儿园15所，新增普惠性民办幼儿园学位4560个。推进学前教育高质量发展实验区建设。源城区和东源县培育高质量园本课程，紫金县成功申报“乡村学前教育一体化管理资源中心”项目实验区。

【义务教育】2022年，河源市完成新改扩建及续建义务教育学校11所，新增义务教育学位10335个，缓解义务教育学位紧缺问题。加强义务教育寄宿制学校建设，完成改造达标寄宿制学校175所，撤并生源少的乡村教学点161个，全市36所农村面上小学体育场地改造工作顺利完工并投入使用。全市先后成立13个教育集团，多形式开展教育领域合作办学，促进优质教育资源共建共享，推动义务教育办学质量整体提升。其中，市三小教育集团被评为第二批省优质基础教育集团培育对象。推进义务教育薄弱环节和能力提升，投入中央和省级财政教育转移支付资金9740.81万元，推进义务教育优质公平均衡发展。

【普通高中教育】2022年，河源市通过新改扩建紫金县佑文中学、和平振安高级中学、江东新区古竹中学、连平县连平中学等4所普通高中，增加7150个普通高中学位；恢复江东新区外国语学校普通高中学段招生，新增学位1200个。2022年高考有3人被清华北大录取，其中物理类有1名考生总分700分、全省排名第六（被屏蔽）。规范普通高中学校招生管理，加大对民办高中违规招生行为的查处力度，完善优质普通高中指标到校招生办法，确保“阳光招生”真正做到公平、公正。鼓励支持普通高中学科课程改革，做好国防班、科创班、音体美特长班等招生工作，推进普通高中教育多样化特色发展。

【民办教育】2022年，河源市加强对全市民办学校的统筹、协调、督查和指导，优化调整民办学校布局结构，落实“公民办学校同步招生”政策，统筹协调推进“公参民”学校规范治理，指导民办学校做好规范招生入学、查处违规办学、政府购买学位等工作，稳妥有序推进民办教育规范发展。

【特殊教育】2022年，河源市印发《关于做好适龄重度残疾儿童少年送教服务工作实施方案》，明确要求送教服务的对象、原则及工作要求，保障适龄重度残疾儿童少年接受义务教育权益。组织申报特殊教育内涵建设示范项目，加强特殊教育内涵建设示范项目研讨，提升特殊教育学校办学内涵。10月，河源市博爱学校《培智学校安全教育》《培智学生客家传统劳动技能》在广东省第三批特殊教育精品课程建设项目中被立项。推进特殊学校达标建设和普通学校资源课室建设工作，全市招收5人以上残疾学生的学校123所，建成资源教室115间，配备161名资源教师。

【专门教育】河源市启正学校是一所由河源市教育局直属管理，集义务教育、矫治教育为一体的全寄宿制公办专门教育学校。学校（临时校区）选址在东源县仙塘镇，占地约5000平方米，办学所需教室、办公室、宿舍及饭堂等校舍配套设施一应俱全。该校于2022年秋季正式招生办学，是粤东西北地区首所公办性质的专门教育学校，弥补河源专门教育方面的空白。

中等职业教育与终身教育

【职业教育】2022年，河源市委、市政府出台《河源市增加中等职业学校学位供给行动方案》，通过新建、迁建、扩建、联建、鼓励社会力量办学等方式，中职学校新增4200个学位，满足初中毕业生升学需求。以地方产业发展和企业用工需求为导向，优化调整中职专业布局，逐步降低区域内中职学校专业设置重复比例，指导中职学校服务地方经济和社会发展。河源理工学校的“电子技术应用”和河源市卫生学校的“护理”两个示范专业项目顺利通过验收，成为省第一批中等职业教育“双精准”示范专业。首次实施把中职学校列入高中阶段学校招生录取工作，全市中职学校招生14021人，招生任务完成率91.05%。

【终身教育】2022年10月，河源开放大学加挂“广东老年大学河源学院”牌子并正式揭牌开班。招生169人，开设中国舞、健身舞、合唱、唱歌、葫芦丝、智能生活、书法、国画、亲子沟通等

11个班。同时，河源开放大学朱门亭社区教育试点基地也正式揭牌开班。开设少儿公益艺术培训班，项目包括书法、声乐、舞蹈、少儿英语、绘画、语言艺术、武术、编程等，服务社区少年儿童，培养少儿兴趣爱好。（许惠敏）

【河源市卫生学校】2022年，河源市卫生学校宣传学习中共二十大精神，编印《人本党建 暖心校园》等4本党建丛书，做好乡村振兴工作，拨付近20万元资金用于挂钩点民生项目。校党委被确定为“河源市教育系统党支部规范化建设第一批集中建设试点”。公开招聘录用、选调教职工29人，实施青年名教师、名班主任培优工程，组织教师参加国家和省、市级线上线下培训，邀请北师大专家到校开展骨干教师专业能力提升培训。教师获省、市级称号27人次。谋划编印暖心德育校本教材，加强21个精品化社团建设，举办校园文化艺术节，“五四”、元旦文艺晚会等系列文体类竞赛活动，开展奖助学、暖心结对、心理辅导等活动。学校获“广东省首批中职学校‘三全育人’典型学校培育建设单位”“河源市三四红旗团委”称号；获国家级奖学金学生11人，校级奖助学金900人次，获省、市级“优秀学生”称号6人。

教学教研 开展推门听课、集体备课、公开课、示范课、教学质量评价、教案检查评比等教学活动，推进校企融合改革，落实专业教师到医院、药企进修制度，组织教师申报课题和编写教材。教师公开发表论文40篇，新增立项省市级课题3项，结题6项，学校“中职学校德育校本课程开发与学校特色发展研究”课题获年度省教育规划重点项目立项，57名学生在市级技能竞赛获奖，毕业生护考通过率77.17%。

招生就业 推进信息化招生和自主招生改革，实行全市志愿平台线上招生，搭建线上线下就业平台，举办专场招聘会，为毕业生提供3680个就业岗位。学校录取新生2700名，毕业生就业率99.62%。

成人教育 深化成人教育和职业技能鉴定工作改革，开展护理、生物技能职业技能等级证书考试和认定工作，申报生物技术基础课程考试考点，推进河源市卫生学校职业技能等级认定机构申报工作。

校园建设 推动学校北边地块土石方平整及围墙建设项目落地建设，完成数字化校园建设（二期）、国家标准化考点建设和足球场改造，学生公寓修缮，校园文化宣传布置等项目，完成图书馆、实训楼、教师公寓电梯及智能化安保系统、校园人脸识别闸机出入系统安装。

“护职院”筹设 继续推动护理职业技术学院筹设前期工作。该项工作列入“要素市场化配置综合改革实施方案”地市诉求项目，由市委上报省相关部门。（江春强 程 鹏）

2022年8月25日，河源市卫生学校与河源友好医院、三针医院、恒信口腔医院在学校举行“校院共商合作，携手培养人才”座谈会暨校院合作签约仪式

（市卫生学校 提供）

【河源理工学校】河源理工学校成立于2009年，是由河源市委、市政府投资6.2亿元，采用新建河源理工学校与迁建河源市工业学校（建于1998年）合二为一的方式规划和建设的全日制中职学校。2022年，全日制在校生10832人，教职工420人，开设交通旅游、智能制造、商务管理、艺术教育、电子信息等5个专业部共20个专业，建有10个专业实训基地，118个实训室。是年，该校参加河源市第十九届中职学校学生技能大赛，71人参加9大类18个项目，获16个团体一等奖、2个团体二等奖，17个单项一等奖、22个单项二等奖，获奖率97.18%。

教学教研 该校推行“以赛促学、以赛促教”，教师个人或指导学生参赛获奖153人次，其中获国家级金奖1人次，获省级奖47人次（一等奖1人、二等奖22人、三等奖24人）；学生参加各级各类技能大赛获奖108人次，其中1人被授予全国青年岗位能手，获省级奖38人次（二等奖15人、三等奖23人）。开展“工作过程系统化”课程体系改革和“行动导向”教学模式改革，全年新增结题课题1项，在研课题20项，出版教材24本，公开发表论文52篇。

招生就业升学 该校2022年全日制中职招生4037人，在校生10832人。学校以河源市高新技术开发区为中心，面向支柱产业，与26家企业开展校企合作，本地企业专班人数1058人，涵盖专业12个。为2020级3100余名顶岗实习生分批次举办线上和线下招聘会，吸引河、广、深、惠等知名企业提供岗位1万余个，就业率97.2%，对口就业率82.3%。高考班学生参加“3+证书”高职高考上线率达100%。是年，956人升入大专院校，占毕业生总数的39%。与5所高职学院联合开展三二分段对接合作办学，

12个专业534名学生完成转段考核。推动与连平职校的联建，派党员管理团队与教师援助宿舍修缮，帮助其秋季新增学位200个。

师资队伍建设 该校坚持以“三大工程”（素质提升工程，科研引领工程，教师专业发展工程）为载体，组织多形式培训，外派教师参加国家级、省级教师培训46人次，组织700余人次全员暑假培训、专业培训5次。以听评课为抓手，开展公开课、党员示范课近100节。实施《河源理工学校教师量化考核方案》，以工作实际评价教师，实现量化与职称、晋升挂钩。是年，廖映新省名班主任工作室正式挂牌成立（粤西北唯一，全省8个），被河源市总工会授予“河源市创新工作室”。

校园文化建设 该校凝练形成“一三六六”校园文化建设内涵，即“一训”（校训：精益求精），“三风”（校风：崇德尚技；教风：厚生乐教；学风：善学笃行），“六体系”（一个办学理念：品质成就人生、技能改变命运。两个导向：问题导向、目标导向。三个目标：人才培养目标——人品佳、就好业、上大学；办学目标——社会认可、企业满意、家长放心、师生奋进；建设目标：暖心、活力、进取、幸福理工。四个加强：加强团队建设、加强管理、加强研究、加强评价。五有要求：有方案、有布置、有检查、有总结、有反馈。六精工程：管理团队精练、教师业务精干、学生德技精修、课堂教学精彩、后勤管理精细、校园文化精雅），“六标语”（抓好常规，推进精细化管理。外树形象，内强素质，提升学校美誉度。定目标，树典范，精彩人生从理工起航！干净、整洁、有礼、有序，理工校园的亮丽名片！迈出校门，代表理工形象，肩负理工荣辱。实施“六精工程”，培养“四有”老师，实现“三大”目标），激励教职工高质量推进学校各项工作。

管理服务体系 该校建立与新冠疫情防控相适应的校园运行机制和应急预案，通过加强校园出入、食品安全、就餐秩序等方面的管理，保障师生的身心健康和维护校园稳定。完善师生服务中心建设，一站式服务师生5000多次。发挥职教优势，开展社会服务，开展汽车检修、电器维修、派送快递、助农直播带货、3D打印科普等技能服务活动，维修汽车1903架次，维修家电237件。开展进社区网格化、交通劝导、爱国卫生运动等志愿者服务活动231次，达28682人次。推进社会考证服务，承接各类考务5万人次。（邱泽浩）

【河源技师学院】 河源技师学院创办于1988年，2005年迁入新校区办学。学院占地面积21.9万平方米，建筑面积13.2万平方米，2022年有全日制在校生8001人，教职工442人。其中，正高职称4人，副高职称104人。建有数控、模具、汽车维修、电气自动化、电脑美工、会计电算化、服装等实训场所126个。学院秉承“立德·允能”校训，实施“产教融合，校企双制”办学模式，运行ISO 9001教育精细化管理，打造“文化塑心，活动育人”的德育特色品牌，先后获“国家中等职业教育改革发展示范校”“全国中职学校德育工作先进集体”“国家级高技能人才培训基地”“全国中等职业学校文明风采竞赛优秀组织奖”“市文明单位”“省五四红旗团委”“市优秀青年志愿服务队”“广东省技工院校20所校企合作先进单位”等称号。

教学改革 通过市级教学质量督导，完成电气自动化设备安装与维修、电子技术应用、烹饪、服装制作与营销、健康服务与管理、工业机器人等6个省级重点专业自查工作，制定整改措施与成效清单。开发“教学资源库—教研—精品课”平台，初步完成《3D打印综合训练》《基础会计》《Python程序设计基础》《汽车维护与保养》《微信小程序开发》等5门精品课程的建设与申报。该学院开设的烹饪、广告设计与制作、旅游服务与管理3个专业入选国家技能人才培养工学一体化课程标准和课程设置方案开发项目，推进专业一体化建设改革。

融合发展 2022年，学院领导班子走访河源富马硬质合金股份有限公司等省市企业30多家，签约合作企业40家。其中，河源合作企业35家，省内合作企业5家，建立校外实习就业基地5个，新增“纳思达”“航嘉班”“中正班”“TCL物流班”“TCL数控班”等企业冠名班8个。学院与西藏林芝市高级技工学校、福建省仙游中等职业学校、龙川县技工学校、紫金县技工学校建立校校合作关系。择优选派1名教师赴西藏林芝市高级技工学校支教，实现学院援藏工作“零”的突破，学院党委书记张海锋等4名教师成为该校的专业建设委员会专家成员；落实河源市重点改革项目，与龙川县技工学校、紫金县技工学校联建，实现资源共享；支持并接收广东技术师范大学7名旅游管理专业实习教师到校实习。

工程建设 学校领导班子主动对接粤菜行业企业，联合河源市惠到万家有限公司成立客家风味预制菜研究中心，成为河源市首家校企共建的预制菜研究机构，得到《河源日报》、河源人社在线等媒体的广泛宣传，吸引省内众多预制菜企业与行业协会的关注。与河源餐饮名企铭厨世家酒楼建立校企合作关系，铭厨世家酒楼成为该院烹饪专业学生实习就业基地。教师参加广东省南粤家政教学比武获二等奖，33名健康服务与管理专业学生通过养老护理员考证，通过率89.2%，体现该院推动“南粤家政”工程落地见效。学院领导班子高度重视“厂中校”工作，落实河源市十大民生实事职业学校扩容提质政策，实现技能人才培养与社会需求无缝对接。抓好技能竞赛工作，354人次获奖，其中85人次获国家、省级奖项；举办学院第十四届技能文化节，培育和弘扬精益求精的工匠精神。电商专业创业团队“打造农村电商育人品牌，服务河源乡村振兴战略”入选由省人社厅组织的“三全育人”培育建设典型案例，或为该院人才培养的“典范”。

教研成果 修订《河源技师学院课题管理办法》，编印教师论文集和课题成果集各1本，教师获国家级奖项55个、省级奖项25个、市级奖项47个。

社会培训 是年，学校完成各类社会培训657人次，完成职业技能等级认定3476人次。学院主动对接企业需求，与西可通信、涌嘉实业有限公司、河源市蔚蓝教育投资有限公司共同开展387人次学徒培养。推动革命老区发展，师生前往黄村镇开展“康养急救技能培训送教下乡，助力革命老区振兴发展”活动，培训当地村民60人次。为部队驻河源某旅炊事班官兵开展烹饪技术培训。联合熙润职业培训学校、龙川县她力量职业培训学校开展茶艺技能提升培训60人次，提高农民对茶文化了解，推动河源茶产业高质量发展。开展SYB创业培训150人次，为技师学子挖掘自身创业潜能、铺平就业创业之路提供专业化服务。开展社会人员（部分农民工）保育师、茶艺师、中式烹调师等工种职业技能等级认定2877人，该校学生职业技能等级认定1514人次，完成校级学生普通话考试210人次。

校园活动 2022年，学校组织“大课间跑操”活动、“强体抗疫·筑梦前行”运动挑战赛、“匠心杯”学生篮球赛、“4·23”世界读书日活动、禁毒教育活动、国家安全教育日活动、学习宣传践行中共二十大活动100余次。“共绘雅布振兴图·同筑百年乡村梦”暑期三下乡活动、“槎城拾影 时光巷陌”主题墙绘，在雅布村、上城社区等地完成13幅乡村墙绘、22幅社区墙绘，获得“广东技工在线”报道。学院与河源市惠到万家实业有限公司建立合作，共建劳动实践基地和研学基地，开展插秧和收割助农活动2次，培育学生的劳动精神。开展红色研学26场，五四精神主题宣讲56场，思政大讲坛8场，中共二十大精神主题宣讲96场，辐射5000多名学生和市民。

招生就业 制订2022年招生计划，策划“微镜记录河技师”短视频3个，“写意技师”“创新技师”“多彩技师”“遇见技师”等系列推文4篇，利用易企秀、学院微信公众号及学院官网多渠道发布招生简章，播放及阅读量6万人次，发挥“互联网+”优势。采取平台录取和自主招生录取相结合的方式，超额完成2970人的招生计划。组织开展学生岗位实习招聘会101场，就业指导会86场，落实1757名学生实习岗位，毕业生1584人，就业率98.17%，初次就业平均工资4006元。承办由市妇女联合会、市人社局联合举办的“强国复兴有我”2022年河源市助力女大学生就业创业报告会暨就业创业政策进校园活动，激发学生强烈的创业热情。

校园文化建设 打造初心园，彰显“红色教育”特色。升级工匠精神文化绿道工程，增设匠之魂、匠之心、匠之语、匠之师、匠之誓、匠心亭等校园文化景观。打造“润物细无声”河源技师学院图书馆文化墙，展现学院书香文化。打造匠心园，改造二号楼、八号楼、体育馆门口等众多微景观。（刘永芳）

高等教育

【广东技术师范大学河源校区】 广东技术师范大学河源校区于2020年建成投入使用，总占地面积72.07公顷（1081亩），其中一期占地33.33公顷（500亩），建筑面积约22万平方米，总投资约24亿元。2022年，河源校区有来自30个省、市、自治区（包括香港特别行政区）在校生8019人，其中生源地为河源的学生247人。有教职工454人，其中，在345名专任教师队伍中，正高职称54人，副高职称70人，中级职称123人；博士172人、硕士154人。河源校区新增体育与健康学院、数据科学与工程学院2个全建制学院，设立河源校区招生代码，有体育教育、数据科学与大数据技术专业学生304名。有文学与传媒学院、法学与知识产权学院、管理学院等16个学院，69个专业落地河源校区。河源校区开展党史学习教育、庆祝中国共产党成立100周年、我为师生办实事等主题教育活动，开展新生运动会、少数民族活动月、征文、书画摄影、演讲、合唱、校区重要景观名称命名征集等活动。搭建校区青春舞台，成立音乐、摄影、新闻、广播台等多个社团和志愿者协会，开设名师周末讲座。组织河源校区学子参加河源市“百歌颂中华”活动，选送的节目在省大中专院校“百歌颂中华”活动获得一等奖。河源校区常驻教职工中有3人次获国家级奖项，34人次获省级奖项，78人次获市级、校级奖项；河源校区学生中有39人次获国家级奖项，262人次获省级奖项，28人次获市级奖项，1742人次获校级奖项。河源校区根据河源市产业转型升级对各类人才的需求，协同广师大河源研究院举办百名博士河源行、河源市科技企业“湾区高校行”科技成果对接会、河源市专利转化促进项目推进会等系列活动，组织学校的教授、博士等优秀人才分批与河源当地的企业深入对接，了解产业技术需求，开展产学研合作，服务当地产业发展。河源校区协同学校师资培训中心针对河源市中小学教师开展多期培训班，提升河源市中小学教师的教育教学水平。组织教师积极申报2022年度河源市哲学社会科学规划课题，获批立项107个项目。其中，重点课题5项，一般课题102项。

（许惠敏）

【河源职业技术学院】 河源职业技术学院属中华人民共和国教育部注册、地方政府投资的一所全日制普通高等学校，也是广东省示范性高等职业院校。至2022年年底，学校有在校生17725人，教职工851人（含在编在岗及聘用人员）。其中，专任教师680人，副高以上职称175人，博士、硕士375人，“双师素质”教师540人。学校设立机电工程学院、电子与信息工程学院、工商管理学院、老隆师范学院、人文艺术学院、继续教育学院、马克思主义学院等7个教学院部；有电子信息工程技术、旅游管理、学前教育、模具设计与制造、工商企业管理、嵌入式技术应用等6个省级高水平专业群；有校内实习基地40个，校外实习基地581个；教学科研实习仪器设备资产总值1.51亿元，图书馆纸质藏书135.30万册。有117人申报评审及认定高一级专业技术职称，63人通过上级评委会的评审和认定，通过率53.9%。

教学工作 学校依托省高水平专业群建设项目，主动服务产业转型升级需求，对接河源千亿级电子信息产业集群、百亿级食品饮料及水产业集群、百亿级先进材料产业集群布局，优先发展电子信息工程技术、模具设计与制造、嵌入式技术应用、旅游管理等区域产业急需专业，加快建设学前教育、食品检验、环境保护等重大民生相关专业。建设6个省级高水平专业群，实现以专业群建设为龙头、带动学校所有专业发展，提升整体办学水平。学校有中央财政支持实训基地2个，省级实训基地（公共实训中心）10个，省级大学生校外实践教学基地15个；有国家骨干专业3个，中央财政支持“高等职业院校提升专业服务产业发展能力项目”专业2个，省级高水平专业群6个，省级示范性专业2个，省级重点专业5个，省级品牌专业3个，国家级现代学徒制试点3个、省级现代学徒制试点10个，高职本科协同育人试点专业8个，“1+X”证书制度试点专业32个。设有3门国家级精品课程，23门省级精品课程，1门省级优质课程，1门省级示范课程，5门国家教指委精品课程，6个国家专业教学资源库子项目，5部国家规划教材。学生参加全国各类技能竞赛获奖167项。其中，获得省级一等奖29项、二等奖58项、三等奖71项；获得国家级一等奖4项、三等奖5项。

科研工作 2022年，河源职业技术学院获得各级各类纵向科研项目立项182项。其中，省级以上科研项目20项，“河职院&中兴通讯5G+智能制造场景应用产教融合创新平台”“3D打印智能制造创新团队”等获广东省教育厅立项；横向技术服务到账金额200余万元。专利获授权36项，其中发明专利3项。论文发表176篇，著作、教材出版20部。选派科技特派员126人。其中，省级农村科技特派员15人，市级农村科技特派员57人；“河源市农产品（食品）加工重点实验室”获批河源市重点实验室；“河职院&中兴通讯”产教融合育人典型案例、“河源职业技术学院电子信息应用技术协同创新中心”获广东省产教融合优秀案例；韦荣等12人入选河源市社科专家库，方艳等8人入选河源市青年社科专家库。

招生与就业 学校计划招6264人，实际录取6192人，实际报到5650人，报到率创历史新高91.25%。面向中职生招1695人，实际报到1748人；面向中高职贯通三二分段对口中职学校转段录取233人，报到226人。高职专业学院和高职扩招均停止招生。2022届毕业生总人数4508人，截至2022年年底，学校毕业生总体就业率95.65%。

继续教育和社会培训 学校开展社会培训36907人次。学校创新培训方式方法、提高培训内容针对性，针对行业定制培训内容，开发高质量培训资源，打造退役军人培训、客家菜师傅培训、农村电商培训等一系列典型培训项目。学校承接国培项目2项，获广东省教育厅立项继续教育质量提升工程7项，退役军人培训项目被广东省教育厅认定为“广东省终身教育品牌项目”。继续教育学院党组织获“全国高校党建工作样板支部”“广东省高校党建工作样板支部”等荣誉。

河源职业技术学院2022年三年制大专专业一览表

表7

所在学院	专业名称及方向
电子与信息工程学院	电子信息工程技术、数字媒体技术、计算机网络技术、建筑智能化工程技术、嵌入式技术应用、软件技术、现代移动通信技术、应用电子技术、电气自动化技术、大数据技术、大数据技术（3+2）
机电工程学院	高分子材料智能制造技术、环境工程技术、工业设计、模具设计与制造、汽车智能技术、汽车检测与维修技术、食品检验检测技术、数控技术（3+2）、数控技术、智能控制技术、工业机器人技术
人文艺术学院	商务英语、现代文秘、新闻采编与制作、服装与服饰设计、艺术设计、环境艺术设计、动漫设计、园林技术
工商管理学院	工商企业管理、大数据与会计、酒店管理与数字化运营、旅游管理（3+2）、旅游管理、烹饪工艺与营养、市场营销、农村电子商务、现代物流管理、现代物业管理、财富管理
老隆师范学院	小学数学教育、小学教育、美术教育、体育教育、学前教育、音乐教育、音乐教育（3+2）、小学英语教育、小学语文教育

（周　文）

【河源开放大学】 前身是河源市广播电视大学，2018年2月更名为河源开放大学。河源开放大学与河源市职业技术学校实行“两校合一，资源共享”的办学模式。2022年，业余开放教育在读生1500人，全日制中专在校生2478人。教职工175人，专任教师145人。其中，高级职称55人，硕士学位53人，专任教师本科以上学历100%。学校开设业余本专科学历层次行政管理、法学、汉语言文学、工商管理、计算机信息管理等20个专业；全日制中职教育开设有幼儿保育、计算机及应用、电子商务等11个专业。

制度建设 学校修订完善《中共河源开放大学委员会议事规则》《河源开放大学行政会议事规则》等10余项规章制度，出台《河源开放大学 河源市职业技术学校校园安全管理和平安建设（综合治理）总体方案》等20余个方案，推进学校治理的科学化、民主化和法治化。

师资队伍建设 突出师德师风建设，培养和树立典型，表彰奖励一批优秀教师，出台《河源开放大学 河源市职业技术学校教师发展规划（2023—2025年）》，对学校教师发展作出总体谋划和部署。通过校内培训、外出学习、专题研讨、教学比赛等形式为教师的成长提供机会和平台，全年学校教师申报的各级各类课题立项18项，结题3项；在省级以上刊物发表论文100余篇。有40余名教师获市级以上表彰。

教学工作 推进“双高”（高水平中职学校建设、高水平专业群建设）建设，抓好教学管理各个环节，注重课堂教学质量，加大教学督查力度，推动学校教风、学风、校风的转变。学校开展常规教学检查4次、学生座谈会2次、教学巡查督导600多次，班子成员推门听课50余次。在省技能竞赛中，学校有2个项目5人获二等奖，11个项目30人获三等奖；有2项省中职教育教学质量与教学改革工程课程思政教育案例获认定。有535人参加“3+证书”高考及单招单考，录取469人，录取率87.66%，升学率56.98%，比2021年上升11.87%。

德育教育 制定印发《河源市职业技术学校“琢玉成器，立德树人”德育工作方案》等一系列方案，开展“校长开学第一课”、“青春晨会1000秒育魂计划”及“军营式内务铸魂计划”、2020级学生成人礼、“祖国在我心中”红色经典朗诵比赛等一系列活动。

社会服务 发挥在教育信息技术、数字化资源以及系统办学等方面的优势，探索多元化社区教育、老年教育和各级各类职业教育的教学模式、管理模式及运行机制，开发适合河源市经济社会发展的教育服务项目。10月，广东老年大学河源分院、河源开放大学朱门亭社区教育试点的正式揭牌，标志着该校老年教育、社区教育步入规范化轨道。结合该校周边社区居民实际需求，学校继续推出“周末少儿艺术班”等公益课堂，涵盖绘画、舞蹈、书法、英语、声乐、编程、葫芦丝等多个热门专业（方向），累计培训150余人次。

（朱兴艳）

科学技术

【概况】 2022年，河源市专利授权量4230件。其中，发明专利授权量166件，增长9.2%。组织实施2022年省科技创新战略专项（“大专项+任务清单”）项目56项，立项资金2410万元。省级新型研发机构6家，省级工程技术研究开发中心98个。新增高新技术企业57家，存量348家。

【重点实验室建设】 2022年，河源市启动市级重点实验室建设，出台《河源市重点实验室管理办法》，围绕生命健康、新一代电子信息、新材料、现代农业等重点产业发展需要，组建河源市首批重点实验室12家。依托河源市深河人民医院（暨南大学附属第五医院）组建“省市共建脊柱脊髓功能重建工程技术与材料广东省重点实验室”，填补河源市在学科类省重点实验室建设方面的空白。推动医疗科研团队承担更多战略性、前沿性科技任务，深河人民医院（暨南大学附属第五医院）3个科研项目获国家自然科学基金立项资助，实现河源市医学领域国家自然科学基金项目立项历史性突破。

【重大科技创新平台建设】 2022年，河源市加快布局重大科技创新平台。河源市第三家国家级重大科技创新平台分支机构——木本油料资源利用国家重点实验室岭南联合实验室揭牌成立，为河源市油茶产业技术攻关和成果转化提供科技支撑。国家植物航天育种工程技术研究中心河源创新研究院加快建设，举行神舟十三号飞船搭载航天育种材料交接仪式，河源市选送的花生、紫云英以及丝苗米3个品种成功返回河源进行研究，在东源县柳城镇航天育种品种鉴定及示范基地示范推广30个航天水稻新品系。岭南现代农业科学与技术广东省实验室河源分中心（灯塔实验室）进入实体化运营，智慧农业、生态种植、生态养殖、质量安全和食品加工5大科研团队入驻实验室，组织实施2022年度第一批自主科研项目37项，与15家企业达成共建共享共用合作意向。

【企业创新】 2022年，河源市开展高新技术企业倍增行动，通过培育一批、引进一批、孵化一批，高新技术企业存量348家，增长19.6%，加大科技型中小企业培育力度，入库科技型中小企业371家，增长11.4%。加快构建以企业为主体、市场为导向、产学研深度融合的创新体系，加大企业创新发展支持力度，推动企业组建研发机构。全年新组建省级工程技术研究中心7家，市级工程技术研究中心16家，规模以上工业企业研发机构覆盖率42%，大型工业企业研发机构实现全覆盖。

【科技园区建设】 2022年，河源市推

动新增10家涉农高新技术企业，鼓励引导农业高新技术企业向灯塔盆地集聚。成立河源国家高新区跨江扩区工作专班，细化扩区申报工作任务及推进措施，加快推进市高新区跨江融合发展。抓好省级农业科技园区创建，组织专家深入连平县、和平县农业科技园区辅导，帮助园区强弱项、补短板，连平县鹰嘴蜜桃产业园、和平县猕猴桃产业园成功创建为省级农业科技园区。全市有国家级高新技术产业开发区1家，国家级农业科技园区1家，省级高新技术产业开发区2家，省级农业科技园区5家。

【湾区科技成果转化地打造】 2022年，河源市依托华南农业大学、仲恺农业工程学院等8家高校院所建设8个市科技创新工作站，对接300多家企业开展技术需求调查，梳理发布高校院所科研成果200多项，促进技术成果供需对接。推进技术要素市场化配置改革，依托广东技术师范大学河源校区培训初级技术经理人150人，破解河源市技术转移人才缺乏问题。初步构建“智慧+”河源成果转移转化服务平台，采用“线上+线下”模式全方位解决企业技术需求。加强技术合同业务管理，受理44项技术合同认定登记，技术合同成交额及技术交易额分别达到1006.92万元、819.71万元。面向湾区启动河源市第二届创新创业大赛，筛选175个项目进入初赛，助推湾区优质科技创新成果和项目在河源落地。

【科技支撑现代高效农业发展】 2022年，河源市聚力打造农村科技特派员机制“河源模式”，在组织科技特派员开展面上服务的基础上，通过“项目化”模式择优立项农村科技特派员服务“三农”项目40项，解决河源农业产业高质量发展技术需求。面向湾区涉农高校院所征集入库科技特派员1597名，组织科技特派员深入河源市镇村服务“三农”，服务河源市农业经营主体252家次，开展技术指导、技术培训338场次，培训服务农户约5000人次，推广农业新品种45项、新技术55项，解决农业生产技术难题82项，农村科技特派员服务“三农”新增产值超8.30亿元，助力乡村振兴。市科技局社会发展与农村科技科伍文彬被评为“全国科技管理系统先进工作者”。

【高层次科技人才引育】 2022年，河源市制定《河源市高层次科技人才引育的若干措施》，拟定《科创高层次人才项目实施方案》。依托省科技专项资金“大专项+任务清单”项目，以“项目+人才”方式柔性引进航天育种工程技术研究中心陈志强教授团队、湖南省林科院李昌珠博士团队等高层次创新人才50余人。依托河源广工大协同创新研究院等5家校地合作共建的公共服务平台，以“平台+人才”方式引进各类产业急需紧缺人才183名。开展“院士杰青河源行”活动，组织新材料产业、水经济产业院士杰青河源行活动，举办2022年河源市科技支撑康养产业发展与设想高峰论坛，邀请颜德岳院士、闵永刚、曾新安、娄文勇教授等省内外高层次专家到河源调研，为河源新材料、新医药、水经济产业发展把脉开方。

【科技金融服务体系健全】 2022年，河源市开展科技信贷、多层次资本市场等金融服务工作，引导金融活水流向科技创新。河源市科技信贷风险准备金4139.3万元，新增科技信贷额1.77亿元，贷款总额7.05亿元，缓解科技型企业融资难、融资贵、融资慢的难题。向投资机构推荐优质企业30多家，撮合6家企业获得投资机构创业投资530万元，支撑科技型企业加快发展。 （刘育权）

【气象】 气温 2022年，河源市年平均气温21.0℃，较常年（21.0℃）持平，但各月气温起伏波动大：1月、3月和11月显著偏高，2月、5月和12月显著偏低。其中，11月为有气象记录以来最高，5月为有气象记录以来最低。全市平均高温日数（日最高气温≥35℃）37天，较常年（25.6天）偏多11.4天，为有气象记录以来第四多（最多为2021年的52.8天）。7月20日至8月2日，河源市连续14天出现大范围持续性高温天气，过程中龙川、东源高温日数创下历史同期最多纪录，此次高温过程综合强度历史排名第二。

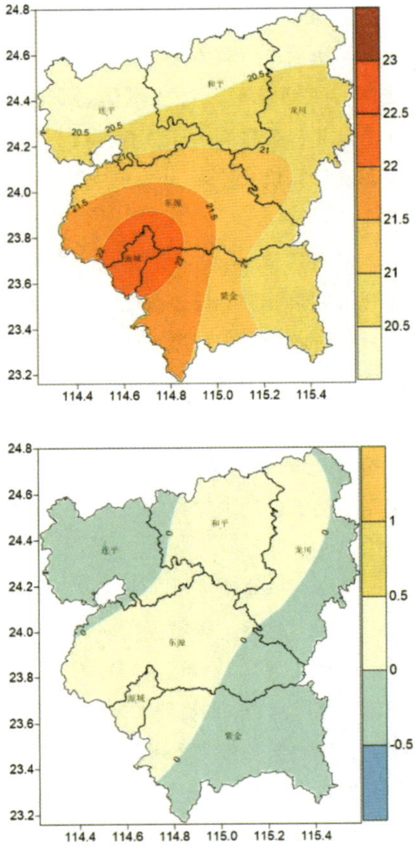

图1 2022年河源市平均气温及距平（℃）

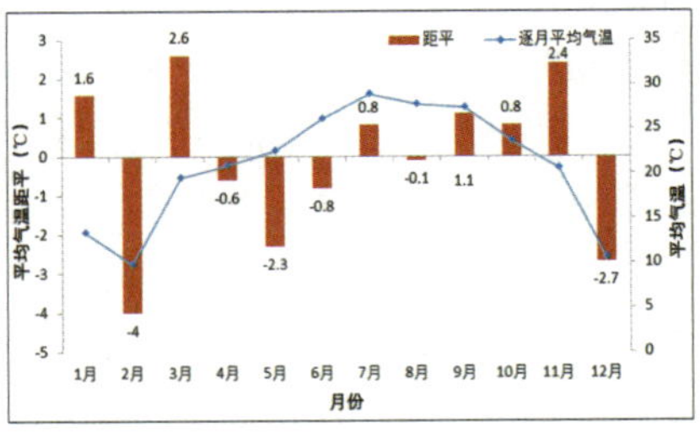

图2 2022年河源市逐月平均气温及距平（℃）

降雨 全市平均降水量1963毫米，较常年（1726.6毫米）偏多14%。各地累计降水量介于1721.2（紫金县）—2132.7毫米（连平县）。3月24日开汛，较常年（4月11日）偏早18天。年内降水阶段性明显：2月、3月、5月、6月和11月偏多，1月、4月、7月、8月、9月、10月和12月偏少，其中2月和11月降水量分别为常年同期的3倍和3.9倍，4月、10月和12月分别较常年显著偏少80%、95%和49%。

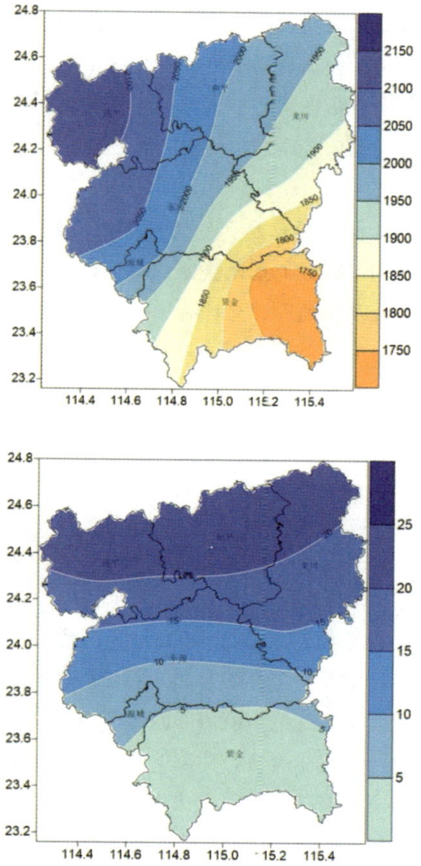

图3 2022年河源市总降雨量（毫米）及距平百分比（%）

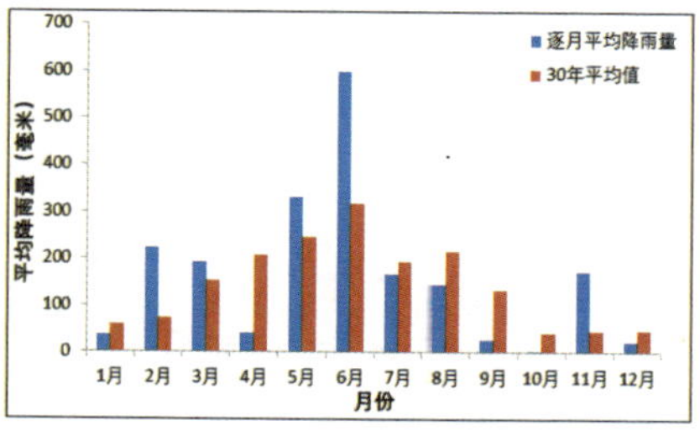

图4 2022年河源市逐月降雨量及常年同期逐月降雨量（毫米）

主要灾害性天气 2022年“龙舟水”期间（5月21日至6月20日），河源市降雨具有“累计雨量大、影响范围广、降雨持续时间长、暴雨日数多、短时强降雨明显、降雨主要集中在后期”的特点。全市平均降雨量653.9毫米，较常年同期（320.9毫米）偏多1.04倍，占前汛期总降雨量的60%，为1960年以来同期第三位（1968年710.4毫米、1964年664.5毫米），1969年以来同期最多。其中，连平县831毫米、和平县786.3毫米、龙川县585.9毫米，分别位列当地历史第一、第二、第三位。

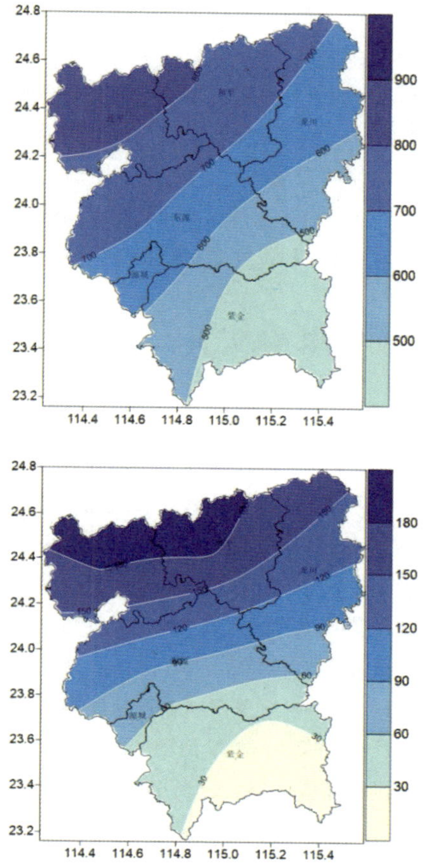

图5 2022年河源市“龙舟水”总降雨量（毫米）及距平百分比（%）

全年有5个台风（“暹芭”、“木兰”、“马鞍”、“尼格”和一个热带低压）登陆广东省，登陆台风数较历史平均（3.7个）偏多1.3个。其中1个台风（“暹芭”）严重影响河源市。“暹芭”作为初台7月2日以台风级在茂名电白沿海登陆，较常年偏晚7天，是近20年来登陆广东省的最强南海“土”台风。受其影响，河源市西北部普降大暴雨局部特大暴雨，7月2日8时到8日8时，全市平均雨量115.3毫米，过程累积雨量在100—250毫米的有63站（占比32.6%），超250毫米的有19站（占比9.8%）。其中，连平县隆街镇河角坪录得最大累计雨量466.5毫米和最大日雨量293.9毫米，连平县忠信镇录得最大时雨量80.5毫米。

9—10月，河源市气候总体呈现“暖干”特征，平均气温（25.5℃）较常年同期偏高1.0℃，为有气象记录以来第四高，而全市平均降水量仅28.6毫米，较常年同期偏少84%，为有气象记录以来第二少。9月初河源市气象干旱露头，并持续发展，至10月31日，全市各县区均发展为特旱。11月初受降水影响，气象干旱缓解。

2月1—24日，受频繁南下的强冷空气和南支槽影响，河源市出现持续低温阴雨寡照天气。其间，全市平均气温8.9℃，较常年同期偏低4.7℃，为2009年以来最低；全市平均降雨量224.2毫米，是常年同期的3.9倍，为有气象记录以来第四多；平均日照时数32.7小时，较常年同期偏少59%，其中1—13日的日均日照时数不到1小时。全市平均雨日16天，较常年同期偏多7.4天。在1日、3日、5日、8—10日、19—24日，河源市部分地区出现低于5℃的低温天气，高海拔山区最低气温零下3℃—1℃，并出现霜冰冻天气。

（叶丽娜 单雪珂）

社会科学

【概况】河源市社会科学界联合会（市社科联）原名河源市社会科学学会联合会，成立于1997年11月18日。2014年9月，河源市社科联召开第二次代表大会，更名为河源市社会科学界联合会，为正处级参公事业单位。2022年，县区一级除和平外其他县区还没有社会科学界联合会。河源市社科联所辖社科类社会组织有23个。其中，学会4个，协会6个，研究会3个，促进会8个，联谊会2个。

【理论学习宣传】 2022年，河源市社会科学联合界联合会围绕学习贯彻中共二十大、广东省第十三次党代会、河源市第八次党代会精神，学习《习近平新时代中国特色社会主义思想三十讲》《习近平谈治国理政》第四卷以及中共二十大报告等原文原著，坚持学原著悟原理。组织全市社科专家围绕中共二十大精神召开社科理论界学习贯彻中共二十大精神座谈会；与河源日报社联合开设二十大精神理论专版，组织社科专家撰写理论文章，对中共二十大精神进行宣传阐释，累计刊登理论文章60多篇；组织优秀社科专家到基层乡镇、社区以及线上宣讲中共二十大精神10场次，推动中共二十大精神在基层落地落实。组织专家汇编《2022年河源市哲学社会科学规划项目成果选编》。联合河源日报社举办2批次理论专栏刊发理论文章60多篇，为党委政府提供决策参考。其中，《领会党的二十大报告寄语，立志做新时代好青年学生》《在构建“一核一带一区”区域发展格局上推动河源发展研究》文章在“学习强国”学习平台刊载。

【课题规划立项和结题】 2022年，河源市社会科学界联合会围绕河源市委提出的加快培育“五大产业”、大力实施“七大行动”等重大课题开展课题立项和结题评审。收到2022年立项课题申报214项，首次突破二百个课题大关，比上年增长31.3%。课题项目结题102项，比上年增长30%，立项数与结题数创历史新高，走在全省前列。

【新型智库建设】 2022年，河源市社会科学界联合会贯彻落实中央、省关于构建中国特色哲学社会科学和加强中国特色新型智库建设的要求，推动具有河源社科特色的新型智库建设迈出新步，建立社科专家人才库和青年社科专家库，完成61名社科专家和41名青年社科专家入库工作，并实行动态管理。

【社科普及宣传】 2022年，河源市社会科学界联合会创新社科普及工作思路与方法，开展多项社会科学普及活动。举办以“喜迎二十大·奋进新征程”为主题的2022年河源市社科普及周主题活动，开展科普周启动仪式、宣讲报告会、专家讲坛、社科知识展览等一系列社科普及活动，开展20场次系列活动，发放相关宣传资料1.2万份，参与活动2万人次；与河源广播电视台联合举办“社科专家话河源”活动，组织社科专家围绕经济社会发展、粤港澳大湾区、地方特色文化、乡村振兴等专题开展访谈，在河源电台综合频道（FM91.1）轮番播出72批次。

【社科团体管理】 2022年，河源市社会科学界联合会依法加强市属社科类学术团体、民间组织的日常管理和业务指导，加强对社科团体的管理，落实社团年检、换届选举和社团审批等工作，加强意识形态管控，对社团举办的论坛、研讨会、讲座进行严格的审核把关。

【社会科学普及基地建设】 2022年，河源市有21个基地获评“广东省社会科学普及基地”，获评省级社科普及基地数量较上年增长75%。有省级社科普及示范基地1家，省级标准基地9个、省级提升型基地6个、省级孵化型基地6个。河源市社会科学界联合会结合乡村振兴工作在新港镇双田村打造1个具有少数民族特色市级社科普及基地。

【县区社科工作】 2022年，河源市社会科学界联合会指导和平县社科联围绕阳明文化打造阳明修心园，开展“知行合一”文化展演、“阳明与和平”文化讲座、编印《阳明文化论文集》等“五个一”品牌社科普及系列活动。

（黄友斌）

文化·卫生健康·体育

编辑：蔡娜 张惠芬

文化综述

【概况】2022年，河源市有县级以上公共图书馆7个、文化馆7个、乡镇（街道）综合文化站100个、行政村（社区）综合性文化服务中心1436个。其中，特级文化站6个，一级文化站21个，二级文化站73个；市图书馆、源城区图书馆、和平县图书馆被评为国家一级馆，全市图书馆藏书量约283万册次。市文化馆和源城区文化馆被评为国家一级馆，东源县文化馆、和平文化馆、龙川县文化馆、紫金县文化馆、连平县文化馆被评为国家二级馆。公共文化基础设施基本实现市、县、镇、村四级全覆盖，每万人拥有公共文化设施面积1340平方米。

【公共服务建设】2022年，河源市文化广电旅游体育局组织开展第七次县级以上公共图书馆评估定级参评工作。丰富行政村（社区）综合性文化服务中心服务内容和方式，创新管理体制和运行机制，选取188个行政村综合性文化服务中心进行建设。通过引入社会力量参与和统筹公共文化资源等方式新建成2个“粤书吧”、1个“粤文坊”。新增3个基层综合性文化服务中心和旅游服务中心融合发展示范点。选取40所中小学校建设“馆校共建”共享图书服务点（其中22所配备24小时微型自助图书馆）。是年，河源恐龙文博园被评为省“巾帼文明岗”，“河源市具有历史价值公园”，被授予“第二批河源市少先队校外活动基地（营地）”。市图书馆获评全国三八红旗集体、广东省社科普及示范基地、2022年广东青少年美文朗诵展示活动“优秀组织单位”、2022年世界阅读日粤港澳创作比赛“优秀组织奖”、广东省第三届“中华传统文化百部经典”知识大赛“优秀组织奖”。市图书馆保利生态城分馆被评为广东省最美新型公共文化空间案例。

【文化惠民活动】2022年，河源市文化广电旅游体育局围绕“喜迎二十大、奋进新征程”主题，组织开展学习宣传贯彻中共二十大精神音乐快闪活动、“童心向党颂祖国·幸福成长庆六一——儿童节文艺汇演”等红色主题系列活动，举办《祖国之光—海陆空军备模型展》《志在云天——空中雄鹰何健生专题展览》、河源中国画学会专题作品展、河源市美术书法摄影名家作品展览、“翰墨寄真情，丹青绘同心”书画作品巡展、“喜迎二十大 忠诚保平安”公安书法美术摄影展、“挥笔撒墨颂党恩”庆祝中共二十大胜利召开老年书画作品展、“发现河源生态之美”河源市摄影作品展等系列主题展览。《志在云天——空中雄鹰何健生专题展览》入选“2022年广东省弘扬社会主义核心价值观主题展览”。

是年，该局实施向基层配送演出展览行动，组织开展创文交通劝导、爱国卫生进社区、文明宣传进社区、文化文艺进社区等活动，为广大群众办实事。先后举办2022年“迎幸福春，贺吉祥年”文化进万家义写义送春联活动，送出春联5000多副；组织新春文艺小分队，赴丰源社区、上莞常美村举办迎新春文艺轻骑兵下基层快闪活动；落实第九期关爱山区留守儿童公益艺术培训工程，为柳城中心小学近200名学生艺术支教一年；举办“非遗闹元宵 文旅六色竞缤纷”、“我们的节日·春节”河源市首届传统年画艺术作品展览、“金虎闹元宵·喜乐猜灯谜”线上知识竞答、“缅怀先烈 铭记历史”清明节抖音挑战赛、“走进端午 传承文化”手抄报征集、“桃花迎春开，幸福生活来”——万亩桃花观赏直播等“文化进万家”“我们的节日”“河源中国画学会专题作品展”等系列惠民活动123场次，惠及民众4万多人次。

【文艺精品创作】2022年，河源市推进文艺精品创作，举办第六届优秀客家童谣创作大赛、河源市第七届青少年美术书法大赛、“喜迎二十大，讴歌新时代”——我们的文化生活征文比赛、河源市群众文艺作品创作大赛、“河源发声”第四届音乐作品创作大赛等赛事活动。支持全市创排、复排山歌小戏《山海情》《方向盘》《家·道》《共绘蓝图》、采茶小戏《桃林》、花朝小戏《方向盘》等传统小戏8件。举办“建功新时代 舞动新河源”2022年全民健身日河源市第十届广场舞表演赛、2022“我最OK”广东省全民才艺大比拼（河源）选拔赛、2022广东省群众艺术花会（少儿艺术）河源选拔赛、2022“律动四季”之春季音乐专场、河源发声音乐直播间、“建功新时代，同唱幸福歌”河源·梅州客家山歌擂台邀请赛、广东省第七届演讲大赛（河源选拔赛）等大型群众文艺赛事，为河源文艺创作注入新动力新活力。

【文化遗产保护利用】2022年，河源市文化广电旅游体育局成立河源市非遗保护工作领导小组，印发《河源市市级非物质文化遗产代表性传承人认定与管理办法》，推动非遗保护传承发展。全市10个项目列入第八批省级非遗代表性项目名录，新增项目7个，排全省第一；完成13个省级代表性传承人成果记录，完善传承人档案建设。借助2022年“文化进万家——视频直播家乡年”全国直播平台，举办“忠信吊灯习俗”线上直播活动，展示河源特色民俗魅力；提升“蓝大将军出巡节”项目品质；完成客家山歌纪录片《客家乡韵》，拍摄客家山歌、客家童谣慕课，举办非遗图片巡展、“非遗少年说”故事征集活动、“非遗薪传”传承人访谈。开展客家猫头狮舞等传统文化传承活动，落实文化艺术体育进校园三年行动计划，在河职院开展非遗项目传承教学；继续在中小学校推广“非遗小达人”等特色活动，打造“蓝家拳”“狮舞操”等品牌项目。康宁路小学获评“广东省中小学第三批中华优秀文化传承学校”。组织开展各类文博宣教活动163场，公益鉴宝等其他宣教活动70多场。

2022年，河源市成功争取省级财政资金500万元用于恐龙地质遗迹公园项目前期工作，组建市领导牵头的河源恐龙地质遗迹公园建设工作专班，制定《河源市恐龙地质遗迹保护开发工作方案》。继续完善市保、省保、国保单位“四有”工作，抓实文物保护单位保护规划编制工作；实施“文物平安工程”，明确地下文物埋藏区，公布第二批革命文物名录。市博物馆新增文物、化石、资料等藏品1038套/1672件，其中文物395套/630件，资料137套/413件，标本186套/186件（万绿湖采集石器），恐龙蛋298套/414枚，云南禄丰龙骨骼化石1套/8件、三叶虫等古动物化石21套/21件。完成修复恐龙蛋化石7窝和1枚（单枚）；完成文物修复2件、文物复制36件；完成《风物永恒——王恒冯杰捐赠文物精品图录》《广东河源恐龙蛋化石群》学术专著编辑出版；挂牌成立华南首家恐龙科研机构——河源恐龙研究所，并建设古生物实验中心；完成“广东河源恐龙化石遗迹产地调查与化石资源保护利用规划建议”项目和河源市东源县蓝口镇先秦遗址区域系统考古调查工作；开展粤北文物考古工作站田野调查培训班。是年，省级保护单位仙坑八角楼入选全省文物保护优秀案例。河源恐龙文博园被评选为“湾区最美公共文化空间”。

【文旅融合发展】2022年，河源市组团参加省旅博会、深圳文博会，联合汕尾举办旅游推介会。编印河源“六色”文旅招商手册及招商宣传片，成功举行“六色”文旅招商推介会，24个签约项目总投资额达35亿元。依托线上线下媒体，发动“深莞惠汕河3+2旅游联盟”，持续加大“两晚三天”旅游和“六色”文旅品牌宣传推介，冠名两组赣深高铁车厢，推进沿线城市文旅推广。在2022年广东旅博会和2022广东文化和旅游产业投融资对接会上，河源市以恐龙为主题进行宣传推广，受到广泛关注。

是年，河源市文广旅体局争取省级财政扶持资金1300多万元，用于文旅项目奖补和国家AAAA级以上旅游景区、省级以上旅游度假区纾困。编印《河源市乡村民宿高质量发展战略与路径》，培育源城区高埔岗街道大水井社区、和平县热水镇南湖村、东源县仙塘镇观塘村、连平县上坪镇新镇村作为特色民宿村创建单位，仙坑村、下屯村被评为省乡村研学旅行特色村；举办第四届乡村文旅融合创新大赛，通过“以奖代补”方式培育出一批民宿集聚示范区，评选出一批沉浸式体验研学课程视频。持续打造“繁花”音乐季文旅系列品牌；启动河源文旅消费季，举办河源文化旅游周包括打鱼节、美食节、温泉节、鱼梁节等。河源百家鲜客家女奇妙乐园成为国家工业旅游示范基地备选单位，河源市云彩实业有限公司入选省工业旅游培育资源库。

【文旅市场监管】2022年，河源市文广旅体局开展春节、五一劳动节、端午节、汛期、中秋国庆等各类检查13轮，发布预警信息、温馨提示、安全提醒短信等700条次，出动检查人员942人次，检查文化、旅游企业412家次，排查各类安全隐患50处。组织对全市景区玻璃桥、玻璃滑道、玻璃栈道等高风险项目进行安全督查，加强游泳场馆、攀岩等高危体育项目的安全监管。敦促江东新区管委会对越王山旅游风景区在建“飞拉达”高危项目加强监管。组织举办2022年河源市文明旅游志愿服务等文明旅游主题活动15场，累计参与志愿者157人，服务游客1400人次；指导巴伐利亚庄园成功创建全省首批文明旅游示范单位。依法受理旅行社设立、变更、注销事项9项，依法审批文化市场涉外及涉港澳营业性演出申请1项。开展民宿等级评定，举办河源市民宿行业管理暨旅游住宿业服务质量提升培训班，完成民宿登记179家。是年，河源市不断提升广电服务水平，投入1100万元推进无线覆盖运行维护、应急广播、智慧广电、户户通运维等项目建设；清查“灰广播”，打击“黑广播”，整治违规开设电视“小前端”行为，持续开展非法卫星电视广播地面接收设施整治行动，全市“黑广播、伪基站”实现连续5年零发案。

文物博物

【概况】2022年，河源市有博物馆9家（公办7家：河源市博物馆、源城区博物馆、东源县博物馆、和平县博物馆、龙川县博物馆、和平县博物馆、紫金县博物馆；民办2家：河源市鸿志中基客家文化博物馆、河源市万绿湖博物馆）。有一般不可移动文物2688处，其中，公布名录1361处（源城区184处、东源141处、和平437处、连平138处、龙川210处、紫金209处、江东新区42处）。有可移动文物71202件（套），其中，河源市博物馆39303件（套），河源市源城区博物馆224件（套），河源市鸿志中基客家文化博物馆1110件（套），东源县3186件（套），和平县14499件（套），连平县8647件（套），龙川县1978件（套），紫金县2255件（套）。

【文物保护单位】2022年，河源市有各级文物保护单位403处。其中全国重点文物保护单位2处[龟峰塔、香港文化名人大营救指挥部旧址（福建会馆）]、省级文物保护单位36处、市级文物保护单位64处、县级文物保护单位301处。

2022年河源市全国重点文物保护单位一览表（2处）

表8

序号	区县	名称	保护级别	年代	详细地点	类别	公布时间及批次
1	源城区	龟峰塔	国家级	南宋绍光二年(1132)	南堤路龟峰山上	古建筑	2005年第六批
2	龙川县	香港文化名人大营救指挥部旧址	国家级	清代	老隆镇华新路39号	近现代重要史迹	2019年10月第八批

2022年河源市省级文物保护单位一览表（36处）

表9

序号	区县	名称	保护级别	时代	类别	公布时间及批次
1	源城区（1处）	河源石峡恐龙蛋化石埋藏地遗址	省级	白垩纪晚期	古遗址	2002年7月第四批
2	东源县（6处）	阮啸仙故居	省级	清	近现代重要史迹及代表性建筑	1989年6月第三批
3		荣封第	省级	清	古建筑	2019年5月第九批
4		仙坑村八角楼	省级	清	古建筑	2012年10月第七批
5		山下村八角楼	省级	清	古建筑	2022年7月第十批
6		咸水塘谈判旧址	省级	清	近现代重要史迹及代表性建筑	2022年7月第十批
7		乐村石楼	省级	清	古建筑	2022年7月第十批
8	和平县（6处）	浰东小筑	省级	民国	近现代重要史迹及代表性建筑	2012年10月第七批
9		淞沪抗日和籍烈士纪念碑	省级	民国	近现代重要史迹及代表性建筑	2015年12月第八批
10		林寨建筑群（大夫第、司马第、当铺、颍川旧家、广文第、谦光楼）	省级	清	古建筑	2015年12月第八批
11		福谦楼	省级	清	古建筑	2019年5月第九批
12		高安楼	省级	清	古建筑	2019年5月第九批
13		江广桥	省级	清	古建筑	2019年5月第九批
14	龙川县（10处）	坑子里遗址	省级	新石器时代	古遗址	1978年7月第一批
15		正相塔（老塔）	省级	唐宋	古建筑	1978年7月第一批
16		下塔	省级	宋	古建筑	1989年6月第三批
17		龙川考棚	省级	清	古建筑	2015年12月第八批
18		龙川学宫	省级	清	古建筑	2008年11月第五批
19		越王井与南越王庙	省级	明清	古建筑	2015年12月第八批

续表9

序号	区县	名　称	保护级别	时　代	类　别	公布时间及批次
20	龙川县（10处）	胜利村塔	省级	明	古建筑	2015年12月第八批
21		闽粤赣边五兴龙县苏维埃政府旧址	省级	民国	近现代重要史迹及代表性建筑	2015年12月第八批
22		叶卓故居	省级	清	近现代重要史迹及代表性建筑	2022年7月第十批
23		黄居仁故居	省级	清	近现代重要史迹及代表性建筑	2022年7月第十批
24	紫金县（3处）	德先楼	省级	清	古建筑	2010年5月第六批
25		邓缵先故居	省级	清—民国	近现代重要史迹及代表性建筑	2015年12月第八批
26		紫金县苏维埃政府旧址	省级	1927年	近现代重要史迹及代表性建筑	2019年5月第九批
27	连平县（10处）	黄潭寺遗址	省级	新石器晚期	古遗址	1989年6月第三批
28		圣迹苍岩摩崖石刻	省级	宋	石窟寺及石刻	2012年10月第七批
29		小水村风雨桥	省级	清	古建筑	2015年12月第八批
30		合水塔	省级	明	古建筑	2015年12月第八批
31		国民革命军六十二军七十五师上岩、岩下军事仓库旧址	省级	民国	近现代重要史迹及代表性建筑	2015年12月第八批
32		长沙大夫第	省级	清	古建筑	2019年5月第九批
33		茶壶耳屋	省级	清	古建筑	2019年5月第九批
34		福兴桥	省级	清	古建筑	2022年7月第十批
35		东山塔	省级	清	古建筑	2022年7月第十批
36		水西摩崖石刻	省级	明	摩崖石刻	2022年7月第十批

2022年河源市市级文物保护单位一览表（64处）

表10

序号	区县	名　称	保护级别	责任单位	公布时间
1	源城区（8处）	望郎回摩崖石刻	市级	源西街道办事处	2011年7月
2		李焘故居	市级	上城街道办事处	2006年9月
3		逍遥岩石刻	市级	源南镇人民政府	1995年12月
4		上城草行丘屋	市级	上城街道办事处	2006年9月
5		河滩头新石器遗址	市级	源西街道办事处	2011年7月
6		鸣凤桥	市级	上城街道办事处	1995年12月
7		飞鸾桥	市级	上城街道办事处	1995年12月
8		邝妃墓	市级	源南镇人民政府	2011年7月
9	东源县（12处）	文阁塔	市级	黄村镇下�村民委员会	2006年9月
10		奎阁塔	市级	柳城镇下坝村民委员会	2006年9月
11		义峰苏公祠	市级	义合镇苏氏理事会	2011年7月
12		东山苏公祠	市级	义合镇苏氏理事会	2011年7月
13		新山下老围龙屋	市级	双江镇高陂村委会	2011年7月
14		永定桥	市级	涧头镇东坝村民委员会	2011年7月
15		壹修堂	市级	蓝口镇塘心村民委员会	2011年7月
16		曾田文笔	市级	曾田镇玉湖村民委员会	2011年7月

续表10

序号	区县	名　称	保护级别	责任单位	公布时间
17	东源县（12处）	颜检墓	市级	锡场镇河洞村民委员会	2011年7月
18		叶景亭墓	市级	康禾镇仙坑古村落四角楼理事会	2011年7月
19		赵佗故城遗址	市级	双江镇桥头村民委员会	2011年7月
20		光裕堂	市级	叶潭镇文径村民委员会	2006年9月
21	和平县（14处）	龙子山古墓群	市级	阳明镇丰道村民委员会	2011年7月
22		浰源白氏宗祠	市级	浰源镇黄田村民委员会	2011年7月
23		谢屋背遗址	市级	大坝镇上镇村民委员会	2011年7月
24		两头塘遗址	市级	大坝镇上镇村民委员会	2011年7月
25		彰洞塔	市级	合水镇彰洞村民委员会	2011年7月
26		嘉禾岗黄屋	市级	大坝镇高发村民委员会	2011年7月
27		中心围	市级	下车镇兴隆村民委员会	2011年7月
28		五眼桥	市级	下车镇镇山村民委员会	2011年7月
29		白面嶂紫微宫	市级	下车镇云峰村民委员会	2011年7月
30		活民井	市级	阳明镇城西村民委员会	2011年7月
31		庆良草庐	市级	优胜镇新联村民委员会	2011年7月
32		蟹形围赖氏宗祠	市级	青州镇星和村民委员会	2011年7月
33		罗福拱桥	市级	长塘镇四围村民委员会	2011年7月
34		聚星围	市级	林寨镇新兴村民委员会	2011年7月
35	龙川县（7处）	牛背岭遗址	市级	佗城镇三印村民委员会	2011年7月
36		罗昌儒墓	市级	罗氏宗亲会	2011年7月
37		城隍庙	市级	佗城镇佗城村民委员会	2011年7月
38		锡嘏厦	市级	麻布岗镇大长沙村民委员会	2011年7月
39		长盛桥	市级	麻布岗镇大长沙村民委员会	2011年7月
40		珠树分荣叶屋	市级	丰稔镇黄岭村民委员会	2011年7月
41		横街朱氏宗祠	市级	佗城景区管委会	2011年7月
42	紫金县（11处）	海陆紫苏维埃政府旧址	市级	紫金县博物馆	2011年7月
43		黄海龙将军祠	市级	紫金县博物馆	2006年9月
44		桂山石楼（长春楼）	市级	紫金县博物馆	2011年7月
45		紫金县总农会、炮子乡农会旧址	市级	紫金县博物馆	2011年7月
46		火带径节孝牌坊	市级	紫金县博物馆	2011年7月
47		诰增大夫质厚邓公祠	市级	紫金县博物馆	2011年7月
48		通奉第	市级	紫金县博物馆	2011年7月
49		佛母宫	市级	紫金县博物馆	2011年7月
50		天禄楼	市级	紫金县博物馆	2011年7月
51		刘名载墓	市级	紫金县博物馆	2011年7月
52		选安楼	市级	紫金县博物馆	2011年7月
53	连平县（9处）	上洋遗址	市级	陂头镇人民政府	2011年7月
54		燕岩古寺	市级	陂头镇人民政府	2011年7月

续表10

序号	区县	名　称	保护级别	责任单位	公布时间
55	连平县（9处）	颜伯焘墓	市级	元善镇新龙村民委员会	2011年7月
56		文天祥二女墓	市级	三角镇人民政府	2011年7月
57		白云楼	市级	大湖镇盘石村民委员会	2011年7月
58		大湖寨	市级	大湖镇湖东村民委员会	1995年12月
59		文节书院	市级	元善镇城西社区居民委员会	2011年7月
60		谦吉楼	市级	陂头镇夏田村荣树经济社	2011年7月
61		塔岭烈士墓园	市级	绣缎镇人民政府	2011年7月
62	江东新区（3处）	广东青年抗日先锋队紫金支队队部旧址	市级	古竹文化站	2011年7月
63		宾公家塾	市级	临江镇文化站	2011年7月
64		邝愈平墓	市级	城东街道和平村民委员会	2006年9月

2022年河源市县级文物保护单位一览表（301处）

表11

序号	区县	名　称	保护级别	责任单位	公布时间
1	东源县（41处）	慎修堂	县级	黄村镇下�村民委员会	2010年9月
2		通天岩摩崖石刻	县级	仙塘镇垅坑村民委员会	2010年9月
3		铁门省斋公祠	县级	黄田镇黄田村民委员会	2010年9月
4		南园大夫第	县级	仙塘镇红光村民委员会	2010年9月
5		双田敬慎堂	县级	新港镇双田畲族村民委员会	2010年9月
6		柳溪书院	县级	仙塘镇红光村民委员会	2010年9月
7		洋潭村水口塔	县级	涧头镇洋潭村民委员会	2010年9月
8		蓝大将军墓	县级	漳溪乡下蓝村民委员会	2010年9月
9		黄鼎古墓	县级	漳溪乡嶂下村民委员会	2010年9月
10		赵廷客墓	县级	半江镇综合服务中心	2010年9月
11		上莞碧寿洞更新世哺乳动物化石遗址	县级	上莞镇新南村民委员会	2010年9月
12		萝溪书院	县级	船塘镇老围村民委员会	2010年9月
13		粤赣边支队司令部旧址	县级	上莞镇新南村民委员会	2010年9月
14		中共东江后特委文秀塘旧址	县级	黄村镇永新村民委员会	2010年9月
15		曲龙乡农民协会旧址	县级	康禾镇曲龙村民委员会	2010年9月
16		中共河源县委旧址	县级	叶潭镇儒步村民委员会	2010年9月
17		河源人民政府旧址	县级	上莞镇太阳村民委员会	2010年9月
18		河源县委成立旧址	县级	叶潭镇叶潭村民委员会	2010年9月
19		下山屋	县级	船塘镇小水村民委员会	2010年9月
20		民主堂	县级	柳城镇柳城村民委员会	2010年9月
21		白礤大夫第	县级	灯塔镇白礤村民委员会	2010年9月
22		永盛古桥	县级	灯塔镇结游草村民委员会	2021年4月
23		半埔村下新屋	县级	叶潭镇半埔村民委员会	2021年4月
24		李白村忠行堂	县级	上莞镇李白村民委员会	2021年4月

续表11

序号	区县	名　称	保护级别	责任单位	公布时间
25	东源县（41处）	花树下老屋	县级	骆湖镇红花村民委员会	2021年4月
26		车头山村双庆堂	县级	蓝口镇车头山村民委员会	2021年4月
27		仙坑村明德堂	县级	康禾镇仙坑村民委员会	2021年4月
28		仙坑村行恕堂	县级	康禾镇仙坑村民委员会	2021年4月
29		李氏祥合公祠	县级	黄田镇醒群村民委员会	2021年4月
30		礼洞村四角楼	县级	黄田镇礼洞村民委员会	2021年4月
31		仙坑村崇德堂	县级	康禾镇仙坑村民委员会	2021年4月
32		仙坑村逢源屋	县级	康禾镇仙坑村民委员会	2021年4月
33		仙坑村中书第	县级	康禾镇仙坑村民委员会	2021年4月
34		仙坑村务本堂	县级	康禾镇仙坑村民委员会	2021年4月
35		仙坑村百护堂	县级	康禾镇仙坑村民委员会	2021年4月
36		仙坑村蛇龙屋	县级	康禾镇仙坑村民委员会	2021年4月
37		仙坑村宝盒屋	县级	康禾镇仙坑村民委员会	2021年4月
38		仙坑村端本堂	县级	康禾镇仙坑村民委员会	2021年4月
39		仙坑村司马第	县级	康禾镇仙坑村民委员会	2021年4月
40		登云书院遗址	县级	康禾镇仙坑村民委员会	2021年4月
41		儒步村中和堂	县级	叶潭镇中和堂理事会	2021年4月
42	和平县（66处）	华表塔	县级	彭寨镇彭镇村民委员会	1983年8月第一批
43		仙人桥	县级	阳明镇珊瑚村民委员会	1983年8月第一批
44		福音堂	县级	阳明镇城东村民委员会	1983年8月第一批
45		中流砥柱	县级	阳明镇城东村民委员会	1983年8月第一批
46		中共和平县第一个党支部旧址	县级	热水镇九连村民委员会	1983年8月第一批
47		九连山区人民自卫总队旧址	县级	热水镇九连村民委员会	1983年8月第一批
48		连和县人民政府旧址	县级	青州镇山塘村民委员会	1983年8月第一批
49		和平县革命烈士纪念碑	县级	阳明镇城西村民委员会	1983年8月第一批
50		卢屋嘴遗址	县级	阳明镇新社村民委员会	1986年9月第二批
51		小陂山遗址	县级	阳明镇新社村民委员会	1986年9月第二批
52		曾村垠遗址	县级	阳明镇新社村民委员会	1986年9月第二批
53		下陈山遗址	县级	大坝镇水背村民委员会	1986年9月第二批
54		梁屋垠遗址	县级	彭寨镇聚史村民委员会	1986年9月第二批
55		社径山遗址	县级	大坝镇石陂村民委员会	1986年9月第二批
56		子顶山遗址	县级	大坝镇水背村民委员会	1986年9月第二批
57		大岭头岗遗址	县级	林寨镇街镇社区居民委员会	1986年9月第二批
58		石林坪遗址	县级	大坝镇水背村民委员会	1986年9月第二批
59		周屋山遗址	县级	阳明镇新社村民委员会	1986年9月第二批
60		羊公寨遗址	县级	大坝镇高发村民委员会	1986年9月第二批
61		三角山遗址	县级	阳明镇新社村民委员会	1986年9月第二批
62		东山岭遗址	县级	阳明镇城东村民委员会	1986年9月第二批

续表11

序号	区县	名　称	保护级别	责任单位	公布时间
63	和平县（66处）	大丘面古墓群	县级	彭寨镇彭镇村民委员会	1986年9月第二批
64		冬天腊石刻	县级	上陵镇中洞村民委员会	1986年9月第二批
65		九公庙	县级	浰源镇山下村民委员会	1986年9月第二批
66		高泉寺	县级	阳明镇城西村民委员会	1986年9月第二批
67		雪山嶂庙	县级	优胜镇上潭村民委员会	1986年9月第二批
68		进士坊	县级	下车镇兴隆村民委员会	1986年9月第二批
69		东瓜峯仙人桥	县级	长塘镇陶锡村民委员会	1986年9月第二批
70		油竹坝石桥	县级	优胜镇优镇村民委员会	1986年9月第二批
71		石氏墓地	县级	下车镇和一村民委员会	2010年8月第三批
72		方华故居	县级	热水镇中兴村民委员会	2010年8月第三批
73		周刚如故居	县级	贝墩镇三多村民委员会	2010年8月第三批
74		和东区行政委员会旧址	县级	古寨镇河东村民委员会	2010年8月第三批
75		彰洞村古建筑群	县级	合水镇彰洞村民委员会	2010年8月第三批
76		新联村古建筑群	县级	优胜镇新联村民委员会	2010年8月第三批
77		大坝村古建筑群	县级	东水镇大坝村民委员会	2010年8月第三批
78		老卢屋	县级	大坝镇水背村民委员会	2010年8月第三批
79		楼下曾屋	县级	大坝镇鹅塘村民委员会	2010年8月第三批
80		鹅塘大屋	县级	大坝镇鹅塘村民委员会	2010年8月第三批
81		司前朱屋	县级	大坝镇水背村民委员会	2010年8月第三批
82		司背朱屋	县级	大坝镇水背村民委员会	2010年8月第三批
83		南石老屋	县级	大坝镇汤湖村民委员会	2010年8月第三批
84		仰照第	县级	大坝镇石陂村民委员会	2010年8月第三批
85		上中宪第	县级	林寨镇明星村民委员会	2010年8月第三批
86		下中宪第	县级	林寨镇明星村民委员会	2010年8月第三批
87		文明第	县级	林寨镇明星村民委员会	2010年8月第三批
88		兰台居	县级	上陵镇百龙村民委员会	2010年8月第三批
89		家燕大夫第	县级	下车镇兴隆村民委员会	2010年8月第三批
90		安定居	县级	下车镇兴隆村民委员会	2010年8月第三批
91		杨梅塘围	县级	下车镇群丰村民委员会	2010年8月第三批
92		中共九连地区工作委员会旧址	县级	青州镇永丰村民委员会	2010年8月第三批
93		营下拱桥	县级	长塘镇中村村民委员会	2010年8月第三批
94		“工合”旧址	县级	阳明镇城东村民委员会	2010年8月第三批
95		梅坝贞节坊	县级	礼士镇梅坝村民委员会	2010年8月第三批
96		石圳新屋	县级	热水镇中兴村民委员会	2010年8月第三批
97		乌石头老屋	县级	阳明镇新塘村民委员会	2010年8月第三批
98		乌石头新屋	县级	阳明镇新塘村民委员会	2010年8月第三批
99		黄氏宗祠	县级	阳明镇城西村民委员会	2010年8月第三批
100		铁潭黄姓祖屋	县级	阳明镇星星村民委员会	2010年8月第三批

续表11

序号	区县	名　称	保护级别	责任单位	公布时间
101	和平县（66处）	三条圳新屋	县级	阳明镇珊瑚村民委员会	2010年8月第三批
102		孔屋	县级	阳明镇城西村民委员会	2010年8月第三批
103		仁修楼	县级	大坝镇水背村民委员会	2010年8月第三批
104		德星堂	县级	东水镇云星村民委员会	2010年8月第三批
105		癸酉桥	县级	下车镇兴隆村民委员会	2010年8月第三批
106		三攸第	县级	阳明镇城东村民委员会	2010年8月第三批
107		秀山庄	县级	长塘镇中村村民委员会	2010年8月第三批
108	龙川县（79处）	石福岩洞群	县级	登云镇石福村民委员会	1962年5月
109		饶拔寨遗址	县级	贝岭镇罗陂村民委员会	1962年5月
110		太乙岩	县级	霍山旅游风景区管委会	1962年5月
111		燕仙岩观音宫	县级	贝岭镇罗陂村民委员会	1962年5月
112		玉麟洞寺	县级	铁场镇珊田村民委员会	1962年5月
113		祥云岩洞寺	县级	新田镇新田村民委员会	1962年5月
114		翰林石室	县级	老隆镇江边村民委员会	1986年9月
115		龙台寺	县级	老隆镇莲南村民委员会	1986年9月
116		文峰塔	县级	麻布岗镇大长沙村民委员会	1986年9月
117		联平摩崖石刻	县级	细坳镇联平村民委员会	1986年9月
118		松树岗象形文摩崖石刻	县级	细坳镇贵湖村民委员会	1986年9月
119		百岁街叶氏宗祠	县级	佗城镇佗城村民委员会	1986年9月
120		百岁街郑氏宗祠	县级	佗城镇佗城村民委员会	1986年9月
121		龙川县第十区农民协会旧址	县级	车田镇车田村民委员会	1986年9月
122		龙川县苏维埃政府旧址	县级	佗城镇三印村民委员会群众	1986年9月
123		铁龙沙坪乡苏维埃政府旧址	县级	上坪镇梅坑村民委员会	1986年9月
124		水贝黄氏大宗祠	县级	老隆镇水贝村民委员会	1986年9月
125		龙川县革命烈士陵园	县级	龙川县退役军人事务局	1986年9月
126		牛角塘遗址	县级	丰稔镇左拔村民委员会	1986年9月
127		东瑶古窑址	县级	佗城镇东瑶村民委员会	1986年9月
128		将军寨遗址	县级	车田镇丰石村民委员会	2010年7月
129		盘雁古道	县级	贝岭镇上盘村民委员会、雁化村民委员会	2010年7月
130		高进烽火台遗址	县级	黄石镇高进村民委员会	2010年7月
131		师祖地	县级	廻龙镇群光村民委员会	2010年7月
132		洋溪桥	县级	老隆镇水上新村社区居民委员会	2010年7月
133		老隆当铺	县级	龙川县原粮食局	2010年7月
134		黄沙坑李屋	县级	紫市镇紫市村民委员会	2010年7月
135		长桥杨屋	县级	紫市镇新南村民委员会	2010年7月
136		锡龈厦私塾	县级	麻布岗镇大长沙村民委员会	2010年7月
137		黄坑司马第	县级	麻布岗镇阁前村民委员会	2010年7月
138		矮车河拱桥	县级	麻布岗镇赤贝村民委员会	2010年7月

续表11

序号	区县	名　称	保护级别	责任单位	公布时间
139	龙川县（79处）	步下王氏宗祠	县级	麻布岗镇壮士村民委员会	2010年7月
140		长祥碉楼	县级	麻布岗镇大长沙村民委员会	2010年7月
141		广业楼	县级	贝岭镇宫下村民委员会	2010年7月
142		青莲第	县级	贝岭镇上盘村民委员会	2010年7月
143		恩荣第	县级	上坪镇青云村民委员会	2010年7月
144		世荣第	县级	上坪镇青云村民委员会	2010年7月
145		高岭邓屋	县级	登云镇高南村民委员会	2010年7月
146		沙径口拱桥	县级	细坳镇小参村民委员会	2010年7月
147		佗城西门石桥	县级	佗城镇佗城村民委员会	2010年7月
148		仙塔桥	县级	佗城镇塔西村民委员会	2010年7月
149		印月桥	县级	佗城镇新渡村民委员会	2010年7月
150		苏堤	县级	佗城镇佗城村民委员会	2010年7月
151		龙川县商会	县级	龙川县佗城景区管委会	2010年7月
152		横街骆氏宗祠	县级	佗城镇佗城村民委员会	2010年7月
153		佗城西门码头	县级	龙川县佗城景区管委会	2010年7月
154		横街8号黄屋	县级	佗城镇佗城村民委员会	2010年7月
155		后堂街司马第	县级	佗城镇佗城村民委员会	2010年7月
156		九善公宗祠	县级	鹤市镇富石村民委员会	2010年7月
157		景鹤居	县级	四都镇四都村民委员会	2010年7月
158		张堂司马第	县级	龙母镇张堂村民委员会	2010年7月
159		文昌祠	县级	岩镇平越村民委员会	2010年7月
160		左拔大夫第	县级	丰稔镇左拔村民委员会	2010年7月
161		梅塘角叶屋	县级	丰稔镇黄岭村民委员会	2010年7月
162		黄岭碉楼	县级	丰稔镇黄岭村民委员会	2010年7月
163		和畲文武阁塔	县级	黎咀镇和畲村民委员会	2010年7月
164		楠木坑文昌塔	县级	赤光镇南龙村民委员会	2010年7月
165		丰豫围	县级	赤光镇潭芬村民委员会	2010年7月
166		乐善堂	县级	赤光镇新淳村民委员会	2010年7月
167		铁东大夫第	县级	铁场镇铁东村民委员会	2010年7月
168		都府第	县级	铁场镇桥头村民委员会	2010年7月
169		黄江背古井	县级	铁场镇梓江村民委员会	2010年7月
170		玉猪坳古井	县级	铁场镇石坑村民委员会	2010年7月
171		青云石桅杆	县级	上坪镇青云村民委员会	2010年7月
172		蕴庐	县级	老隆镇水贝村民委员会	2010年7月
173		水贝明经第	县级	老隆镇水贝村民委员会	2010年7月
174		横街11号骆屋	县级	佗城镇佗城村民委员会	2010年7月
175		佗城影剧院	县级	龙川县佗城景区管委会	2010年7月
176		萧殷故居	县级	佗城镇新渡村民委员会	2010年7月

续表11

序号	区县	名　称	保护级别	责任单位	公布时间
177	龙川县（79处）	四角楼骆屋	县级	黄石镇黄石村民委员会	2010年7月
178		星光陈氏宗祠	县级	佗城镇佗城村民委员会	2010年11月
179		盘古大王神坛	县级	细坳镇黄龙村民委员会	2012年6月
180		半径农民协会旧址	县级	细坳镇半径村民委员会	2012年6月
181		黄烈故居	县级	登云镇天云村民委员会	2012年6月
182		小参村农民协会	县级	细坳镇小参村民委员会	2014年12月
183		李云山故居	县级	细坳镇小参村民委员会	2014年12月
184		粤赣苏区食盐储运中转站	县级	细坳镇小参村民委员会	2014年12月
185		龙母战斗指挥部旧址	县级	龙母镇大塘村民委员会	2015年9月
186		仰天堂	县级	上坪镇金龙村民委员会	2015年9月
187	紫金县（56处）	中国工农革命军第二师师部旧址	县级	紫金县博物馆	2013年8月
188		中国二农红军第十一军四十九团团部旧址	县级	紫金县博物馆	1987年6月
189		苏区革命烈士纪念碑（烈士墓）	县级	紫金县博物馆	1987年6月
190		血田	县级	紫金县博物馆	1987年6月
191		中国工农革命军第四师第十团开会遗址	县级	紫金县博物馆	2009年4月
192		孙友松墓	县级	紫金县博物馆	1987年6月
193		骆八十娘墓	县级	紫金县博物馆	1987年6月
194		钟镇鲁墓	县级	紫金县博物馆	1987年6月
195		杨茂墓	县级	紫金县博物馆	1987年6月
196		钟丁先墓	县级	紫金县博物馆	1987年6月
197		杨鼎墓	县级	紫金县博物馆	1987年6月
198		紫金县学生会、县总农会旧址	县级	紫金县博物馆	1987年6月
199		紫金县农民协会旧址	县级	紫金县博物馆	2009年4月
200		紫金县革命烈士纪念碑（烈士墓）	县级	紫金县博物馆	2009年4月
201		廖督才墓	县级	紫金县博物馆	1987年6月
202		上濑文笔塔	县级	紫金县博物馆	2005年3月
203		百岁牌坊	县级	紫金县博物馆	2005年3月
204		石坑张氏宗祠（九龙祖屋）	县级	紫金县博物馆	2010年6月
205		红军兵工厂旧址	县级	紫金县博物馆	2009年4月
206		红军医院旧址	县级	紫金县博物馆	2009年4月
207		战壕遗址	县级	紫金县博物馆	2009年4月
208		红军号兵训练所旧址	县级	紫金县博物馆	2009年4月
209		东江红军独立师指挥部旧址	县级	紫金县博物馆	2009年4月
210		龙炮区联队旧址	县级	紫金县博物馆	2009年4月
211		红军亭	县级	紫金县博物馆	2009年4月
212		朱乙朱豹烈士纪念碑	县级	紫金县博物馆	2009年4月
213		张子玉烈士纪念碑	县级	紫金县博物馆	2009年4月
214		钟一朋烈士纪念碑	县级	紫金县博物馆	2009年4月

续表11

序号	区县	名　称	保护级别	责任单位	公布时间
215	紫金县（56处）	状元峰石刻	县级	紫金县博物馆	2010年6月
216		烈三张公祠	县级	紫金县博物馆	2010年6月
217		龙归寺遗址	县级	紫金县博物馆	2010年3月
218		甘泉胜迹石刻	县级	紫金县博物馆	2010年6月
219		立本堂	县级	紫金县博物馆	2010年6月
220		南岭钟氏总祠	县级	紫金县博物馆	2010年6月
221		廖氏宗祠	县级	紫金县博物馆	2010年6月
222		安贞桥	县级	紫金县博物馆	2010年6月
223		天保楼	县级	紫金县博物馆	2010年6月
224		刘尔崧刘琴西故居	县级	紫金县博物馆	2011年1月
225		文昌殿	县级	紫金县博物馆	2011年1月
226		咸水交通站	县级	紫金县博物馆	2011年1月
227		和兴楼	县级	紫金县博物馆	2010年5月
228		培德楼	县级	紫金县博物馆	2010年5月
229		杜氏宗祠	县级	紫金县博物馆	2013年12月
230		钟灵钟子廉故居	县级	紫金县博物馆	2013年12月
231		叶穗墓	县级	紫金县博物馆	2020年10月
232		龙窝节孝牌坊	县级	紫金县博物馆	2020年8月
233		冼氏荣封第	县级	紫金县博物馆	2020年8月
234		好义康赵宫	县级	紫金县博物馆	2020年8月
235		碧云古洞	县级	紫金县博物馆	2020年8月
236		义容谭氏宗祠	县级	紫金县博物馆	2020年8月
237		彭坊林氏老屋	县级	紫金县博物馆	2020年8月
238		张燕堂故居	县级	紫金县博物馆	2020年8月
239		中坝毅饴楼	县级	紫金县博物馆	2020年8月
240		双下黄应珍墓	县级	紫金县博物馆	2020年8月
241		义容谭氏祖墓	县级	紫金县博物馆	2020年8月
242		河塘甘氏宗祠	县级	紫金县博物馆	2020年8月
243	连平县（52处）	窑头山下遗址	县级	田源镇人民政府	1986年10月
244		朝山遗址	县级	隆街镇人民政府	1986年10月
245		大坪山遗址	县级	大湖镇人民政府	1986年10月
246		八斗种遗址	县级	绣缎镇人民政府	1986年10月
247		仙塔遗踪	县级	元善镇人民政府	1986年10月
248		辉公地坪遗址	县级	上坪镇人民政府	1986年10月
249		沉坑口遗址	县级	忠信镇人民政府	1986年10月
250		牛栏坑遗址	县级	忠信镇人民政府	1986年10月
251		矮山遗址	县级	忠信镇人民政府	1986年10月
252		黄岭山遗址	县级	高莞镇人民政府	1986年10月

续表11

序号	区县	名　称	保护级别	责任单位	公布时间
253	连平县（52处）	刘观汉夫妇合葬墓	县级	元善镇石龙村民委员会	2010年7月
254		练恕墓	县级	元善镇新龙村民委员会	1986年10月
255		刘凤喈墓	县级	高莞镇高村村民委员会	1985年4月
256		光下卓屋	县级	元善镇警雄村民委员会	2010年7月
257		广济桥	县级	大湖镇罗经村民委员会	1985年4月
258		活水塔	县级	大湖镇人民政府	2010年7月
259		赖氏宗祠	县级	隆街镇立新村民委员会	2010年7月
260		文林第	县级	隆街镇沐河村民委员会	2010年7月
261		天保第	县级	绣缎镇金溪村民委员会	2010年7月
262		绣缎文笔塔	县级	绣缎镇人民政府	1985年4月
263		内莞桥	县级	内莞镇人民政府	1985年4月
264		河帅第	县级	元善镇城西社区居民委员会	1986年10月
265		吉水庙	县级	元善镇石龙村民委员会	1986年10月
266		上坪谢氏祖祠	县级	上坪镇惠西村民委员会	1986年10月
267		上坪水口塔	县级	上坪镇人民政府	1985年4月
268		古坑四角楼	县级	上坪镇古坑村民委员会	2010年7月
269		上坪风水塔	县级	上坪镇人民政府	1985年4月
270		五福桥	县级	忠信镇人民政府	1985年4月
271		司前寨	县级	忠信镇司前村民委员会	2010年7月
272		上坐村下楼角	县级	忠信镇上坐村民委员会	2010年7月
273		溪南大夫第	县级	油溪镇上楼角经济社	2010年7月
274		溪西儒林第	县级	溪山镇溪西村民委员会	2010年7月
275		松秀围	县级	陂头镇夏田村松秀围经济社	2010年7月
276		德馨围	县级	陂头镇夏田村德馨经济社	2010年7月
277		陂头文笔塔	县级	连平县陂头镇人民政府	1985年4月
278		北合楼	县级	陂头镇连光村北合经济社	2010年7月
279		火烧坝城堡	县级	陂头镇官岭村厅下经济社	1985年4月
280		贵东水口桥	县级	陂头镇人民政府	1985年4月
281		新下奉政第	县级	忠信镇新下村民委员会	2010年7月
282		横水大夫第	县级	内莞镇横水村民委员会	2010年7月
283		上坪水口桥	县级	上坪镇东阳村民委员会	1985年4月
284		步云桥	县级	元善镇人民政府	2010年7月
285		季老屋	县级	隆街镇隆东村民委员会	2010年7月
286		张义兴围屋	县级	隆街镇镇南村民委员会	2010年7月
287		池村屋	县级	高莞镇徐村村民委员会	2010年7月
288		桅杆屋	县级	高莞镇丁村村民委员会	2010年7月
289		胜合屋	县级	高莞镇高陂村民委员会	2010年7月
290		野鸭潭摩崖石刻	县级	油溪镇人民政府	1985年4月

续表11

序号	区县	名称	保护级别	责任单位	公布时间
291	连平县（52处）	中共连平县第一个党支部旧址	县级	大湖镇人民政府	2010年7月
292		隆街革命烈士纪念碑	县级	隆街镇人民政府	2010年7月
293		大湖、三角战役革命烈士纪念碑	县级	绣缎镇人民政府	1986年10月
294		西山瀑布	县级	元善镇人民政府	1986年10月
295	江东新区（7处）	中共东江特委旧址	县级	古竹文化站	1987年6月
296		中共东江后方特委旧址	县级	古竹文化站	1987年6月
297		中共东江特委第一次党代会旧址	县级	古竹文化站	1987年6月
298		邹氏宗祠	县级	古竹文化站	2010年6月
299		潮沙许氏宗祠	县级	古竹文化站	2010年6月
300		邬大昕墓	县级	临江镇文化站	2012年7月
301		关帝庙	县级	临江镇文化站	2013年7月

（刘崇昱）

【河源市博物馆】 河源市博物馆（河源恐龙文博园）位于市区滨江大道龟峰公园内，占地面积6万多平方米，是国家二级博物馆、国家AAAA级旅游景区，内有河源恐龙博物馆（中国古动物馆恐龙蛋馆）、河源市博物馆、全国重点文物保护单位龟峰塔及其附属建筑龟峰古刹，以及大型恐龙梦幻世界雕塑墙、钢铁恐龙创意雕塑、客家建筑文化墙展示区等景点。2022年，河源市博物馆被评为“广东省博物馆馆校合作教育基地”，被授予“第二批河源市少先队校外活动基地（营地）”；河源恐龙文博园被评为“河源市具有历史价值公园”。

文物征集保护 2022年，河源市博物馆新增藏品672套/1128件（枚），包含文物28套/83件，资料137套/413件，标本186套/186件、恐龙蛋299套/417枚、云南禄丰龙骨骼化石1套/8件、三叶虫等古动物化石21套/21件；修复恐龙蛋化石8件，修复明素三彩陶罐等文物2件；复制大顶山遗址出土陶豆等文物36件；完成一批馆藏中华版本的普查。

文物考古 2022年，河源市博物馆完成“河源市东源县蓝口镇先秦遗址区域系统考古调查”项目，举办粤北文物考古工作站田野调查培训班；完成“广东河源恐龙化石遗迹产地调查与化石资源保护利用规划建议”等科研项目；编印《河源文博》（第八、九期）、《河源市博物馆2021年鉴》，出版发行《风物永恒——王恒冯杰捐赠文物精品图录》学术图录及《广东河源恐龙蛋化石群》学术专著。

文博宣传推介 2022年，河源市博物馆通过自主策划、合作引进等方式举办15场专题展览，其中新增《风物永恒——王恒冯杰伉俪捐赠文物精品展》为常设展，选送《百年光影 留住经典——电影历史展》到清远连州市博物馆、肇庆市包公文化园、潮州市博物馆巡展，《志在云天——空中雄鹰何健生》入选“2022年广东省弘扬社会主义核心价值观主题展览”；开展文博讲座、道德讲堂、博趣手工、公益夏令营、小小讲解员、语言学堂等品牌教育活动156场次；举办或承办“2022年‘5·18’国际博物馆日”“2022年河源市社会科学普及周主题日活动”等重要活动；加大媒体宣传力度，通过省、市主要平面媒体宣传报道76篇，市级以上电视台采播新闻27条；与中科院古脊椎所联合推出九集《龙聚河源》恐龙科普系列短视频；与河源市广播电视台联合推出《河源文物说》广播节目；开发恐龙文化和历史文化（客家民俗）两大主题板块共6门研学课程；文博志愿者全年服务时长12469小时；全年接待游客350998人次。

重点项目建设 2022年，河源市博物

2022年11月28日，河源市博物馆挂牌成立华南首家恐龙科研机构——河源恐龙研究所
（市博物馆 提供）

馆挂牌成立华南首家恐龙科研机构——河源恐龙研究所；建设古生物实验中心；完成河源恐龙博物馆修复工场连廊工程等项目；完成官网系统和微信公众号在线导览系统二级等保工作；完成创文小品、公益广告、园林绿化等项目；完成5类文创产品开发，启动黄氏河源龙数字文创开发。（蒋安春）

广播电视事业

【概况】2022年，河源广播电视台有2个广播频率（综合广播、旅游广播）、2个高标清同播电视频道（综合频道、公共频道）、1家网络广播电视台，以及以“智慧河源”App为龙头的“三微两端”、民生一线抖音号等新媒体矩阵。其中“智慧河源”客户端下载用户量30多万人次，日均活跃量5万人次左右。有包括6+2讯道数字标清电视转播车和广播直播车等采编播设备，600平方米和800平方米演播厅各1个。有自办栏目36个，日产节目约19小时，其中电视栏目10个，日产节目约3小时；广播栏目26个，日产节目约16小时，覆盖河源市“五县一区”及周边城市受众近500万人次。

【新闻宣传】2022年，河源广播电视台播出广播电视新闻22736条，新媒体发布相关信息12757篇、视音频10035个；智慧河源和网站总点击量2320万余次，官微官博总点击量536万余次，新媒体平台粉丝量超64万人。先后推出“踔厉奋发开新局”等10多个专题专栏，策划推出《十年精彩瞬间》系列报道，推出中共二十大代表、市委书记林涛接受采访的《贡献河源力量 展现河源担当》短视频和“强国复兴有我”主题快闪等新媒体产品，制作《声动河源》系列音频，制播《新征程，再出发！深入学习贯彻中共二十大精神“一把手访谈”》融媒产品，在“云直播”频道开设“中共二十大报告微学习”宣传板块。

【精品佳作】2022年，河源广播电视台创作《见所未见·河源》《源味》等精品佳作，推出《河源中医说》《河源爱牙说》等融媒节目，发布《虎力全开干起来》《河源文旅体·六色竞缤纷》系列短视频，精心制作专题片38部，启动大型航拍纪录片《飞越河源Ⅱ·江湖》的摄制工作。脱贫攻坚纪录电影《厚土之上》获评中国南派纪录片优秀作品；15个作品获得广东省广播影视奖或广东新闻奖，其中一等奖2个，实现历史性突破；防溺水微电影《危险夏日》经广东省教育厅推荐，成为教育部面向全国中小学生暑假推广影片；微纪录片《带着女儿去支教》感动全网，央视新闻频道、中国之声、中国教育网、深圳卫视等纷纷转载，获第15届深圳青年影像节纪录片类最佳纪录片提名奖。

【外宣工作】2022年，河源广播电视台向“学习强国”学习平台推送文字、视频作品249条，有1条登上“学习强国”全国总平台；中央广播电视总台各频道栏目播发河源广播电视台新闻28条次；广东广播电视台各频道频率播发河源广播电视台稿件682条次，其中《广东新闻联播》发稿182条，排在全省地市台前列；广播新闻被省台采用342条，用稿数量全省排名第三；在“南方+”App、“触电新闻”App上发布信息2499条，总阅读量1358.3万余次。正式上线“直播河源”云频道，以大场景、大视角展现河源优美风光和独特内涵。策划开展“发现河源之美”短视频大赛，话题总阅读量超3.1亿人次，其中抖音端与“河源”相关的关键词搜索热度比上年增加，提高河源的知名度、美誉度；短视频《特警救人死里逃生后：不要管我，先救其他人》先后被数十家省级以上媒体平台转发，登上微博热搜榜，全网传播量突破1亿次。5月，河源广播电视台获广东广播电视台颁发的“飞越广东”融合传播奖。

【运营维护】2022年，河源广播电视台健全现代化安防播控体系，筹措资金完成网站和智慧河源App技术系统IPv6升级改造，通过网络安全等级保护二级备案。部署安装融媒体移动采编支持系统，完成云上调试，组织开展第一期使用培训。推进软件正版化工作，稳步实施软硬件国产替代。落实无线网络日常监管，对全台无线路由设备实行登记管控，重要保障期关停限用或禁用。加强涉非编制作网移动存储介质管理，严控台内素材和音像资源无序外传。修订完善节目信息库管理、网络视频直播应急管理等网络管理制度12项，网络安全制度体系得到健全。完成74场网络直播活动的技术支持和安全保障任务。落实信号发射设施和传输设施值班值守和巡查巡检，加强侵损防范和耗损保养。做好摄录编播、动力供给设施设备日常检修与运行维护，造册登记，建立运行、维护、保养档案。提升安全播出设备武装，投入资金110多万元，采购添置一批新的技术设备。重视航拍安全工作，出台施行无人机管理办法，规范无人机出库入库管理和使用操作，消除航拍安全隐患。

完成中央及省无线数字覆盖700兆移频任务，全部系统完成改造并投入正常运行。如期完成中央、省、市节目无线发射系统3个频道的稳频任务和馈管、天线的更新优化，信号发射安全和效率得到新提升。桂山千秀峰发射基地铁塔因年初霜冻挂冰裹冰严重致损，技术人员赶在第一时间恢复广播天馈系统和供配电，在汛期前完成发电机整体搬迁和天馈线系统维护工作。及时做好广播铁塔200米钢绳铺设安装和天线振子加固，配合开展无线电频率秩序整治和打击“黑广播”。争取省局立项支持，对千秀峰省农村无线覆盖天馈系统进行更换，有效解决省广播电视节目信号发射不稳定的问题。（胡　萍）

档案工作

【概况】2022年，河源市开展档案监督检查30次，举办档案专业培训13期，举办展览1个，接收档案2.18万卷14.09万件2964张，接待社会各界查档人数和提供利用7158人次9063卷3061件。

【档案宣传教育】2022年，河源市、县两级档案局、馆通过举办展览、线上讲座、档案业务培训、户外咨询等方式开展系列档案宣传教育活动，并通过《河源日报》、河源电视台、“学习强国”学习平台、“南方+”等媒体平台进行报道宣传。开办展览1个，接待参观展览群众1134人次，接受业务咨询近万人次，发放宣传资料2万多份，媒体报道宣传10次；举办线上、线下档案专题培训班13期，近1200人次参加培训。

【档案法治建设】2022年，河源市全面贯彻实施档案法和“十四五”规划，制定印发《“十四五”河源市档案事业发展规划》。源城区、东源县、连平县结合实际制定印发各自的档案事业发展规划。通过开展专项检查、对重点部门跟踪检查等方式，依法对县（区）档案馆和机关、团体、企业事业单位和其他组织开展监督检查，规范档案服务外包工作，严格档案实体和信息化安全管理。全市开展档案监督检查30次，对9家档案中介服务机构实施备案。

【档案服务建设】2022年，河源市各级档案局、档案馆发挥档案部门的开展疫情防控档案归集工作，开展重大事件、重要政务活动的声像档案拍摄录制工作，推进档案资源开发和档案服务利用工作。

宣传贯彻好中共二十大精神 通过展览陈列、档案编纂、公益讲座等方式，用档案生动诠释党的百年重大成就和历史经验，宣传好中共二十大精神。源城区档案馆利用档案举办“喜迎二十大·档案颂辉煌”展览，接待48个区直部门1134人。

重点档案归集指导服务 开展脱贫攻坚和疫情防控档案的监督指导和接收工作。全年市、县两级档案馆接收疫情防控档案2.34万件2964张。

拍摄服务 市档案馆做好重大事件、重要政务活动的声像档案拍摄录制工作。全年派员拍摄活动553场次，整理归档数码照片6570张，制作《市委重要政务活动照片》《市政府重要政务活动照片》档案光盘46张，制作市委、市政府重要政务活动画册4册，整理剪辑河源重要新闻视频时长91小时。

档案资源开发和利用服务 市、县档案馆通过加大对到期档案接收进馆、重点档案抢救、档案编研工作力度，优化馆藏结构。开展56802卷3642件档案的开放审核工作，抢救修复重点档案1236页，接待社会各界查档人数和提供档案利用7158人次9063卷3061件，编写《弘扬光荣传统 赓续红色血脉——河源人民的力量摘编》等13期档案资政参考，协助市委组织部编纂《河源市组织工作文件选编（三辑）》。

【档案信息化建设】2022年，河源市、县档案馆推进数字档案馆建设。市档案馆完成1.03万件161GB电子文件接收进馆。市、县两级档案馆均完成年度馆藏量应数字化率超过50%的目标任务。市档案馆、源城区档案馆、东源县档案馆、和平县档案馆、龙川县档案馆、连平县档案馆纸质档案数字化分别完成34.25万页、7.12万页、4.63万页、31万页、649.05万页、126.14万页。

【档案安全建设】2022年，河源市将档案安全工作纳入平安河源建设考核内容，对各县（区）、市直单位档案安全工作进行考核；推动档案馆开展绿色档案馆自评工作，强化应急安全演练和安全专项督查，定期排查档案保管安全隐患。各档案馆（室）持续改善档案安全管理的设施设备，落实档案管理“二十防”措施，健全完善人防、物防、技防三位一体的档案安全工作新格局；同时加强档案信息安全管理，规范开放档案和政府公开信息的审核，杜绝档案安全事故和失泄密事件的发生。（杨 薇）

【河源市档案馆】2022年，河源市档案馆推进档案治理体系、资源体系、利用体系、安全体系建设。市档案馆被国家机关事务管理局、中共中央直属机关事务管理局、中华人民共和国国家发展和改革委员会、中华人民共和国财政部评为节约型机关，市档案馆党支部被评为2022年度党支部规范化建设行动市级示范单位、机关领域样板支部，《“1234”党建机制赋能助推档案资源“活”起来》项目获得第五届河源市县（区）直机关工作创新大赛党建创新类特等奖、第十届广东省市直机关“先锋杯”工作创新大赛党建创新类三等奖。

档案资政服务 是年，市档案加大关于培育“五大产业”、实施“七大行动”等相关档案的整理研究力度，为奋力建设幸福和谐美丽河源提供档案资政服务。编写《河源造林小史摘编》《弘扬光荣传统 赓续红色血脉之河源县党组织建立与发展摘编》等档案资政参考4期。协助市委组织部编纂《河源市组织工作文件选编（三辑）》，查阅馆藏1988—2022年关于组织工作档案文献资料1986卷18849件，收录河源建市以来关于组织工作的重要文件281份并收到市委组织部通报表扬函。

声像档案工作 市档案馆开展河源市重大事件、重要政务活动的现场拍摄录制工作，完成“2022年河源市两会”“2022年广东油茶产业大会”等重大活动的拍摄录制工作。派员拍摄活动553场次，整理归档数码照片6570张，制作《市委重要政务活动照片》《市政府重要政务活动照片》档案光盘46张、市委、市政府重要政务活动画册4册，整理剪辑河源重要新闻视频时长91小时。

档案资源建设 市档案馆推进红色档案资源建设，建立起河源市档案馆“四史”教育专题档案资料库，收入红色档案资料1752件。做好档案移交和接收进馆工作，制订《河源市档案馆2022年档案接收计划》，收集征集有地方特色、反映民风民俗、体现高质量发展成果的重大活动档案、专门档案、名人档案和客家文化档案。加大民生档案接收力度，优化馆藏结构和丰富馆藏档案资源。同时做好重大战略、重大工程、重大活动等重点领域档案的归集工作，深化脱贫攻坚、新冠肺炎疫情防控“两类档案”归集工作成果。是年，市档案馆接收档案1.17万卷2.70万件。

档案保管利用 市档案馆发挥“广东省区域性档案修裱中心”优势，承担起当地及周边地区档案馆的重点档案抢救修裱任务，完成重点档案抢救修复1236页。建立馆藏档案开放审核协同机制，印发《河源市档案馆馆藏档案开放审核工作实施方案》，分期分批对馆藏自形成之日起满25年和即将满25年的档案进行开放审核，是年完成馆藏32个全宗5.68万卷3642件档案的开放审核工作。拓宽服务渠道，建立档案信息资源共享利用“一网通办”工作机制，市档案馆于8月接入全国档案查询利用服务平台，让群众可以足不出户跨区域、跨层级查询档案。办好党性教育主题教室，举办面向中小学生的红色研学实践活动，为前来参观的党员群众讲解红色革命历史、提供档案查阅服务。全年市档案馆接待社会各界参观展览人数8267人次、查阅档案人数3167人次，提供利用档案资料3635卷、1172件。

档案信息化建设 市档案馆加强党政机关业务系统电子文件归档和管理，全年接收1.03万件161GB电子文件进馆。加快馆藏纸质档案数字化进程，提高档案信息资源的利用效率，完成34.25万页馆藏纸质档案数字化，实现馆藏应数字化率81%。推进省级数字档案馆创建工作，按照《广东省数字档案馆系统测试办法》要求，制定任务分解表和建设台账，健全完善全市性的数字档案管理体系，实现档案信息资源机关共享、馆室共享和社会共享，推动数字档案馆（室）建设向智慧化升级。

档案安全管理 市档案馆开展绿色档案馆自评工作，强化应急安全演练和安全专项督查，定期排查档案保管安全隐患，确保档案绝对安全。改善档案安全管理的设施设备，落实档案管理“二十防”措施，建立健全人防、物防、技防三位一体的档案安全工作新格局。加强档案信息安全管理，规范开放档案和政府公开信息的审核，杜绝档案安全事故和失泄密事件的发生。（吴若晶）

报刊

【《河源日报》】 2022年，河源日报社坚持以习近平新时代中国特色社会主义思想为指导，履行新闻舆论工作的职责使命，做好党的建设、新闻宣传、经营管理、改革创新等工作。

主题宣传 组织“奋进新征程 建功新时代”重大主题宣传，以“学习宣传贯彻中共二十大精神”总栏目为统领，策划和组织“二十大时光”系列报道、“粤声回响”系列综述报道、“青年大学习”系列报道、“二十大代表在基层”系列报道、“二十大精神进支部”系列报道，开展“新时代新征程新伟业”主题采访，派出多路记者奔赴城乡社区等，通过蹲点式采访，讲述各地、各单位、各群体学习宣传贯彻中共二十大精神的具体案例和鲜活故事，刊播文字及图片报道超600篇，理论文章60多篇，全媒体总阅读量超200万人次。先后两次组织“一把手访谈”，分别对各县区、市直主要单位一把手进行深度访谈，聚焦各县区、各部门培育“五大产业”、推进“七大行动”的具体谋划、举措和成效，刊发稿件30多篇，结集成册，并送至市几套班子领导及相关部门参阅。先后推出“打造千亿百亿级产业园区”“培优专精特新 推进产业兴市”“踔厉奋发抓发展”“聚焦河源农业产业园区”等系列报道，展现河源经济的活力、动力、潜力。

平台建设 2022年，河源日报社推进新媒体平台建设，加速媒体融合发展，所有新媒体平台粉丝量保持在200万多人。视频号共发布1186条，总播放量2000万余次；抖音号发布723条，播放量2000万余次。全播放量年10万余次的视频产品63条，其中100万余次的3条。由河源日报社运营的“河源发布”每月平均阅读量100万余次，在全省政务微信排行榜中，稳居前十名，先后获评广东省十大最具影响力政务微信等多个奖项，连续多年入围全国两会南方号影响力排行榜十五强。10月底，报社打造的城市宣传新型视频平台——“直播河源”上线，以慢直播方式，10个点位原生态呈现和推荐河源美丽山水、城乡风貌，助力提升城市形象，开播以来观看人数超过50万人次，还被广东卫视红色广东慢直播平台选用。

视频精品 策划推出10期“文明河源大家谈”系列视频报道，通过街头随机采访的形式，对河源创建全国文明城市的成效进行宣传，总播放量20万余次。推出“河源新农人”系列视频6期，总播放量20万余次。策划“我是河源的”系列视频，用客家方言宣传和展示五县一区风土物产，总播放量300万余次。3月28日，播发的《东源无人农场 原始领衔种田》，被人民日报客户端选用，并在广东频道置顶推荐。系列微纪录片《今天我出境 扎根河源深山12年的“兰花使者”》，登上“学习强国”全国总平台首页推荐频道，《白溪森林秘境》系列微纪录片在央视新闻客户端推出，展现河源青山绿水优美生态。微纪录片《我在河源修恐龙蛋》等，先后被“学习强国”学习平台、央视新闻客户端、人民日报客户端选用。此外，还推出“早安河源”“河源文脉长”“理论宣传”等系列全媒体精品品牌。

经营工作 以项目和重大活动为抓手，突出稳经营、拓平台、谋转型，开展好各项经营工作。策划实施“2022河源高端对话”项目，开展“城市高质量发展”“金融服务实体经济对接中小微企业”“5G赋能经济社会高质量发展”等系列专场活动。开拓线上活动，开展线上年货节、“江东新区汽车消费月”线上促消费等系列活动。

基础建设 根据政策要求，克服困难为员工补缴2014年10月至2021年5月机关基本养老保险和职业年金、企业年金，全体员工受益，解决报社员工退休保障问题，稳定军心，鼓舞队伍士气。通过职称聘用、招聘考试，优化人才结构，推动人才梯队建，做好引才、聚才工作。（许竞楠 胡剑廷）

【《河源晚报》】宣传报道 2022年，河源晚报社重点推出“奋进新征程 建功新时代”“一把手访谈”“产业兴市促发展”“美丽河源乡村行”“民生保障促发展”“关爱未成年人”等6个重点系列报道，全方位宣传河源市各方面取得的成就。2022年点击量10万余次短视频50个，点击量100万余次短视频20个，其中抖音号视频《两特警被洪水冲出涵洞后获救》点击量1600万人次，点赞36.7万人次，评论1.7万人次；《高考结束家长给孩子送手机作奖励》点击量805.2万人次，点赞12.7万人次，评论3万人次；《连平县部分区域出现灾情》总点击量195.6万次；《青春有为·逐梦河源》总点击量166.1万次。205篇报道被“学习强国”学习平台采用。源晚报抖音号、视频号发布视频近700个。

意识形态工作 完善报社的全媒体平台管理制度、审读制度等制度，完善报社全平台、各流程、各环节、各岗位具体明晰的任务责任表。在重大节日、重大活动期间、重要时间节点实行7×24小时全天候值班。提高应对风险的能力。坚持每月召开一次意识形态工作研判会议。建设网络安全等级保护，提高技防能力。报社投入近25万元资金建设网络安全（二级）等级保护。

品牌活动 2022年，报社为和平县下车镇、龙川县细坳镇、东源县灯塔镇等镇的1400多名留守儿童圆梦微心愿。比上年增加1000人。开展“我心中的美丽家园”主题绘画活动、“少年心向党·喜迎二十大”朗诵比赛、“劳动最光荣·劳动最美丽”主题征文比赛、“喜迎中共二十大 喜看家乡新变化”主题绘画、征文活动。“喜迎党的二十大，喜看家乡新变化”主题绘画、征文活动收到3000多份参赛作品。

平台建设 搭建新的经营平台。3月，报社全资下属子公司——河源市卓越研学旅行社有限公司正式挂牌成立并开始运作。完善“新闻+政务+服务”经营模式。策划宣传项目；加强报社品牌活动的谋划和招商力度；加强《河源晚报》《新少年》发行工作。（黄向民）

【《河源乡情报》】2022年，河源乡情报社坚持以习近平新时代中国特色社会主义思想为指导，立足新起点，奋进新征程，加强意识形态工作，做好外宣服务。

意识形态工作 河源乡情报社作为河源唯一侨刊和重要外宣阵地，组织全体党员干部职工收听收看中共二十大开幕会，要求报社人员把学习宣传贯彻中共二十大精神作为当前和今后一个时期的首要政治任务，把握中共二十大精神实质和丰富内涵。报社作为意识形态主阵地，全年出版52期，年发行量80万份，微信公众号、视频号、抖音号等全媒体建设走上正轨，全年输出内容没有出现政治性、原则性错误。主动对接业务主管部门市委宣传部和主管主办部门市委外办，常汇报、常沟通，常总结，把党管意识形态原则落实到意识形态各类阵地，守好意识形态安全“南大门”。开辟《海内外河源籍乡贤热议中共二十大报告》专栏，联系在外乡贤，发出云采访邀请，对中共二十大报告谈感想、话心声。报道粤港澳大湾区客属及河源同乡社团，组织广大乡亲学习宣传贯彻中共二十大精神的动态新闻。

主题宣传及外宣工作 2022年，报社加强与海外河源籍社团、侨领的联络联谊，拓展与海外华文媒体的合作渠道。配合市委外办的中心工作，在领事保护、友城建设中加大宣传力度。配合有关部门做好“一带一路”高质量发展的宣传报道。策划拍摄《遇见乡愁》系列短视频，用乡愁勾连起海外乡亲爱祖国爱家乡的情怀；策划拍摄《外国人看河源》双语视频栏目，透过在河源的外国友人视角，向海内外展示真实、立体、全面的河源；策划《见证非凡十年·走进美丽侨乡》专栏，集中报道河源十个重点侨乡，突显新时代侨乡的精神面貌，增强海内外新生代的寻根意识；策划“海内外乡贤为‘中华恐龙之乡’——河源代言”活动，宣传河源恐龙文化；创新推出《寻宝河源》漫画专栏及动漫视频，介绍河源经济、文化、旅游等方面信息。是年，报社与市委宣传部合作启动《河源姓氏文化录》（暂名）编撰工作，以图文形式忠实记录河源市各县区具有优秀家风文化的姓氏源流与世系、迁徙与发展、文化与文明、家规族训等，引导新时代文明风尚，弘扬社会主义核心价值观，为河源市“创文”工作添砖加瓦；与深河指挥部谋划推出《深帮扶“圳”能量——深圳对口帮扶河源灯塔盆地驻镇帮扶工作纪实》大型专题报道；与东源县委宣传部合作推出《东源“一把手”访谈系列报道》，以及启动“东源红色故事大家讲”演讲大赛；与市生态环境局合作编撰内部刊物《河源生态环境》（4期）。做好微信公众号运营工作，全媒体工作格局逐渐打开。报社旗下微信公众号全年发布1000多篇文章，视频号、抖音号制作发布220个视频。

（朱锦初）

网络媒体

【源河客户端】 河源日报社移动互联网传播平台源河客户端，是河源市委、市政府权威信息发布的移动媒体平台，于2016年11月30日正式上线。源河客户端设有首页、视频、本地、服务等板块，设置推荐、河源、经济、河源检察、“圳”帮扶、河源交警、读报、学习、专题、热点、教育等频道，及时传递党委、政府权威声音，为广大市民提供“与你相关”的新闻、服务、互动、生活等资讯服务。截至2022年12月，源河新闻客户端累计装机量超过10万人次，月平均发稿量超过700篇。

源河新闻客户端围绕市委、市政府中心工作，推出“打造千亿百亿级产业园区”“培优专精特新 推进产业兴市”“踔厉奋发抓发展”“聚焦河源农业产业园区”“与群众‘面对面’解决群众‘急难愁盼’”“联镇包片抓落实”“创建全国文明城市 建设幸福和谐美丽河源”等系列重磅专题报道，发布稿件数量超过2000篇。此外，平台还推出系列新媒体产品，包括H5、海报、动漫、视觉新闻等。（许竞楠 胡剑廷）

【河源晚报社旗下媒体平台】 2022年，河源晚报社拥有《河源晚报》《新少年》、河源新闻网、河源晚报微信公众号、“河源新少年”微信公众号、河源晚报抖音号、腾讯视频号、户外阅报栏等平台。《河源晚报》周一至周五出版，《新少年》每周出版1期（暑假、寒假休刊），其他平台全天候推送、播报。（黄向民）

【河源网络广播电视台】 河源网络广播电视台于2013年9月投入运营，是河源广播电视台下属分支机构。2022年，“直播河源”云频道上线，此后相继在万绿湖龙凤岛、连平陂头“小桂林”、东源缺牙山及市区迎客大桥、新丰江等多点开设慢直播，通过镜头+轻音乐配乐每天8:00—22:00实时为观众呈现河源的声色光景，向全国推送美丽河源独有的旅游风光，宣传河源人与自然和谐共生的绿色生态形象。

河源网络广播电视台拥有“直播河源”云频道、“智慧河源”App、PC端网站、新浪腾讯官方微博以及官方微信等“三微（微信、微博、微视频）两端”、官方抖音号等新媒体平台，总用户及粉丝数超过64万人，网站及App等新媒体平台总访问量超18亿人次。

“智慧河源”App是经市委、市政府立项，河源广播电视台打造的移动客户端，于2016年6月1日正式上线，定位于城市综合服务，在线提供便民服务，下载用户量30多万人次，日均活跃量5万人次左右。（胡 萍）

卫生健康

【概况】 2022年，河源市有卫生机构2106个，其中医院类机构69个、基层医疗卫生机构1997个；有床位20555张，其中医院类机构床位13437张、基层医疗卫生机构床位5053张，全市每千常住人口床位数7.2张；卫生机构有在岗职工27651人，其中卫生技术人员22892人，含执业（助理）医师7567人、注册护士10975人，全市每千常住人口执业（助理）医师数、注册护士数分别为2.66人、3.86人。全年诊疗量1509万人次，出院量44.32万人次。

【疫情防控】 2022年，面对新冠疫情，河源市贯彻落实好各项疫情防控政策，构建起上下联动、扁平高效的应急指挥体系；指导开展医疗救治等。成功处置“1·31”“3·5”“7·4”“11·3”“11·13”等系列本土疫情。是年，先后派出33批、2416人次支援上海、广州、深圳、东莞、中山、湛江、惠州、清远等地开展医疗救治等工作，派出243人的医疗队接管广州番禺方舱医院。国家防疫政策优化后，多措并举应对感染高峰、门急诊就诊高峰、重症高峰，优化完善医疗救治方案，保障医疗物资有效供应，提升农村地区医疗服务能力，畅通重症转诊绿色通道，推进优化措施稳健执行、落地见效，转段工作保持有条不紊，医疗秩序保持基本稳定，医疗资源储备稳步提升，社会面总体平稳。

【医药卫生体制改革】 健全医改领导体制和工作机制 2022年，河源市制定印发《河源市深入推广福建省三明市经验深化医药卫生体制改革实施方案》《河源市推动公立医院高质量发展实施方案》《河源市深化医药卫生体制改革近期重点工作任务》等文件，重新调整市医改工作领导小组，由市委书记担任组长，市长担任执行组长，常务副市长和分管副市长担任副组长，分管副市长统一分管医疗、医保、医药工作，建立医疗、医药、医保三部门协调机制，定期召开碰头会，医改领导体制和工作机制得到进一步健全，为全市医改和卫生健康事业发展提供政策及体制机制保障。

紧密型县域医共体建设不断推进 在广东省卫健委等6个部门联合发文表扬广东省紧密型县域医共体建设真抓实干成效明显的市县的通报中，和平县医共体连续两年榜上有名，并被遴选为全省第一批紧密型县域医共体建设高质量发展综合试验区。《河源市和平县：扎实推进医共体建设》入选国家发展和改革委员会主管、中国经济体制改革研究会主办的《中国改革年鉴》，是广东省唯一入围医药卫生及医疗保障制度改革的案例，并入选由中国医院协会医共体分会主编、人民卫生出版社出版的《紧密型县域医疗卫生共同体实践案例》；和平县人民医院在2022年全省卫生健康体改工作电视电话会议上作题为《真联真动，打造高效协同县域医共体》的经验发言，是全省唯一作经验介绍的县级医院。

现代医院管理制度不断健全 河源市人民医院、河源市中医院、河源市妇幼保健院等9家二级以上公立医院完成本单位现代医院管理实施方案、医院章程制定，全面落实总会计师制度，进一步完善党委会和院长办公会议事决策制度。

【医疗卫生服务】 优质医疗资源扩容

提质 2022年，河源市妇幼保健院、河源市中医院成功创成三级甲等医院，全市三甲医院达到3所。河源市人民医院高水平医院建设成效明显，管理、医疗、教育、科研等能力稳步推进，区域辐射带动能力不断增强，全国三级公立医院绩效考核从2019年的C++等级跃升至B+等级，排名从全国910名上升至590名。河源市深河人民医院运营实现良好开局，顺利开设31个临床科室、14个医技医辅科室，各项医疗业务稳步增长；获批3项国家自然科学基金，实现河源市医院国家自然科学基金项目立项“零”的突破。东源县人民医院顺利通过二甲评审，结束东源县没有二甲综合医院的历史。3.0T磁共振、256排CT、耳鼻喉手术动力系统、激光治疗仪等一大批先进医疗设备先后投入使用。

中医药服务体系不断完善 出台《中共河源市委 河源市人民政府关于促进中医药传承创新发展的若干措施》，推进中医药发展。市县（区）两级中医药管理体系基本健全，河源市中医院成功创建三甲中医医院，5家县级中医医院达到二甲中医医院水平，龙川县中医院正全力争创三甲中医医院。成功创建3个全国基层中医药工作先进单位，建设6个县区级中医药适宜技术推广基地和105个中医馆，实现县办中医医院全覆盖。建成1个“十二五”省重点专科，4个“十二五”特色专科，1个省中医临床，推动建设广东省“十三五”中医药重点专科5个、特色专科4个。有省名中医4人，建有省名中医传承工作室2个、市名中医传承工作室4个，建成全国基层名老中医药专家传承工作室3个、在建2个。订单定向招录31名基层卫生中医药人才，培训40名基层卫生技术人员，培养33名中医全科医生。

卫生健康人才队伍壮大 2022年，河源市卫生健康系统引进博士研究生4名、硕士研究生70名、急需紧缺本科生54名、高级专业技术职称人员24名、“雁归源”人才48名。是年，申报卫生健康专业技术人才职称评审（含基层人员）359人，通过221人，通过率61.6%；报名参加卫生专业技术资格考试（初、中级）3732人，通过1898人，通过率50.8%；报名参加护士执业资格考试1537人，通过913人，通过率59.4%。

健康宣教行动深入开展 宣传全市卫健系统先进典型人物，挖掘“广东好医生”孟宇、“全国五一劳动奖章”获得者杨龙峰等先进人物事迹，充分发挥榜样引领作用；联合《河源日报》推出河源首档全媒体健康互动节目《活出健康》，定期向群众科普健康养生知识，点击量超90万次。龙川县成功创建全市首个省级健康促进县，源城区省级健康区创建工作加快推进。

信息化建设稳步推进 2022年，河源市积极开展信息便民攻坚行动，全市21家医疗机构建成医院服务号，实现看病就医“一键诊疗”；18家医疗机构与省码管平台完成对接，推进电子健康码建设；河源市人民医院“区域心电诊断平台”建成投入使用，与全市44家基层医疗机构组成“远程心电联盟”，累计服务11471人次，实现“基层检查、上级诊断”新型诊疗机制。推动智慧医疗、区域信息共享互认、健康码“一码通行”、“一站式”及时结算、“互联网+”支付、便捷信息查询、防疫咨询服务等“互联网+医疗健康”便民惠民措施先后落地，进一步实现“数据多跑路，患者少跑腿”。

【公共卫生服务】疾病预防控制工作有序推进 2022年，河源市报告法定传染病35种，报告传染病总发病率为1590.66/10万、死亡率为1.46/10万，其中无甲类传染病报告；乙类传染病发病率为402.35/10万、死亡率为1.46/10万；丙类传染病发病率1188.31/10万，无死亡病例报告。40种法定报告传染病中有14种报告数为零。全市新报告艾滋病抗体阳性者比上年下降23.9%，现存活病例增长4.2%，全市艾滋病疫情整体维持低流行水平，连续3年无新发感染病例。肺结核报告发病率降至54.22/10万以下，流行性乙型脑炎、流行性脑脊髓膜炎等多种疫苗可预防传染病发病率保持极低水平。以乡镇（街道）为单位，适龄儿童国家免疫规划疫苗接种率100%；全市适龄女生HPV疫苗免费接种率达99.05%，预防接种异常反应补偿保险制度全面推行；碘缺乏病、血吸虫病、疟疾维持消除状态，地方病、寄生虫病防治成果得到巩固，麻风病新发病例数持续下降。稳步推进慢性非传染性疾病防控工作，新创建健康食堂4个、健康单位3个、健康社区（村居）5个，严重精神障碍患者管治工作综合排名全省第二，食品安全风险、饮用水、学生常见病监测工作全面铺开。

爱国卫生运动 2022年，河源市开展巩固国家卫生城市工作，举办“文明健康 绿色环保”为主题的河源市第34个爱国卫生月系列活动，做好创建无烟单位工作，河源市无烟党政机关、无烟医疗卫生机构、无烟学校创建比例为100%，实现全覆盖。开展环境卫生综合整治，改善城市卫生面貌；加强行业卫生管理和除害防病工作，保障市民的身体健康；开展健康教育与健康促进活动，市民的健康素养水平提升。全面落实卫生村镇创建工作，新创省级卫生镇10个，市级卫生镇26个，省级卫生村273个，市级卫生村100个。

食品安全保障 2022年，河源市开展食品污染及食品有害因素监测。全市监测采样点共监测样品361份，其中食品化学污染物及有害因素监测样品187份，食品微生物及其致病因子监测样品174份。强化食源性疾病监测。全市“食源性疾病监测报告系统”报告疑似食源性疾病病例786例，全年调查处置6起疑似食源性疾病暴发事件，在“食源性疾病暴发事件监测系统”未报告暴发事件。

【全生命周期健康服务】妇幼健康工作持续强化 2022年，河源市全力护佑妇幼健康，孕产妇死亡率5.08/10万、婴儿死亡率1.88‰、5岁以下儿童死亡率3.56‰。落实孕产妇危重救治工作，畅通救治绿色通道，出台危重孕产妇救治责任约谈通报制度，推行孕产妇社区网格化排查制度，从基层落实孕产妇分类管理，及时介入危重孕产妇管理，保障母婴安全。推进适龄女生HPV疫苗免费接种，全市适龄女生接种人数24944人，接种率为99.88%，未出现不良接种事项。实施适龄妇女“两癌”免费筛查、出生缺陷综合防控等项目，为孕妇免费开展地中海贫血、唐氏综合征和严重致死致残结构畸形筛查，筛查人数及筛查率分别为18894名（119.82%）、17950名（113.83%）、16423名（104.15%）；分别为21691名、21489名新生儿进行遗传代谢病筛查和听力筛查，筛查率分别为110.05%、109.03%。城乡妇女“两癌”免费检查任务数为26924人，完成宫颈癌筛查47258例，筛查率175.52%，发现宫颈癌及癌前病变308例，发病率653/10万；乳腺癌筛查47143例，筛查率175.1%，发现乳腺癌及癌前病变66例，发病率140/10万。

促进人口与家庭发展 2022年，河源市落实生育政策措施。加强人口监测，核实人口数据质量，全市“一孩”出生7516人，占比41.09%；“二孩”6766人，占比36.99%；“三孩及以上”4011人，占比21.93%。严格按照标准核实“四项奖扶”（农村部分计划生育家庭奖励、计划生育家庭特别扶助、城镇独生子女父母计划生育奖励、农村计划生育节育奖励）对象，按规定及时、足额、公开发放计划生育奖励扶助金，全市有26130人纳入奖扶范围，奖励扶助3102.3万元。截至2022年年底，全市有托育服务机构58间，托位3400个，在托婴幼儿2234人，均为营利性机构。全市3岁以下婴幼儿照护服务机构备案29间，每千人口托位数为1.2。

职业健康工作不断加强 2022年，河源市制定印发《河源市职业病防治“十四五”规划》，具体明确7方面工作任务，有效促进职业病防治工作全面发展。全市职业健康检查31593人，上传个案31576例，上传率99.9%，尘肺病主动监测完成率和职业病诊断机构报告率为100%，按时完成职业病患者死亡情况调查与职业性肿瘤监测。完成职业性尘肺病调查及网络直报383人，完成率100%。强化职业卫生和放射卫生监督执法，全市职业卫生案件查处54件，其中简易程序48件，一般程序6件，罚款24.85万元。

老龄健康工作扎实有效 2022年，河源市加强基层老龄工作机构的建设，全市各县区的镇街设立老龄工作委员会，各村居设立老龄工作领导小组。推进银龄安康行动，全市“银龄安康行动”老年人参保人数36.31万人，其中统保参保人数34.11万人，自付费参保人数2.19万人，自付费覆盖率3.86%，总体覆盖率61.21%；理赔472.18万元，理赔5479人次。全市服务2914个村居，服务群众含统保、自付费、理赔等超34万人次。推动医养结合发展，全市新增1家医结合机构。开展老年友善医疗机构创建。全市134家医疗机构参加老年友善医疗机构创建，其中124家通过评审，占比92%，公立二级以上综合医院（中医院）有13家设立老年医学科，占比81.25%。东源县金史村和龙川县泰华城社区成功创建全国示范性老年友好型社区。加强老年人健康管理，65岁及以上老年人健康档案建档率77.59%、健康管理率49.40%、体检率53.77%。

（李晓静）

医疗保障

【概况】2022年，河源市医疗保险参保人员304.70万人，医疗保险收入420245万元，比上年增长6.0%；支出40.59亿元，下降0.5%。

【医疗保险基金平稳运行】2022年，河源市医疗保险参保人员304.70万人。其中，城镇职工基本医疗保险参保人数为52.55万人，比上年增长20.7%；生育保险参保人数47.65万人，增长16.8%；城乡居民基本医疗保险参保人数252.16万人，下降5.4%。城镇职工基本医疗保险、生育保险和城乡居民基本医疗保险享受待遇人数分别为52.07万人、2.89万人和216.99万人。医疗保险收入42.03亿元，比上年增长6.0%；支出40.59亿元，下降0.5%；当期收支结余1.43亿元，累计结余30.61亿元，增长4.9%。是年，全市城乡居民医保缴交完成252.15万人，完成率96.1%，在全省排名第六，提前完成2022年河源市十件民生实事要求任务。

【河源医保支付改革推进】2022年，河源市医疗保障系统按病种分值付费（DIP付费）改革推进，基金结算率整体提升，付费体系完善，多次在全省医疗保障工作总结大会和半年医保重点工作推进会上作经验交流发言。医保基金可持续性增强，经DIP清算后，基金实际支付率略上升，经合理超支分担后，城乡居民医保基金实际支付率到97.79%，比上年增长4.2%；职工医保基金实际支付率99.78%，增长2.45%。定点医院更加注重内部成本控制。市内住院人数明显上升，总体费用历史性下降。是年，居民医保参保人市内住院人数28.02万人，比上年增长1.31%，报销费用比上年下降4.3%。职工医保参保人市内住院人数为4.49万人，增长19.2%，报销费用增长4.4%，小于人数增长的19.2%；次均住院费用下降明显。居民医保参保人住院次均费用6712.55元，下降1.71%；职工医保参保人的住院次均费用7835.23元，下降3.17%。

【医保基金监督】2022年4月，河源市医疗保障系统在全市范围内开展以“织密基金监管网 共筑医保防护线”为主题的集中宣传月活动，通过线上与线下相结合的方式进社区、进医疗机构广泛宣传，曝光典型案例，欺诈骗保现象得到遏制，医疗费用不合理增长得到控制。基金监管“三个全覆盖”活动成效明显。3—5月组织医保经办机构及医保定点医药机构开展自查自纠全覆盖，提升内控、完善医保管理，全市1238家定点医药机构完成自查自纠全覆盖，医疗机构主动退回违规医保基金225.97万元。组织行政、经办和第三方力量，对医疗机构2021年度的所有纳入医保报销的诊疗行为开展现场“日常稽核”全覆盖。市医保局通过下查一级的方式，抽取各县（区）两家医疗机构开展“抽查复查”全覆盖，抽查医疗机构13家。截至12月31日，“日常稽核”与“抽查复查”全覆盖发现存在违规的医疗机构37家，可追回违规医保基金2018.67万元，罚款779.69万元。印发《河源市医疗保障局常态化实施医疗保障基金监管自查自纠、稽核检查、抽查复查全覆盖的规定》，推动建立河源市医疗保障基金监管联席会议制度。创新医保基金监管方式方法。加快医保智能监控系统落地应用，通过智能监控系统事前、事中、事后监控等措施，做好基金监管工作，守护好参保人的“看病钱”“救命钱”。

【医疗保障体系构建】2022年，河源市医疗保障系统推进门诊共济保障改革。7月，河源市在全省率先出台《职工基本医疗保险门诊共济保障实施办法》，建立完善职工医保门诊共济保障机制；提高大病保险报销限额，2022年的参保群众享受大病保险的报销标准更高，支付限额由14.26万元/年提高到16.81万元/年；扩大门诊特定病种种类，将门诊特定病种从28类扩大到52类，涵盖多发性、常见慢性病、罕见病病种，提高门特保障水平，减轻患者负担；完善职工生育保险制度。职工基本医疗和生育有保障，确保三孩生育待遇政策落实到位。开展医保经办服务管理“规范年”活动，推动医保政务服务标准化、规范化、便捷化建设，破解群众急难愁盼问题，打通医保经办服务的堵点难点，开展医保经办“微改革”，医保经办服务走在全省前列。推进“互联网+医保”信息化建设，便民服务暖人心。截至2022年年底，全市184家定点医疗机构实现医疗救助与基本医疗保险、大病保险、补充保险“一站式”即时结算。持续扩大异地就医直接结算上线范围，全市有86家医疗机构上线异地就医服务，有效解决群众异地就医“垫资”“跑腿”等痛点堵点问题。落实国家药品集中采购制度，推进药品耗材采购和医疗服务更加规范。在保留现有省平台、深圳平台的基础上，增加广州平台为河源市定点医疗机构开展药品和医用耗材集团采购业务，降低药品和医用耗材供应价格，提高药品和医用耗材保障供应能力。落实国家组织药品耗材集中采购工作，贯彻结余留用政策，向考核合格医疗机构拨付国家集中采购药品结余留用资金550万元。建立医药价格监测和信息发布机制。督查公立医疗机构采购药品耗材和执行医疗服务价格情况。开展医疗服务价格动态调整调价评估工作。发挥“医保”引导药价作用，引导群众合理选药购药。做好个人参保信息授权查询和使用国家试点工作；医疗保障两个“规范年”活动建设在全省交叉暗访检查中获得优秀等次；医保电子凭证激活人数234.9万人，占参保人数的77.86%，在全省排名第十。

（李小东）

卫生监督

【概况】2022年，河源市各级卫生监督机构做好新冠疫情防控各项工作，严厉打击违法违规公共卫生行为，查处医疗卫生行业案件373件，一般程序案件103件，简单程序案件270件，罚款165.74万元。

【新冠疫情防控】*疫情防控督导* 2022年，河源市卫生监督部门开展全市集中隔离场所、公安司法监管场所、养老福利求助管理机构、精神卫生机构、母婴保健机构、宗教活动场所、康复机构、医院、学校、商场超市等重点场所的疫情防控工作情况的督查，派出卫生监督员72人次，检查重点机构232间次。多次对各县（区）疫情防控工作进展、全市医疗机构哨点监测、全市新冠病毒核酸检测实验室质量排查整治等方面进行督导检查，派出卫生监督员268人次。

支援省内外和本市现场流调工作 选派优秀卫生监督骨干参与广东省新冠疫情医疗队支援西藏林芝疫情防控，1人被中共林芝市委员会、林芝市人民政府评为“林芝市抗击新冠疫情先进个人”。选派优秀年轻骨干参加深圳、广州、中山、梅州、惠州、汕头等地市现场流调工作，参与紫金县“1·31”、东源县“3·5”疫情防控一线，在市政府抗疫嘉奖中有2人记三等功、5人获嘉奖。

【“双随机、一公开”推进】2022年，河源市推行“双随机”任务抽检，优化监管资源，及时公开抽检结果，全市“双随机”任务628件全部执行完毕。其中，国家抽查任务478宗，任务完成457宗，任务关闭21宗，监督完成率95.6%，完结率100%。省抽查任务150宗，监督完成147宗，任务关闭3宗，监督完成率98.0%，完结率100%。

【以案促管】2022年，河源市卫生监督部门组织实施对本级和下级监督机构卫生监督稽查，抽查行政执法案件，开展案件评查。通过飞行检查、专项督导、现场带教等多种方式推动全市执法业务工作。全市级查处案件30件。其中，一般程序案件7件，罚款12.51万元，罚没违法所得2.798万元。全市查处案件373件，一般程序案件103件，罚款165.74万元。

【行政许可程序完善】2022年，河源

市卫生监督所协助市卫健局行政审批科实施公共场所卫生许可证受理发证16份，会同市卫健局开展3家放射诊疗机构的建设项目审查、放射诊疗许可工作。在实施行政许可同时，推进公共场所承诺制的制度落实，优化放射诊疗许可的程序。

【医疗机构日常监督检查】 2022年，河源市卫生监督部门对市直管医疗卫生机构的依法执业、人员资质、人员培训、院感管理、医疗文书管理、医疗废物和医疗污水处理等内容进行全面监督检查，对不良执业行为采取记分管理，对违法行为立案查处，查处医疗机构（个人）9家，其中立案1家，罚款0.4万元。对市直管医疗机构的传染病防控工作开展监督检查，对制度建设、预防接种、法定传染病报告等传染病防控情况进行综合评价。评价的医疗机构53间。其中，优秀单位5间，合格单位48间，无不合格单位。

【血液安全监督检查】 2022年，河源市卫生监督所对市中心血站、单采血浆站、有临床用血的医疗卫生机构的依法执业、血液安全管理、传染病防控等内容进行监督检查。完善广东省血液实训河源基地相关工作，协助广东省卫生监督所在河源市举办的两期省级实训班，培训全省各地卫生监督员54人次。

【消毒产品卫生监督】 2022年，河源市对生产过的6间消毒产品企业的场所设置、人员资质、场所消毒、产品检测等方面内容进行监督评价，评价结果：优秀3间，合格2间，重点监督单位1间。核查违规抗（抑）菌剂产品4个，查处1家抗（抑）菌剂产品生产企业，立案1家（2起案件），罚款0.96万元。

【职业卫生监督】 2022年，河源市组织职业卫生系列培训。通过市县合作对龙川县、连平县等县区开展职业卫生管理人员培训班，配合职业健康行政部门开展全市职业卫生管理人员培训。加强职业卫生监督执法队伍建设。组织卫生监督员开展2期职业卫生专题培训，3期职业卫生监督协管员培训，组织全市监督员参加国家和省组织的专题培训和深圳职业卫生培训基地的学习；开展职业病防治系列宣传活动，参加市卫生健康局与电视台合作的《活出健康》访谈栏目，普及职业卫生法律知识。加强对疑似职业病线索的追踪。全年12宗疑似职业病线索分别由市县监督机构实时跟进追踪。落实职业卫生专项监督工作。通过飞行检查抽查县区的用人单位，对存在问题较大的及时立案查处，及时移交案件线索交由县区执行。

【放射卫生监督】 2022年，河源市指导全市卫生监督机构完成141家放射诊疗机构职业健康管理和基本情况调查，完成3家医院放射诊疗许可相关工作，召开全市放射性危害因素调查培训班，掌握全市放射诊疗机构职业健康监护开展情况以及放射诊疗活动开展情况现状。

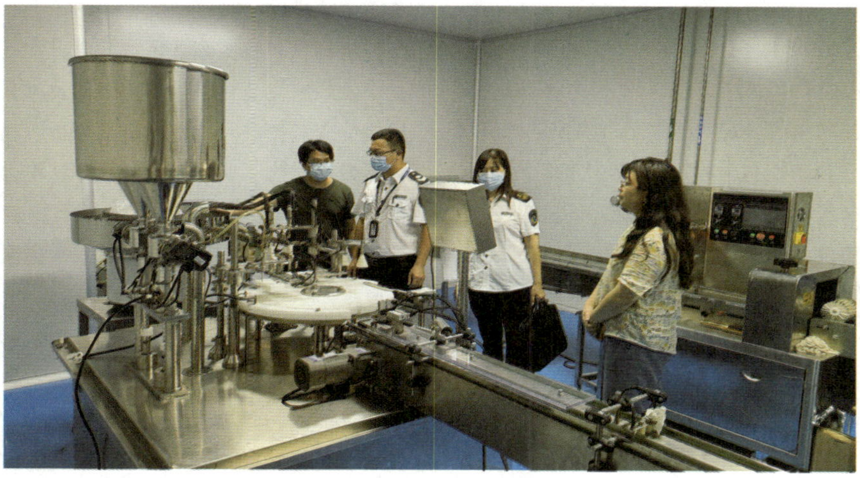

2022年9月，河源市卫生监督所对消毒产品生产企业进行监督检查
（市卫生监督所 提供）

【重大节日和会议卫生监督保障】 2022年，河源市卫生监督部门在春节、劳动节、国庆节等重要节假日前，对辖区内的医疗卫生机构和重点场所（商场超市、酒店、影剧院等）进行监督检查工作，检查71家。其中，医疗机构43家，公共场所24家，集中式供水单位4家，发出卫生监督意见书200余份，出动卫生监督人员560人次。开展两会卫生保障监督检查工作。市人大、政协两会召开前，卫生保障组提前介入，根据新冠疫情防控和重大会议卫生保障要求，对两会1家综合接待单位、政协会议3家接待单位、人大会议5家接待单位进行全面的卫生检查，提出卫生保障意见并跟踪落实，两会期间未发生卫生安全事件。

【生活饮用水卫生监督检查】 2022年，河源市卫生监督所开展对辖区内4家集中式供水单位日常卫生监督管理工作，保证水质安全。开展全市生活饮用水卫生专项监督检查，对县（区）的17家集中式供水单位（点）进行监督检查和监督抽检，对检查中发现的问题提出卫生监督意见。开展主题为“关注饮水卫生，服务群众健康”饮用水卫生宣传活动。宣传饮用水安全知识，解答市民关注的热点问题，提高饮用水卫生安全意识。

【游泳场所专项监督检查】 2022年，河源市卫生监督所开展辖区内游泳场所专项监督检查，市直管辖的游泳场所7家，水质合格率100%。国家“双随机”抽查8家游泳场所。其中，合格7家，不合格1家，水质合格率87.5%。对市民投诉的游泳场所水质问题，及时到现场进行全面检查，就检查中发现的问题提出

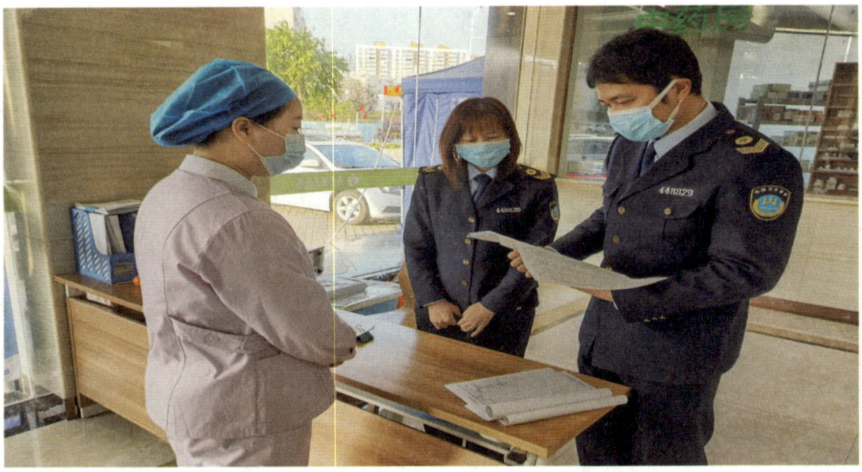

2022年1月，河源市卫生监督所对医疗机构开展春节前检查工作

（市卫生监督所 提供）

卫生监督意见，责令限期整改并跟踪落实，向投诉人反馈检查情况及整改措施，防止类似事件再次发生。

【学校卫生监督】2022年，河源市卫生监督所落实《学校卫生责任清单》，开展春、秋季学校及托幼机构学校卫生、学校传染病防控和饮用水安全专项监督检查，检查学校、托幼机构24家。落实2022年中高考及“三支一扶”考试期间医疗卫生保障工作，中考、高考期间，学校卫生安全保障工作领导小组全体成员24小时待命，对市直属初中、高中的住宿场所、生活饮用水以及学校周边的公共场所进行全面卫生监督检查。

【卫生监督协管队伍建设】2022年，河源市卫生监督所对各县区卫生计生监督协管业务进行培训与指导，开展培训讲课4场，培训协管员200人次，结合基本公卫考核、专项督导和卫生监督稽查工作，对17家基层卫生监督协管室进行现场指导。

【其他专项监督检查】2022年，河源市卫生监督所开展全市驾驶员健康体检机构专项检查工作，规范驾驶员体检工作，立案处罚5间医疗机构。开展医疗美容专项监督检查工作，对市直管的5间医疗美容机构开展专项监督检查，组织全市无证生活美容机构的专项监督工作；配合市商务局开展全市商场超市等有关重点场所疫情防控暗访工作和中秋节期间商场超市等有关重点场所疫情防控工作检查；协助广东省卫生健康委开展采供血机构校验现场审核工作和临床用血现场技术核查工作；协助市卫健局开展专项督导工作，包括卫生健康综合监督工作、打击整治养老诈骗专项行动、医疗卫生机构和隔离场所建筑安全隐患督查工作、中共二十大期间入粤货车司机疫情防控工作督导检查工作、传染病报告质量和管理现状调查工作、医疗机构依法执业自查监督检查等工作。

（季长源）

疾病预防控制

【概况】河源市疾病预防控制体系的基本框架由市、县、乡（镇）三级防疫机构组成，2022年，全市疾控系统有疾病预防控制中心7个（其中市级1个、县区级6个），乡镇卫生院/街道社区卫生服务中心防保所108个；市、县（区）疾病预防控制中心有在职人员419人，人员学历构成为研究生4人、本科172人、大专171人、中专65人、高中或以下7人；职称构成为高级54人、中级78人、师级133人、士级96人、非医师类职称或无职称50人；全市乡镇卫生院防保所（街道社区卫生服务中心）有防保人员548人，其学历构成为本科及以上81人、大专301人、中专164人、高中及以下2人，职称构成为高级19人、中级68人、师级276人、士级175人、非医师类职称和无职称10人。

【卫生检验能力建设】2022年，河源市疾病预防控制中心推进疾控体系现代化建设，新冠病毒检测能力达到每日最高检测量6000管，具备2代基因组测序能力及抗体检测能力；新购置实验室A类仪器设备63套（台），A类仪器设备配备率大于90%；实验室开展食品中26种元素、水中55种挥发性有机物的测定、猴痘检测实验室备案和检验技术储备等新项目新方法；参加国家、省、市实验室间比对和能力验证活动10项次，考核结果满意率100%。

【传染病控制】疫情监测 2022年，河源市通过疾病监测信息报告管理系统报告传染病报告法定传染病35种44824例，发病率1590.66/10万，死亡率1.46/10万，其中无甲类传染病报告；报告乙类传染病27种11338例，发病率402.35/10万，死亡率1.46/10万；报告丙类传染病8种33486例，发病率1188.31/10万，死亡率为零。40种法定报告传染病中有5种报告数为零。市、县疾病预防控制中心依法开展传染病监测工作，及时审核传染病疫情和突发公共卫生事件网络直报系统报告的数据；疾控机构及时核实和处理预警或异常信息，发现突发公共卫生相关事件及时开展疫情现场调查和处置；定期分析研判疫情发展趋势，编制相关监测分析报告上报上级疾控中心；开展季度风险评估，编制评估报告报送市、县卫生健康行政部门。

卫生应急 全市报告突发公共卫生事件相关信息95起，均为未分级事件，均未达到突发公共卫生事件分级标准，涉及病例数2030例，相关事件均得到控制。河源市对卫生应急队伍省队、市队队员进行优化调整，调整结果分别为省队23人、市队46人、市预备队21人；各县区利用三级流调溯源队伍建设的契机对卫生应急队伍进行优化，全市卫生应急队伍总人数350人，县区队伍覆盖率100%。举办2次市级卫生应急演练、参加1次“粤北片区”联合卫生应急演练。举办应急队员市级培训9次，培训时长累计70学时，应急队员年度培训率≥75%，队员年度平均培训时长大于30小时，均达到《广东省市、县级突发急性传染病类卫生应急队伍建设工作指引（2018年版）》的要求。

【重大疾病和重点传染病控制】 *新冠病毒感染防控* 2022年，河源市监测重点场所标本10.16万份。其中，人员标本5.06万份，环境标本3.83万份，重点食品标本1.28万份；监测流感样病例样品1040份、住院严重呼吸道感染病例监测样品260份。全市各级疾控中心对跨境货车司机作业点跨境货车司机作业点、交通站场、农贸市场、发热门诊（诊室）等重点场所开展检查督导。2022年以来，全市派出19批460人次303天次，支援深圳、广州等8个市新冠疫情防控工作。

艾滋病防控 全市新报告艾滋病抗体阳性者比上年下降23.9%，现存活病例增长4.2%，新发现艾滋病感染率为0。全市各检测机构开展HIV抗体检测49.57万人次，占常住人口的17.79%。全市现存活病例随访率93.0%，开展随访检测比例77.7%。全市抗病毒治疗覆盖率74.3%，增长3.8个百分点。全市开展各类高危人群10578人次，其中干预三类高危人群（暗娼、男男性行为者、性病就诊者）10181人次，占人口比例的32.91/万。母婴传播率、经输血（血制品）传播率、单阳家庭配偶传播率均为0，暗娼、吸毒人群HIV抗体阳性检出率为0。2022年，全市建立艾滋病确证实验室1个、筛查实验室31个、快速检测点115个，全市各县区级以上医疗、疾控中心、妇幼保健等机构基本具备艾滋病检测能力，社区卫生服务中心和乡镇卫生院基本实现艾滋病快速检测全覆盖。

登革热防控 全市无登革热病例报告。河源市作为省流动哨点，11—12月在紫金、和平、东源3个县区开展登革热血清学监测工作。在全市15家哨点医疗机构共开展NS1检测677份，检出NS1阳性数2份，经市疾控中心复检均排除登革热。

严重急性呼吸道传染病防控 河源市在哨点医院开展不明原因肺炎病例监测和住院肺炎监测，未发现不明原因肺炎、SARS、高致病性禽流感等危害严重的急性呼吸道传染性疾病。全市各县区在冬春季节对31个市场开展环境禽流感病毒污染状况季节性监测，每周在活禽及鸟类批发市场档口或居民肉菜市场禽类销售档口进行环境样品采集。

季节性流感防控 河源市流感样病例就诊比例9.06%。2022年第2—3周、11—27周流感样病例就诊比例出现小高峰，其余时间处于平缓期，50—52周流感样病例就诊比例急剧上升并出现最高峰。全市报告30起流感样病例暴发疫情，与上年同期持平。

手足口病防控 全市哨点医院手足口病监测总阳性率为59.74%。全市发生2起手足口病聚集性疫情，均在源城区幼儿园发生。

感染性腹泻防控 全市三家症状监测医院（河源市人民医院、源城区人民医院、上城社区卫生服务中心）报告累计腹泻病例数2562例，占门诊总数比例0.88%。全市报告5起感染性腹泻暴发疫情。

水痘防控 全年报告9起水痘聚集性疫情。因该病暂未纳入国家法定传染病进行报告，但其传染性强、易发生聚集性疫情，容易引起社会关注。

狂犬病防控 全年河源市无狂犬病病例报告。全年报告狂犬病暴露31218人次。有犬伤暴露处置门诊112家，正常运行110家，停止运行2家。

布病防控 全市报告21例布病病例。其中，紫金县6例、连平县6例、源城区5例、东源县2例、和平县1例、龙川县1例。

鼠疫及其他鼠传疾病监测 2022年，在紫金县开展鼠疫及鼠传疾病监测，未发现鼠体蚤和游离蚤；开展鼠疫宿主动物监测、媒介监测以及病原学、血清学监测。

【免疫规划监测】 2022年，河源市以乡镇（街道）为单位，适龄儿童国家免疫规划疫苗接种率100%，针对疫苗可预防疾病发病率得到有效控制，全市适龄女生HPV疫苗免费接种率99.05%。全市报告急性迟缓性麻痹（AFP）监测病例17例，报告发病率2.37/10万；报告麻疹风疹监测病例117例，年化排除麻疹风疹病例报告发病率3.70/10万；报告疫苗可预防细菌性疾病和乙脑监测病例68例；报告乙肝病例6944例；报告疑似预防接种异常反应（AEFI）533例，AEFI报告县覆盖率100%。

【地方病和寄生虫病防治】 *地方病防治* 2022年，在河源市30所小学随机抽取1200名8—10岁儿童进行尿碘、盐碘含量监测，各县（区）儿童尿碘中位数均在正常范围内。随机抽取615名孕妇进行尿碘、盐碘含量监测。其中，连平县、东源县的孕妇尿碘中位数低于正常值；全市检测盐样1815份，合格盐样1766份，合格碘盐覆盖率97.35%。四个病区县（紫金县、和平县、东源县、龙川县）开展水氟监测，均符合国标GB 5749—2006水氟含量要求；四个病区县开展儿童氟斑牙监测，氟斑牙患病率为0.52%，符合国家评价标准。各县区开展生活饮用水水碘含量调查工作，查清全市以行政村为单位的水碘分布情况，开展适碘地区科学补碘策略研究，全市调查水样5246份。

寄生虫病防治 河源市重点巩固和维持消除疟疾状态，开展“三热”病人血检2909例。龙川县作为流动监测点开展重点寄生虫病监测，开展人群粪便监测1178人。其中，肝吸虫病感染人数

622人，感染率56.19%，阿苯达唑服药率95%。

【慢性非传染性疾病防治】2022年，河源市开展糖尿病、高血压和居民健康档案的管理，原发性高血压患者健康管理任务完成率115.25%、规范管理率76.20%、血压控制率78.89%（三个考核指标均已达到国家要求的目标值）。全市2型糖尿病患者健康管理任务完成率105.20%、规范管理率75.47%、血糖控制率56.45%（三个考核指标均已达级到国家要求的目标值）。全市报告户籍人口死亡人数2.14万人，比上年上升11.31%，报告户籍死亡率576.96/10万，居前六位全人群死因顺位依次是心脏病、脑血管疾病、恶性肿瘤、呼吸系统疾病、内分泌营养代谢疾病、损伤中毒（伤害）。全市户籍居民期望寿命是83.09岁。继续推进“全民健康生活方式行动”，新创建健康食堂4个、健康单位3个、健康社区（村居）5个。

【消毒监测与病媒生物控制】伊蚊专项监测 2022年，河源市设置BI监测场所104个，MOI监测场所105个，为科学开展媒介伊蚊杀灭工作提供杀虫剂合理选择依据。

四害监测 全市布放诱蚊灯73次323个，查看幼蚊滋生生境3614次，调查460071户。开展蝇监测114次，布放苍蝇笼431笼。开展蟑螂监测131次，布放蟑螂贴5645贴。开展鼠监测86次，布放老鼠笼27401笼。

消毒质量监测 全市完成医疗机构消毒效果监测30间，合格率98.24%；监测托幼机构16间，合格率79.26%；在市人民医院和市妇幼保健院开展肠道病毒监测24次，结果均为阴性；在河源市人民医院开展新冠外环境监测12次，检测结果均为阴性；开展国家哨点消毒质量监测工作，采集标本500余份。

【公共卫生危害因素监测】饮用水安全监测 2022年，河源市开展城乡饮用水卫生监测设监测点383个，监测水样1522份，开展水龙头水监测704份。

食品安全风险监测 全市监测采样点监测食品化学污染物及有害因素样品187份，食品微生物及其致病因子监测样品174份。

食源性疾病监测 全市各监测医院通过“食源性疾病监测报告系统”报告疑似食源性疾病病例786例。全市无暴发事件报告，调查处置6起疑似食源性疾病暴发事件。

【学校卫生与学生常见病防治】2022年，河源市开展学生常见病和健康影响因素监测，监测学校45所，监测学生15214人。对源城区9所学校开展“双随机”监测，进行教学、生活环境监测，抽查教室采光照明、人均面积和水质监测等。开展学生近视等常见病干预，市疾控中心与河源光明眼科医院在源城区雅居乐中学开展“灵动儿童，阳光少年行动”——专家进校园行动，通过讲座、现场问答、派发宣传资料等形式进行学生近视、肥胖、脊柱侧弯等项目的干预。（邝茹丹）

市直医疗机构选介

【河源市人民医院】河源市人民医院（广东省人民医院河源医院）创建于1906年，是三级甲等综合性医院，国家住院医师规范化培训基地，广东省高水平医院建设单位，广东省高等医学院校教学医院，广东医科大学硕士研究生联合培养基地，广东省博士工作站，广东省人民医院“一对一”紧密合作共建单位。2022年，医院占地总面积13万平方米，编制床位1486张，实际开放床位1436张。全年门急诊疗量133.18万人次；手术台次数1.58万台次，比上年增长5.99%；微创手术2810台次，增长1.44%；四级手术2627例，增长20.34%。其中，医疗服务总量占比提升1.03%，药占比下降2.94%。5月，省人民医院第二批18名帮扶专家入驻，分别担任各专科学术带头人。

技术创新 心血管内科团队创造省内首次联合应用旋磨和血管内冲击波能量钙化碎裂术治疗冠脉重度钙化病变。实施广东省首例当天入院—手术—出院的冠脉介入手术。作为国内首批医疗单位参加 Joint Interventional Meeting 2022，并向欧洲大陆直播演示心血管手术，这也是粤东西北地区首次向海外作手术直播演示。普外科作为河源首个分会场参与世界内镜医师协会肝胆胃肠微创外强科联盟学术论坛。神经内科、骨科、普通外科获批广东省临床重点专科建设项目。

医联体建设 加强五大救治中心建设。胸痛中心收治急性胸痛患者1975例，实施急诊冠脉介入诊疗手术的D-to-B平均时间80.47分钟。卒中中心收治急性脑卒中患者2484例，DNT中位值为29分钟，获2021—2022年度优秀数据管理卒中中心，全国排名第三十一、省排名第二。创伤救治中心共收治严重创伤患者331例，比上年增长16.54%，平均抢救成功率96.58%。危重孕产妇救治中心诊治高危、重症孕产妇999例，比上年增加1.49倍；危重症孕产妇抢救成功率100%。急危重症儿童和新生儿抢救成功率95.5%。6月，区域心电诊断平台正式运行，为46家基层医院出具远程心电诊断报告14566例，比上年增加超过20倍；远程影像诊断中心为12家基层医院出具远程影像诊断报告1.95万例，比上年增长66.9%。每周三安排心血管内科、肿瘤科、重症医学科等5名高级职称专家到和平县医共体总医院开展对口帮扶工作；每周安排1—2名省医心脏外科、新生儿专家到市妇幼保健院开展诊疗工作；4人派驻援疆援藏帮扶工作。

人才队伍建设 2022年入职高层次人才36名。其中，博士3名、硕士33名（海外留学回国硕士1名），副高职称1名。2022年全院职工1869人，正高职称74人，副高职称208人，其中博士13人，硕士149人。（以上数据含省医

派驻专家）

教研教学 全年新增3个（急诊科、麻醉科、放射科）国家住培专业基地，聘请10位省级住培专家为教学顾问。获批为广东医科大学研究生联合培养基地，获批硕士导师5人，招收硕士研究生2人；举办高级研修班，为河源及周边地区13家医疗单位73人提供在职研究生继续教育。获批广东省医学科研基金项目13项（其中资助3项），获批广东省中医药管理局项目2项，横向资助项目1项。发表SCI论文21篇，比上年增长40%，总IF 91.969分，增长53%。投入预算823万元对医学实验室进行改造升级（进入项目评审阶段），河源市分子诊断与疾病防治重点实验室成功获批河源市首批重点实验室建设单位，投入737万元，全力推进科研大数据平台的建设，把信息技术与临床业务深度融合。聘请省级20名医学专家为客座教授，开展技术、业务、管理等指导。设立800万元院内培育科研项目专项基金，支持31项课题开展为期3年的医学研究。

深化流程再造 设立一站式检查预约中心，统筹安排检查项目和检查时段，减少患者在院内“跑腿”。流程优化后，门诊增强CT/MR检查等候时间从4—5天缩短至当日完成，门诊胃肠镜等候时间从最长1个月缩短至1—2天，CT/MR检查量比上年增长5.3%，12.63万人次，胃肠镜检查量同比增长7.4%，2.26万人次。率先在河源地区实现“一码通”，患者可使用电子健康码实现预约诊疗、报告查询、住院押金缴纳、普通医保报销、异地门诊结算等功能。行政办公基本实现无纸化（OA）。上线放射科肺结节与冠脉CTA智能辅助诊断系统，缩短诊断时长，提高诊断精准度。推进“互联网+医疗健康”，利用互联网医院、病案复印线上申请快递到家等系统，构建覆盖诊前、诊中、诊后全流程“智慧就医”。

荣誉 获评2021年广东省药品不良反应监测工作表现突出单位；陈利宏获2021年度“广东省乡村振兴驻镇帮镇扶村优秀巾帼队员”称号；杨龙峰创新工作室升级为广东省劳模和工匠人才创新工作室；杨龙峰获2022年“全国五一劳动奖章”荣誉称号；叶金云、罗思妮、伍江华的护理个案获广东省心血管疾病护理个案大赛三等奖；神经内科代表张文胜医生获第19届中国脑血管病论坛“神经血管胚胎发育相关变异病例大赛”优胜奖；江巧霞、左曼获广东省基层医学会急诊护理专业委员会举办的“护理个案”比赛二等奖；徐平获第三届南方健康科普大赛三等奖；获2021—2022年度抗菌药物临床应用监测网先进单位；谢贤生、于红涛、郭芳、李咏松获评第六届“南粤好医生”称号；吴拓获第六届“南粤好医生”媒体促进奖称号；奉晓斌的病例《骨性Ⅱ类高角开合病例的正畸掩饰性治疗一例》在由中华口腔医学会举办的COS2022正畸健康美学病例大赛中获得全国十强及一等奖，另一项《中切牙缺失伴牙槽骨缺损的多学科治疗》获得中华医学会医学美学与美容学分会“首届牙颌面美学病例大赛”优秀病例奖；获2022年全国卫生健康系统“中国年味”摄影大赛二等奖3项；三等奖2项；获第五届全国卫生健康系统“最美天使”摄影大赛二等奖、三等奖各1项，优秀奖3项。（吴拓 吴珊）

【河源市深河人民医院】 河源市深河人民医院（暨南大学附属第五医院）是省委、省政府部署，由深圳对口全额帮扶河源市建设的三级综合公立医院及重点民生项目。项目采用“校地共建、管办分离”的合作共建模式，由中央统战部直属高校暨南大学托管并负责具体运营管理。医院建设集医、教、研、预防、康复于一体的高水平研究型三级甲等附属医院。2022年，河源市深河人民医院完善网上预约服务及就诊指引，实现分时间段预约挂号，完成线上线下来院指引及院内指引。同时设置志愿者岗位和便民服务点，为病人提供便民服务，提高医院服务质量。探索全面实现一站式服务，减少患者等待时间。

人才队伍建设 依托暨南大学全面运营契机，平移引进专家团队50人。灵活聘请模式，聘请省内外知名医疗专家数十名，以机动出诊及提供咨询、服务及管理的方式，为医院带来全新的用人模式，保证医院在发展初期基于高水平下建设；引进各学科高层次人才20人。是年，在职职工646人，比上年增加216人，增长50%。

医疗建设 开设31个临床科室、14个医技医辅科室，满足医院运转及人民群众的医疗需求。同时注重重点专科发展，以专科发展带动诊疗能力和水平提升，打造省级、市级重点专科。其中肾病科入选省级临床重点专科。

平台建设 成立“胸痛中心”“卒中中心”“创伤中心”，筹建“危重孕产妇救治中心”“危重儿童和新生儿救治中心”。推动河源市癌症防治中心建设，联合省内高水平肿瘤综合治疗平台，打造集科普及肿瘤预防、高危人群筛查、早发现早治疗、中晚期综合治疗、随访及慢病管理的一体化管理，利用精准分子诊断技术获取基因信息，结合蛋白功能组学、代谢组学和临床数据深入了解疾病成因、病理机制及药物代谢情况，实现个体化治疗的新型医疗模式。

科研成果 医院获批省市共建脊柱脊髓功能重建工程技术与材料广东省重点实验室、广东省博士后创新实践基地（8名博后进站）、广东省博士工作站、河源市学科类重点实验室（河源市脊柱脊髓损失与免疫功能重建重点实验室）、河源市科技创新工作站。获批3项国家自然科学基金，是河源市首次获得国自然项目资助的单位。发表SCI论文21篇，其中最高影响因子为22.096。开设首届暨南大学高级研修班临床医学专业博士班，为临床卫生专业人才提供学习平台；遴选7名暨南大学硕士研究生导师，实现河源医学研究生教育“零”的突破。

疫情防控 医院支援地方新冠疫情

防控工作，组织数批应急支援队伍奔赴需要地进行防疫，其中率河源医疗队250人支援广州番禺化龙方舱，支援西藏林芝地区疫情防控等。

创新护理工作机制 规范入职培训，加强同质化管理。保障护理质量合理高效门诊服务流程，改善患者就医体验。同时开展便民利民服务措施，各病房护理单元开展创新服务举措。制定各专科出院随访方案，做好满意度调查，关注患者出院后的病情变化及自我照顾情况。（罗思如）

【河源市中医院】 2022年12月，河源市中医院成功创建三级甲等中医医院。有干部职工709人。其中，卫生专业技术人员621人，占87.6%；正高职称23人，副高职称100人，中级职称132人；博士研究生1人，硕士研究生50人，本科学历264人；广东省名中医3人，广东省杰出青年医学人才2人。门诊、急诊44.47万人次，出院1.22万人次，手术例数4404台，病床使用率64%，药占比26.26%。

疫情防控 组织大规模核酸采样应急演练，派出18批247人次参与省内各市方舱医院医疗救治等工作。保障新冠感染医疗救治工作，优化整合院内医疗资源和业务用房，将妇科、骨三区、针灸康复科、推拿科住院病区改为肺病科二区、三区、四区，增加床位103张，设置可转换IUC床位24张。开设全市首家中医防疫门诊和症状康复门诊，成立专家组并拟定防疫处方，为全市新冠疫情防控提供中医方案，为全市隔离点的新冠 患者接触者提供“粤抗一号”中药代煎及配送服务约1万人次，为机关、部队、学校、企业等33个单位及养老院、福利院等弱势群体提供“粤抗一号”约10万剂；建立内、外、妇、儿等各专科的中医防疫咨询群18个，为人民群众答疑解惑。

推进医疗安全与质量改进 修订系列医疗质量管理制度，出台康复医师会诊查房制度及强化部分临床科室中医师联合查房的规定，调整优质护理服务各类方案及规章；优化优势病种和临床路径，中医优势病种诊疗方案增加至67个，围手术期中医诊疗方案增加至24个，中医优势病种出院人数占入院收治人数比例上升64%；进入临床路径管理的病种增加至36个，有临床路径病例3676个，入径率66%、完成率75.5%；规范科室质量分析模板，制定并优化治未病中心等17个专科的医疗质量安全管理目标考核标准，突出提高中医临床疗效指标。开展4次手术专项检查，手术安全核查率及手术部位标识率100%，择期手术患者并发症发生率比上年下降40%。加强药品合理使用监管，开展6类药物专项点评，中药饮片处方合格率98.2%，西药处方合格率97.5%。

提升医疗服务水平 完成二期工程综合竣工验收工作，完成发热门诊、输血楼的建设并投入使用。开展新技术新项目49项，提高三四级手术、微创手术占比，引导科室调整病种结构，提升疑难危急重症救治水平；推进便民、利民服务，开设针灸科、康复科夜间门诊。在全市医疗机构中率先推出“中医体验日”活动，开展活动12场、服务1000余人次。成立客服中心，全链条优化诊疗流程，服务线上咨询患者逾2000人次。开通病历预约复印和药品快递到家服务2000余人次。开通职工医保门诊共济等医保即时结算，实现31个门诊特定病种“一站式”审批。

推进品牌学科能力建设 组建河源市椎间盘、颈肩腰腿痛、慢病诊疗康复3个市级和胸痛、卒中、动物致伤救治、中毒救治4个院级诊疗中心，开展多学科联合门诊（MDT门诊）；完善诊疗科目及亚专科发展，骨伤科从原来的3个病区细分为6个病区9个亚专科，外科从1个病区细分为3个病区，内科从3个病区细分为6个病区；成立河源市首个医疗美容科（美容中医科），开设门诊中医综合治疗区，新增44个专科专病门诊。

加强人才队伍建设 引进5名学科带头人、5名省级医学专家；选派各专科中青年骨干等45人到国内省内高水平医院进修学习，学成归来后开展新技术新项目30余项；创建“广东省博士工作站”，申报省级课题3项、市级课题5项，省级继续教育项目12项（中医），组织省级课题结题1项、市级课题结题11项，市级课题阶段性进展情况评估5项；做好黎惠金、徐权胜2名市名中医传承工作室建设，推进广东省中医师承“薪火工程”项目，免费接收培养基层中医人才30人；开展教学工作，接收广州中医药大学等高等院校实习生198人次。

发挥中医药特色优势 开展中医医疗

2022年7月16日，河源市中医院举行“岐黄薪火传承工程”开班仪式，免费培养基层中医人才30名（市中医院 提供）

技术6大类39项、中医护理方案27个、中医护理技术43项，完成中医护理操作85.2万人次，比上年增长21.9%；推进中药制剂研发。协定膏方由原来6个增加至11个，新开展水蜜丸加工协定处方6个，制作膏方17456个、水蜜丸20108剂，收入加工费246.8万元；坚定中医文化自信自强，在微信公众号新开辟“诊室故事”“每周一膳”等多个专栏；推出《河源中医说》156期，总播放量突破1500万次。

推进医院运营管理　完善内部控制体系，成立采购办，制定采购管理等10多项采购工作制度，推行政府采购归口管理。推行药品、耗材集中采购降价工作，落实基本医疗保险住院医疗费用清算。该院是河源市唯一一家进入医药服务评价全省前十名的三级医院；加强医疗服务价格监管，成立价格管理委员会和价格管理小组，规范医疗服务价格行为。（黄敏锋）

【河源市妇幼保健院】2022年，河源市妇幼保健院有干部职工802人。其中，卫生技术人员670人，副高以上职称153人（其中正高职称23人，副高职称130人），硕士研究生17人，享受国务院特殊津贴专家1人。全年门急诊64.28万人次，其中发热门诊94252人次，四级手术256例，危重病人抢救成功率99.6%。是年，该院成功创建“三甲”，成为河源市首家三级甲等妇幼保健院。“生殖与遗传重点实验室”成为河源市重点实验室。儿科门急诊获河源市三八红旗手称号；李莉获“广东省三八红旗手”称号；包金凤获“南粤好助产士”称号；谢小丽获“南粤院感管理好护士”称号；张金婵获全国卫生健康系统“中国年味”和‘最美天使’摄影比赛优秀奖；叶文珊获“金声玉振”典型病例大赛一等奖。

学科建设　推进区域一体化协同发展，主动对接广东省妇幼保健院、广东省中医院、广州市妇女儿童中心、深圳市妇幼保健院，建立医联体合作关系。妇孺国医堂、生殖与遗传重点实验室、生殖医学中心等项目建设先后启动，妇科、产科、儿科等重点学科创建初见成效，高危产科、中医科、眼耳鼻喉科、产前管控中心、家庭化产科中心等亚专科先后开科，学科结构得到优化。

人才建设　2022年高级专业技术资格评审正高通过11人，副高19人。获市劳模与工匠创新工作室称号2个，市女职工创新工作室称号1个。聘请省级4名专家到院帮扶指导。做好各类人员招聘工作，制定岗位选拔培养方案，选派业务骨干进修学习。

专科建设　开设高危产科、妇产科急诊、产前管控中心、高危儿门诊、男性生殖健康门诊、眼耳鼻喉科等亚专科。提升危重孕产妇和新生儿救治体系建设。开展双向转诊、技术指导、资源共享、远程医疗等院间协作，建立健全区域性危重孕产妇转会诊和救治网络。加大“新生儿保健”“更年期保健”省级特色专科创建力度，加大“产科”“妇科”“儿科”省市级重点专科创建力度。加大生殖医学中心筹建。2022年收治高危孕产妇3932人(含县区转诊)，抢救74人次，抢救成功率100%；收治新生儿危重病人数1575人(含县区转诊)，抢救成功率99.6%。

基础建设　实施升级改造重点项目并顺利获批2022年度地方政府专项债券5000万元和深河指挥部800万元资金支持。保健工程项目交付使用，该项目通过租赁2200平方米场地，全新装修及改造并顺利搬迁启用开业。扩建210平方米发热门诊等候区域，修缮一新产科一区、妇科门诊、妇科急诊、新生儿救治中心、口腔科、中医科等业务用房，改造手术室绿色通道，建设产前管控中心、急诊手术室、眼耳鼻喉科、磁共振室、家庭化产科中心等新项目，多元化地满足群众就医需求。加大高端医疗设备投入，投入4000万元资金更新医疗设备，购置磁共振、胃肠镜、耳鼻喉手术动力系统等先进医疗设备，满足临床诊断需求。优化入院处置室、志愿服务岗、医保服务岗、随访中心、核酸采样室等环境布局。

就诊服务　推进“互联网+延伸护理服务”，落实责任制整体护理，推进“6S”管理，提升护理品质。开设预防接种门诊，增设母婴小屋，增加无障碍车位，把停车位让给患者。增开缴费报销窗口，开通移动二维码收款和线下异地直报支付，启用线上线下异地挂号、电子医保支付、电子身份证使用等功能，配备自助机、便民轮椅、雨伞等设施。规范设置院区病区、急救通道、绿色通道、母婴休息室、无障碍设施、疫情防控等标识标牌。运用孕妇学校、健康讲座、咨询交流、案例分享、现场互动等载体，线上线下同步提高群众健康意识。开展多种形式科普宣传教育，微

2022年12月16日，河源市妇幼保健院举行三甲医院揭牌仪式

（市妇幼保健院 提供）

信公众号影响力在全省排名第十五。多次组织专家下乡镇走基层，开展送医送药义诊活动。全方位关爱弱势群体，走访慰问募捐善款。强化疫苗接种服务保障，满足接种人群需求。

高智能化建设 进院患者在疫情防控常态化下接受健康码验闸机的“三验一戴”。开通线上线下挂号、缴费、查询结果、开具电子票据等功能，方便群众就医。上线知识库评审系统、妇保体检系统、区域妇幼健康信息应用平台，推进互联网医院建设。强化网络安全，实现信息安全等级保护(2.0版)三级备案，及时处置潜在的网络安全风险。加快信息系统建设，推进移动护理和护理管理系统、四级电子病历、智慧医院等信息化建设。

大部制改革 召开“大部制”改革专题研讨和培训会议，规范设置大部制科室和二级专科，构建三级管理模式。督导病案首页主诊断、次诊断、手术操作编码的规范性。采取临床路径管理与医疗质控和绩效考核相结合、与医疗服务费用调整相结合、与支付方式改革相结合。落实对口帮扶工作，搭建好教学医院、住院医师规范化培训协同基地平台。派出专家团队167人次，到县乡镇医院开展专家门诊、教学查房、培训讲座、共建特色科室。健全流程、转介和随诊“三融合”机制，履行妇幼保健公共卫生职能，实现临床和保健融合发展。

公共卫生 完成孕产妇免费产前筛查15354人，完成率97.37%。完成宫颈癌筛查 41311例，筛查率153.44%。乳腺癌筛查41346例，筛查率 153.57%，为适龄人群减免费用975.6万元。加强母婴安全管理，全面实施《孕产妇妊娠风险“网格化管理+下沉式服务”工作方案》。加快推进健康儿童行动计划，落实高危儿管理。落实妇女群体保健，开展适龄妇女宫颈HPV疫苗免费接种项目，提高适龄妇女安全感。组织专家前往诚信小学、丰源学校等校园开展健康宣教。关爱地贫患者，将每周四、周六定为“地贫输血日”，设置地贫病区、组建预约输血群，建立地贫儿档案、减免输血费用。 （李镇富 苏 敏）

体 育

【概况】 2022年，河源市制定下发《河源市全民健身实施计划（2021—2025）》《关于2022年中央支持地方公共文化服务体系建设补助资金的实施方案》《河源市“十四五”时期全民健身场地设施补短板五年行动方案》《2022年河源市国民体质监测工作方案》《国家体育锻炼标准测试活动方案》《2022年社会体育指导员培训方案》，不断完善体育工作顶层设计。河源市文化广电旅游体育局按照市委、市政府的工作部署，推进体育强市战略，开展全民健身运动，注重提升竞技体育水平，继续完善市—县区—乡镇（村）各级体育场地设施建设，坚持举办体育惠民活动和大型体育赛事，推动体育与文化、旅游深度融合、高质量发展。截至2022年年底，全市成立94个单项体育协会，38个单项体育俱乐部；全市经常参加体育锻炼人数超过131万人，占全市人口总数的40%。

【体育场地】 2022年，河源市文化广电旅游体育局推进河源市体校人行天桥项目建设和河源市水上运动管理中心训练房、船库工程建设。全市如期完成20个乡村体育健身工程的维修改造任务。全市各体育场馆坚持落实体育场馆免费、低收费开放政策，为群众健身提供优质服务。

【全民健身】 全民健身运动持续发展 2022年，河源市先后举办《2022年广东省第十六届运动会群众项目羽毛球、乒乓球比赛河源市选拔赛》《珠江啤酒·2022 年第八届广东省男子篮球联赛（“体总杯”选拔赛）揭幕战、小组赛》《2022年河源市银行业保险业“清廉金融杯”羽毛球乒乓球比赛》《河源市军羽体育·青少年羽毛球跳绳“先锋杯”挑战赛》等体育赛事活动，丰富群众业余生活，激发市民参与体育运动的热情，全市全民健身运动持续向广度和深度发展。河源市组队参加广东省男子篮球联赛获得全省第九名。组队参加第十六届省运会群众组体育舞蹈、健身气功、羽毛球、太极拳、象棋、围棋、乒乓球、门球、网球项目比赛，获得4个二等奖、8个三等奖。是年，河源市在全国第14个全民健身日深入宣传贯彻新修订的《中华人民共和国体育法》《全民健身条例》《国务院关于实施健康中国行动的意见》等文件政策，组织开展“全民健身日”系列活动。全市在全民健身日期间举办各类群众体育活动100多场，参与30多万人次，提升广大群众的获得感和幸福感。河源市文化广电旅游体育局督促县区开展国民体质监测，如期完成广东省体育局交给该市的年度国民体质监测任务。举办线上线下科学健身大讲堂培训，全年培训二级社会体育导员150人，各县区培训900多人。

学校体育工作展现新活力 2022年，河源市文化广电旅游体育局结合创文工作，推进“传统体育进校园”活动，深入实施“文化艺术体育进校园三年行动计划”，继续擦亮“蓝家拳”“狮舞操”等传统体育品牌项目，在有关学校开展传统武术、射弩、陀螺、蹴球授课教学，营造浓厚氛围。指导各县区组织开展“奔跑吧·少年”主题健身活动，帮助青少年掌握1—2项运动技能，广泛调动全市儿童青少年参与体育运动的积极性，在全市青少年中倡导“健康第一、增强体质、健全人格、锻炼意志”新理念。江东新区正德实验小学乒乓球、龙川县第一小学田径入选由省体育局、省教育厅联合主办的“奔跑吧·少年”2023年广东省青少年体育冬夏令营（周末营）校园活动（全省共36所幼儿园、中小学校入选）。河源市体育运动学校按照河源市教育局的工作部署，采取面试成绩与升中考成绩相结合的方式，2022年统一在中招平台招生录取中职新生229人。

【竞技体育】 河源参赛广东省第十六届运动会再创佳绩 2022年，河源体育代表团派出561人参加广东省第十六届运动会，分别参加激流回旋、举重等13个竞技项目和舞蹈、健身气功等8个群体项目的比赛。本届省运会河源市竞技组以水上运动项目为龙头，以重竞技项目为重点，获得18.58枚金牌、26.5枚银牌、16枚铜牌，团体总分1299.75分。河源市群众体育组获得4个二等奖、8个三等奖。河源市在本届省运会获得的金牌数较上届增加10.58枚，银牌数增加17枚，铜牌数增加9枚，团体总分增加534.75分。其中激流回旋、皮划艇、赛艇三个水上项目获得10.58枚金牌、4枚银牌、7.5枚铜牌，以总分385.25分的绝对优势取得该项目的全省团体总分第一名。另外，河源市选送的水上项目运动员在2022年全国锦标赛中获5枚金牌、8枚银牌、3枚铜牌的好成绩。河源市此届省运会获得的金牌数位居全省第十三。

夺得2022年全国U系列举重冠军赛（女子）三项冠军 河源籍运动员邬晓玲参加由重庆巴南举行的2022年全国U系列举重冠军赛（女子）64公斤级比赛中，获得抓举82公斤第一名，挺举100公斤第一名，总成绩182公斤第一名。

【队伍建设】 2022年，河源市文化广电旅游体育局深入学习贯彻习近平总书记关于体育的重要论述及重要指示批示精神，认真落实国家体育总局、省政府召开的体育赛风赛纪和反兴奋剂警示教育工作电视电话会议精神，按照《广东省体育局关于印发〈开展全省体育系统警示教育培训工作方案〉的通知》的要求，开展全市体育系统警示教育工作。组织全市体育系统学习习近平总书记关于体育的重要论述及重要指示精神，学习《中华人民共和国体育法》《全民健身条例》《体育赛事活动管理办法》《体育总局公安部关于加强体育赛场行为规范管理的若干意见》《体育总局公安部关于严肃查处赌博、假球等违规违纪违法行为切实强化行业自律自治的通知》等法规文件，将中华体育精神与社会主义核心价值观深度融合，大力弘扬河源“激流回旋精神”和“河源篮球”精神。指导各体育协会组织加强组织管理、干净参赛办赛，规范管理，提升惠民服务水平。

【安全管理】 2022年，河源市文化广电旅游体育局及时调整举办人员密集型线下群众体育赛事活动要求，在参赛规模、防控监测、安全评估、应急救护等环节严格把关，创新培训形式，广泛开展全民健身大讲堂等线上活动。加大对各类体育协会组织的监管，指导完善赛事活动疫情防控工作措施，规范协会内部管理。严格督促各县区落实安全生产责任制度，加大对群众体育场馆设施、体育协会的安全管理，重点抓好高危体育项目的检查，及时排除安全隐患，确保人民群众体育锻炼安全。在和平县热龙温泉度假村举办2022年河源市旅游安全暨高危体育项目（游泳）应急救援演练活动，开展防火和游泳防溺水应急演练活动。在市体育馆举办2022年河源市“世界防溺水日”专项系列活动，指导河源市游泳协会在市区新丰江大坝等游泳点开展“防溺水”宣传劝导志愿服务活动。 （刘崇昱）

社会生活

编辑：李文举

人口

【户籍人口】2022年，河源市户籍人口371.27万人，比上年减少0.66万人，降低0.18%。男性人口191.64万人，女性人口179.62万人，总人口性别比（以女性为100，男性对女性的比例）106.69。0—17岁人口91.77万人，18—34岁人口85.98万人，35—59岁人口133.19万人，60岁及以上人口60.33万人。全年出生人口29674人，死亡人口12589人。户籍人口区域分布：源城区34.37万人，紫金县84.68万人，龙川县96.70万人，连平县40.93万人，和平县55.90万人，东源县58.68万人。

【常住人口】2022年，河源市常住人口284.17万人，比上年增加0.08万人，增长0.03%。城镇人口142.80万人，占常住人口50.25%。常住人口区域分布：源城区71.06万人，紫金县54.84万人，龙川县59.25万人，连平县28.42万人，和平县35.28万人，东源县35.32万人。

（徐惠芬）

人力资源和社会保障

综 述

【概况】2022年，河源市人力资源和社会保障系统在城镇新增就业人数等32项事业发展指标有17项超额完成，保障农民工工资支付等5项重点考核工作取得AAA、BB历史上最好成绩。

【工资福利】2022年，河源市做好工资年报统计工作，完成机关事业单位工资年报统计工作，按时完成工资年报统计、汇总、审核各项工作。落实国家和省市有关规范津贴补贴政策，固化住房维修补贴，设立机关事业单位工作人员基础绩效奖金项目（离退休人员为慰问金项目），按月随工资发放。进行系统升级改造，确保工资正常发放，保障政策及时落实到位。做好事业单位奖励性绩效总量核定工作。推进河源市公立医院薪酬制度改革，落实“两个允许”（允许医疗卫生机构突破现行事业单位工资调控水平；允许医疗服务收入扣除成本，并按规定提取各项基金后主要用于人员奖励）要求，合理确定、动态调整公立医院薪酬水平；落实公立医院内部分配自主权，逐步建立主要体现岗位职责的薪酬体系，实行以岗定责、以岗定薪、责薪相适、考核兑现。推进河源市中小学、高校、科研单位薪酬制度改革，探索建立适应事业单位行业特点的收入分配制度，助力推进新时代高素质专业化创新型教师队伍建设。

【社会保障体系发展】2022年，河源市发放失业保险金4473.02万元，惠及2.35万人次；失业补助金1534.99万元，惠及2.13万人次。截至2022年12月底，全市社保基金总收入128.30亿元，比上年增长15.98%。其中，征缴收入74.98亿元，增长15.91%。基金总支出120.66亿元，增长16.43%。其中，待遇支出57.16亿元，增长7.96%；基金当期结余7.64亿元，历年累计结余76.51亿元，全市社保基金保持平稳态势。开展风险防控巩固和社会保险基金管理提升“两个主题年”专项行动，建立社保基金反欺诈宣传教育长效机制。

【信息化建设】2022年，河源市做好人社政务数据应用及管理工作，提升对T+1数据库的维护能力，通过社保T+1数据库为河源市的就业扶贫、高校毕业生就业管理、企业稳岗补贴发放等工作提供精准有效的参保数据，平均每个月比对匹配社保数据库5次以上。利用信息化系统建立政务无纸化会议智慧管理系统，提高会议效率，减少会议材料纸张消耗。通过无纸化会议智慧管理系统软件实现会前议题资料上传、会中共享、表决和记录、会后纪要输出。无纸化会议智慧管理系统的会议资料存储满足国家信息安全管理规定和技术标准，采取安全可靠的部署方式，确保会议材料不外泄，同时满足未来功能扩展及版本升级。对河源市人力资源和社会保障局大楼的无线网络设备进行升级改造，优化无线网络信号，采取多项措施，合理配置资源，优化网络拓扑，为信息服务能力的提升提供技术保障。稳步换发河源市第三代社会保障卡。自2020年8月河源市率先发行第三代社保卡至2022年，换发第三代社会保障卡超过27万张。

人事人才

【人才资源开发】2022年，河源市人力资源和社会保障局创新招才引智机制，加强人才队伍建设，激发人才创新创造活力。坚持强化技能、优化结构，人才服务实现有效供给。技工教育加快发展。全市3所技工院校毕业生2292人，就业率95%以上。深入推进产教融合、校企合作，河源技师学院与40家企业签订校企合作协议，打造一批企业冠名班，加快推进“厂中校”合作建设，拓展技能人才培养渠道。加强基层人才队伍建设。做好“三支一扶”工作，引导高校毕业生扎根乡镇基层，丰富乡村人才结构，助力乡村振兴。全市招募294名高校毕业生到农村基层工作，比上年增加80名，其中研究生学历4人、本科学历222人、大专学历68人。加快人才驿站建设，全市63个重点帮扶镇乡村振兴人才驿站建成并投入使用，增强招才引智、交流互动、柔性引才、服务对接等功能。加快推动技能人才社会化认定。全年组织人事考试28项，考生人数50464人，共93695人次，其中：全国全省专业技术人员资格考试24项，考生人数13256人，共29046人次；广东省考试录用公务员招录笔试工作，考生人数21621人，共49062人次。全市职业技能等级认定报考人数3930人，比上年增长54.96%，获证3027人，增长136.12%，全市职业技能人才总量持续扩大。稳妥推进县以下事业单位管理岗位职员晋升制度改革，各县区完成事业单位管理岗位职员等级晋升583人，其中七级职员3人、八级职员82人、九级职员498人。深化职称制度改革，完成全市各类别的职称评审工作。推进公立医院薪酬制度改革，完善事业单位收入分配制度。

【事业单位人事制度改革】2022年，河源市人力资源和社会保障局对河源市事业单位的岗位设置和人员聘用情况进行全面审核。全年审核认定449个事业单位的岗位设置工作(市直单位32个、县区单位417个），其中398个事业单位首次岗位设置，51个事业单位变更岗位设置。审核认定119个市直事业单位人员聘用结果，聘用849人，其中管理岗位聘用197人，专业技术岗位聘用646人（高级岗位147人、中级岗位217人、初级岗位282人），工勤技能岗位6人。

【专业技术人才队伍建设】2022年，河源市设立职称评审委员会131个、职称申报点8个，专业技术人才总数136539人（其中初级63328人、中级60840人、高级11979人、正高级392人）。做好博士、博士后工作站，博士后创新实践基地的管理服务工作。河源市有经国家批准的1家博士后科研工作站（河源市高新技术开发区管理委员会博士后科研工作站），获省批准的3家博士后创新实践基地，分别是广州金霸建材有限公司东源分公司、河源市深河人民医院（暨南大学附属第五医院）和中建二局阳光智造有限公司；37个广东省博士工作站。

劳动就业

【就业创业】2022年，河源市人力资源和社会保障局坚持实施就业优先战略和更加积极的就业政策，坚持优化服务、助企纾困，就业形势保持总体稳定。推进“三项工程”。组织“三项工程”培训2.9万人次，超额完成省人社厅下达任务指标，带动就业创业近4万人次，推动“粤菜师傅”“广东技工”“南粤家政”三项工程从“惠及面越来越广”到“实效性越来越好”。实施“免申即享”“即申即享”“直补快办”等助企纾困政策落实快办行动，为各类市场主体纾困减负超过2.62亿元。其中，为22个困难行业1223户企业成功申报阶段性实施缓缴企业社会保险费7625.95万元，发放制造业小型微利企业社保缴费补贴368.1万元，失业保险稳岗返还3005.95万元，一次性留工培训补助1.03亿元，一次性扩岗补助203.25万元，创业担保贷款贴息1239.46万元，职业技能培训补贴3495.43万元。开展就业服务系列专项行动，加强企业招聘用工服务，为重点群体、重点企业提供供需对接服务。举办线上线下招聘会224场（其中线上154场、线下70场），发布各类岗位信息超过16万个，达成就业意向10473人。全市完成城镇新增就业27401人，完成率109.6%；失业人员再就业7546人，完成率107.8%；就业困难人员再就业2430人，完成率162%；促进就业2056人，完成率114.2%；带动就业6421人，完成率116.7%。各项就业指标均超额完成。省级2021年度就业目标责任制考核获B等次。全市应届高校毕业生23117人，就业率98.04%，其中5823名离校未就业高校毕业生通过就业帮扶后就业率92.2%。

【劳动保障监察执法】2022年，河源市人力资源和社会保障局推动矛盾纠纷治理及时合理有效解决，坚持提前介入、源头治理，加大欠薪治理力度。全市受理各类劳动者举报投诉案件5482件，为5.6万名劳动者追回被拖欠工资待遇4.95亿元，案件结案率100%。河源市人力资源和社会保障局连续5年在省政府组织开展的保障农民工工资支付考核中获评A级。加大仲裁调解工作力度。全市立案受理各类劳动人事争议案件5601件，涉及劳动者人数3171人，涉案金额8141.91万元，仲裁结案率99.4%；立案前调解3299件，调解成功率86.23%。全市受理各类群众信访件235件，比上年增长30%，涉及409人，初信初访办结率100%。（黄晓华）

社会保险

【概况】截至2022年12月底，河源市社保基金总收入、总支出分别为128.30亿元、120.66亿元，同比分别增长15.98%、16.43%，基金当期结余7.64亿元，历年累计结余76.51亿元。

扩面参保稳步推进 截至2022年12月底，全市社会保险参保总人数244.41万人次，同比增长1.26%，其中企业养老、机关养老、城乡居民养老、工伤、失业保险参保人数分别为35.38万人、7.87万人、131.99万人、39.67万人、29.50万人，同比分别增长1.13%、7.41%、0.35%、2.91%、1.75%，参保任务完成率分别为101.07%、107.47%、102.32%、103.29%、100.02%。全市建筑业新开工项目工伤保险参保率98.55%。

社保待遇按时足额发放 全市各级社保经办机构建立和完善保发放应急工作机制，确保每月按时足额发放各险种待遇。截至2022年12月底，全市享受社保待遇59.53万人次，同比增长6.04%，社保基金待遇支出57.16亿元，增长7.96%。及时为全市7.12万名困难群众代缴城乡养老保险费854.41万元，实现特殊人群应保尽保。及时调整和发放539名工伤保险长期待遇人员的待遇63.30万元。及时调整9.09万名企业退休人员养老金，企业退休人员基本养老保险实现18年连涨，月人均养老金提高至2131.61元/月，比上年同期2026.22元/月增长5.2%。

助企纾困政策落实落地 截至2022年12月底，阶段性实施缓缴企业社会保险费金额7625.95万元，惠及22个困难行业1223户；发放失业保险稳岗补贴3005.95万元，惠及1.13万家企业；发放一次性留工培训补助1.03亿元，惠及1.91万家企业；发放失业保险金4473.02万元，惠及2.35万人次；发放失业补助金1534.99万元，惠及2.13万人。

【机关事业单位养老保险制度改革】
2022年，河源市推进退休“中人”按新办法计发待遇，全市1.16万名退休“中人”全部完成视同缴费年限认定录入，2017年12月前退休“中人”启用新办法计发待遇3598名，完成2014年10月至2018年12月职业年金实账积累11.76亿元。

【城乡居保专项行动】2022年，河源市以加强基层社保服务队伍建设为着力点，建立乡镇（街道）“社保专干”和村级“社保协办员”工作机制，在全省率先采用“社保专干”持证上岗管理模式，举办6期镇（街道）社保专干培训班，全市289名“社保专干”取得上岗证书并分布在每个乡镇（街道），1251名“社保协办员”分布在每个行政村协助开展城乡居保业务。深化社银合作，拓展服务事项，完善社银合作机制。深入基层采集和完善47.32万名城乡居保参保人员基础信息，核实1.93万名“休眠账户”人员生存情况，推广实现38.76万名城乡居保参保人员应用社保卡领取城乡居保待遇。

【工伤保险经办体系建设】2022年，河源市推进新就业形态就业人员职业伤害保障试点工作，以“一件事打包办”“快速办”服务模式，提速提效办理职业伤害保障待遇核付业务，办结率在全省排名前列，并在全省职业伤害保障经办业务会议上作经验交流发言。组织开展33家工伤协议机构检查，推动工伤医疗费用联网结算，全年联网结算工伤医疗费267.71万元，惠及319人次。纵深落实工伤预防项目，推进29场工伤预防线下培训班落地，受益2500余人，从源头上减少工伤事故和职业病的发生。

【失业保险基金省级统筹实施】2022年，河源市各级社保经办机构严格按照失业保险基金省级统筹经办规程要求，实行“六统一”管理模式，失业待遇业务实现全省通办，全流程网办，建立免跑即领、免证即办、免登即发、免申即享“四免”经办新模式。

【社会保险服务】社保服务平台建设
2022年，在东源县新港镇双田村打造一个“社保专干”“社保协办员”党建示范点；在高新区产业园建设“社保首席服务专员”党建示范点。同时，通过组建点对点帮助、面对面服务、手把手指导的“基层社保服务队伍”和“社保首席服务专员”队伍，以点带面形成示范带动效应，引领全市社会保险经办服务提质增效。全市社保经办机构开展“暖心贴心社保服务窗口”主题活动，创建一批服务优质高效、群众放心满意的服务窗口。

社保业务经办提速 33家工伤保险协议机构100%实现市内联网结算，其中29家实现省内异地联网结算，110项社保业务“市内通办”，70项业务上线网办平台“网上办”，68项业务实现全流程办理，43项社保公共服务事项上线“粤省事”，10项业务实现关联事项“打包办”，11项业务13类证明材料实行告知承诺制“简便办”，10余项业务实现“即来即办”，多项业务实现“省内通办”。2022年，全市网上办理业务超40万笔，“粤智助”全年办理养老待遇资格认证超10万人次，688人次通过线上申领失业保险待遇。全市完成历史档案影像化279.72万页，完成进度和专项资金拨付进度在全省排名前列。

便民社保服务圈构建 215个银行网点（其中135个农商银行网点，80个邮政储蓄银行网点）融入城乡居保业务全面实现“就近办”；全市1200多个行政村（居）1300多台“粤智助”服务终端机实现24小时“家门口”自助办理社保业务，经办服务再提速再增温，参保群众办事省心又舒心。

“适老化”精准服务推进 根据高龄、残疾、重病、空巢等特殊群体高频服务事项需求，推出足不出户“指尖办”、退休服务“上门办”、经办前台“优先办”等服务举措，全市各级社保经办机构上门核查退休材料、追缴多发待遇、办理资格认证等370余次，服务1000余人次。

社保宣传 充分利用“河源市社会保险基金管理局”微信公众号、“河源人社”抖音等新媒体的“喉舌”作用，完善宣传阵地，实时在微信公众号发布社保相关政策和惠企便民新举措等147条，多篇原创公众号内容浏览量破5万，在抖音平台发布相关宣传视频26条，多条视频浏览量破20万次，在广东政务网站集约化平台发布通知公示35条，并印发社保政策宣传手册3万份，形成“造舆论、树正气、鼓干劲、塑形象”的河源社保新形象。

【基金安全保障】2022年，河源市各级社保经办机构开展社保基金管理提升年和“清数”“筑墙”等专项行动，推进人防、制防、技防、群防“四防”协同。持续开展疑点数据核查。清理第二期疑点数据20.56万条，修正率97.3%，追回基金88.65万元。打牢法治廉政“人防基”。梳理并印发廉政风险防控责任清单，将安全警示教育纳入党建谈心谈话内容，组织和督促全市各级社保经办机构召开安全警示教育会37场，深入剖析要情45件。织密风险防控“制防网”。对照查找业务岗位、权限管理、政策落实、业务经办、系统管理等各个环节可能存在的风险漏洞，有针对性地制定风险防控措施85项108条，印发《河源市社会保险经办机构岗位权限管理制度》等相关风险防控文件16份。增强闭环管理“技防力”。经办系统实现内外网物理隔离，并实行电子社保卡扫码登录业务信息系统，避免篡改资料、信息、数据和骗取待遇等现象。运用信息系统嵌入的业务经办条件制约、逻辑制约、预警限制制约、环节制约、权限控制与岗位制约等功能，做到分级负责、岗位制衡、系统赋权、风险可控。应用“人社部业务稽核考核系统”、“全国社会保险信息比对查询系统”、“全民参保信息管理系统”和本地“回流数据查询系统”，加强跨部门信息共享，通过常态化开展信息数据比对、分析与预警，实现风险防控数据化管理、稽核内控系统化和常态化，有效增强内审工作的分析能力和快速反应能力，及时堵住漏洞。营造齐心协力“群防势”。通过印发反欺诈宣传单5000份，制作反欺诈宣传视频1条，联合税务、政务服务大厅等部门常态化开展社保反欺诈宣传，联合人社、公安等部门开展打击违规补缴问题专项行动，打击中介组织违规代办参保补缴行为，共同营造全民参与的监督氛围。（黄年桢）

民政

社会救助

【低保救助】 2022年，河源市享受低保救助30822户75372人。其中，城镇居民2606户5637人，人月均补差684元；农村村民28216户69735人，人月均补差457元。全市支出城乡低保资金4.31亿元。按时完成低保提标任务，低保标准和补差达到省规定标准。

【特困供养】 2022年，河源市纳入城乡特困人员救助供养13074人。其中，城镇特困供养人员397人，人月均基本生活标准为1386元；农村特困供养人员12677人，人月均基本生活标准为970元。全市支出城乡特困人员救助供养金15383万元。按时完成特困供养提标任务，城乡特困人员基本生活标准达到当地城乡最低生活保障标准的1.6倍以上，达到省规定标准。

基层治理和社区建设

【城乡社区治理】 2022年，河源市贯彻落实广东省城乡社区服务体系建设“十四五”规划，出台河源市实施方案。开展“一站式”城乡社区综合服务示范创建工作，推进源城区新江街道朱门亭社区等7个村（社区）创建“一站式”城乡社区综合服务示范点工作。加大基层减负力度，市级层面出台基层自治组织出具证明事项正负面清单，统一制订基层群众性自治组织出具证明类事项办事指南和表单样本，开展部门联合督查，社区“万能章”现象得到明显改善。规范村级组织工作事务、机制牌子和证明事项。加强社区工作者职业体系建设，市民政局联合市委组织部、市委编办、市财政局、市人力资源和社会保障局印发《河源市建立社区工作者职业体系实施细则（试行）》。持续深化“五社联动”（社区、社会工作者、社区社会组织、社区志愿者、社区公益慈善资源共同组成的社会关爱服务体系），对基层治理中的创业就业帮扶、产业振兴、护苗关爱残障儿童、教育同行等方面提出指导性措施，助力河源市乡村振兴。

【基层治理】 2022年，河源市推进基层治理体系和治理能力现代化，源城区东埔街道丰源社区居民委员会被评为全国先进基层群众性自治组织，龙川县老隆镇水上新村社区党支部书记、居委会主任李巧荣获全国优秀城乡社区工作者称号。加强换届后村（居）委会规范化建设，对换届后个别村（居）委会缺额成员进行补选。加强村“两委”成员的业务培训，指导县区做好分层分类培训工作。加强民主协商决策，选取东源县柳城镇石侧村、紫金县瓦溪镇九树村和上东村、连平县溪山镇百高村4个村作为市级试点，继续开展村级议事协商创新实验工作。宣传优秀村规民约，全市所有村（居）修订完善村规民约（居民公约）覆盖率100%，其中和平县公白镇美塘村、龙川县黄布镇欧江村、龙川县佗城镇东瑶村、紫金县凤安镇佛岭村4个村规民约入选省“约好粤来”优秀案例。建立健全村务公开制度，与村（居）换届同步选优配强村（居）务监督委员会成员并落实补贴待遇。开展正常离任村干部信息采集工作，采集2373人信息在市级备案，系统在册正常离任村干部22276人。完善全国基层政权建设和社区治理信息系统数据库信息。

社会福利事业

【养老服务事业】 2022年，河源市通过聚焦老年人"急难愁盼"问题，以推动养老事业和养老产业协同发展为主线，发挥政府主导作用和社会力量主体作用，强化基本养老服务，构建居家社区机构相协调、医养康养相结合的养老服务体系。启动养老服务设施专项规划工作，协同市规划设计测绘院开展《河源市养老服务设施专项规划》编制工作。持续推进市级养老综合服务中心筹建工作，以及源城区第二人民福利院、和平县彭寨镇区域性敬老院、乡镇（街道）综合养老服务中心等重点养老服务设施的建设。加快推进"十四五"时期河源市特殊困难老年人家庭适老化改造工作，完成921户适老化改造。完善养老服务部门间联席会议制度，发挥其统筹协调职能，加快建设居家社区机构相协调、医养康养相结合的养老服务体系。推进养老服务信息化建设，研究河源市高龄津贴智慧化系统。加强养老护理员培训工作。组织指导县区民政部门及养老机构参加养老护理员线上培训，持续加大护理员培训力度，提高服务水平。各县区参加养老护理员培训人数1524人，培训总人次2184人次，总培训时长132270小时。依托"双百工程"扎实推进社区照料等工作。全市社工站根据村居留守老人、困境老人制定分层分类建档工作细则，通过走访群众，对生活不能自理的空巢老人、孤寡老人、精神类疾病老人，由社工+志愿者为老人提供个案服务，包括上门提供生活照料、康复护理，组织社区志愿者、青年志愿者上门提供精神慰藉等服务。

【社会工作事业】 2022年，河源市建成"双百工程"社会工作服务站101个，实现乡镇（街道）社会工作服务站100%覆盖；建设336个村（居）社会工作服务点，实现社工点全覆盖，兜底民生社会工作服务100%覆盖。1560名社工扎根一线，协助开展个案救助、社会救助、社区治理等工作。深入村居，以社区为本，以家庭为视角，以需求为导向，为有需要的群众、家庭、社区打通为民服务"最后一米"，为留守老人、最低生活保障人员、特困人员、困难和重度残疾人、生活无着流浪乞讨人员、留守和困境儿童等民政对象，以及贫困户、涉法青少年和其他需要提供服务的人群，开展心理疏导、人文关怀、能力提升、生计发展、关系调适、社会融入、社区发展等专业化个性化服务。

民生服务实现"一站通办" 统筹整合民政、妇联、残联等部门的资源阵地、服务对象、人员经费以及服务事项等，推动兜底民生服务向系统化、综合化、集约化转变。通过社工站（点）统筹经办社会救助、养老服务、儿童福利、残疾人事务等工作。通过镇（村）建设社工站（点），将社工派驻到社工点，深入村居，保障困难群众和特殊群体社会工作服务全覆盖，为民生服务全程跟办提供工作基础。全市"双百工程"社工站（点）协助落实相关政策福利的总人数211458人。其中，协助落实最低生活保障110878人，协助落实最低生活保障边缘家庭救助18330人，协助落实支出型困难家庭救助7803人，协助落实特困人员救助供养1128人，协助落实临时救助3166人，协助落实困难残疾人生活补贴6170人，协助落实重度残疾人护理补贴8557人，协助落实高龄老人补（津）贴14701人，协助落实流浪乞讨人员23313人，协助落实困境儿童相关政策332人，协助办理残疾人证953人，协助落实医疗救助3686人，协助落实住房救助82人，协助落实教育资助1023人，协助落实受灾人员救助10558人，协助就业687人，其他91人。开展社会工作个案369人、社区活动733场，培育社区志愿者3850人，培育社区社会组织24个，链接社会慈善资源（含实物）折算金额为48.73万元，协助推动社会事务628项。

民生保障实现"一兜到底" 通过引入社会工作专业力量，解决基层民政工作力量不足，提升兜底民生服务水平，主要体现为服务有清单、人员有技术、工作有机制。一是社工作为专业技术人才，通过运用专业技能，按照既定的服务清单开展信息核查、入户探访、落实民生政策保障、链接社会资源、提供社会工作专业服务等，为群众提供有针对性的服务，推动民生服务从"兜得住"向"兜得好"转变。二是"双百工程"实行困难群众和特殊群体"一户一档"建档造册，综合运用社会工作专业知识、技能、方法以及"五社联动"机制，从"服务建档"到"服务结案"实行全过程跟踪问效，确保服务跟进不间断，民生保障"一兜到底"。全市"双百工程"社工站（点）为困难群众和特殊群体建立服务档案52779户，档案总人数180198人（含多重残疾低保对象）。其中，最低生活保障对象76099人，最低生活保障边缘家庭23758人，支出型困难家庭1人，特困人员11035人，残疾人54236人，流浪乞讨人员359人，农村留守儿童6269人，困难儿童（含孤儿、事实无人抚养儿童）1487人，农村留守妇女750人，特殊困难老人（含空巢独居、留守、失能、重残、计划生育特殊家庭）1995人；入户走访困难群众和特殊群体4209人。

督导相伴同行"互为主体" 全市开展督导工作1625次，督导工作总时长26604小时。完善社工站专业服务计划，推动社工站社工"三会一课"建设，落实岗前培训、专业培训、政策培训，全市开展培训65场；全市参与培训1560人，确保社工掌握专业实操技能、政策认识水平和政策落实能力。推动社工站"目标—计划—过程"跟进管理评估体系建设，逐步做到以村（居）及其服务对象问题优势资产为本的整合介入，逐步与服务对象共同解决社区民众及社区的问题。完善社工站共学、共读机制的建设，制订社工站社工共学计划指引，加强督导跟进共学机制，推动“督导—社工”双重能力建设。率先在各县区设立督导联络点，促进督导与县区民政部门沟通情况，加强联动了解督导及社工站情况。

【慈善公益事业】 “联爱工程”活动 2022年，河源市做好河源市罹患白血病困难儿童公益项目活动，对河源市未登记在册的白血病困难儿童进行登记，联合深圳市恒晖公益基金会开展进行的“联爱工程”，解决因病致贫这一社会难点问题。年内，21名白血病儿童得到救助。截至12月，为155名白血病患儿提供补充报销资金救助5801324.26元。

9月5日，市民政局联合省慈善总会、省青少年发展基金会、中国人民解放军南部战区总医院开展“大爱救心”义诊活动。专家医疗组为40名贫困家庭18岁以下疑似先天性心脏病患者及近年在南部战区总医院接受手术救治的先天性心脏病儿童进行免费筛查、复查。同时，现场向8户筛查出适宜进行手术的患者家庭发放项目救助申请书，并安排他们到南部战区总医院进行治疗。省慈善总会、省青少年发展基金会将根据患者家庭困难的实际情况，分别给予医疗费用资助。

根据粤慈函《广东省慈善总会关于选定广东省“幸福家园”村社互助工程省定试点单位的通知》精神，配合河源市试点村——东源县新回龙镇南山下村做好“幸福家园”村社互助工程工作，开设专款专项账户。

公益捐赠 根据粤慈函《关于接收中华慈善总会捐赠贝拉米婴儿配方奶粉的通知》精神，省慈善总会下拨河源市慈善总会贝拉米婴儿配方奶粉4514罐（752.3箱），指定用于儿童福利院、困难家庭0—3岁婴幼儿。2022年2月，按各县区儿童福利院、困难家庭0—3岁婴幼儿人员的数量，分配源城区110.5（663罐）箱、东源95.3箱（572罐）、和平122箱（732罐）、龙川165.5箱（993罐）、紫金145.5箱（873罐）、连平87箱（522罐）、江东新区26.5箱（159罐）。河源美平房地产发展有限公司向河源市慈善总会捐赠5万元，用于慰问河源市福利机构一线防疫工作人员。广州市海珠区田螺公益发展中心捐赠180支免洗消毒液给河源市养老机构，用于防疫工作。顺德宝林寺及释宏满大和尚，向广东省慈善总会分别捐款30万元和10万元定向用于河源市、韶关市抗洪救灾。按照捐赠协议书，捐赠款20万元于6月27日划拨至河源市慈善总会指定账户。

【福利彩票】 2022年，河源市福彩系统面对经济持续下行、彩票政策调整、疫情防控常态化等叠加影响，统一思想、凝心聚力、主动作为。销售福利彩票2.36亿元，比上年增长11.5%，完成全年销售目标的112%，筹集市本级福彩公益金2360万元，代缴个人偶然所得税1500万元以上。

专项社会事务管理

【社会组织管理】 2022年度市本级新注册社会组织25家；注销社会组织15家。

培育发展社会组织 落实中央两办《关于改革社会组织管理制度促进社会组织健康有序发展的意见》和广东省《关于改革社会组织管理制度促进社会组织健康序发展的实施意见》，对行业协会商会类、科技类、公益慈善类、城乡社区服务类社会组织进行直接登记。减轻社会组织负担。推进河源市政府职能转变和深化行政审批制度改革，从2017年开始，全市性社会组织法定代表人离任审计以及注销清算审计事项不再由社会组织申请人提供相关报告，由市民政局采取政府购买服务方式委托会计师事务所开展相关审计工作。2022年度完成30家社会组织法定代表人离任审计。加强社会组织人才队伍建设。线上举办全市社会组织负责人培训班，由社会组织登记管理机构负责人、会计师事务所专家针对社会组织政策法规、登记业务、财务管理等方面的内容开展培训。

加大社会组织监管力度 开展打击整治非法社会组织专项行动。与公安等14家部门成立河源市打击整治非法社会组织专项行动协调小组，联合制定《开展河源市行业协会商会领域乱收费乱摊派专项清理整治“回头看”工作实施方案》；通过网络平台和深入镇、村、社区开展铲除非法社会组织滋生土壤政策宣传贯彻。年内，全市民政部门查处涉嫌非法社会组织3家。河源市各级民政部门持续开展“僵尸型”社会组织专项整治行动。通过限期整改、注销登记等措施，清除一批名存实亡的社会组织，整改内部混乱的社会组织，激活效能不高的社会组织。清理“僵尸型”社会组织38家。

市民政局联合市发展和改革局、市场监督管理局印发《开展河源市行业协会商会领域乱收费乱摊派专项清理整治“回头看”工作实施方案》，推进全市行业协会商会领域乱收费乱摊派专项清理整治“回头看”工作，全市78家行业协会商会完成自查自纠，其中20家行业协会商会进行了审计。根据行业协会商会收费自查自纠情况动态更新《行业协会商会收费目录清单》在“信用中国”网进行公告，接受行业协会商会会员及全社会监督。市民政局对新换届的5家行业协会、2家商会章程中涉及收费条款和程序进行重点审核，确保行业协会商会收费标准和程序合理、合法、有效。继续鼓励行业协会商会主动减免经营困难会员企业尤其是中小微企业的会费和其他收费项目，减轻企业负担。2022年，全市7家行业协会商会通过主动减免和降低收费减轻企业负担金额39万元，2家行业协会通过缓缴收费减轻企业负担金额3.2万元。

【区划地名管理】 2022年，河源市做好国家地名数据库质量建设相关工作。根据民政部区划地名司组织召开全国民政系统国家地名信息库数据质量建设行动动员部署视频会议和省民政厅关于国家地名信息库数据质量建设行动培训会议的工作部署，组织开展河源市“中国国家地名信息库数据质量建设行动”。完成11类56378条地名数据审核。依法依规按程序对41条市区新增道路进行标准命名。完成省级界线粤赣线（河源赣州段）和市级界线河源—惠州线的联检工作。

【殡葬管理】2022年，河源市强化殡葬管理，推进绿色殡葬，推动移风易俗。龙川登云、和平古寨2个市级和东源义合、船塘，和平公白、大坝，龙川义都、通衢、老隆，紫金紫城，连平忠信9个县镇村级公益性公墓建设试点项目稳步推进。分区分级引导有序祭扫，实现平安文明清明。全面完成殡仪馆火化机尾气排放治理，加大设备更新升级保障力度，全市“一盘棋”统筹调配，确保疫情防控转段期间殡葬服务平稳有序。

【残疾人“两项补贴”】2022年，河源市提高困难残疾人生活补贴、重度残疾人护理补贴标准，分别从2021年的181元/（人·月）、243元/（人·月）提高到2022年的188元/（人·月）、252元/（人·月）。残疾人“两项补贴”费每月按时足额通过社会化方式发放。残疾人“两项补贴”1—12月发放困难残疾人生活补贴291563人次（其中12月在享24636人），发放金额5519.8568万元。发放重度残疾人护理补贴693019人次（其中12月在享59349人），发放金额17583.9963万元。2022年市财政下达残疾人“两项补贴”市级配套资金1130.13万元。

做好精神障碍社区康复服务工作　依托全市3家残疾人托养中心及104个残疾人社区康园中心，为300多名精神障碍患者开展社区康复和托养服务，为智力、精神和重度肢体残疾人提供日间照料、辅助性就业等基本公共服务。

扩大保障对象范围　根据河源市经济社会的发展，全面将非重度智力、精神类残疾人纳入重度护理补贴范围，实现应享尽享。截至12月底，全市在享人数7017人。

【儿童福利工作】2022年12月，河源市农村留守儿童系统在册人数为19798人，孤儿283人（集中供养53人、散居孤儿230人），事实无人抚养儿童2415人。

困境儿童保障　提高孤儿和事实无人抚养儿童基本生活保障水平。2022年孤儿基本生活最低养育标准集中供养和分散水平分别为1949元/（人·月）和1313元/（人·月），事实无人抚养儿童和艾滋病儿童基本生活保障标准按分散供养孤儿养育标准［源城和江东新区散居孤儿最低养育标准1450元/（人·月）］，2022年发放孤儿生活费517.81万元，事实无人抚养儿童生活费3857.19万元。

儿童福利机构管理　河源市民政局联合市委编办等16个单位出台《关于进一步推进全市儿童福利机构优化提质和创新转型高质量发展工作实施方案》，优化全市儿童福利机构布局。2022年年底前，龙川、紫金、连平3个县儿童福利机构集中养育的儿童，全部移交到承担市级职责的源城区社会福利院儿童福利机构。落实民政服务机构消防安全专项整治三年行动实施方案。做好新冠疫情防控工作。

未成年人保护　调整市未成年人保护工作领导小组和成员。出台《中共河源市委办公室　河源市人民政府办公室关于调整河源市未成年人保护工作领导小组的通知》《中共河源市委办公室　河源市人民政府办公室关于调整河源市未成年人保护工作领导小组成员的通知》《河源市未成年人保护工作领导小组工作规则》等文件，成立未成年人保护工作专班。下发《关于开展未成年人重点群体（失学辍学、社会闲散）摸排调查和关爱帮扶行动的通知》，开展未成年人重点群体（失学辍学、社会闲散）摸排调查和关爱帮扶行动。

【救助管理】2022年，河源市救助管理站救助流浪乞讨人员257人次，护送特殊困难的受助人员返乡38人次。新冠疫情常态化防控期间，救助管理站结合“寒冬送温暖”活动，对市区街面流浪乞讨人员进行延伸救助，出动车辆32辆次，派出工作人员91人次，站外救助4人次。开展寻亲返乡服务，为62名流浪乞讨滞留人员寻找到亲属，帮助其重返家庭、融入社会。

【婚姻登记管理】2022年，河源市的婚姻登记量为24721件，服务对象48891人。婚姻登记“跨省通办”办理83对；“全城通办”办理1761对。继续执行停征婚姻和收养登记费政策。在重大节假日和2月14日、5月20日、11月11日等特殊日子开展婚姻登记服务。

婚姻登记标准化建设　河源市各县区按照婚姻工作规范化建设和国家“AAA”婚姻登记机关标准，对各登记机关的设置、办公环境等方面进行规范。各县区完成婚姻登记历史数据补录，全面推进档案电子化工作。全市各婚姻登记机关所有窗口配备具有身份确证读卡、人脸识别、指纹比对等功能的一体化智能设备，并设立婚姻家庭辅导室。

婚俗改革　河源市民政局开展“我们的节日·七夕”活动，倡导节俭办婚事，抵制铺张浪费；倡导文明办婚庆，拒绝低俗闹婚；倡导创新办婚礼，丰富婚庆内容。举办推进移风易俗宣传活动，开展8场以“婚事新办、简办”“践行移风易俗，弘扬时代新风”等为主题的活动，号召广大青年践行文明婚庆新风、自觉抵制铺张浪费等行为。各县区通过宣传单张、民政微信公众号、广播电视、新媒体等手段，加强婚俗领域移风易俗宣传，通过政府引导、村规民约、红白理事会等方式推进婚俗改革，倡导新事新办，简约、适当的婚俗礼仪。

【收养登记】2022年，河源市依法依规做好收养登记工作。全年办理收养登

记47宗。（巫 极）

退役军人事务

【概况】2022年，河源市做好优待证发放工作，下拨优抚抚恤资金、医疗保障资金。组织重点优抚对象到广东省第二荣军医院短期疗养。完成源城区啸仙陵园管理所等3个烈士纪念设施保护单位的数据更新审定工作，评定源城区七烈士陵园等6个烈士纪念设施为河源市第一批市级烈士纪念设施。基本完成待遇数据核查工作，属于全省基本完成录入工作的五个地市之一。督查和平、紫金、连平烈士纪念设施展陈工作。县级以下英雄烈士纪念设施整修工程开工141个，占比93.37%。组织“弘扬红色文化 学习革命精神”“缅怀先烈 致敬英雄”清明祭扫、“红色九月”系列烈士褒扬纪念等活动，全市举行群体性祭扫活动22场、烈士公祭活动49场，走访慰问革命烈士家属。开展军休服务管理机构“三个一”（一所一行家、一所一品牌、一所一典型）提质工程，修缮改造军休所大楼，组织军休党员开展“学习贯彻党的二十大精神”主题活动。龙川军供站综合楼项目建设有序推进。河源市退役军人钟宇洋获评第二届“广东最美退役军人”，表彰广东省优秀退役军人典型代表黄建辉。秘书科1人被退役军人事务部评为2022年度宣传工作先进个人。

【就业补助】2022年，河源市与河源职业技术学院签订退役军人现代学徒制专项试点合作办学协议。组织退役军人参加2022年粤北片区招聘会现场网络直播活动；组织2022年河源市首届“工行杯”退役军人创业创新大赛；举办退役军人军创产品展暨粤菜师傅“河源炊事班”厨艺大比拼活动。落实政策待遇，为企业军转干部、自谋职业随调家属发放生活解困补助。为企业军转干部、自主择业军转干部及自谋职业随调家属购买养老、医疗保险。

【双拥工作】2022年，河源市开展春节喜送春联活动，在《河源日报》、“河源发布”等主要媒体刊登市委、市政府春节、八一慰问信。各级党委政府在春节、八一建军节等重要节日慰问驻河源各部队，送去慰问物资；市委退役军人事务工作领导小组慰问功臣模范、困难退役军人等，发放慰问金（物资）。落实军休干部“两个待遇”，走访慰问军休干部（职工）。召开市双拥工作领导小组全体会议和全国双拥模范城中期考评迎检工作会议，组织双拥工作业务培训和市双拥工作领导小组成员单位联络员培训，成立双拥中期考评工作专班，按期在考评系统提交材料。市政府主要领导到驻河源部队调研督导部队请求事项解决情况，将9项事项纳入市政府重点督查范围。对各县区双拥工作进行全面检查调研。举行2022年“喜迎二十大 奋进新征程”八一拥军爱民暨文艺汇演活动，市退役军人事务局联合河源军分区政治工作处、市委宣传部组织表扬“最美拥军人物”。

【思想政治引领】2022年，河源市持续推进51个100名以上300名以下退役军人村（社区）示范型标准建设。组织开展“法律政策落实年”落实情况“回头看”，跟踪落实整改204项、持续跟进24项、未涉及23项。构建河源万绿退役军人志愿服务体系，建立退役军人志愿者服务队伍，开展志愿服务活动80场次。规范使用应急救助资金，审核通过申请86宗。牵头成立河源市退役军人关爱专项基金，获得社会捐款。推动成立市委政法委书记，公安、退役军人分管市领导牵头的信访稳定工作领导小组，落实“13712”工作机制，加强国庆节、中共二十大等重要节点矛盾排查化解。组织开展服务保障体系政策法规知识、新《信访工作条例》学习和“送政策上门 送服务到家”等活动。

【新闻宣传】2022年，河源市开展“走基层、走军营、走红色足迹”媒体采风团河源行活动。新华网、人民数字、广东广播电视台、“南方+”详细报道河源市退役军人创新创业大赛，其中新华网关于“广东河源以双创大赛助退役军人创业就业”的新闻报道浏览量达205万余人次。南方日报社整版报道河源市退役军人志愿者服务队经验做法和先进事迹。建立局微信公众号，省退役军人事务厅采用信息48篇，退役军人事务部网站报道河源市退役军人工作7篇。（魏舟扬）

民族·宗教

【民族工作】2022年，河源市委召开市委民族工作会议暨民族地区高质量发展推进会、全市民族地区高质量发展现场会，部署推进全市民族工作。投入中央和省级、市级少数民族发展资金2300万元，建立民主党派和统战团体挂钩联系民族村工作机制，助力民族地区高质量发展。依托统战工作平台、民族团结进步教育基地，开展民族团结进步宣传教育活动10场次，促进民族团结和睦。举行民族团结进步线上宣讲活动。参加全省第七届少数民族运动会，取得5枚金牌、8枚银牌、8枚铜牌的成绩。加强民族宗教、公安国保、宣传（网信）等部门之间的沟通配合，排查化解涉民族因素风险隐患，全市未发生涉民族因素矛盾纠纷事件。

【宗教工作】2022年，中共河源市委统一战线工作部组织开展与宗教人士谈心谈话活动50多人次，开展宗教政策法规学习月系列活动，引导宗教界人士坚持爱国爱教的光荣传统。开展2022年“安全生产月”“安全生产南粤行”活动和宗教活动场所自建房安全隐患排查整治专项行动，常态化开展宗教活动场所专项排查行动，全市宗教活动场所保持安全“零事故”。（钟 昱）

区·县

编辑：吴静文

源城区

【基本区情】 建置沿革 县治自南朝齐永明元年（483）设置。1988年1月，经国务院批准撤销河源县，设置河源市（地级市）。原河源县分设源城区和郊区（后改为东源县）。原河源县的东埔镇、源城镇、埔前镇和高埔岗农场划为源城区辖区，其余划为郊区（今东源县）管辖。从1988年1月至1997年2月，河源市源城区下辖源城镇、东埔镇、埔前镇和高埔岗农场。1997年3月经广东省人民政府批准，撤销源城镇和东埔镇，设置上城、新江、东埔、源西4个办事处和源南镇，保留埔前镇和高埔岗农场建制。2003年12月，为适应街道工作的需要，改办事处为街道办事处。埔前镇、源南镇和高埔岗农场未更名。2011年，经广东省民政厅同意，设立源城区高埔岗街道办事处。2022年，全区有2个镇、5个街道办事处，46个社区居民委员会，28个村民委员会（不含江东新区城东街道办事处）。

位置与面积 源城区地处广东省东北部、河源市南部，东江中上游与新丰江的汇合处。与江东新区临江镇接壤，西接东源县新港镇，南接博罗县石坝镇，北与东源县仙塘镇毗邻。源城区是粤东北的交通枢纽。源城区处于北纬23° 31′ 21″—23° 51′，东经114° 31′ 34″—114° 45′ 4″。源城区总面积361.5平方千米，其中市区规划面积120平方千米。源城区是粤东北的交通枢纽，水陆交通比较发达。境内国道205、河（河源）惠（惠州）高速公路纵贯南北，河（河源）汕（汕头）公路横跨东西，国道205（东环路）、西环路、粤赣高速公路及河（河源）龙（龙川）高速公路分别从城区的东西两边通过；中国南北第二大动脉京（北京）九（九龙）铁路以及广（广州）梅（梅州）汕（汕头）铁路连接城区。东江航运上可达龙川，下可通惠州、广州。

人口、民族、语言 2022年，源城区常住人口71.06万人（除城东街道办事处的常住人口，源城区常住人口65.68万人），户籍人口34.37万人（除城东街道办事处的户籍人口，源城区户籍人口32.74万人）。有31个民族，除汉族外，有30个少数民族。源城区属客家方言区，语言受正统客家话及白话（广州话）的影响较大，有的词语读音与梅州话相似，少数词语与广州话相近，但全区语言总体上属客家方言。

土地资源 2022年，源城区土地总面36146.64公顷，耕地面积1864.84公顷，林地面积18709.16公顷，园地面积2188.81公顷，草地面积898.77公顷。

土地结构齐全，类型多样，但其结构和分布，随地域和分布，随地域差异而不同。东、南部沿东江河边地势平坦，西、北部山地。

矿产资源 所属区域发现矿产11种，即铜、铁、铅、锌、稀土、萤石、硅石、建筑用砂石、砖瓦黏土、矿泉水、地热水等，有矿产地19处。其中通过地质勘查有探明储量的矿产6种，即萤石矿、硅石矿、建筑用砂石、砖瓦黏土、矿泉水、地热水。有2个总流量为36万立方米的中型地下热水矿；12个普通萤石矿；1个总资源量为63万立方米的小型砖瓦黏土矿；1个资源量为125万立方米的小型建筑用砂矿；3个总资源量为137.5立方米小型建筑用石料矿；1个资源量为1.3万立方米小型矿泉水矿；1个资源储量为112万吨的小型铁矿。全区有持证矿山4家。

生物资源 主要分布于大桂山省级自然保护区内。大桂山保护区拥有国家重点保护植物7科7属7种。珍稀野生保护植物10科11种，另有1种三尖杉为广东省级保护植物。国家级珍稀濒危保护动物有21种，省级重点保护野生动物11种。大桂山保护区资源动物（“三有”动物）有102种，其中兽类14种，鸟类53种，爬行类动物19种，两栖类16种，为全国少有的天然物种基因库。

水资源 源城区位于东江中上游、河源市南部，地处南亚热带，气温高，雨量充沛。多年平均水资源总量3.94亿立方米，可利用水资源总量1.59亿立方米。境内河流，统属于珠江水系东江干流水系。一级支流新丰江和东江干流穿越境内，两江河段（源城）的河流比降落差不大，流速较缓慢，河面较宽阔。

区内有21条河流，河流长度151.27千米，流域面积708.51平方千米。除东江、新丰江河段外，还有埔前河、七寨河、木京河、高塘水、赤坑水、洪洞水、万洞水、蓝田水、香车河、双下水10条河流，其集水面积不大，均在100平方千米以下。其中，埔前河、七寨河、香车河是源城区较大的河流，集水面积都在40平方千米以上。

气候 源城区地处广东省东北部，属亚热带季风气候区，环境质量总体保持优良水平。冬半年盛行东北季风，天气较为干冷；下半年盛行西南和东南季风，高温多雨。源城区历年平均温度21.4℃，历年极端最高温度38.8℃，历年极端最低温度-5.58℃；历年平均年降雨量1582.0毫米，历年平均年雨日148天；历年平均年日照时数1866.6小时，年平均相对湿度76.9%。

旅游资源 源城区有25个旅游景区（点）和旅游项目。其中，国家AAAA级旅游景区2个（巴伐利亚庄园、客天下国际旅游度假区），国家AAA级旅游景区2个（大水井特色民宿文化旅游区、野趣沟旅游区）。全国乡村旅游重点镇1个（埔前镇），全国乡村旅游重点村1个（陂角村），中国特色小镇50强1个（春沐源小镇），广东省文化和旅游特色村2个（上村村、坪围村），广东省旅游风情小镇1个（高埔岗街道），广东省乡村民宿示范点3个（涟岸禧悦庄、乡村四月、杨家小院），广东省休闲农业与乡村旅游示范点4个（福源果场、崇志茶观园、东兴旺农业科技园、雄达农业生态园）。

【经济发展概况】 2022年，源城区生产总值307.24亿元，比上年增长1.0%。三次产业结构调整优化为1.2∶29.5∶69.3。其中，第一产业增加值3.83亿元，增长3.2%；第二产业增加值90.52亿元，增长0.4%；第三产业增加值212.89亿元，增长1.2%。社会消费品零售总额130.49亿元，下降4.0%。城镇居民人均可支配收入36366元，增长1.9%；农村居民人均可支配收入27832元，增长5.2%。

农业 全区农林牧渔业总产值6.40亿元，比上年增长3.8%。粮食产量11369.8吨，增长0.2%。肉类产量7364.3吨，下降1.2%；出栏生猪468头，增长15.3%；出笼“三鸟”599.03万只，增长0.4%。水果产量5090吨，增长0.5%；蔬菜产量42341吨，增长2%。

工业 全区工业增加值77.08亿元，比上年增长9.2%。规模以上工业增加值73.93亿元，增长10.1%。

固定资产投资 全区固定资产投资比上年下降47.2%。其中项目投资下降50.1%，房地产开发投资下降44.5%。分产业看，第二产业（工业）下降63.7%；第三产业下降42.2%。

对外贸易 全区实际利用外资19201亿元，比上年增长56.8%。外贸进出口总额70.3亿元，下降8.3%。其中，出口总额48.2亿元，下降9.6%；进口总额22.2亿元，下降5.1%。

重大项目 是年，全区45个重点项目（含省市重点项目18个）完成总投资57.6亿元。有河源鹏城·科技生态园建设项目、安焕（河源）电子有限公司厂房建设项目、源城区富为电子组装产品生产项目、广东贝仕达克科技有限公司智能控制器及智能产品生产建设项目、广东时进科技有限公司厂房建设项目等25个重点项目。

旅游 全区接待游客202.16万人次，下降20.1%；旅游收入16.55亿元，下降24.6%。

【社会事业发展概况】 **教育** 2022年，源城区有中小学校74所（公办62所，民办12所）。其中，小学49所、初中20所（含九年制12所）、高中4所（含完中2所）、特殊学校1所。在校生99982人（公办83003人，民办16979人）。其中，小学生66981人、初中生26056人、高中生6945人。有幼儿园126所（公办、校办、集体办33所，民办93所），在园幼儿30597人；公办幼儿园在园幼儿15421人（含购买学位），占比50.4%；公办幼儿园和普惠性民办幼儿园在园幼儿24662人，占比80.6%；幼儿园教职工4045人；有校外培训机构91所。小学适龄儿童入学率100%、毕业率100%；初中毛入学率100%；残疾青少年儿童义务教育入学率98.1%；初中毕业生升学率99.4%，高中阶段教育毛入学率98.3%。

文化 源城区开展首届“非遗墟市”活动。筹备启动博物馆建设，区文化馆、图书馆联袂获国家一级馆，74个村（社区）基层综合性文化服务中心全面建成，率先在全市实现基层综合性文化服务中心建设全覆盖。

社会保障与福利 全区新增就业3658人，城镇失业人员再就业1715人，帮扶就业困难人员再就业521人，城镇登记失业率控制在3%以内。参加城乡居民基本养老保险69678人，参加机关养老保险7413人，参加企业职工基本养老保险77602人，参加失业保险59614人，参加工伤保险71895人。

【源城区埔前镇坪围村入选第三批广东省文化和旅游特色村名单】 2022年1月，广东省文化和旅游厅公示第三批广东省文化和旅游特色村、乡村旅游精品线路名单，源城区埔前镇坪围村和埔前镇红色生态休闲旅游线路入选。源城区埔前镇红色生态休闲旅游线路包括春沐园岭南生态小镇（国际旅游综合体）、陂角村（全国乡村旅游重点村）、上村村（广东省文化旅游特色村、广东省红色村）、双头村（广东省村级电商产业园）。

【源城区东埔街道丰源社区被认定为第五批国家级充分就业社区】 2022年3月，源城区东埔街道丰源社区被认定为第五批国家级充分就业社区。丰源社区优化营商环境，增加就业岗位，开展“我为群众办实事·充分促就业”主题活动。建设丰源水产综合市场，提供120多个摊位和店铺，满足社区居民灵活就业的需求，并给困难人员实行减租或免租；同时在市场3—5楼引入中小微加工企业，提供就业岗位800多个。丰源社区备案在册用工单位近180家，在就业招聘信息专栏及时发布招聘岗位信息，让社区群众实现家门口就业。

【河源市首个老年人诉前调解工作室在源城区文体中心揭牌成立】 2022年5月，河源市首个老年人诉前调解工作室——源城区人民法院、源城区老年人协会“法暖桑榆”诉前调解工作室在源城区文体中心揭牌成立。源城区法院推进适老诉讼服务改革，健全便老惠老司法服务机制。该院与源城区老年人协会共建“法暖桑榆”诉前调解工作室，旨在打造源城区老年人纠纷调解工作联络站平台，通过聘请专业调解员负责化解矛盾纠纷，为老年人免费提供覆盖咨询、调解、立案、审判、执行全流程优质诉讼服务等方式，切实保障老年人便利、平等参与诉讼活动。

【源城区发出河源市首张经营乙类非处方药药品经营许可证】 2022年12月，源城区发出河源市首张经营乙类非处方药药品经营许可证，美宜佳等试点便利店已经上架相关药品。乙类非处方药是指非处方药中安全程度较高的药品，除药店外，还可在药品监督管理部门批准的超市、宾馆等商业企业中零售。相对而言，乙类非处方药不需医生处方，消费者根据药品说明书可以自行判断、购买和使用。

【埔前镇】 位于源城区最南端，东临东江，西靠桂山，北接高埔岗街道。2022年，全镇总面积162平方千米，其中耕地面积0.16万公顷，林地面积0.64万公顷；下辖16个村民委员会和2个社区居民委员会，辖区户籍总人口5.4万人，常住人口9.9万人。森林覆盖率46.4%，林木绿化率46.5%，主要林种有松树、杉树、杂树、油茶和毛竹等，分布在埔前镇西北面桂山山脉。农业总产值4987.03万元；规模以上工业增加值20.76亿元，增长35.1%；完成全社会固定资产投资40亿元；实现外贸进出口总额9.5亿美元。获评“全国乡村旅游重点镇”“广东省休闲农业与乡村旅游示范镇”等，“客天下国际旅游度假区—上村村—陂角村”线路获评广东省乡村旅游精品路线之一。

【源南镇】 位于源城区南部，东临东江，南接埔前镇、高埔岗街道，西靠桂山自然保护区、新丰江水库，北接源西、东埔、上城、新江街道。2022年，全镇总面积97.86平方千米，辖5个村民委员会、2个社区居民委员会。有常住人口4.7万人，户籍人口2.4万人。规模以上工业增加值0.62亿元，下降41.1%；固定资产投资额下降63.2%。京九铁路、长深高速公路、205国道在辖区过境，滨江大道、东环路和桂山迎客大道纵横境内。其中，长深高速公路在墩头村、白田村分别设“河源出口”“城南出口”。有野趣沟风景区、桂山自然保护区、市级文物保护单位阿婆庙古迹。

【上城街道】 位于老城区，东靠东江，南接源南镇，西邻新江街道，北邻新丰江。2022年，街道总面积4.1平方千米，辖6个社区居民委员会，常住人口4.6万人。规模以上工业增加值2.24亿元，下降10.3%；固定资产投资额下降75.4%。有龟峰塔、鳄湖公园、中山公园、革命烈士陵园、阮啸仙纪念碑、市博物馆等。

【东埔街道】 位于河源市区中心，辖区东倚东江，南靠新丰江，西接205国道，北通东源县。2022年，总面积38平方千米，管辖3个村民委员会、15个社区居民委员会，总人口约24.7万人。有亚洲第一高喷泉、客家文化公园、叶绿野美术馆、桃花水母大剧院、全民健身广场等。规模以上工业增加值2.19亿元，增长11.2%；固定资产投资额下降22.2%。

【新江街道】 位于市区老城西半部，东与上城街道办事处接壤，南与源南镇双下社区居民委员会辖区相连，西、北至新丰江。2022年，辖区面积3.7平方千米，下辖6个社区居民委员会，常住人口3.58万人。规模以上工业增加值0.95亿元，增长15.8%；固定资产投资额增长8.3%。

【源西街道】 位于河源市区西面，东接205国道、永和路、客家文化公园西边，南邻新丰江，西连东源县新港镇，北通东埔街道高塘村。总面积66.3平方千米，其中耕地面积0.02万公顷，林地面积0.38万公顷。辖4个村民委员会和12个社区居民委员会，户籍人口6.42万人，常住人口17.6万人。205国道、老广梅路、粤赣高速、京九铁路、广梅汕铁路贯穿全境。规模以上工业增加值2.36亿元，下降15.6%；固定资产投资额增长56.0%。有丹霞地貌的保利·响水国际旅游生态度假区、笔架山公园、望郎回风景区、新塘岭南“首第”、香车综合型产业园等生态旅游风景区和温泉资源。

【高埔岗街道】 位于河源市源城区中南部，东邻埔前镇大塘村、河源市高新技术开发区，西接埔前镇陂角村、龙岭工业园，南连埔前镇杨子坑村、河源市高新技术开发区和河背村，北与河源市高新技术开发区、埔前镇高埔村接壤，长深高速公路、205国道穿境而过。辖区内有1座水库——小（2）型水库万洞水库和2条河流——新陂河、万洞河。2022年，总面积10.5平方千米，辖3个社区居民委员会，总人口2万多人，其中户籍人口3800多人，94%以上为新丰江水库移民。街道入选首批“广东省旅游风情小镇”。规模以上工业增加值2.02亿元，下降10.6%；固定资产投资额下降80.9%。有巴伐利亚庄园、客天下国际旅游度假区、大水井特色民宿文化旅游区等。

2022年源城区领导成员名单

中共源城区委员会

书　记：

孙　锋（任至8月）

刘国才（8月任职）

副书记：

刘国才（任至8月）

邓　勇（11月任职）

黄焕辉

常　委：

钟伟林

黄小华

李海珊

陈　炜

江伟良

张斯霞

蓝锦建（7月任职）

张　铭（10月任职）

曹新华（任至10月）

疏　纲（任至6月）

源城区人大常委会

主　任：

刘贞华

副主任：

赵友方

欧志平

杨振荣

黄小青

赖志忠

黄治安

林振芳

源城区人民政府

区　长：

刘国才（任至11月）

邓　勇（12月任职）

副区长：

钟伟林（11月任职）

曹新华（任至11月）

蓝锦建（9月任职）

黎映花

张斌松

吴　健

黄模周

骆辉祥（9月任职）

疏　纲（任至9月）

邓彬斌（任至9月）

政协源城区委员会

主　席：

陈农心

副主席：

黄日辉

陈丽芳

叶锦通

谢伟东

朱良聪

杨辉强

中共源城区纪律检查委员会

源城区监察委员会

书记、主任：

黄小华

（朱国祥）

东源县

【基本县情】 建置沿革　东源县的前身为原河源县的主体。河源县成立于南朝齐永明元年（483），立县1500余年。1988年1月，经国务院批准，河源撤县建市分区，将原河源县3个镇划为源城区，其余24个乡镇划为郊区。1993年11月8日，经国务院民政部批准撤销河源市郊区，建立东源县，县城设在仙塘镇木京。经省民政厅批准，2002年撤销久社镇，其辖区划归黄田镇；2003年撤销三河镇和黄沙镇，其辖区划归船塘镇；2022年，全县下辖20个镇、1个民族乡，258个村民委员会、29个社区居民委员会。

位置面积　东源县位于广东省东北部、东江中上游，东邻龙川县、五华县，南接河源市源城区和紫金县，西连龙门县、新丰县，北靠和平县、连平县，地处北纬23° 22′ —24° 15′ ，东经114° 19′ —115° 22′ 。辖区东西长130千米，南北宽66.6千米，总面积4070平方千米。新丰江、东江及国道205、广梅汕铁路、京九铁路、梅龙高速公路、粤赣高速公路、汕昆高速公路贯穿县境南北。

地形、气候　东源县地形为东西宽、南北窄，地势北高南低；东西两侧多山，南北以丘陵为主，山岭与谷地相间。海拔1000米以上的山峰有七目嶂、缺牙山、桂山、燕子岩、鳖鱼峰、蝉子顶、五指山7座。其中以黄村镇与五华、龙川县交界的七目嶂最高，主峰海拔1318米。年平均气温22.5℃，较常年平均气温（22.0℃）偏高0.5℃；极端最高气温38.3℃（7月23日），极端最低气温4.1℃（1月19日）；年降水总日数143天，其中暴雨日数7天；全年平均降水量2028.7毫米，较常年平均值（1910.1毫米）偏多6%；年日照时数1713.8小时，较常年（1754.5小时）平均略偏少2.0%；年平均相对湿度72.7%，较常年平均（73.7%）偏低1.0%。

人口、民族　2022年，东源县年末户籍人口58.68万人，常住人口35.32万人。民族主要为汉族，其次为畲族。

土地资源　全县有耕地2.6公顷，园地1.14公顷，林地30.86公顷，草地0.49公顷。

水资源　全县境内河流众多，东江及其支流新丰江贯穿全境。河道管护工作线多面广，有中小河流211条，河流总长达1484.46千米（不含东江，东江流经县境内长70千米）。集雨面积100平方千米以上的河流13条，总长度556.35千米；集雨面积在100平方千米以下、50平方千米以上的河流10条，总长176.34千米；50平方千米以下的河流188条，总长741.76千米。水域面积4.13万公顷，其中河流（湖泊）水面0.71万公顷，水库水面2.83万公顷，坑塘水面0.28万公顷，内陆滩涂面积1187.57万公顷。水资源总量54.15亿立方米，全年降水量为2028.7毫米，人均水资源量1.3万立方米。总供水量和总用水量均为2.66亿立方米。

矿产资源 全县发现矿种23种，累计发现矿产地（矿点）94处。其中，能源矿产1种，矿产地13处；金属矿产10种，矿产地33处；非金属矿产11种，矿产地47处；水气矿产1种，矿产地1处。

热矿水资源 地热资源主要分布在黄田、黄村、康禾、仙塘等镇，温度普遍较高，一般在63—91℃，发现矿产地13处，闭坑5处，开发利用1处，总允许开采量6484立方米/日。勘查评价的地下热水产地12处，主要集中在叶潭至康禾、蓝口至仙塘两处北东向断裂带上，总允许开采量4548立方米/日，其中康禾塘角村地下热水1056立方米/日，规模达中型。

动植物资源 有动物种类150种，其中属国家二级重点保护野生动物10种。植物种类749种。

旅游资源 东源县有万绿湖、桂山、镜花缘、水月湾、龙凤岛、镜花岭、仙坑古村、客家风情馆、万绿谷、苏家围·东江画廊、南园古村、东江野战俱乐部、黄龙岩、阮啸仙故居、叶园温泉、康泉十八开放景区16个。旅游民宿有122家，占全市民宿数量的67%，其中星级乡村旅游民宿11家（梨花屋舍、康汇·酒坊民宿、绿湖春生态农庄、阳光绿源生态农庄、竹里馆民宿、赖家湾民宿、双江田园农庄、三里长峡农家庄、乐栈民宿、碉楼山庄、黄家客栈），广东省乡村民宿示范点4家（竹里馆、梨花屋舍、万绿客家驿站、酒坊民宿）。

名优特产 东源县主要土特产品有上莞仙湖茶、康禾茶、石坪茶、蓝口礤头茶、霸王花米排粉、“望郎回”板栗、绿纯客家娘酒、黄田米酒、灵芝、五指毛桃、蜂蜜等。客家十大名菜有东江盐焗鸡、红焖猪肉、东江酿豆腐、上汤桂花鱼、客家酿三宝、娘酒醉河虾、清煲草鱼、水晶鸡、薯丝煲、咸香鸭。

【经济发展概况】 2022年，东源县地区生产总值172亿元，比上年增长2.7%。工业总产值225.89亿元，增长3.8%。农业总产值49.03亿元，增长9%。地方财政一般预算收入12.68亿元，增长1.5%。外贸进出口总额50.9亿元，下降8.1%。实际利用外资3.3亿元，增长36.67%。社会消费品零售总额43.5亿元，下降0.2%。旅游总收入8.74亿元，增长6.6%。全体居民人均可支配收入2.29万元，增长5.8%。

农业 全县农业增加值31.24亿元，比上年增长8%。粮食生产面积2.57万公顷，总产量15.4512万吨。完成高标准农田建设1666.67公顷。有生猪规模养殖场33家，生猪出栏31.35万头。水产养殖面积1705公顷，年产量1.3万吨。有省级“菜篮子”生产基地11家，市级“菜篮子”基地28家，粤港澳大湾区“菜篮子”生产基地9家。新增省级龙头企业2家、市级4家、县级9家，新增省级合作社5家、市级16家、县级9家，新增省级家庭农场5家、县级4家。有农业龙头企业150家、家庭农场308家、县级以上农民专业合作社示范社174家。有“三品一标”认证农产品78个、全国名特优新农产品3个、新增“粤字号”农业品牌5个，省级现代农业产业园4个（板栗、蓝莓、茶叶、丝苗米）和油茶跨县集群省级现代农业产业园1个。成功申报丝苗米省级现代农业产业园。在柳城镇下坝村成立东源县水稻智慧农场技术创新研究中心，并投入150万元用于创新中心日常运营。

工业 全县新增规模以上工业企业17家，规模以上工业企业总数119家。规上工业总产值225.89亿元，增长3.8%。规上工业增加值48.73亿元，下降1.1%。工业固定投资45.96亿元，增长27.3%。工业技术改进投资金额4.99亿元，增长9.1%。完成高新制造产业总产值102亿元，新增博士站2个、专精特新企业8家、高新技术企业12家、科技型中小企业51家。推动工业企业实施技术改进创新17家，引进亿元以上工业项目17个。新增线上商贸企业8家，新增入驻电商企业10家，完成电商网络零售总额3.1亿元。累计投入6.4亿元，完成园区“三通一平”开发0.8平方千米。

林业 全县完成南岭山地森林及生物多样性保护项目204公顷，完成水源林造林项目833公顷（含封山育林），完成新造林抚育项目2398公顷。种植黄花风铃木200棵，义务植树63.8万株。完成桉树改造3036公顷，未除萌面积1974公顷，改种面积204公顷。省级以上生态公益林10万公顷（其中国家级公益林3.68万公顷，省级公益林6.32万公顷）。核定落界天然林面积7.22万公顷，其中公益林中天然林面积6.55万公顷。自然保护地整合优化（含库外）10个，总面积3.01万公顷。新建生物防火林带40千米，维护100千米。建立自然保护地管理机构5个。完成森林松材线虫病除治面积1.44万公顷。

水利水电 全县建有小（2）型以上蓄水工程142宗；山塘230宗，兴建有农村集中式供水工程241处，集中供水工程覆盖258个村民委员会、1771个自然村，约54.5万人，自然村覆盖率和人口普及率分别为100%和99%。建成小水电站143座，装机242台，总装机容量19.5万千瓦。复核更新河流基础信息211条，巡河3万次。实施农村集中供水补短板工程，总投资2亿元，完成18个乡镇农村集中供水补短板工程一体化设备、水表采购，铺设供水管1475.1千米。现场复核部、省级下发的生产建设项目水土保持信息化区域监管图斑33个。完成全国水土保持信息管理系统（上报4.0）信息化全录入工作。

旅游 2022年，全县旅游接待游客158.06万人次，总收入8.74亿元，比上年分别增长7.4%和6.6%。

【社会事业发展概况】 *教育* 2022年，东源县有学校122所（公办120所、民办2所）。其中，职业学校2所，完全中学2所，高级中学1所，初级中学16所，九年一贯制学校9所，完全小学68所，教学点23所，特殊学校1所。职业学校在校学生1763人，特殊学校学生86人。中小学校在校学生5.56万人。其中，高中生1.04万人，初中生1.54万人，小学生2.98万人。幼儿园62所，在园幼儿1.19万人。有青少年宫1所。县第四小学完成建设于九月投入使用。建成招收5人以上残疾学生的普通学校资源教室16个，“三残”儿童少年毛入学率98%。推动新建仙塘镇中心幼儿园，改扩建东源县第二幼儿园，新增公办学位510个；租赁10所普惠性民办幼儿园举办公办园，增设公办学位约1900个。推进美的城幼儿园建成开办，新增普惠性民办幼儿园学位300个。县教育局引进27名河职院定向培养农村小学教师和21名省定向培养粤东西北中小学教师，从县城及县城周边学校挑选38位紧缺学科教师到乡镇学校对口支教，选派6名优秀教师到乡镇学校挂职副校长，协调深圳派出的15名教师到县支教工作，派出27名教师到深圳开展为期一学期的跟岗学习。

文化 2022年，东源县博物馆在全省博物馆运行评估中获评优秀。县文化馆创建国家二级馆。7月举办东源县首届广场舞大赛，网络直播总点击播放量27万人次，其中原创舞蹈《畲乡欢歌》代表县参加河源市第十届广场舞表演赛，获全市金奖。由东源县组织创作围绕东源特色和展现东源新时代新风貌的歌曲《我的金山银山》《云上仙湖》《这一路山高水长》《这片土地因你而红》《大客家》《幸福畲乡》《仙湖》成为七大文艺精品。新增省级文物保护单位乐村石楼、山下村八角楼、咸水塘谈判旧址3处；新增省级非遗项目漳溪畲族乡汶水塘捕鱼节、上莞镇新轮村追龙2处；新增县级非遗项目10项。完成缺牙山休闲民宿摄影基地建设，打造曾田摄影艺术小镇。南园古村咖啡馆成为东源县夜经济消费网红打卡点。东源县体育馆落成并投入使用。

卫生 全县有各级各类医疗卫生机构356所。其中县级公立医院3家（县人民医院、县中医院、县妇幼保健院），乡镇卫生院21所，公共卫生机构3所，村卫生站303个，其他类医疗机构26个（民营医院、门诊部和诊所）。有开放病床数2297张，其中县级公立医院580张，乡镇卫生院959张，其他医疗机构758张。7月，东源县人民医院通过二甲评审，结束该县没有二甲综合医院的历史。

环境保护 全县空气质量优良天数比率（AQI）98.8%。新丰江水库、东江干流水质常年保持地表水Ⅰ、Ⅱ类，新丰江水库总氮浓度下降至0.42毫克/升，10个市控断面水质达标率90%、达优率（达到或优于地表水Ⅲ类）100%，集中式饮用水水源保护区水质达标率100%。污染地块安全利用率100%，受污染耕地安全利用率持续保持90%以上。船塘河口水质均值为Ⅲ类，灯塔河、骆湖河河口水质均值为Ⅱ类。全县建成镇级以上生活污水处理厂（覆盖54个行政村）21座，铺设配套污水收集管网约185.118千米，总设计处理能力4.875万吨/日，实现镇级污水处理设施全覆盖。建成村级污水处理设施154座，铺设配套污水收集管网约267.78千米；污水总处理规模5.66万吨/日，铺设配套管网约452.898千米。建成镇级生活垃圾填埋场2座，镇级垃圾中转站5座，村级垃圾集运点34座。

交通 东源县推进农村公路项目建设，建设“四好农村路”101千米，完工里程85千米。村道安防工程109千米，完成109千米。完成省市下达危桥改造5座。完成东源县大顶油站至洞头镇道路路面提升工程总长15千米。投入120多辆农村客运车辆，21个乡镇258个建制村100%客运通车。累计完成客运量18.7万人次。其中，公路运输总客运量14.13万人次，水路运输总客运量4.57万人次。

人力资源和社会保障 全县城镇新增就业3589人，城镇登记失业率2.35%。累计发放各类就业创业补贴1717.95万元，惠及人群4970多人次；审批通过失业保险稳岗补贴企业1508家，补贴金额443.48万元；发放一次性扩岗补助企业152家次223人，发放补助33.45万元。指导促成义合镇下屯村“粤菜师傅”培训基地揭牌运营，举办“粤菜师傅”培训班5期，培训152人次；举办“南粤家政”培训班16期，培训455人次，累计促进就业468人。各险种总参保39.46万人次。落实阶段性缓缴企业职工基本养老保险费、失业保险费、工伤保险费三项社保费政策，涉及22个行业。民主领域救助补助资金通过社保卡发放完成率90%。全县累计受理高层次人才认定23人、在职学历提升补助申报19人，累计发放各项人才补贴47万元，新增博士工作站2个。推进事业单位管理岗位职员等级晋升制度实施，管理岗位十级职员晋升九级职员备案68人。招募“三支一扶”大学生60名参加基层服务。

【粤东地区首家县级水上搜救中心——东源县水上搜救分中心挂牌成立】 2022年1月20日，粤东地区首家县级水上搜救中心——东源县水上搜救分中心挂牌成立。东源县水上搜救分中心由东源县涉水12个乡镇政府及东源县应急局、公安局、交通局等15家成员单位组成，具体负责统一部署、组织、协调和指挥东源辖区水域范围内的“两防一救”应急反应工作。搜救分中心办公室设在东源海事处，负责24小时应急值班和水上险情的接报、记录和跟踪处置工作。

【全国首次无人驾驶水直播机插秧在东源县无人农场直播】 2022年3月13日，东源县柳城镇下坝村无人农场在全国首次用无人驾驶的水直播机播种经国家航天育种中心航天搭载后培育的水稻种。水直播机由无人驾驶定位控制系统、行走动力和播种装置三大部分组成，包括水田轻型行走动力、开沟起垄装置、排种器、仿形机构和悬挂提升机构等，能精准控制播种量，省略育秧、运秧、插秧的环节。此次播种的品种是国家航天育种中心航天搭载后培育的水稻品种，具有产量高、质量好、抗药性强等特点；用无人驾驶水直播机播种“太空稻”，将先进的农业技术与产量高、品质好的航天水稻相结合，在全国属首次尝试，提高智能化水平和作业效率。此次种植面积约2公顷（30亩），每亩播种量2.5千克。水直播机于当天上午9时30分下田作业，1小时后，播种面积约0.33公顷（5亩），对比平常人工作业每小时最高播种约0.13公顷（2亩）面积，水直播最明显的优势是精准、省工。

【东源仙湖茶成为全市首个国家地理标志证明商标】 2022年12月，“东源仙湖茶”成功注册国家地理标志证明商标，成为河源市首个经核准通过的国家地理标志证明商标。

“东源仙湖茶”是广东省名优绿茶之一，资料记载，“仙湖茶”的种植有500多年的历史，2022年种植面积达3333公顷。东源仙湖茶的生产，严格按照生态有机茶叶种植方法，并辅以客家传统手工加工技艺，最大限度保留茶叶的特有成分，深受消费者的喜爱。

【仙塘镇】 仙塘镇是东源县城所在地，东邻义合镇，南连紫金县临江镇，西接新港镇、源城区源南镇，北靠灯塔镇。属半丘陵、半平原地区，地势东北高西南低。京九铁路和广梅汕铁路、205国道、粤赣高速公路经过境内。东江河从东北至西南贯穿境内，河道长12千米。镇内年产萤矿500万吨以上，高岭土储量3000万吨以上。2022年，总面积164.1平方千米，耕地面积639.48公顷。辖13个村民委员会、5个社区居民委员会，户籍总人口3.88万人。有南园古村、温泉山庄、东江野战俱乐部、东江画廊禾溪仙人塘葡萄采摘、观塘公园樱花桃花赏花、到吉民宿吉米牧场等旅游景点。有镇综合文化站2个。工业总产值69.73亿元；农业总产值0.9亿元，农民人均可支配收入2.05万元。

【灯塔镇】 位于东源县中部、灯塔盆地腹地。东邻骆湖镇、曾田镇，南与义合镇、仙塘镇交界，西连双江镇、涧头镇，北与顺天镇接壤。镇域多为丘陵地带，地势东南高西北低。牛皮山为镇内最高山，海拔827米。2022年，总面积198.35平方千米，山地面积1.47万公顷；耕地面积2226.9公顷。辖13个村民委员会、1个社区居民委员会，总人口4.29万人。矿产资源主要有稀土、瓷土、铁矿。有农业企业6家，建立种养基地8个。主要农副产品有葡萄、鹰嘴蜜桃、杨梅、笋竹、有机蔬菜等。工业以钢铁、陶瓷、木业加工、矿产加工为主。全年工业总产值26.59亿元，农业总产值4.03亿元，农民人均可支配收入1.27万元。

【双江镇】 位于东源县中部，属新丰江库区镇。东邻灯塔镇，南连新港镇，西接新丰江水库、锡场镇，北靠涧头镇、半江镇。属山地丘陵区，双江河由南向北流入新丰江水库，境内河道长9千米。2022年，总面积121.29平方千米，山林面积1.2万公顷，耕地面积760.38公顷。辖11个村民委员会、1个社区居民委员会，总人口1.6万人。有石灰石、稀土等矿产资源和蜂蜜、西瓜、葡萄、蓝莓、柑橘、杨梅、百香果、火龙果、蜜柚、米酒等特产，有秦南越王“赵佗故城”遗址，中三叠世晚期菊花石化石群，古驿道主线长15.5千米、支线长26.5千米。有桥头圩遗址、白鹭湿地长廊、珠坑村马腰磜瀑布等旅游景点。全镇有农业种植养殖业基地5个。全年农业总产值1.45亿元，农民人均可支配收入1.0万元。

【涧头镇】 位于东源县西北部，属新丰江库区镇。东连灯塔镇、顺天镇，南邻双江镇，西与半江镇交界，北接连平县。2022年，总面积174.11平方千米，山地面积1.41万公顷。其中生态公益林1.12万公顷，森林覆盖率80.77%；耕地面积957公顷，其中水田面积306.3公顷。辖12个村民委员会、1个社区居民委员会，总人口1.82万人。镇内矿产资源有铁矿、金矿，特产有石坪茶、客家娘酒、河鲜等。有农业企业3家，其中茶叶基地种植面积333.33公顷，总产量510吨。有水电站4座，总装机容量3755千瓦。文化遗迹有“将军府”“永定桥”。全年农业总产值1.35亿元，农民人均可支配收入1.45万元。

【顺天镇】 位于东源县北部，东邻船塘镇、骆湖镇，南接灯塔镇，西连涧头镇，北与连平县忠信镇交界。属灯塔盆地中心区域。2022年，总面积114.28平方千米，地处丘陵地带，山地面积5900公顷，耕地面积2204.66公顷。辖11个村民委员会、1个社区居民委员会，总人口2.45万人。官（渡）汕（头）公路穿境而过、粤赣高速公路出入口1个，忠信河、黄沙河在境内交汇后流入新丰江。土特产有柠檬、板栗、蓝莓、茶油等。建有现代农业示范区1个、农业产业园6个。有工业企业9家，工业总产值1.74亿元，全年农业总产值3.46亿元，农民人均可支配收入2.21万元。

【骆湖镇】 位于东源县境中北部，东邻漳溪畲族乡、曾田镇，南接灯塔镇，西连顺天镇，北与船塘镇交界。2022年，总面积98.5平方千米，山地面积6686.67公顷，耕地面积1315.89公顷。辖9个村民委员会、1个社区居民委员会，总人口2.24万人。镇域地势东南高、西北低，属丘陵地区。属灯塔盆地中心区域。广（州）梅（州）公路与河（源）船（塘）公路在境内交会。境内主要河流石马河全长20千米。镇内矿产资源有石灰石、瓷土、稀土及铅、锌矿，土特产有板栗、花生、茶叶。有较大型的农业龙头企业3个、新落户现代农业龙头企业3个、较大型种植基地4个、新型建材工业企业6家。全年工业总产值26.39亿元，农业总产值5.04亿元，农民人均可支配收入2.05万元。

【上莞镇】 位于东源县东北部，东与柳城镇、龙川县义都镇交界，南连曾田镇，西接漳溪畲族乡，北和船塘镇毗邻。2022年，总面积97.49平方千米，山地面积6866.67公顷，生态公益林面积5669.13公顷，耕地面积1213.27公顷。辖13个村民委员会、1个社区居民委员会，总人口3.88万人。该镇是广东省茶叶专业镇、广东省优质茶叶示范基地，出产的“仙湖茶”茶叶是广东省名牌产品，茶叶种植面积1763.47公顷，年产量1208.42吨。镇内石灰石资源丰富，探明储量逾1亿吨。有工业企业22家，规模以上工业及建材企业3家，其中，以和兴（旋窑）水泥厂为龙头的建材工业区逐步形成。全年工业总产值3.69亿元，农业总产值5.86亿元，农民人均可支配收入2.05万元。

【曾田镇】 位于东源县东北部，东接蓝口镇、柳城镇，南连黄田镇，西邻骆湖镇、灯塔镇，北与上莞镇、漳溪畲族乡接壤。2022年，总面积139.57平方千米，林地面积1.18万公顷，耕地面积890.7公顷。辖9个村民委员会、1个社区居民委员会，总人口1.97万人。境内南部有缺牙山，最高山峰蝉子顶，海拔1125米。矿产资源有锡矿、钨矿、瓷土、石英砂，其中瓷土储量2000多万吨。特产有香菇、木耳、茶叶、蜂蜜、柿、毛竹等。有工业企业3家，有农业产业公司2家、果酒庄园1个。全年工业总产值9610万元，农业总产值0.93亿元，农民人均可支配收入1.55万元。

【柳城镇】 位于东源县东部，地处东江中上游。东与龙川县佗城镇交界，南连蓝口镇，西邻曾田镇，北靠上莞镇。东江、国道205、河龙高速、京九铁路、广梅汕铁路穿境而过。总面积98.55平方千米，生态公益林面积4049.17公顷；耕地面积1083.65公顷，其中水田面积750.47公顷。辖9个村民委员会、1个社区居民委员会，总人口2.16万人。有“鱼米之乡”之称。有石英石、稀土、硅、铁矿、石灰石等资源，其中石英石储量1.5亿吨。有厂矿企业60家，其中，规模以上企业7家。农业有丝苗大米产业园，面积280公顷，年产3500吨，制种500吨；油茶、绿茶产业园各1个，油茶种植面积666.67公顷，年产量250吨；绿茶种植面积200公顷，年产量19.5吨（干茶）。有建于北宋时期文笔塔及清代古建筑民主堂各1处。全年工业总产值2.54亿元，农业总产值1.85亿元，农民人均可支配收入2.05万元。

【船塘镇】 位于东源县北部，东北与和平县交界，东南与上莞镇相邻，南接漳溪畲族乡，西南与骆湖镇、顺天镇相依，西北与连平县相依。船塘街是附近乡镇较大的商品集散地。总面积192.29平方千米，耕地面积4467.7公顷。2022年，辖21个村民委员会、3个社区居民委员会，总人口7.3万人。有河源市七大蔬菜基地之一主固村、福坑村；有全市最大的板栗基地，面积6666.67公顷，种植农户1.2万户，其中千亩基地6个；农产品加工企业4家；该镇工业以林、农副产品加工为主，有针织厂、板栗加工厂、米面加工厂8家。是“全省休闲农业与乡村旅游示范镇”，省级“板栗专业技术创新试点镇”“板栗专业镇”，农业部认定为第七批“全国一镇一品示范村镇”。矿产资源主要有铁矿、瓷土，土特产有“黄沙梨”、板栗、柿、黄沙李等。船塘中心卫生院改造为东源县第二人民医院。2022年，工业总产值1.05亿元，农业总产值6.28亿元，农民人均可支配收入1.95万元。

【漳溪畲族乡】 位于东源县北部，东接上莞镇、船塘镇，南接骆湖镇、曾田镇，西依骆湖镇，北与船塘镇交界。该乡是东源县畲族主要聚居地，河源市唯一的少数民族乡，全省唯一的畲族乡。辖区总面积68.42平方千米，山地面积4800公顷，耕地面积1390.7公顷。2022年，辖10个村民委员会、1个社区居民委员会，总人口2.06万人，其中畲族人口7000人。镇内资源有森林、石灰石、黏土等，石灰石储量1亿吨以上，黏土储量0.8亿吨。主要特产有蒜头、板栗、油茶、山楂、三黄鸡等。旅游景区有“黄龙岩”风景区。畲族特色风俗“蓝大将军出巡”被列为广东省非物质文化遗产名录，汶水塘捕鱼节、显烈公巡游节被列为河源市非物质文化遗产名录。全年工业有规模以上企业2家，农业有规模以上产业园、基地4个。工业总产值7.46亿元，农业总产值1.96亿元，农民人均可支配收入2.04万元。

【黄村镇】 位于东源县东南部，东与龙川县紫市镇、五华县长布镇相邻，南与紫金县中坝镇交界，西连康禾镇，北接叶潭镇。该镇有海拔千米以上山峰10座，其中东北部与龙川县、五华县交界的七目嶂为全县最高峰，主峰海拔1318米。黄村圩是相邻县乡镇的商品集散地。2022年，辖区总面积234.85平方千米，山地面积2.13万公顷，耕地面积1200公顷。辖16个村民委员会、1个社区居民委员会，总人口5.5万人。矿产资源主要有锌、铝、钨、金、锡、钾、硫铁矿、萤石、稀土、瓷土等。温泉资源丰富，水温高达92℃，日流量8600立方米。该镇是广东省“用材林基地”和“杉树基地”之一。农副特色产业产品主要有山楂、生姜、南华李、米酒、腐竹、苦斋、灵粉、咸菜等。全年农业总产值6977.15万元，农民人均可支配收入2.07万元。

【叶潭镇】 位于东源县境东部，东邻龙川县紫市镇，南连黄村镇，西接康禾镇，北与蓝口镇、龙川县交界。总面积164.83平方千米，山地面积1.27万公顷，耕地面积933.33公顷。2022年，辖13个村民委员会、1个社区居民委员会，总人口3.8万人。最高峰峣嶂红花顶海拔1028米。主要矿产资源有萤矿、石英石、瓷土等。文物史迹有儒步村中共河源县委旧址。农作物主要有水稻、大豆、花生等，农副产品主要有叶潭腐竹、峣嶂茶叶、叶潭柚。有柚子种植基地4个，年产830吨；茶叶基地1个，种植面积12.8公顷，产量15吨。腐竹加工企业2家，年产腐竹508吨。全年工业总产值3575万元，农业总产值2.3亿万元，农民人均可支配收入1.47万元。

【蓝口镇】 位于东源县东部、东江中上游，东邻叶潭镇，南连康禾镇、黄田镇，西接曾田镇，北与柳城镇毗邻。东江河自东向西南方向流过。205国道、河龙高速公路、省道石黄线及广梅汕、京九铁路穿境而过。2022年，总面积196.97平方千米，山地面积1.47万公顷，耕地面积1472公顷。辖22个村民委员会、2个社区居民委员会，总人口4.42万人。主要矿产资源有石英石、稀土、瓷土，其中石英石矿储量1亿吨。有工业企业39家，其中规模以上9家；有农业种养基地4个，特产有茶叶、蔬菜、四大家鱼、蜂蜜、柠檬、柑橘等，其中四大家鱼养殖水面积39.86公顷，年产量576.19吨。全年工业总产值18.6亿元，农业总产值2.31亿元，农民人均可支配收入2.26万元。

【康禾镇】 位于东源县东南部，东邻叶潭镇、黄村镇，南与紫金县黄塘镇、紫城镇交界，西连黄田镇，北与蓝口镇接壤。总面积230.93平方千米，林地面积2.05万公顷，耕地面积980.13公顷。2022年，辖11个村民委员会、1个社区居民委员会，总人口2.52万人。有锡、萤石、水晶、瓷土、钾长石等矿产资源和省级自然生态保护区。有康泉十八国际生态旅游城项目和四角楼、八角楼为代表的客家文化古建筑群。特产"康禾贡茶"有千年历史，为清康熙至嘉庆年间宫廷贡品。是"广东省茶果专业镇""广东森林小镇""康禾温泉国家森林公园"。该镇有水电站15座，总装机容量15375千瓦；有农业产业企业6个。全年工业总产值832万元，农业总产值1.65亿元，农民人均可支配收入1.46万元。

【黄田镇】 位于东源县东南部、东江中上游。东邻康禾镇，南接紫金县黄塘镇，西连义合镇，北与蓝口镇、曾田镇交界。河龙高速、京九铁路、广梅汕铁路、东江河贯穿境内。2022年，辖区总面积245.24平方千米，耕地面积1095公顷。辖17个村民委员会、2个社区居民委员会，总人口2.63万人。有铁、钨、萤石、瓷土等矿产和温泉、矿泉水。镇内有酒厂40家，其中有金黄田等酿酒规模以上企业4家。有广东金宇环境科技有限公司矿业金属公司1家、水电站7座，有现代农业企业、庄园5家，有国家AAAA级旅游景区——叶园温泉旅游度假村和东江两岸15千米的绿竹长廊。特产有油茶、陈村茶、蜂蜜、黄竹和"黄田米酒"，黄田米酒年产量3680吨。全年工业总产值6.98亿元，农业总产值1.17亿元，农民人均可支配收入1.43万元。

【义合镇】 位于东源县南部、东江中上游，东邻黄田镇，南和紫金县柏埔镇交界，西连仙塘镇，北接灯塔镇。东江河、河梅高速公路、京九铁路、广梅汕铁路穿境而过。总面积179.13平方千米，山地面积1.43万公顷，耕地面积922.82公顷。2022年，辖9个村民委员会、1个社区居民委员会，总人口2.08万人。矿产资源主要有铀矿、稀土矿、锡矿、萤矿，主要旅游景点有苏家围客家乡村旅游区、阮啸仙故居，境内有东江国家级湿地公园。有工业企业1家，农业产业建有赤灵芝产品生产基地，种植面积0.4万公顷；农副产业产品有义合鸭、酸竹笋、赤灵芝、红心蜜柚、水蜜桃等。全年工业总产值3000万元，农业总产值1.27亿元，农民人均可支配收入1.11万元。

【新回龙镇】 位于东源县西南部、新丰江水库区西南边陲，属新丰江库区镇。东邻新港镇，南与源城区埔前镇、博罗县公庄镇交界，西连龙门县蓝田瑶族乡、平陵镇，北接锡场镇。总面积389.87平方千米，山地面积2.67万公顷，水域面积1.36万公顷，耕地面积458公顷。2022年，辖10个村民委员会，总人口9696人，常住人口3000人。主要矿产资源有钨、锡、铅、锌和稀土矿。有小水电站9家，总装机容量3210千瓦。有种植基地4个。主要特产有绿竹、茶叶、葡萄、火龙果、灵芝、香菇、木耳、蓝莓、金银花、柠檬、蜂蜜、鱼干、笋干。是绿竹产业专业镇，绿竹面积1333.33公顷。有以原生态万绿谷休闲旅游度假风景区为依托的四大旅游区。全年工农业总产值3385.85万元，居民人均可支配收入1.96万元。

【锡场镇】 位于东源县西部，属新丰江水库区镇。东邻双江镇、新港镇，南接新回龙镇，西连龙门县蓝田瑶族乡，北与半江镇、新丰县码头镇交界。因富藏锡矿而取名锡场。总面积402.36平方千米，山地面积4.25万公顷，耕地面积409.35公顷。2022年，辖11个村民委员会、1个社区居民委员会、林场1个，总人口1.12万人。主要矿产资源有稀土矿、锡矿、煤矿和石英石，境内有"大叶山"省级珍贵动植物自然保护区和建于清道光年间的颜检墓。镇内企业以小水电为主，有小水电10家，有农业产业园5个。特色农副产品有桂花鱼、灵芝、香菇、木耳、蜂蜜、鱼干、柑橘、百香果、高山油茶、药材，其中灵芝种植分布在厚洞、林禾、禾石坑、林石、水库、乌桂6个行政村，年产量300吨，被评为河源市"灵芝专业镇"。主要旅游景点有库区"三里长峡"，有休闲生态旅游农家乐山庄7家。全年农业总产值2367.33万元，农民人均可支配收入1.95万元。

【半江镇】 位于东源县西北部、新丰江水库上游。东邻洞头镇、双江镇，南连锡场镇，西和新丰县石角镇、马头镇接壤，北与新丰县大席镇、连平县田源镇交界。属新丰江库区镇。总面积253.22平方千米，水域面积39.15平方千米，地表水质达国家Ⅰ类标准。耕地面积122.9公顷，其中粮食种植面积72.3公顷。2022年，辖9个村民委员会，总人口9919人。矿产资源有铁、锡、钨、稀土矿，农副产品有大灵芝、香菇、木耳、蜂蜜、茶叶、柑橘、百香果等。森林、水力资源丰富，被誉为“北回归线上的绿洲”。该镇有农工企业23家、其中规模以上企业3家。有小型水电站9座，装机容量7000千瓦。全年工业总产值2832万元，农业总产值2832.12万元，农民人均可支配收入1.86万元。

【新港镇】 位于东源县西南部，属新丰江水库区镇。东与仙塘镇交界，南连河源市源城区，西与新回龙、锡场镇接壤，北与双江镇相邻。总面积166.16平方千米，耕地面积364.97公顷。2022年，辖9个村民委员会、2个社区居民委员会，总人口1.84万人。主要矿产有瓷土、稀土、石灰石。有万绿湖旅游码头、“龙凤岛”、“水月湾”、“镜花岭”、“客家风情小镇一条街”等旅游景点。是国家级生态乡镇、“中华蜜蜂之乡”、“省级生态示范镇”、“省级太阳能推广和应用示范镇”。是年，接待国内外游客117.97万人次，有餐饮业94家、五星级酒店1家，接待游客餐饮量68万人次。全年工业总产值403万元，农业总产值4265.35万元，农民人均可支配收入1.65万元。

2022年东源县领导成员名单

中共东源县委员会

书　记：

秦卫民

副书记：

刘大荣

张　翼（任至8月）

邓　山（8月任职）

常　委：

张晓玲（任至8月）

郑远程（8月任职）

孙起成（任至8月）

刘红珍（10月任职）

刘云锋

邓小林

张松新

侯桂鸿

李海峰

赖建军

罗振宇

东源县人大常委会

主　任：

张　辉

副主任：

陈文华

叶永强

郭先建

邱如东

陈延军

邱易生

东源县人民政府

县　长：

刘大荣

副县长：

刘云锋

蓝锦建（任至8月）

张　铭（任至11月）

赖建军

具锦标（8月任职）

吴尚清

陈飞燕

王维红（任至5月）

范志君（任至8月）

侯桂鸿

政协东源县委员会

主　席：

黄镜明

副主席：

许小强

潘国贵

朱新良

李添鸿

刘永辉

张凌峰

中共东源县纪律检查委员会
东源县监察委员会

书记、主任：

李海峰

（陈志玲　欧阳小丽　赖超清　钟志超）

和平县

【基本县情】 建置沿革　和平县于明正德十三年（1518）置县，县城设于和平峒羊子埔（阳明镇），定名“和平县”，属惠州府辖。1949年5月24日，和平县解放。先属东江行政专区，后粤北行政专区，1956年改属惠阳地区专员公署，1958年11月，与连平县合拼后称连平县，县政府设在忠信；1960年7月，县政府迁回阳明镇改称和平县，属韶关地区专员公署。1962年6月连平和平分县，恢复和平县建制，改属惠阳地区专员公署。1988年河源撤县设市后，为河源市所辖。

位置、面积　和平县地处北纬24° 5′—24° 42′、东经114° 41′—115° 16′，位于广东省东北部，东江上游，粤赣边境的九连山地区。东连龙川县，南邻东源县，西毗连平县，北与江西省定南县、龙南县接壤。古称是“联络闽广，带控龙南、安远，要害之地”，当今是京九铁路入粤第一县、广东沿海地区向内地辐射的一个窗口。和平县辖阳明、大坝、长塘、下车、上陵、优胜、贝墩、古寨、彭寨、合水、公白、青州、浰源、热水、东水、礼士、林寨17个镇248个村民（社区）委员会及1个市属国有黎明林场。县城设于阳明镇。2022年，和平县总面积2292.08平方千米。

人口、民族　2022年，和平县常住人口35.28万人。民族主要为汉族，一小部分为畲族。

地形　县境地形复杂起伏较大，大致西北高东南低。西北部崇山峻岭，中部和东南部是丘陵地，其中间有峡谷平原，各占全县总面积的比例分别是47.8%、45.8%、6.4%。西北部最高峰风吹蝴蝶嶂（浰源镇境内）海拔1272米，东南最低点浰江河峡谷平原海拔75米。

气候　和平县地处粤北九连山区，属中亚热带季风气候，具有气候温和、雨量充沛、光照充足、霜期较短、生长季长、季风明显的气候特点。年平均气温19.7℃，最冷月平均气温10.0℃，最热月平均气温27.5℃，历年极端最高气温38.6℃，极端最低气温-4.5℃；雨量充沛，年平均降雨量1717.1毫米，降雨集中期2—9月，占全年降雨量89%；年平均相对湿度80%，最小相对湿度10%；无霜期长，年平均无霜期308天；全年日照1666.3小时，日照百分率38%；年平均风速1.9米/秒，最多风向北北南风；年平均蒸发量1479.8毫米；年雷暴日数73.2天。主要气象灾害有低温阴雨、暴雨洪涝、干旱、寒露风及低温冻害等。

河流　和平县境内河道属珠江大流域，县内流域面积2284平方千米。主要河道有一级河浰江1条，总长128.26千米；二级河鱼潭江、和平河、定南河3条，总长111千米。境内最大的河流为浰江河，从西北至东南流经境内浰源、热水、合水、阳明、公白、彭寨、林寨、东水等镇，长128.26千米，流域面积1677平方千米，年均流量41.96立方米每秒，主要支流有和平河、鱼潭江、优胜（油竹坝）河、彭寨河、长塘河、定南河等。

自然资源　主要有土地、森林、水力、矿产（含地热）四大类。有土地资源23.11万公顷，可耕地1.5万公顷；有林地16.9万公顷，植物品种900余种，森林覆盖率75.40%；水力资源理论蕴藏量10.7万千瓦，可开发的有6.3万千瓦；矿产资源有石灰石、膨润土、高岭土、稀土、铁、铀等30多种，量多且质优，热量较高的地热主要有12处。

旅游资源　和平县是第四批广东省全域旅游示范区。主要旅游景点有热龙温泉度假村（国家AAAA级旅游景区）、热水漂流、荣佳国韵度假村（国家AAA级旅游景区）、林寨古村（国家AAA级旅游景区）、兴隆客家民俗村、阳明公园等。拥有中国传统村落4个、省级传统村落8个，省级非遗项目6项，省级文保单位11处，有广东省乡村休闲游精品线路（古村新韵乡村休闲游）1条、广东省历史文化游径1条，广东省文化和旅游特色村2个、广东省森林康养基地1个。

【经济发展概况】　2022年，和平县地区生产总值128.98亿元，比上年增长0.1%。一、二、三产业结构所占比例21.5∶25.0∶53.6。农业总产值43.14亿元。工业增加值14.85亿元，规模以上工业增加值14.24亿元。地方一般公共预算收入4.13亿元，一般公共预算支出36.52亿元，税收收入4.8亿元。社会消费品零售总额39.59亿元。城镇居民人均可支配收入29509元，增长2.4%。农村居民人均可支配收入19845元，增长6.7%。

农业农村　全县粮食种植面积2.13万公顷，总产量12.63万吨。灯塔盆地大型灌区和平片区桂陂头、月坑中型灌区建设进展顺利。腐竹省级现代农业产业园基本建成，成功申报并开工建设丝苗米省级现代农业产业园。猕猴桃、优质稻、百香果、油茶、茶叶、黄豆“六个十万亩”农业种植基地建设提质提效，彭寨镇（丝苗米）、古寨镇水西村（水稻）分别被认定为省级“一村一品、一镇一业”专业镇和专业村，猕猴桃、腐竹、丝苗米和油茶（跨县集群）4个省级现代农业产业园示范引领作用逐步凸显。全县216个行政村村均集体收入16.58万元。建设“四好农村路”11千米，整治农村道路隐患113处。完成大坝、上陵2条县级乡村振兴示范带建设，创建美丽宜居村庄45个。17个镇完成“宜居圩镇”建设，合水、公白、上陵、阳明4个镇完成“示范圩镇”建设。村庄绿化覆盖率达31%以上，清拆存量泥砖房36.2万平方米，完成农村厕所改造378户。完成全域自然村集中供水工程巩固提升工作。林寨古村创建国家AAA级旅游景区；“醉美客乡·绿色和平”乡村旅游精品线路获评第三批广东省乡村旅游精品线路，成功申报首个省级农业科技园区。

工业　推进省级福和工业产业（转移）园北扩工程和大坝集聚区基础设施建设，产业园区用地整治提升行动第一年度盘活存量产业用地59.29公顷、第二年度第一阶段落实整治提升9.31公顷。黎水食品、图志科技等项目投产，和平药业搬迁以及“可穿戴饰品”工业园区、高岭土高新材料产业园等项目建设取得阶段性进展，产业集群粗具规模。新签约广东中成新型建材、德鸿科技等一批投资超亿元项目。新认定高新技术企业3家，科技型中小企业入库20家，新增规上工业企业4家，实施技改企业4家。广东供销天业（和平）冷链物流产业园加快建设，县级物流仓配中心建成使用；电子商务交易额比上年增长21.12%，新增限上商贸企业9家。

【社会事业发展概况】　教育　2022年，推进和平县职业技术学校迁建、福和小学教学楼扩建等一批学校改扩建项目。振安高级中学、福星幼儿园建成招生，新增优质高中学位3000个、幼儿园学位360个。

文化、卫生　实施“文化惠民”工程，县图书馆分馆实现乡镇全覆盖。采茶戏、阳明竹纸制作技艺列入第八批省级非物质文化遗产代表性项目名录。县妇幼保健院新院、县人民医院传染楼建成使用，加快推进县人民医院综合楼（二期）扩建。和平县获评广东省紧密型县域医共体高质量发展综合试验区。

社会保障　城乡养老保险待遇提高5.56%。县社会福利中心基本建成，天佑颐养院投入使用。推进社会工作“双百”［用两年时间实现全省社工服务站（点）100%覆盖、困难群众和特殊群体社会工作服务100%覆盖］工程，困难群体基本生活得到保障。培训“粤菜师傅”837人、“南粤家政”461人，城镇新增就业3280人。

产城融合　初步完成《和平县产城融合发展专项规划》编制，大环城公路二期等重点交通项目加快建设。高标准编制国土空间规划、高铁新城扩大区域控制性详细规划，和平北站周边公交、排水等配套设施进一步完善。推进星钻碧桂园、华城钻石等高品质小区建设，印象新天地商业综合体主体工程完成建设。完成福和、福东、东山、河西4个绿色社区创建工作。8个农贸市场完成改造，灯光球场停车库基本建成，珊瑚市场、滨江东路停车库加快建设。开展市容市貌整治，完成背街小巷改造8处，新改建公厕2座，整治内涝点3个，新增城市路灯150盏，修复城市道路破损路面3000平方米。启动垃圾分类工作，完成100个示范点建设，完成生活垃圾填埋场和城市污水处理厂二期建设。和平河清淤蓄水、河道亮化工程全面完工。有序投放县城互联网租赁自行车，实行规范化管理。

【和平县汇友生态农业有限公司被认定为第五批国家林下经济示范基地】 2022年1月，和平县汇友中药材种植林下经济示范基地——汇友生态农业有限公司被认定为第五批国家林下经济示范基地。培育创建林下经济示范基地是贯彻落实国务院、省政府关于加快林下经济发展的意见，加快农林领域供给侧结构性改革，调整和优化产业结构，引导、推动林下经济向集约化、规模化、标准化方向发展，拓宽农民就业、创业和增收渠道，推进乡村振兴的一项重要举措。

【河源市首个“零窗口”税费服务厅在和平县投入运营】 2022年5月，河源市首个“零窗口”税费服务厅在和平县投入运营，纳税人可“足不出户”办税。纳税人缴费人只需在自助办税体验区或通过广东省电子税务局、“粤税通”小程序等线上渠道提交涉税费事项办理申请和平县税务局税费服务集约运营中心就可以在后台集中受理、全流程跟办、及时办结各业务事项。除整合网上办税资源外，税务局“零窗口”税费服务厅还放置5台自助办税终端设备、1台回单柜、20台天翼云桌面，供纳税人自行处理申领发票、验旧发票、打印完税证明等事项。

【和平县消防员自主设计研发的“消防车载线缆排障装置”获国家实用新型专利】 2022年9月，由和平县消防救援大队阳明消防救援站一级消防士刘东自主设计研发的“消防车载线缆排障装置”获国家实用新型专利。该装置主要针对消防车在狭窄复杂的道路上遇到线缆垂落无法通行时，通过启动消防车车厢上方的支撑与抬升装置，带动绝缘支撑管向上移动，使垂落的线缆升起避过车载水炮等设备，以确保消防车安全通过。

【阳明镇】 位于和平县中部，是县城所在地和中心镇之一，是全县的政治、经济、文化中心。总面积186.24平方千米。耕地面积1066.67公顷，山林面积13133.33公顷。2022年，辖22个村民委员会和12个社区居民委员会。总人口10.59万人。赣深高铁、京九铁路、粤赣高速公路、省道忠定公路、和洋公路贯穿全镇。有阳明公园（阳明博物馆）、高泉寺、仙女灵石、福音堂、淞沪抗日和籍烈士纪念碑等旅游景点。

【大坝镇】 位于和平县东北部，毗邻和平县城，东邻优胜镇，南依阳明镇，西接热水镇、浰源镇，北靠上陵镇，是和平县革命老区镇。总面积182.09平方千米。2022年，辖15个村民委员会和1个社区居民委员会。总人口4.25万人。有林面积14493.33公顷，耕地面积1060公顷。有香菇、木耳、竹笋、椪柑等特产。有高岭土（瓷土）、稀土、铁矿等矿产资源和温泉资源。有福和产业转移园大坝工业区，占地面积139.33公顷。京九铁路、赣深高铁、和平县城大环城路经过该镇。主要旅游景观有荣佳国韵（原“天上人间”）度假村（国家AAA级旅游景区）、水背村古村落、嘉禾岗围龙屋、半坑五花嶂、京九铁路第一特高铁架桥等。

【上陵镇】 位于和平县北部，东与下车镇毗邻，南与大坝镇接壤，西北与江西省定南县相连，总面积146.65平方千米，其中山地面积1.23万公顷，耕地面积800公顷。2022年，辖17个村民委员会和1个社区居民委员会，户籍人口3.10万人。粤赣高速公路从该镇经过，设有上陵出口。有竹笋、香菇、木耳、油茶、椪柑、百香果等特色农副产品。建有翠山村丰产高效毛竹示范基地，其中“翠山竹海”正打造成为具有观光和竹工艺品加工的特色品牌——集休闲娱乐于一体的旅游胜地。

【下车镇】 位于和平县东北部，是广东省中心镇之一。下车镇地形以丘陵为主，主要河流属东江水系，境内长20千米。总面积134.46平方千米。2022年，辖11个村民委员会和1个社区居民委员会，户籍人口2.33万人。该镇盛产大米、猕猴桃、香菇、木耳、油茶、毛竹等农副产品，是广东省猕猴桃生产基地、广东省技术创新专业镇、广东省“一村一品、一镇一业”专业镇。“下车”牌商标猕猴桃被中国绿色食品发展中心认定为绿色食品。旅游资源丰富，有不可移动文物55处。其中下车镇兴隆古村落是广东省第三批古村落，徐傅霖故居“浰东小筑”属省级文物保护单位。

【长塘镇】 位于和平县东北部，东与龙川县接壤，南与贝墩镇相连，西毗优胜镇，北邻下车镇。总面积170.84平方千米，耕地面积1400公顷，山地面积1.33万公顷。2022年，辖12个村民委员会和1个社区居民委员会，户籍人口2.43万人。建成优质稻基地1个，甜玉米基地2个，油茶基地1个。建有龙陂、苏光、罗福等水电站。有面积6平方千米的稀土矿带段。旅游资源有雪山嶂、赤石嶂、木龙嶂等。

【优胜镇】 位于和平县东北部，东邻长塘镇、贝墩镇，南依彭寨镇，西接上陵镇、大坝镇、阳明镇，北靠下车镇，总面积114.44平方千米，省道229线贯穿全镇。2022年，辖8个村民委员会和

1个社区居民委员会，户籍人口1.76万人。优胜河斜贯全境，总落差近300米。矿产资源蕴藏量较大的有稀土、瓷土等。

【贝墩镇】 位于和平县东部，东与龙川县车田镇交界，南与古寨镇接壤，西与彭寨镇相连，北与优胜镇、长塘镇毗邻。总面积132.45平方千米。2022年，辖15个村民委员会及1个社区居民委员会，户籍人口3.16万人。有老园、崩凶、聂子石三座县属水力发电站。有各类温泉泉眼有30多处，流量大，温度为80℃—93℃，其中地处贝墩街北100米处"沸墩"，高约5米，形似鼓，墩顶上终年涌出沸水，水温87℃。有稀土、氟石矿、铁矿等资源。有沸墩、铁扇关门、仙女嶂、九峰嶂等旅游资源。主要有贝墩米酒、豆腐、腐竹、牛肉干等特产。贝墩镇（豆制品）入选第11批全国"一村一品"示范村镇名单。

【古寨镇】 位于和平县东南部，东邻龙川县黄石镇，南、西紧连彭寨镇，北毗贝墩镇。总面积64.28平方千米，其中耕地面积633公顷。2022年，辖7个村民委员会和1个社区居民委员会，户籍人口1.49万人。东江支流——鱼潭江流经镇域，全长22千米，最大河宽200多米，建有古寨水电站，装机容量1600千瓦。有河沙、山石、稀土、瓷土等矿产资源。该镇河东村是中共和东分工委、和东行政委员会、粤赣湘边纵队东二支六团团部所在地，打造为红色旅游景点——九连"小延安"。有河源市龙峰生态农业有限公司、丰江生态有限公司、古寨葡萄种植基地等特色生态农业基地。

【彭寨镇】 位于和平县的东南部，东与古寨镇、贝墩镇以及龙川县交界，南与林寨镇、东水镇接壤，西与公白镇、阳明镇相邻，北与阳明镇、优胜镇相接。总面积208.83平方千米。2022年，辖27个村民委员会和5个社区居民委员会，户籍人口7.16万人。是广东省中心镇，全国重点镇。主要特产有万家香优质大米、松脂、高山茶油、高山脐橙、百香果等。有稀土矿、石灰石、温泉等自然资源。有省非物质文化遗产"墩头蓝"纺织技艺以及万家寨、熊家嶂、尖石峰、"十八围"等旅游景点。河源市巨型稻首次在和平县和平粮仓彭寨基地试种成功，每亩产量600千克。彭寨镇土厘村（优质稻）、聚史村（百香果）、西长村（水产养殖）入选第二批省级"一村一品、一镇一业"专业村名单。

【林寨镇】 位于和平县东南部，东邻东水镇，南连礼士镇，西依公白镇，北接彭寨镇。总面积93.05平方千米。2022年，辖11个村民委员会和1个社区居民委员会，户籍人口3.05万人。京九铁路自西北向东南穿镇而过，有4级火车站1个。林寨镇遗存有古巷、古井、古墙、古道、古寺、古亭、古桥、古树"老八古"文物旧址，有林寨古村、留云古寺、天后宫、七叠泉、撑腰石、云外赏、响水滩、蟾蜍石等旅游景点。主要农产品有果蔗、柿子、板栗、青瓜、萝卜、苦瓜、油菜等，获"和平县名优特蔬菜示范镇"称号，有饮誉东江的客家八酿：酿香菇、酿豆腐、酿菜卷、酿腐卷、酿荷包蛋、酿草包、酿苦瓜干、酿三宝，有竹木、黏土、瓷土、铁矿等自然资源，有装机容量1200千瓦的水电站1座。石镇村（油茶）入选第二批省级"一村一品、一镇一业"专业村名单，林寨镇石镇村入选第二批广东省文化和旅游特色村名单。

【东水镇】 位于和平县最南端，东江、浰江汇合处。东与龙川县黄石镇交界，南临龙川县四都镇、义都镇，西与和平县林寨镇、礼士镇接壤，北靠和平县彭寨镇。总面积153.86平方千米。2022年，辖19个村民委员会（含1个少数民族村）和1个社区居民委员会，户籍人口4.16万人。京九铁路贯穿6个行政村，全长16千米。赣深高铁经过5个行政村，全长8.7千米。融入灯塔盆地国家现代农业示范区规划布局，扩大增坑"盘皇茶"品牌产业，增坑、莫丰、中心村马增茶种植面积88.67公顷。主要水果有百香果、柚子。有养猪、养牛、养羊、养鸡、养鱼等养殖场196个。有罗营口水电站、东水水电站、月坑水电站、蕉坑水电站。旅游资源有大坝古村落、上坝村美术写生培训基地。

【礼士镇】 位于和平县最南端，东邻林寨镇、东水镇，西南与东源县船塘镇为邻，西北与公白镇接壤，总面积74.12平方千米。2022年，辖8个村民委员会和1个社区居民委员会，户籍人口2.15万人。有下涧村农业观光园项目、澄心村虎竹嶂梯田花海风景区项目、荷花产业项目3个初具规模的农业观光采摘旅游产业项目。矿产资源有矿泉水、瓷土、稀土等。下涧村（白莲）入选第二批省级"一村一品、一镇一业"专业村名单。

【公白镇】 位于和平县南部，东与礼士镇接壤，南部与东源县船塘镇交界，西与连平县绣缎镇毗邻，北与合水镇、彭寨镇相邻，总面积64.41平方千米。2022年，辖7个村民委员会和1个社区居民委员会，户籍人口1.36万人。地势西北高，东南低，境内丘陵遍布，面积占60%，是灯塔盆地北部边缘地带。

【合水镇】 位于和平县南部，南邻连平县绣缎镇，东北接和平县阳明镇，西接和平县青州镇、热水镇，素有和平县南大门之称。总面积135.85平方千米。2022年，辖12个村民委员会和1个社区居民委员会，户籍人口2.98万人。主要经济作物有水稻、油茶、百香果、玉米、蔬菜、花生等。其中，油茶种植面积约2000公顷，年产油约1050吨。风景名胜有丰岭村的狮子岩洞和寺庙、彰洞村古村落、丰洋村石人坑石人峰、兴径村客家围龙屋博山老屋、和平县黄石坳省级自然保护区等。兴径村（玫瑰花）

入选第二批省级"一村一品、一镇一业"专业村名单。

【青州镇】位于和平县西南部，地处粤东北的九连山腹地，东邻合水镇，南依连平县绣缎镇，西接连平县高莞镇、内莞镇，北靠热水镇，总面积119.49平方千米。辖10个村民委员会和1个社区居民委员会，户籍人口1.86万人。有省级重点农业龙头企业1家，市级重点龙头企业2家，市级农民专业合作示范单位1家。青州镇地势较高，平均海拔475米，大部分高山达600米以上，素有和平"西藏"之称。特色农产品主要有茶叶、油茶、猕猴桃、柰李、百香果、澳洲坚果、八角等。旅游资源有连和县人民政府旧址、中共九连工委旧址、中共九连工委军政干部培训班旧址等革命遗址，有500年历史的青州"蟹形围屋"和"永兴围"客家古建筑，粤赣古道、万亩樱花茶园、猕猴桃和百香果观光采摘园等。其中粤赣古道（青州段）长约33.4千米，保存较好的近10千米，主干线横穿片田、星和、星联3个村民委员会。

【热水镇】位于和平县西部，东与阳明镇相邻，南与青州镇、合水镇相邻，西与连平县内莞镇相邻，北与浰源镇相邻，是革命老区镇。总面积172.51平方千米，耕地面积351.5公顷，山林面积1.31万公顷。2022年，辖7个村民委员会和街镇1个社区居民委员会，户籍人口1.84万人。盛产香菇、木耳、茶叶、五指毛桃等特产。有黄峰斗电站、峰山嘴电站、九连电站、石圳电站、九宫庙电站。主要旅游景点有热龙旅游度假村（国家AAAA级旅游景区）、热水漂流、中共和平县第一支部旧址、兴隆民俗文化村、方华故居、紫微帝庙、蝴蝶峰度假村等。南湖村馨洞居精品民宿入选首批广东省乡村民宿示范点名单。

【浰源镇】位于和平县西北部山区，系东江支流浰江的源头，故称"浰头"。总面积158.88平方千米，耕地1129公顷，山林1.31万公顷。2022年，辖8个村民委员会和1个社区居民委员会，户籍人口2.26万人。有天然水晶石、钾矿石、石英石、稀土、乌矿、萤石矿、煤矿等，土特产有野生香菇、木耳、灵芝草、砚仔塘茶叶、高山油（茶油）、蜂蜜、竹笋等。旅游资源有浰源水口九公庙（明代建筑物，和平县第二批文物保护单位），还有和平县旧八景之一的李田仙岩、白氏宗祠、文峰塔、陈万大将纪念亭、九连山主峰"风吹蝴蝶""千担坝"陈迹、农民起义领袖池仲容故居遗址以及"九庵十三庙"等。新街村（油茶）入选第二批省级"一村一品、一镇一业"专业村名单。

2022年和平县领导成员名单

中共和平县委员会

书　记：
　　邓卓文
副书记：
　　张衍彪
　　王在腾
常　委：
　　陈　雄
　　曹敏捷
　　朱俊威
　　邝茂华
　　郑新桥（任至11月）
　　李世锋（11月任职）
　　谢筱刚
　　刘定州
　　巫资香
　　陈海波（4月任职）

和平县人大常委会

主　任：
　　朱仁恩
党组副书记、副主任：
　　张庆祥
副主任：
　　黄月胜（任至12月）
　　陈定波
　　徐南安
　　陈奕铭
　　陈瑞怡
　　叶小芳

和平县人民政府

县　长：
　　张衍彪
常务副县长：
　　郑新桥（任至11月）
　　李世锋（11月任职）
副县长：
　　陈　雄
　　巫资香
　　陈　君
　　谢火桥
　　姚家芳（任至8月）
　　黄志翔
　　熊　超

政协和平县委员会

主　席：
　　吴扶峰
副主席：
　　叶汉青
　　徐朝晖
　　何育文
　　杨建华
　　陈新页
　　周　娟

中共和平县纪律检查委员会
和平县监察委员会

书记、主任：
　　刘定州

（朱李松）

龙川县

【基本县情】建置沿革　秦始皇三十三年（前214）平定南越始置龙川县。置县之初，疆域辽阔，包括现在的龙川、五华、兴宁、东源、源城、和平、连平等县境以及新丰、陆丰、紫金、江西省寻乌等县（市）的部分地域。东晋咸和六年（331）至明正德十三年（1518），龙川先后分置兴宁、河源、雷乡、新丰、和平等县。自明嘉靖年间至今县境疆域基本稳定无大变化。1949年5月，龙川解放，隶属东江行政委员会，1952年属粤东行政专员公署，1956年属惠阳地区专员公署，1959年属韶关地区专员公署，1963年恢复惠阳地区专员公署，龙川属之。1988年，设立河源市，龙川属之。

位置面积　龙川县位于广东省东北部，东江和韩江上游，东接兴宁、五华县，西南连和平、东源县，北界江西省。地处北纬23°50′57″—24°47′03″，东经115°03′13″—115°35′18″之间。全县境域东西宽54千米，南北长103千米，总面积3081.31平方千米。境内有梅河、河惠莞、汕昆高速公路，国道205线、236线、238线穿县而过，赣深高铁在龙川设站，京九、广梅汕铁路在县城老隆交会，为南北交通枢纽之一和客货流集散地。

人口、民族　龙川县有24个镇，315个村民委员会，46个社区居民委员会。2022年末，全县总户数29.23万户，户籍人口96.70万人。其中，男性50.01万人，女性46.69万人；城镇人口16.44万人，农村人口80.26万人。常住人口59.25万人，人口密度为192人每平方千米。民族以汉族为主，其次为畲族。

地形、地势　龙川县地形山河相间，山间谷地、丘陵盆地、江河冲击地交错分布。主要以山地、丘陵为主，占全县总面积的85.7%，谷地平原占14.3%。地势南北高、中间低，似马鞍形。

主要山脉　龙川县山脉以四周向中间递减高程，西北较高，东南较低。全县有海拔500米以上山峰43座，海拔1000米以上的山峰有七目嶂、野猪嶂、金石嶂、大帽山、羊里嶂、火星嶂6座。其中最高峰是位于县境东南部紫市镇与东源县、五华县交界处的七目嶂，海拔1318米。

主要河流　龙川境内的河流，统属珠江水系和韩江水系。属珠江水系的有东江干流及其支流，其中集雨面积在100平方千米以上的支流有安远水、小金水、流田水、沙洲水、黄麻布水、车田河、小庙河7条。属韩江水系支流有铁场河、鹤市河、桥头水3条。

气候　龙川县气候属中亚热带季风气候，季风明显，光照充足，雨量充沛。2022年，龙川年平均气温21.1℃，与常年基本持平，高温日数（日最高气温≥35℃）43天，较常年偏多9.2天。年内极端最高气温为38.2℃，年内极端最低气温为0.7℃。年降水量为1920.5毫米，较常年（1651.8毫米）多16%。年日照时数为1970.8小时，较常年多14%。年平均气温基本持平，高温日数偏多，降水偏多，日照时数偏多。

矿产资源　龙川县有铁、钨、锰、铜、锡、瓷土等矿产20余种，分布于全县24个镇，其中铁矿储量1500万吨，世界五大名石之一的黑色花岗石储量1500万立方米，钨矿早有开采利用。

水力资源　龙川县地处东江和韩江上游，年平均径流量23.33亿立方米，水力资源开发潜力大，蕴藏量41.39万千瓦，境内建有广东第二大常规水力发电厂——枫树坝水电站、装机容量20万千瓦。县属较大的水力发电站还有枕头寨电厂和位于东江流域黎咀镇的龙潭水电站以及黄石镇的稔坑水电站。

森林资源　龙川县属亚热带季风气候，阳光雨量充足，森林资源丰富。境内有坪山林场、红星林场2个市属林场和1个县属鹤畲林场。2022年，全县林业用地面积23.44万公顷，占国土总面积的76%，森林面积22.83万公顷，森林覆盖率74.06%，森林总蓄积936.52万立方米。植物有木本植物500多种，以优良乡土树种壳斗科为主；陆地野生植物有700多种，野生动物主要有兽类、飞禽类和两栖爬行类。

矿泉、温泉资源　位于龙川黎咀梅子坑天然矿泉年流量27万吨，含有多种人体所需的矿物质和微量元素，其品质可与法国维希矿泉媲美，是中国稀有的碳酸型天然饮用和医疗矿泉。全县有温泉资源4处，分布于佗城、贝岭、车田、上坪4个镇。其中佗城塔西温泉和贝岭含水温泉已开发利用，发展成为旅游度假区。

旅游资源　龙川县有4500多年历史的坑子里文化遗址，有建于秦朝越王井、唐代的正相塔、宋代的苏堤，以及明清时期的越王庙、学宫、考棚等一批省、市文物保护单位。古有鳌湖秋月、鳌峰雪霁、太乙仙岩、东山暮钟、龙潭飞瀑、梅村横舟、龙台晚眺和合溪温泉老八景。今境内有国家AAAA级旅游风景区——霍山旅游风景区和国家AAA级旅游风景区——佗城景区、五色茶岭景区、绿油花果树小镇，以及九龙潭瀑布、七峰山旅游度假村、鳌山溪谷生态旅游区、知青部落、鹿湖生态旅游区等一批旅游景点。

名优特产　龙川县是全国特色农业加工基地、全国油茶示范县。主要特产有牛筋糕、天然矿泉水、柿饼、茶叶、茶油、竹席、米酒、客家娘酒、香菇、木耳、柑橘、腐竹等，其中有国家级农产品区域公用品牌——龙川山茶油，全国名特优新农产品——龙川茗茶，“广东老字号”老隆牛筋糕已有300多年历史。

【经济发展概况】　2022年，龙川县生产总值171.41亿元，比上年增长0.2%。其中，第一产业增加值32.40亿元，增长3.1%；第二产业增加值39.32亿元，下降2.4%；第三产业增加值99.69亿元，增长0.2%。外贸进出口额20.0亿元，下降36.4%；地方一般公共预算收入6.57亿元，下降17.7%；完成税收总收入11.68亿元，下降3.9%。社消零总额60.88亿元，下降0.8%。全年接待旅游人数78.56万人次，下降20.2%；旅游总收入5.88亿元，下降25.87%。全体居民人均可支配收入2.26万元，增长4.6%。

农业　2022年，农业总产值50.68亿元，比上年增长3.9%。粮食播种面积3.54万公顷，粮食产量23.92万吨。新增市重点农业龙头企业4家、省级农民合作社示范社1家。全县有市级以上农业龙头企业38家。其中，省级农业龙头企业9家，市级农业龙头企业29家。县级以上示范社31家，其中国家级示范社2家，省级示范社14家，市级示范社11家，县级示范社4家。广东省菜篮子基地2个，市级菜篮子基地12个，粤港澳大湾区菜篮子基地3个。创成全省唯一一个整县推进实施“一镇一园”全覆盖试点，油茶现代农业产业园实现产值15亿元。10月，龙川县油茶产业发展基地入选广东省林业特色产业发展基地。

工业 2022年，龙川县工业总产值127.9亿元，比上年下降4.2%。完成规模以上工业总产值123.1亿元，比上年下降4.7%；规模以上工业增加值31.41亿元，下降5.1%。引进项目18个、总投资172.62亿元。新开工项目28个，创园区建设以来历史新高；完成工业投资23.28亿元，下降19.4%。新上规模工业企业5家。主导产业链产值87.14亿元。其中，电子信息产业链产值56.71亿元。全县工业园实现工业总产值107.52亿，下降1%。深圳宝安（龙川）产业转移工业园累计完成产值87.61亿元，下降0.6%。宝龙、宝塘、梅村、新城工业小区“四小区”工业总产值19.91亿元，规模以上工业增加值5.07亿元。

【社会事业发展概况】教育 2022年，龙川县组建龙川一中教育集团，推进苏区学校、龙川一中教育集团城东校区等5所学校建设，新增学位2200个。县机关幼儿园被广东省教育厅评为“广东省基础教育园本教研基地”。全县有幼儿园143所；中小学校120所，其中完全小学77所（辖农村小学教学点196个），初级中学27所，九年一贯制学校10所，普通高中6所（含完全中学2所）；特殊教育学校1所；技工学校、中等职业技术学校各1所；乡镇成人文化技术学校24所；开放大学1所；学生德育基地1所。全县基础教育在校学生13.10万人。其中，在园幼儿2.17万人；在校中小学生10.91万人，其中小学生5.62万人、初中生3.51万人、普通高中在校生1.78万人；特殊教育学校在校生138人；中等职业技术学校在校生907人；技工学校在校生1610人。

文化“三馆” “三馆”（图书馆、文化馆、博物馆）升级改造项目动工建设。完成县级档案馆馆藏档案数字化工程的50%。完成香港文化名人大营救指挥部旧址、黄居仁故居等文保单位修缮工作。黎咀镇手擎木偶戏产业发展中心等项目加快推进。全县有98处县级以上文物保护单位，其中全国重点文物保护单位1处（福建会馆），省级文物保护单位11处，市级文物保护单位7处。非物质文化遗产项目52项，其中被列入省级非物质文化遗产名录4项（龙川手擎木偶戏、龙川杂技、龙川猫头狮、廻龙李埔马灯舞）、市级非物质文化遗产名录15项；非遗传承基地3个，其中省级基地1个（龙川手擎木偶传承基地）、市级2个（龙川杂技和客家山歌传承基地）。

卫生 推进县域紧密型医共体建设，建成全市首个县级互联网医院。县域内住院率91%，全省排名第六。巩固“广东省卫生县城”称号，创建全市首个“广东省健康县”。全县公立医疗卫生机构33间，其中二级公立医院3间（县人民医院、县中医院、县妇幼保健院），卫生单位5间（龙川县疾控中心、龙川县卫监所、龙川县慢性病防治院、龙川县药械服务站、龙川县“120”急救指挥中心），乡镇卫生院24间，县残疾人康复医院1间。设有病床4879张，平均每千人口6.82张。全县出生7104人，人口出生率7.32‰，自然增长率3.3‰。

乡村振兴 完成自然村道路硬底化380千米，入围“四好农村路”全国示范县拟创建单位名单。农村自来水普及率99%。“东江水韵”“霍山红印”示范带建设成效初显，南门码头、往后客栈等一大批乡村休闲游项目不断涌现，在第二届乡村振兴河源大擂台总决赛中获得银奖。农村生活垃圾费收取率100%，完成户厕改造540个、农村削坡建房整治2480户，全县60%以上行政村达到美丽宜居村标准。启动“百名党员干部返乡、千名乡贤回归”助力乡村振兴行动。全县159个集体收入低于10万元的经济薄弱村全部出列。

交通运输 完成高铁新城综合交通枢纽及配套工程，推进梅龙高铁、龙寻高速、梅河韶高速、通用机场和东江航道扩能升级等工程。深圳盐田国际内陆港（龙川）正式开通运营。国道236线龙江大桥竣工通车。河惠莞高速公路麻布岗互通出口至兴宁罗浮连接线、国道236线丰稔至县城段改建、省道238线河惠莞高速公路黄鹤出口至紫市段、省道238线四都至贝岭段改建等工程加快推进。

生态建设 国家生态文明建设示范县创建工作稳步推进，年度获得国家重点生态功能区转移支付资金2.3亿元。推进矿山生态修复治理，完成矿山复绿面积4公顷、历史遗留矿山生态修复综合治理面积25.26公顷。完成高质量水源林造林0.10万公顷、森林抚育0.18万公顷、义务植树107.6万株，森林覆盖率74.06%。治理河道40千米、水土流失面积18.08平方千米。开展冬修水利及河道清理行动，清理河道915.2千米，两渡河、水坑河等县城内重点河段清理任务全面完成。新建生活污水处理设施52座，新增配套生活污水管网40.72千米，老城区污水管网疏通及维修工程竣工验收。空气质量优良率、地表水水质达标率均为100%，排名全省前列。

民生保障 全年民生支出58.64亿元，占一般公共预算支出的86.3%。提高困难群众救助补助标准、城乡居民基本医疗保险保障水平等15项全部完成。常态化落实“面对面”解决群众“急难愁盼”问题机制，召开座谈会6场，办结群众反馈问题1181宗。推进“广东技工”“粤菜师傅”“南粤家政”三项工程，新增就业岗位3500多个，城镇登记失业率控制在3%以内。深化殡葬行业改革，完成《龙川县殡葬事业发展“十四五”规划》编制工作，登云、通衢、佗城、义都等镇公益性公墓建设有序推进。

【龙川县入围“四好农村路”全国示范县创建单位】 2022年1月4日，交通运输部办公厅、农业农村部办公厅、国家邮政局办公室和国家乡村振兴局综合司联合公布《关于公布2022年度“四好农村路”全国示范县创建单位名单的通知》，确定201个县级单位为2022年度“四好农村路”全国示范县创建单位，其中龙川县入选。龙川县投入各类农村公路建设资金近15亿元，累计完成县道网公路升级改造66.2千米、旅游产业资源路46.8千米、通自然村道路硬底化1016.6千米、窄路拓宽516千米、安防工程765千米、危桥改造167座，并重点打造130千米的“龙川1号公路”示范环线。

【黄居仁故居、叶卓故居被评定为第十批广东省文物保护单位】 2022年7月，黄居仁故居、叶卓故居被评定为第十批广东省文物保护单位。黄居仁（1904—1928），龙川铁场人。广东早期青年运动杰出领导人之一，大革命时期与阮啸仙、刘尔崧一起被誉为“东江三杰”。1928年在联系恢复广州地区党团组织工作时牺牲，时年24岁。黄居仁故居位于龙川县铁场镇桥头岭下定村。叶卓（1891—1930），龙川登云人。原名卓庆，早年在广州参与省港大罢工斗争，后参与鹤市武装大暴动和梅城起义。1930年在佗城被杀害，时年39岁。叶卓故居位于龙川县登云镇东山村。

【老隆镇】 位于龙川县南部、东江上游，为龙川县城，广东省首批中心镇之一。自明清以来就是闽、粤、赣三省商贾云集之地，素有东江上游商埠重镇之称。赣深高铁、河梅高速、汕昆高速、河惠莞高速公路、国道205线及国道236线 穿境而过，京九铁路和广梅汕铁路在 此接轨并设华南地区最大的编组站，东接通衢镇、登云镇，西连义都镇，南邻佗城镇，北通丰稔镇、四都镇。面积119.6平方千米，耕地面积1096.97公顷。2022年，辖14个村民委员会、18个社区居民委员会，户籍人口13.95万人，常住人口近30万人。农业总产值1.78亿元，税收收入8.64亿元。境内有福建会馆、革命烈士纪念碑、龙台寺、水坑生态风景区、江边文化广场、惠隆体育公园、羊山岌公园、龙山公园等名胜古迹。

【佗城镇】 位于县境最南端，龙川秦代古县城，首位县令赵佗设县治于此。为广东省首批历史文化名城，中华人民共和国成立以前历为龙川政治、经济、文化中心，县治所所在地。面积218平方千米，耕地面积1456.28公顷。2022年，辖17个村民委员会和1个社区居民委员会，户籍人口4.46万人，姓氏179个。东江、国道205线、河梅高速、汕昆高速公路在境内经过。农作物播种面积2395公顷，粮食总产量9293吨，农业总产值3.02亿元。佗城现存赵佗故居、越王庙、越王井、正相塔、考棚、学宫、姓氏祠堂、坑子里文化遗址、龙川县苏维埃政府旧址等一批历史文物，先后 被省市评定为“古邑文化与旅游专业镇”、“广东省休闲农业与乡村旅游示范镇”和“岭南魅力名镇”，有佗城景区（国家AAA级旅游风景区）、鳌山溪谷生态旅游区、龙川塔西温泉度假村等旅游 景点。

【义都镇】 位于龙川县西南部，北与和平县相邻，汕昆高速穿境而过。面积106.4平方千米，耕地面积914.53公顷。2022年，辖9个村民委员会1个社区居民委员会，户籍人口3.09万人。农作物播种面积1477公顷，粮食总产量6396吨，农业总产值2.61亿元。农副产品主要有茶油和茶叶。农业品牌有义都桂林茶，茶叶种植面积400余公顷，生产总值4000多万元。境内有鳌山、龙潭飞瀑等旅游景点，长兴村香火龙是首批河源市非物质文化遗产。

【四都镇】 位于龙川县中部偏西的东江河上游，京九铁路穿镇而过，境内有鹿湖生态旅游区。面积77.3平方千米，耕地面积708.92公顷。2022年，辖8个村民委员会和1个社区居民委员会，户籍人口2.07万人。农作物播种面积1356公顷，粮食总产量6203吨，农业总产值1.43亿元。主要农产品有水稻、花生、黄豆、茶油、柿子，农副产品主要有茶油和柿饼。该镇有“柿子之乡”之称，柿子种植面积670公顷，年产量2000吨以上。

【丰稔镇】 位于县城北郊，广梅汕铁路途径境内，河惠莞高速公路穿镇而过，设有丰稔高速出入口。面积136.5平方千米，耕地面积1685.64公顷。2022年，辖15个村民委员会和1个社区居民委员会，户籍人口4.16万人。农作物播种面积2893公顷，粮食总产量1.42万吨，农业总产值3.97亿元。主要农产品有油茶、枇杷、柚子、丝苗米等。境内有五色茶岭景区（国家AAA级旅游风景区），中国传统村落、广东省文化和旅游特色村、广东省古村落——黄岭村等旅游景点。

【登云镇】 位于龙川县东南部，东邻五华岐岭，西接老隆镇，南连通衢镇，北邻铁场镇，地处长深高速与河惠莞高速交会口，设有登云高速出入口，梅龙高铁穿境而过。面积68.93平方千米，耕地面积644.04公顷。2022年，辖7个村民委员会和1个社区居民委员会，户籍人口2.38万人。农作物播种面积1062公顷，粮食总产量5795吨，农业总产值7553.19万元。镇内矿产、水电资源丰富，主要农特产品有柰李、无核柿等，景点有蓝关、韩公祠、叶卓故居、玳瑁山等。境内有省级深圳宝安（龙川）工业转移园部分园区。

【鹤市镇】 位于龙川县东南部，是龙川县东南五镇的经济、文化、商贸、物流中心，是全国优质水稻高产示范区，广东省首批中心镇之一。河惠莞高速公路穿镇而过，设有鹤市服务区。面积52平方千米，耕地面积899.37公顷。2022年，辖9个村民委员会、1个社区居民委员会，户籍人口2.88万人。农作物播种面积1637公顷，粮食总产量7454吨，农业总产值1.42亿元。建有省级"菜篮子"蔬菜基地1个、"粤字号"丝苗米示范基地1个。

【通衢镇】 位于龙川县东南部，东北与五华县岐岭镇毗邻，面积100.7平方千米。耕地面积1384.46公顷。2022年，辖17个村民委员会、2个社区居民委员会，户籍人口3.79万人。农作物播种面积2185公顷，粮食总产量1.04万吨，农业总产值1.56亿元。主要种植水稻、番薯、黄豆、花生等作物，主要农特产品有旺茂果蔗、玳瑁菊花、华城黑米、锦太黑米等。深圳宝安（龙川）工业产业转移园位处该镇辖区梅城、梅东和华城村。

【紫市镇】 位于龙川县最南端，是龙川、五华、东源三县边境农村商品集散地，是广东省体育先进镇、广东省教育强镇。面积112平方千米，耕地面积982.09公顷。2022年，辖9个村民委员会、1个社区居民委员会，户籍人口3.22万人。农作物播种面积1921公顷，粮食总产量8921吨，农业总产值1.60亿元。有茶叶、油茶、雅寄米酒等特色名优产品，主要景点有七峰山旅游度假村。

【黄布镇】 位于龙川县南部，东邻鹤市镇，西连佗城镇，南邻东源县叶潭镇，北接通衢镇，河惠莞高速公路贯通全镇，设有黄布高速出入口。面积56.14平方千米，耕地面积729.24公顷。2022年，辖6个村民委员会、1个社区居民委员会，户籍人口2.90万人。农作物播种面积1316公顷，粮食总产量6258吨，农业总产值1.24亿元。主要资源有金属矿、瓷土、石灰石、滑石等。其中欧江村是广东省古村落和广东省第一批30个"红色村"党建示范点之一。

【铁场镇】 位于龙川县中部，东与兴宁市、五华县毗邻，西靠丰稔镇，北接田心镇。广梅汕铁路横贯，国道238线经圩镇连接兴宁、五华境内的国道205线，是"两市、三县、九镇"的交界点。面积251平方千米，耕地面积2764.89公顷。2022年，辖30个村民委员会、3个社区居民委员会，户籍人口8.05万人。农作物播种面积4863公顷，粮食总产量2.52万吨，农业总产值4.08亿元。主要农产品有眉豆、腐竹、板栗、三华李等。国家AAAA级旅游景区霍山旅游风景区东南面在该镇辖区内，是省级森林公园。"东江三杰"之一黄居仁为该镇桥头村人，其故居是广东省文物保护单位和河源市爱国主义教育基地。

【田心镇】 位于龙川县境中部偏东、韩江上游，东连兴宁市大坪镇。面积88.6平方千米，耕地面积1619.85公顷。2022年，辖16个村民委员会、1个社区居民委员会，户籍人口4.50万人。农作物播种面积1946公顷，粮食总产量9035吨，农业总产值2.46亿元。主要农特产品有八宝鱼生、田北鹰嘴桃、松林三红蜜柚等。主要景点有霍山旅游风景区（国家AAAA级旅游景区、省级森林公园、广东省七大名山之一）、塔丰下塔（千年古塔）、陂角文笔塔、甘陂畲族村等。

【龙母镇】 位于龙川县中部，韩江上游，省道隆江线公路纵贯全镇，是龙川县中部地区的商贸中心。河惠莞高速公路穿镇而过，设有龙母高速出入口、霍山高速出口，龙母停车区1个。面积149.44平方千米，耕地面积2009.27公顷。2022年，辖17个村民委员会、1个社区居民委员会，户籍人口5.45万人。农作物播种面积2968公顷，粮食总产量1.52万吨，农业生产总值2.91亿元。主要特产有高山茶油、腐竹、柑橘、脐橙、鱼生等。

【赤光镇】 位于龙川县中部，地处隆江公路、赤枫公路、甘赤公路的交会处，河惠莞高速公路穿镇而过，设有赤光高速出入口。面积134.5平方千米，耕地面积1544.53公顷。2022年，辖16个村民委员会、1个社区居民委员会，户籍人口4.72万人。农作物播种面积2261公顷，粮食总产量1.09万吨，农业总产值2.40亿元。主要农产品有高山茶油、绿茶、杨梅等，境内有枫树坝省级自然保护区、绿油花果树小镇（国家AAA级旅游景区）。

【廻龙镇】 位于龙川县中部，东与兴宁市大坪镇交界，北与兴宁市罗岗镇相连，是全省八大革命老区之一。面积84.26平方千米，耕地面积1324.94公顷。2022年，辖14个村民委员会、1个社区居民委员会，户籍人口3.50万人。农作物播种面积1834公顷，粮食总产量8917吨，农业总产值1.66亿元。农作物主要以水稻为主，经济作物有油茶、玉米、花生、高山茶油等。大塘村的闽粤赣边五兴龙县苏维埃政府旧址是广东省文物保护单位、广东省爱国主义教育基地，被列入全国红色旅游景点景区名录。廻龙李埔马灯舞被列入广东省第七批省级非物质文化遗产名录。

【黄石镇】 地处东江上游，龙川中西部，南邻四都镇，东接黎咀镇，西邻和平县东水镇，北靠车田镇，东江河贯穿全境，面积118平方千米，耕地面积734.16公顷。2022年，辖10个村民委员会、1个社区居民委员会，户籍人口1.80万人。农作物播种面积1133公顷，粮食总产量5301吨，农业总产值1.74亿元。素有"油茶之乡"之称，是广东省油茶专业镇，有油茶林2600余公顷；规模化油茶种植基地4个；油茶龙头企业

2个；茶油品牌2个；油茶种植专业合作社26个，其中省级油茶种植专业合作社2个，是龙川县现代农业（油茶）产业园核心区之一。

【黎咀镇】位于龙川县中北部，东江上游河畔。面积127.74平方千米，耕地面积1266.72公顷。2022年，辖18个村民委员会、1个社区居民委员会，户籍人口3.30万人。农作物播种面积2447公顷，粮食总产量1.24万吨，农业总产值1.94亿元。黎咀为龙川矿泉水产地，年流量27万吨。坪山林场、枫树坝自然保护区分别在南北两边，辖区内有龙潭库区。该镇文化底蕴深厚，虎口村的手擎木偶戏和猫头狮分别被列入广东省第三批省级非物质文化遗产名录和广东省第八批省级非物质文化遗产代表性项目名录扩展项目名录。

【车田镇】 位于龙川县境西北部，西邻和平县贝墩镇，东与枫树坝库区与赤光镇相接，南连黎咀镇、黄石镇，北与贝岭镇隔江相望，是龙川县的粮食生产大镇和竹木制品的主要产地。面积312.02平方千米，耕地面积3720.27公顷。2022年，辖23个村民委员会、2个社区居民委员会，户籍人口6.48万人。农作物播种面积5061公顷，粮食总产量2.61万吨，农业总产值4.27亿元。建有神龙寨、新村水库、石牛栏等12座水电站。主要特产有车田豆腐、车田米酒、车田花生、车田牛肉干等。

【岩镇】 位于县境东北部、东江上游，北与兴宁市罗浮镇接壤，东西南三面为省属枫树坝水库所环绕，国道236线及河惠莞高速贯穿全镇，设有岩镇高速出入口。面积121.6平方千米，耕地面积759.04公顷。2022年，辖6个村民委员会、1个社区居民委员会，户籍人口2.12万人。农作物播种面积1245公顷，粮食总产量5413吨，农业总产值1.32亿元。主要农副产品有茶油、柑橘、蜂蜜、腐竹、魔芋粉等。矿产资源有石灰石、煤、锰、稀土等。该镇的山池村是省级古村落。

【新田镇】 位于龙川县东北部，东与兴宁罗岗相连，北与兴宁罗浮为邻，南与廻龙镇相邻，西与赤光镇接壤，河惠莞高速公路贯穿而过，地处枫树坝库尾，是省级生态示范镇。面积71.3平方千米，耕地面积715.47公顷。2022年，辖6个村民委员会、1个社区居民委员会，户籍人口1.80万人。农作物播种面积960公顷，粮食总产量4353吨，农业总产值1.35亿元。主要农特产品有油茶、托里茶、蜂蜜等。建有雷公畬老水电站、梨树下水电站。

【麻布岗镇】 位于龙川县北部，东江上游，东连兴宁市罗浮镇。县域副中心是龙川县上半县的经济文化交流中心和商品集散地。国道236线连贯南北，河惠莞高速公路穿镇而过，设有麻布岗高速出入口、麻布岗服务区。面积179平方千米，耕地面积2107.81公顷。2022年，辖15个村民委员会、2个社区居民委员会，户籍人口4.50万人。农作物播种面积2793公顷，粮食总产量1.42万吨，农业总产值2.72亿元。主要农特产品有绿茶、魔芋粉、富硒大米、油茶等。有大小水电站21个，主要矿产资源有铁、钨、铅锌、萤石、稀土、铀、铜、铷等。该镇的大长沙村是省级古路村落。

【贝岭镇】 地处县境北部，是一个集移民区、老区、山区于一体的农业镇。面积104.99平方千米，耕地面积887.29公顷。2022年，辖8个村民委员会、1个社区居民委员会，户籍人口1.91万人。农作物播种面积1211公顷，粮食总产量5407吨，农业总产值1.36亿元。主要特产有松香、桐油、蝉花（壳）、香菇、木耳、笋干等。有铁矿、萤石、铅锌、稀土、氟、瓷土、石灰石等矿产资源以及上盘、含水地热温泉资源。

【细坳镇】 位于龙川县北部山区，地处东江上游河畔，东与上坪镇接壤，南与贝岭镇相邻，西与和平县相连，北与江西省定南县天九镇毗邻，素有“赣入粤第一镇”之称，属“九山半水半分田”的粤北山区镇。面积142.59平方千米，耕地面积739.86公顷。2022年，辖12个村民委员会、1个社区居民委员会，户籍人口2.30万人。农作物播种面积1345公顷，粮食总产量5986吨，农业总产值1.53亿元。是河源市市级毛竹专业镇。盛产蝉花、蝉蛹、灵芝、香菇、木耳等特色农产品。该镇的小参村是广东省古村落、革命老区村。

【上坪镇】 地处龙川县北部，毗邻江西省定南县、寻乌县及广东省兴宁市，河惠莞高速公路贯穿全镇，设有仰天堂高速出入口。面积210.63平方千米，耕地面积1463.27公顷。2022年，辖13个村民委员会、1个社区居民委员会，户籍人口3.37万人。农作物播种面积2131公顷，粮食总产量1.04万吨，农业总产值1.83亿元。是省级金橘专业镇，有金橘、脐橙、猕猴桃、百香果种植基地，主要特色农特产品有金橘、香菇、灵芝、竹笋等。有水电站19座，总装机容量7820千瓦，年发电量2700万千瓦时。境内有金、银、铅、锌、铁、锰、铜、稀土等矿产资源和热水温泉资源，主要景点有野猪嶂、青云省级古村落等。

2022年龙川县领导成员名单

中共龙川县委员会

书　记：
　孔德胜（任至3月）
　刘　力（3月任职）

副书记：
　刘　力（任至3月）
　朱以威
　邓彬斌（7月任职）

常　委：
　吴　卫

杨　勇
张明明
涂远泽
蔡东艺（任至12月）
叶金水
叶伟雄
叶书利
邹　静

龙川县人大常委会

主　任：
陈如发
副主任：
廖小文
陈俊强
骆伯青
叶　慧
钟　锐
曾忠平

龙川县人民政府

县　长：
刘　力（任至7月）
朱以威（7月任职）
常务副县长：
蔡东艺（任至11月）
副县长：
吴　卫
张明明
吴维红
苏西超
邹树元
何瑞棠
陈育晚
欧阳晓（任至8月）
郑新波（8月任职）
党组成员：
涂远泽（12月任职）
叶书利
陈文忠（6月任职）
邱志飞（任至7月）
张志涛（9月任职，任至11月）
甘国科（11月任职）

政协龙川县委员会

主　席：
廖洪滨
副主席：
曾乐晖
李志宏
魏勇军
陈文忠
苏　起
钟惠强

中共龙川县纪律检查委员会
龙川县监察委员会

书记、主任：
叶金水

（朱光进　曾　璐）

紫金县

【基本县情】 建置沿革　紫金地域，春秋时属百越地，战国时属楚，秦代起属南海郡博罗、龙川两县地，隋唐为归善、兴宁两县地，宋元为归善、长乐两县地。明隆庆三年（1569）置永安县，属惠州府。民国元年（1912）属广东省都督府。因该县名与福建省延平府永安县同名，且其建县于明景泰三年（1452），早该县117年，民国3年（1914），中央政府批准永安县改为紫金县（因县城有紫金山而得名），属潮循道。民国15年（1926）隶属东江各属行政公署。民国26年（1937）隶属第四行政督察区，民国38年（1949年9月30日止）初改属第二行政督察区。1949年5月紫金县解放，隶属于东江专区。1952年改属粤东行政区，1956年隶属惠阳专区，1959年改属汕头专区，1963年复属惠阳地区，1988年改属河源市。

位置、面积　紫金县位于广东省东中部，河源市东南部、东江中游东岸。东接五华县，西与博罗县隔东江相望，西南与惠州市惠城区相接，南与惠州市惠东县相邻，东南与陆河县相连、与海丰县毗邻，西北与河源市源城区接壤、北与东源县交界。紫金县地形以山地、丘陵为主，占全县总面积的84%；河谷、盆地、水域占16%。地势东高西低，南北两面山峦重叠，地势较高；中部较低并向东西两翼倾斜，构成不大对称的马鞍形，归属不同流向的东江和韩江两条水系。全县境域东西长88.6千米、南北宽64千米，总面积3627平方千米。

人口、语言　2022年，紫金县有16个镇、245个村民委员会、27个社区居民委员会（不含江东新区古竹镇、临江镇）。年末户籍人口75.19万人。传统用语为客家方言。

主要山脉　紫金县平均海拔300米，县城海拔140.8米。山脉属粤东莲花山体系，海拔在1000米以上的高山有16座。武顿山，又名乌凸，位于南岭镇南端，与陆河县交界，与文笔峰相邻，是紫金县第一高峰，韩江上游琴江的发源地。主峰海拔1232.9米。乌禽嶂，紫金县第二高峰。地处紫金县南部九和镇边界、惠东县东北部。主峰海拔1186.2米。山上办有国有紫金县东风营采场。

主要河流　紫金县东部为韩江水系，集雨面积占全县面积的22.9%；中、西部为东江水系，集雨面积占全县面积的77.1%。流域面积在100平方千米以上的河流（不含东江）有14条。东江经龙川、河源流入紫金，从紫金县西部边境的临江、古竹两镇边沿流过，流入惠州市惠城区境，紫金县境内流过长54千米。河上一般行驶100吨以下船只，枯水期行驶20吨船只，是紫金县内主要水运航道，沿线有临江港和古竹港。秋香江是东江一级支流，位于紫金县中部，是县内主要河流，发源于紫城镇与龙窝镇、水墩镇交界的榴墩嶂，自东向西流经紫城、瓦溪、九和、蓝塘、凤安、好义、古竹7个镇，在古竹镇的榄溪村汇入东江。干流长144千米，流域面积1669平方千米，其中境内流域面积1590.5平方千米，占全县面积的46%。

气候　紫金县处于属亚热带季风气候区。气候温和，光照充足，雨量充沛。夏长冬短，四季分明。年平均气温

21.2℃，年平均降水量1682.6毫米，年平均日照时数1678.8小时，年平均雷暴日88.9天。2022年平均气温20.6℃，年降水量1719.5毫米；年日照总时数1787.3小时，年平均相对湿度78.8%。

自然资源 全县水力资源理论蕴藏量13.28万千瓦，可开发利用14.05万千瓦，年发电3.8亿千瓦时，每平方千米电能蕴藏量151.7千瓦，高于全省平均水平。其中东江水系（不包括东江干流）可开发利用水力资源为11.56万千瓦，韩江水系可开发利用水力资源2.49万千瓦。至2022年年底，全县建成100千瓦以上水电站149座，总装机容量8.47万千瓦（含东江风江发电站）；全县小水电发电能力2.5亿千瓦时（不含东江干流及江东新区古竹镇、临江镇）。

土地资源 全县总面积3228.13平方千米（32.28万公顷，不含江东新区古竹镇、临江镇）。2022年，全县林地面积27.45万公顷，水域面积5075公顷，耕地2.06万公顷，园地6512公顷，居民点及工矿用地8722公顷，交通用地4553公顷，未利用土地0.28万公顷。有耕地总资源2.06万公顷，其中水田1.9 万公顷（不含江东新区古竹镇、临江镇）。

林木资源 全县的林木以松、杉及白梨、赤梨、石斑、荷树、檫树、香樟、山苍树和竹为主。常见的有173科843种。2022年，全县林业用地总面积25.96万公顷（不含东江林场和下石林场）。其中，有林地面积24.26万公顷，林木年总生长量63.84万立方米，活立木蓄积量1528.19万立方米，森林覆盖率76.7%，林木绿化率76.7%（不含江东新区古竹镇、临江镇）。此外，有省级白溪自然保护区，面积5755.5公顷。

矿产资源 全县矿产主要有铁矿、钨、锡、瓷土、石灰石等矿，早在明清时期就已开采利用。有25种矿种，主要矿点（矿区）73处，其中有工业开采价值的矿产9种36处。优势矿种是铁、钨、锡、瓷土。铁矿主要分布在西北部义容青溪宝山嶂、官田和黄塘镇大林鲞等地。石灰岩主要产地有黄塘大林鲞、上义白水磜、义容青溪宝山嶂等，计算储量4.2亿吨。瓷土分布在县境东部为多。苏区镇永光村、黄布村，中坝镇良庄村，紫城镇新庄村、黄花村、榕林村、士贵村，水墩镇南山凹下，龙窝镇黄田村、好义镇板子坝等地均有瓷土开采。

温泉资源 全县有温泉资源5处。九和温泉，分布在紫金县城以南40千米的九和镇热水、幸福两村。其中，热水温泉流量为每日1198吨，温度60℃—80℃，最高86℃；据省地矿部门测试分析，水质属重碳酸钠钙镁型淡水，水中二氧化碳含量每升100毫克以上。幸福温泉，分布在稻田低洼地上（小地名蒋口塘），泉流量每日1000吨，水温81℃—83℃，最高85℃。敬梓温泉，位于敬梓圩下角的河滩中，有泉眼10余个，日喷流量200 —300吨，水温80℃以上。义容温泉，位于义容镇西北部汀村中田自然村（小地名热汤子），距义容圩15千米。日流量300 — 400吨，温度80℃以上。上义温泉，位于上义镇白水磜河沥与飞云磜河交汇处经西约100米处河边（当地称观音河），水温40℃。

此外，水墩碳酸气矿泉，泉水具微酸味，游离二氧化碳含量达每升1143.82毫克，pH值6.2，水温23℃，属重碳酸钙镁钠型碳酸汽水；泉流量每日19吨，是珍贵的优质天然矿泉水。

旅游资源 全县有旅行社3家，正式对外营业的旅游景区有御临门温泉度假村。可供游客自助免费参观的景点有紫金县博物馆、孙中山祖籍纪念馆、苏区红色旅游景点、紫金观、广东省激流回旋训练基地、万寿寺、南母寺、德先楼、桂山石楼等。

【经济发展概况】 2022年，紫金县生产总值147.78亿元，比上年增长2.6%。社会消费品零售总额43.72亿元，下降1.3%。实际利用外资1.10亿元，增长31.6%。外贸出口总值0.2亿元。规模以上工业增加值25.42亿元，增长5.7%。地方一般公共预算收入8.39亿元，增长0.2%。税收总收入12.16亿元，下降13.2%。固定资产投资下降18.7%。

农业 全县农林牧渔业总产值59.99亿元，比上年增长5.5%。完成撂荒耕地复耕复种0.30万公顷，建成高标准农田0.26万公顷，粮食播种面积和产量分别为2.95万公顷、19.19万吨。蓝塘土猪、三黄鸡、肉鸽等特色畜禽产品年销量分别为2万头、1000万羽和1200万羽，分别增长2.5%、13.5%和3.6%，丝苗米、柑橘、畜禽、南药产业产值分别为5.13亿元、5.5亿元、11.31亿元、1.6亿元。敬梓镇田头村入选第十二批全国“一村一品”示范村镇名单。发展新型农业经营主体，新培育省、市级龙头企业各2家，新增省级农民专业合作社示范社15家、省级示范家庭农场1家。推动预制菜产业发展，预制菜孵化园项目筹建工作推进。新增茶叶种植面积666.67公顷，茶叶年产量3800吨，综合产值14亿元。茶叶绿色食品认证面积66.67公顷，有机认证面积0.09万公顷，茶叶良种率达到95%以上。紫金蝉茶标准化生产技术被评定为2022年省农业主推技术。创建全国农作物（茶叶）病虫害绿色防控整建制推进县。动工建设中国蝉茶（紫金）交易中心。51款茶样在第七届亚太茶茗大奖赛、“中茶杯”第十二届国际鼎承茶王赛及第二届世界红茶质量评比赛中分别获特别金奖、金奖及银奖，获中国首届斗茶大赛年度区域公共品牌金奖，被认定为“中国蝉茶之乡”。

工业 紫金县规模以上工业总产值114.82亿元，比上年增长28.1%。投资9.4亿元，推动紫城工业园、蓝塘产业新城新增征地面积160公顷、平整土地300公顷、扩园3平方千米，建成紫城工业园南片配套道路、蓝塘产业新城“五横三纵”等路网3.7千米，紫城工业园首期2.7平方千米基本落实项目；公共服务区建成运营；电商物流园、冷链物流园等项目加快建设；省级产业园和省级经济开发区申报稳步推进。新引进先进制造业抱团、怡景矿泉水等优质项目34个、总投资246.3亿元。新增聚飞鑫、京基等动工项目20个、总投资63.95亿元；新增德润、华茂等投产项目11个、总投资137.06亿元，新上规工业企业9家。成立科技创新中心，建成市级重点实验室、市级工程技术研究中心等科技研发平台，实施技改企业6家，新增国家级高新技术企业3家。

旅游 全县旅游接待43.24万人次，旅游总收入3.15亿元，比上年分别增长6.76%和-11.27%。

【社会事业发展概况】教育 2022年，紫金县实施教育“创优”“提质”工程，完成15所义务教育中小学基础设施建设和改造。建成启用佑文中学，新增优质学位6000个。县六小少先队大队获“全国优秀少先队集体”称号。成功申报省级第二批学前教育高质量发展实验区。开展“课改提质年”活动，推广“学乐云”“101智慧课堂”等教育平台。出台高层次人才引进奖励政策，招聘重点院校优秀毕业生及硕士研究生20名。建立健全师德师风建设长效机制，培育县级以上优秀校长10名，建立县级以上“三名”工作室12个。

文化 创立县级红色文化研究会，建成镇级科技馆5个，推动红色苏区景区提升工程和红二师、红四师会师旧址公园等项目加快建设，苏区革命遗址群景区被评为国家AAA级旅游景区。新增2项省级非物质文化遗产，紫金县文化馆被认定为第八批省级非物质文化遗产代表性项目保护单位；发展国家级非遗项目“花朝戏”，开展传承人才定向培育工作，创作推出《诺言》等一批优秀花朝戏作品，获省级以上文艺奖项3项。开展文艺展演、送戏下乡等活动100场次。

卫生健康 县精神卫生中心、县第三人民医院、紫城镇卫生院新院等重点项目前期工作有序推进，义容、柏埔等卫生院新院加快建设。建成医共体专科联盟等交流合作项目22个，完成基层卫生院综合改革，县、镇、村三级医疗卫生服务网络日趋完善，县第二人民医院在全省中心卫生院综合评估考核中排名第一。孕产妇及新生儿免费筛查覆盖率100%。重大疾病和突发急性传染病应急处置能力提升。

城镇建设 全县实施品质县城建设三年提升行动，完成征地面积173.33公顷，收储土地0.37平方千米，扩容1平方千米。建成城南新区“四横三纵”主路网1千米，完成金山大道景观提升工程、县城香江东路（大坝桥至余屋桥段）等10个市政项目建设，推进县“三馆一中心”等公共服务配套设施建设，启动城西人行天桥、紫城镇老市场升级改造等项目建设。通过省级卫生城市复审。

乡村振兴 全县完成农村道路硬底化477千米，新建村级污水处理站47个，铺设污水处理管网61千米，农村生活污水治理率50%以上，紫金县“农村集中供水项目‘同类合并’申报专项债”被评为全国基层治水十大经验。新建美丽宜居村37个、特色精品村5个，全县干净整洁村、美丽宜居村分别达到100%和63%。龙窝、九和两条县级乡村振兴示范带显著提升。推动“蝉茶之乡·甜蜜之旅”线路入选全国茶乡旅游精品线路，龙窝镇彭坊村入选广东省文化和旅游特色村，创建省级全域旅游示范区。实施扶持壮大村级集体经济三年行动，实现村民委员会村集体经济收入均达12万元以上，建立健全联农带农利益联结机制，茶产业带动4805户农户年均增收1.2万元以上，推动全县农村居民人均可支配收入20660元、比上年增长5.6%。

交通建设 全县主动全面融入“双区”交通体系，河紫高速公路前期工作取得突破性进展，国道236线安良大道北改建工程通车，国道236线龙潭至升平段启动建设，省道120线紫金好义杉树坳至林田冷水坑段改建工程建成道路2千米、路基6.5千米，建制村“单改双”、路网连接工程建成84千米。

安全生产 全县森林防火特别防护期实现“零山火”，全县各类生产安全亡人事故起数、死亡人数同比分别下降75%、50%。加强地质灾害风险隐患排查整治，完成13处大型、110处中小型地质灾害点综合治理和1050处农村削坡建房隐患点治理，黄屋嶂整体搬迁安置项目建成投用。建强县、镇、村三级应急综合救援队伍，在全市率先实现行政村（社区）防灾减灾救灾能力“十个有”建设全覆盖。

民生 全县全年民生投入45.24亿元，占全县一般公共预算支出的88.37%，基本完成“十件民生实事”。落实面对面解决群众“急难愁盼”问题机制，办结民生实事问题100宗。新增就业3967人，城镇失业人员再就业958人，促进创业203人，城镇登记失业率控制在2.6%以内。县残疾人康复综合服务中心揭牌运行，社会工作服务站（点）实现全覆盖，5家镇级敬老院完成提升改造，428户特殊困难老年人家庭完成适老化改造，200户特殊困难残疾人家庭完成无障碍改造，城乡低保、孤儿、事实无人抚养儿童、残疾人“两项补贴”等底线民生补助均达省定标准，全县特困人员、易返贫人口等重点人群实现基本医保、大病保险、医疗救助三重制度常态化保障。建成110千伏好义光伏项目送出线路工程等一批电网，新建5G基站301座，新增新能源充电站点25个。完成7宗小型病险水库除险加固项目，建成秋香江碧道紫金县段（一期）3.6千米。

生态环境和污染防治 全县在2022年广东省百强区县生态环境榜中高居第三位。全面推行林长制，完成高质量水源林造林0.18万公顷、封山育林0.07万公顷，完成松材线虫病疫情除治1.23万公顷、林地红火蚁防治113.33公顷，培育良种苗木20万株。广东舌唇兰和紫金舌唇兰等新物种研究成果登上全球顶尖学术期刊。建成全市首个“碳普惠绿色园区平台”。完成工业炉窑整治6家，推动空气质量优良比例达100%、持续稳定在国家二级标准。清理河长245千米、水域面积73.13万平方米，碍洪、省定“四乱”等问题整改销号率100%，国控断面和集中式饮用水水源地水质达标率100%。恢复植被面积66.67公顷，整治养殖场84家，清退小水电2宗，新增配 套污水管网242.3千米，修复病害管网3处，完成140个自然村生活污水治理任务。落实“三线一单”制度，审批项目环评13个。建成绿色矿山1家，完成复绿任务3公顷、生态治理8公顷。

【紫金县水墩镇群丰村入选中国传统村落】 2022年1月，紫金县水墩镇群丰村入选中国传统村落。

群丰村位于紫金县东南部，有12座建于清代和民国初期的青砖灰瓦传统民居。村内传统民居多为四角楼，属客家围屋，门楣均标有楼名，每栋民居平均占地面积502平方米，最小民居占地368平方米，最大民居占地702平方米。建筑材料以灰瓦、青砖、花岗岩条石、泥砖、河石、杉木为主。因邻近潮汕地区，群丰村传统民居建筑和装饰细节，均带有潮汕风格。部分传统建筑至今仍有人居住，保存得比较完整。

【紫金县“蝉茶之乡·甜蜜之旅”线路入选“春季踏青到茶园”全国茶乡旅游精品线路】2022年5月，紫金县“蝉茶之乡·甜蜜之旅”线路入选“春季踏青到茶园”全国茶乡旅游精品线路。线路包括：紫金客茶谷→紫金县城→龙王绿茶旅基地→大榕树耕读文化园→紫金县兆达农庄→紫金县鹰峰山茶旅康养基地→苏维埃政府旧址→紫金县金丰号茶园。线路中的苏维埃政府旧址位于苏区镇。苏区镇是全国唯一以“苏区”命名的红色小镇、著名革命老区。线路内还有紫金客茶谷、龙王绿旅基地、广东紫金鹰峰山国家级康养基地、紫金县兆达农庄4个省级休闲农业与乡村旅游示范点。该线路是三产高度融合的综合体。

【紫城镇】 位于紫金县中部，汕湛高速、河惠莞高速穿境而过。全镇总面积384.8平方千米，耕地面积2846公顷。撂荒地复耕面积272.29公顷，建成高标准基本农田面积72.53公顷，垦造水田面积2.04公顷。2022年，辖31个村民委员会、12个社区居民委员会，总人口16.34万人,常住人口约15.2万人。地区生产总值52.59亿元,比上年增长3.5%；工业总产值39.8亿元，增长5.6%；地方一般公共预算收入2.4亿元，税收总收入9757万元。茶叶种植面积833公顷，新扩种茶叶面积33.33公顷，增长4.1%；茶叶综合产值2.5亿元。生猪存栏7771头，出栏16104头。该镇是“东江三杰”之一刘尔崧的故乡。有县总农会旧址、刘尔崧纪念馆、紫金县革命烈士纪念碑（烈士墓）、中山公园、县城祠堂街、紫金观（天后宫）、曹源庵、广福庵、千家寨公园、白溪省级自然保护区、鸡公嶂和状元峰县级自然保护区等文化古迹及自然旅游景点。

【中坝镇】 位于紫金县东北部，东邻五华县长布镇，北与东源县黄村镇接壤，国道355线、省道120线穿境而过。全镇总面积176.32平方千米，山地面积1.4万公顷，耕地面积1406.67公顷。2022年，辖13个村民委员会、1个社区居民委员会，总人口4.88万人。税收总收入381.19万元。水稻种植面积1496.8公顷。水源林造林面积113.67公顷，新造林抚育面积317.53公顷。茶叶种植面积73.33公顷，砂糖橘种植面积23.33公顷，春甜橘种植面积13.3公顷，南药种植面积27.67公顷。胡须鸡养殖存栏0.5万只。镇内瓷土、稀土、钽铌矿和萤石矿存储量高，主要分布在乐平村、良庄村。该镇是孙中山先祖入粤祖籍地，建有紫金中坝孙中山纪念馆，有县级文物保护单位紫金中坝孙氏开基祖孙友松墓、妣骆八十娘墓和中坝孙中山祖籍纪念馆。

【敬梓镇】 位于紫金县东北部，东邻五华县华阳镇，西北部毗连中坝镇、五华县长布镇，南接水墩镇。汕湛高速公路在该镇设有出入口，国道355线穿境而过。全镇总面积110.3平方千米，林地面积8965.47公顷，耕地面积793.27公顷。2022年，辖13个村民委员会、1个社区居民委员会，总人口3.6万人。水稻种植面积1022.07公顷。该镇获广东省认证的“一村一品”专业村有冯坑村、田头村、敬梓村、中联村、甘田村和南村村。紫金县泰铭农业生态发展有限公司获得“粤字号”农业品牌示范基地认定。年末生猪存栏4739头、出栏8939头，“三鸟”饲养量24.73万只。镇内有敬梓温泉；有始建于南宋淳祐四年（1244）的市级文物保护单位黄海龙将军祠，有县级文物保护单位文昌殿；有清代岭南才子宋湘祖坟“卧狮摇铃”、廖氏宗祠和中联圩附近的“三谷围”风景区。

【水墩镇】位于紫金县东南部，东邻五华县龙村、华阳镇，西南连紫城、龙窝镇，南连龙窝镇，北邻中坝、敬梓镇。汕湛高速公路途经该镇，在黎坑村设有出口。全镇总面积115.4平方千米，山地面积9871公顷，耕地面积967.42公顷。2022年，辖10个村民委员会、1个社区居民委员会，总人口2.65万人。税收总收入318万元。有花岗岩、锡矿、矿泉水和高岭土等资源，其中铁嶂锡矿有数百年开采历史。群丰村被住建部评为“国家级古村落”，文化遗迹有雅布村清代杨茂总兵墓、上璜坑武榜眼和廉州游击将军杨鼎墓。

【龙窝镇】位于紫金县东南部。东邻水墩镇水口村、五华县龙村镇吉祥村，西连瓦溪镇九树村，南接苏区镇及惠东县宝口镇，北界紫城镇横坑村及水墩镇秋溪、群丰村。全镇总面积422平方千米，林地面积2.47万公顷，耕地面积3006.67公顷。2022年，辖33个村民委员会、1个社区居民委员会，总人口8.49万人。茶叶种植面积2100公顷，有龙王绿、鹰峰山等千亩以上生态茶叶基地4个，茶叶加工生产线40条，茶叶总产值5亿元。该镇茶叶有6个品牌在第七届亚太茶茗大奖赛（国际性评比活动）中获1个金奖和5个银奖，3个茶叶品牌在“中茶杯”第十二届国际鼎承茶王赛春季赛中获2个特别金奖和1个金奖。大榕树耕读文化园一期建设完成并投入运营，推进鹰峰山国家级森林康养基地建设。彭坊村获“第三批广东省文化和旅游特色村”称号。

【苏区镇】位于紫金县东南部边陲，东与南岭镇相连，西北接壤龙窝镇，西南与惠州市惠东县宝口镇、高潭镇毗邻，国道236自西向东贯穿全境。是韩江的发源地，是东江革命根据地之一，是广东省内著名的革命老区镇。全镇总面积125平方千米，山地面积1.2万公顷，耕地面积960公顷。2022年，辖8个村民委员会、1个社区居民委员会，总人口 2.3万人。水稻种植面积1111.4公顷。生产总值3.24亿元，农林牧渔业总产值1.9亿元，税收总收入971万元。茶叶种植面积133.33公顷，该镇有4个茶叶品牌在“中茶杯”第十二届国际鼎承茶王赛中获2个特别金奖和2个金奖，在第七届亚太茗茶大赛奖（国际性评比活动）中获2个银奖。年末生猪出栏0.8万头。有革命旧（遗）址39处，其中苏区革命遗址群20处，保存完好的有红屋（紫金县苏维埃政府旧址）、“血田”、革命烈士纪念碑和中国工农革命军第二师师部旧址等。

【南岭镇】位于紫金县东南部，东接陆河县，南与海丰县毗邻，西南与惠东县接壤，北与五华县相接。全镇总面积100平方千米，耕地面积600公顷，山地面积9066.67公顷。2022年，辖6个村民委员会、1个社区居民委员会，总人口1.99万人。农业生产总值1.13亿元。水稻种植面积80公顷。茶叶种植面积466.67公顷。茶叶注册品种有粤紫茗茶、金丰号、南岭峰、沐林听风、尚农、夫人峰、森艺等9个。茶叶总产值1.13亿元。年末生猪存栏1417头、出栏1200头，禽饲养量7.34万羽。有文天祥屯兵南岭时留下的甘泉胜迹，后人为纪念文天祥所建太忠庙；有省级文物保护单位德先楼；县级文物保护单位钟氏总祠；有紫金县第一高峰武顿山（主峰海拔1233米），是韩江上游琴江的发源地，武顿山脉为市级自然保护区。

【瓦溪镇】位于紫金县中部，秋香江中游，东邻龙窝镇，南接惠东县宝口镇，西连义容镇、九和镇，北毗紫城镇。省道120线沿秋香江贯穿全境，汕湛高速公路、河惠莞高速公路经过该镇并设有互通枢纽。全镇总面积230平方千米，林地面积1.78万公顷，耕地面积1313.33公顷。2022年，辖16个村民委员会、1个社区居民委员会，总人口3.45万人。优质水稻种植面积1016.19公顷。茶叶种植面积40公顷。紫金县瓦溪镇再湖种养农民专业合作社牛湖金萱茶（绿茶）、紫金县南母种养农民专业合作社南母仙茶（红茶）入选“第二届紫金十大蝉茶”。生产总值3.19亿元，税收总收入447.05万元。有铅锌矿、稀土矿、砷矿和竹木、松脂等自然资源。秋香江贯穿全境，建有小水电站21座，发电1085万千瓦时。有南母寺，始建于南宋淳熙五年（1178），距今有800多年历史。

【九和镇】位于紫金县中南部，东邻瓦溪镇，西接蓝塘镇，北毗义容青溪，南部与惠东县接壤。省道120线贯穿境域，汕湛高速公路、河惠莞高速公路穿境而过，均有互通出入口。全镇总面积254.97平方千米，山地面积2.16万公顷，耕地面积1430.6公顷。2022年，辖13个村民委员会、1个社区居民委员会，总人口3.2万人。生产总值4.57亿元，税收总收入905.3万元。粮食种植面积1551.4公顷，粮食总产量1.03万吨。县级以上农业龙头企业3家、农民专业合作社78家、家庭农场6家。规模种植红肉蜜柚333.33公顷、南药106.67公顷、春甜橘153.33公顷、茶叶106.67公顷。年末生猪存栏5.48万头、出栏1.07万头。有国家AAAA级旅游景区御临门温泉度假村、金光荷鹭欢乐谷、鹅峰山、乌禽嶂等景区。

【蓝塘镇】位于紫金县西南部，东邻九和镇，西连凤安镇、上义镇，南邻惠东县，北毗义容镇。省道120线和243线贯穿全境，汕湛高速公路蓝塘设有出入口、河惠莞高速公路设有蓝塘北出入口。全镇总面积301.9平方千米，耕地面积2933.33 公顷，林地面积2.19万公顷。2022年，辖26个村民委员会、1个社区居民委员会，总人口8.7万人。粮食种植面积3802公顷，总产量2.55万吨。有4个“一村一品”项目，分别是茜坑村三红蜜柚、元吉村茶叶、市北村牛大力、双兴村肉鸽。年末生猪存栏3.82万头，牛存栏2121头，家禽存栏48.07万羽。有布心村石门楼背的彭（盘）古大王山，塘田村百沐羊生态景区，汉塘村秋香江畔龙凤寺。有市级文物保护单位、市爱国主义教育基地、市反腐倡廉历史教育基地——邓缵先故居。

【凤安镇】位于紫金县西南部，东邻蓝塘镇，西接好义镇，北毗古竹镇，南部与上义镇交界。全镇总面积130平方千米，耕地面积1213.33公顷，山地面积8466.67公顷。2022年，辖11个村民委员会、1个社区居民委员会，总人口2.8万人。税收总收入429万元。水稻种植面积1446.87公顷。有村民专业合作社36家、家庭农场3家。种植蔬菜460.6公顷，柑橘108公顷，三华李34.7公顷，蜜柚50.73公顷。年末生猪存栏1260头、出栏2.88万头，“三鸟”存栏12.46万羽、出栏11.32万羽。有瑶琴生态森林、蛇坑生态长廊、公王顶等原生态区，素有“梦韵凤安”之称。土特产有腊味、春甜橘、贡柑、有机绿茶、松谷髻、无公害蔬菜、花生油、三叉苦以及鸡骨草茶等特产。历史名人明朝解元钟丁先故居、彼岸寺和钟丁先墓。

【好义镇】 位于紫金县西南部，西部和南部与惠州市惠城区接壤。秋香江、省道120线穿境而过，河惠莞高速途径好义镇，境内设有高速出入口。全镇总面积92.88平方千米，耕地面积693.33公顷，山地面积7200公顷。2022年，辖8个村民委员会、1个社区居民委员会，总人口1.64万人。税收总收入1372.66万元。粮食种植面积1219.56公顷。“三黄胡须鸡”存栏量超250万羽，春甜橘、百香果、蜜柚等优质水果种植面积507.93公顷。有铁矿、稀土、黑石板、片页岩、水晶石及竹木、水力等。有爱国主义教育示范基地好义烈士墓园，主要景点有东华古寺、龙潭瀑布、大江埔风光、石岳峰、阿婆阁炮台遗址等。

【上义镇】 位于紫金县西南部，东与蓝塘镇相邻，南与惠东县多祝镇相连，西与惠州市惠城区横沥镇接壤，北与好义镇连接。全镇总面积178平方千米，耕地面积1628.33公顷，林地面积2.32万公顷。2022年，辖7个村民委员会、1个社区居民委员会，总人口2.55万人。税收总收入287.25万元。粮食播种面积1243.47公顷，粮食总产量7394吨。有招元村的石岳峰，捲蓬村的飞云礤、九厅十八井，吉洞村七十二堋，有东江纵队第七支队游击区遗址。

【义容镇】 位于紫金县西部，东毗紫城镇、瓦溪镇、九和镇，西邻江东新区古竹镇，南接凤安镇、蓝塘镇，北连柏埔镇、江东新区临江镇。境内有省道340（中石线）穿过镇域，省道230线（义凤路）南起省道120线，北接省道340线。汕湛高 速公路有义容、蓝塘（青溪）两个互 通出入口。全镇总面积356.2平方千米，山地面积2.8万公顷，耕地面积1533.33公顷。2022年，辖24个村民委员会、1个社区居民委员会，总人口5.97万人。税收总收入1363.82万元。粮食种植面积2886.67公顷，总产量1.75万吨。建成“一村一品”项目有紫金春甜橘、象牙粘、三黄鸡、量子技术水稻和茶叶等。有天子嶂、汀村温泉、宝山电视塔、大保爷山、东江人民抗征大队长春中队（赖炎部队）战斗遗址、南洋村的咸水交通站、南洋到汀村的古道等旅游资源。

【柏埔镇】 位于紫金县境西北部，东与黄塘镇相邻、西与江东新区毗邻，南与义容镇相邻，北与东源县义合镇交界。省道242河汕线东西贯通全境。全镇面积134.90平方千米，耕地面积1296.6公顷。2022年，辖14个村民委员会、1个社区居民委员会，总人口3.91万人。税收总收入1466.25万元。复耕复种撂荒耕地235.87公顷，复耕率100%。有“黄毛嶂山茶”、“蓝野猪”和稀土矿、花岗岩、石英石等物产与资源。有革命烈士龚远香纪念亭、朱熹纪念馆、明代古塔、陈氏祖屋南周堂。梅中村是著名书画家“紫金女子”周世聪祖籍地。

【黄塘镇】 位于紫金县西北部，东连紫城镇，西接柏埔镇，南毗义容镇，北邻东源县康禾镇、黄田镇，国道355线贯穿全境。全镇总面积224.8平方千米，耕地面积1224公顷。2022年，辖12个村民委员会、1个社区居民委员会，户籍人口4.3万人。地区生产总值1.01亿元，税收总收入1071万元。粮食种植面积1715公顷，总产量1.05万吨。完成全域自然村集中供水工程（二期），5宗全域自然村集中供水提升工程及水厂提升工程。有9个村达到美丽宜居村标准。有广东省激流回旋黄塘训练基地。

2022年紫金县领导成员名单

中共紫金县委员会

书　记：

黄春彭

副书记：

邓红卫

何远航（任至3月）

杨通达（7月任职）

常　委：

罗春响（挂职）

赖智明

俞美清（任至10月）

叶小锋（任至7月）

蒋亮明

杨荣春（7月任职）

陈　飞（任至8月）

蓝　诗

黄少波

陈怿昶（8月任职）

徐　敏

紫金县人大常委会

主　任：

刘向红

副主任：

黄荫雄

张绍平

简建华

黄庆忠

罗惠珍

黄其添

紫金县人民政府

县　长：

邓红卫

常务副县长：

蓝　诗

副县长：

罗春响（挂职）

俞美清（任至11月）

陈燮军

谢运畅（9月任职）

郑裕庭

沈　然（任至8月）

吴荣辉（8月任职）

郑远程（任至8月）

肖奇聪

政协紫金县委员会

主　席：

黄玉珍

副主席：

张海星

钟亦雄
赖伟军
龚子岳
谢运畅（任至9月）
甘志峰

中共紫金县纪律检查委员会
紫金县监察委员会

书记、主任：
叶小锋（任至7月）
杨荣春（书记7月任职，代主任8月任职）

（黄海波 林力锋 罗 杏 黄定平）

连平县

【基本县情】 建置沿革 明崇祯七年（1634），设置连平州。州治设在元善镇，属惠州府。清宣统三年（1911）九月，连平改州为县，属惠州府。1914年6月属潮循道，1925年属东江行政区，1936年9月属第六区（区址：韶关），1947年改属第七区（区址：兴宁）。1949年6月2日，连平县人民政府成立，县政府设在忠信长安旅店。6月25日，县政府迁至元善镇。1949年10月1日，中华人民共和国成立，连平属东江专区（区址：惠州）。1952年，改属粤北行政区（区址：韶关）。1956年，改属惠阳专区。1958年11月，连平、和平两县合并，仍称连平县，隶属韶关专区。1959年11月，陂头（包括贵东）划给翁源县辖。1960年4月，隆街（包括田源、溪山、崧岭）划给新丰县辖。7月，惠化、上坪划给新丰县辖；连平县委、县人委机关迁至和平阳明镇，连平县改称和平县，隶属韶关专区。1962年6月，原划给新丰、和平两县的公社（镇）重归连平，恢复连平县建制，仍属韶关专区，县委、县人委机关设在元善镇。1963年6月，连平县改属惠阳专区。1967年6月，陂头（包括贵东）从翁源县划归连平县辖。至此，原连平县境复原。1988年1月，河源建市后，连平县改属河源市管辖。2022年，连平县有13个镇，159个村民委员会，16个社区居民委员会。

位置面积 连平县地处粤北九连山区，河源市西北部，东江流域上游；东邻和平县，南连东源县、新丰县，西接翁源县，北与江西省龙南、全南两县交界。国道105线、358线，省道253线，龙河高速、大广高速、汕昆高速、武深高速公路贯穿境内，是国道105线和大广高速公路入粤第一县，地理坐标为北纬24° 05′ 48″ —24° 28′ 08″ 、东经114° 14′ 44″ —114° 56′ 51″ 。县域总面积2275.01平方千米。

人口、民族 2022年，连平县常住人口28.42万人，户籍人口40.93万人。连平县人口多数属汉族，祖先从中原辗转迁入县境内。有31个少数民族，其中畲族自明代起迁入县境，以蓝姓为主，主要分布在元善、内莞、陂头、高莞和油溪等镇，由于长期与汉族杂居，其语言和生活习惯与汉族基本相同。其他少数民族均因工作或婚姻关系由外地迁入。

地形、气候 境内山峦绵亘，地势北高南低，九连山脉在境内分别向西和西南方向延伸。北、中部多为中低山，西南部大多是丘陵地带，东南部以谷底盆地为主。山地、丘陵、盆地占全县总面积的90%以上。全县属亚热带季风气候，主要特征是夏冬长、春秋短，气候温和，四季分明；光照充足，雨量充沛，降水季节明显。2022年，境内年日照总时数1354.6小时，降水量2132.7毫米，平均气温20.1℃。

矿产资源 境内矿产主要有煤、铁、铜、铅、锌、锡、钨、金、银、磷、石墨、黏土、稀土、陶瓷土、大理石、硅石、白云岩、石灰岩、玄武岩、辉绿岩、花岗岩等，是广东省黑色金属和有色金属储量较为丰富的一个县，被誉为“粤北有色金属之乡”。储藏量位居全省第一的广东大顶铁矿和华南地区最大的锯板坑钨矿均坐落在县内。

水资源 连平县有大小河流72条。其中，集雨面积10平方千米以上的有62条，100平方千米以上的有8条，分属东江和北江两大水系。2022年，水资源总量27.01亿立方米，人均水资源6585.36立方米。

动物、植物资源 境内有两栖爬行动物20多种、哺乳动物20多种、鸟类50多种、昆虫100多种。属国家一级保护动物的有金雕、黄腹角雉、白颈长尾雉、黑鹿、巨蜥（五爪金龙）、蟒蛇（南蛇）、云豹、金钱豹8种。属国家二级保护动物的有白鹇（银鸡）、原鸡（原花鸡）、灰鹤、花田鸡（花秧鸡）、褐翅鸦鹃（毛鸡）、小鸦鹃（小毛鸡）、蛇雕、穿山甲、七间狸、斑林狸、金猫、水鹿、河鹿、上树獐等18种。野生植物主要有1368种，其中苔藓8科8属8种、蕨类36科72属121种、裸子植物5科7属7种、被子植物152科617属1232种（双子叶植物127科489属1022种、单子叶植物25科128属210种）。珍稀植物有银杏、水杉、三尖杉、粉背兰、古榕等。

旅游资源 连平有“连平新八景”（圣迹苍岩、黄牛仙峰、银梅峰林、西山瀑布、新河泛绿、上坪桃源、戈罗耸翠、六祖禅踪）、粤赣古驿道、陂头“广东小桂林”、南山公园、滨河路亲水步道、上坪桃花山、三角石源百亩荷花、大湖花海等景区（点）。

名优特产 连平县主要有香菇、火蒜、茶叶、笋干、山楂、板栗、茶树菇、木耳、草菇、灵芝、山茶油、蜂蜜、薯丝粉、陂头米丝、忠信花生、客家娘酒、上坪吊篓酒、九连山精米、鹰嘴蜜桃等特产。

【经济发展概况】 2022年，连平县地区生产总值100.26亿元，比上年增长0.9%。规上工业增加值18.17亿元，增长2.8%。一般公共预算收入4.75亿元，下降33.2 %。税收总收入8.13亿元，下降14.4%。外贸进出口总额7.4亿元，下降5.1%。

农业 全县农业总产值34.9817亿元，比上年增长5.4%。推进鹰嘴蜜桃国家级产业园创建、花生省级现代农业产业园建设；鹰嘴蜜桃、高山绿茶种植面积分别为0.43万公顷、0.12万公顷，优质稻米、花生、大蒜（黑蒜）年产量分别为8.61万吨、1.69万吨、0.95万吨。新培育市级以上农业龙头企业1家，新增市级“菜篮子”基地2个。撂荒地复耕复种及成果巩固0.09万公顷，新增垦造水田231.87公顷，建成高标准农田566.67公顷。粮食播种面积、总产量分别为1.61万公顷、9.09万吨。

工业 全县规上工业总产值84.68亿元，比上年增长1.1%。引进优质工业项目12个，总投资额9.23亿元。友美科技、力德胶粘等7个项目动工建设，维敏特科技、光扬电子等22个项目加快建设。实行县领导干部“一对一”联系服务重点企业和重点项目、园区干部分区包片联系服务企业制度，帮助企业解决各类问题105个、申请上级产业奖补资金1500万元、留抵退税约3500万元。新增规模以上工业企业7家，推动11家企业投入1.3亿元实施技术改造。

旅游业 全年接待游客22.02万人次、旅游收入2亿元。忠信片区、九连山、内莞、元善等地旅游设施加快建设。上坪镇新镇村获评“河源市第四届乡村文旅融合大赛民宿示范村”称号。

【社会事业发展概况】教育 2022年，连平县校内课后服务学校18所，全县学科类培训机构压减率100%。富民新区幼儿园开园，东河幼儿园、陂头镇中心幼儿园完成建设，新增学位1300个，公办幼儿园在园幼儿占比53.1%，公办及普惠性民办幼儿园在园幼儿占比83.5%。新增义务教育学位1715个。小学生入学率100%，初中生入学率100%，高中阶段毛入学率95.31%。有中小学（含幼儿园）195所，其中幼儿园70所、小学65所、教学点33个、初级中学18所、九年一贯制学校4所（含民办2所）、高中3所，职业技术学校1所；育智学校（特殊教育）1所。在校（园）学生57375人。其中，幼儿园10862人、小学25473人、初中13093人、高中6175人，九年一贯制学校1640人，特殊教育学校132人。

文化 推动1所中小学校建设图书“馆校共享”服务点，8个行政村综合性文化服务中心提质增效达标。开展各类文化惠民活动100余场，音乐快板《客家新风》代表省参加全国“县乡长说唱移风易俗”优秀节目展演。申报市文物保护单位8处，“作鱼梁”习俗列入第八批省级非物质文化遗产。

卫生 县人民医院新院竣工。医共体“七大中心”建设项目获得国家专项债券资金1.5亿元，县第二人民医院、县中医院和县妇幼保健院纳入县域医共体管理。新增专科门诊部1家、社会办医疗机构2家。

城镇建设 升级改造县城农贸市场3家；县城公厕、背街小巷路面提升改造和北园片区、大石窝片区便民化改造完成，滨河路片区、东门外片区等7个老旧小区改造持续推进。县城新水厂、县城供水基础设施等项目加快建设，文化体育服务中心、体育公园等项目启动建设。

乡村振兴 建成农村公路251千米，实现行政村村道路面硬化率、20户（100人）以上自然村村道路面硬化率、建制村通客车率“三个100%”。完成镇级农贸市场改造9个，农村集中供水实现全覆盖，建成镇级污水处理设施12座，建立垃圾收集点2473个，完成农房微改造4566户。全县159个行政村全部达到干净整洁村标准，91个行政村达到美丽宜居村标准，建成“四小园”（小菜园、小果园、小花园、小公园）11750个，评选“美丽庭院”175户。南部片区示范带入选“2022年广东省文化产业赋能乡村振兴十大典型案例”。创建省级“一村一品、一镇一业”专业镇1个、专业村2个，新增农民专业合作社、家庭农场等新型农业经营主体63家，带动3200多名群众实现就近就业，实现户均增收2000元以上。全县90个村集体经济收入低于10万元的经济薄弱村全部达标出列，村集体经济平均收入增长89.9%。

生态环境 升级改造工业窑炉企业5家，$PM_{2.5}$年均值控制在22微克每立方米以下，空气环境质量达标率100%。新建村级生活污水处理场站69座，302个自然村生活污水治理任务完成，整治入河排污口4个，打捞清理漂浮物近2000吨，清理河道200余千米，建成碧道11千米，国家生态功能区考核断面水质、水源地水质均达到Ⅱ类标准、优良率100%。启动土壤污染状况调查监测，废物处理率100%。

林业 森林覆盖率74.82%。完成重点生态工程新造林抚育0.34万公顷，改造桉树林0.08万公顷、松材线虫病防治作业面积0.93万公顷，混交林比例62%以上。陂头省级地质公园基本完成复绿。创建绿色矿山3个。古树名木保护力度加大，登记挂牌古树名木430株。

社会事业和民生保障 全年民生支出28.67亿元，占一般公共预算支出的82.45%。先后开展5场“面对面”解决群众“急难愁盼”问题主题座谈会，办结民生问题132宗。开展技能培训1426人次，新增就业岗位超2000个，城镇新增就业3230人，城镇登记失业率控制在2.5%以内。社会保险参保人数增长10.38%，城乡医保征缴率96.26%。

【连平县油溪镇白芽嶂林场上榜广东省十大样板镇村林场名单】2022年1月，连平县油溪镇白芽嶂林场上榜广东省十大样板镇村林场名单。油溪镇位于连平县东南部，毗邻忠信镇，距县城30千米。全镇总面积近300平方千米。其中，耕地面积0.12万公顷，林业用地面积2.58万公顷。油溪镇是连平县以林地为主的乡镇之一，是粤北山区一个山多田少的农业大镇。

【连平县“作鱼梁”习俗列入第八批省级非物质文化遗产】2022年5月，连平县“作鱼梁”习俗入选广东省第八批省级非物质文化遗产代表性项目名录。“作鱼梁”习俗，又称“鱼梁”，是肖屋村村民就地取材筑堰拦水进行捕鱼的一种传统生活方式，是中国最古老的一种水能资源利用方式。约明朝天顺年间，肖氏先民落居桐梓园（现称肖屋村）后，利用新丰江畔渔业资源组织男丁建造鱼梁进行捕鱼来维持生计，肖家人世代相传，沿袭至今已有500多年历史。

【连平县乡村振兴南部片区示范带入选首批广东省文化产业赋能乡村振兴典型案例】 2022年8月，由巅峰智业提供FEPCO全链一站式乡村振兴总包服务的“河源市连平县乡村振兴南部片区示范带”被评为“2022年广东省文化产业赋能乡村振兴典型案例”。案例涵盖创意设计赋能、手工艺赋能、数字文化赋能、文旅融合赋能、其他文化产业赋能等重点领域。以32千米乡村振兴精品碧道贯穿4个镇、12个村民委员会、3个重点景区及1个核心产业园区，以“点”“线”“面”全方位打造。

【元善镇】 位于县境中部，是县委、县政府所在地，面积285.32平方千米。2022年，辖15个村民委员会、5个社区居民委员会，人口7.38万人。有水力发电站30座，总装机容量2.1万千瓦。农业总产值3.7102亿元。元善镇是粤赣边界较大的商品集散地，商贸活跃，茶叶、香菇、木耳、竹席、蜂蜜等土特产闻名省内外。有黄潭寺古人类遗址、东山塔、文节书院和牟爷祠等景点，属市、县级文物保护单位。

【上坪镇】 位于县境北部，东邻和平县，南接内莞镇、元善镇，西以黄牛石主峰为界与江西省全南县接壤，北面毗邻江西省龙南县，素有“两省四县结合部”之称，面积301平方千米。2022年，辖15个村民委员会、1个社区居民委员会，人口3.42万人。该镇是国道105线与大广高速“入粤第一镇”。全镇农业生产总值7.62亿元。盛产鹰嘴蜜桃、水稻、大豆、番薯、高山茶等。以鹰嘴蜜桃产业为主的特色经济，被誉为“中国鹰嘴蜜桃之乡”“广东省技术创新专业镇”，并先后获广东省“一村一品、一镇一业”专业镇和全国“一村一品”示范村镇，上坪鹰嘴蜜桃获“岭南十大佳果”“国家地理标志保护产品”“广东省名特优新农产品”等称号。景点有石狗坳、鸡啼石、风吹蝴蝶、黄牛石、桃花山等，文物古迹有廊桥、水口桥、水口塔、古坑四角楼、风水塔等。

【内莞镇】 位于县境东北部，东邻和平县，南靠油溪镇、高莞镇，西连元善镇，北接上坪镇，面积231平方千米。2022年，辖11个村民委员会，人口1.93万人。国道105线穿境而过，省道513线贯穿全镇8个村民委员会。全镇农业总产值1.53亿元。有喀斯特地貌景观、圣迹苍岩景区、一河两岸特色古树风光、田园风光等景点，有“小桂林”之称。有中共九连山区临时工作委员会旧址、九连游击区玛丽医院旧址、粤赣边支队电台和《粤赣报》报社遗址、天溪耄粤赣边支队电台旧址等多个革命遗址。

【陂头镇】 位于县境西北部，东邻元善镇，南挨隆街镇，西接韶关市翁源县，北依江西省全南县，面积364.32平方千米。2022年，辖12个村民委员会、5个社区居民委员会，人口5.31万人。国道358线及汕昆高速贯穿境内并设有出入口。全镇农业总产值3.40亿元。盛产优质米、米粉、蔬菜、莲藕等农副产品。有千年古寺燕岩六祖古寺，是省级地质公园。有独特的喀斯特地貌及各种天然溶洞，尤其是峰林景观省内罕见。

【忠信镇】 位于县境东南部，东连三角镇，南界东源县，西靠油溪镇，北邻高莞镇，面积151平方千米。2022年，辖12个村民委员会、5个社区居民委员会，人口5.9万人。该镇地处粤北九连山南端、灯塔盆地北端。粤赣高速、昆汕高速和国道358线等公路纵横境内。境内建成小型水库6座、水电站4座，有铁矿、金矿、钨矿、铜矿、煤矿、石灰石等。全镇农业总产值1.89亿元。盛产水稻、花生、大蒜、玉米、蔬菜等农产品，特产火蒜、花生、萝卜爽、客家娘酒被誉为“忠信四宝”。忠信花灯是忠信地区传统赏灯习俗中的一种独具特色的民间造型艺术。该镇以温氏公司和忠仁黑蒜公司等农业龙头企业为依托，重点发展生态农业、畜牧业。恒大援建美丽乡村示范项目（忠信现代农业产业园）移交运营，该项目总投资超过5亿元，占地总面积176.53公顷，分为现代新农村区和现代农业产业园区。

【三角镇】 位于县境东南部，东邻大湖镇，西依忠信镇，南接东源县船塘镇、顺天镇。面积44.6平方千米。为县生态工业园所在地。2022年，辖9个村民委员会，人口1.76万人。境内粤赣、汕昆高速公路和国道358线纵横交错并设有进出口（互通枢纽）。经济以农业为主，主要种植水稻、花生、大蒜、水果等。全镇农业总产值2.26亿元。

【大湖镇】 位于县境东南部，东邻绣缎镇，南接东源县，西依三角镇、忠信镇，北与和平县相连，面积78.5平方千米。2022年，辖8个村民委员会、1个社区居民委员会，总人口2.22万人。国道358线贯穿全镇，粤赣高速公路纵跨镇域4个行政村并在湖东村设有互通出口。全镇农业总产值2.16亿元。中共连平县第一个党小组、中共连平县第一个党支部、中共连平县工作委员会都诞生于大湖，建成中共连平县工作委员会旧址展览馆、中共连平县第一个党支部旧址展览馆，获评河源市爱国主义教育基地和河源市中小学生研学实践教育基地。有第五批中国传统古村落大湖寨、第七批广东省古村落何新屋、解放战争迫降战斗遗址白云楼，连通粤赣两省的古驿道。打造大湖古寨“四季花海”“千人宴”文旅品牌。

【绣缎镇】 位于县境东南部，地处连平、和平、东源三县交界处，总面积62.15平方千米。2022年，辖9个村民委员会、1个社区居民委员会，人口1.56万人。粤赣高速、国道358线两条交通大动脉穿镇而过。全镇农业总产值1.55亿元。有市级文物保护单位塔岭烈士陵园，县级文物保护单位文笔塔、天保弟、八斗种遗址、大湖三角战役革命烈士纪念碑及不可移动文物保护单位关爷梗古驿道，有狮子脑战斗遗址、塔岭战斗遗址、大田战斗遗址和倒流水党支部遗址。

【油溪镇】 位于县境东南部，东邻高莞、忠信镇，南依东源县，西靠元善、田源镇，北接内莞镇，面积300平方千米。2022年，辖18个村民委员会、1个社区居民委员会，人口3.74万人。汕昆高速公路和国道358线贯穿境内。全镇农业总产值2.5271亿元。主要农产品有水稻、花生、蒜头、大豆、茶叶、有机葡萄等。广东省最大铁矿企业——大顶铁矿位于辖区内，有白芽嶂林场、九潭河、九嶂石坪自然生态保护区。小溪村蔬菜、石背村茶叶和富乐村肉鸡入选省“一村一品、一镇一业”专业村名单，麒麟山生态园先后获评“广东省重点农业龙头企业”“广东农业公园AAA”“广东省休闲农业与乡村旅游示范点”等。

【高莞镇】 位于县境东南部，东北部与和平县青州镇接壤，东与大湖镇相连，西北毗邻内莞镇，西南与油溪镇为邻，南与忠信镇相连，面积62.5平方千米。2022年，辖10个村民委员会，人口2.47万人。建有容量646万立方米的高莞水库，高莞河从北向南纵贯全镇。全镇农业总产值0.93亿元。主要农产品有水稻、花生、大蒜等。有花生种植示范基地、柑橘和花木等多个种植基地，是省级花生和花木专业镇，有花生加工厂10家，年产值约1.5亿元。矿产资源有钨矿、铁矿和河沙、石灰石等。有凤凰山、麒麟山、灵鹫庵、灵山庵等名胜古迹。

【隆街镇】 位于县境南部，东邻田源镇，南依新丰县马头镇，西连韶关市翁源县，北与溪山镇接壤，面积240.6平方千米。2022年，辖20个村民委员会、1个社区居民委员会，人口4.46万人。境内主要河流属东江水系，有大小河流5条（境内总长86.45千米）。国道105线、大广高速南北贯穿，武深高速东西交会，构成“两纵一横”公路网。全镇农业总产值4.13亿元。盛产花生油、茶叶、甘蔗、丝苗米、砂糖橘、火龙果、优质水产、百叟酱油、东坑生姜、崧岭佛手瓜等优质农副产品。有长沙村大夫第、立新村赖氏宗祠、沐河村文林第、镇南村张义兴围屋等，有红色革命纪念设施隆街革命烈士纪念碑，属省、县级文物保护单位。

【溪山镇】 位于县境西南部，北接元善镇，东南与田源镇相连，西南毗邻隆街镇，面积111平方千米。2022年，辖9个村民委员会，人口1.84万人。国道105线贯穿境内。全镇农业总产值1.7895亿元。特色水果有百香果、火龙果、葡萄、蓝莓、小番茄、三华李等。溪山春牛舞是首批“河源市非物质文化遗产”之一。有百高四角楼、溪东水口庙、溪西儒林第等。有茶峻山党支部遗址、牛形径战斗遗址、智毙“大炮焰”战斗遗址等。

【田源镇】 位于县境东南部，地处新丰江畔，东、南与新丰县相连，西邻隆街镇，北与溪山镇、元善镇接壤，面积129.78千米。2022年，辖7个村民委员会，人口1.38万人。全镇农业总产值1.48亿元。盛产砂糖橘、早熟李、铁皮石斛等，是市级砂糖橘种植技术创新专业镇。有九连山原始森林、田东千年古榕、“连平八景”之一戈罗耸翠、肖屋鱼梁等景点。是年，“作鱼梁”习俗被列入第八批省级非物质文化遗产，摩崖石刻被列入广东省文物保护单位，肖屋村入选广东省文化和旅游特色村，新河村入选市级红色村倍增计划示范点。

2022年连平县领导成员名单

中共连平县委员会

书　记：
陈贤亮（任至7月）
邓小强（7月任职）
副书记：
邓小强（任至7月）
邓　山（任至8月）
黄罡星（8月任职）
张志勇（11月任职）
常　委：
黄运腾（任至6月）
张志勇（任至11月）
钟茂开（任至8月）
周善怀
李世锋（任至11月）
吴秋菊
伍晋龙
戴妮娜
王　峰
张志雄（11月任职）
邓先明（11月任职）
汪田意（8月任职）
阳　曜（7月任职）

连平县人大常委会

主　任：
黄文影
副主任：
谢爱明
严雨华
黄锦平
刘国棠
刘伟明

连平县人民政府

县　长：
邓小强（任至9月）
黄罡星（9月任职）
常务副县长：
黄运腾（任至6月）

周善怀（7月任职）

副县长：

戴妮娜

王　峰

阳　曜（任至8月）

谢石庭

罗中正

李鸿飞

邱文波

熊剑伟（8月任职）

政协连平县委员会

主　席：

李浩平

副主席：

曾建平

蓝志高

杨　伟

廖振辉

曾晓敏

熊剑伟（任至9月）

卢帮燕（9月任职）

中共连平县纪律检查委员会
连平县监察委员会

书记、主任：

钟茂开（书记任至8月，主任任至9月）

汪田意（书记8月任职，主任9月任职）

（梁焕新　简　旭）

河源江东新区

【基本区情】 河源江东新区位于东江东岸，于2014年5月20日正式挂牌成立。2022年，辖临江镇、古竹镇和城东街道，总面积434平方千米，户籍人口11.12万人，常住人口13.33万人。有工业企业130家，规模以上工业企业45家。谋划重大项目62个，完成投资37亿元，产业园区东扩、高铁新城控规调整、河源国家高新区跨江融合发展取得进展。凤凰山学校、华师大附属河源江东星河学校、东江东岸碧道工程等一批工程项目建设中。“江东爱廊·碧道”“江东越王·文道”2条区级乡村振兴示范带规划建设。市委书记、市长“面对面”机制解决463宗群众“急难愁盼”问题。

风景名胜主要有秋香晚泊（永安八景之一）、梧峰夕照（河源八景之一）、越王山、梧桐山公园、江东新区滨江生态景观长廊、道姑岩、鸡啼石山、洗头石盘。红色革命遗址有中共东江特委旧址、陈家祠、中共东江特委第一次党代会旧址、中共东江后方特委旧址、水东抗日井等19处。市级非物质文化遗产有北帝公三月初二巡游节；区级非物质文化遗产有古竹镇杨氏隆益月饼制作技艺、古竹镇越王传说、临江镇农历六月初四举行关帝庙会。

【经济发展概况】 2022年，江东新区地区生产总值71.83亿元，比上年增长0.1%。农业总产值9.03亿元，增长9.3%。固定资产投资下降49.4%。其中，工业投资增长11.0%。社会消费品零售总额18.00亿元，下降3.9%。地方一般公共预算收入1.57亿元，下降50.5%。税收收入4.83亿元，下降51.8%。实际利用外资4.48亿元，增长10.6%。全体居民人均可支配收入27006元，增长7.0%。城镇常住居民人均可支配收入29619元，增长5.7%。农村常住居民人均可支配收入21378元，增长6.8%。新增规模以上工业企业5家，投产项目1个。有省市重点项目24项。其中，省重点项目8项，市重点项目16项。24个省、市重点项目完成投资下降7%。

【产业转移工业园】 河源江东新区产业转移工业园（以下简称“产业园”）位于临江镇，总规划面积23平方千米，可建设利用土地约11平方千米。截至2022年年底，园区投入建设资金约37亿元，完成土地征收约527.2公顷，已完成“七通一平”的用地面积3.5平方千米，已出让土地147.4公顷。园区签约工业项目36个。园区坚持产城融合、创新创业、生态宜居“三位一体”发展，发展现代优势产业集群，加快形成电子信息、先进材料、高端装备制造、医疗健康和汽车配件五大主导产业。

【经贸活动】 2022年8月19日，河源市委、市政府举办河源市2022年新一代电子信息产业系列经贸活动。江东新区签约1个项目，为拓智者科技项目。11月16日，江东新区举行2022年产业类项目集中签约仪式，现场集中签约10个项目，其中5亿元以上项目1个，主要涵盖高端装备制造和先进材料产业。

【临江镇】 位于江东新区中部，与河源市国家级高新技术开发区隔江相望，迎客大桥、东江大桥横跨东江，东环路、迎客大道、河紫路、临古路穿境而过，东江干流及主要支流（柏埔河）径流而过。2022年，辖10个村民委员会、2个社区居民委员会。面积135平方千米。户籍人口3.93万人。全面保障赣深高铁河源东站外环境整治、高铁河源东站交通枢纽、国道205线东移、高铁新城二片区、产业园起步区、群峰用地、巡特警集训基地、产业园东扩等项目的建设用地。

【古竹镇】 位于江东新区南部，东江中游东岸。2022年，辖18个村民委员会、1个社区居民委员会。面积278.1平方千米。户籍人口5.56万人。古竹镇素有“鱼米之乡、工业重镇、商贸之埠”之美誉，是第一批中国特色小镇、全国重点镇、省教育强镇、省级经济开发区、省中心镇、省级眼镜生产专业镇、省卫生镇。有越王山风景区、道姑岩景点，红色文化景点有中共东江特委旧址、中共东江特委第一次党代会旧址、中共东江后方特委旧址、陈家祠等。有百年荔枝文化，有阳光玫瑰葡萄、草莓、圣女果、青枣、西瓜等特色采摘园，双坑土鸡、丝角、留洞甲鱼、岩茶等特色产品闻名遐迩。有全市唯一一个村级党建培训中心——雅色党建培训中心。

【城东街道】 位于江东新区北部，与源城区一江之隔。2022年，辖2个村民委员会、2个社区居民委员会。面积20.9平方千米。户籍人口1.63万人。梧桐山公园坐落在东侧，东江在西侧由北向南流过，东江东路依水而建；内有东江教育城，拥有河源职业技术学院等高等院校和河源技师学院、河源理工学校等中职院校。实施都市经济带动战略，全面保障星河丹堤、保利阅江台、凤凰台学校、东江东路（城东段）、205国道（城东段）东移等项目建设用地需求，加快推进湘商大厦、总部经济区、华师大附属河源江东星河学校、东江东岸碧道等项目建设。

2022年河源江东新区领导成员名单

中共河源江东新区委员会

书　记：

孙宇红（任至6月）

朱永生（6月任职）

副书记：

朱永生（任至6月）

巫志宏

委　员：

邱韶阳

袁作平（任至11月）

朱文东

欧阳勇（11月任职）

黄志辉

刘小业

丘云飞（任至6月）

陈俊辉（8月任职）

邱兆珣

李立明

河源江东新区管理委员会

主　任：

朱永生（任至6月）

杨　志（6月任职）

副主任：

袁作平（任至11月）

朱文东

欧阳勇（1月任职）

黄志辉

刘小业

总经济师：

丘云飞（6月任职）

陈俊辉（8月任职）

中共河源江东新区纪律检查委员会

书　记：

邱韶阳

（邓锦钱）

河源国家高新区

【概况】 2022年，河源国家高新区规上工业增加值140.1亿元，比上年增长2.4%。固定资产投资98.1亿元，增长1.7%。其中，工业投资61.1亿元，增长18.7%；工业技改投资20.83亿元，增长7%。税收收入17.2亿元（含退税4.88亿元），外贸进出口总额74.7亿元。社会消费品零售总额6.4亿元。园区被评为省级加工贸易产业转移园、省级节水标杆园区、科技部火炬中心火炬统计工作先进单位，2家孵化器在国家级科技企业孵化器评价中获评“良好”等级。2022年国家高新区中综合评价排名第九十九位，总增幅（42名）排名全省第一。

【产业建设】 2022年，河源国家高新区新引进投资超亿元项目35个。其中超10亿元项目4个，合同总投资额113.8亿元。新动工项目31个，新投产项目26个。电子信息产业产值和增加值分别为368.5亿元、91.9亿元，比上年分别增长5.8%、9%。食品饮料和水经济产业产值和增加值分别44.3亿元、18.4亿元，分别增长12.4%、15%。机械与模具产业产值和增加值分别36.7亿元、9.9亿元。引进构建以禾望电气、京泉华科技、麦格米特3家A股上市公司为龙头的新能源电子新赛道电子信息产业。跨江融合发展已确定空间融合发展区（规划面积6.67平方千米）的首期开发范围，规划面积1.31平方千米，专项债分配2.35亿元，扩园已经市政府批复，产业融合发展区引进落户首个项目；完成第一年度用地整治提升178.64公顷（目标133.33公顷），全市排名第二；征收土地约54.67公顷，征收房屋（附属物）共约4.15万平方米；电子信息智能制造产业园项目一期第一阶段建设2栋厂房7.45万平方米，村集体生产生活用地合作共建产业厂房工作推进罗塘村7万平方米留用地开发。

【科技创新】 2022年，河源国家高新区超额完成市下达的国高企和科技型中小企业认定任务，高企认定通过41家，存量增至116家，比上年增长19.6%。150家科技型中小企业成功入库，增长10.3%。制定专精特新企业培育方案和建立名录库，21家企业获评省专精特新中小企业，35家企业通过创新型中小企业认定。筛选4家瞪羚企业培养对象、2家企业辅导申报省级新型研发机构、1家企业申报省博士工作站，新增省级工程技术研究中心4家、市级工程技术研究中心5家、市级重点实验室2家。全市首个知识产权协同运营中心和鹏城实验室河源节点项目正式揭牌运营。园区企业通过知识产权质押融资获得贷款2.8亿元，占全市的54.66%，居全市第一。推动企业与河源中职院校建立校企合作实训基地。承办手机创新周暨手机设计大赛、市第二届创新创业大赛。引进“雁归源”、候鸟型人才627人，引进（含柔性）高学历、高级专业技术职称、高技能人才180人。

【营商环境】 2022年，源城区粤政易协同河源国家高新区办公平台全面上线运行，实行工作日“中午不停歇”服务。精简政务服务审批流程，深化企业“一网通办”“一窗通办”“跨域通办”，实现发改立项等事项1个工作日内完成。开展为新建工业企业购买6项免费服务88次，为企业节省建设成本

736万元。开发建设“企业诉求”小程序，推动涉企服务信息化智慧化，企业诉求快速响应机制入选2022年度市深改优秀案例。推动3个工业项目落实“拿地即开工”前期工作。实施“三二一”（三张项目管理台账表、两个服务专班、每周一召开会商督办会议）高效闭环管理制度，建立工业服务首问负责制和首席解答专员机制，对涉企事项全过程闭环管理，收集企业诉求193项，已办结175项。组织83家企业累计申报政策扶持资金2.71亿元。利用“线上+线下”途径发布招聘信息，协助企业招聘员工超2万人。组织召开政银企座谈会7次，协助14家企业融资12.25亿元。组织27家企业参加系列展销会，拓展贸易渠道。

【商务会议中心投入使用】2022年，河源市国家高新区商务会议中心正式投入使用。商务会议中心位于市高新区二路北面、滨江大道西侧，占地面积约1.1万平方米，建筑面积约1.4万平方米，共设有4层，一层设有湖景会议厅、阶梯报告厅、2间VIP洽谈室、自助餐厅及2间餐厅包厢，二层设有展厅/宴会厅、咖啡厅，三层设有多功能厅，地下一层设有78个停车位。商务会议中心已整体承包出租。

【园区企业选介】 中兴通讯（河源）有限公司 中兴通讯（河源）有限公司［中兴通讯（河源）生产研发培训基地］由中兴通讯股份有限公司投资建设，于2010年7月签约落户高新区，总占地面积近200万平方米，总投资约100亿元，分三期建设，是中兴通讯唯一的集研发、生产、培训于一体的综合性科研产业化基地，是省委、省政府关注的重大双转移项目，也是深圳市对口帮扶河源的重点建设项目。主要生产固网设备、交换机&路由器、POWER电源产品、视讯产品等。2022年实现工业总产值74.4亿元。

卓翼科技（河源）有限公司 卓翼科技（河源）有限公司为深圳市卓翼科技股份有限公司全资子公司，于2021年4月注册落户高新区，主要生产、研发、销售通信设备、智能家庭网关、光通信设备、网络设备等产品。项目投资总额50亿元，分两期投资。2022年，实现工业总产值10.4亿元。

2022年，卓翼科技（河源）有限公司生产车间 （河源国家高新区 提供）

今麦郎河源生产基地 今麦郎河源生产基地项目于2019年3月落户市高新区，总投资13.5亿元，占地20公顷，规划建设全国单体厂房最大的面品、饮品生产基地，分面品、饮品两期建设。其中，面品生产基地于2020年12月正式投产，建成6条生产线；饮品生产基地产于2022年7月底正式投产，规划6条高速生产线，已安装3条。2022年，面品、饮品实现工业总产值超5亿元。

农夫山泉广东万绿湖有限公司 农夫山泉广东万绿湖有限公司由农夫山泉股份有限公司投资建设，于2004年4月落户，项目总投资约10亿元，主要生产经营饮用天然水系列、农夫果园系列、运动饮料系列、茶饮料系列等。该公司天然水生产线和热灌装饮料生产线均是国际国内最先进的技术设备，主要从德国、法国、意大利等国引进，有生产线14条。2022年，实现工业总产值20.2亿元。

河源市华益盛模具有限公司 河源市华益盛模具有限公司由深圳市华益盛模具股份有限公司投资建设，项目总投资5亿元，占地约8.9万平方米，建筑面积12万平方米。已安装模具加工设备35台、注塑机30台。

华冠科技（河源）有限公司 华冠科技（河源）有限公司由深圳市溢旭电子有限公司投资建设，于2019年2月签约落户高新区，总投资5亿元，占地面积约4.3万平方米，建筑面积约11万平方米。整个项目计划购置32条贴片生产线及50条组装生产线。2022年，实现工业总产值2.7亿元。

乔丰科技实业（河源）有限公司 乔丰科技河源生产基地由乔丰科技实业（深圳）有限公司投资建设，项目占地5公顷，建筑面积约22.2万平方米，主要建设一栋研发办公楼、三栋厂房、两栋宿舍。

河源市艾佛光通科技有限公司 艾佛光通项目由广州市艾佛光通科技有限公司投资建设，项目总投资5亿元，占地1.47公顷，建筑面积约2.2万平方米，于2022年6月完工试产。该项目建设内容被列入国家发改委、工信部《关于国家“十四五”集成电路产业重大生产力布局规划》，项目的规模化量产，将补齐中国通信产业链条短板，解决中国在5G射频滤波芯片领域的“卡脖子”难题。

河源市禾望电气有限公司 河源市禾望电气有限公司是深圳市禾望电气股份有限公司在河源的子公司，项目整体收购原星晨实业用地及厂房宿舍，并进行厂房及宿舍重新装修，占地面积17.47公顷。

河源市京泉华科技有限公司 河源市京泉华科技有限公司由深圳市京泉华科技股份有限公司投资建设，占地面积7万平方米。 （刘小平）

人物·荣誉

编辑：李文举

全国五一劳动奖章获得者

杨龙峰 男，1971年1月生，广东省梅州市兴宁人，全日制大学专科学历，在职研究生学历，中共党员，呼吸内科主任医师，河源市人民医院内科第三党支部书记、呼吸内科副主任。

他带领病区先后确诊河源市首例“肺奴卡菌病”、罕见病“马尔尼菲青霉菌感染肺炎”、“卡塔格内综合征”（镜面人）等。参与或主持的科研项目屡获河源市科学技术进步奖，并在2021年获得广东省劳模和工匠人才创新工作室，积极培养人才，推广科学技术。新冠疫情防控期间，担任广东省新冠医疗救治专家组成员，经常参加新型冠状病毒疑似病例的会诊排查工作和确诊病人的专家查房工作。曾获得广东省五一劳动奖章、抗疫先进个人、广东省优秀共产党员等称号。2022年获得全国五一劳动奖章。

广东省五一劳动奖章获得者

李丽红 女，1975年8月生，中共党员，河源市第六届兼职督学、源城区委第三轮巡察组干部、源城区第九届人大代表。

她任公园西小学校长后，建立规范完整的办学体系。着力学校的第二个五年规划建设，推进学校特色文化的内涵渗透教育；建立“青年教师成长营”，促进教师的专业成长。立意科研兴校，做教育改革创新的先行者。在其带领下，学校被评选为全国“科技托起强国梦”先进单位、广东省中小学教师能力提升工程2.0示范校、全国青少年校园足球特色学校。个人获得全国百佳教育学术研究带头人、广东省中小学“百千万人才培养工程”名校长、广东省特级教师、河源市先进教育工作者、河源市三八红旗手、河源市优秀指导教师等国家、省、市级奖励20余项。2022年获得广东省五一劳动奖章。

黄丽华 女，1971年10月生,中共党员，国家二级演员，紫金县花朝戏传承发展中心副主任。广东省第十一次党代会代表，河源市三、四、五、六、七、八届人大代表。主演的影响较大的剧目有《梅仙》《花灯案》《卖杂货》等数十个，是花朝戏剧团领衔花旦。曾参加国家、省、市级多项大型赛事，并获得优异成绩。1998年被县委、县政府授予传承和发展花朝戏艺术突出贡献奖，2006年被县委、县政府授予紫金县第一批文化遗产保护积极分子称号，2010年被河源市委宣传部、市文联授予优秀文艺工作者称号，2010年参加中国上海世界博览会“广东活动周”演出，2013年被河源市妇女联合会授予“三八红旗手”称号，2016年被中共广东省委宣传部授予广东省基层宣传文化能人称号，2017年被广东省文化厅命名为广东省省级非物质文化遗产项目花朝戏的代表性传承人。2022年获得广东省五一劳动奖章。

陈绍群 男，1962年4月生，广东澄海人，中共党员，大学本科学历，高级工程师。他担任广东粤电新丰江发电有限责任公司党委书记、董事长期间，带领的党委领导班子，多次获评省国资委先进基层党组织、集团公司先进基层党委。主持实施的机组增容改造、计算机监控系统在大型水电厂的应用等多项工程获广东省电力科学技术一等奖。主持研发的新丰江水库优化调度系统获全国2018年度电力创新成果二等奖。主持水电板块管控模式改革，成立水电平台公司。抢抓机遇，超常规推进两个抽水蓄能电站建设前期工作；践行“30，60”双碳目标，拓展新能源项目取得实效。在2020—2021年东江流域遭遇连旱、特旱时，自觉服务服从全省抗旱保供水大局，严格执行电调服从水调，推进保供水应急措施，得到水利部、省政府和省水利厅、应急厅的肯定。2022年获得广东省五一劳动奖章。

黄蓉芳 女，1981年7月生，广东省河源市龙川县人，中专学历。2021年2月入职河源昆腾电子科技有限公司担任检测员，负责进料、制程巡检及协助剥离力检测等工作，快速熟悉精通业务，执行力强，有奉献及担当精神，自新车间（T2）开线后独当一面，从进料、制程到出货检验，全程有条不紊地进行。

她在业务上刻苦钻研，精益求精。2021年度提出的进料抽检优化方案，使进料检验工作效率提高30%。2021年度个人工作漏检平均0.25次每月（目标：≤1次每月），月度平均绩效得分95分以上。曾获得公司举办的“提质增效”劳动技能竞赛优秀奖，夺红旗争优秀做模范明星员工的“小红旗”旗手等称号。2022年获得广东省五一劳动奖章。

肖　俊 男，1989年3月生，中共预备党员，威创达钟表配件（和平）有限公司生产与技术部经理，威创达钟表机芯产品研发、科技创新、技术管理负责人。

他担任威创达钟表配件（和平）有限公司生产与技术部经理期间，独立完成和主持重大钟表机芯研发课题，加快钟表机芯研发，带领生产技术团队打破国内手表厂不能生产机芯的重大技术难题。2015年后，由他主导研发3个系列机芯产品全部达到客户要求。由他参与研发2066钟表机芯，走时精准，还主导研发2066-1、2069、2071、CD-03等系列机芯并成功推向市场，实现经济效益近2亿元。带领技术团队不断增加硬件、软件投入，引进先进ERP软件、精密和电子化控制的冲床、瑞士和日本的检测设备，确保技术在同行中领先，为威创达钟表企业发展提供重要技术支撑。2022年获得广东省五一劳动奖章。

童丽华 女，1992年5月生，广东龙川人，中国地质大学毕业，会计学学士，2015年5月参加工作，丰稔镇第十八届人大代表，三级研学旅行指导师，生产、餐饮食品安全管理员，龙川县绿誉农业发展有限公司财务。

她一直奋战在一线，到户帮助家乡农户脱贫脱困，并协助公司与当地1200多户茶农和208户贫困户达成合作，三年时间协助公司为贫困农户及贫困村带来955万元的分红收益，并为当地农民工解决就业难题。2021年初协助公司完成广东省林业龙头企业的申报，并顺利通过评选。2018年、2019年、2020年连续3年被公司评为优秀员工。2022年获得广东省五一劳动奖章。

苏瑞菊 女，1976年12月生，广东河源人，1996年12月参加工作，中共党员，西南大学会计专业毕业，大专学历，中国石化销售股份有限公司广东河源石油分公司黄沙加油站站长。

她从普通的加油员做起，立足岗位、甘于奉献26年。新冠疫情防控期间，带头上阵，面对困难时主动迎战，为加油站的经营和服务提升想方设法，打造广东石油样板加油站；她聚焦业务、聚焦客户、聚焦公益，提出“要对每一位顾客都提供有温度的服务”，打造河源市知名的“爱心驿站”，为户外劳动者提供休息场所和爱心补给物资，定期开展社会志愿服务；她以上率下，不惧挑战，深入市场调研，对客户进行精细化分类，对重点客户实施“一户一策”精准化管理，创新推出新产品、增值服务及营销活动，推动黄沙加油站2021年轻油销量1.5万吨，非油品销售额720万元，整站营业额超过2.5亿元。带领的团队先后获得“全国工人先锋号”“全国安康杯优胜班组”“广东省模范加油站”等称号，个人先后获“广东省先进女职工”“最美新时代工人”“优秀共产党员”等称号。2022年获得广东省五一劳动奖章。（黄　翠）

奖项荣誉

2022年第一季度
“广东好人”名单（1名）

敬业奉献（1名）

钟宇洋 广东绿然灯塔农产品物流有限公司东源分公司董事长

2022年第二季度
“广东好人”名单（1名）

敬业奉献（1名）

周小亮 江东新区临江专职消防队队长

2022年第三季度
“广东好人”名单（2名）

敬业奉献（2名）

黄伟森 和平县公安局一级警员

谢振威 龙川县老隆消防救援站政治指导员

2022年广东新时代好少年名单（1名）

钟锶颖（女） 河源市第一中学学生

2022年广东省学雷锋志愿服务先进典型（8个）

最美志愿者（3个）

贾彬彬 河源市消防安全志愿者服务队

李雪梅 河源市新客家人志愿者服务队

廖伟梅 河源市红十字会志愿者公益宣传服务队副队长

最佳志愿服务项目（1个）

百万家庭教育公益讲师星火培育计划项目

最佳志愿服务组织（2个）

河源市源城区源西街道白领头村志愿者服务队

河源市文化馆志愿服务队

最美志愿服务社区（2个）

河源市源城区新江街道龙尾坝社区

河源市连平县元善镇南湖社区

2022年岭南童谣获奖名单（2个）

《心向党》 省级原创童谣优秀作品

三等奖

《记得锡自家》省级原创童谣优秀作品三等奖

全国“人民满意的公务员”

杨智辉 河源市生态环境局综合科科长

2022年度河源市共青团系统单位个人获得省部级以上表彰荣誉名单

共青团河源市委员会被团省委评为“2022年度广东共青团工作先进单位”

全市共青团系统单位个人获得团中央表彰荣誉（6个）

团河源市委学少部部长凌玉婷被共青团中央评为“全国优秀共青团干部”

河源市第一小学少先队员邱芷莹被共青团中央评为“全国优秀少先队员”

河源高级中学团委被共青团中央评为“全国五四红旗团委”

河源市博爱学校少先队大队辅导员罗运明被共青团中央评为“全国优秀少先队辅导员”

河源市源城区新江街道朱门亭社区被共青团中央评为“团支部全国五四红旗团支部”

河源市紫金县城第六小学少先队大队、河源市龙川县第一小学飞翔中队被共青团中央评为“全国优秀少先队集体”

河源市共青团系统单位获得省级表彰荣誉

广东省五四红旗团委（2个）

河源市龙川县四都镇团委

河源市东源县广州大学附属东江中学团委

广东省五四红旗团支部（3个）

中华人民共和国河源海关团支部

河源市连平县溪山镇百高村团支部

河源市龙川县黄布镇大广村团支部

广东五四红旗团委标兵（1个）

河源市连平县连平中学团委

2021—2022年度“广东省少先队红旗中队”（6个）

少先队河源市第三小学大队书香悦耳中队

少先队河源市新河实验学校（小学部）大队太阳花中队

少先队河源市源城区埔前镇中心小学大队五（8）中队

少先队河源市东源县叶潭中学大队七一中队

少先队河源市紫金县（区）紫城镇第一小学学校大队五（1）中队

少先队河源市源城区深圳中学河源实验学校大队七（4）中队

2021—2022年度“广东省少先队红旗大队”（4个）

少先队河源市源城区公园东小学大队

少先队河源市紫金县城富士康希望小学大队

少先队河源市和平县阳明镇新社学校大队

少先队河源市连平县第二小学大队

2021—2022“广东省少先队先进学校”（2个）

河源市第一中学

河源市源城区越王小学

学雷锋活动示范点（2个）

国家税务总局和平县税务局第一税务分局

河源市老隆消防救援站

广东省最佳志愿服务组织（2个）

河源市源城区源西街道白岭头村志愿者服务队

河源市文化馆志愿服务队

广东省最佳志愿服务项目（1个）

河源市：百万家庭教育公益讲师星火培育计划

广东省最美志愿服务社区（2个）

河源市源城区新江街道龙尾坝社区

河源市连平县元善镇南湖社区

河源市共青团系统个人获得省级表彰荣誉

广东省优秀共青团干部（5个）

谢昕晟 河源市源城区人民检察院团支部书记

周 瑶 河源市和平县华强（和丰）中学团委副书记

杨芬芬 河源市第一小学大队辅导员

刘 瑜 河源市东源县黄田镇团委副书记

邓建基 共青团河源市委组宣部部长

广东省优秀共青团员（14个）

孔思爱 河源市紫金县中医院急诊科护士

黄慧婷 河源市龙川县第一小学教师

李思玲 河源市龙川县气象局预报员

黄桂杰 河源职业技术学院电子与信息工程学院20级计算机网络技术2班学生

肖 萌 河源市连平县志愿者协会干事

邹 珝 河源市紫金县敬梓镇干部（中联村原主任助理）

黄嘉琪 河源市东源县船塘镇人民政府“三支一扶”人员

李 炜 河源市源城区财政局干部（埔前镇莲塘岭村原主任助理）

马浩垣 河源市龙川县铁场镇人民政府生态环保办公室负责人

江柳思 河源市紫金中学高三（16）班学生

叶润娴　河源市东源县广州大学附属东江中学高三（2）班学生

陈　珠　河源市和平县职业技术学校2020级（1）班学生

叶　颖　河源市龙川县隆师中学高三（8）班学生

温俊豪　河源市体育运动学校中三（3）班学生

第七届“最美南粤少年”

美德好少年

邱芷莹　河源市第一小学

才艺好少年

韩菲儿　河源市第一中学

2021—2022年度“广东省优秀少先队辅导员”（5个）

邱慧良　河源市第一中学七（2）中队辅导员

曾　蓓　河源市源城区雅居乐小学中队辅导员

何春燕　河源市东源县第二小学大队辅导员

陈　果　龙川县人民检察院第三检察部主任、龙川县老隆镇第三小学少先队校外辅导员

刘中华　河源市和平县大坝镇中心小学大队辅导员

2021—2022年度“广东省优秀少先队员”（25个）

阳梦洁　少先队深圳中学河源实验学校大队七（4）中队

黄万山　少先队河源市第二中学大队五（2）中队

李竑彬　少先队河源市第一中学大队八（11）中队

吴智言　少先队河源市第四小学大队六（1）中队

朱彦漫　少先队河源市第三小学大队五（9）中队

曹子萱　少先队河源市第二小学大队五（7）中队

邓　琳　少先队河源市第一小学大队六（1）中队

陈莱希　少先队源城区金沟湾小学大队五（3）中队

刘芷舟　少先队源城区雅居乐中学大队八（7）中队

董承灏　少先队源城区雅居乐小学大队四（六）中队

邓　芮　少先队源城区汇景诚信小学大队三（1）中队

刘俊安　少先队东源县美的城小学大队五（1）中队

李雨馨　少先队东源县崇文学校大队八（7）中队

陈汧慧　少先队东源县第一小学大队四（3）中队

曹　晴　少先队和平县和丰中学大队八（7）中队

黄峻熙　少先队和平县大坝镇中心小学大队四（1）中队

李亦蓝　少先队和平县阳明镇第二小学大队五（6）中队

卢桂英　少先队龙川县上坪镇中心小学大队六（2）中队

杨咏安　少先队龙川县老隆镇维嘉小学大队二（4）中队

孙　睿　少先队紫金县上义中心小学大队四（3）中队

王婧妤　少先队紫金县深圳龙华紫金实验学校大队八（4）中队

黄健翔　少先队紫金县城第六小学大队五（4）中队

李俊涛　少先队紫金县中山实验学校大队五（1）中队

曾靖珂　少先队连平县第二小学大队六（2）中队

曾昀辉　少先队连平县第一小学大队五（2）中队

2021—2022年度“广东省优秀少先队工作者”（2个）

罗毅芳　河源市紫金县城第六小学政教处副主任、学校少工委委员

曾锦军　河源市连平县第二小学少工委主任

广东省最美志愿者（3个）

贾彬彬　河源市消防安全志愿者服务队

李雪梅　河源市新客家人志愿者服务队

廖伟梅　河源市红十字志愿者公益宣传队副队长

岗位学雷锋标兵（2个）

冯燕平　河源市和平县青州镇山塘村村委委员

刘威辰　河源市紫金县紫城消防救援站战斗员

（温思静）

2022年河源市妇联工作所获省部级以上荣誉名单

全国五好家庭（2个）

古志奋家庭

刘天娇家庭

全国最美家庭（2个）

钟锐锋家庭

郭　嫣家庭

全国巾帼建功先进集体（1个）

广东省南粤交通龙连高速公路管理处监控中心

全国巾帼建功标兵（2个）

孟　宇　河源市深河人民医院（南大学附属第五医院）副院长

赖金凤　河源市图书馆馆长

全国巾帼文明岗（3个）

国家税务总局河源市税务局党建工作科

龙川县妇幼保健院健康体检中心

广东万绿湖旅游经营管理有限公司票务部

广东省巾帼文明岗（6个）

河源市打击治理电信网络新型违法犯罪中心

中华人民共和国河源海事局政务中心

河源中学英语教研组

国家税务总局河源市源城区税务局第二税务分局

河源市紫金县妇幼保健计划生育服务中心妇女保健科

中国移动通信集团广东有限公司河源分公司连平西部分局

广东省三八红旗手（3个）

黄　赟　河源市生态环境局生态环境执法监督科科长

马洁萍　河源海关查检科科长

李浩云　河源市人民医院党办主任

广东省三八红旗集体（2个）

河源市“12345”政务服务便民热线

河源市文化馆

广东省五好家庭（2个）

沈小华家庭

梁剑英家庭

广东省最美家庭（5个）

李惠花家庭

张紫珍家庭

罗美新家庭

赖素梅家庭

谢袖珍家庭

（吴　璁）

2022年度河源市公安系统获省部级以上荣誉或项目一览表

表12

序号	类别	姓　名	单　位	荣　誉	授奖单位	授奖时间
1	集体		河源市强制隔离戒毒所病残吸毒人员收治大队	全国优秀公安基层单位	公安部	2022年5月8日
2	集体		河源市看守所女子中队	全国公安机关爱民模范集体	公安部	2022年5月8日
3	集体		河源市公安局出入境办证大厅	全国青年文明号	共青团中央	2022年8月18日
4	个人	陈宏荣	河源市公安局源城分局	全国优秀人民警察	公安部	2022年5月8日
5	个人	黄滨强	龙川县公安局	全国优秀人民警察	公安部	2022年5月8日
6	个人	张志灵	紫金县公安局	全国优秀人民警察	公安部	2022年5月8日
7	个人	甘　敏	河源市公安局源城分局	个人一等功	公安部	2022年6月24日
8	个人	黄伟森	和平县公安局	个人一等功	公安部	2022年6月24日
9	个人	林智慧	河源市公安局源城分局	广东省依法治省工作先进个人	广东省委	2022年9月

（宋永鸿）

2022年度河源市检察机关获省部级以上荣誉或项目一览表

表13

序号	表彰奖励事项名称	受奖集体名称／受奖个人姓名职务	授奖单位	授奖时间
1	2021年打击危险废物环境违法犯罪和重点排污单位自动监测数据弄虚作假违法犯罪专项行动表现突出个人	陈肇武　河源市东源县人民检察院党组成员、副检察长	生态环境部办公厅、中华人民共和国最高人民检察院办公厅、中华人民共和国公安部办公厅	2022年1月
2	全省检察机关2021年度政工信息工作先进个人	杨林华　河源市人民检察院政治部副主任	广东省人民检察院	2022年2月

续表13

序号	表彰奖励事项名称	受奖集体名称/受奖个人姓名职务	授奖单位	授奖时间
3	“双先”表彰先进个人	何召锋 河源市人民检察院第二检察部副主任	广东省人力资源和社会保障厅 广东省人民检察院	2022年2月
4	“双先”表彰先进个人	梁艳莉 河源市龙川县人民检察院 第三检察部主任	广东省人力资源和社会保障厅 广东省人民检察院	2022年2月
5	全省检察机关2021年度 政工信息工作先进集体	政治部 河源市人民检察院	广东省人民检察院	2022年2月
6	“双先”表彰先进集体	第二检察部 河源市人民检察院	广东省人力资源和社会保障厅 广东省人民检察院	2022年2月
7	2021年度全省优秀调研人员	张小燕 河源市人民检察院第二检察部主任	广东省人民检察院	2022年3月
8	全省检察机关“民事执行监督 典型案例”	连平县人民检察院	广东省人民检察院	2022年3月
9	第十届全国检察机关文明接待室	龙川县人民检察院	中华人民共和国最高 人民检察院	2022年3月
10	个人二等功（教育整顿工作）	蓝聪 河源市人民检察院第一检察部主任	广东省人民检察院	2022年4月
11	个人三等功（教育整顿工作）	叶小雄 河源市龙川县人民检察院 党组成员、副检察长	广东省人民检察院	2022年4月
12	个人三等功（教育整顿工作）	张聪 河源市东源县人民检察院第二检察部主任	广东省人民检察院	2022年4月
13	个人三等功（教育整顿工作）	黄艾华 河源市源城区人民检察院办公室主任	广东省人民检察院	2022年4月
14	嘉奖（教育整顿工作）	吴乐乐 河源市和平县人民检察院办公室科员	广东省人民检察院	2022年4月
15	嘉奖（教育整顿工作）	曾伟民 河源市连平县人民检察院 第三检察部二级检察官助理	广东省人民检察院	2022年4月
16	嘉奖（教育整顿工作）	何世林 河源市连平县人民检察院 党组成员、副检察长	广东省人民检察院	2022年4月
17	嘉奖（教育整顿工作）	李远兴 河源市紫金县人民检察院政治部副主任	广东省人民检察院	2022年4月
18	嘉奖（教育整顿工作）	张清文 河源市紫金县人民检察院政治部科员	广东省人民检察院	2022年4月
19	集体三等功（教育整顿工作）	河源市人民检察院 检察队伍教育整顿综合宣传组	广东省人民检察院	2022年4月
20	集体嘉奖（教育整顿工作）	东源县人民检察院 检察队伍教育整顿办秘书综合专项组	广东省人民检察院	2022年4月
21	集体嘉奖（教育整顿工作）	检察队伍教育整顿办综合宣传专班 龙川县人民检察院	广东省人民检察院	2022年4月
22	集体嘉奖（教育整顿工作）	检察队伍教育整顿办综合组 源城区人民检察院	广东省人民检察院	2022年4月
23	2022年度全省检察机关十佳文化品牌	“民法典+非遗木偶戏”品牌 龙川县人民检察院	广东省人民检察院	2022年5月
24	优秀办案故事	龙川县人民检察院	广东省人民检察院	2022年10月
25	2022年度全国检察宣传先进个人	何志雄 河源市人民检察院 法律政策研究室副主任	检察日报社	2022年11月

续表13

序号	表彰奖励事项名称	受奖集体名称/受奖个人姓名职务	授奖单位	授奖时间
26	全省新时代“五好”基层检察院	东源县人民检察院	广东省人民检察院	2022年11月
27	全省新时代“五好”基层检察院	和平县人民检察院	广东省人民检察院	2022年11月
28	全省新时代“五好”基层检察院	紫金县人民检察院	广东省人民检察院	2022年11月
29	广东省检察机关第一届行政检察优秀法律文书	连平县人民检察院	广东省人民检察院	2022年11月

（谢童瑶）

2022年度河源市法院系统获省部级以上荣誉或项目一览表

表14

序号	获奖集体/个人	表彰项目	授奖单位	授奖时间
1	曾贵芳	广东省三八红旗手	广东省妇女联合会	2022年3月
2	连平县人民法院诉讼服务中心	巾帼文明岗	广东省妇女联合会	2022年3月
3	黄莉	全国优秀法官	最高人民法院	2022年11月
4	紫金县人民法院	为群众办实事示范法院	最高人民法院	2022年12月

（李文慧）

2022年度河源市消防救援支队获省部级以上荣誉和立功人员一览表

表15

序号	姓名	部职别	所获荣誉	授奖单位	授奖时间	简要事迹
1	陈亚秋	河源市消防救援支队紫城消防救援站班长	广东省岗位学雷锋标兵	中共广东省委宣传部	2022年3月	入队后，陈亚秋奋战在灭火救援一线，出警450多次，抢救被困人员60多人，疏散被困人员130多人。担任大队轻骑兵消防宣传员，军训学生150余人次，开展消防培训80多课时
2	李文新	河源市消防救援支队东源县消防救援大队中级专业技术职务	个人三等功	国家消防救援局	2022年6月	2021年10月至2022年3月，参加北京2022年冬奥会、冬残奥会消防安保工作。在北京期间，时刻以饱满的工作热情、昂扬的斗志奋斗在第一线，及时有效地清除一大批消防安全隐患，完成冬奥会开闭幕式及彩排安保任务
3	滕　坤	河源市消防救援支队河紫路消防救援站政治指导员	2022年三防工作表现突出个人	广东省防汛防旱防风总指挥部办公室　广东省应急管理厅	2022年12月	在2022年“5·10”抗洪抢险救援中，主动请战、攻坚克难、勇挑重担，带领全体消防救援人员战胜艰难险阻，营救被困人员26人

（李　伟）

河源广播电视台2022年度获省部级表彰获奖一览表

表16

序号	获奖单位（个人）	获奖作品名称	获奖等次	评奖单位	获奖时间
1	河源广播电视台（周欣媛、廖璐、邓勇辉、刘志棠、张玲玲）	《河源设立首个“办不成事”反映窗口 专治各类“疑难杂症”》	获2021年度广东新闻奖新闻类二等奖	广东省新闻工作者协会 广东省新闻学会	2022年11月
2	河源广播电视台（江礼贤）	《扶贫纪录片的“非典型”呈现——以纪录长片〈厚土之上〉为例》	获2021年度广东新闻奖论文类二等奖	广东省新闻工作者协会 广东省新闻学会	2022年11月
3	河源广播电视台（练楚茹、李宁、邹俊钦、李玉贤、曾敏、邹蔼茬、叶伟祺）	《〈河源市革命旧址保护条例〉解读系列报道》	第30届广东人大新闻奖（广播电视类）三等奖	广东省人大常委会办公厅 广东省新闻工作者协会	2022年7月
4	河源广播电视台（陈盛开、黄世翻、张文裕）	《赣深高铁正式开通运营 河源进入“高铁时代” 广东实现“市市通高铁”》	2021年度广东省广播影视奖新闻类广播短消息一等奖	广东省广播电视局	2022年8月
5	河源广播电视台（高伟、杨一慧、汪希静、王婧怡）	《深圳帮扶干部与赣深高铁的五年之约》	2021年度广东省广播影视奖新闻类电视长消息一等奖	广东省广播电视局	2022年8月
6	河源广播电视台（吴静燕、廖健英、陈盛开、王振宇）	《心怀阳光向前——关注青少年抑郁症》	2021年度广东省广播影视奖节目类广播社教节目二等奖	广东省广播电视局	2022年8月
7	河源广播电视台（焦洋）	《活出健康》	2021年度广东省广播影视奖播音主持类广播节目主持作品二等奖	广东省广播电视局	2022年8月
8	河源广播电视台（江礼贤）	《扶贫纪录片的“非典型”呈现——以纪录长片〈厚土之上〉为例》	2021年度广东省广播影视奖论文类广播电视内容创作研究论文二等奖	广东省广播电视局	2022年8月
9	河源广播电视台（张文裕、黄世翻、梁小群）	《百名党员话初心系列报道》	2021年度广东省广播影视奖新闻类广播系列、连续及组合报道三等奖	广东省广播电视局	2022年8月
10	河源广播电视台（朱玮珺、赵卫明、王锐、张昭、黄世翻、陈盛开）	《起红谣》	2021年度广东省广播影视奖节目类广播剧三等奖	广东省广播电视局	2022年8月
11	河源广播电视台（练楚茹、成明珠、邹俊钦、缪俊芳、王婧怡）	《赣深高铁今日通车 河源迈进“高铁时代”》	2021年度广东省广播影视奖新闻类电视短消息三等奖	广东省广播电视局	2022年8月
12	河源广播电视台（周欣媛、廖璐、邓勇辉、刘志棠、张玲玲）	《河源设立首个“办不成事”反映窗口 专治各类“疑难杂症”》	2021年度广东省广播影视奖新闻类电视短消息三等奖	广东省广播电视局	2022年8月
13	河源广播电视台（邵彤、杨洁琼、陈欣、蔡晓璐、胡琼、黄柯盛）	《乡村振兴河源大擂台》	2021年度广东省广播影视奖节目类电视栏目三等奖	广东省广播电视局	2022年8月
14	河源广播电视台（胡琼）	《乡村振兴河源大擂台——龙川县佳派村》	获2021年度广东省广播影视奖播音主持类电视节目主持作品三等奖	广东省广播电视局	2022年8月

续表16

序号	获奖单位（个人）	获奖作品名称	获奖等次	评奖单位	获奖时间
15	河源广播电视台（周凤娟、王杰、吴俊杰、徐林、汪希静）	《百年前的这些河源青年，干了惊天动地的大事》	2021年度广东省广播影视奖节目类网络短视频三等奖	广东省广播电视局	2022年8月
16	河源广播电视台（吴静燕、刘澈）	《知法守法 城市更文明》	2021年度广东省广播影视奖公益广告类广播公益广告短作品三等奖	广东省广播电视局	2022年8月
17	河源广播电视台（江礼贤、陈伟兵、冯轩、江悦北）	脱贫攻坚题材纪录电影《厚土之上》	2021年中国优秀南派纪录片优秀作品	中国电视艺术家协会电视纪录片学术委员会、广东省广播电影电视协会纪录片专业委员会	2022年4月
18	河源广播电视台	—	“飞越广东”融合传播奖	广东广播电视台	2022年5月

（胡　萍）

2022年河源市文学艺术界获省级以上奖项一览表

表17

序号	获奖作品	获得奖项	备注
1	冯燕花（燕此）小说《寻找善良之光》	获2022年冰心儿童文学新作奖	文学类
2	胡云秀的小小说《志远叔的秘密》	入选《2021中国精短小说年选》	
3	胡云秀的小小说《风雨中的老师》	入选《广东省小小说5年精选》	
4	吴湘的诗歌《今天非常想你》	入选《中国当代爱情诗100首》	
5	黄敏锋论文《浅谈大湾区城市开展诗教工作的“四大工程”》	获首届粤港澳大湾区中华诗词文化论坛论文征集“优秀奖”	
6	曾小燕《五绝·大有阁听琴》 欧丽娅《七绝·春笋》 詹柳青《七绝·乡遇》 曾善辉《踏莎行·登霍山》	分别获全国“第五届中国百诗百联”大赛“入围奖”	
7	邓旭的散文《硬币》	获首届刘成章散文奖	
8	曾善辉《五律·谒紫金苏区血田》	获首届“永安杯”全国诗歌大赛“三等奖”	
9	彭子桥《沁园春·紫金蝉茶》 黄小云《紫金蝉茶》	分别获首届“永安杯”全国诗歌大赛“入围奖”	
10	诸小华《游万绿湖》 罗贤花《游康禾仙坑村》	分别获“岭南杯”诗词大赛“优秀奖”	
11	张福来《浣溪沙·南湖遐想》 黄日新《游西樵山》	分别获由广东中华诗词学会主办的“迎接党的二十大”广东诗词大赛“优秀奖”	

续表17

序号	获奖作品	获得奖项	备注
12	山歌调情景剧《炬火高擎》	获广东省“寻迹·讲好红色法治故事”语言类法治文艺作品评选大赛金奖	戏剧类
13	李郁声作词作曲的《仙湖顶上茶飘香》	获广东省“农行杯”乡村音乐原创歌曲大赛三等奖	
14	黄伟均作词的歌曲《春雨打芭蕉》	参加广东省音乐家协会主办的“喜迎二十大，奋进新征程”——‘青主杯’第八届（2022）惠州原创歌曲作品征集展演优秀作品获得三等奖	
15	李远飞作词的歌曲《我的家乡那么美》	参加广东广西贵州三省联合举办的乡村振兴原创音乐大赛获得三等奖	音乐类
16	郑荣新的客语童谣《记得锡自家》	获“强国复兴有我”2022年岭南童谣征集传唱活动三等奖	
17	郑荣新的原创歌曲《好人》	入选广东省音乐家协会主办的“春风拂南粤 文明耀广东”精神文明建设主题歌曲征集活动	
	刘强红作品《心外无物》	在首届中国水彩静物画展中获入会资格作品	
19	叶国强作品《绿色报道之十五》	入选首届中国水彩静物画展	
20	袁晓丽作品《春风江上接归航》	入选“多彩·2022”第六届全国女画家作品展	
21	叶春海作品《碧水松韵》	在2021“子恺故里 风雅桐乡”全国中国画大展中获入会资格作品	
22	袁晓丽作品《落花时节又逢君》	入选第四届中国粉画展	
23	钟伟勇国画《筑牢防线为人民》	获“中央援港 同心抗疫”——广东省美术书法作品展优秀奖（具备入会资格）	
24	刘强红水彩画《清零》 吴乐宣传画《一线》 叶均正油画《爱港抗疫》	分别入选“中央援港 同心抗疫”——广东省美术书法作品展	
25	张梦苑油画《新启程》 邝伟芳版画《砥砺奋进新征程》	分别获“岭南艺象”——2022新时代美术创作作品展优秀奖（具备入会资格）	美术类
26	张志红国画《梦想女孩》 曹欢欢油画《美好生活之最美夕阳红》 柳丁榕油画《瞭望南社古镇》 孙细妹油画《末班地铁》 肖长春水彩画《平安小巷2》 罗夏溪水彩画《一·线之间》 何秋娟水彩画《讨价还价》 邓秋娟水彩画《追梦人》 卢丽青漆画《妈妈的百宝箱》 陆敏珊漆画《皴山染水色》 陈晓婷版画《非遗传承·提线木偶》	分别入选“岭南艺象”——2022新时代美术创作作品	
27	刘晓君《闲看小狸奴》 陆晓珊《琴声何来》 蒙可《洛桑卓玛》	分别获第二届广东省青年漆画展暨“江门漆画”参加巴西国际艺术博览会32周年邀请展优秀奖（具备入会资格）	

续表17

序号	获奖作品	获得奖项	备注
28	何梦莹《奶爸日记》 黄民雄《立秋》 江振锋《山花烂漫映华彩》 张莹芬《呵护》	分别入选第二届广东省青年漆画展暨“江门漆画”参加巴西国际艺术博览会32周年邀请展	
29	曹欢欢油画《棋语》 李延周水粉《农产品新销路》 巫鹏油画《深秋与仲夏》 游志安油画《百年陈酿》	分别获广东省小幅油画、水彩粉画作品展优秀奖（具备入会资格）	
30	黄永聪水粉《橱窗里的故事》 孙细妹油画《老城新风》 肖长春水粉《槎城小巷1》 许伟生油画《安静午后》 黄惠珍油画《厚宝街》	分别入选广东省小幅油画、水彩粉画作品展	
31	肖长春《走向新时代》 潘如良《新时代·金果甜》	在悲鸿风度·首届油画双年展中，作品分别入选	
32	肖长春《功成身退》 熊志华《暖》 钟力为《铁骨·负重前行》	分别获“青绿梧桐2022广东省水彩画展”优秀奖(具备入会资格)	
33	贺雪东《幸福的路是走出来的》 刘强红《心外无物NO.3》 刘睿《一路阳光》 罗夏溪《一线之间》 许伟生《温馨三孩》 黄锐《回乡》	分别入选“青绿梧桐2022广东省水彩画展”	美术类
34	温兴庆版画《老红军戎马一生的见证》 许伟生油画《东江纵队遗址》	分别入选庆祝中国人民解放军95周年全国美术作品展览暨15届全军美术作品展览并获入会资格作品	
35	张梦苑油画《奋进》	入选“青春之城·活力之都”中国画、油画作品展	
36	韦向华水彩画《校园无处不飞花》	入选中国道路·美好生活——全国美术作品展览	
37	叶国强油画《乡村振兴之喜羊羊》 邹宇国画《白夜行》 刘榕榕国画《筑梦天筝》 张梦苑油画《奋勇前进》 钟力为水彩画《铁骨·英雄凯旋》 温兴庆版画《暖阳》 游志安油画《纯粮陈酿》	分别入选岭南新气象——广东喜迎党的二十大美术作品大展并具备入会资格，温兴庆版画《暖阳》被收藏	
38	邹武军版画《解释艰苦奋斗》	获岭南新气象——广东喜迎党的二十大美术作品大展优秀奖	
39	何梦莹作品《夜的乐章》	获临山观海——首届广东综合材料绘画研究展优秀奖	
40	丘汉青《同心抢险敢当先》 涂志平《时间就是生命》 许远忠《斜阳》	分别入选临山观海——首届广东综合材料绘画研究展（具备入会资格）	

续表17

序号	获奖作品	获得奖项	备注
41	吴乐《开拓者》 邹宇《小情人之十一·少年梦》 陆晓珊《游乐园》 钟伟勇《秋意援风起》	分别获广东省第八届漆画作品展优秀奖	美术类
42	刘亢《顶天立地》 刘晓君《悠咪》 江振锋《山花烂漫映华彩》 何梦莹《奶爸日记》 张仁芬《最美的风景在路上》	分别入选广东省第八届漆画作品展（具备入会资格）	
43	邹宇《少年与春天》 陈俊锋《春风暖时家山新》	分别获“中国砚都 雄才故里”——中国画作品双年展优秀奖（具备入会资格）	
44	钟伟勇作品《留风遗韵·红装》	入选第四届全国（宁波）综合材料绘画双年展	
45	邬富春国画《圣境·净土》	获广东省第十六届美术书法摄影联展银奖	
46	李樱芳水彩画《国家记忆——北凌绝顶 1960年中国首次登顶珠穆朗玛峰》 肖长春水粉画《阳光小巷Ⅱ》 熊丽华版画《孕·时光》	分别获广东省第十六届美术书法摄影联展铜奖（具备入会资格）	
47	陈雪梅国画《欣欣向荣》 肖琦油画《时和年丰》	分别获广东省第十六届美术书法摄影联展优秀奖	
48	王慧芬《古文观止选抄》 叶水招《节录小窗幽记》 周翠薇《宋词一首》	分别被评为“奋斗百年路·启航新征程”粤港澳女书法家书法篆刻作品展入展作品	书法类
49	王慧芬《咏刻唐诗》	被评为第二届“卫夫人杯”全国书法篆刻大展入展作品	
50	肖渊雄《唐诗选抄》 钟月亮《明袁崇焕诗五首》 周翠薇《袁崇焕诗十二首》 彭伟雄《问天赋》	分别被评为第二届“袁崇焕杯”全国书法大赛入展作品	
51	王慧芬《袁崇焕》 李浩《袁崇焕诗词》 湛志锋《袁崇焕督辽诗行草》 谢意生《康有为题袁督师庙联》	分别被评为第二届“袁崇焕杯”全国书法大赛入展提名作品	
52	谢丰荣《记子美逸诗》	获得广东省第十六届美术书法摄影作品联展书法铜奖	
53	曾静《牡丹赋》节选	被评为广东省第十六届美术书法摄影联展优秀作品	
54	曾静《黄庭经》《东坡题跋》节选 黄文建《临北魏元桢墓志》《迦蓝记》节选	分别被评为首届广东省书法篆刻临创展入展作品	
55	蒋翔宇《宋人轶事选录》	被评为2022“中国书法·年展”全国行书、草书作品展优秀作品	
56	蒋翔宇《节录杨沂孙在昔篇》	被评为江苏省首届杨沂孙杯展览入展作品	
57	蒋翔宇《黄山谷诗选录》	被评为江西省第三届“黄庭坚奖”书法创作大展入展作品	
58	蒋翔宇《缙云诗选录》	被评为“李阳冰杯”首届全国书法篆刻大展入展作品	

续表17

序号	获奖作品	获得奖项	备注
59	蒋翔宇《赵孟頫诗选抄》	被评为第三届"赵孟頫杯"全国书法篆刻展入展作品	书法类
60	蒋翔宇《快雨堂题跋选录》	被评为浙江省第二届"王羲之杯"书法艺术大展提名奖	
61	叶水招《弘扬伟大建党精神选抄》	被评为"弘扬伟大建党精神"广东书法特展入展作品	
62	湛志锋诗《弹琴》 周翠薇《灵壁张氏园亭记》	分别被评为"大沥杯"广东省第七届中青年书法篆刻作品展入展作品	

2022年度河源市文学艺术界获省级以上荣誉一览表

表18

序号	单位/人员	获得荣誉
1	市流行音乐协会	获得广东省流行音乐协会"2021年度先进工作集体"称号
2	吴文波、蓝彬文、叶金煌	分别获得广东省流行音乐协会2022年度"广东优秀音乐人"称号
3	市国际标准舞协会	获得2022中国广东国际标准舞全国公开赛暨广东省第六届标准舞·拉丁舞锦标赛优秀组织奖、"诺贝尔瓷砖"2022中国广东标准舞·拉丁舞巡回赛（河源站）暨第四届河源市标准舞·拉丁舞锦标赛优秀组织奖、2022中国广东标准舞·拉丁舞巡回赛（潮汕站）优秀组织奖

（黄伟忠）

逝世人物

刘炳增 原任河源市第一届、第二届人大常委会副主任，1932年10月出生于广东省兴宁市，1952年6月参加工作，1955年2月加入中国共产党。1952年6月后，任河源县船塘、城镇、东埔等公社征收员；1956年10月后，任河源县东埔公社财粮助理、团委书记；1958年11月后，先后任河源县东埔公社党委办主任、党委副书记、书记；1969年1月后，任河源县东埔公社革委会主任；1970年2月后，任惠阳地区农林水战线革委会副主任；1973年4月后，任河源县革委会副主任；1981年1月后，任河源县委常委、副县长；1988年3月后，任河源市林业局局长；1988年5月后，任河源市监察局局长；1992年10月后，先后当选河源市第一届、第二届人大常委会副主任；2000年1月退休。2022年11月27日上午，在河源逝世，享年90岁。（黄伟杨）

社会经济统计资料

编辑：曾红艳

统计公报

2022年河源市国民经济和社会发展统计公报

河源市统计局 国家统计局河源调查队

2023年4月4日

2022年，是我国踏上全面建设社会主义现代化国家，奋进第二个百年奋斗目标新征程的重要一年。河源坚持以习近平新时代中国特色社会主义思想为指导，深入学习贯彻党的二十大精神，坚决贯彻落实党中央、国务院决策部署和省委、省政府工作要求，坚持稳中求进工作总基调，完整、准确、全面贯彻新发展理念，高效统筹疫情防控和经济社会发展，统筹发展与安全，扎实推动稳经济一揽子政策措施落地落实，经济社会平稳健康发展，民生保障有力有效，发展质量持续提升。

一、综合

根据广东省地区生产总值统一核算结果，2022年河源实现地区生产总值（初步核算数）1294.57亿元，比上年增长1.0%。其中，第一产业增加值162.41亿元，增长4.7%，对地区生产总值增长的贡献率为56.3%，拉动地区生产总值增长0.6个百分点；第二产业增加值469.15亿元，增长0.5%，对地区生产总值增长的贡献率为17.9%，拉动地区生产总值增长0.2个百分点；第三产业增加值663.01亿元，增长0.5%，对地区生产总值增长的贡献率为25.2%，拉动地区生产总值增长0.2个百分点。三次产业结构由上年的12.0：36.5：51.5调整为12.6：36.2：51.2，第一产业所占比重比上年提高了0.6个百分点，第二产业和第三产业所占比重比上年均回落0.3个百分点。人均地区生产总值45563元，增长0.9%。

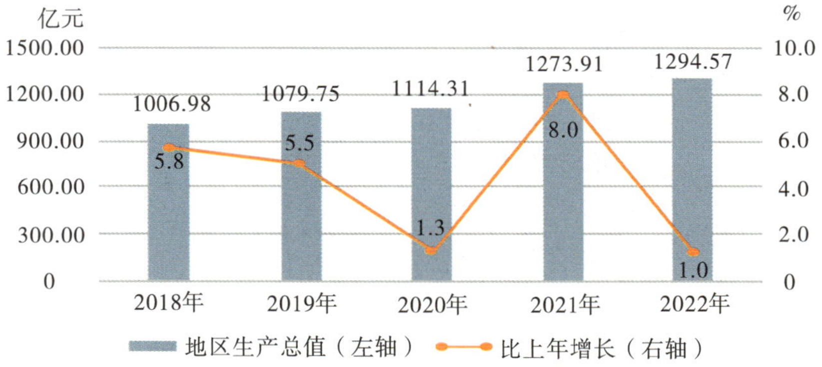

图1 2018—2022年河源市生产总值及其增速

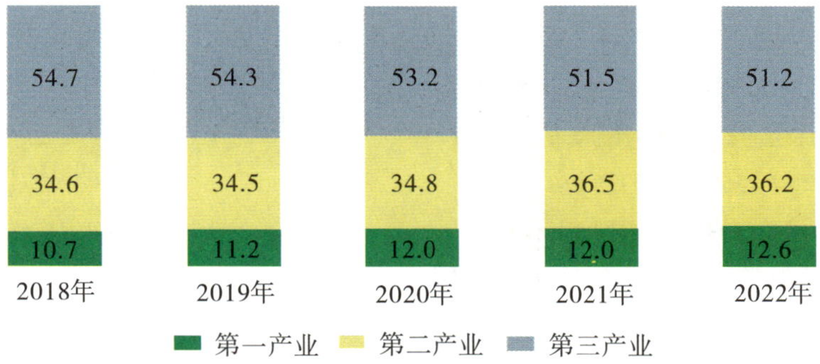

图2 2018—2022年河源市三次产业结构（%）

分县区看，源城区地区生产总值532.23亿元，占全市比重的41.1%；东源县地区生产总值172.31亿元，和平县地区生产总值128.98亿元，龙川县地区生产总值171.41亿元，紫金县地区生产总值189.39亿元，连平县地区生产总值100.26亿元；其中，江东新区地区生产总值71.83亿元。

年末，全市常住人口284.17万人，比上年末增加0.08万人，其中城镇常住人口142.80万人，常住人口城镇化率50.25%，比上年末提高0.5个百分点。年末户籍总人口371.27万人，比上年末减少0.67万人。

全年城镇新增就业27401人，城镇失业人员实现再就业7546人，就业困难人员实现再就业2430人。年末城镇实有登记失业人员为11375人，城镇登记失业率控制在3%以内。实施创业培训150人，促进创业人数2056人，创业带动就业6421人。

全年居民消费价格总指数（CPI）比上年上涨1.8%，分类别看，八大类商品呈“五升二降一持平”，交通和通信类上涨4.0%，医疗保健类上涨3.9%，食品烟酒类上涨2.6%，教育文化和娱乐类上涨2.2%，其他用品和服务类上涨0.3%；居住类持平；生活用品及服务类下降0.2%，衣着类下降2.1%。服务价格指数上涨0.8%，商品零售价格指数上涨2.2%，工业生产者出厂价格指数（PPI）上涨1.4%。

二、农业

农林牧渔业总产值253.67亿元，比上年增长4.9%；其中，农业产值145.13亿元，增长3.8%；林业产值43.92亿元，增长4.7%；牧业产值53.64亿元，增长7.1%；渔业产值6.72亿元，增长3.2%；农林牧渔专业及辅助性活动产值4.27亿元，增长8.0%。

全年粮食种植面积13.4万公顷，比上年增加1079公顷。糖料种植面积676公顷，比上年增加70公顷；油料种植面积2.45万公顷，比上年增加195公顷；蔬菜种植面积4.08万公顷，比上年

2022年居民消费价格比上年涨跌幅度情况表

表19

指　标	价格指数（上年=100）	比上年涨跌幅度（%）
居民消费价格	101.8	1.8
服务价格	100.8	0.8
消费品价格	102.4	2.4
食品烟酒	102.6	2.6
食品	102.7	2.7
其中：粮食	99.3	-0.7
薯类	110.4	10.4
豆类	100.0	0
食用油	112.3	12.3
菜及食用菌	107.0	7.0
畜肉类	89.7	-10.3
禽肉类	107.7	7.7
水产品	104.6	4.6
蛋类	110.3	10.3
奶类	107.6	7.6
干鲜瓜果类	105.5	5.5
糖果糕点类	101.4	1.4
茶及饮料	100.4	0.4
烟酒	104.0	4.0
在外餐饮	102.0	2.0
衣着	97.9	-2.1
居住	100.0	0
生活用品及服务	99.8	-0.2
交通和通信	104.0	4.0
教育文化和娱乐	102.2	2.2
医疗保健	103.9	3.9
其他用品和服务	100.3	0.3
商品零售价格	102.2	2.2

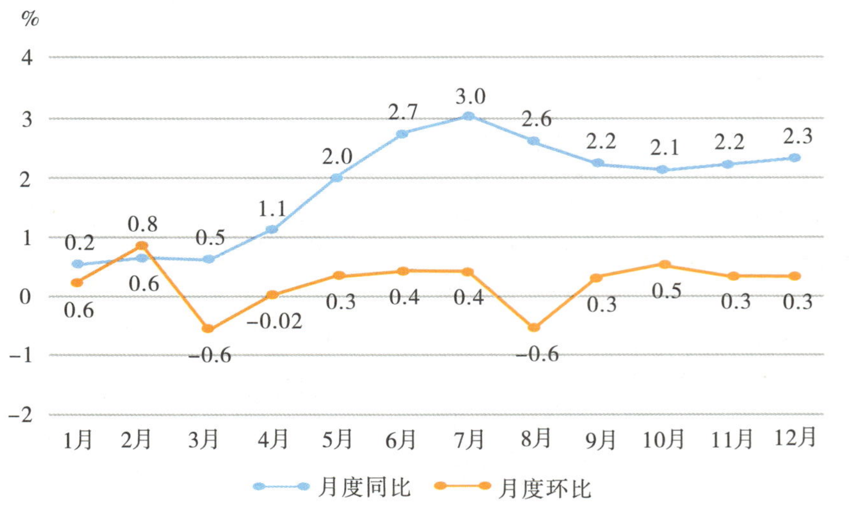

图3 2022年居民消费价格月度涨跌幅度

增加1459公顷。全年粮食总产量81.54万吨，其中稻谷产量77.48万吨，增长0.2%。花生产量7.93万吨，增长0.7%；甘蔗产量5.10万吨，增长9.8%；蔬菜及食用菌产量83.11万吨，增长4.2%；水果产量47.23万吨，增长5.3%；茶叶产量0.83万吨，增长0.5%。水产品总产量4.90万吨，增长4.0%。

全年畜禽肉总产量18.86万吨，比上年增长7.5%。其中，猪肉产量10.78万吨，增长6.7%；禽肉产量7.64万吨，增长9.1%。年末生猪存栏94.66万头，增长24.9%；生猪出栏136.40万头，增长5.5%。

2022年主要农产品产量及其增长速度情况表

表20

产品名称	计量单位	产　量	比上年增长（%）
粮食	万吨	81.54	0.5
#稻谷	万吨	77.48	0.2
花生	万吨	7.93	0.7
甘蔗	万吨	5.10	9.8
蔬菜及食用菌	万吨	83.11	4.2
水果	万吨	47.23	5.3
茶叶	吨	8227	0.5
生猪存栏量	万头	94.66	24.9
生猪出栏量	万头	136.40	5.5
出售和自宰家禽	万羽	5705.13	11.8
肉类总产量	万吨	18.86	7.5
#猪肉	万吨	10.78	6.7
禽肉	万吨	7.64	9.1
水产品总产量	万吨	4.90	4.0

全年农机补贴486.69万元。年末农业机械总动力82.27万千瓦，比上年增加1.34万千瓦。农村用电量14.92亿千瓦时，比上年增长4.4%。全市现有实施“公司+农户+基地”经营模式的市级以上农业龙头企业292家，其中本年新增市级20家。辐射带动农户39.2万户，户均增收3300元。

三、工业和建筑业

全年实现全社会工业增加值378.98亿元，比上年增长2.5%。年末全市共有规模以上工业企业637家，其中年产值超亿元的202家。实现规模以上工业增加值363.51亿元，增长2.4%。分所有制类型看，国有企业增加值下降4.3%，股份制企业增加值增长4.6%，外商及港澳台商投资企业增加值下降2.4%，其他经济类型企业增加值下降6.5%。分轻重工业看，轻工业增加值增长0.7%，重工业增加值增长3.0%。

高技术制造业增加值136.06亿元，比上年增长6.3%，其中，电子及通信设备制造业增长6.6%，计算机及办公设备制造业增长5.7%，医疗及仪器仪表制造业增长11.3%。

先进制造业增加值184.22亿元，比上年增长3.7%，其中，高端电子信息制造业增长5.6%，先进装备制造业增长0.2%，先进轻纺制造业下降3.5%，新材料制造业增长1.2%，石油化工产业增长5.6%，生物医药及高性能医疗器械业增长1.9%。

优势传统产业增加值66.65亿元，比上年下降12.8%，其中，家用电力器具制造业下降46.3%，纺织服装业下降1.4%，食品饮料业增长0.4%，家具制造业下降24.9%，建筑材料业下降26.2%，金属制品业增长0.2%。

六大高耗能行业增加值比上年增长1.1%，其中，电力、热力生产和供应业增长21.2%，黑色金属冶炼及压延加工业下降12.3%，非金属矿物制品业下降26.6%，化学原料和化学制品制造业增长5.6%，有色金属冶炼及压延加工业增长1.0%。

全市规模以上工业实现营业收入1430.58亿元，增长3.2%；利润总额33.28亿元，下降36.0%。资产负债率61.50%，比上年提高2.26个百分点；资本保值增值率100.43%，比上年下降1.34个百分点；流动资产周转率2.30次；成本费用利润率2.40%，下降1.44个百分点；全员劳动生产率22.58万元/人年，比上年提高0.49%；产品销售率95.30%，比上年提高0.22个百分点。

全市工业园区规模以上工业企业506家，比上年增加47家；实现工业增加值295.91亿元，增长1.2%；实现入库税收28.20亿元，下降12.9%。

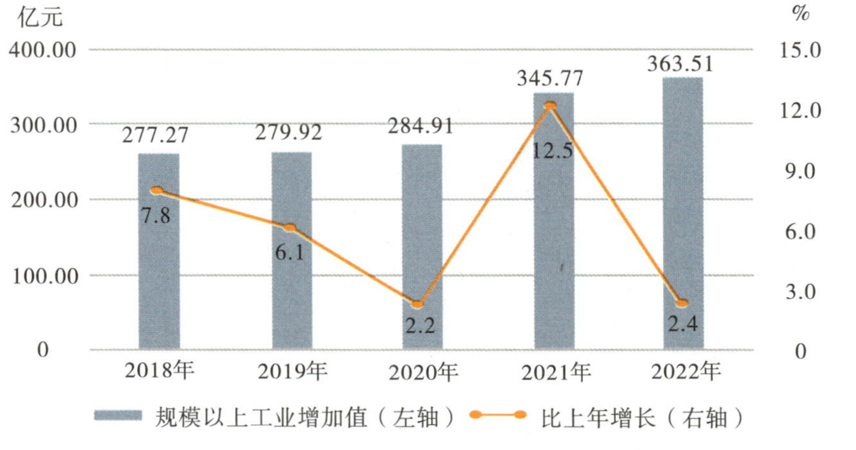

图4 2018—2022年规模以上工业增加值及其增速

2022年主要工业产品产量及其增长速度情况表

表21

产品名称	计量单位	产　量	比上年增长（%）
铁矿石原矿量	万吨	394.45	-43.9
发电量	亿千瓦时	166.30	55.6
软饮料	万吨	325.36	10.5
服装	万件	914.50	17.4
人造板	万立方米	9.45	7.0
皮革鞋靴	万双	911.40	-7.0
化学原料药	吨	697.40	8.7
中成药	吨	7830	-6.0
塑料制品	吨	62986	-7.0
水泥	万吨	245.44	-29.0
瓷质砖	万平方米	1921.64	6.4
钢材	万吨	287.23	19.9
模具	万套	31.49	-19.0
粗钢	万吨	177.48	0.03

全年全市建筑业增加值81.07亿元，按可比价格计算，比上年下降8.3%。总承包和专业承包企业完成建筑业总产值170.49亿元，增长6.0%。年末具有资质等级以上建筑施工企业180家，比上年增加16家。

四、服务业

全年全市非营利性服务业增加值211.48亿元，增长4.9%；营利性服务业增加值77.15亿元，增长2.7%；金融业增加值76.80亿元，增长1.4%；批发和零售业增加值130.32亿元，增长0.7%；交通运输、仓储和邮政业增加值22.67亿元，下降5.8%；房地产业增加值120.86亿元，下降6.2%；住宿和餐饮业增加值21.82亿元，下降6.4%。现代服务业增加值316.52亿元，下降1.9%。

全年规模以上服务业企业实现营业收入77.45亿元，比上年增长4.8%；利润总额3.91亿元，比上年增长68.5%。分行业看，信息传输、软件和信息技术服务业营业收入增长10.1%，卫生和社会工作营业收入增长10.0%，教育业营业收入增长22.8%，租赁和商务服务业营业收入下降3.7%，科学研究和技术服务业营业收入下降6.9%，居民服务、修理和其他服务业营业收入下降12.5%。

全年旅客运输总量854.65万人，下降13.8%，旅客运输周转量9.06亿人千米，下降17.2%；货物运输总量5768.6万吨，下降11.9%，货物运输周转量52.67亿吨千米，下降6.0%。

年末全市公路通车里程达17362.8千米，比上年增加30.1千米，其中高速公路里程712.4千米。

年末全市民用汽车保有量达54.69万辆，比上年末增长6.4%，其中，私人汽车49.87万辆，增长6.7%。民用轿车保有量34.66万辆，增长8.1%，其中，私人轿车32.86万辆，增长8.4%。

全年完成邮电业务总量33.09亿元，比上年增长16.2%。其中，邮政业务总量7.13亿元，增长5.0%；电信业务总量25.96亿元，增长19.6%。年末电话总用户309.0万户，比上年末增长1.1%；其中，固定电话用户27.76万户，移动电话用户281.24万户。年末4G移动电话用户213.26万户，比上年末减少18.3万户。年末（固定）互联网宽带接入用户86.99万户，比上年末增加2.84万户。年末移动互联网用户244.62万户，增长7.4%。

2022年旅客运输量与货物运输量及其增长速度情况表

表22

指　标	计量单位	总　量	比上年增长（%）
旅客运输总量	万人	854.65	-13.8
公路	万人	833.13	-14.5
水运	万人	21.52	22.3
旅客运输周转量	万人千米	90851.05	-17.2
公路	万人千米	89670.55	-17.6
水运	万人千米	910.5	56.6
货物运输总量	万吨	5768.6	-11.9
公路	万吨	5494.30	-15.5
水运	万吨	274.3	532.1
货物运输周转量	万吨千米	526732.59	-6.0
公路	万吨千米	478396.52	-13.0
水运	万吨千米	48336.07	365.4

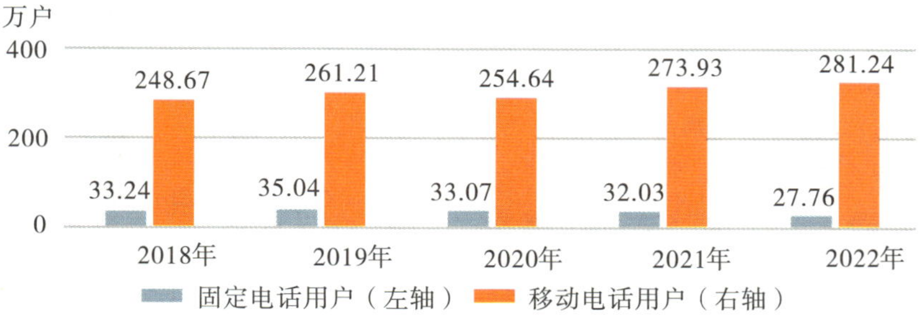

图5 2018—2022年末固定电话和移动电话用户

五、固定资产投资

全年固定资产投资比上年下降29.3%。分产业看，第一产业投资下降45.5%，第二产业投资下降16.9%，第三产业投资下降33.5%。民间投资下降35.6%，占固定资产投资的比重为51.9%。基础设施投资下降26.3%，占固定资产投资的比重为35.0%，其中，城市建设投资增长7.5%。先进制造业中，石油及化学业投资增长12.3%；优势传统工业中，家用电力器具制造业和金属制品业投资分别增长36.8%和19.9%。分行业看，科学研究和技术服务业，住宿和餐饮业，水利、环境和公共设施管理业投资分别增长53.9%、28.1%和16.0%。

全年共安排190个重点建设项目，其中，年度投资额在1000万—5000万元的项目5个，年度投资额在5000万—1亿元的项目59个，年度投资总额1亿元以上的项目126个。114个项目完成或超额完成年度投资任务，部分生产性项目、全局性重大项目建设取得突破性进展，晟源永磁材料、紫金县聚飞鑫光电子产品生产基地、连平万洋众创城（一期）、市水产业园（一期）、源城区中山路幼儿园等62个项目顺利开工建设；今麦郎饮品河源生产基地、科逸家居（龙川）整体浴室生产基地、东源东瑞现代农业生态养殖基地、和平县全域自然村集中供水工程、紫金县佑文中学等26个项目相继竣工或投产。

全年房地产开发投资下降49.1%。按用途分，商品住宅投资下降45.8%；办公楼投资下降45.1%；商业营业用房投资下降76.6%。全市商品房销售面积256.86万平方米，下降35.7%；商品房销售额144.37亿元，下降45.0%。

全年完成城镇保障性安居工程住房投资额0.72亿元，比上年下降65.4%。

全年新增35千伏及以上变电站5座，容量51.2万千伏安，35千伏及以上输电线路185.96千米，10千伏及以下配变660台，容量17.7万千伏安，配电线路6287.5千米。

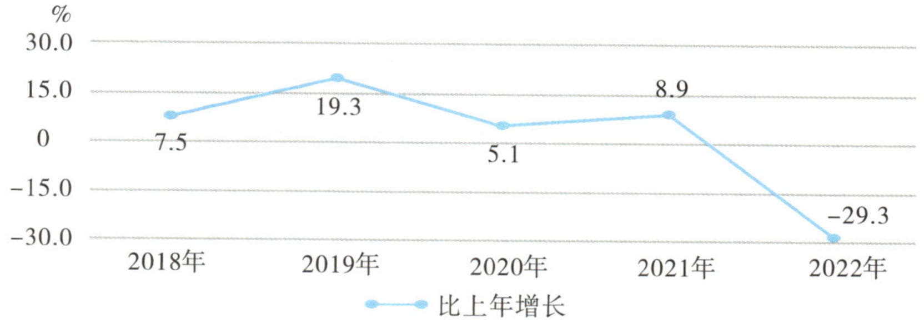

图6 2018—2022年固定资产投资增长速度

六、国内贸易

全年社会消费品零售总额378.01亿元，比上年下降2.5%。按经营地统计，城镇消费品零售额289.22亿元，下降1.9%；乡村消费品零售额88.79亿元，下降4.4%。从消费类型看，商品零售348.88亿元，下降2.3%；餐饮收入29.14亿元，下降4.4%。限额以上单位实现零售额122.70亿元，下降6.2%。

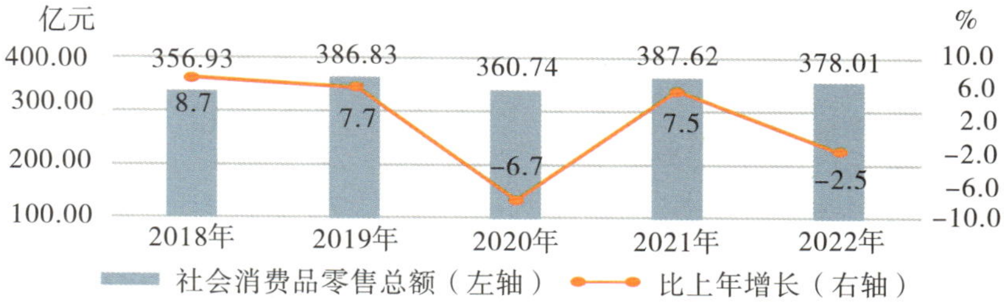

图7 2018—2022年社会消费品零售总额及增速

表23

2022年限额以上批发零售业商品零售分类情况表

指　标	总量（万元）	比上年增长（%）
合计	1055558.2	-5.1
粮油、食品类	77684.0	6.7
饮料类	9546.1	-20.6
烟酒类	20198.4	5.3
服装、鞋帽、针纺织品类	7285.2	-32.8
化妆品类	2083.3	-13.0
金银珠宝类	8431.0	-30.3
日用品类	26373.5	-4.5
五金、电料类	2373.5	-6.2
体育、娱乐用品类	188.0	16.8
书报杂志类	12732.4	6.9
家用电器和音像器材类	30248.6	-13.3
中西药品类	69486.3	10.2
文化办公用品类	7919.4	-32.7
家具类	4934.3	-20.6
通信器材类	13673.9	0.9
石油及制品类	365465.5	-10.3
建筑及装潢材料类	5397.4	-39.7
机电产品及设备类	4890.0	-4.5
汽车类	383987.2	-1.0
其他未列明商品类	2660.2	12.6

七、对外经济

全年货物进出口总额243.8亿元，比上年下降20.6%。其中，出口总额193.9亿元，下降21.4%；进口总额49.9亿元，下降17.2%。

年末，全市工商登记在册的外商及港澳台商投资企业1917家，比上年减少380家。全年签订利用外商直接投资项目36个，实际利用外商直接投资11.38亿元，比上年增长7.3%。

八、财政金融

全年全市地方一般公共预算收入71.64亿元，按可比口径计算（剔除留抵退税）比上年下降10.7%；其中，税收收入36.31亿元，下降（剔除留抵退税）21.3%，非税收入35.33亿元，增长6.0%。一般公共预算支出333.79亿元，比上年下降3.4%；其中，民生支出合计261.92亿元，增长0.3%；卫生健康、社会保障和就业、文化传媒与体育支出分别同比增长8.9%、5.9%和3.4%。

年末，全市金融机构本外币各项存款余额1647.28亿元，比上年末增长5.1%；其中，住户存款余额1163.96亿元，增长11.4%。年末金融机构本外币各项贷款余额1756.15亿元，比上年末增长5.1%。年末个人综合消费贷款余额为166.92亿元，比上年增长11.2%；个人住房贷款余额721.55亿元，增长1.3%。年末全市金融机构不良贷款余额25.63亿元，比上年增长29.86%，不良贷款率为1.46%，比上年末上升0.28个百分点。金融机构税后净利润18.68亿元，下降41.49%。

全市入驻证券经营机构（营业部）9家。证券代理交易额3117.91亿元，比上年下降1.5%。证券客户交易结算资金余额6.78亿元，下降1.2%；指定与托管证券市值为88.94亿元，增长17.5%；年末证券投资者开户数（资金户）为33.48万户（其中B股1163户），比上年末增长3.9%。

全市保险公司29家，其中财产保险主体17家，人寿保险主体12家。全年实现保费收入38.56亿元，比上年下降

2022年货物进出口总额及其增长速度情况表

表24

指 标	总量（亿元）	比上年增长（%）
货物进出口总额	243.8	-20.6
货物出口额	193.9	-21.4
其中：一般贸易	69.7	5.7
加工贸易	123.9	3.5
其余方式	0.3	-99.5
货物进口额	49.9	-17.2
其中：一般贸易	15.0	-22.9
加工贸易	34.8	-11.2
其余方式	0.1	-96.4
货物净出口额（出口减进口）	144.0	-22.7

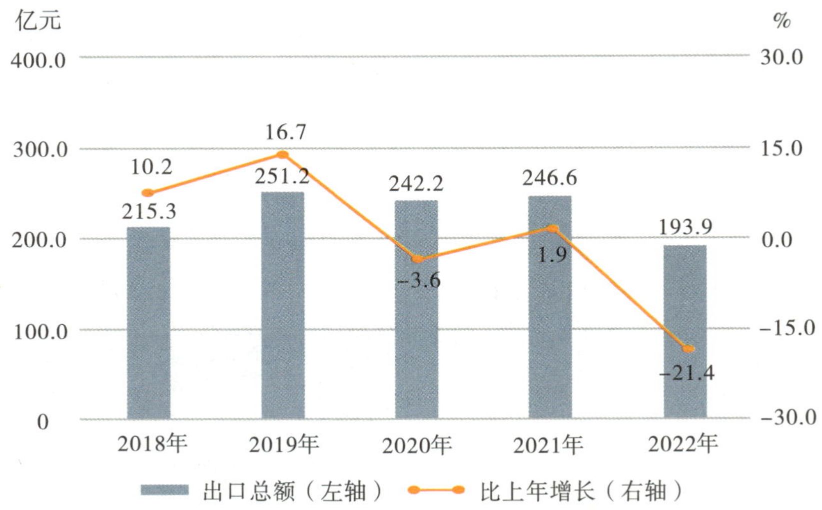

图8 2018—2022年出口总额及增长速度

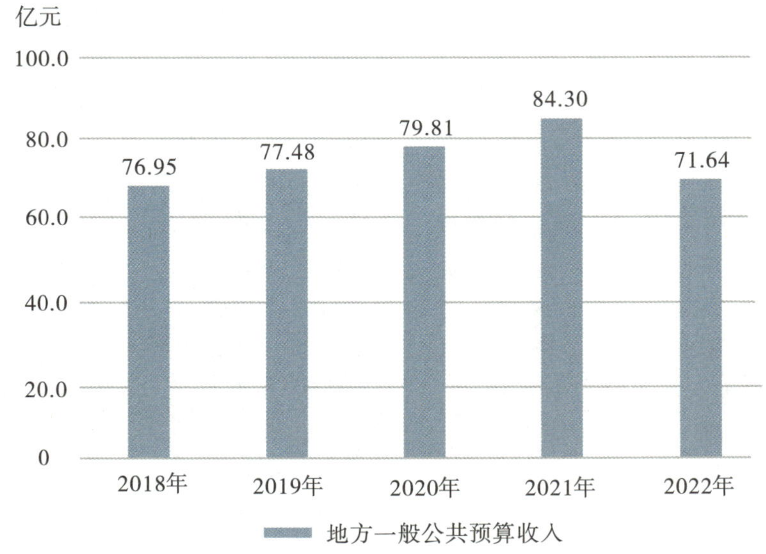

图9 2018—2022年地方一般公共预算收入

2022年年末全部金融机构本外币存贷款及其增长速度情况表

表25

指　标	年末数（万元）	比上年增长（%）
金融机构各项存款余额	16472776	5.1
境内存款	16378777	5.2
住户存款	11639551	11.4
非金融企业存款	1885515	-13.6
机关团体存款	2640335	0.1
财政性存款	208498	-21.4
非银行业金融机构存款	4878	-85.9
境外存款	93999	-14.3
金融机构各项贷款余额	17561457	5.1
境内贷款	17540669	5.1
住户贷款	10642725	4.9
短期贷款	715157	2.0
中长期贷款	9927569	5.1
企（事）业单位贷款	6897944	5.4
短期贷款	1607214	-17.2
中长期贷款	4568760	13.1
境外贷款	20788	-6.9

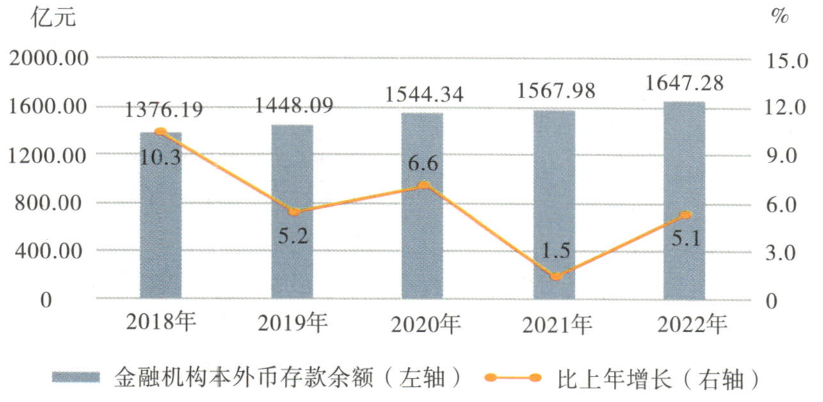

图10 2018—2022年金融机构本外币存款余额及增速

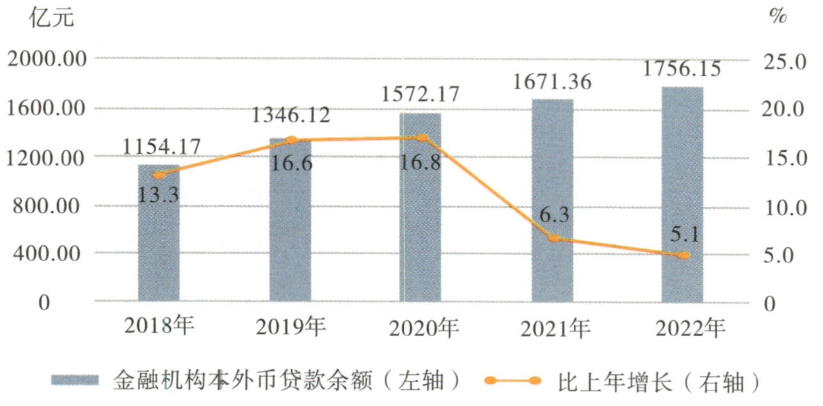

图11 2018—2022年金融机构本外币贷款余额及增速

10.0%。其中，财产保险保费收入20.26亿元，增长41.5%；人身保险保费收入18.30亿元，下降35.9%。全年共支付各项赔款及给付16.83亿元，增长1.5%。其中，财产保险赔款支出12.65亿元，增长61.0%，人身保险赔付支出4.17亿元，下降52.2%。

九、人民生活和社会保障

全年全体居民人均可支配收入25825元，比上年增长4.9%，扣除价格因素，实际增长3.0%。其中，城镇居民人均可支配收入31518元，比上年增长3.5%，扣除价格因素，实际增长1.7%；农村居民人均可支配收入20190元，比上年增长5.4%，扣除价格因素，实际增长3.6%。城乡居民收入差距由上年的1.59：1缩小为1.56：1（农民收入为1）。全体居民人均生活消费支出18426元，增长2.2%，扣除价格因素，实际增长0.4%。其中，城镇居民人均生活消费支出20214元，增长0.2%，扣除价格因素，实际下降1.6%；农村居民人均生活消费支出16656元，增长4.0%，扣除价格因素，实际增长2.1%。全体居民恩格尔系数为40.3%，城镇居民恩格尔系数为39.8%，农村居民恩格尔系数为40.9%，分别比上年上升0.6、0.6和0.7个百分点。

年末全市参加城镇基本养老保险55.94万人，净增1.64万人，其中，职工43.24万人，净增0.94万人；离退休人员12.69万人，净增0.70万人。参加城镇基本失业保险29.50万人，净增0.51万人，失业保险金标准为1458元/月。参加工伤保险39.67万人，净增1.12万人；其中参保农民工15.35万人。参加生育保险47.65万人，净增6.84万人。城镇职工基本医疗保险参保人数52.55万人，比上年增加9.03万人。参加城乡居民基本医疗保险人数252.16万人，减少14.31万人；城乡居民基本医疗保险基金支出总额24.43亿元，受益人口达82.28万人。

全市享受低保救济的困难群众达75372人，其中城镇5637人，农村69735人。共发放低保救济金4.31亿元，比上年下降1.3%。全市各类收养性社会福利单位床位767张，收养人数304人。全年销售社会福利彩票2.36亿元，筹集社会福利公益金0.26亿元，分别比上年增长11.6%和13.0%。全市党群服务中心201个，比上年增加9个。

十、教育和科学技术

全市共有幼儿园565所，在园幼儿11.08万人；学前教育幼儿毛入园率为98.69%，比上年提高0.11个百分点；小学359所，在校学生29.45万人，学龄人口入学率100%；普通中学201所，其中，初级中学109所，高级中学17所，完全中学14所，一贯制学校61所（九年一贯制学校55所，十二年一贯制学校6所）；初中在校学生16.23万人，初中学龄人口入学率100%，高中在校学生8.03万人，比上年增加5642人。本市各类中等职业教育学校15所，在校生3.26万人,比上年增加0.54万人。技工学校在校生10254人。

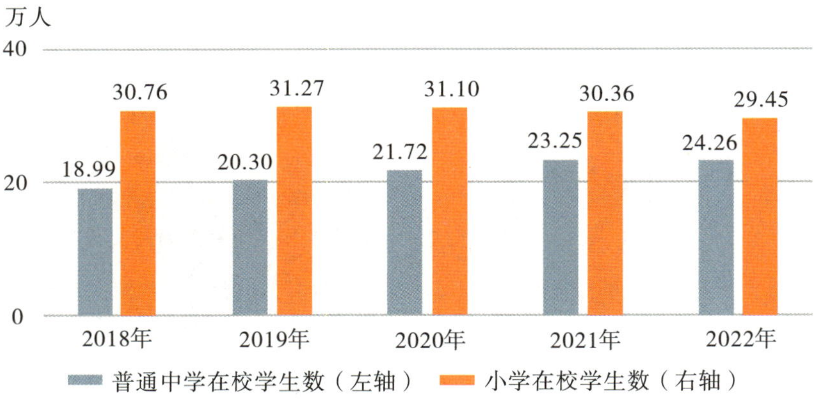

图12 2018—2022年各类教育在校学生数

全市共组织实施国家、省级各类科技计划项目56项；省级工程技术研究开发中心98个，其中本年新增7个；高新技术企业348家，本年新增57家。

十一、文化、旅游、卫生和体育

年末全市共有群众文化事业机构124个，其中文化馆7个、乡镇（街道）文化站100个；年末全市共有各类专业艺术表演团体5个；县级以上公共图书馆7个，馆藏量达298.84万册（件），全年总流通221.5万人次；博物馆8个，历史文物藏品7.70万件；档案馆8个，馆藏量50.84万卷。广播电视台6座，年末全市有线电视用户43.48万户。出版各类报纸2种，发行1541.59万份。

全年接待旅游总人数574.67万人次，比上年下降11.6%。其中，国内游客574.34万人次，下降11.6%；入境游客0.33万人次，下降34.6%。旅游住宿设施接待过夜游客267.45万人次，下降15.9%。全年实现旅游总收入41.60亿元，下降18.6%。年末，全市各类旅行社共77家，其中旅行社总社65家，分社12家；已评定的星级饭店16家，其中五星级饭店1家，四星级饭店2家；A级景区24个，其中国家AAAA级旅游景区9个。

全市共有各类卫生机构2016个（含农村卫生站及村级医疗点），其中医院、卫生院166个，专科疾病防治机构6个，妇幼保健院7个，疾病预防控制中心7个，卫生监督检验机构6个。各类卫生机构拥有床位2.06万张，比上年增长0.6%；其中医院、卫生院床位1.81万张，增长1.8%。各类卫生技术人员22892人，增长6.6%；其中执业医师5237人，增长9.3%；执业助理医师2330人；注册护士10975人，增长8.7%。全市已建立农村卫生站及村级医疗点1508个。全年无偿献血29976人次，献血量1081.6万毫升。

全市农村清洁卫生水普及率达100%，农村自来水普及率达99%，农村卫生厕所普及率达97%。

全市体育健儿在参加省级以上各类重大比赛中，共获得金牌19枚、银牌13枚，其中获得全国体育比赛金牌5枚。全年共举办各类群众体育竞赛和体育活动150次，体育人口达115万人。

十二、资源、环境和安全生产

全市水资源总量160.4亿立方米，比上年增加103.1亿立方米。年降水量1935.59毫米，比上年增加67.9%。年末全市大型水库蓄水总量98.22亿立方米，比上年增加45.21亿立方米。

全市能源消费总量452.10万吨标准煤，同比下降0.8%；全市规模以上工业综合能源消费量当量值为330.52万吨标准煤，增长30.0%。初步核算，全市单位生产总值能耗下降1.8%，单位工业增加值能耗下降3.3%。全社会用电量117.21亿千瓦时，增长1.3%；其中，工业用电量61.73亿千瓦时，下降1.4%。

全年完成低产低效林改造面积5014公顷（含油茶低改701公顷）；年末实有封山育林面积15.81万公顷，增长2.3%；全民义务植树576.93万株。共有自然保护地97个，面积33.39万公顷，占全市总面积的21%；其中自然保护区52个，面积26.30万公顷；森林公园33个，面积3.89万公顷；湿地公园11个，面积2.87万公顷；地质公园1个，面积0.33万公顷。

全市水环境质量保持优良，其中东江干流水质保持在国家地表水Ⅱ类标准，新丰江水库水质保持国家地表水Ⅰ类标准，全市饮用水源水质达标率100%；全年市区空气质量达标率96.2%，市区空气质量优良天数达到351天。全市污水处理设施1245座；污水日处理能力达62.16万吨，增长11.7%；城市生活垃圾无害化处理率100%。

全年共发生生产安全事故98起，死亡96人，受伤41人。其中，道路交通事故85起，死亡83人；工矿商贸生产安全事故13起，死亡13人。

注：

1.本公报中2022年数据为初步统

计数。

2.除注明外，所有增长或下降速度均为同上年相比较。

3.地区生产总值、三次产业及相关行业增加值绝对数按现价计算，增长速度按可比价计算。

4.规模以上工业企业是指年主营业务收入2000万元及以上工业法人企业；固定资产投资包括各种经济类型所有500万元以上项目投资和房地产开发投资；限额以上商贸企业是指主营业务收入2000万元及以上的批发业、年主营业务收入500万元及以上的零售业、年主营业务收入200万元及以上住宿和餐饮业法人单位及大个体户。

5.规模以上服务业范围是：（1）年营业收入2000万元及以上服务业法人单位。包括：交通运输、仓储和邮政业，信息传输、软件和信息技术服务业，水利、环境和公共设施管理业三个门类和卫生行业大类；（2）年营业收入1000万元及以上服务业法人单位。包括：租赁和商务服务业，科学研究和技术服务业，教育三个门类，以及物业管理、房地产中介服务、房地产租赁经营和其他房地产业四个行业小类；（3）年营业收入500万元及以上服务业法人单位。包括：居民服务、修理和其他服务业，文化、体育和娱乐业两个门类，以及社会工作行业大类。

6.先进制造业包括高端电子信息制造业、先进装备制造业、石油化工产业、先进轻纺制造业、新材料制造业、生物医药及高性能医疗器械。高技术制造业包括医药制造业，航空、航天器及设备制造业，电子及通信设备制造业，计算机及办公设备制造业，医疗仪器设备及仪器仪表制造业，信息化学品制造业。六大高耗能行业包括石油、煤炭及其他燃料加工业、化学原料及化学制品制造业、非金属矿物制品业、黑色金属冶炼及压延加工业、有色金属冶炼及压延加工业、电力热力的生产和供应业。

资料来源：本公报中城镇就业、登记失业率、技工学校在校生数、社会保障数据来自市人力资源和社会保障局;财政数据来自市财政局；公路运输数据来自市交通运输局；进出口数据由河源海关统计；外资数据来自市商务局；国际互联网用户、邮电业务总量等数据来自邮政及通信部门（单位）；旅游、图书馆、博物馆、文化馆、广播、电视、体育等数据来自市文化广电旅游体育局；货币金融数据来自市人民银行；教育数据来自市教育局；户籍人口数据、道路交通事故数据来自市公安局；卫生数据来自市卫生健康局；低保、社会救助、福利彩票数据来自市民政局；档案数据来自市档案馆；林业自然保护区等数据来自市林业局；环境监测数据来自市生态环境局；水资源数据来自市水务局；安全生产数据来自市应急管理局；城市污水处理等数据来自市住房城乡建设局；保险业数据来自市银保监分局；农机总动力、水产品产量等数据来自市农业农村局；出版报纸数据来自市委宣传部。

统计图表

1987年以来河源市国民经济和社会发展主要指标情况表

表26

年 份	全市土地面积(平方千米)	人口密度(人/平方千米)	城镇居民人均住房建筑面积(平方米/人)	农村居民人均住房建筑面积(平方米/人)	城镇人口比例(%)	年末社会从业人员(万人)
1987	15826	166	—	—	12.20	97.11
1988	15826	164	—	—	12.66	98.51
1989	15826	163	—	—	12.99	99.62
1990	15826	161	—	—	13.05	100.11
1991	15826	159	—	—	13.48	101.46
1992	15826	157	—	—	14.53	102.30
1993	15826	155	—	—	15.66	105.67
1994	15826	153	5.84	13.71	16.88	106.89
1995	15826	152	9.03	16.51	18.10	108.10
1996	15826	150	9.23	17.94	19.62	109.96
1997	15826	148	9.42	16.32	21.15	112.22
1998	15826	146	9.78	17.21	22.80	114.38
1999	15826	145	10.67	19.98	24.57	115.53
2000	15826	143	14.17	20.40	26.49	118.22
2001	15826	151	15.15	21.90	27.93	119.31
2002	15826	157	18.12	22.90	29.04	121.81
2003	15826	163	24.69	24.30	30.13	122.69
2004	15826	170	27.21	24.83	31.42	125.34
2005	15826	176	28.11	27.54	32.47	118.20
2006	15642	180	28.90	28.05	40.12	120.05
2007	15642	176	32.23	28.92	40.12	124.74
2008	15642	183	30.43	29.07	40.50	127.96
2009	15642	184	30.47	29.70	40.50	130.55
2010	15642	189	31.38	27.55	40.06	137.25
2011	15642	188	32.95	28.97	40.34	135.31
2012	15654	188	37.54	28.82	40.44	134.41
2013	15654	188	32.33	33.30	40.70	132.43
2014	15654	187	41.70	36.94	40.86	130.85
2015	15654	186	40.19	39.65	41.92	131.40
2016	15654	185	39.66	39.57	42.38	131.42
2017	15654	184	40.84	41.01	42.81	132.79
2018	15654	183	42.52	48.84	44.59	132.12
2019	15654	182	43.40	48.00	46.13	134.19
2020	15654	181	43.20	48.30	48.50	134.50
2021	15654	181	41.10	44.70	49.75	135.13
2022	15654	182	43.90	45.20	50.25	139.01

说明：人口密度、城镇人口比例按年末常住人口计算；2006—2019年城镇人口比例、年末社会从业人员依2020年第七次全国人口普查数据平滑调整；因2013年国家推行城乡住户调查制度改革，2012年及以前城镇居民人均住房面积为市区数据，2013年及以后是全市城镇居民人均数据；2022年城镇、农村人均住房建筑面积为评估数

续表26

单位：万人

年份	常住人口							年平均常住人口
		源城	东源	和平	龙川	紫金	连平	
1987	263.35	12.73	45.86	40.82	72.25	60.31	31.38	264.89
1988	260.32	13.09	44.88	40.55	71.17	59.36	31.25	261.84
1989	257.32	13.66	44.15	40.31	70.11	58.28	30.81	258.82
1990	254.36	14.47	41.42	41.22	68.61	56.96	31.68	255.84
1991	251.43	15.16	40.31	40.61	67.62	56.31	31.41	252.90
1992	248.53	15.88	39.23	40.00	66.63	55.66	31.13	249.98
1993	245.67	16.63	38.16	39.39	65.63	55.00	30.85	247.10
1994	242.84	17.41	37.12	38.77	64.64	54.33	30.57	244.26
1995	240.04	18.22	36.09	38.16	63.64	53.66	30.28	241.44
1996	237.27	19.06	35.08	37.54	62.63	52.98	29.98	238.66
1997	234.54	19.94	34.09	36.92	61.63	52.29	29.67	235.91
1998	231.83	20.84	33.11	36.30	60.62	51.60	29.36	233.19
1999	229.16	21.79	32.15	35.68	59.60	50.89	29.05	230.50
2000	226.78	22.79	31.27	35.08	58.65	50.23	28.76	227.97
2001	238.80	24.46	33.36	36.25	60.91	53.89	29.92	232.79
2002	248.10	25.90	35.14	36.94	62.41	57.02	30.70	243.45
2003	257.77	27.41	37.00	37.62	63.92	60.32	31.50	252.94
2004	269.16	29.15	39.15	38.51	65.78	64.11	32.47	263.47
2005	278.24	30.68	40.99	39.00	67.00	67.44	33.13	273.70
2006	281.47	33.94	43.87	38.79	67.31	64.21	33.35	279.86
2007	274.96	35.61	40.40	37.69	67.04	62.55	31.67	278.22
2008	285.48	39.01	43.18	37.60	67.87	65.50	32.32	280.22
2009	287.12	42.04	44.53	37.57	67.83	62.40	32.75	286.30
2010	295.82	46.53	44.11	37.54	69.70	64.16	33.78	291.47
2011	294.81	47.73	43.82	37.32	69.34	63.41	33.19	295.32
2012	294.32	49.49	43.41	37.21	69.09	62.46	32.66	294.57
2013	293.84	51.54	42.93	36.91	68.88	61.45	32.13	294.08
2014	293.23	52.16	42.73	36.72	68.61	61.22	31.79	293.54
2015	291.24	55.38	42.23	36.22	67.52	59.11	30.78	292.24
2016	289.13	56.78	41.71	35.83	66.81	57.82	30.18	290.19
2017	287.38	58.02	40.67	35.59	66.03	57.59	29.48	288.26
2018	285.89	61.84	38.32	35.51	63.89	57.28	29.05	286.64
2019	284.83	65.90	36.36	35.45	61.43	56.80	28.89	285.36
2020	283.56	70.41	34.79	35.38	59.46	55.01	28.51	284.20
2021	284.09	70.75	35.11	35.36	59.41	54.97	28.49	283.83
2022	284.17	71.06	35.32	35.28	59.25	54.84	28.42	284.13

说明：1987—1989年数据由河源市根据1990—1995年人口增长情况推算，1990年以来数据由省核定；2006—2009年数据依2010年第六次全国人口普查数据平滑调整；2010—2019年数据依2020年第七次全国人口普查数据平滑调整

续表26

单位：人、‰

年份	户籍总人口	源城	东源	和平	龙川	紫金	连平	人口自然增长率
1987	2644482	125519	462716	409924	725558	605621	315144	8.10
1988	2682852	134921	462529	417963	733511	611812	322116	8.18
1989	2713092	144001	465553	424941	739280	614484	324833	7.29
1990	2763132	149276	467927	431025	757312	627547	330045	12.70
1991	2786017	159436	465483	436803	761994	629100	333201	11.26
1992	2832868	170615	463922	441336	772969	646001	338025	9.88
1993	2877844	177314	467791	445148	780981	666553	340057	9.50
1994	2911144	182838	470052	449916	787315	678512	342511	9.26
1995	2943953	189385	471767	453608	794406	688618	346169	10.23
1996	2994540	203983	474419	458688	811401	695797	350252	10.07
1997	3056221	229791	477864	465698	824051	704514	354303	9.62
1998	3114960	247521	482304	467228	833849	726943	357115	7.63
1999	3146282	262044	478336	469682	839444	737305	359471	6.91
2000	3219411	292996	484904	478086	847919	749897	365609	8.74
2001	3249132	303736	488718	480943	853116	754862	367757	6.11
2002	3317350	308204	511845	483069	858378	785593	370261	6.51
2003	3341265	300533	516760	487534	861319	801607	373512	9.67
2004	3332087	286867	519987	480120	867758	801020	376335	7.05
2005	3373571	290515	522831	483988	877272	820527	378438	9.61
2006	3412560	299306	554501	490553	892348	792823	383029	9.58
2007	3354253	290634	522703	489204	902053	780914	368745	6.99
2008	3466401	297434	553547	498381	923685	815597	377757	19.35
2009	3489849	298324	570076	509873	937448	789355	384773	12.83
2010	3583877	311790	569053	522004	970915	812159	397956	23.39
2011	3667833	308805	586144	539353	985970	840369	407192	16.76
2012	3550586	289892	549309	528599	956164	826911	399711	-2.45
2013	3609453	302509	560448	536285	970892	835016	404303	13.17
2014	3652891	306495	568995	544573	980334	843617	408877	14.46
2015	3664136	314019	573506	549220	978752	838028	410611	16.41
2016	3733183	318338	585540	558703	995973	858010	416619	24.24
2017	3729548	321261	586243	557916	992072	858188	413868	8.28
2018	3727644	325381	585906	560648	986583	855281	413845	9.65
2019	3726959	331030	586539	560832	981756	853305	413497	8.46
2020	3721774	336163	585889	559988	976776	851487	411471	5.41
2021	3719327	339976	586867	559910	972796	849410	410368	6.23
2022	3712662	343747	586839	559001	967027	846783	409265	4.60

续表26

单位：万元

年份	地区生产总值（当年价）	第一产业	第二产业			第三产业
				工业	建筑业	
1987	117866	62823	27675	21452	6223	27368
1988	167023	88565	40833	31945	8888	37625
1989	198624	110177	45062	36812	8250	43385
1990	208802	110237	50274	39237	11037	48291
1991	221258	113423	52186	41250	10936	55659
1992	280574	126978	80075	60514	19561	73521
1993	352411	148471	110917	79434	31483	93023
1994	472044	218746	117104	82014	35090	136194
1995	560911	263909	130780	90413	40367	166222
1996	625838	292818	140749	95013	45736	192271
1997	682079	298145	156832	110031	46801	227102
1998	758687	315354	178108	134067	44041	265225
1999	818896	323640	188412	145062	43350	306844
2000	872194	303595	209918	163109	46809	358681
2001	972821	323075	245771	192142	53629	403975
2002	1096324	334865	279327	217123	62204	482132
2003	1280242	354415	358131	277644	80487	567696
2004	1603001	398457	533526	427688	105838	671018
2004(新)	1603001	406861	533526	427688	105838	662614
2005	2048070	424214	804601	664801	139800	819255
2006	2580842	381841	1248870	1095889	152981	950131
2007	3294873	438497	1738445	1557311	181134	1117931
2008	3953749	515158	2142566	1960707	181859	1296025
2009	4011682	516977	2051888	1879016	173990	1442818
2010	4440288	586931	2081869	1902176	180716	1771489
2011	5199507	701753	2376470	2157284	220295	2121285
2012	5914227	757673	2604370	2364874	240638	2552185
2013	6689223	806693	2926050	2632403	294843	2956480
2014	7348400	867525	3173597	2824031	350899	3307278
2015	7686840	933398	3104332	2688427	416918	3649110
2016	8477967	991263	3161164	2671707	490408	4325541
2017	9681005	1024556	3412109	2838051	575155	5244340
2018	10069775	1078367	3484856	2811489	674383	5506552
2019	10797541	1210676	3723225	2970066	754187	5863640
2020	11143058	1335246	3883419	3108232	776152	5924394
2021	12739097	1532074	4644420	3762421	883172	6562603
2022	12945678	1624076	4691481	3881980	810685	6630121

说明：1.2018年，根据全国第四次经济普查结果和广东省统计局地区生产总值统一核算要求，对历史年份全市生产总值进行了修订。年鉴中的数据是修订后的数据。2.三次产业划分：2004—2008年地区生产总值核算采用国民经济行业分类标准（GB/T4754-2002）；2009年起，三次产业分类依据国家统计局2018年制定的《三次产业划分规定》执行

续表26

单位：%

年份	地区生产总值产业构成	第一产业	第二产业			第三产业
				工业	建筑业	
1987	100.0	53.3	23.5	18.2	5.3	23.2
1988	100.0	53.0	24.5	19.1	5.4	22.5
1989	100.0	55.5	22.7	18.5	4.2	21.8
1990	100.0	52.8	24.1	18.8	5.3	23.1
1991	100.0	51.3	23.6	18.6	5.0	25.1
1992	100.0	45.3	28.5	21.6	6.9	26.2
1993	100.0	42.1	31.5	22.5	9.0	26.4
1994	100.0	46.3	24.8	17.4	7.4	28.9
1995	100.0	47.1	23.3	16.1	7.2	29.6
1996	100.0	46.8	22.5	15.2	7.3	30.7
1997	100.0	43.7	23.0	16.1	6.9	33.3
1998	100.0	41.6	23.5	17.7	5.8	34.9
1999	100.0	39.5	23.0	17.7	5.3	37.5
2000	100.0	34.8	24.1	18.7	5.4	41.1
2001	100.0	33.2	25.3	19.8	5.5	41.5
2002	100.0	30.5	25.5	19.8	5.7	44.0
2003	100.0	27.7	28.0	21.7	6.3	44.3
2004	100.0	24.9	33.3	26.7	6.6	41.8
2004(新)	100.0	25.4	33.3	26.7	6.6	41.3
2005	100.0	20.7	39.3	32.5	6.8	40.0
2006	100.0	14.8	48.4	42.5	5.9	36.8
2007	100.0	13.3	52.8	47.3	5.5	33.9
2008	100.0	13.0	54.2	49.6	4.6	32.8
2009	100.0	12.9	51.1	46.8	4.3	36.0
2010	100.0	13.2	46.9	42.8	4.1	39.9
2011	100.0	13.5	45.7	41.5	4.2	40.8
2012	100.0	12.8	44.0	40.0	4.1	43.2
2013	100.0	12.1	43.7	39.4	4.4	44.2
2014	100.0	11.8	43.2	38.4	4.8	45.0
2015	100.0	12.1	40.4	35.0	5.4	47.5
2016	100.0	11.7	37.3	31.5	5.8	51.0
2017	100.0	10.6	35.2	29.3	5.9	54.2
2018	100.0	10.7	34.6	27.9	6.7	54.7
2019	100.0	11.2	34.5	27.5	7.0	54.3
2020	100.0	12.0	34.8	27.9	7.0	53.2
2021	100.0	12.0	36.5	29.5	6.9	51.5
2022	100.0	12.5	36.3	30.0	6.3	51.2

续表26　　　　单位：%

年份	地区生产总值指数（以上年为100）	第一产业	第二产业			第三产业
				工业	建筑业	
1987	—	—	—	—	—	—
1988	119.0	115.2	125.9	127.1	121.9	121.8
1989	118.1	119.4	114.9	114.6	115.9	118.1
1990	105.7	103.6	105.6	102.8	115.5	110.9
1991	103.9	100.4	102.2	101.7	103.9	113.3
1992	121.0	110.3	140.9	139.9	144.0	124.9
1993	115.2	103.8	130.2	124.0	148.7	120.5
1994	113.8	106.9	109.5	107.9	113.4	128.5
1995	112.4	108.8	111.7	108.1	120.1	117.6
1996	110.0	106.8	108.7	107.2	111.8	114.8
1997	111.9	106.1	110.7	114.0	104.1	119.0
1998	110.8	106.7	111.9	116.2	102.2	113.9
1999	111.7	106.3	113.4	115.0	109.2	115.4
2000	110.7	106.5	113.1	114.6	109.2	112.4
2001	111.7	108.3	117.9	118.1	117.0	110.8
2002	114.6	106.6	117.6	117.2	118.9	119.4
2003	116.5	105.2	129.2	129.4	128.4	117.1
2004	117.5	103.6	134.5	137.7	123.4	115.3
2005	122.9	102.6	145.6	149.6	130.1	117.1
2006	127.9	102.4	152.8	161.9	109.6	116.7
2007	122.6	105.4	134.6	137.6	112.9	115.1
2008	110.3	104.1	112.4	115.2	88.8	109.7
2009	109.9	103.0	110.0	111.1	98.7	112.4
2010	112.5	103.3	113.9	115.2	97.9	113.5
2011	113.2	105.1	115.8	116.3	111.0	112.8
2012	111.5	104.7	114.2	115.0	105.2	110.4
2013	112.1	104.4	114.5	114.5	114.9	111.2
2014	108.6	104.7	110.8	110.5	114.9	106.7
2015	106.3	103.8	104.3	103.2	117.9	109.7
2016	106.6	102.3	105.4	104.0	115.0	108.6
2017	106.7	104.1	101.6	100.3	109.3	111.4
2018	105.8	104.5	106.0	105.6	108.4	105.9
2019	105.5	106.2	105.9	105.4	108.1	105.1
2020	101.3	105.9	101.9	102.9	96.6	99.9
2021	108.0	107.8	110.5	111.6	105.8	106.5
2022	101.0	104.7	100.5	102.6	91.7	100.5

说明：地区生产总值指数按可比价格计算

续表26

单位：元、%

年份	人均地区生产总值（当年价）	人均地区生产总值指数（上年=100）	地区生产总值指数（以1987年为100）	第一产业	第二产业			第三产业
						工业	建筑业	
1987	445	—	100.0	100.0	100.0	100.0	100.0	100.0
1988	638	120.4	119.0	115.2	125.9	127.1	121.9	121.8
1989	767	119.4	140.5	137.5	144.7	145.7	141.3	143.8
1990	816	107.0	148.5	142.5	152.8	149.7	163.2	159.5
1991	875	105.1	154.3	143.1	156.1	152.3	169.5	180.7
1992	1122	122.4	186.8	157.8	220.0	213.0	244.1	225.7
1993	1426	116.6	215.1	163.8	286.4	264.2	363.0	272.0
1994	1933	115.1	244.8	175.1	313.6	285.0	411.7	349.6
1995	2323	113.7	275.2	190.5	350.3	308.1	494.4	411.1
1996	2622	111.3	302.7	203.5	380.8	330.3	552.8	471.9
1997	2891	113.2	338.7	215.9	421.5	376.6	575.4	561.6
1998	3254	112.1	375.3	230.3	471.7	437.6	588.1	639.6
1999	3553	113.1	419.2	244.9	534.9	503.2	642.2	738.1
2000	3826	111.9	464.1	260.8	605.0	576.7	701.3	829.7
2001	4179	109.3	518.4	282.4	713.3	681.0	820.5	919.3
2002	4503	109.6	594.1	301.1	838.8	798.2	975.6	1097.6
2003	5062	112.1	692.1	316.7	1083.7	1032.8	1252.7	1285.3
2004	6084	112.8	813.2	328.1	1457.6	1422.2	1545.8	1482.0
2005	7483	118.3	999.4	336.6	2122.3	2127.6	2011.1	1735.4
2006	9222	125.1	1278.3	344.7	3242.8	3444.6	2204.1	2025.2
2007	11843	123.3	1567.2	363.3	4364.8	4739.8	2488.5	2331.0
2008	14109	109.5	1728.6	378.2	4906.1	5460.3	2209.8	2557.1
2009	14012	107.6	1899.7	389.6	5396.7	6066.4	2181.0	2874.2
2010	15234	110.5	2137.2	402.4	6146.8	6988.4	2135.2	3262.2
2011	17607	111.7	2419.3	423.0	7118.0	8127.6	2370.1	3679.7
2012	20078	111.8	2697.5	442.8	8128.8	9346.7	2493.4	4062.4
2013	22746	112.2	3023.9	462.3	9307.5	10702.0	2864.9	4517.4
2014	25034	108.8	3283.9	484.1	10312.7	11825.7	3291.7	4820.1
2015	26304	106.8	3490.8	502.5	10756.1	12204.1	3880.9	5287.6
2016	29216	107.3	3721.2	514.0	11336.9	12692.3	4463.1	5742.3
2017	33585	107.4	3970.5	535.1	11518.3	12730.3	4878.2	6397.0
2018	35131	106.4	4200.8	559.2	12209.4	13443.2	5287.9	6774.4
2019	37838	106.0	4431.9	593.8	12929.8	14169.2	5716.2	7119.9
2020	39209	101.8	4491.0	628.8	13171.6	14580.1	5521.9	7113.2
2021	44884	108.2	4850.3	677.8	14554.6	16271.4	5842.2	7575.5
2022	45563	100.9	4898.8	709.7	14627.4	16694.4	5357.3	7613.4

说明：人均地区生产总值按常住人口计算；人均地区生产总值指数、地区生产总值指数按可比价格计算

续表26

单位：万元、%

年 份	农业总产值（当年价）	指数（上年=100）	全部工业生产总值（当年价）	规模以上	全部工业生产总值指数（上年=100）	规模以上	规模以上工业增加值（当年价）	指数（上年=100）
1987	90011	—	53249	44581	—	—	18069	—
1988	129128	113.9	80354	65808	131.2	126.8	26483	125.1
1989	162432	110.3	96251	77277	113.8	108.4	29580	111.1
1990	177732	102.7	101041	83630	104.0	108.3	31259	101.9
1991	191885	105.3	112625	95184	117.7	121.7	32863	101.6
1992	212013	108.9	151791	129765	123.5	124.2	48210	139.3
1993	250811	104.2	204225	174222	121.6	119.0	60283	123.2
1994	379632	109.1	276504	229709	138.1	136.7	61644	107.0
1995	461908	108.9	296039	237771	110.3	106.4	64476	107.6
1996	522728	108.1	325071	251992	107.2	106.9	68332	108.1
1997	560483	107.7	360101	279103	108.5	105.2	76524	112.5
1998	532189	108.6	445001	283327	120.2	120.9	82801	113.7
1999	562587	107.7	470542	312813	114.0	117.9	91213	117.1
2000	458611	104.2	535055	358130	115.0	116.6	106643	119.8
2001	481696	105.3	622424	421696	118.4	121.0	129596	116.7
2002	499297	103.3	711966	491716	117.4	119.3	151908	119.8
2003	538935	105.9	915210	678223	133.1	144.9	209476	138.2
2004	621338	102.5	1422810	1165474	134.2	144.8	335635	143.3
2005	655949	105.1	2139860	1821021	144.8	150.4	577847	166.2
2006	619747	105.0	3461159	3102259	158.9	167.4	1019278	173.3
2007	715792	105.1	5154073	4723454	144.5	147.8	1478014	140.7
2008	847981	104.4	5709577	5195623	101.4	101.5	1676707	107.2
2009	857812	103.3	6483428	6046828	122.1	125.1	1894441	121.5
2010	960458	103.4	7051916	6587416	129.7	131.7	1918272	119.0
2011	1152437	104.6	8831986	8137056	120.1	121.1	2175813	120.1
2012	1231944	104.2	10351088	9536630	116.6	116.6	2451635	118.2
2013	1300001	103.7	12283193	11401354	118.7	119.6	3184075	117.3
2014	1384754	103.9	14972906	14023038	116.4	117.2	3253581	118.0
2015	1485870	103.5	15433470	14430203	106.8	106.8	3275689	108.2
2016	1572828	102.0	17131175	15991840	108.3	108.6	3510000	110.1
2017	1609015	103.7	14927988	13459366	105.3	105.6	2791790	103.2
2018	1686358	104.3	14830760	13337573	105.9	106.2	2772742	107.8
2019	1894428	105.6	15064520	13529118	106.6	106.8	2799229	106.1
2020	2127609	106.3	13093594	12446146	101.2	101.2	2849093	102.2
2021	2405575	107.4	15472254	14596804	110.5	110.5	3457723	112.5
2022	2537526	104.7	15217038	14598238	98.4	100.0	3436840	102.4

说明：1.“农业总产值”从2000年起不包含农村家庭兼营工业；从2006年起按第三次全国农业普查口径计算；“农业总产值指数”按可比口径计算。2.在规模以上工业总产值、增加值中，1997年以前为乡及乡以上工业，1998年后为规模以上工业（1998—2006年为全部国有工业企业和年销售收入500万元以上的非国有工业企业，2007—2010年为年主营业务收入500万元及以上工业法人企业，2011年起为年主营业务收入2000万元及以上工业法人企业）；“规模以上工业增加值”2009年及以前用生产法计算，2010年后用收入法计算（2009年收入法数据为1541237万元）；本表工业总产值的2010年、2011年总量数据依2012年年报数作了平滑调整

续表26

年份	主要农产品产量（吨）					主要工业品产量			
	粮食	花生	肉类	水果	水产品	铁矿石（原矿量，万吨）	发电量（万千瓦时）	水泥（万吨）	电话单机（万部）
1987	717500	20000	40796	15927	5118	49.68	115372	15.36	—
1988	737299	20287	49062	19829	5457	69.46	139600	19.79	—
1989	796071	23398	53601	27813	6082	72.07	142061	24.09	—
1990	844876	25321	59013	40775	8323	67.52	153390	28.81	—
1991	848620	26014	68441	56557	9993	126.96	86538	43.42	—
1992	895838	27784	81048	65689	11137	107.19	176998	61.07	—
1993	894724	33001	81875	69442	15446	149.54	187761	81.06	—
1994	935899	35715	79823	77519	16333	125.41	163999	91.89	—
1995	997850	34839	87087	84465	18243	95.32	222471	85.84	—
1996	1087160	37228	96041	92302	21040	157.18	182446	71.54	24.60
1997	1194159	39449	103204	103208	23549	316.04	252689	59.38	58.19
1998	1277803	42064	60893	108625	25604	425.60	277261	59.71	40.55
1999	1309803	49648	66834	149619	26642	236.80	113150	64.99	31.22
2000	1269273	52878	83216	148033	27886	422.99	139126	73.23	137.51
2001	1177969	54787	85776	172837	30797	462.52	216392	81.40	127.65
2002	1055206	58529	97917	200141	30198	386.87	139197	120.71	139.93
2003	1045754	61261	100131	208245	30387	309.69	182435	124.52	88.32
2004	1012815	61209	104667	243891	32157	428.77	170800	134.87	97.85
2005	1022779	53925	112428	283408	35348	655.70	243859	135.84	131.85
2006	808772	54373	102315	173208	29875	781.40	335945	148.57	173.63
2007	854479	57668	112891	183258	30948	825.00	268406	214.57	261.22
2008	843310	57642	121202	197724	34517	890.00	273769	161.20	381.30
2009	848969	57058	127102	220005	37015	662.74	622159	111.20	384.50
2010	829104	57865	133044	230813	38644	690.13	880137	182.88	272.55
2011	835519	60383	132068	252912	40217	1048.48	1054621	183.81	395.70
2012	844331	62236	134548	267832	40852	1119.84	859766	158.75	436.95
2013	782128	65245	133203	313976	42110	601.00	981139	153.00	481.83
2014	793417	67433	133749	329475	44002	665.42	865985	197.20	554.87
2015	771356	68629	134142	344705	44979	618.51	808626	195.69	505.01
2016	762507	68566	133317	363903	40955	363.97	1039578	195.32	592.67
2017	785370	70504	132387	389196	41827	463.87	968155	246.83	495.65
2018	774850	73111	134953	416057	42612	328.17	872730	185.55	210.61
2019	793342	75580	132556	437169	44856	419.28	919964	195.28	511.83
2020	801601	76476	142642	461371	46189	488.55	702781	150.58	474.12
2021	811542	78680	175426	448420	47058	702.76	1123200	345.91	585.90
2022	815442	79265	188596	472283	48955	394.45	1662997	245.44	456.35

说明：从2006年起，农产品产量用第三次全国农业普查调整数；“发电量”2021年及以前是全社会发电量，2022年开始为规模以上发电量，其他工业产品产量是规模以上产量

续表26

年份	工业企业单位数（个）	“三资”企业	从业人员年平均人数（人）	资产总额（万元）	负债总额（万元）	利税总额（万元）	亏损企业亏损额（万元）
1987	713	—	43033	—	—	7193	257
1988	732	—	45021	—	—	16441	343
1989	775	—	46258	—	—	16046	932
1990	685	—	46996	—	—	16439	3647
1991	625	—	51014	—	—	12744	3024
1992	578	—	51831	—	—	26628	3544
1993	686	37	50488	—	—	30474	5468
1994	707	58	52394	—	—	23108	7312
1995	674	94	50849	—	—	16290	14328
1996	654	74	50560	477903	284543	8622	16146
1997	589	80	46488	538843	330526	17436	13432
1998	186	29	35650	506147	279062	17989	13683
1999	193	31	35564	606026	383048	3625	16719
2000	148	29	33221	580247	330464	24672	6605
2001	143	34	33735	595608	359691	36714	8248
2002	144	39	35427	705260	375472	41361	8480
2003	163	52	43003	909376	491428	51628	29544
2004	199	67	61440	1220570	648487	111554	18521
2005	228	84	77180	1526100	791977	239621	15916
2006	286	105	108511	2034986	1092523	371658	15944
2007	360	129	121798	2834502	1455631	717158	27785
2008	419	162	130572	3901640	1729736	674983	46229
2009	411	157	135591	4306660	2432984	741358	37120
2010	440	162	153192	5350700	2905892	1088081	41862
2011	361	136	138032	5677745	3171332	1515028	39298
2012	383	146	142013	6482037	3624444	932267	48417
2013	436	159	149583	7611857	4358533	1159305	37712
2014	513	166	162237	8346603	4709711	1006939	59403
2015	575	170	169959	9274585	5229242	1157664	75303
2016	589	163	173634	10131077	5459862	1275317	53073
2017	602	160	163140	9811678	5415695	969087	53400
2018	611	158	161369	9745959	5222983	896090	78355
2019	567	144	155337	9677341	5374200	942146	43246
2020	581	133	153184	9824487	5293379	925896	44672
2021	623	137	166281	11864216	7077623	950602	146382
2022	627	132	167006	12604599	7908211	949847	211352

说明：本表统计范围为规模以上工业企业：1997年以前为乡及乡以上工业，1998年后为规模以上工业（1998—2006年为全部国有工业企业和年销售收入500万元以上的非国有工业企业，2007—2010年为年主营业务收入500万元及以上工业法人企业，2011年起为年主营业务收入2000万元及以上工业法人企业）

续表26

单位：万元

年份	地方一般公共预算收入	地方一般公共预算支出	税收总收入	人均地方一般公共预算收入（元）	人均地方一般公共预算支出（元）
1987	4025	12499	4488	15	47
1988	6059	14689	5752	23	56
1989	7292	20468	6376	28	79
1990	8509	22306	5170	33	87
1991	9879	25438	5120	39	101
1992	11063	37226	8994	44	149
1993	13179	36635	12569	53	148
1994	13055	48003	17064	53	197
1995	17553	60576	22390	73	251
1996	15530	85494	23336	65	358
1997	17525	104001	26079	74	441
1998	20327	104027	28839	87	446
1999	23022	117938	32877	100	512
2000	25548	155774	41411	112	683
2001	31429	170155	57153	135	731
2002	34720	219803	66286	143	903
2003	43544	255588	88617	172	1010
2004	58629	299846	113973	223	1138
2005	85177	370047	171763	311	1352
2006	125367	458544	236571	448	1639
2007	151558	558471	298182	545	2007
2008	176110	632029	364525	628	2255
2009	201839	792403	393477	705	2768
2010	250906	945488	496035	861	3244
2011	313667	1100404	625121	1062	3726
2012	376403	1344731	768195	1278	4565
2013	487872	1697211	870585	1659	5771
2014	604671	2106054	992682	2060	7175
2015	674801	2683846	1076497	2309	9184
2016	688934	2939538	1087701	2374	10130
2017	711903	2821581	1216574	2470	9788
2018	769518	3311462	1354589	2685	11553
2019	774780	3702171	1357105	2715	12974
2020	798053	3617614	1357809	2808	12729
2021	842982	3470800	1398439	2970	12229
2022	693222	3359242	891317	2440	11823

说明：1.人均地方一般公共预算收支按常住人口计算；2.2022年税收总收入为入库口径，未扣除留抵退税

续表26

单位：万元

年份	金融机构本外币存款余额	住户存款	金融机构本外币贷款余额	金融机构人民币存款余额	住户存款	金融机构人民币贷款余额	人均本外币住户存款（元）
1987	37012	21237	71166	37012	21237	71166	80
1988	67417	29155	112714	67328	29069	112699	111
1989	83222	39613	135234	82928	39353	133946	153
1990	118033	60326	163555	116813	59575	161441	236
1991	154794	85497	206196	153352	84134	202113	338
1992	221778	143256	262456	218695	141977	254917	573
1993	284411	200764	351027	278182	199185	338155	812
1994	358894	269844	427257	352887	266793	402685	1105
1995	442834	340893	498011	438834	339356	482445	1412
1996	548583	440442	548078	541988	437626	516799	1846
1997	714432	553992	855686	705869	551091	829955	2348
1998	787168	641455	870624	782788	637258	847120	2751
1999	860031	694352	761339	852680	687572	748822	3012
2000	906626	713182	630491	895355	699599	603710	3128
2001	1047718	809847	640728	1031158	794092	627144	3479
2002	1294784	941138	701369	1276983	924302	688297	3866
2003	1555421	1085461	792979	1539195	1070148	781588	4291
2004	1774737	1272270	932050	1758919	1257377	929926	4829
2005	2059399	1463599	1081322	2042030	1451170	1079941	5347
2006	2375192	1712384	1308878	2351728	1700211	1306496	6119
2007	2865514	1876665	1740165	2845654	1867874	1725225	6745
2008	3347582	2241389	2013293	3322872	2233760	1997617	7999
2009	4095868	2636044	2942590	4081165	2628390	2806834	9207
2010	5000191	3143292	3386886	4968293	3136356	3353229	10784
2011	5613649	3645238	3892553	5592194	3638207	3852240	12344
2012	6385834	4162902	4728913	6346165	4155191	4682107	14132
2013	7542392	4801426	5731840	7499707	4793065	5693092	16327
2014	8759215	5314910	6990064	8668649	5306690	6923219	18107
2015	9888954	5910920	8010819	9859396	5900976	7958656	20227
2016	11392577	6607752	8880791	11305577	6595261	8861587	22771
2017	12480009	7223048	10184353	12353522	7211921	10162081	25058
2018	13761916	7862580	11541687	13660553	7851807	11510368	27431
2019	14480913	8640713	13461232	14386488	8631136	13435954	30280
2020	15443354	9509088	15721682	15303499	9499498	15672280	33460
2021	15679844	10450134	16713578	15512134	10440903	16641271	36819
2022	16472776	11639551	17561457	16309278	11630299	17443384	40966

说明：人均本外币住户存款按常住人口计算

续表26

单位：万元、%

年份	固定资产投资	新建	扩建改建	房地产开发	社会消费品零售总额	城镇	乡村
1987	18981	4031	4929	—	51062	25394	25668
1988	27449	8230	7852	—	72773	36191	36582
1989	25377	10708	5398	—	84910	43024	41886
1990	31609	12153	4361	856	81602	41213	40389
1991	44191	14182	5699	499	87934	55251	32683
1992	68429	29381	11143	2465	112635	74061	38574
1993	135325	45622	19123	26937	146339	105195	41144
1994	181508	72573	33862	18091	187655	109584	78071
1995	199134	74467	27203	39361	228947	135967	92981
1996	228470	95548	47501	24861	254150	131501	122649
1997	226454	90131	54193	18535	275887	144751	131137
1998	213585	101893	28367	7392	316245	164534	151711
1999	231766	102285	35870	9077	354003	188155	165848
2000	265425	118407	32689	10902	389085	210606	178478
2001	337976	162003	32198	26551	436470	240522	195948
2002	414227	168574	40628	41413	489837	270841	218996
2003	562865	251303	51998	46396	551369	309560	241809
2004	796166	331425	50742	92004	638485	357572	280913
2005	1126091	593383	115544	95795	744130	421922	322209
2006	1771666	844139	170205	159983	870508	524046	346462
2007	2328569	1119358	195199	195819	1028097	654898	373200
2008	1747925	822215	124190	183583	1220869	814953	405915
2009	1981479	963300	209500	201839	1351832	946282	405550
2010	2427374	1351883	432488	231947	1535360	1097782	437578
2011	2373363	1218388	548734	588032	1753265	1285143	468122
2012	2785868	1613052	435700	671264	1938330	1465377	472953
2013	3427305	1891625	472090	891801	2164382	1666574	497808
2014	4532859	2487468	694570	1008317	2420655	1881576	539079
2015	5641350	3233823	804554	1285928	2713078	2085080	627998
2016	6522908	3757929	804115	1757240	2992887	2292379	700508
2017	7784670	4271617	1045986	2239337	3278063	2509782	768281
2018	7.5	7.2	22.0	-1.2	3569304	2730875	838430
2019	19.3	21.0	4.0	16.9	3868273	2959616	908657
2020	5.1	3.0	17.2	2.2	3607395	2751440	855955
2021	8.9	10.7	-5.7	4.2	3876226	2947515	928711
2022	-29.3	-29.9	-27.2	-49.1	3780141	2892186	887955

说明：1.2010年以前“固定资产投资”为“全社会固定资产投资”，从2011年起固定资产投资项目统计起点由50万元提高至500万元，且不含农村农户投资（2010年的新口径数据为2028093万元）；2009年及以前的“新建”“扩建、改建”分别为“基本建设”“更新改造”数据。2.2018年起固定资产投资暂只公布增速数据。3.1992—2018年社会消费品零售总额数据根据全国第四次经济普查资料进行了调整

续表26

年份	旅游接待总人数（万人次）	国内游客	入境游客	旅游总收入（亿元）	旅游外汇收入（万美元）	旅游宾馆（酒店）（家）	星级以上	旅游宾馆（酒店）床位（张）	旅行社（家）
1987	2.3	—	—	0.20	—	—	—	—	—
1988	3	—	—	0.26	—	—	—	—	—
1989	6	—	—	0.40	—	—	—	—	—
1990	9	—	—	0.51	—	—	—	—	—
1991	12	—	—	0.62	—	—	—	—	—
1992	19	—	—	0.76	—	—	—	—	—
1993	27	—	—	0.96	—	—	—	—	—
1994	32	—	—	1.33	36.7	—	—	—	—
1995	37	—	—	1.72	48.0	—	—	—	—
1996	43	—	—	2.23	52.7	—	—	—	—
1997	51	—	—	4.64	64.1	—	12	1377	12
1998	88.74	87.58	0.85	5.29	773.0	—	13	1482	15
1999	104.90	103.80	1.10	6.08	1100.0	—	13	1482	15
2000	134.48	129.90	4.58	7.08	1329.3	—	24	2400	15
2001	175.12	170.85	4.27	8.32	1685.2	—	31	2660	17
2002	224.22	218.74	5.48	12.04	1633.6	—	35	9365	18
2003	234.83	232.15	2.68	12.20	630.4	315	38	12656	18
2004	318.89	315.15	3.74	15.10	807.6	317	36	13886	19
2005	393.52	389.58	3.94	18.29	849.8	332	37	15725	21
2006	500.38	496.38	4.00	22.31	877.91	347	39	16951	22
2007	622.28	618.09	4.19	26.94	1068.26	350	40	16969	27
2008	723.10	719.12	3.98	31.02	930.66	479	29	26737	29
2009	840.44	836.31	4.13	35.84	1267.47	487	30	27672	29
2010	1065.57	1061.08	4.49	46.08	1388.52	439	30	28504	31
2011	1390.25	1385.34	4.91	61.09	839.36	467	23	30967	33
2012	1650.57	1644.80	5.77	132.42	926.16	641	23	69082	37
2013	1908.42	1902.20	6.22	152.75	1058.46	670	23	51773	44
2014	2201.47	2195.60	5.88	177.01	1100.19	681	21	49830	42
2015	2536.81	2529.18	7.62	211.01	1419.72	615	19	48309	42
2016	2855.03	2846.99	8.04	237.76	1701.21	699	19	47078	44
2017	3201.03	3193.39	7.64	272.86	1574.45	606	20	44771	47
2018	3586.74	3578.31	8.43	316.82	2240.34	637	19	49684	49
2019	4020.57	4010.32	10.25	357.66	4097.64	688	18	55825	50
2020	635.41	634.48	0.93	53.35	172.34	715	18	58652	55
2021	650.19	649.69	0.50	51.09	92.95	743	16	60896	74
2022	574.67	574.34	0.33	41.60	1322.15	764	16	109814	67

说明：旅游相关指标数据由文化广电旅游体育局提供；2003年起，旅游宾馆（酒店）数据包含社会旅馆

续表26 单位：万美元

年份	进出口总额			签订利用外资协议（宗）	协议规定利用外资	实际利用外资	
		进口总额	出口总额				外商直接投资
1987				31	290	133	130
1988				35	1557	658	564
1989	610	20	590	23	1233	427	216
1990	1192	79	1113	22	1080	348	239
1991	3384	354	3030	48	4024	660	643
1992	6373	918	5455	166	20909	1601	1591
1993	9333	2853	6480	505	86901	8056	8056
1994	21452	6523	14929	141	30382	7601	7601
1995	20669	10081	10588	76	13275	10173	7370
1996	15770	10019	5751	53	6188	7003	6964
1997	16881	6672	10209	40	11069	7094	6641
1998	19105	6544	12561	48	5128	7552	7140
1999	14346	5608	8738	38	3187	8136	7605
2000	16048	6713	9335	40	5005	9229	8410
2001	17789	8498	9291	49	9498	10609	9183
2002	23037	9855	13182	125	34605	13291	12549
2003	29734	14147	15587	136	41542	17568	17348
2004	34537	14796	19741	152	43973	18190	16065
2005	52764	23173	29591	118	42956	18792	18157
2006	99634	43880	55754	111	50661	23817	23817
2007	155745	66231	89514	135	46240	29206	29206
2008	197082	72425	124657	115	22002	32166	32166
2009	222571	81298	141273	29	16677	22705	22705
2010	271637	100117	171520	88	9409	16846	16846
2011	279339	87734	191605	94	19243	17875	17875
2012	292553	97291	195262	73	24287	19710	19710
2013	323198	98538	224660	85	30291	21113	21113
2014	395492	130600	264892	97	32911	22619	22619
2015	403058	119798	283260	26	34328	14424	14424
2016	393737	108542	285195	35	36450	9502	9502
2017	384900	96400	288500	453	68480	10407	10407
2018	407812	83460	324352	636	134159	9619	9619
2019	437793	75086	362707	87	319288	59558	59558
2020	424698	74161	350537	40	247419	64591	64591
2021	475032	93287	381745	28	220494	106059	106059
2022	366210	74608	291602	36	352467	113835	113835

说明：1.进出口总额从2001年起改用海关数据，之前为外贸业务统计数。2001年外贸出口总额业务数为23773万美元，其中进口额8645万美元，出口总额15128万美元。2.从2004年起利用外资指标按国家商务部统计口径，2004年原统计口径数据为：协议外资45673万美元，实际利用外资23403万美元，外商直接投资21278万美元，实际利用外资2019年起单位为万元人民币

续表26

年份	公路通车里程（千米）			客运量（万人）	旅客周转量（万人千米）	货运量（万吨）	货物周转量（万吨千米）	机动车辆拥有量（万辆）	
		国道	省道						汽车
1987	3588.0	—	—	873	63000	371	25095	0.29	0.19
1988	3690.8	218.0	650.8	1015	62787	581	52240	0.97	0.33
1989	3690.8	218.0	650.8	1192	106324	475	42765	1.24	0.33
1990	3690.8	218.0	650.8	994	85648	544	42499	1.59	0.40
1991	3753.8	218.0	654.9	1537	138197	662	43478	1.65	0.44
1992	3757.3	221.5	654.9	1240	112613	778	57296	2.00	0.48
1993	6448.4	222.5	654.7	1253	128993	505	41979	2.60	0.50
1994	7360.6	234.0	654.2	1661	157807	932	74320	4.78	0.75
1995	7653.5	217.7	654.2	1665	155864	1003	65809	5.97	1.01
1996	8421.2	217.7	636.8	1784	184809	997	85407	6.65	1.08
1997	8425.3	216.6	636.1	2094	191288	1279	107872	7.68	1.25
1998	8394.9	215.1	911.1	2381	208729	1432	120450	9.06	1.48
1999	8394.5	215.1	910.7	2418	220296	1692	147360	11.31	1.46
2000	8822.8	217.3	910.7	2683	252137	1934	169147	11.82	1.41
2001	8867.8	213.5	874.6	1333	222239	578	62148	13.93	1.77
2002	8886.4	213.5	874.6	1686	326478	941	83566	21.34	2.23
2003	8902.7	213.5	874.5	1702	330850	920	78243	25.93	2.00
2004	8902.7	213.4	874.7	1986	349369	923	81396	28.96	2.49
2005	13394.7	213.4	891.5	2069	369687	986	84807	31.39	3.70
2006	13416.7	213.4	891.5	2286	389732	1070	93301	29.53	3.38
2007	13522.4	213.4	874.7	2445	415803	1145	100668	31.77	4.11
2008	13889.2	213.4	875.3	2872	335391	1959	298952	33.96	4.97
2009	14647.6	213.7	854.1	3025	347451	2025	305251	35.90	6.06
2010	14721.0	213.7	853.9	3294	381796	2244	340223	38.36	7.56
2011	14731.7	213.7	853.5	3878	441055	2698	407444	39.81	9.17
2012	15250.7	213.7	853.5	4653	534112	3296	503919	40.95	10.83
2013	15345.0	213.7	853.5	2406	273876	4789	632136	40.64	12.35
2014	15585.0	213.7	853.5	2922	334868	5755	766013	43.14	14.48
2015	15795.3	213.7	936.8	2877	332271	5519	738118	45.79	18.40
2016	15825.2	1069.5	454.6	3223	370175	6203	826398	44.32	23.87
2017	16018.2	1278.6	1482.6	3527	410456	6702	900214	58.07	30.65
2018	16235.7	1289.2	1482.6	3654	431596	6861	946523	60.11	36.72
2019	16561.5	783.1	1482.6	2980	375536	4634	376401	67.07	42.20
2020	17332.7	783.1	1486.7	783	111025	4372	363897	74.52	46.56
2021	17362.8	783.1	1486.7	992	109335	6548	560056	85.65	51.39
2022	17416.5	783.1	1488.9	855	90582	5768	527093	93.52	54.69

说明：客、货运输量的四个指标数据，2000年以前为统计部门专业数，2001年以后为交通部门抽样调查数（只含公路、水路，不含铁路）；2008年抽样调查范围调整，表中四个运输量指标原口径数据分别为2556万人、444133万人千米、1237万吨、109687万吨千米；2013年起，按国家制度调整统计口径

续表26

年份	邮电业务总收入（万元）	邮电业务总量（万元）	移动电话交换机总容量（万门）	固定电话用户（万户）	移动电话用户（万户）	固定电话普及率（户/百人）	移动电话普及率（户/百人）
1987	890	902	—	0.69	—	0.26	—
1988	1236	1253	—	1.01	—	0.39	—
1989	1394	1413	—	1.34	—	0.52	—
1990	1813	1838	—	1.65	—	0.64	—
1991	2680	2508	—	2.50	—	0.99	—
1992	4002	3736	—	3.06	0.02	1.26	0.01
1993	6698	6419	—	4.49	0.08	1.82	0.03
1994	10464	11416	—	6.20	0.32	2.54	0.13
1995	15023	17696	—	8.27	0.67	3.43	0.28
1996	22971	23617	1.2	10.21	1.09	4.28	0.46
1997	28979	28479	1.2	14.34	1.63	6.08	0.69
1998	35015	36120	3.8	17.79	2.43	7.63	1.04
1999	44483	47613	3.9	21.22	3.94	9.21	1.71
2000	51234	62620	4.3	28.13	8.84	12.34	3.88
2001	62447	72031	12.7	34.10	21.49	14.65	9.23
2002	72017	93290	31.4	39.89	33.34	16.39	13.69
2003	77467	111215	45.5	44.96	46.61	17.77	18.43
2004	81124	161500	83.3	55.00	56.06	20.88	21.28
2005	91487	161700	106.0	58.88	68.96	21.51	25.20
2006	98858	228771	140.9	62.87	75.54	22.46	26.99
2007	112531	254967	193.4	69.15	80.95	24.85	29.10
2008	127086	302500	211.0	67.85	85.29	24.21	30.44
2009	135074	351278	235.0	61.22	96.70	21.38	33.78
2010	143596	463250	387.0	57.99	104.26	19.90	35.77
2011	193681	193578	451.0	55.06	120.24	18.54	40.48
2012	179226	237531	467.0	52.74	140.04	17.60	46.74
2013	194146	296864	379.0	50.46	167.36	16.69	55.35
2014	186980	336437	440.0	44.13	235.55	14.47	77.22
2015	188560	418503	440.0	41.50	231.28	13.52	75.37
2016	192706	688223	440.0	38.23	235.33	12.42	76.47
2017	198204	509893	440.0	36.16	216.24	11.72	70.07
2018	251709	1035799	473.0	33.24	248.67	10.75	80.41
2019	270637	1707215	420.0	35.04	261.21	11.30	84.27
2020	290644	2172627	420.0	33.07	254.64	11.66	89.80
2021	326120	350204	420.0	31.98	273.74	11.27	96.42
2022	352066	356285	457.0	28.95	276.22	10.19	97.20

说明：1.邮电业务总量：2000年及以前按1990年不变价计算，2001—2010年按2000年不变价计算，从2011年起按2010年不变价格计算（2010年按2010年不变价计算的数据为169471万元），2021年起按2020年不变价格计算。2.移动电话交换机总容量：原邮电局1995年以前用惠州市的交换机，1999—2001年联通公司用梅州市的交换机，表中1996—2001年数据为移动公司数据（不包括联通公司）。3.2014年以来本地电话用户、移动电话用户用市数据.4.邮电业务总收入：邮政业务收入2017年及以前采用邮政公司汇总数据，从2018年起采用邮政管理局汇总数据（含快递业务收入）

续表26 单位：元

年份	单位从业人员年末人数（万人）	在岗职工	在岗职工年平均工资	全体常住居民人均可支配收入	全体常住居民恩格尔系数(%)	城镇常住居民人均可支配收入	城镇常住居民恩格尔系数(%)	农村常住居民人均可支配收入	农村常住居民恩格尔系数(%)
1987	13.20	—	1146	—	—	—	—	417	61.2
1988	13.59	—	1317	—	—	—	—	520	53.9
1989	14.45	—	1576	—	—	—	—	621	52.5
1990	15.47	—	1742	—	—	—	—	707	54.2
1991	16.13	—	1902	—	—	—	—	752	54.9
1992	16.66	—	2219	—	—	—	—	845	51.0
1993	17.35	—	2725	—	—	—	—	1060	50.9
1994	17.95	—	3848	—	—	—	—	1553	47.6
1995	18.12	—	4678	—	—	—	—	1880	52.9
1996	18.58	—	4953	—	—	—	—	2178	49.2
1997	19.28	15.22	4983	—	—	—	—	2480	50.2
1998	19.09	14.52	6042	—	—	—	—	2387	51.3
1999	18.80	14.64	6926	—	—	—	—	2547	48.4
2000	18.48	14.56	7678	—	—	—	—	2782	47.0
2001	17.96	14.66	9054	—	—	—	—	2985	46.5
2002	17.69	14.84	10221	—	—	—	—	3158	46.0
2003	18.37	15.63	12494	—	—	—	—	3322	43.8
2004	17.28	16.99	14472	—	—	—	—	3515	47.9
2005	19.04	18.85	16132	—	—	8489	—	3764	47.7
2006	21.25	21.11	17358	—	—	9533	38.4	4072	47.5
2007	22.32	22.11	20105	—	—	10600	41.5	4431	48.2
2008	23.33	22.90	22058	—	—	11343	40.7	4729	47.9
2009	24.79	24.35	23803	—	—	12138	42.1	5013	49.3
2010	24.68	24.67	26379	8172	—	11834	41.9	5678	48.1
2011	24.59	24.57	31232	9391	—	13235	45.1	6775	48.0
2012	23.77	23.72	35747	10628	—	14836	43.6	7818	49.1
2013	25.39	24.95	41098	11924	42.8	16557	42.0	8825	43.6
2014	26.20	25.91	45423	13283	42.7	18246	41.9	9884	43.5
2015	27.07	26.71	51456	14548	42.4	20016	41.5	10803	43.3
2016	27.90	27.14	56513	16077	42.0	21817	41.2	12046	42.8
2017	28.10	27.47	61561	17718	41.5	23780	40.6	13301	42.4
2018	28.90	28.15	68940	19397	40.6	25492	39.9	14620	41.5
2019	27.23	26.28	71939	21052	39.8	27129	39.1	16030	40.6
2020	26.90	25.76	86494	22291	40.8	28018	39.9	17313	41.7
2021	29.11	27.62	89802	24627	39.7	30446	39.2	19146	40.2
2022	29.30	28.38	91606	25825	40.3	31518	39.8	20190	40.9

说明：1.1987—1997年的“在岗职工平均工资”为“职工平均工资”数据；2.2009年及以前“农村常住居民人均可支配收入”为“农村居民人均纯收入”数据。1998—2002年“农民人均纯收入”为调整数，1997年以前为未调整数；3.河源市从2006年起开展城镇住户调查（2005—2009年数据为市区数）；4.2013年，国家推行城乡住户调查一体化改革，2010—2013年城乡居民收入数据为按新制度调整数

续表26

年份	河源市水电		省属水电装机容量		全市用电量（万千瓦时）		
	装机容量（万千瓦）	发电量（万千瓦时）	新丰江（万千瓦）	枫树坝（万千瓦）		工业用电量	乡村居民用电量
1987	9.02	24350	30.25	15.0	—	—	6427
1988	9.25	23925	30.25	15.0	8104	3969	7888
1989	9.47	24693	30.25	15.0	17888	10244	8980
1990	9.76	27531	30.25	15.0	19401	12763	9677
1991	10.38	16179	30.25	15.0	39296	25122	9854
1992	12.22	33776	30.25	15.0	40485	24774	10259
1993	12.59	35822	30.25	15.0	52985	31557	8158
1994	13.31	35396	30.25	15.0	66999	41735	9688
1995	13.59	37300	30.25	15.0	69912	44694	10958
1996	14.93	36792	31.50	15.0	74824	44778	11814
1997	16.21	47603	31.50	15.0	75869	44837	13227
1998	16.98	46560	31.50	15.0	84793	47173	12954
1999	18.52	34519	31.50	15.0	87285	49195	14291
2000	19.53	49983	31.50	15.0	92712	54693	14927
2001	20.33	54512	31.50	15.0	99431	61233	15983
2002	22.13	35720	31.50	15.0	128789	78443	17242
2003	23.52	42643	31.50	15.0	193951	126286	18399
2004	28.40	49737	31.50	15.0	227720	150995	20553
2005	30.50	71851	31.50	15.0	239029	169507	23383
2006	31.97	98515	31.50	15.0	301076	214244	26639
2007	33.30	98549	33.50	15.0	374635	264686	28763
2008	38.68	119617	33.50	18.0	389553	258432	32728
2009	42.89	90208	33.50	18.0	439363	314550	37419
2010	54.41	149976	33.50	18.0	515174	374686	40911
2011	59.31	113076	33.50	20.0	589140	429686	44617
2012	60.76	171369	35.50	20.0	583814	400374	55267
2013	61.32	195183	35.50	20.0	655998	426779	62083
2014	62.07	160474	35.50	20.0	743834	468950	67451
2015	63.60	144771	35.50	20.0	780579	476114	69619
2016	64.60	273137	35.50	20.0	833425	510426	72065
2017	65.11	175098	35.50	18.0	862622	517937	75316
2018	65.88	113831	35.50	17.6	898403	531189	75375
2019	66.29	209084	35.50	17.6	973929	569621	81906
2020	67.79	133400	35.50	20.0	993775	544291	92258
2021	68.19	57390	35.50	17.6	1157580	626384	98777
2022	69.84	140519	35.50	17.6	1172097	617340	122745

说明：1.用电量数据由市供电局提供；2.“乡村居民用电量”2021年及以前为农业专业“农村用电量”数据

续表26

年份	普通高等学校在校学生数(人)	中等职业学校在校学生数(人)	普通中学在校学生数(万人)	小学在校学生数(万人)	科技活动机构数(个)	从事科技活动人员(人)	科技经费支出总额(万元)	医院卫生院床位(张)	卫生技术人员(人)
1987	—	—	9.92	33.90	—	—	—	—	—
1988	—	6308	8.94	35.29	—	—	—	3197	5109
1989	—	5992	8.72	37.27	—	—	—	3277	5180
1990	—	6146	9.16	38.60	—	—	—	3310	5357
1991	—	5797	9.69	39.69	—	—	—	3370	5273
1992	—	4468	10.27	40.09	—	—	—	3411	5635
1993	—	3692	11.16	40.42	—	—	—	3473	5782
1994	—	3540	13.13	40.50	—	—	—	3458	6008
1995	—	3824	15.26	39.59	—	—	—	3528	6215
1996	—	3912	17.60	38.53	—	—	—	3502	6548
1997	—	4367	19.13	37.50	—	—	—	3566	7097
1998	—	5234	19.65	36.53	—	—	—	3694	7218
1999	—	6349	19.30	35.57	—	—	—	3740	7788
2000	—	7971	19.29	34.95	20	200	3993	3720	8135
2001	1210	8295	19.00	35.59	20	211	3960	3776	8189
2002	1560	8601	19.30	36.43	19	192	4552	3878	7873
2003	2230	9140	20.58	37.11	19	189	4607	3586	7236
2004	3595	11685	21.22	36.39	19	187	3265	4100	7804
2005	5373	12424	22.10	35.69	17	153	2626	4014	7929
2006	6424	14318	22.86	34.25	18	170	429	4220	8177
2007	7233	16420	22.98	31.17	18	178	519	4237	8388
2008	8368	28858	23.92	28.76	17	185	605	4632	8923
2009	10147	28910	24.14	26.85	17	175	809	5376	9535
2010	11868	51907	24.12	25.51	17	147	682	5918	10232
2011	11875	52527	22.98	24.91	17	141	1066	7146	10900
2012	12289	51538	21.33	24.75	16	133	1066	7649	11526
2013	12398	49250	19.57	24.77	16	131	1233	8623	12277
2014	12686	41832	18.54	26.05	16	133	1199	9299	12599
2015	11350	35369	17.64	27.75	16	126	1009	9881	14146
2016	12085	32181	17.51	29.16	16	135	1806	11058	15708
2017	12015	39005	17.84	30.00	17	177	2202	12196	16625
2018	12347	28746	18.99	30.76	17	175	1910	13276	17612
2019	13307	21202	20.30	31.27	17	152	2179	14547	19059
2020	20508	31735	21.72	31.10	18	217	2521	15953	19991
2021	16452	27200	23.25	30.36	17	206	2700	17769	21484
2022	17752	42772	24.26	29.45	15	181	4062	18093	22546

说明：“科技”指标统计范围为国有科技机构；普通高等学校在校学生数不含广东技术师范大学河源校区在校学生数

续表26

年份	年末职工参加基本养老保险人数(万人)	年末职工参加基本医疗保险人数(万人)	城镇居民最低生活保障人数(人)	生产安全事故死亡人数(人)	亿元地区生产总值生产安全事故死亡人数(人)
1987	—	—	—	—	—
1988	6.1	—	—	—	—
1989	8.3	—	—	—	—
1990	8.6	—	—	—	—
1991	9.5	—	—	—	—
1992	10.8	—	—	—	—
1993	11.5	—	—	—	—
1994	12.2	—	—	—	—
1995	14.6	—	—	—	—
1996	14.4	—	—	—	—
1997	15.3	—	—	—	—
1998	15.1	—	—	—	—
1999	12.1	—	—	—	—
2000	17.4	—	—	—	—
2001	18.4	—	—	—	—
2002	18.7	5.1	14979	321	2.93
2003	18.7	6.0	16717	241	1.88
2004	19.5	7.1	19197	219	1.37
2005	21.4	10.4	19161	180	0.88
2006	25.3	11.6	20961	151	0.59
2007	27.7	12.5	21676	139	0.42
2008	31.2	20.0	31489	110	0.28
2009	32.57	22.21	31309	122	0.30
2010	34.14	23.95	31585	124	0.28
2011	41.46	25.44	31944	123	0.24
2012	43.43	27.18	30301	122	0.21
2013	44.93	28.24	19652	120	0.18
2014	73.04	28.97	19979	128	0.17
2015	68.72	30.11	19176	110	0.14
2016	71.71	31.38	13149	120	0.14
2017	49.67	33.34	9537	133	0.14
2018	40.03	34.89	6865	113	0.11
2019	35.95	36.18	5996	105	0.10
2020	52.77	38.10	5977	112	0.10
2021	42.30	43.52	5829	84	0.07
2022	43.24	52.55	5637	96	0.07

河源市对外经济主要指标情况表

表27 单位：万元

指　　标	全　市			2022年分区县	
	2021年	2022年	增长（%）	源城区（不含高新区、城东）	高新区
一、进出口总额（亿元）	306.9	243.8	-20.6	70.3	74.7
#出口总额	246.6	193.9	-21.4	48.2	59.2
进口总额	60.2	49.9	-17.1	22.2	15.5
二、签订利用外资协议(合同)数(个)	28	36	28.6	18	6
外商直接投资	28	36	28.6	18	6
合资经营企业	19	22	15.8	12	5
合作经营企业	—	—	—	—	—
外资（独资）企业	9	14	55.6	6	1
外商投资股份制	—	—	—	—	—
外商其他投资	—	—	—	—	—
三、协议（合同）规定利用外资额	220494	352467	59.9	11385	-18578
外商直接投资	220494	352467	59.9	11385	-18578
合资经营企业	155537	260901	67.7	6349	5465
合作经营企业	—	—	—	—	—
外资（独资）企业	64957	91566	41.0	5036	-24043
外商投资股份制	—	—	—	—	—
外商其他投资	—	—	—	—	—
四、实际利用外商投资	106059	113835	7.3	19201	1674
外商直接投资	106059	113835	7.3	19201	1674
合资经营企业	16948	3957	-76.7	—	—
合作经营企业	—	—	—	—	—
外资（独资）企业	89111	109878	23.3	19201	1674
外商投资股份制	—	—	—	—	—
外商其他投资	—	—	—	—	—
五、外商投资企业情况	—	—	—	—	—
工商登记数（个）	2297	1917	—	—	—
投资总额（万美元）	1081710	1043723	—	—	—
注册资本（万美元）	672893	662965	—	—	—

说明：1.进出口数据由河源海关统计，外资数据由市商务局提供（下同）。2.外商投资企业情况无区县数

续表27

指　　标	2022年分区县					
	东源县	和平县	龙川县	紫金县（不含高新区、城东）	连平县	江东新区
一、进出口总额（亿元）	50.9	1.4	19.9	4.6	7.4	14.5
#出口总额	47.8	1.3	14.8	4.5	5.9	12.4
进口总额	3.1	0.1	5.2	0.2	1.5	2.1
二、签订利用外资协议（合同）数（个）	4	2	1	3	—	2
外商直接投资	4	2	1	3	—	2
合资经营企业	—	—	1	3	—	1
合作经营企业	—	—	—	—	—	—
外资（独资）企业	4	2	—	—	—	1
外商投资股份制	—	—	—	—	—	—
外商其他投资	—	—	—	—	—	—
三、协议（合同）规定利用外资额	42864	159610	76972	8168	161	71885
外商直接投资	42864	159610	76972	8168	161	71885
合资经营企业	—	159019	81600	8168	—	300
合作经营企业	—	—	—	—	—	—
外资（独资）企业	42864	591	-4628		161	71585
外商投资股份制	—	—	—	—	—	—
外商其他投资	—	—	—	—	—	—
四、实际利用外商投资	33009	50	2010	11011	2130	44750
外商直接投资	33009	50	2010	11011	2130	44750
合资经营企业	1167	50	56	192	1642	850
合作经营企业	—	—	—	—	—	—
外资（独资）企业	31842	—	1954	10819	488	43900
外商投资股份制	—	—	—	—	—	—
外商其他投资	—	—	—	—	—	—
五、外商投资企业情况	—	—	—	—	—	—
工商登记数（个）	—	—	—	—	—	—
投资总额（万美元）	—	—	—	—	—	—
注册资本（万美元）	—	—	—	—	—	—

2022年河源市分区县固定资产投资增长速度情况表

表28

单位：%

指标	全市		2022年分区县			
	2021年	2022年	源城区	#不含高新区、城东	高新区	东源县
固定资产投资总额	8.9	-29.3	-32.7	-47.2	1.7	-20.0
按产业分	—	—	—	—	—	—
第一产业	42.2	-45.5	—	—	—	-19.9
第二产业	8.6	-16.9	-19.4	-63.7	18.7	37.7
工业	8.6	-16.9	-19.4	-63.7	18.7	37.7
第三产业	7.8	-33.5	-38.2	-42.2	-17.7	-35.3
按登记注册类型分	—	—	—	—	—	—
内源性经济投资	7.1	-28.9	-32.5	-47.9	4.9	-19.1
国有经济	14.8	-4.5	7.5	30.1	0.2	3.7
集体经济	-68.3	78.1	314.1	314.1	—	-50.9
私营个体经济	46.2	-36.3	-33.2	-54.6	11.1	-9.6
外源性经济投资	47.2	-34.9	-33.9	-41.7	-21.2	-31.8
港澳台商投资	55.5	-33.8	-28.6	-35.9	-14.2	-34.8
外商投资	23.4	-38.9	-57.9	-81.8	-39.9	-29.8
民间投资	7.1	-35.6	-33.9	-48.0	4.9	-25.3
按构成分	—	—	—	—	—	—
建安工程	9.2	-24.1	-30.3	-44.8	-4.3	-11.7
设备、工器具购置	7.3	-32.9	-15.6	-53.4	20.3	-28.3
其他费用	9.1	-53.6	-56.0	-50.2	-35.9	-56.2
按资金来源分	—	—	—	—	—	—
国家预算内资金	-18.4	55.4	118.0	64.5	—	78.3
国内贷款	18.9	-62	-62.1	-70.0	-75.5	-35.0
债券	—	—	—	—	—	—
利用外资	469.6	—	—	—	—	—
自筹资金	11.2	-13.2	0.8	-29.6	33.5	0.1
其他资金	11.4	-34.4	-39.0	-37.2	-40.1	-11.6
房屋建筑面积	—	—	—	—	—	—
施工面积	16.2	-8.8	-4.4	-5.1	51.3	-6.8
其中：住宅	13.3	-8.9	-2.4	-3.1	36.1	-10.8
竣工面积	-26.7	-37.8	7.2	25.6	—	-37.7
其中：住宅	-33.5	-36.7	16.9	22.4	—	-49.8

说明：资金来源不包含5000万元以下项目数据（下同）

续表28

指标	2022年分区县					
	和平县	龙川县	紫金县	#不含临江、古竹	连平县	其中：江东新区
固定资产投资总额	-27.6	-31.6	-34.7	-18.7	-18.9	-49.4
按产业分	—	—	—	—	—	—
第一产业	-57.4	945.6	-66.3	-69.9	-80.0	29.0
第二产业	-36.6	-19.4	-30.9	-38.4	-27.0	11.0
工业	-36.6	-19.4	-30.9	-38.4	-27.0	11.0
第三产业	-17.7	-37.3	-34.3	14.1	15.1	-53.3
按登记注册类型分	—	—	—	—	—	—
内源性经济投资	-28.5	-29.4	-34.5	-19.0	-20.8	-48.9
国有经济	13.3	-16.7	-8.6	68.8	-17.5	-53.7
集体经济	—	—	432.7	432.7	—	—
私营个体经济	-40.6	-42.9	-60.8	-60.5	-18.7	-53.6
外源性经济投资	294.6	-54.1	-46.4	1.9	1157.3	-89.5
港澳台商投资	294.6	-54.1	-50.7	-7.2	1010.2	-89.5
外商投资	—	—	—	—	1510.5	—
民间投资	-32.8	-50.8	-49.1	-52.5	-23.4	-49.6
按构成分	—	—	—	—	—	—
建安工程	-24.9	-28.6	-28.6	-5.5	-5.6	-44.5
设备、工器具购置	-43.4	-46.8	-47.6	-52.9	-77.3	-41.7
其他费用	-51.8	-33.0	-53.8	-48.0	-63.8	-71.9
按资金来源分	—	—	—	—	—	—
国家预算内资金	-9.5	9.4	156.1	164.4	188.6	176.2
国内贷款	-96.0	-71.6	-48.6	-32.8	-89.0	-29.6
债券	—	—	—	—	—	—
利用外资	—	—	—	—	—	—
自筹资金	2.2	-41.2	-48.8	-50.7	11.1	-37.3
其他资金	-62.0	-49.6	-36.9	-6.5	-79.6	-53.9
房屋建筑面积	—	—	—	—	—	—
施工面积	8.9	1.8	-26.5	-23.5	-49.3	-26.2
其中：住宅	9.4	1.0	-26.1	-24.9	-51.1	-23.0
竣工面积	-84.3	-73.1	-91.5	-14.5	—	—
其中：住宅	-81.6	-70.3	-88.2	-17.4	—	—

2022年河源市分区县社会消费品零售总额情况表

表29 单位：万元

指　　标	全　市			2022年分区县		
	2021年	2022年	增长%	源城区	#不含高新区、城东	高新区
总计	3876226	3780141	-2.5	1428202	1304919	64255
一、按销售单位所在地分	—	—	—	—	—	—
城镇	2947515	2892186	-1.9	1140379	1041942	61141
乡村	928711	887955	-4.4	287823	262977	3114
二、按行业分	—	—	—	—	—	—
商品零售	3571340	3488769	-2.3	1325782	1211341	56735
餐饮收入	304886	291372	-4.4	102420	93579	7520

指　　标	2022年分区县						
	东源县	和平县	龙川县	紫金县	#不含临江、古竹	连平县	其中：江东新区
总计	435164	395927	608845	558152	437206	353851	179974
一、按销售单位所在地分	—	—	—	—	—	—	—
城镇	330724	273692	462966	414790	327905	269634	124182
乡村	104439	122235	145879	143362	109302	84217	55792
二、按行业分	—	—	—	—	—	—	—
商品零售	404702	356334	560137	516271	406602	325542	167376
餐饮收入	30461	39593	48708	41881	30604	28309	12598

2022年河源市分区县规模以上工业分行业工业总产值情况表（当年价）

表30

单位：万元

项　目	全　市		2022年分区县			
	2021年	2022年	源城区	#不含高新区、城东	高新区	东源县
总计	14596804	14598238	8552645	3117010	5435636	1667173
黑色金属矿采选业	397434	357395	—	—	—	—
有色金属矿采选业	20208	49151	—	—	—	—
非金属矿采选业	147291	72934	—	—	—	19666
农副食品加工业	224890	249552	55496	55496	—	147881
食品制造业	316113	227624	178733	6500	172233	30411
酒、饮料和精制茶制造业	282205	324905	319680	2659	317021	—
纺织业	60502	57054	33340	33340	—	10532
纺织服装、服饰业	284596	253501	233622	21974	211648	7883
皮革、毛皮、羽毛及其制品和制鞋业	202285	233895	88506	—	88506	—
木材加工和木、竹、藤、棕、草制品业	103127	87966	7779	4953	2826	48211
家具制造业	105078	83334	40806	2667	38139	—
造纸和纸制品业	93206	96007	40882	2277	38605	26152
印刷和记录媒介复制业	58875	66443	48509	9276	39233	—
文教、工美、体育和娱乐用品制造业	738272	738804	307112	153584	153528	348498
石油、煤炭及其他燃料加工业	—	—	—	—	—	—
化学原料和化学制品制造业	118182	117827	29529	14671	14858	85475
医药制造业	121140	125174	11559	7505	4054	1935
化学纤维制造业	7118	5538	1573	1573	—	—
橡胶和塑料制品业	364551	349686	124021	7398	116623	48464
非金属矿物制品业	1210437	879729	109967	69925	40042	356505
黑色金属冶炼和压延加工业	1525020	1689597	89794	89794	—	146543
有色金属冶炼和压延加工业	100345	111641	8735	3885	4850	89405
金属制品业	408928	289182	79109	38786	40322	29391
通用设备制造业	379652	247894	110312	34781	75531	59283
专用设备制造业	477348	376574	282056	29469	252586	20862
汽车制造业	66250	80142	75280	75280	—	—
铁路、船舶、航空航天和其他运输设备制造业	21975	19853	—	—	—	1005
电气机械和器材制造业	469937	370037	129669	16212	113457	31591
计算机、通信和其他电子设备制造业	4803710	5243251	4532008	893878	3638130	75034
仪器仪表制造业	120724	90183	44942	34199	10743	—
其他制造业	98257	64430	43211	4749	38462	21220
废弃资源综合利用业	12510	5072	—	—	—	5072
电力、热力生产和供应业	1171898	1549351	1490437	1479340	11097	28228
燃气生产和供应业	70064	70461	23967	10824	13142	27928
水的生产和供应业	14676	14055	12015	12015	—	—

续表30

项目	2022年分区县					
	和平县	龙川县	紫金县	#不含临江、古竹	连平县	其中：江东新区
总计	650984	1231206	1637186	1104379	859044	532807
黑色金属矿采选业	—	—	218308	218308	139086	—
有色金属矿采选业	—	—	—	—	49151	—
非金属矿采选业	28133	—	23873	2461	1263	21412
农副食品加工业	9023	6008	31145	27299	—	3846
食品制造业	—	—	15900	4475	2580	11425
酒、饮料和精制茶制造业	2002	—	—	—	3223	—
纺织业	7033	—	2225	2225	3923	—
纺织服装、服饰业	4085	—	7911	—	—	7911
皮革、毛皮、羽毛及其制品和制鞋业	2016	124783	16586	16586	2004	—
木材加工和木、竹、藤、棕、草制品业	—	—	22010	22010	9967	—
家具制造业	—	25651	—	—	16876	—
造纸和纸制品业	—	—	—	—	28973	—
印刷和记录媒介复制业	—	—	17934	3224	—	14710
文教、工美、体育和娱乐用品制造业	—	44469	19017	5747	19709	13270
石油、煤炭及其他燃料加工业	—	—	—	—	—	—
化学原料和化学制品制造业	2823	—	—	—	—	—
医药制造业	7059	—	90677	88419	13944	2258
化学纤维制造业	—	—	—	—	3965	—
橡胶和塑料制品业	55777	—	68039	5845	53385	62194
非金属矿物制品业	41429	99933	216495	129689	55400	86805
黑色金属冶炼和压延加工业	338506	131099	577009	510926	406646	66084
有色金属冶炼和压延加工业	—	5186	—	—	8315	—
金属制品业	—	98109	67332	18810	15243	48522
通用设备制造业	8041	61796	8463	3178	—	5285
专用设备制造业	10802	—	62854	4170	—	58684
汽车制造业	—	4862	—	—	—	—
铁路、船舶、航空航天和其他运输设备制造业	—	—	18848	—	—	18848
电气机械和器材制造业	50209	27335	129078	36066	2154	93012
计算机、通信和其他电子设备制造业	33270	567292	20924	2383	14723	18541
仪器仪表制造业	45241	—	—	—	—	—
其他制造业	—	—	—	—	—	—
废弃资源综合利用业	—	—	—	—	—	—
电力、热力生产和供应业	—	24610	—	—	6076	—
燃气生产和供应业	3496	10074	2558	2558	2438	—
水的生产和供应业	2040	—	—	—	—	—

2022年河源市分区县规模以上工业分行业工业增加值情况表（当年价）

表31 单位：万元

项目	全市		2022年分区县			
	2021年	2022年	源城区	#不含高新区、城东	高新区	东源县
总计	3457723	3436840	1939279	618923	1320356	390031
黑色金属矿采选业	215265	158322	—	—	—	—
有色金属矿采选业	11264	14679	—	—	—	—
非金属矿采选业	36227	21687	—	—	—	8517
农副食品加工业	11882	17834	5017	5017		7272
食品制造业	60125	42155	32627	1074	31553	5112
酒、饮料和精制茶制造业	149421	143402	141468	1015	140453	—
纺织业	13915	12578	6291	6291	—	3319
纺织服装、服饰业	79096	71053	62598	14483	48115	5415
皮革、毛皮、羽毛及其制品和制鞋业	56852	58816	14966	—	14966	—
木材加工和木、竹、藤、棕、草制品业	19335	14820	3328	2780	548	6861
家具制造业	26589	23422	13701	481	13220	—
造纸和纸制品业	19451	16843	8024	549	7475	3631
印刷和记录媒介复制业	17583	19819	14104	2007	12097	—
文教、工美、体育和娱乐用品制造业	182350	195495	82813	43290	39524	86334
石油、煤炭及其他燃料加工业	—	—	—	—	—	—
化学原料和化学制品制造业	22148	22443	4831	2955	1876	17181
医药制造业	31542	32807	2584	2292	292	1065
化学纤维制造业	1931	1748	475	475	—	—
橡胶和塑料制品业	85536	85141	32129	1689	30440	17607
非金属矿物制品业	301074	218064	21765	14019	7746	109711
黑色金属冶炼和压延加工业	251228	341901	11421	11421	—	19364
有色金属冶炼和压延加工业	15784	22628	1229	269	960	18936
金属制品业	90320	61885	19796	7434	12361	5188
通用设备制造业	62112	56101	24078	8749	15329	13716
专用设备制造业	142430	95676	63745	4393	59352	5981
汽车制造业	14661	16101	15338	15338	—	—
铁路、船舶、航空航天和其他运输设备制造业	9233	9242	—	—	—	288
电气机械和器材制造业	93125	91313	29357	7426	21931	7440
计算机、通信和其他电子设备制造业	1137728	1160086	992387	147929	844458	11274
仪器仪表制造业	34635	27766	16914	14035	2879	—
其他制造业	22377	18724	9889	1770	8119	8835
废弃资源综合利用业	2490	2752	—	—	—	2752
电力、热力生产和供应业	221077	347451	300875	296732	4142	22695
燃气生产和供应业	12541	6738	1486	-1034	2520	1536
水的生产和供应业	6397	7350	6045	6045	—	—

续表31

项　　目	2022年分区县					
	和平县	龙川县	紫金县	#不含临江、古竹	连平县	其中：江东新区
总计	171594	314073	399600	274411	222262	125189
黑色金属矿采选业	—	—	68033	68033	90289	—
有色金属矿采选业	—	—	—	—	14679	—
非金属矿采选业	7418	—	5508	-92	244	5600
农副食品加工业	1934	1412	2199	1881	—	319
食品制造业	—	—	3619	1257	797	2363
酒、饮料和精制茶制造业	392	—	—	—	1542	—
纺织业	1812	—	532	532	623	—
纺织服装、服饰业	1207	—	1833	—	—	1833
皮革、毛皮、羽毛及其制品和制鞋业	1371	37319	4751	4751	409	—
木材加工和木、竹、藤、棕、草制品业	—	—	3006	3006	1624	—
家具制造业	—	4697	—	—	5024	—
造纸和纸制品业	—	—	—	—	5188	—
印刷和记录媒介复制业	—	—	5715	859	—	4856
文教、工美、体育和娱乐用品制造业	—	13995	5757	2554	6597	3203
石油、煤炭及其他燃料加工业	—	—	—	—	—	—
化学原料和化学制品制造业	432	—	—	—	—	—
医药制造业	2800	—	23262	22669	3096	593
化学纤维制造业	—	—	—	—	1273	—
橡胶和塑料制品业	13028	—	11835	438	10543	11397
非金属矿物制品业	9084	19650	44668	30042	13186	14626
黑色金属冶炼和压延加工业	91548	29326	134743	124274	55499	10469
有色金属冶炼和压延加工业	—	1071	—	—	1392	—
金属制品业	—	23557	10982	4363	2363	6620
通用设备制造业	2045	13666	2596	510	—	2087
专用设备制造业	4323	—	21627	2121	—	19505
汽车制造业	—	763	—	—	—	—
铁路、船舶、航空航天和其他运输设备制造业	—	—	8953	—	—	8953
电气机械和器材制造业	14380	5310	34251	5792	575	28459
计算机、通信和其他电子设备制造业	6832	140664	5142	835	3787	4307
仪器仪表制造业	10852	—	—	—	—	—
其他制造业	—	—	—	—	—	—
废弃资源综合利用业	—	—	—	—	—	—
电力、热力生产和供应业	—	20605	—	—	3276	—
燃气生产和供应业	831	2040	587	587	257	—
水的生产和供应业	1305	—	—	—	—	—

建市以来河源市国民经济主要指标年均增长速度情况表

表32　　单位：%

指　标	1988—1990年	1991—1995年	1996—2000年	2001—2005年	2006—2010年	2011—2015年	2016—2020年
地区生产总值	14.1	13.1	11.0	16.6	16.4	10.3	5.2
第一产业	12.5	6.0	6.5	5.2	3.6	4.5	4.6
第二产业	15.2	18.1	11.5	28.5	23.7	11.9	4.2
#工业	14.4	15.5	13.4	29.8	26.9	11.8	3.6
建筑业	17.7	24.8	7.2	23.5	1.2	12.7	7.5
第三产业	16.8	20.8	15.1	15.9	13.5	10.2	6.1
人均地区生产总值	15.4	14.5	12.3	12.4	15.0	10.3	5.7
地方一般公共预算收入	28.3	15.6	7.8	27.2	24.1	21.9	3.4
税收总收入	4.8	34.1	13.1	32.9	23.6	16.8	4.8
金融机构本外币存款余额	47.2	30.3	15.4	17.8	19.4	14.6	9.3
#住户存款	41.6	41.4	15.9	15.5	16.5	13.5	10.0
金融机构本外币贷款余额	32.0	24.9	4.8	11.4	25.7	18.8	14.4
农林牧渔业总产值	8.9	7.3	7.2	4.4	4.3	4.0	4.4
工业总产值	15.8	21.9	12.9	29.2	29.8	15.6	5.4
#规模以上工业	14.2	21.2	13.3	35.4	32.8	16.1	5.7
规模以上工业增加值	12.3	15.0	14.2	35.7	30.5	16.3	5.8
固定资产投资额	18.5	44.5	5.9	33.5	16.6	22.7	13.2
社会消费品零售总额	16.9	22.9	11.2	13.8	15.6	12.1	5.9
旅游接待总人数	57.6	32.7	29.4	24.0	22.0	18.9	-24.2
旅游总收入	36.6	27.5	32.7	20.9	20.3	35.6	-24.0
进出口总额	—	76.9	-4.9	26.9	38.8	8.2	1.1
#进口	—	163.7	-7.8	28.1	34.0	3.7	-9.1
出口	—	56.9	-2.5	26.0	42.1	10.6	4.4
签订利用外资协议数	-10.8	28.1	-12.0	24.2	-5.7	-21.6	9.0
实际利用外商直接投资	22.5	98.5	2.7	16.6	-1.5	-3.1	0.7
在岗职工平均工资	15.0	21.8	10.4	16.0	10.3	14.3	10.9
农村常住居民人均可支配收入	19.2	21.6	10.7	6.2	8.6	13.7	9.9
水电装机容量	0.5	1.4	2.3	3.1	6.6	2.4	0.7
#本市水电装机容量	2.7	6.8	7.5	9.3	12.3	3.2	1.3
全市用电量	9.5	17.7	5.9	20.7	16.6	8.7	4.9
公路通车里程	0.9	15.7	2.9	8.7	1.9	1.4	1.9
邮电业务总收入	26.8	52.6	27.8	12.3	9.4	5.6	9.0
固定电话用户	33.7	38.0	27.7	15.9	-0.3	-6.5	-4.2
移动电话用户	—	—	67.5	50.8	8.6	17.3	1.9

说明：1.本表所列时间段按国家五年规划期划分（下同）；2.地区生产总值及分产业增加值、人均地区生产总值、工农业总产值、规上工业增加值等指标的年均增长速度按可比价计算

河源市农林牧渔业总产值（现行价）

表33

单位：万元

县（区）别	农林牧渔业	农业	林业	牧业	渔业	农林牧渔专业及辅助性活动
全市	2537526	1447649	437284	538881	71028	42685
源城区	65661	38258	1071	24221	1919	192
#不含高新区、城东	63815	36628	1071	24005	1919	192
东源县	491799	264346	78245	115017	22303	11888
和平县	430776	215843	101815	100568	7338	5212
龙川县	509657	269444	109884	105732	16827	7770
紫金县	689815	415892	118962	126261	12174	16527
#不含临江、古竹	599860	368556	107809	101855	7514	14125
连平县	349818	243866	27307	67082	10467	1096
其中：江东新区	91802	48968	11153	24620	4660	2402

河源市农林牧渔业总产值指数

表34

上年 =100

县（区）别	农林牧渔业	农业	林业	牧业	渔业	农林牧渔专业及辅助性活动
全市	104.7	103.2	106.9	106.4	107.5	107.5
源城区	106.4	109.5	98.8	101.5	115.5	103.6
#不含高新区、城东	104.4	106.0	98.8	101.5	115.5	104.8
东源县	107.4	101.7	115.3	113.4	115.3	109.1
和平县	102.2	107.5	94.3	100.2	112.4	103.1
龙川县	103.6	101.4	110.2	102.3	103.8	107.8
紫金县	105.4	102.7	113.2	107.1	105.9	108.0
#不含临江、古竹	105.4	102.7	115.0	105.6	107.1	108.2
连平县	105.4	105.1	95.0	111.0	105.3	104.9
其中：江东新区	105.6	104.9	93.4	114.2	103.8	107.0

说明：农林牧渔业总产值指数按可比价格计算

河源市农林牧渔业增加值（现行价）

表35　　单位：万元

县（区）别	2018年	2019年	2020年	2021年	2022年
全市	1091007	1223380	1349349	1548169	1642047
源城区	28306	32904	33703	35727	39441
#不含高新区、城东	27636	32114	33294	35370	38377
东源县	180373	201439	230841	290285	312425
和平县	183834	209994	231134	268345	279041
龙川县	267052	300457	333130	317197	327290
紫金县	279050	308050	332018	428954	453059
#不含临江、古竹	245536	271243	295542	372727	396820
连平县	152392	170533	188519	207660	230791
其中：江东新区	34182	37578	36813	56584	57464

河源市农林牧渔业增加值指数

表36　　上年 =100

县（区）别	2018年	2019年	2020年	2021年	2022年
全市	104.5	106.2	105.9	107.9	104.7
源城区	103.0	104.2	105.3	108.1	104.8
#不含高新区、城东	—	104.2	106.6	108.3	103.2
东源县	101.2	106.3	110.0	119.0	108.0
和平县	105.8	109.2	105.3	107.5	101.9
龙川县	104.7	106.6	105.6	94.2	103.2
紫金县	104.0	105.4	104.9	114.5	105.3
#不含临江、古竹	—	105.4	106.4	111.1	105.8
连平县	105.7	104.9	104.7	107.4	105.0
其中：江东新区	—	105.2	93.2	154.6	108.3

说明：农林牧渔业增加值指数按可比价格计算

河源市旅游业主要指标情况表

表37

项 目	计量单位	全 市			2022年分区县	
		2021年	2022年	增长（%）	源城区	东源县
旅游宾馆(酒店)	家	743	764	2.8	282	167
五星	家	1	1	—	1	—
四星	家	2	2	—	2	—
三星	家	11	11	—	3	1
二星	家	2	2	—	1	—
一星	家	—	—	—	—	—
未评星级	家	727	748	2.9	275	166
旅游宾馆（酒店）接待能力	—	—	—	—	—	—
客房	间	36657	51926	41.7	32983	6215
床位	张	60896	109814	80.3	77311	9619
客房出租率	%	35.01	28.17	-19.5	—	—
旅行社	家	74	67	-9.5	48	3
出境游旅行社	家	2	2	—	2	—
国内游旅行社	家	72	65	-9.7	46	3
接待旅游者人数	万人次	650.19	574.67	-11.6	202.16	158.06
其中：入境游客	万人次	0.50	0.33	-34.6	0.23	0.04
国内游客	万人次	649.69	574.34	-11.6	201.93	158.03
其中：接待过夜游客	万人次	317.87	267.45	-15.9	121.02	30.57
接待一日游游客	万人次	332.32	307.22	-7.6	81.13	127.50
旅游总收入	万元	510886	416001	-18.6	165458	87416
旅游国内收入	万元	510286	407108	-20.2	159144	86418
旅游外汇收入	万美元	92.95	1322.15	1322.4	938.73	148.35

说明：1.旅游相关指标数据由市文化广电旅游体育局提供（下同）。2.本表旅游宾馆（酒店）数据包含社会旅馆（下同）。3.2020年起旅游相关指标实施新制度，统计口径有所调整

续表37

项目	计量单位	2022年分区县				
		和平县	龙川县	紫金县	连平县	江东新区
旅游宾馆(酒店)	家	60	100	74	49	32
五星	家	—	—	—	—	—
四星	家	—	—	—	—	—
三星	家	1	2	1	3	—
二星	家	1	—	—	—	—
一星	家	—	—	—	—	—
未评星级	家	58	98	73	46	32
旅游宾馆（酒店）接待能力	—	—	—	—	—	—
客房	间	2954	4138	2359	1845	1432
床位	张	4893	6408	6110	2962	2511
客房出租率	%	—	—	—	—	—
旅行社	家	5	4	5	2	—
出境游旅行社	家	—	—	—	—	—
国内游旅行社	家	5	4	5	2	
接待旅游者人数	万人次	56.40	78.56	43.24	22.02	14.22
其中：入境游客	万人次	0.03	0.02	0.01	0.001	0.01
国内游客	万人次	56.37	78.54	43.24	22.02	14.21
其中：接待过夜游客	万人次	26.04	41.03	21.35	17.59	9.85
接待一日游游客	万人次	30.36	37.53	21.89	4.44	4.37
旅游总收入	万元	40586	58781	31531	20013	12216
旅游国内收入	万元	39839	58341	31386	19984	11996
旅游外汇收入	万美元	111.03	65.51	21.61	4.24	32.69

（卢 伦）

河源市主要机构及负责人

编辑：李文举

河源市领导班子成员名单

中共河源市委员会

书　记：

林　涛

副书记：

何国森

方　明（任至6月）

吴青川（8月任职）

常　委：

刘　渤（挂职）

李　洋

刘东豪

张和志

方文华

江海鹰

孔德胜

廖继聪

陈贤亮

中共河源市人大常委会党组

党组书记：

林　涛

副书记：

叶春球

党组成员：

徐先龙

钟壬旺

梁伟光

骆　超

何少华（6月任职）

河源市人大常委会

主 任：

林　涛

副主任：

叶春球

吴素香

徐先龙

钟壬旺

梁伟光

骆　超

中共河源市人民政府党组

党组书记：

何国森

党组副书记：

刘东豪

党组成员：

刘　渤

赵　峰

岳　阳

江海鹰（任至1月）

谢春艳

孙　锋（1月任职）

谢劲辉

河源市人民政府

市　长：

何国森

常务副市长：

刘东豪

副市长：

刘　渤

曹建忠

赵　峰

岳　阳

谢春艳

孙　锋（1月任职）

中共河源市政协委员会党组

党组书记：

钟挥锷（任至4月）

余其豹（12月任职）

党组副书记：

叶少军（任至1月）

廖继聪（1月任职）

谢新添（1月任职）

党组成员：

李衍楠（任至1月）

黄添胜（任至1月）

刘振林（任至1月）

张小可（1月任职）

谢红英（女，1月任职）

孙宇红（女，1月任职）

何安琼（女）

政协河源市委员会

主　席：

钟挥锷（任至4月）

副主席：

谢新添（1月任职）

黄晨光

唐汉芳

肖朋添（任至1月）

刘伟德

刘振林（任至1月）

张小可（1月任职）

谢红英（女，1月任职）

孙宇红（女，1月任职）

中共河源市纪律检查委员会

书　记：

李　洋

副书记：

李小明

阳胜国

张炜超

常　委：

古国辉

黄智伦

朱卫东

钟杞祥

肖丽花

河源市监察委员会

主　任：

方　明（任至1月）

李　洋（1月任职）

副主任：

李小明

阳胜国

张炜超

委　员：

刘红珍（任至3月）

黄智伦（9月任职）

朱卫东

钟杞祥

徐晓旭（9月任职）

河源市领导机关秘书长、副秘书长、纪检监察组组长名单

中共河源市委秘书长、副秘书长

秘书长：

孔德胜（兼）

常务副秘书长：

黄吉文

副秘书长：

邓　勇（任至11月）

曾伟军（任至8月）

陈甫逸飞

张建旺

陈冠洲（挂职）

温兴华（2月任职）

河源市人大常委会秘书长、副秘书长

秘书长：

钟壬旺（任至6月）

何少华（12月任职）

副秘书长：

何少华（6月任职，任至12月）

吴继新

朱小强

吴荣辉（任至9月）

常正亮（9月任职）

河源市人民政府秘书长、副秘书长、派驻市政府办公室纪检监察组组长

秘书长：

谢劲辉

副秘书长：

黄春垒（6月任职）

张春荣（8月任职）

邝伟毅

吴志鸿（任至6月）

殷乘胜

古国辉（任至3月）

黄少立（6月任职）

丘云飞（6月任职）

叶文娟

欧阳晓（8月任职）

李树青（挂任，任至4月）

陈劲松（任至3月）

派驻市政府办公室纪检监察组组长：

杨　革

政协河源市委员会秘书长、副秘书长

秘书长：

何安琼（女）

副秘书长：

刘仕钦

刘质佳

河源市市直单位领导名单

河源市人民代表大会法制委员会

主任委员：

李鹏章

副主任委员：

陈作雄（任至12月）

唐千里

河源市人民代表大会社会建设委员会

主任委员：

刘超宏

副主任委员：

林伟雄

许建青

河源市人大常委会法制工作委员会

主　任：

李鹏章

河源市人大常委会财政经济工作委员会

主　任：

谢小宇

河源市人大常委会城乡建设环境与资源保护工作委员会

主　任：

陈伟雄

副主任：

黄光波

河源市人大常委会农村农业工作委员会

主　任：

何伟光

副主任：

陈伟勇

河源市人大常委会教科文卫侨工作委员会

主　任：

凌金文

副主任：

赖石林（任至10月）

河源市人大常委会选举联络人事任免工作委员会

主　任：

黄咏梅

副主任：

李小清

河源市人大常委会监察和司法工作委员会

主　任：

郑裕辉

副主任：

曾宪伟

政协河源市委员会提案法制委员会

主　任：

吴金水（女）

副主任：

张　源

政协河源市委员会经济委员会

主　任：

朱南忠

副主任：

梁向东

政协河源市委员会农业和农村委员会

主　任：

吴胜生

政协河源市委员会人口资源环境委员会

主　任：

黄聚平

副主任：

姜玉华（女）

政协河源市委员会科教卫体委员会

主　任：

郑伟华

副主任：

颜彩玲（女）

政协河源市委员会港澳台侨外事委员会

主　任：

缪国健

副主任：

邱晓红（女）

政协河源市委员会学习文史民族宗教委员会

主　任：

罗良海

副主任：

刘文达

政协河源市委员会联络工作委员会

主　任：

叶发兴（任至9月）

中共河源市委组织部

部　长：

张和志

常务副部长：

黄运腾（6月任职）

副部长：

李晓云（兼）

吴志平

陈海青（任至6月）

吴粤杰（7月任职）

部务委员：

葛志伟

陈怿昶（任至7月）

纪检监察组组长：

黄　武

中共河源市委宣传部

部　长：

江海鹰

常务副部长：

叶振廷

驻部纪检监察组组长：

刘　斌

副部长：

曾淑梅（6月任职）

邹庆光

李　冰

陈德鹏

河源市精神文明建设委员会

主　任：

林　涛

第一副主任：

何国森

常务副主任：

江海鹰

副主任：

孔德胜

梁伟光

赵　峰

谢春艳

孙　锋

孙宇红

河源市精神文明建设委员会办公室

主　任

叶振廷

副主任：

徐南敏

中共河源市委统一战线工作部

部　长：

廖继聪（1月任职）

常务副部长：

黄海生

副部长：

徐耀目

杨友平

谭丽娟

中共河源市委机构编制委员会

主　任：

林　涛

副主任：

何国森

方　明（任至5月）

吴青川（9月任职）

委　员：

张和志

孔德胜

谢劲辉（3月任职）

袁辉强

骆　超（任至1月）

何远航（3月任职）

林文泉

中共河源市委机构编制委员会办公室

主　任：

袁辉强

副主任：

蓝红扬（任至3月）

张永红

崔新友

颜捷仲（7月任职）

中共河源市委政策研究室

主　任：

邓　勇（任至11月）

副主任：

陈甫逸飞

董福军

张剑辉

中共河源市委全面深化改革委员会办公室

主　任：

孔德胜

常务副主任：

邓　勇（任至2月）

陈甫逸飞（2月任职）

副主任：

蔡东艺（11月任职）

简勇光

邓先明（任至10月）

中共河源市委外事工作委员会办公室

主　任：

邱志军

副主任：

吴树民

陈仕辉

中共河源市委台港澳工作办公室

主　任：

王爱平

副主任：

蓝晓军

中共河源市委党校（河源市行政学院、河源市社会主义学院）

校（院）长：

张和志（兼）

常务副校（院）长：

邹永东

副校（院）长：

林惠鹏

张小苑

校委委员：

王星辉

赖永龙（7月任职）

中共河源市委党史研究室（河源市地方志办公室）

主　任：

黄小青

副主任：

黄　彬

黄振中

中共河源市委老干部局

局　长：

李晓云

副局长：

何寿均（任至5月）

何燕飞（任至7月）

叶有碧（8月任职）

宋满秋（8月任职）

中共河源市直属机关工作委员会

书　记：

孔德胜

常务副书记：

黄亿芳（任至2月）

孙起成（6月任职）

副书记：

李小迎（任至9月）

白贵华

陈志斌

纪检监察工委书记：

吴吉波（8月任职）

河源市关心下一代工作委员会

主　任：

欧阳培强

副主任：

陈成威

傅跃进

阮伟标

欧阳伟雄

何燕飞

河源市信访局

局　长：

张春荣

副局长：

陈锦璇

孙文锋

周文梁

河源市水库移民工作局

党组书记、局　长：

钟作新

党组成员、副局长：

刘可忠

陈佩胜

河源市政务服务数据管理局

党组书记、局长：

朱雪中

党组成员、副局长：

张志雄（任至10月）

陈桂华

张　原

河源市应急管理局

党委书记、局长：

吴新国

党委委员、副局长：

刘辉星

罗志鸿

张飞轮

陈文炸

党委委员、总工程师：

刘伟荣

党委委员、市地震局局长：

陈志广

党委委员：

邱炳云

河源市消防救援支队

党委书记、政治委员：

高　罡

党委副书记、支队长：

周鹤鸣（任至2月）

邹武涛（2月任职）

党委委员、副支队长：

周　理

易　斌

李继刚（任至3月）

邓焕斌（3月任职）

纪委书记、副政治委员：

苗春国

党委委员、政治部主任：

陈裕富

中共河源市委河源市人民政府接待办公室

主　任：

黎志伟

副主任：

邓华丽

潘育东（8月任职）

河源市机关事务管理局

党组书记、局长：

蓝智慧（女）

党组成员、副局长：

利振庭

丘燕梅（女）

谢文丰

河源市人民政府驻北京联络处

主　任：

缪允东（任至11月）

具瑞新（11月任职）

副主任：

蓝伟东

具瑞新（任至11月）

河源市人民政府驻广州办事处

主　任：

杨通达（任至7月）

曾伟军（8月任职）

副主任：

王志华

李万大超（10月任职）

河源市工商业联合会

党组书记、常务副主席（常务副会长）：

徐耀目

党组成员、专职副主席（专职副会长）：

罗金柱

陈远添

党组成员、秘书长：
蓝爱平（女）
兼职副主席：
刘长涛
袁建康
赖运宏
肖永文
朱荣业
赖志华
李文东
廖希中
李　浩
蔡学东
谢　伟
周省强
邓小智
缪国乐
邓昌有
古云海
廖东帆
王煌英
林向通
易新河
周明毅
兼职副会长：
廖进富
朱昆明
许建青
郑汉辉
王余生
何　艇
魏志勇
蔡雪辉
朱醒悟（女）
邓　涛
张博铖
何伟国
唐怀金
马文欢
苏开安
余少光
张俊生

河源市总工会

主　席：
陈荣卓（任至6月）
钟壬旺（6月任职）
党组书记、常务副主席：
谢红英（任至6月）
陈海青（6月任职）
党组成员、副主席：
刘红珍（2月任职，任至11月）
刘志灵
党组成员、经费审查委员会主任：
黄燕霞

中国共产主义青年团河源市委员会

书　记：
袁华丽
副书记：
黎　丹
钟广鹏

河源市妇女联合会

主　席：
吴艺珍（任至6月）
张晓玲（6月任职）
副主席：
曾洪虹
周丽娴
刘立恒（挂职）
兼职副主席：
林文晖
黄燕霞
刘越香
黄艳芸
陈春燕

河源市科学技术协会

主　席：
吴素香
党组书记：
陈新华
党组成员、副主席：
潘振伟
骆锐亮

河源市归国华侨联合会

党组书记：
邹仕选
党组成员、主席候选人：
李洪钧
党组成员、副主席：
邬国猷
邓谷香

河源市文学艺术界联合会

党组书记：
黄刚毅（任至8月）
缪允东（10月任职）
主　席：
刘伟德（任至10月）
余笑梅（10月任职）
党组成员、副主席：
王文巧
兼职副主席：
叶国强
罗志勇
肖　蓼
陈裕红

河源市残疾人联合会

理事长：
吴文生
副理事长：
庄建辉
李雪女（11月任职）
欧阳登（任至10月）

河源市红十字会

专职副会长：
游伊里

中共河源市委政法委员会

书　记：
叶春球（任至2月）
陈贤亮
第一副书记：
赵　峰
常务副书记：
黄伟章
副书记：
郑志崇
骆长春
徐子雄
专职委员：
骆石万
赖东娣（任至5月）

河源市法学会

会　长：
陈贤亮
常务副会长：
郑志崇

专职副会长兼秘书长：
廖茂青

中共河源市委依法治市委员会办公室

主　任：
陈贤亮
副主任：
黄伟章
李庆铎

河源市公安局

党委书记、局长：
赵　峰
党委副书记、常务副局长：
陈　飞（8月任职）
党委委员、指挥中心主任：
幸运杰
党委委员、副局长：
黄福民
党委委员、政治处主任：
王海珊
党委委员、副局长：
刘芳毅
李杭州
刘启增
于海涛（挂职）
党委委员、市纪委监委驻市公安局纪检监察组组长：
郭军阳（任至6月）
黄其环（6月任职）

广东省河源市人民检察院

检察长：
刘旭东
副检察长：
李春辉
纪检监察组组长：
赖小勇
副检察长：
曾少平
政治部主任：
吴宇峰

河源市中级人民法院

党组书记、院长：
王庆丰
党组副书记、副院长：
林文晖
党组成员、副院长：
张小洁
邓志军（任至3月）
李焱辉（挂职，9月任职）
党组成员、政治处主任：
雷江辉
党组成员、市纪委监委驻市法院纪检监察组组长：
钟茂开（8月任职）

河源市司法局

局　长：
李庆铎
副局长：
刘　军
陈建辉（任至5月）
练　斌
郭周正
黄丽琴
政治处主任：
肖　佳

广东省新丰江林业管理局（河源新丰江万绿湖风景区管理委员会）

书　记：
邓小林（中共东源县委常委兼）
局　长（主任）：
刘伟忠
副书记：
黄伟平（任至1月）
何文才（1月任职）
刘伟忠
党委委员、副局长（副主任）：
何文才（任至1月）
张　浩
赖达东（任至9月）
赖志东（1月任职）
肖　龙（11月任职）
党委委员：
陈镜深

河源市生态环境局

党组书记、局长：
徐智敏
党组成员、副局长：
张少忠
党组成员、纪检监察组组长：
廖群辉
党组成员、副局长：
潘志刚
高丽云
党组成员、总工程师：
谢立忠
副局长：
杨碧瑜
生态环境督察整改办公室主任：
廖文彦

河源市农业农村局

市委农办主任、党组书记、局长：
邓春华
党组副书记、市委农办专职副主任：
甘桂强
党组成员、副局长：
邓道宇
赖国先
张法周
杨建伟
党组成员、市纪委监委派驻市农业农村局纪检监察组组长：
罗小忠
总农艺师：
廖海林

河源市林业局

党组书记、局长：
何志锋
党组成员、副局长：
赖明源
朱建明
潘鹏飞
张　谦（7月挂任）
孙伟兵
党组成员、林业总工程师：
郑建洪
党组成员、市公安局森林分局局长：
张少锋

河源市水务局

党组书记、局长：
张金城
党组成员、副局长：
廖辉光
廖利城
陈　安
赖少略
林　娴
总规划师：
王小飞

河源市人民政府万绿湖水资源开发管理办公室

主　任：

诸鸿伟

副主任：

杨建利

中共河源市灯塔盆地农业高新技术产业示范区工作委员会

书　记：

钟志坚

副书记：

许西湖

廖伟强

委　员：

刘小峰

黄少立（6月任职）

梁金伟

朱春松

周星星（任至5月）

吴利民

蔡建辉

郑丁科（7月任职，挂职）

李家洲（7月任职，挂职）

吴建章（8月任职）

陈世锋（8月任职）

纪工委书记：

朱春松

河源市灯塔盆地农业高新技术产业示范区管理委员会（筹）

主　任：

许西湖

常务副主任：

廖伟强

副主任：

黄少立（任至6月，兼任纪工委书记）

梁金伟

蔡建辉

郑丁科（7月任职，挂职）

吴建章（8月任职）

河源市灯塔盆地国家现代农业示范区管理委员会

主　任：

（空缺）

副主任：

刘小峰

周星星（任至5月）

吴利民

李家洲（7月任职，挂职）

陈世锋（8月任职）

河源市工业和信息化局

书记、局长：

叶金镜

纪检监察组组长：

廖群辉

副局长：

廖伟胜

李超武

张　敏

黄伟明

总经济师：

姚良发

河源市交通运输局

党组书记、局长：

马国波

党组成员、副局长：

邹亚宏

廖振福

廖日强

曾明泉

丁大朋（挂职）

党组成员、纪检监察组组长：

肖丽花（任至6月）

叶小锋（6月任职）

党组成员：

胡国平

总工程师：

唐勤学

河源市公路事务中心

党组书记：

钟　斌

党组成员、主任：

郑新桥（11月任职）

党组成员、副主任：

高仕忠

钟伟权

黄佳生

杨　群

党组成员、总工程师：

王建新

河源市交通运输综合事务中心

主　任：

胡国平

河源市粤运绿都公共交通有限公司

党支部书记、总经理：

周贵辉

党支部副书记、副总经理：

廖子鑫

副总经理：

郭伟勇

曾金石

黄海冰

河源市邮政管理局

党组书记、局长：

张为民

党组成员、副局长、纪检检查组组长：

王泾鸣

党组成员：

杨文芳

河源市商务局（河源市口岸局）

党组书记：

黄远程

党组成员：

徐智彪

黄海平（任至11月）

周金苔

袁志雄

黄子立

吴金华（8月任职）

田洪刚（挂职）

局　长：

黄远程

副局长：

黄海平（任至11月）

周金苔

黄子立

吴金华（8月任职）

田洪刚（挂职）

线口纪检监察组组长：

叶雪光

中国国际贸易促进委员会河源市委员会

会　长：

徐智彪

副会长：

袁志雄

河源市供销社

党组书记：

吴志鸿

理事会主任：

邱其标

理事会副主任：

钟文高

李锦祥（任至10月）

黎　芳（10月任职）

河源市金融工作局

党组书记：

叶志亮

局　长：

黄罡星（任至8月）

张　翼（10月任职）

副局长：

邹永强

黄超平（8月任职）

河源市发展和改革局

党组书记、局长：

谢海航

党组成员、纪检监察组组长：

叶雪光

党组成员、副局长：

李南雄（任至10月）

张新发

高辉强

吴中洋

刘小宁（11月任职）

党组成员：

刘小宁（10月任职）

河源市财政局

党组书记、局长：

骆　超（任至3月）

何远航（3月任职）

党组成员、副局长：

温文忠

诸鸿伟（任至6月）

李桂生

朱小文

薛闻聪（8月任职）

党组成员、派驻纪检监察组组长：

黄　晰

总会计师：

唐　丰

河源市公共资源交易中心

主　任：

谢　骥

副主任：

李远惠

廖永青

高铁华

钟汉环

钟振万

河源市审计局

党组书记、局长：

张河敏

党组成员：

贺新彬

党组成员、总审计师：

谢统鹏

党组成员、副局长：

何仕军

张素珍

吴月胜

袁卓周

河源市经济责任审计工作联席会议办公室主任：

贺智峰

河源市统计局

党组书记、局长：

蓝战山

党组副书记、副局长：

黄汉鹏

党组成员、副局长：

梁小菊（任至8月）

党组成员、副局长：

吴群阳

河源市市场监督管理局

党组书记、局长：

谢新添（任至6月）

徐学章（6月任职）

党组成员、副局长：

刘益东

钟剑鸿

严小波

蒙立新

党组成员、市纪委监委派驻纪检监察组组长：

朱小明

总工程师：

钟惠智

食品药品安全总监：

伍志勇

河源市人民政府国有资产监督管理委员会

党委书记：

陈志才

党委副书记、主任：

冯永康（任至5月）

疏　纲（6月任党委副书记，9月任主任）

党委委员、副主任：

廖满堂（任至11月）

副主任：

范志君（8月任职）

党委委员、副主任：

殷新伟

黄　康（11月任职）

党委委员、纪委书记：

杨　港（任至5月）

党委委员、市纪委监委派驻纪检监察组组长：

袁瑾璿（10月任职）

河源市乡村振兴局

党组书记、局长：

钟建政

党组成员、副局长：

徐军民

李进强

张佰朗

王伟元

谢国定（任至4月）

黄陈强（8月任职）

河源市住房和城乡建设局

党组副书记、局长：

邵卫根

党组成员、副局长：

吴学双

党组成员、纪检监察组组长：

张日城

党组成员、副局长：

洪炎雄

曾伟锋

李森燚

总工程师：

张文杰

河源市城市管理和综合执法局

党组书记、局　长：

杨　威

党组成员、副局长：

谢仕强

叶　豪

刘彪平

孙茂盛

何超明

河源市政府代建项目管理局

局　长：

叶建勋

河源市市场物业管理处

处　长：

吕建科（任至8月）

副处长：

欧文雄（2022年9月主持单位全面工作）

黄建光

河源市不动产登记中心

主　任：

具锦标（任至8月）

主要负责人：

黄燕飞（8月任职）

河源市住房公积金管理中心

主　任：

傅运光

河源市自然资源局

党组书记：

杨　志（任至8月）

曹新华（8月任职）

局　长：

刘　涉

党组成员、副局长：

温文中

李伟中

张伟岳（任至12月）

李法南

党组成员：

黄燕飞

党组成员、总工程师：

吴　瑛

河源市土地储备中心

主　任：

廖伟强

河源市教育局

党组书记、局长：

杨利华

党组成员：

吴粤杰（任至7月）

俞美清（10月任职）

党组成员、副局长：

钟小明

张东辉（任至8月）

张金坤（11月任职）

黄汝荐

黄志鹏（11月任职）

党组成员、纪检监察组组长：

黄学赞

河源市卫生学校

书　记：

张金坤

副书记：

涂秀菊

向太平（11月任职）

纪委书记：

张紫辉（任至11月）

向太平（11月任职）

河源理工学校

校　长：

李雄伟

副校长：

罗　捷

刘翠梅

曾永亮

戴伟军（12月任职）

河源技师学院（河源市高级技工学校）

院　长：

张海锋

副院长：

张运达

刘俊侃

邱志才

叶　晖

河源职业技术学院

党委书记：

韦　荣

党委副书记、校长：

陈德清

党委副书记：

叶国英

副校长：

赖小景

王小宁

袁光华

姚家芳（8月任职）

河源开放大学

党委书记、校长：

张东辉（8月任职）

党委副书记、副校长：

蔡杰忠

党委副书记、纪检监察组组长：

刘汝亮（任至8月）

副校长：

赖思平

党委委员、副校长：

邱锦军

河源市科学技术局

党组书记：

吴仕延（8月任职）

局　长：

韦锐辉（10月任职）

党组成员、副局长：

刘小平

钟巧川（9月任职）

叶小权（11月任职）

河源市社会科学界联合会

党组书记：

曾丽霞

主　席：

刘路红

党组成员、专职副主席：

黎建庭

党组成员：

庞　彪

兼职副主席：

张小苑

杨建平

袁光华

谢雄青

河源市文化广电旅游体育局

党组书记、局长：

曾永贞

党组成员、副局长：

李远飞

骆满星

曾志伟

张美芳

党组成员、总工程师：

黄海平

河源广播电视台

台　长：

谢　雨（6月任职）

总编辑：

吴丽萍（6月任职）

副台长：

刘志常

廖晓棠（任至11月）

甘　露

俞立峰（10月任职）

总工程师：

钟来全

河源市档案馆

馆　长：

邱寿强

副馆长：

李映芬

河源日报社

社　长：

曾淑梅

总编辑：

杨建平

副社长、副总编辑：

彭志良

郭志军

朱国良

胡剑廷

河源晚报社

社长、总编辑：

刘石妹

河源市卫生健康局

局　长：

黄春垒

党组书记：

周　鑫

副局长：

余笑梅

党组成员、副局长：

杨　锋

党组成员、市纪委监委派驻市卫生健康局纪检监察组组长：

朱振强

党组成员、副局长：

曾德和

叶树知

河源市医疗保障局

党组书记：

肖伟星

党组副书记、局长：

曾永贞（任至2月）

蓝红扬（2月任职）

党组成员：

陆　琛

党组成员、副局长：

马国雄

叶常波

刘红权

河源市卫生监督所

所　长：

吕伟兵

河源市疾病预防控制中心

主任：

王　海

河源市人民医院

党委书记：

殷汉华

院　长：

何鹏程

副院长：

黄建斌

谢景来

何锦照

谢贤生

侯宝华

纪委书记：

周志达

河源市深河人民医院（暨南大学附属第五医院）

院　长：

李志忠

党委副书记：

陈祖辉

副院长：

孟　宇

杨万勇

罗琼湘

党委副书记兼纪委书记：

马　超

总会计师：

张春艳

河源市中医院

院　长：

王步云

河源市妇幼保健院

党委书记：

王　静（任至12月）

党委副书记、院长：

欧阳培元

河源市人力资源和社会保障局

党组书记、局长：

林文泉

党组成员：

张春慧

副局长：

张文胜

罗文才

李　君

张燕雄

纪检监察组组长：

许建平

河源市社会保险基金管理局

局　长：

张春慧

河源市民政局

党组书记、局长：

张小可（任至2月）

黄亿芳（2月任职）

党组成员、副局长：

钟达庆

副局长：

李秀青

党组成员、市社会组织党委专职副书记：

赖松兴

党组成员：

李　琦

党组成员、副局长：

曾　利

河源市退役军人事务局

党组书记、局长：

徐学章（任至6月）

吴艺诊（6月任职）

党组成员、副局长：

黄东平

钟林发
吴慧先
许必勇（兼职，6月任职）

中共河源市高新技术开发区工作委员会

书　记：
骆世文
副书记：
陈志中
邱慧娜
委　员：
彭锦益
李先昌（任至9月）
邹元涛
欧阳振雄（7月任职）
张志涛（10月任职）
市纪委监委派驻市高新区管委会纪检监察组组长：
彭锦益

河源市高新技术开发区管理委员会

主　任：
陈志中
副主任：
李先昌（任至9月）
邹元涛
欧阳振雄（7月任职）
张志涛（10月任职）
市纪委监委派驻市高新区管委会纪检监察组组长：
彭锦益

中央、省属驻河源市单位领导名单

河源市气象局

党组书记、局长：
朱华松
党组成员、副局长：
黄文强（10月任职）
汤冬平
黄　荣（任至10月）
蔡敷川（8月任职）
党组成员、纪检监察组组长：
苏伟标

河源供电局

党委书记、副总经理：
黄伟杰（任至8月）
党委副书记、总经理：
彭　刚
党委委员、副总经理、工会主席：
罗家华
党委委员、副总经理：
曾培亮
刘兆辉
欧阳旭东
党委委员、纪委书记：
蔡　雄

广东粤电新丰江发电有限责任公司

党委书记、董事长：
周喜安
总经理、党委副书记：
王　军
党委副书记、纪委书记：
许洪文
党委副书记、工会主席：
黄　淼
副总经理：
王业凌
杨暹群
叶建和

广东粤电枫树坝发电有限责任公司

党委书记、执行董事、总经理：
连志伟
党委副书记、纪委书记、工会主席：
钟安庸
副总经理：
丘俊华
邓伟国
林锦明

河源电厂

党委书记、董事长：
易勇智
总经理：
刘宝富

河源市粤运汽车运输有限公司

党委书记、董事长：
黄志军（任至11月）
党委书记：
蔡扬明（12月任职）
董事长：
秦劲松（11月任职）
总经理：
张永全（任至3月）
蔡扬明（6月任职）

中华人民共和国河源海事局

党委书记、局长：
郑良东（任至8月）
李惠先（8月任职）
党委副书记、纪委书记：
叶水峨
党委委员、副局长：
赖志平
梅　馥
党委委员：
陈德峰

中国邮政集团有限公司河源市分公司

党委书记、总经理、市寄递事业部总经理：
莫月雁（任至4月）
陈　敏（4月任职）
党委委员、副总经理：
黄前飞
党委委员、副总经理、市寄递事业部常务副总经理：
蔡连福（任至4月）
陈钦迎（4月任职）
党委委员、副总经理：
朱胜君
党委委员、纪委书记、副总经理：
张业能（任至11月）
戴海龙（11月任职）

中国移动通信集团广东有限公司河源分公司

党委书记、总经理：
郭思远
党委委员、纪委书记、副总经理：
冯日旺
党委委员、副总经理：
何宇雄
欧阳技

中国联合网络通信有限公司河源市分公司

党委书记、总经理：
陈　鑫（任至4月）
巩旭东（4月任职）
党委委员、副总经理：
黄志艺
梁　俊

副总经理：
付晓东
党委委员、纪检监察组组长：
周定洪
党委委员：
刘宇丰

中国电信股份有限公司河源分公司

副总经理（主持工作）、党委副书记：
胡楚城
副总经理、党委委员、工会主席：
吴海潮
副总经理、党委委员：
曹鹏飞
范铨斌（任至9月）
党委委员、纪委书记：
吴东锋

中国铁塔股份有限公司河源市分公司

总经理、党委书记：
石海终
纪委书记、党委委员、副总经理：
付添喜
党委委员、副总经理：
胡庆春

广东省河源市烟草专卖局（公司）

党组书记、局 长、总经理：
黄 涛
党组成员、副局长：
何国晖（任至1月）
钟青泉（4月任职）
党组成员、副总经理：
郭子麟（任至9月）
黄颂滨（9月任职）
党组成员、纪检监察组组长：
董安林

广东省盐业集团河源有限公司

执行董事、总经理：
黄冠生（任至10月）
卢志元（10月任职）
副总经理：
王 敏

中国石化销售股份有限公司广东河源石油分公司

总经理：
陈莲英（任至4月）
副总经理：
楼国浩（4月任职，主持工作）
利耀新
刘庆林
王 成（9月任职）

中华人民共和国河源海关

关 长：
刘志红
缉私分局局长：
史清杰
副关长：
吴文君
唐千里
郭 英
广州海关党委派驻纪检监察组组长：
严 敏（任至7月）

中国人民银行河源市中心支行

行 长：
陈洁文
副行长：
诸金兴（任至3月）
李焕明
陈舒文
工会主任：
张云萍（任至8月）
程 锋（12月任职）
纪委书记：
林 胜

中国银行保险监督管理委员会河源监管分局

党委书记、局长：
张志翔
党委委员、纪委书记：
薛 巍（5月任职）
党委委员、副局长：
赖永湘
李志强
周建良（任至12月）
副局长、工会主席：
卓素芬（12月任职）
纪委书记：
王怡靓（任至4月）

中国工商银行股份有限公司河源分行

党委书记、行长：
金稳涛
党委委员、副行长：
陈淦林（任至11月）
黄 伟
曾岳腾
贺 芳（4月任职）
党委委员、纪委书记：
夏银波

中国农业银行股份有限公司河源分行

党委书记、行长：
陈跃辉
党委副书记、纪委书记：
冯聪荣（任至2月）
党委委员、副行长：
李永锋（任至10月）
林万里（任至10月）
涂伟东
潘微波（10月任职）
谢树曼（2月任职）

中国银行股份有限公司河源分行

党委书记、行长：
马天飞（任至5月）
徐飞霞（5月任党委书记、7月任行长）
党委委员、副行长：
李树青（4月任党委委员、6月任副行长）
周启全
李俊仁
党委委员、驻分行纪检组组长：
王 宇
党委委员、副行长：
李月云
主办级高级业务经理：
钟建高

中国建设银行股份有限公司河源市分行

行 长：
石仁苍
副行长：
汪献忠（任至9月）
蓝 利
刘 治
罗 超
曾清丽（12月任职）
驻河源市分行纪检组组长：
冯 兵（任至3月）
邱雪峰（4月任职）

中国人民财产保险股份有限公司河源市分公司

党委书记、总经理：
叶国柱

中国人寿保险股份有限公司河源分公司

副总经理：

张　辉（主持工作）

安信证券股份有限公司河源分公司

总经理：

张如滨

国家税务总局河源市税务局

党委书记、局长：

梁杰文

党委委员、副局长：

许志诚

刘怀滇（任至5月）

陈建洪

党委委员、纪检组组长:

陈振华

党委委员、总会计师:

叶绿宽

党委委员、总经济师:

李伟辉

广东省核工业地质局二九二大队

大队长（负责党委工作）：

蓝恒春

党委书记：

李祖飞（任至11月）

副大队长：

任家茂

杨仁广

总工程师：

朱晓琼

广东省广播电视网络股份有限公司河源分公司

党委书记、总经理：

叶惠能

党委副书记、纪委书记、工会主席：

冯永根

党委委员、副总经理：

钟　智

民主党派领导名单

中国国民党革命委员会河源市委员会

主　委：

刘伟德

副主委：

赖思平

姚家芳

黄正阳

陈伟娟

委　员：

赖弥平

何志越

张福田

张玫姣

王云全

中国民主同盟河源市基层委员会

主　委：

庞启彪

副主委：

刘　涉

王　方

余笑梅

刘永辉

委　员：

曾惠华

郭发祥

谭湘德

中国民主建国会河源市基层委员会

主　委：

李添鸿

副主委：

谢石庭（任至9月）

康国华（任至9月）

赖启灵（9月任职）

林俊波（9月任职）

朱永锋（9月任职）

王伟东（9月任职）

委　员：

邹映池（任至9月）

刘瑞海（任至9月）

朱永锋（任至9月）

廖　雯（任至9月）

马　佳

王志皓（9月任职）

吴　松（9月任职）

袁伟谊（9月任职）

中国民主促进会河源市基层委员会

主　委：

谢运畅

副主委：

张建中

游玉文

委　员：

何天宇

张莉莉

罗晓霞

何　金

中国农工民主党河源市基层委员会

主　委：

黄建斌

副主委：

温达雄

朱小勇

陈雁威

委　员：

郭小玲

叶　慧

杨建雄

中国致公党河源市总支部委员会

主　委：

颜彩玲

副主委：

邹春良

廖志刚

委　员：

杨丽梅

黄　玲

梁小燕

九三学社河源市基层委员会

主　委：

唐汉芳

副主委：

范志君

袁光华

委　员：

吴丽琴

温婉琳

杨碧瑜

附 录

编辑：李文举

规范性文件选编

关于新时代支持革命老区和原中央苏区振兴发展的实施方案

2022年7月21日

为深入贯彻习近平总书记关于老区苏区工作重要论述精神，根据《国务院关于新时代支持革命老区振兴发展的意见》（国发〔2021〕3号）和《中共广东省委、广东省人民政府关于新时代支持革命老区和原中央苏区振兴发展的实施意见》（粤发〔2021〕15号）要求，推动河源市革命老区和原中央苏区（以下简称老区苏区）加快振兴发展，现结合实际制定本方案。

一、总体要求

（一）指导思想

坚持以习近平新时代中国特色社会主义思想为指导，全面贯彻中共十九大和十九届历次全会精神，深入贯彻习近平总书记对广东系列重要讲话和重要指示批示精神，践行以人民为中心的发展思想，完整、准确、全面贯彻新发展理念，服务构建新发展格局，切实增强老区苏区发展内生动力，不断促进老区苏区各项事业全面进步，推动新时代老区苏区加快振兴发展。

（二）主要目标

到2025年，全市老区苏区脱贫攻坚成果全面巩固拓展，基础设施明显改善，基本公共服务均等化水平进一步提升，居民收入增长幅度高于全省平均水平，红色文化影响力显著增强，生态环境质量持续改善。到2035年，全市老区苏区与全国、全省同步基本实现社会主义现代化，现代化经济体系基本形成，居民收入水平显著提升，基本公共服务实现均等化，形成红色文化繁荣、生态环境优美、基础设施完善、产业发展兴旺、人民生活幸福、社会和谐稳定的发展新局面。

二、主要任务

（一）全面实施乡村振兴战略

1.巩固拓展脱贫攻坚成果。一定时期内保持脱贫攻坚政策总体稳定，完善防止返贫动态监测和帮扶机制，巩固“两不愁三保障”等脱贫攻坚成果，打造一批乡村振兴示范带，开展数字乡村试点。优化以工代赈、创业帮扶等支持政策，加大对农村低收入群体就业技能培训和外出务工的扶持力度。完善城乡低保对象认定方法，适当提高低保标准。加快县域经济发展，重点抓好城乡融合发展省级试点建设，着力推动东源县国家县城新型城镇化建设示范县、国家县城产业转型升级示范园区建设。

2.加快发展现代高效农业。支持灯塔盆地创建国家农业高新技术产业示范区，加快推进岭南现代农业科学与技术广东省实验室河源分中心等重大科创平台建设，提高产业集聚能力和科技支撑能力。支持农田水利和高标准农田建设，稳步提升粮食生产能力。加强绿色食品、地理标志农产品认证和管理，推行食用农产品承诺达标合格证制度。重点发展生猪、油茶、茶叶、蔬菜、水果、水产、南药、丝苗米等“八大特色产业”。做强、做大、做优现有省级现代农业产业园，创建一批农村产业融合发展园区、农业标准化示范区、农产品质量检验检测中心和冷链物流基地。

（二）补齐基础设施短板

3.加快建设综合交通运输体系。加快河源现代综合立体交通网络建设，全面提升交通基础设施互联互通水平。加快龙川至寻乌等高速公路建设，推进梅龙高铁建设，加快推进河惠汕高速公路、河紫高速公路、广河高铁等项目前期工作，加快京广铁路与京九铁路韶关至龙川连接线、龙川至汕尾铁路等项目规划研究工作。优化老区苏区高速公路出入口布局，研究增设互通出入口。优化提升县城到高速公路出入口、工业园区、景点景区的交通线路，实施国省道升级改造，全面推进“四好农村路”建设。推进河源支线运输机场、河源（江东）通用机场建设项目和东江航道河源段扩能升级项目前期工作。

4.提高能源保障供应能力。加快推进河源岑田抽水蓄能电站、东源县天然气热电联产项目等重大能源项目前期工作。积极推进天然气主干管道“县县通工程”建设。因地制宜发展光伏发电、风电。不断完善新能源汽车充电基础设施。积极创建新能源示范市、产业园区和绿色能源示范县。

5.加强水利基础设施建设。大力推进以灯塔盆地灌区改造提升工程为核心的水利设施规划建设。完善城市排水设施，加强农村水利灌溉设施建设，加快推进中小河流治理纳入广东省中小河流治理（三期）建设，实施病险水库（水闸）除险加固和山洪灾害防治工程。巩固农村集中供水全覆盖成效，全面开展农村供水“三同五化”改造提升工作，进一步强化农村供水保障能力。深化东江流域水安全保障提升工程研究论证。

（三）增强内生发展动力

6.培育壮大特色优势产业。改造提升传统产业链，发挥丰富的水、有色金属、硅等自然资源优势，推动食品饮料、矿产资源加工等传统产业高端化、绿色化转型升级，打造百亿级水经济产业、先进材料产业、机械与模具产业集群。大力发展特色旅游产业，打造“一晚两天”“两晚三天”经典旅游线路，推进全域旅游创建工作，推动万绿湖景区创建国家AAAAA级旅游景区。依托河源南药种植资源和产业发展基础，重点培育发展医药制造和医疗器械两大生物医药产业集群。加快发展电子商务，鼓励电商企业与老区苏区共建农林产业链加工、物流和交易平台。

7.推进园区经济和实体经济高质量发展。不断壮大以先进制造业为主的实体经济，打造千亿级新一代电子信息产业集群。支持产业基础较好的园区创建省级高新区、省级“特色产业基地”，培育壮大“6+5”战略性产业集群。推动省级产业园区、省级高新区扩容提质，提升配套服务功能。开展全市工业园区用地整治提升专项行动，有效盘活园区闲置用地和低效用地。谋划建设数字产业园区等一批产业转型升级示范园区。

8.全面提升创新能力。支持电子信息、食品饮料、先进材料等领域骨干企业创建新型研发机构，开展产学研攻关，申报各级企业技术中心、工程研究中心和重点实验室。加强与科研院所、重点高校产学研合作，积极争取与重大科技基础设施、国家级创新研发平台在河源共建创新平台，组建专业化技术转移机构，积极创建科技成果转移转化示范区，积极申报创建创新型县。实施一流高职院校结对帮扶计划，加强与高水平高职院校合作共建。加快推进5G网络、工业互联网等新一代信息基础设施建设，建设智慧园区、农业科技园和星创天地。

（四）提升公共服务质量

9.加快推进教育现代化。优化完善中小学和幼儿园布局，新改扩建一批公办幼儿园和公办中小学校，改善普惠性幼儿园办学条件，提升保教质量，着力解决城镇大班额和公办学前教育资源不足问题。推进义务教育优质均衡发展。推进普通高中优质特色多样化发展，支持河源中学扩容提质升级改造、市田家炳实验中学迁建，增加优质公办普通高中学位，提升特色办学水平。推进职业教育提质培优，对接落实省面向重点老区苏区实施高校专项计划和地方专项计划。

10.提高医疗卫生服务能力。加强公共卫生防控救治能力建设和卫生应急监测预警体系建设，提高应对突发公共卫生事件能力。推动市人民医院建设成为高水平医院。提升基层医疗卫生服务能力，深化紧密型县域医共体建设。实施中医临床优势培育工程和中医康复服务能力提升工程。支持老区苏区光荣院优化提升。

11.提升公共文化服务水平。完善基层公共文化服务网络，提高公共图书馆、文化馆、博物馆、非遗展示馆和乡镇（街道）综合文化站、行政村（社区）综合性文化服务中心等建设和服务水平。加强户户通工程直播卫星接收设备高清化改造，建立覆盖全市广播电视公益服务和惠农节目内容库，高水平完成应急广播系统建设。加强广播电视传输覆盖基础设施和县级融媒体中心建设。建设全民健身场地设施，推进农村学校运动场所升级改造。积极承办全国性、区域性文化交流和体育赛事活动。

（五）弘扬传承红色文化

12.加强红色资源保护利用。深入实施《河源市革命旧址保护条例》，将革命遗址保护纳入国土空间规划体系，加强红色资源的认定、保护、管理、传承和利用。加强对全市革命旧址遗迹的抢救、整理、保护和修葺，实施烈士纪念设施提质改造行动。积极发挥红色村示范作用，推动红色旅游高质量发展，完善配套服务设施，积极创建红色旅游A级景区。加大红色文化和旅游宣传推介力度，积极组织特色文旅项目参加广东旅游文化节、广东旅博会等重点节庆展会活动。

13.强化红色资源教育功能。弘扬传承红色文化，加强红色文化研究，全面挖掘老区苏区重要人物、重要事件，讲好老区苏区故事，宣传革命先辈的典型事迹，利用革命遗址和英雄人物事迹创作更多红色文艺精品。加快推进阮啸仙故居及纪念馆等红色教育基地建设提升，依托红色资源打造党史教育基地。加强青少年红色文化传统教育，推动红色文化进课堂、进教材。

（六）加强生态文明建设

14.巩固提升生态环境质量。坚持“绿水青山就是金山银山”理念，统筹推进山水林田湖草沙一体化保护和修复。落实河（湖）长制，加强东江等流域和重点湖泊生态修复与治理，推进万里碧道建设，加强东江源头保护，推动建立东江流域上下游横向生态保护补偿长效机制。全面推行林长制，加快推进国家储备林、高质量水源林项目建设，加强生物多样性保护。积极创建国家生态文明建设示范市和“绿水青山就是金山银山”实践创新基地。

15.加强环境综合治理。严守生态保护红线，严把产业准入环保门槛，严格落实“三线一单”生态环境分区管控。继续开展污染防治行动，打好蓝天、碧水、净土保卫战。加快建立覆盖城乡的环保基础设施体系，推进生活污水处理设施及配套管网建设，推行垃圾分类和减量化、资源化，提升产业园区污染治理能力。推动绿色矿业发展，加强历史遗留矿山生态修复，开展尾矿库综合治理。积极申报促进生态保护修复的产权激励机制试点、生态产品价值实现机制试点。

（七）提高开放合作水平

16.全域全面融入粤港澳大湾区建设。积极对接国家重大区域战略，加强与“双区”基础设施“硬联通”、体制机制“软联通”、产业协同“企联通”、协同创新“智联通”。推进粤港澳大湾区“菜篮子”基地共建工程，积极对接湾区大市场，高水平打造粤港澳大湾区“米袋子”“菜篮子”“果盘子”“水缸子”“茶罐子”“油瓶子”。拓宽与大湾区科技资源共享渠道，打造大湾区科技成果转移转化基地。主动承接大湾区先进制造业转移和溢出，加大深河对口帮扶力度，提升产业共建水平，谋划建设深河产业共建示范区。加快培育外贸新业态新模式，推广老区苏区特色农产品和工业品。打通“融湾”“融深”多式联运物流通道，积极谋划建设无水港、综合保税区、保税物流中心（B型），完善现代商贸流通体系。

三、保障措施

（一）加强组织领导。坚持和加强党的领导，把党的领导贯穿老区苏区振兴发展全过程各方面。各级各部门要根据职责分工，主动作为，细化任务，落实责任。老区苏区所在县（区）党委和政府要切实履行主体责任，制定具体措施，推动老区苏区加快振兴发展。

（二）加强资金支持。根据政策导向，加强项目谋划、储备和实施，争取纳入国家和省规划。争取省级专项资金支持，完善省级产业园建设，充分发挥资金的杠杆作用，吸引带动更多社会资本投入。争取省在分配地方政府新增专项债务限额时给予倾斜支持。落实省信贷风险补偿基金和融资担保代偿补偿及降费奖补政策，为符合条件项目提供相应风险保障。

（三）加强用地保障。开展城镇低效用地再开发，按政策对损毁的建设用地和零星分散的未利用地开发整理成耕地，并纳入占补平衡管理。将符合要求的地块纳入垦造水田计划并组织实施。加快批而未供和闲置土地处置。争取更多项目纳入省重大建设项目范围并按规定给予用地保障。积极争取用地、用林专项指标倾斜支持。

（四）加强人才引育。落实“广纳英才·智汇河源”人才开发三年行动方案各项重点任务，推动教育、卫生、科技、国企、农业等领域五项人才引育若干措施落地见效，大力实施“雁归源”人才行动。深入实施“粤菜师傅”“广东技工”“南粤家政”三项工程。不断加强与省内高校的交流合作，着力培养、引进一批高素质专业化人才。积极落实省直机关及有关单位对口支援老区苏区机制，与省有关部门、省内高校、珠三角地区开展干部双向交流挂职。

（五）营造良好氛围。创新宣传形式，加强舆论引导和政策解读，广泛宣介老区苏区振兴发展相关政策和生动实践。建立健全公众参与机制，开展多种类型的公益活动，广泛动员企业、社会组织、公民个人通过爱心捐赠、志愿服务、结对帮扶等多种形式参与老区苏区建设。充分发挥各级老区建设促进会作用，大力弘扬老区苏区精神，努力营造全社会支持参与老区苏区振兴发展的良好氛围。

（以上资料由市委办提供）

关于大力推进新时代人才强市建设的实施方案

2022年8月30日

为深入学习贯彻习近平总书记关于做好新时代人才工作的重要思想，认真落实《中共广东省委关于加快新时代人才强省建设的意见》精神，大力推进新时代人才强市建设，现结合河源市实际制定如下方案。

一、总体要求

1.指导思想。坚持以习近平新时代中国特色社会主义思想为指导，全面贯彻党的十九大和十九届历次全会精神，深入贯彻习近平总书记对广东系列重要讲话和重要指示精神，坚持党管人才，强化支撑引领，突出培养集聚，着力深化改革，注重系统推进，落实战略人才锻造、人才培养强基、人才引进提质、人才体制改革、人才生态优化“五大工程”，实行更加积极、更加开放、更加有效的人才政策，为河源市加快建设融入粤港澳大湾区的生态优先、绿色发展排头兵和幸福和谐美丽河源提供强大人才支撑。

2.目标任务。力争到2025年底，人才引育载体数量质量明显提升，人才自主培养能力不断增强，人才发展体制机制改革取得实质性突破，人才服务保障体系更加健全，人才引领经济社会发展的作用充分发挥，全市人才总量占常住人口比例从19%增加到25%。

二、实施人才集聚计划，突出高精尖缺特靶向引才

3.加快绘制人才图谱。落实省委人才强省“五大工程”部署要求，明确人才分类，全面摸清全市人才底数，加快建立各类型各层次人才数据库。聚焦市委加快培育“五大产业”，大力实施“七大行动”重点任务，更新急需紧缺人才目录，编制重点产业骨干企业目录，绘制高精尖缺特人才地图和引才图谱。

4.深化实施“五项人才引育若干措施”。成立教育、卫生、科技、国企、农业农村等部门引才专班，完善实施方案，制定重点任务清单，细化年度引才目标。加强工作调度和分类指导，实行“一月一盘点、一季一调度、一年一述职”。加强对引进人才的跟踪问效。力争到2025年，新引进高层次教育人才400名，新引进高层次医疗卫生人才130名。

5.加快实施“雁归源”人才行动。制定“雁归源”人才行动实施方案，明确“归雁”人才分类标准，建立人才数据库、政策库、产业项目库。畅通引才聚才渠道，完善创业就业培育体系，抓好“雁归源”服务平台建设，加强信息员培训，开展好系列服务活动。支持设立返乡创业顾问团，建立创业导师志愿队伍。实施农村创业带头人培育行动，扶持一批返乡创业能人发展乡村产业。依托商会、行业协会建立返乡入乡投资创业联盟，大力推动市县“雁归园”建设。力争到2025年，新增就业创业“归雁”人才不少于2万人。

6.大力实施“候鸟汇河”人才行动。依托重点产业、重点项目、科研平台，采取短期聘用、技术入股、项目咨询等方式，柔性靶向引进“候鸟型”人才、“双休日”工程师、“远程式”专家，实现借智借力发展。加强与海外高层次人才沟通交流，构建海外人才信息数据库。完善“兼职兼薪、轮流在岗、项目合作”等柔性引才模式，探索度假疗养与引智相互结合的机制，充分利用河源生态环境优势，邀请国内外各类高层次人才到河源康养和工作。力争到2025年，实现柔性引才超5000人。

7.实施科技领军人才倍增行动。建立顶尖人才引进“直通车”制度，靶向引进具有战略科学家潜质的高层次复合型人才。实施青年人才托举工程，开展青年科技人才托举行动，遴选一批青年科技人才给予重点支持。认真做好国家重大人才工程申报推荐工作。加快引进高层次人才，以“平台+人才”“项目+人才”“双薪双聘”等方式，依托“扬帆计划”和省重大人才工程，组织实施河源创新创业团队引进计划。支持高校按规定自主设置新兴交叉学科专业，加快培养高水平复合型人才。强化“政产学研教”战略协同，构建“高校+重大科技创新平台+企业”全链条人才培养体系。着力培育本土科技人才，重点推进华南农业大学河源校区研究生实践基地和河源研究生联合培养基地建设，推动广东技术师范大学河源校区加强本土人才的培育。依托广东省创新方法推广应用研究中心等机构开展科技型企业技术创新领航计划。依托河源广工大协同创新研究院、河源市深大湾区研究院、河源市广师大研究院、博士后工作站、院士工作站等科技创新公共服务平台柔性引进企业发展急需紧缺人才。开展引智

示范基地建设。

8.实施卓越工程师锻造行动。加大理工科人才培养力度，重点支持发展一批社会需求旺盛、对接新一代信息技术产业、先进装备制造业、生态医药产业等新型工科专业。落实粤东粤西粤北地区中小学教师公费定向培养计划，推进实施“新强师工程”和中小学“十百千人才”培养工程，建设专兼职结合的“双师型”教师队伍，提升教师教育教学能力。推进建设现代产业学院、特色行政学院，加强校企合作、产教融合，培育一批卓越工程师。实施市属国有企业高层次人才引进提升行动。

三、实施人才培优计划，立足产业发展本土育才

9.加快两个“人才高地”建设。积极抢抓粤港澳大湾区高水平人才高地建设重大机遇，以河源国家高新区为科技创新中心，主动对接“双区”和横琴、前海两个合作区产业创新资源和高端制造业资源，大力培育科技项目和科技人才，创造更多的“单打冠军”，着力将河源国家高新区打造成为制造业人才高地。突出现代农业产业优势，优化实施“扬帆计划”，在建设粤港澳大湾区的“米袋子”“菜篮子”“果盘子”“水缸子”“茶罐子”“油瓶子”过程中将灯塔盆地农高区打造成为现代农业人才高地。建立人才高地建设联席会议制度，在河源国家高新区管委会、灯塔盆地农高区管委会分别设立联席会议办公室，成立工作专班，凝聚各有关部门力量推动人才高地建设。

10.加强创新创业载体建设。联合“双区”高校院所共建高水平科技创新平台、大学科技园和科技成果中试基地，打造“众创空间+孵化器+加速器+科技园”全孵化链条。深化深河合作共建，推广“深圳总部+河源基地”产业共建模式、“南山—河源国家高新区”“南山—连平”共建园业态。重点推进大数据产业园、5G产业园、模具制造产业园三大特色园区建设。加快孵化育成载体建设，重点推进河源市创业孵化基地、河源市高新区创业服务中心、河源市源城区科技创新服务中心等国家级科技企业孵化器建设与发展。实现科技企业孵化器县（区）全覆盖。构建河源科技企业孵化载体生态体系，集合“政校企”优质资源，打造成一个具有引领性、示范性、先进性、特色性和辐射性的典型，为推动河源经济发展做贡献。力争到2025年，科技企业孵化器、众创空间、“星创天地”数量达到100家以上。省级新型研发机构达到7家；国家、省、市级企业重点实验室、工程技术研究中心、企业技术中心和农业科技创新中心等各类创新平台达到500家。高新技术企业存量达500家。

11.培育高水平现代产业人才队伍。高水平推进“粤菜师傅”“广东技工”“南粤家政”三项工程，优化打造“两街两园”。实施服务现代产业发展行动，构建院校、行业企业共同参与的市级职业教育产教融合发展格局，坚持落实“校企双制”办学模式，推动职业院校建立与河源市产业体系相匹配的专业集群，鼓励广东技术师范大学河源校区、河源职业技术学院等高等院校、职业院校（技工院校），围绕电子信息、水经济产业、先进材料、生态旅游、现代高效农业等重点产业发展需求开设专业，定向培养专业人才，力争到2025年，建成25个省级示范性专业、20个省级重点专业和特色专业。出台新产业工人技能提升工程实施方案，落实技工教育高质量发展政策措施。围绕制造业高质量发展需求设立联合培养项目，运用“人才+项目”方式，培育一批具有自主创新能力、能带动产业发展的高层次或高技能人才。积极实施“乡村工匠”工程，大力培育特色传统工艺传承技能大师，每年建设1个南粤乡村特色技能大师工作室，力争到2025年，培训乡村工匠2万人次以上；建设至少8个省级高职高水平专业群。

12.培育乡村振兴人才队伍。落实省加快推进乡村人才振兴的实施意见，出台“万名乡村振兴人才培育工程”实施方案。扩大乡村振兴人才队伍增量，加大农业产业人才、乡村治理人才、农村科技人才、农村实用技能人才培育力度，培养一批高素质农民参与基层治理，选派千名科技专家下千村助力乡村振兴。优化乡村振兴人才队伍结构，大力引进高层次现代农业农村人才，大力开展乡村振兴驻镇帮镇扶村工作，大力推进乡村人才职业技能评价工作。因地制宜推进乡村振兴人才驿站建设；加强农民田间学校、实训基地、农技推广机构、职业院校、农业科研院校（所）等不同层次的培训机构建设；推广“龙头企业+合作社+基地+农户”生产经营模式，鼓励支持企业参与人才队伍建设。打造农业农村科技创新联盟和创新平台，培育聚集各类科技创新主体和乡村实用科技人才。加大教育、医疗、科技人才“组团式”帮扶工作力度，推动人才向基层一线流动。加强社会工作专业人才队伍建设，实施“双百工程”培育基层社会工作人才。力争到2025年，培育乡村振兴人才4万人。

13.培育宣传思想文化人才队伍。实施宣传思想文化领域重点人才培育工程，每年选拔培养约25名在哲学社会科学、文学艺术、新闻出版、影视动漫、国际传播、经营管理、新媒体新业态、非遗、文化产业等领域具有一定影响的宣传文化人才，推动人才队伍发展壮大。分领域举办宣传文化人才研修班，引导宣传文化人才弘扬爱国奋斗精神。举办非遗代表性传承人、业务骨干和管理人员研修班，提升非遗保护传承水平。开展理论宣传宣讲骨干人才培养工作，不断壮大马克思主义理论人才队伍。重点培养一批扎根基层的乡土文旅能人、民族民间文化传承人和文化活动骨干带头人、文旅产业创业者。加强文物保护与考古、历史文化、艺术等方面人才队伍建设。到2025年，全面完成“百名宣传文化人才工程”目标任务，为推进河源宣传文化事业发展提供人才保障。

四、实施人才赋能计划，深化体制机制改革悉心用才

14.推进向用人主体授权。发挥用人主体在人才培养、引进、使用中的积极作用，按照省级行政部门授权清单，向符合条件的学校、科研机构、医院、企业等用人主体充分授权，建立以用人主体为核心的人才管理制度。选取试点推进向用人主体授权工作。深化公立院校、医院薪酬制度改革，赋予用人单位薪酬分配自主权，实施以增加人才知识价值为导向的分配政策。建立人才管理事项负面清单和问责机制，推动用人主体建立有效的自我约束和外部监督机制，确保下放权限真正接得住、用得好。

15.坚持为人才松绑赋能。建立以信任为基础的人才使用机制，丰富“揭榜挂帅”实现形式，实行目标导向的责任制和“军令状”制度。支持行业龙头企业牵头组建人才创新联合体，构建产学研协同、上下游协作的创新生态链。实施科技创新人才减负赋能行动，深化科研经费管理改革，扩大经费包干制实施范围。健全让科研人员把主要精力放在科研上的保障机制，营造潜心科研、风清气正的科研生态。打破户籍、身份、学历、人事关系等制约，促进城乡、区域、行业以及不同所有制之间人才顺畅流动。建立容错免责机制，合理界定和规范完善有利于人才创新的容错尺度，营造鼓励创新、宽容失败的学术环境。

16.完善人才评价激励机制。拓展新业态、新专业领域专业人才职称评价，根据不同类别、专业、层次的人才特点，建立健全以创新价值、能力、贡献为导向的人才评价体系。发挥行业协会（学会）、专业组织、科研平台、用人单位等多元评价主体作用，探索在人才评价中引入市场评价、同行评价和社会评价。统筹推进农业技术人才、农业工程技术人才和乡村工匠专业人才等职称改革，有序推进农业农村专业人才职称评定工作。打通高技能人才与专业技术人才职业发展通道，推进职称制度与职业资格、职业技能等级制度有效衔接。实行精神激励和物质激励相结合的人才激励方式，最大限度激发和释放人才创新创业活力，尊重和实现人才价值。

五、实施人才暖心计划，优化人才生态诚心留才

17.推进与湾区人才融合发展。主动对接人才“湾区通”工作专项，加强与国家超级计算广州中心、深圳国家基因库、鹏城实验室等平台交流合作，推动成果在河源试验、中试和转化。主动对接区域人才对口协作机制，大力支持大湾区核心城市在河源设立企业研发中心、孵化器、创业园区等“人才飞地”。面向“双区”举办创新创业大赛，遴选一批优质项目落地河源市。依托深河金地创谷、创智产业园、新一代信息中心等建设大湾区青年创新创业基地，举办高峰论坛、学术交流、学习培训等。完善与“双区”深度融合的产学研合作机制，搭建“科学家、工程师、企业家”对接平台，解决产业关键技术和共性技术问题。探索人才柔性双向流动机制，推动和对接“双区”教育、医疗、科技人才“组团式”帮扶工程，选派一批青年优秀人才到大湾区城市跟班学习。充分发挥市人民医院、市中医院博士工作站、深河医院博士后创新实践基地和博士工作站的作用，联合“双区”医学院校在河源市建立高层次医疗卫生专业人才培养基地。办好人才沙龙、人才交流大会、科技成果洽谈会等活动，推动交流合作和科技成果落地转化。

18.健全人力资源市场体系。加快构建政府宏观调控、市场公平竞争、单位自主用人、个人自主择业、人力资源服务机构诚信服务的人力资源流动配置新格局，促进人力资源合理流动和优化配置。规范人力资源市场秩序，规范线上线下招聘、人力资源咨询、人力资源培训、人力资源服务外包等人力资源服务，进一步完善公共服务规范，逐步建立统一开放、竞争有序的人力资源市场体系。

19.提高人才综合服务保障水平。加快建设高层次人才“一站式”服务平台，探索推行“河源英才卡”。拓宽人才安居住房保障渠道，通过政府自建、市场配建、社会筹建等方式，对新建商品住宅项目、城市更新和产业园区项目配建人才住房。加强对人才在配偶就业、子女入学、医疗等方面的保障力度。探索成立人才投资基金，构建多元化人才金融服务体系。鼓励银行机构加大对创新创业人才的信贷支持力度。实施人才企业上市“苗圃行动”。

20.打造宜居宜业的工作生活环境。充分调动人力物力加强辖区城中村、集贸市场、老旧小区、背街小巷等清理整治，大力推进文明城市创建各项工作。把平安建设摆在重要位置，全方位抓好综治维稳信访、安全生产、社会救助等重点工作。完善促进科技创新的相关规章制度，实施科技人才知识产权护航行动，有效保护人才创新合法权益。严格执行知识产权保护法律法规和政策，落实知识产权维权援助机制，加强知识产权保护。为外国人才办理来华手续提供便利。

六、实施人才强基计划，完善党管人才工作格局

21.坚持党对人才工作的全面领导。各级党委（党组）要加强对本地本部门人才工作的领导，市委人才工作领导小组统筹协调人才工作和人才队伍建设。完善党委统一领导，组织部门牵头抓总，职能部门各司其职、密切配合，社会力量广泛参与的人才工作格局。加强新时代人才工作统筹谋划，推动人才工作职能较多或者人才比较集中的党政职能部门根据实际设立人才工作领导机构和办事机构。完善“一把手抓第一资源”工作机制，实行“一把手”领办督办制度，设立党委（党组）书记年度人才项目，将人才工作纳入党建工作考核。加强人才工作队伍建设，配强人才工作力量，努力打造一支懂业务、重实干、有情怀的高水平人才工作队伍。

22.加强对人才工作的政治引领。落实党委联系服务专家制度，建立问候、

问情、问需、问策的工作机制，每个领导班子成员至少联系一名企业科技创新人才、一名民生领域人才、一名高学历青年人才。完善重大决策专家咨询机制，建立高层次人才意见“直通车”机制。定期举办专家政策理论研究班，开展高层次人才国情研修活动。大力吸纳优秀人才加入党组织，在“两代表一委员”人选规划和提名中提高专家人才占比。

23.营造识才爱才敬才用才的环境。弘扬科学家精神，强化学术道德、科研诚信、科研伦理建设，完善人才科学精神、职业道德、从业操守等评价考核机制。优化人才表彰奖励制度，在全社会积极营造尊重劳动、尊重知识、尊重人才、尊重创造的良好氛围。

（以上资料由市委办 提供）

河源市促进邮政快递业高质量发展实施方案

2022年5月2日

邮政快递业是国家重要的社会公用事业，是国家流通体系的重要组成部分，对服务生产生活、促进消费升级、畅通经济循环具有重要的先导性作用。为全面贯彻落实《广东省人民政府印发关于推进广东省邮政快递业高质量发展实施方案的通知》（粤府〔2021〕30号）文件精神，促进我市邮政快递业高质量发展，不断满足人民群众日益增长的美好生活用邮需求，更好地服务全市经济社会发展，现结合我市实际，制定本实施方案。

一、总体要求

（一）指导思想。

以习近平新时代中国特色社会主义思想为指导，坚定不移贯彻新发展理念，以推动高质量发展为主题，以深化供给侧结构性改革为主线，以开展邮政快递业“两进一出”工程为抓手，充分发挥我市邮政快递业既有优势，加强规划引导和政策支持，坚持政府推动、市场拉动、创新驱动、示范带动，着力完善基础设施、培育骨干企业、健全网络体系、加强科技应用、深化联动融合，大力推进河源邮政快递业高质量发展。

（二）发展目标。

到2025年，全市邮政业务总量达到14.16亿元，年均增长14.2%；业务收入达到16.52亿元，年均增长15.5%；其中快递业务量达到6817万件，年均增长21.7%，快递业务收入实现13.78亿元，年均增长21.6%。建成快速高效的城市末端投递网络和便捷通达的农村末端服务网络。邮政快递业先进技术应用和自主创新能力显著增强，绿色低碳的用邮方式和企业运营模式基本确立，跨境寄递进一步发展，行业安全生产和治理能力明显提升。

二、主要任务

（一）促进行业管理服务改革。

1.简化快递企业开设手续。全面落实快递企业在同一登记机关管辖范围内“一照多址”登记改革要求。从事快递经营的企业在同一县（区）辖区内增设分支机构，可以凭企业法人快递业务经营许可证（副本）及所附分支机构名录，申请在营业执照上加载经营场所地址，免于办理分支机构登记。快递企业及其分支机构可以根据业务需要开办快递末端网点，快递末端网点无须办理营业执照。［责任单位：市市场监管局、市邮政管理局等按职责分工负责；各县（区）政府（管委会）落实，下同］

2.推动行业创新绿色发展。支持邮政、快递企业推广应用智能终端、自动分拣装备等现代信息技术，提升运营管理效率。严控电商产品过度包装，推动全面实现电商快件不再二次包装。促进快递包装标准化、减量化和可循环，全面推广使用“瘦身胶带”、循环中转袋。到2022年底，全市范围内邮政快递网点禁止使用不可降解的塑料包装袋、一次性塑料编织袋等，降低不可降解的塑料胶带使用量，免胶带纸箱应用比例提高到15%以上。鼓励快递企业、快递材料包装等用品用具企业开展技术改造、信息化应用、软件开发等工作，推动快递包装箱回收，在生活垃圾分类实施中统筹支持邮政快递企业绿色环保工作，带动行业创新绿色发展。鼓励将邮政快递业包装绿色治理纳入生活垃圾分类治理体系和无废城市建设范畴。（责任单位：市科技局、市生态环境局、市商务局、市城管综合执法局、市邮政管理局等按职责分工负责）

3.强化车辆便捷通行保障。规范快递车辆管理，妥善解决城市快递车辆市区通行、停靠和装卸作业问题。支持邮政、快递企业选用符合国家标准的电动三轮车，按照统一车辆标准、统一标志标识、统一规范使用、统一车辆监管的要求纳入规范化管理范围。保障邮政、快递配送车辆便捷通行，允许合标快递专用电动三轮车通行。对按邮政管理部门要求喷涂统一标识的邮政、快递运输车辆通过禁行路段的，在保障道路交通安全畅通的前提下优先通行、停靠便利。鼓励引导企业使用符合环保要求的新能源车辆，符合条件的按规定给予车辆购置补贴。（责任单位：市公安局、市财政局、市交通运输局、市邮政管理局等按职责分工负责）

（二）强化行业基础设施建设。

4.支持企业用地。县（区）级以上人民政府将邮政快递业发展纳入本级国民经济和社会发展规划，并与国土空间、综合交通运输体系等规划相衔接，统筹考虑跨境电子商务产业园、邮政快递园区、邮件快件处理中心等基础设施用地需求。把邮政快递业基础设施建设纳入综合交通建设投融资政策体系，在商业区、开发区、移民区、住宅区以及机场、高铁站、港口、汽车站等较大交通枢纽站点或者实施旧城区改造时，支持以新建或租赁方式配套邮政快递服务设施。对邮政快递业建设项目符合法定划拨范围的，可以划拨供地；对快递企业入驻符合现代物流业发展规划的物流园区、物流配送中心等的项目用地，可按规定享受工业用地政策。鼓励建设标准化立体快件分拨中心，集约利用土地资源，提高土地使用效率。对邮政、快递企业租用或改建分拨中心，以及新建快递分拨中心的，当地财政可视情况给予一定的补贴。（责任单位：市发展改革局、市财政局、市自然资源局、市交通运输局、市邮政管理局等按职责分工负责）

5.强化运输保障能力建设。完善邮政快递绿色通道及接驳场所建设，深化邮政、快递企业同运输企业的合作，推行邮政快递设施通用标准，形成高效便捷的邮件快件航空、铁路、公路、水路综合运输通道。支持发展高铁快递和电商快递班列，推广甩挂运输、多式联运，推进公路客运班车代运邮件快件，多措并举提升运输保障能力，辐射带动相关产业聚集。支持在有条件的山区、库区、边远地区布局无人机起降场地，保障寄递服务通达与时效。（责任单位：市发展改革局、市交通运输局、市邮政管理局等按职责分工负责）

6.完善农村设施网络布局。推进农村地区邮政服务网点、危旧局所改造，提高乡村邮政服务水平。全面实施“快递进村”工程，支持农村快递发展与“四好农村路”建设、农业农村经济信息体系建设、农村电子商务发展等紧密结合，支持邮政、快递企业参与电子商务进农村、信息进村入户和“互联网+”农产品出村进城等工程，推进邮政快递下乡与电商服务站点、农村信息服务平台等对接，构建农产品寄递网络，促进农产品出村进城，解决农村电商“最初一公里”和“最后一公里”问题，打造“快递+”品牌项目。支持邮政、快递企业到乡村设立服务网点，加快完善粤东西北农村偏远地区网络布局。支持邮政、快递企业加强与农业、供销、商贸、电信等企事业单位的合作，共建共享网点服务资源，打通“工业品下乡”和“农产品进城”双向流通渠道，建立完善县、镇、村配送体系，在行政村设置公共服务网点，为振兴乡村经济共同发力。各县（区）财政对快递进村公共服务网点给予补贴。（责任单位：市发展改革局、市财政局、市交通运输局、市农业农村局、市商务局、市邮政管理局、市供销社等按职责分工负责）

7.提升城市末端服务网络。支持智能包裹柜、智能快件箱等智能收投设施推广应用，将智能收投设施纳入河源市社区公共服务设施配套建设。鼓励已建成的住宅小区、企事业单位加快补建智能收投设施，在城市老旧小区改造中鼓励将智能收投设施纳入公共服务配套设施建设范围，引导邮政、快递企业或者社会资本结合住宅小区实际和居民意愿完善智能收投设施。支持邮政、快递企业与商业机构、社区、园区、商务中心、机关、高校、景区、第三方专业企业深化合作，开展多种形式的投递服务。鼓励各企事业单位、办公楼和住宅楼物业管理公司为邮政快递服务的正常开展提供必要便利条件。（责任单位：市教育局、市住房城乡建设局、市商务局、市文化广电旅游体育局、市邮政管理局等按职责分工负责）

（三）引进培育壮大市场主体。

8.积极培育和引进骨干快递企业。认真落实市委、市政府招商引资政策，大力引进区域总部企业进驻，支持鼓励快递企业在我市设立区域总部、国内仓总部、云仓总部。对为我市经济社会作出重要贡献的快递企业，由市政府采取“一事一议”方式，在财政补助、用地保障等方面给予“一揽子”支持政策。（责任单位：市发展改革局、市财政局、市自然资源局、市商务局、市邮政管理局等按职责分工负责）

9.支持跨境寄递企业发展。配合跨境电商出口多元化需求，推动邮政、快递企业加快“走出去”，实施“快递出海”工程，积极融入大湾区邮政快递业发展，支持邮政快递企业建设进出境快件监管中心。（责任单位：市公安局、市商务局、市市场监管局、河源海关、市邮政管理局等按职责分工负责）

10.促进产业融合发展。推进“互联网+邮政快递”服务，加快邮政快递业、制造业、旅游业、现代农业、电子商务联合发展，推动邮政综合服务平台建设，促进政邮、警邮、税邮、医邮合作。支持“快递进厂”，推动制造企业优化业务流程，整合外包采购、生产、销售和售后环节的快递需求，引导快递企业主动与制造企业对接，共同设计制造企业供应链流程。支持电商园区和邮政、快递物流园区协同建设。各级政府在规划建设电商园区时，应在园区内或周边安排邮政、快递、仓配用地，邮政、快递企业入驻园区与电商企业享有同等优惠政策。（责任单位：市工业和信息化局、市公安局、市财政局、市农业农村局、市商务局、市邮政管理局等按职责分工负责）

11.推动行业科技创新应用。鼓励邮政、快递企业推广应用北斗导航、区块链、物联网、云计算、大数据、5G通信等现代信息技术及智能终端、自动分拣装备，提升运营管理效率，拓展协同发展空间，推动服务模式变革，加快向综合性物流运营商转型。推进智慧城市平台向邮政、快递企业开放，实现基础平台与数字政府及相关业务系统的互联互通。（责任单位：市科技局、市交通运输局、市政务服务数据管理局、市邮政管理局等按职责分工负责）

（四）建设高质量行业人才队伍。

12.加强邮政行业职业技能培训。将邮政行业纳入全市职业技能提升行动范围，支持邮政、快递企业开展职工岗位技能培训，加强邮政快递从业人员培训，取得相关证书，按规定给予职业培训补贴。组织邮政行业特种作业人员开展安全技能培训，严格执行从业人员安全技能培训合格后上岗制度。（责任单位：市财政局、市人力资源社会保障局、市邮政管理局等按职责分工负责）

13.保障从业人员合法权益。维护邮政、快递从业人员合法权益，全面推进从业人员依法参加社会保障和享受社会保险待遇，开展职业伤害保障制度试点工作。对符合住房保障标准的邮政、快递从业人员，统一纳入住房保障范围。对邮政、快递从业人员子女落实以居住地为主要依据的随迁子女义务教育入学政策。完善邮政、快递网点建设标准、卫生条件和服务功能，不断优化邮政、快递从业人员工作环境。在劳动权益、生活帮扶等方面为从业人员提供支持，努力打造关爱、尊重快递员的良好社会氛围，提高快递员群体的获得感、幸福感和安全感。将邮政、快递人员纳入行业典型及劳模评选范围。（责任单位：市教育局、市人力资源社会保障局、市住房城乡建设局、市医疗保障局、市邮政管理局、市总工会、团市委、市妇联等按职责分工负责）

（五）构建推动行业高质量发展社会共治格局。

14.加强行业发展支撑。落实《关于印发广东省交通运输领域省级与市县财政事权和支出责任划分改革实施方案的通知》（粤府办〔2020〕17号）文件精神，根据《河源市交通运输领域市级与县（区）财政事权和支出责任划分改革实施方案》（河府办〔2021〕32号）文件要求，落实“双重管理”的有关要求，完善属地管理和双重保障机制。健全市以下邮政快递安全监管及保障体系。鼓励有条件的县（区）进一步加大对邮政快递业发展的扶持力度，加强邮政快递业安全管理、完善邮政业基础设施、优化政策环境，支持邮政快递业做大做强。（责任单位：市财政局、市人力资源社会保障局、市交通运输局、市医疗保障局、市邮政管理局等按职责分工负责）

15.完善安全监管机制。市邮政管理部门要加强与公安等有关部门协同联动，推动构建齐抓共管、协同高效的邮政快递安全监管工作机制。配合完善省、市两级邮政快递业安全监管平台建设，提升寄递安全信息化水平。（责任单位：市公安局、市政务服务数据管理局、市邮政管理局等按职责分工负责）

16.加强行业自律和规范建设。快递行业协会要深化行业诚信建设，督促业内企业强化内控管理、规范业务经营，严格落实快递服务各项行业标准和规定，维护行业秩序和价格秩序，避免不正当价格竞争行为。维护消费者合法权益、引导行业龙头企业发挥示范带头作用，自觉承担社会责任，推广服务承诺制，重点提升偏远地区服务质量。（责任单位：市市场监管局、市邮政管理局、市快递行业协会等按职责分工负责）

三、保障措施

（一）加强组织协调。落实“双重管理”有关要求，完善属地管理和双重保障机制，建立健全推进邮政快递业高质量发展的工作机制，加强对邮政快递业相关规划、政策制定和快递物流园区、重大项目建设以及资金整合等方面的统筹协调，抓好政策落实。各有关部门要结合职责分工，加强对邮政快递业的支持指导，形成工作合力；市邮政管理局要履职尽责、主动作为，及时协调解决工作中遇到的问题，积极推广好的经验做法，推动各项措施落实到位。

（二）加强政策支持。各县（区）、各有关部门要结合本地、本部门实际，落实本方案明确的各项政策。鼓励有条件的县（区）政府（管委会）进一步加大对邮政业发展的扶持力度，设立专项发展资金，用于加强邮政业安全管理、完善邮政业基础设施、优化政策环境等，支持邮政业做大做强。市邮政管理局要会同有关部门加强指导监督和跟踪问效，确保各项措施落实到位。

（三）加强服务管理。深入贯彻《中华人民共和国邮政法》《快递暂行条例》《广东省快递市场管理办法》，认真落实市场准入、安全保障、服务管控、公平竞争、依规统计等管理要求，加强行业预警监测与分析，保持末端网点经营和从业人员队伍总体稳定，不断提高邮政快递业的政务服务和监督管理水平。

本实施方案自2022年6月15日开始实施，2025年6月14日失效，有效期为3年。

河源市临时救助实施细则

2022年6月7日

第一章 总 则

第一条 为进一步发挥社会救助托底线、救急难作用，解决城乡困难群众遭遇的突发性、紧迫性、临时性基本生活困难，根据《社会救助暂行办法》（国务院令第649号）、《国务院关于全面建立临时救助制度的通知》（国发〔2014〕47号）、《广东省社会救助条例》和《广东省临时救助办法》（粤府办〔2021〕4号），结合我市实际，制定本实施细则。

第二条 本实施细则所称临时救助，是指国家对遭遇突发事件、意外伤害、重大疾病或其他特殊原因导致基本生活陷入困境，其他社会救助制度暂时无法覆盖或救助之后基本生活暂时仍有严重困难的家庭或个人给予的应急性、过渡性的救助。

在河源居住的港澳居民遭遇突发困难的，可向经常居住地或困难发生地提出临时救助申请，经认定后符合条件的给予临时救助。

非本地户籍且无法提供有效居住证明或个人身份信息的，县级以上民政部门、救助管理机构、未成年人救助保护机构、儿童福利机构可按生活无着人员救助管理有关规定提供救助。

第三条 临时救助工作遵循下列原则：

（一）应救尽救，及时施救；

（二）量力而行，尽力而为；

（三）信息公开，合理公正；

（四）政府救助，社会帮扶。

第四条 临时救助制度实行各级政府分级负责制。

（一）市民政局负责指导及统筹协调全市临时救助工作。

（二）县（区）民政部门负责本辖区内临时救助审批、临时救助金发放和监督管理等工作。

（三）乡镇人民政府（街道办事处）负责临时救助申请受理、调查核实、审核、公示等工作。

（四）乡镇人民政府（街道办事处）、村（居）民委员会要主动发现并及时核实辖区居民遭遇突发事件、意外事故、罹患重病等特殊情况，帮助有困难的家庭或个人提出救助申请。

（五）教育、公安、司法、财政、人力资源社会保障、住房城乡建设、卫生健康、应急管理、医保、工会、团委、妇联、残联等部门按照各自职责主动配合，密切协作，做好相关救助工作。

（六）公安、城管综合执法等部门在执法中发现身处困境的未成年人、精神障碍患者等无民事行为能力人或限制民事行为能力人，以及失去主动求助能力的危重病人等，应主动采取必要措施帮助其脱离困境。

第二章 救助对象

第五条 临时救助对象，根据困难类型分为支出型救助对象和急难型救助对象。

第六条 支出型救助对象，是指因教育、医疗等生活必需支出突然增加超出家庭承受能力，导致基本生活在一定时期内出现严重困难的家庭。原则上其家庭人均可支配收入应低于当地上年度人均可支配收入，且家庭财产状况符合当地有关规定。主要包括：

（一）因在境内接受普通高中、中等职业技术学校、全日制普通高等教育（大学本科及以下）和学龄前教育，经教育部门救助后仍需负担的学历教育学费、住宿费、保育教育费超过家庭承受能力，导致基本生活在一定时期内出现严重困难的；

（二）因在医疗机构治疗疾病、住院照料产生的必需支出超过家庭承受能力，经医疗保险、医疗救助后负担仍然过重，导致基本生活在一定时期内出现严重困难的；

（三）县级以上民政部门规定的其他原因导致基本生活在一定时期内出现严重困难的情形。

第七条 急难型救助对象，是指因突发急病，遭遇火灾、交通事故、意外伤害，家庭成员突发重大疾病及遭遇其他特殊困难等原因,导致基本生活暂时出现严重困难、需要立即采取救助措施的家庭或个人。主要包括：

（一）近期突发急病，遭遇火灾、交通事故、意外伤害等，导致基本生活陷入困境的；

（二）遭受家庭暴力或监护侵害，需要到临时庇护场所、救助管理机构或未成年人救助保护机构进行庇护救助和临时监护的；

（三）其他特殊原因造成基本生活陷入困境，需立即采取救助措施，防止可能危及公民生命或身体健康，或可能造成重大社会影响的；

（四）在申请其他社会救助或慈善救助的过程中，存在重大困难，基本生活难以为继的。

第三章 申请受理

第八条 凡认为符合救助条件的城乡居民均可到户籍所在地或经常居住地的乡镇人民政府（街道办事处）提出临时救助申请，受申请人委托，村（居）民委员会或其他单位、个人可代为提出临时救助申请。申请临时救助应提供以下材料：

（一）申请人及共同生活家庭成员户口簿；

（二）申请人及共同生活家庭成员二代身份证；

（三）临时救助申请及授权委托书（授权委托核对机构对收入和家庭财产及支出情况的相关信息进行核对）；

（四）向经常居住地申请的，还需提供家庭成员至少一种有效居住材料。有效居住材料包括居住证、纳税信息打印单、缴纳社保信息打印单、与工作单位签订的劳动合同、经政府有关部门登记备案的租房合同以及其他能够证明该家庭成员在特定时间段内在本地居住的材料。

（五）支出型救助对象需提供基本生活暂时出现严重困难的相关证明材料：

1.教育支出型对象，经教育部门救助后仍需负担的学历教育学费、住宿费、保育教育费等超过家庭承受能力，导致基本生活在一定时期内出现严重困难的，需提供当前教育部门证明及费用支出单据等相关证明材料。

2.医疗支出型对象，经医疗保险、医疗救助后负担仍然过重，导致基本生活在一定时期内出现严重困难的，需提供疾病诊断证明及费用支出单据等相关证明材料。

3.因其他特殊原因造成家庭生活特别困难的，需提供造成生活暂时特别困难的相关佐证材料。

（六）急难型救助对象需在紧急情况解除之后10个工作日内补齐遭遇困难的证明材料。

家庭成员中有残疾人、重病患者、在校学生等的申请人，可在申请时提供相应的残疾人证、诊断证明、学生证等佐证材料，以及可证明一段时间内遭遇困难支出较大的发票及其他有效票据等相关材料。

乡镇人民政府（街道办事处）工作人员应当就申请人提交的必需材料是否齐全、证件是否与申请家庭成员相符进行审查。对材料不齐全或不符合要求的，应当一次性告知申请人作出补正。

第四章 审核审批

第九条 临时救助审核审批程序分为一般程序和紧急程序。支出型救助对象适用一般程序，急难型救助对象适用紧急程序。

第十条 乡镇人民政府（街道办事处）应当在受理临时救助申请后履行相应的审核和审批手续。因救助对象在救治过程中去世、长期无法恢复意识且无法查找家人等原因无法补齐相关手续的，乡镇人民政府（街道办事处）可实施先行救助，并在履行救助职责后补齐相关手续，将照片、视频等佐证资料及书面情况说明一并纳入救助档案。

第一节 一般程序

第十一条 对于支出型救助申请，应当进行家庭经济状况核对与入户调查。申请家庭的收入、财产等认定范围和计算方法，参照最低生活保障有关规定执行。

申请家庭在申请之日前12个月内家庭人均月收入，原则上不超过统计部门公布的上一年度当地城乡居民人均可支配收入。

申请家庭的财产状况，参照申请地最低生活保障边缘家庭和支出型困难家庭的有关规定进行认定。

第十二条 乡镇人民政府（街道办事处）在临时救助申请人签署居民家庭经济状况核对授权书的2个工作日内，将申请人姓名、身份证等基本信息录入家庭经济状况核对系统，根据居民家庭经济状况核对相关规定开展经济状况信息化核对。经家庭经济状况信息化核对，符合本实施细则第十一条规定的，乡镇人民政府（街道办事处）应当予以受理，并在2个工作日内出具受理通知书；不符合的，不予受理，并在2个工作日内告知申请人，出具不予受理通知书和核对报告（结果）。

乡镇人民政府（街道办事处）受理临时救助申请后，在村（居）民委员会协助下，对申请人的家庭生活状况、人口状况、遭遇困难类型等通过入户调查、邻里访问等方式进行了解，并视情组织民主评议。

第十三条 乡镇人民政府（街道办事处）应当在受理临时救助申请之日起5个工作日内，根据家庭经济状况核对、入户调查、民主评议结果，提出审核意见，并在申请人所居住的村（居）民委员会张榜公示3天。公示结束后，乡镇人民政府（街道办事处）应当将申请材料、调查结果、审核意见和公示情况等相关材料报送县级民政部门审批。临时救助金额不超过当地2个月城镇最低生活保障标准的小额救助，县级民政部门可以委托乡镇人民政府（街道办事处）审批，但应当报县级民政部门备案。有条件的地区，可以适当提高小额救助的标准。

第十四条 已纳入最低生活保障、低收入家庭、特困供养人员、孤儿、事实无人抚养儿童的临时救助申请人，不再进行家庭经济状况核对。

家庭全体或部分成员无户籍的，对无户籍成员的身份证、户口簿等不要求提供，对其个人不进行经济状况核对，根据入户调查、邻里访问了解到的家庭生活状况，结合民主评议结果，决定是否给予临时救助。

第十五条 县级民政部门应当自收到乡镇人民政府（街道办事处）审核意见和相关材料的3个工作日内作出审批决定。批准给予临时救助的，应当同时确定救助方式和金额。获得临时救助的对象的情况，应当在其户籍所在地或经常居住地的乡镇人民政府（街道办事处）和村（居）民委员会进行公示，公示期6个月；不予批准的，应当在3个工作日内，通过乡镇人民政府（街道办事处）书面告知申请人或其代理人并说明理由。

第十六条 申请人在同一自然年度内，以同一事由重复申请临时救助，无正当理由的，不予救助。

第二节 紧急程序

第十七条 受理机构按照首问负责制的原则，对于急难型救助对象，可简化申请人家庭经济状况核对和初次公示等环节，由乡镇人民政府（街道办事处）或县级民政部门根据调查结果实施先行救助。

符合先行救助条件的，应当在紧急情况解除之后10个工作日内，按规定补齐审核审批手续。救助情况在救助对象户籍所在地或经常居住地的乡镇人民政府（街道办事处）和村（居）民委员会进行公示，公示期1年。

第五章 救助方式和标准

第十八条 临时救助方式有：发放临时救助金、发放实物和转介服务。

（一）发放临时救助金。县级民政部门要全面推行临时救助金社会化发放，按照财政国库管理制度将临时救助金直接支付到救助对象个人账户，确保临时救助金及时发放到位。出现以下情形，经办人员与救助对象的家人或监护人未能取得联系，或虽已取得联系但无法支付到个人账户的，可以现金形式发放临时救助金：

1.救助对象无银行账户或无法确定其银行账户的；

2.救助对象的身体行动不便或智力精神存在问题，无法支取银行存款的。以现金形式发放临时救助金，应由领款人（代领人）、经办人共同签字并合影，一并纳入救助档案。

（二）发放实物。根据临时救助标准和救助对象基本生活需要，可采取发放衣物、食品、饮用水等方式予以救助。除紧急情况外，要严格按照政府采购制度的有关规定执行。

（三）提供转介服务。对发放临时救助金或实物后，仍不能解决临时救助对象困难的，可分情况提供转介服务。对符合最低生活保障、特困人员供养、孤儿养育、事实无人抚养儿童，或医疗、教育、住房、就业等专项救助条件的，乡镇人民政府（街道办事处）应当协助其申请；对需要公益慈善组织、社会工作服务机构等通过慈善项目、发动社会募捐、提供专业服务、志愿服务等形式给予帮扶的，应当及时转介。

第十九条 个人临时救助标准，原则上不低于当地2个月城镇最低生活保障标准，以家庭为救助对象的，按照人均计算。具体救助标准根据临时救助申请对象的实际情况实行分层分类救助。

（一）支出型临时救助对象救助标准

1.教育支出型对象：因教育支出导致生活困难的家庭，以家庭为单位，家庭中的学生每人按照最高不超过当地3个月城镇最低生活保障标准给予救助。

2.医疗支出型对象：因医疗支出导致生活困难的家庭，以家庭为单位，家庭中的患者每人按照最高不超过当地6个月城镇最低生活保障标准给予救助。

3.因其他原因造成基本生活暂时出现严重困难的家庭，根据其家庭困难情况酌情给予救助，每个家庭按照最高不超过当地3个月城镇最低生活保障标准给予救助。

支出型临时救助，救助对象获得临时救助金不应超过其遭遇困难所发生的实际支出。

（二）急难型临时救助对象救助标准

1.急难型救助对象家庭成员每人按照最高不超过当地3个月城镇最低生活保障标准给予救助。

2.急难型救助对象因意外事件造成家庭成员死亡的家庭，一次性给予当地6个月城镇最低生活保障标准以下的救助。

第二十条 救助对象遭遇重大生活困难，拟发放临时救助金额超过当地临时救助标准上限的，可由县（区）困难群众基本生活保障工作协调机制，采取“一事一议”方式，适当提高临时救助额度。

第二十一条 临时救助的具体标准，由县级人民政府根据当地经济社会发展水平、救助对象困难类型、困难程度合理确定，向社会公布，并适时调整。

第六章 资金筹措和管理

第二十二条 各级财政应当优化财政支出结构，多方筹集临时救助资金，科学合理编制预算，加强困难群众救助资金统筹使用，提升资金使用效益。

乡镇人民政府（街道办事处）应当建立临时救助备用金制度，用于发放急难型救助和小额救助，提高资金发放的效率和临时救助及时性。

县级以上民政、财政部门应当加强困难群众救助资金的使用管理，增强救助资金拨付的时效性、公开性，强化救助资金使用绩效评价机制，提高救助资金使用效益。

第七章 社会力量参与

第二十三条 县级以上民政部门可将临时救助中具体服务项目通过委托、承包、采购等方式，向社会力量购买服务，以鼓励、支持群众团体和社会组织参与临时救助。

第二十四条 公益慈善组织、社会工作服务机构、企事业单位、志愿者队伍等社会力量可利用自身优势，在对象发现、专业服务、发动社会募捐等方面发挥积极作用。

第二十五条 县级以上人民政府应当按照国家有关规定制定相关政策，积极培育发展以扶贫济困等为宗旨的慈善组织，广泛动员慈善组织参与临时救助工作。鼓励、引导慈善组织建立专项基金，承接政府救助之后转介的个案，形成与政府救助的有效衔接、接续救助。

第八章 监督管理及法律责任

第二十六条 各县（区）民政部门及乡镇人民政府（街道办事处）要公开临时救助政策及申请审批程序，设立监督电话，接受社会和群众监督。

第二十七条 县级以上财政、审计部门应当对临时救助资金的筹集、分配、管理和使用情况实施监督。

第二十八条 经办人员应当对在调查、审核、审批过程中获得的涉及申请人的信息予以保密，不得向与救助工作无关的任何组织或个人泄露公示范围以外的信息。临时救助获得者是未成年人的，无须公示其信息。

第二十九条 经办人员滥用职权、玩忽职守、徇私舞弊违规办理临时救助或贪污、挪用、扣压、拖欠临时救助金的，严肃追究有关人员的责任；构成犯罪的，依法追究法律责任。

第三十条 经办人员按规定程序尽职完成调查，作出临时救助审批决定后，由于申请家庭隐瞒人口、收入、财产状况以及信息系统数据局限等原因，导致将不符合条件人员纳入临时救助范围的，免予追究经办人员相关责任。适用紧急程序，实施先行救助后，在补齐经办和审批资料的过程中发现申请家庭或个人经济状况或生活状况不符合条件的，免予追究经办人员相关责任。

第三十一条 申请人应如实提供申请信息，并配合民政部门依法开展调查工作。不符合条件的人员冒名顶替、伪造身份信息、隐瞒家庭经济和生活状况，骗取临时救助的，一经查实，立即取消待遇，追回骗取资金，相关信息记入有关部门建立的诚信体系；构成犯罪的，依法追究法律责任。

第九章 附 则

第三十二条 因自然灾害、事故灾难、公共卫生、社会安全等突发公共事件，需要开展紧急转移安置和基本生活救助，以及属于疾病应急救助范围的，按照有关规定执行。

在突发公共事件应急响应期间，县级以上党委、人民政府的工作部署对临时救助的救助范围、申请材料、办理时限、救助标准等有不同要求的，按照应急响应期间工作部署要求执行。

第三十三条 各县（区）人民政府可根据当地实际情况，制定实施细则。

第三十四条 本实施细则自印发之日起施行，有效期5年。

（以上资料由市府办 提供）

重要文件目录

2022年中共河源市委重要文件一览表

表38

序号	时间	文件编号	标　题
1	2022年1月29日	河委发〔2022〕1号	中共河源市委 河源市人民政府关于印发《河源市高层次教育人才引育的若干措施》《河源市高层次医疗卫生人才引育的若干措施》《河源市高层次科技人才引育的若干措施》《河源市属国有企业人才引育的若干措施》的通知
2	2022年3月7日	河委发〔2022〕3号	中共河源市委 河源市人民政府印发《关于支持我市灯塔盆地创建国家农业高新技术产业示范区的若干措施》的通知
3	2022年5月7日	河委发〔2022〕5号	中共河源市委 河源市人民政府关于印发《河源市高层次现代农业人才引育的若干措施》的通知
4	2022年11月11日	河委发〔2022〕8号	中共河源市委关于认真学习宣传贯彻党的二十大精神的通知

（王受章）

2022年河源市人民政府重要文件一览表

表39

序号	文件名称	文 号
1	关于下达河源市2022年国民经济和社会发展计划的通知	河府〔2022〕7号
2	关于印发2022年市《政府工作报告》重点工作督查方案的通知	河府〔2022〕8号
3	关于印发河源市全民健身实施计划（2021—2025年）的通知	河府〔2022〕11号
4	关于印发河源市生态文明建设“十四五”规划的通知	河府〔2022〕15号
5	关于印发河源市全民科学素质行动规划纲要实施方案（2021—2025年）的通知	河府〔2022〕20号
6	关于印发河源市深化“证照分离”改革实施方案的通知	河府〔2022〕24号
7	关于印发河源市落实2022年省《政府工作报告》重点任务督查方案的通知	河府〔2022〕25号
8	关于印发河源市科技创新“十四五”规划的通知	河府〔2022〕28号
9	关于印发河源市人民政府工作规则的通知	河府〔2022〕32号
10	关于修订印发河源市人民政府常务会议工作规程的通知	河府〔2022〕33号
11	关于印发河源市促进邮政快递业高质量发展实施方案的通知	河府〔2022〕35号
12	关于印发河源市政府2022年立法工作计划的通知	河府〔2022〕42号
13	关于印发河源市金融改革发展“十四五”规划的通知	河府〔2022〕44号
14	关于推进电网建设的意见	河府〔2022〕46号
15	关于印发河源市“三旧”改造实施办法的通知	河府〔2022〕50号
16	关于印发河源市综合交通运输体系发展“十四五”规划的通知	河府〔2022〕52号
17	关于印发河源市人力资源和社会保障事业发展“十四五”规划的通知	河府〔2022〕54号
18	关于印发河源市“十四五”残疾人保障和发展规划的通知	河府〔2022〕58号
19	关于印发河源市妇女发展规划和河源市儿童发展规划的通知	河府〔2022〕62号
20	关于印发河源市推动基础教育高质量发展行动方案的通知	河府〔2022〕70号
21	关于印发河源市消防救援“十四五”规划的通知	河府〔2022〕73号
22	关于印发河源市教育发展“十四五”规划的通知	河府〔2022〕74号
23	关于印发河源市应急管理“十四五”规划的通知	河府〔2022〕75号
24	关于印发河源市农业农村现代化“十四五”规划的通知	河府〔2022〕77号
25	关于公布河源市行政许可事项清单（2022年版）的通知	河府〔2022〕86号
26	关于修订印发河源市市级储备粮油管理办法的通知	河府〔2022〕87号

（叶必亮）

其他文献

2022年河源市户籍人口姓氏一览表

表40

姓氏	人数	姓氏	人数	姓氏	人数	姓氏	人数	姓氏	人数	姓氏	人数
黄	409625	丘	26843	范	9777	顾	2645	任	1085	农	382
陈	214523	江	26485	程	9533	詹	2623	陶	999	向	343
刘	211768	蓝	25542	缪	9147	俞	2577	童	928	申	342
张	209923	欧	22164	苏	9144	柳	2522	季	918	姜	340
叶	183962	魏	22035	蔡	8778	方	2412	夏	853	段	310
李	168912	许	21785	利	7682	具	2409	孔	847	宁	269
曾	143180	卢	20841	孙	7569	薛	2372	饶	841	连	255
钟	128714	冯	19223	伍	7512	田	2293	吉	819	史	235
谢	118236	巫	18526	邝	7475	庄	2248	侯	796	符	230
吴	103124	余	17179	练	7429	石	2152	成	737	危	227
杨	94186	戴	16988	谭	7370	沈	2074	丁	718	卜	224
赖	81830	欧阳	16902	诸	7307	洪	2064	聂	710	岑	223
朱	78968	曹	16115	宋	7108	龙	2026	金	708	邵	223
邹	69981	唐	15570	崔	6355	乐	1949	文	688	施	222
王	67380	潘	15377	赵	5886	蒋	1923	康	660	湛	221
邓	67205	贺	15082	熊	5664	管	1874	纪	657	关	203
廖	63873	甘	15056	白	5448	官	1827	蒙	629	钱	201
何	62638	胡	13861	高	5419	揭	1686	董	597	兰	200
罗	60681	刁	13517	包	5072	涂	1566	汤	590	贾	200
周	53149	郭	13262	麦	5015	姚	1526	于	587	尤	197
骆	45375	凌	13006	韦	4975	毛	1495	尹	576	阳	182
袁	40990	马	12944	冼	4475	翟	1469	万	550	幸	178
徐	40825	严	11889	吕	4409	翁	1455	易	548	樊	169
林	40102	邬	11362	傅	4158	覃	1409	华	531	梅	162
温	36145	杜	11123	卓	4017	莫	1409	鲁	505	左	162
梁	34550	殷	10841	沙	3806	裴	1316	韩	499	吴铭	161
郑	32600	黎	10685	颜	3776	汪	1153	柯	484	舒	160
彭	31578	古	10422	付	3448	池	1142	葛	434	冉	160
邱	28941	游	10213	阮	3115	陆	1140	庞	407	劳	159
肖	26928	龚	10177	简	2723	雷	1138	秦	407	章	144

续表40

姓氏	人数	姓氏	人数	姓氏	人数	姓氏	人数	姓氏	人数	姓氏	人数
容	144	阙	72	楚	44	皮	25	师	16	居	10
孟	139	霍	70	明	44	零	25	卞	16	列	10
萧	138	桂	70	郁	44	扶	25	伦	15	南	10
祝	137	戚	70	娄	43	桑	24	克	14	井	10
倪	132	盛	70	靳	43	曲	24	来	14	荆	10
盘	127	岳	69	卿	42	窦	23	花	14	巢	10
代	127	闻	68	谈	41	羊	23	城	14	惠	9
蒲	125	佘	67	闵	40	敬	23	雍	14	於	9
闫	118	谷	67	米	40	贝	22	解	14	伊	9
喻	116	区	67	原	40	燕	21	巩	14	朴	9
扬	115	粟	65	敖	40	查	21	宣	14	陀	9
全	110	鞠	62	祁	39	满	21	冼	14	贤	9
鲍	107	牛	61	席	39	郎	21	紫	14	储	9
占	107	班	58	玉	38	泮	21	檀	13	钦	8
河	104	宾	57	费	37	司徒	21	隋	13	薜	8
安	101	闭	57	苗	36	卫	20	晋	13	昝	8
匡	99	仇	57	鄢	36	但	20	眭	13	菅	8
嵇	96	柏	55	臧	36	县	20	豆	13	先	8
房	96	项	55	苟	34	佟	20	谯	13	别	8
滕	95	牟	54	柴	33	商	20	资	13	索	8
焦	92	单	52	时	33	丰	19	穆	13	廉	8
邢	88	毕	52	漆	33	习	19	腾	13	篮	8
屈	87	冷	51	茹	31	银	19	革	13	糜	8
植	87	尧	51	甄	31	宗	19	姬	13	归	8
常	87	路	50	司	30	景	19	庹	13	月	8
谌	85	尚	50	东	30	云	19	旷	12	税	8
晏	85	耿	50	隆	30	帅	18	部	12	奚	8
艾	80	荣	49	庾	29	阎	18	郁	12	巴	8
潭	79	和	47	禹	29	支	17	相	11	依	7
候	79	芦	47	鲜	28	况	17	操	11	淡	7
武	76	麻	47	奉	28	寇	17	胥	11	彦	7
齐	76	招	45	虞	27	权	17	冀	11	苑	7
郝	76	封	45	辜	27	褚	16	伏	11	祖	7
车	75	党	45	应	26	元	16	狄	11	厉	7
乔	74	瞿	45	超	25	宫	16	昌	11	旺	7
辛	74	禤	45	凡	25	香	16	印	10	修	7

续表40

姓氏	人数	姓氏	人数	姓氏	人数	姓氏	人数	姓氏	人数	姓氏	人数
浦	7	晁	5	展	4	番	3	隗	2	公	2
母	7	优	5	竺	4	郜	3	宏	2	汝	2
屠	7	初	5	荘	4	强	3	德	2	赤	2
虢	7	计	5	衡	4	竹	3	红	2	缑	2
旋	7	海	5	犁	4	未	3	立	2	颜	2
补	7	盖	5	富	4	羿	3	盈	2	八	2
柒	7	轩	5	门	4	艮	3	崇	2	睿	2
亢	7	过	5	宿	4	荀	3	里	2	桐	2
淦	7	乃	5	藏	4	浓	3	帕	2	洛	2
闲	7	律	4	字	4	世	3	涂	2	勾	2
蔺	7	仲	4	令狐	4	闾	3	佗	2	阴	2
宦	7	陵	4	皇甫	4	贲	3	杭	2	怀	2
上官	7	青	4	保	3	丛	3	脱	2	要	2
蹇	6	莦	4	年	3	户	3	寥	2	皇	2
阿	6	平	4	栗	3	暨	3	除	2	弯	2
经	6	言	4	貌	3	澎	3	科	2	宛	2
味	6	庚	4	嬴	3	英	3	山	2	慎	2
磨	6	亓	4	杞	3	带	3	綦	2	水	2
那	6	慕	4	尖	3	生	3	坚	2	翦	2
义	6	续	4	梨	3	寻	3	放	2	弓	2
雪	6	泰	4	葉	3	仝	3	战	2	茂	2
邸	6	靖	4	暴	3	干	3	勒	2	沉	2
普	6	芮	4	位	3	鸥	3	选	2	松	2
咸	6	凤	4	蔚	3	达	3	刑	2	睦	2
栾	6	束	4	铁	3	宇	3	哈	2	郏	2
戈	6	渠	4	九	3	东方	3	鹿	2	后	2
国	6	杰	4	夭	3	梁丘	3	疗	2	乡	2
都	6	留	4	仵	3	诸葛	3	牙	2	老	2
首	5	颉	4	佑	3	宝	2	罕	2	寨	2
将	5	扈	4	戎	3	巍	2	拱	2	扎	2
五	5	多	4	黄	3	缪	2	奠	2	疏	2
边	5	观	4	忠	3	校	2	鄞	2	伴	2
阚	5	羽	4	犹	3	钮	2	泊	2	塘	2
谬	5	赫	4	逯	3	呙	2	催	2	广	2
亚	5	迟	4	绕	3	冶	2	愉	2	朗	2
楼	5	布	4	俸	3	訾	2	铙	2	司马	2

续表40

姓氏	人数	姓氏	人数	姓氏	人数	姓氏	人数	姓氏	人数	姓氏	人数
乐正	2	沓	1	营	1	庙	1	洁	1	吁	1
宇文	2	裘	1	依	1	绳	1	自	1	束	1
接	1	消	1	秋	1	怡	1	尉	1	腊	1
京	1	森	1	光	1	因	1	乌	1	北	1
鄂	1	璩	1	蒿	1	好	1	纳	1	郎	1
智	1	附	1	尼	1	娥	1	隽	1	驾	1
淳	1	铜	1	莘	1	增	1	沃	1	濮	1
雄	1	茆	1	镇	1	祺	1	纵	1	励	1
合	1	湖	1	阁	1	围	1	贵	1	凉	1
仪	1	虎	1	呼	1	淑	1	旻	1	庐	1
肃	1	婵	1	神	1	圣	1	拮	1	蕭	1
漂	1	仿	1	壬	1	风	1	岱	1	鈡	1
褶	1	奥	1	书	1	表	1	扩	1	主	1
图	1	莲	1	啥	1	榻	1	箫	1	泽	1
奂	1	矫	1	灵	1	苻	1	妙	1	料	1
见	1	妊	1	节	1	卯	1	纺	1	妨	1
暖	1	筒	1	油	1	线	1	步	1	窑	1
贡	1	佩	1	络	1	娜	1	粘	1	粱	1
锅	1	妒	1	瘳	1	俱	1	仰	1	姐	1
琴	1	允	1	添	1	西	1	只	1	羣	1
人	1	中	1	茅	1	郇	1	美	1	思	1
誉	1	能	1	介	1	炼	1	千	1	果	1
芳	1	所	1	樟	1	澹	1	府	1	斯	1
蒯	1	化	1	禄	1	仁	1	炸	1	殴	1
蚁	1	完	1	邦	1	移	1	裕	1	却	1
弋	1	望	1	可	1	斑	1	释	1	衮	1
甯	1	韶	1	信	1	岐	1	形	1	雒	1
寸	1	萨	1	乾	1	诔	1	芍	1	呼延	1
吝	1	聊	1	潜	1	屯	1	阵	1	钟离	1
若	1	买	1	历	1	俏	1	力	1	慕容	1
汲	1	早	1	加	1	鄱	1	溪	1	第五	1
产	1	昊	1	勇	1	桃	1	哏	1		
远	1	敕	1	黑	1	茬	1	拜	1		
鱼	1	秀	1	仉	1	巨	1	笪	1		
越	1	堪	1	研	1	润	1	镟	1		

说明：全市共818个姓。数据由河源市公安局提供

（宋永鸿）

河源市A级旅游景区一览表

表41

序号	景区名称	所在县区	等 级	评定时间
1	河源市万绿湖风景区	东源县	AAAA	2002年7月8日
2	河源市御临门温泉度假区	紫金县	AAAA	2009年10月15日
3	河源市和平温泉之都旅游区	和平县	AAAA	2010年5月4日
4	河源市苏家围·东江画廊旅游景区	东源县	AAAA	2013年1月29日
5	河源市叶园温泉度旅游区	东源县	AAAA	2014年4月29日
6	河源客天下水晶温泉国际旅游度假区	源城区	AAAA	2015年8月21日
7	中国河源·巴伐利亚庄园	源城区	AAAA	2016年7月7日
8	河源市恐龙文博园景区	源城区	AAAA	2020年8月21日
9	河源市霍山风景区	龙川县	AAAA	2021年5月27日
10	河源市佗城景区	龙川县	AAAA	2023年3月24日
11	河源市九连山原始森林度假村景区	连平县	AAA	2012年12月25日
12	河源市黄龙岩畲族风情旅游区	东源县	AAA	2016年6月12日
13	河源市越王山风景区	江东新区	AAA	2018年12月20日
14	河源市东江野战俱乐部景区	东源县	AAA	2018年12月20日
15	河源市源城区大水井特色民宿文化旅游区	源城区	AAA	2020年11月18日
16	河源市和平县荣佳国韵温泉度假村	和平县	AAA	2020年11月18日
17	河源市龙川县五色茶岭景区	龙川县	AAA	2020年11月18日
18	河源市水坑生态娱乐旅游区	龙川县	AA	2002年11月25日
19	河源市新丰江电站大坝旅游区	源城区	AA	2003年7月1日
20	野趣沟旅游区	源城区	AAA	2021年5月21日
21	绿油花果树小镇景区	龙川县	AAA	2021年5月21日
22	紫金县苏区革命旧遗址群景区	紫金县	AAA	2022年4月28日
23	和平县林寨古村景区	和平县	AAA	2022年12月29日
24	东源县仙坑古村景区	东源县	AAA	2022年12月29日

说明：河源市A级旅游景区24个：AAAA级旅游景区有10个，AAA级旅游景区有14个

（刘崇昱）

河源市市级以上（含市级）非物质文化遗产代表性项目一览表

表42

级别	公布批次（时间）	项目类别	项目名称	申报地区
国家级	第一批（2006年）	传统戏剧	花朝戏	紫金县
国家级	第三批（2011年）	传统美术	灯彩（忠信花灯）	连平县
省级	第二批（2007年）	民俗	忠信吊灯习俗	连平县
省级	第三批（2009年）	传统美术	猫头狮	和平县
省级	第三批（2009年）	传统技艺	连平客家娘酒酿制技艺	连平县
省级	第三批（2009年）	传统戏剧	木偶戏（龙川手擎木偶戏）	龙川县
省级	第四批（2012年）	传统技艺	绿茶制作技艺（康禾贡茶制作技艺）	东源县
省级	第四批（2012年）	传统技艺	酿造酒传统酿造技艺（客家糯米酒传统酿造技艺）	东源县
省级	第五批（2013年）	民俗	席床生日节	和平县
省级	第五批（2013年）	传统技艺	酿造酒传统酿造技艺（客家黄酒传统酿造技艺）	源城区
省级	第六批（2015年）	传统技艺	墩头蓝纺织技艺	和平县
省级	第六批（2015年）	传统戏剧	木偶戏（紫金提线木偶戏）	紫金县
省级	第七批（2018年）	传统体育、游艺与杂技	龙川杂技	龙川县
省级	第七批（2018年）	民俗	畲族蓝大将军出巡节	东源县
省级	第七批（2018年）	传统技艺	蒲米制作技艺	紫金县
省级	第七批（2018年）	传统音乐	客家山歌（河源客家山歌）	河源市
省级	第七批（2018年）	传统舞蹈	龙舞（凳板龙）	和平县
省级	第七批（2018年）	传统戏剧	采茶戏（连平采茶戏）	连平县
省级	第七批（2018年）	传统舞蹈	灯舞（廻龙李埔马灯舞）	龙川县
省级	第八批（2022年）	民间文学	童谣（客家童谣）	河源市
省级	第八批（2022年）	传统技艺	铸铁技艺（紫金铁锅制作技艺）	紫金县
省级	第八批（2022年）	传统技艺	客家菜烹饪技艺	河源市
省级	第八批（2022年）	传统技艺	酱料制作技艺（椒酱制作技艺）	紫金县
省级	第八批（2022年）	民俗	作鱼梁习俗	连平县
省级	第八批（2022年）	民俗	汶水塘捕鱼节	东源县
省级	第八批（2022年）	民俗	上莞镇新轮村追龙	东源县
省级	第八批（2022年）	传统戏剧	采茶戏（和平采茶戏）	和平县
省级	第八批（2022年）	传统美术	猫头狮（龙川猫头狮）	龙川县

续表42

级别	公布批次（时间）	项目类别	项目名称	申报地区
省级	第八批（2022年）	传统美术	竹纸制作技艺（阳明纸制作技艺）	和平县
市级	第一批（2007年）	传统舞蹈	香火龙	连平县
市级	第一批（2007年）	传统舞蹈	龙舞	东源县
市级	第一批（2007年）	传统舞蹈	纸马舞	连平县、紫金县
市级	第一批（2007年）	传统舞蹈	鲤鱼舞	连平县
市级	第一批（2007年）	传统舞蹈	春牛舞	紫金县、连平县
市级	第一批（2007年）	传统舞蹈	花船舞	紫金县
市级	第一批（2007年）	传统舞蹈	象舞	紫金县
市级	第一批（2007年）	传统舞蹈	打马灯	龙川县
市级	第一批（2007年）	传统戏剧	山歌剧	源城区、龙川县
市级	第一批（2007年）	传统技艺	泥鸡、泥鸭	和平县
市级	第一批（2007年）	民俗	客家传统婚嫁	和平县
市级	第一批（2007年）	民俗	阳明飘色	和平县
市级	第二批（2008年）	民间文学	望郎回的传说	源城区
市级	第二批（2008年）	传统音乐	八音锣鼓	连平县
市级	第二批（2008年）	传统音乐	哭嫁歌	连平县
市级	第二批（2008年）	传统舞蹈	香火龙	东源县
市级	第二批（2008年）	传统舞蹈	大黄龙舞	和平县
市级	第二批（2008年）	传统舞蹈	鳌鱼灯	和平县
市级	第二批（2008年）	传统舞蹈	马灯舞	和平县
市级	第二批（2008年）	传统舞蹈	旱船灯	和平县
市级	第二批（2008年）	传统舞蹈	凤凰灯舞	和平县
市级	第二批（2008年）	传统舞蹈	狮舞	龙川县
市级	第二批（2008年）	传统体育、游艺与杂技	射弩	东源县
市级	第二批（2008年）	传统技艺	木雕工艺	和平县
市级	第二批（2008年）	传统技艺	老隆牛筋糕制作技艺	龙川县
市级	第二批（2008年）	传统技艺	陶然竹壳茶（又名：葫芦茶）制作技艺	紫金县
市级	第二批（2008年）	民俗	仙塘“柳溪书院”开笔礼	东源县
市级	第二批（2008年）	民俗	阳明镇关岳庙庙会	和平县

续表42

级别	公布批次（时间）	项目类别	项目名称	申报地区
市级	第二批（2008年）	民俗	踩龙	连平县
市级	第三批（2009年）	传统音乐	客家水歌浰江船谣	和平县
市级	第三批（2009年）	传统舞蹈	船灯	龙川县
市级	第三批（2009年）	传统舞蹈	香火龙	龙川县
市级	第三批（2009年）	传统舞蹈	舞狮	连平县
市级	第三批（2009年）	传统舞蹈	舞布龙	连平县
市级	第三批（2009年）	传统体育、游艺与杂技	蹴球	东源县
市级	第三批（2009年）	传统体育、游艺与杂技	陀螺	东源县
市级	第三批（2009年）	传统技艺	捏泥鸡	连平县
市级	第三批（2009年）	民俗	伯公生日	连平县
市级	第三批（2009年）	民俗	连平八盘	连平县
市级	第四批（2011年）	传统舞蹈	猫头狮舞（连平陂头）	连平县
市级	第四批（2011年）	传统技艺	熟米酒制作技艺（东源黄村）	东源县
市级	第四批（2011年）	传统技艺	纸伞制作技艺（和平阳明）	和平县
市级	第四批（2011年）	传统技艺	花灯制作技艺（龙川佗城）	龙川县
市级	第四批（2011年）	传统技艺	竹木雕刻工艺（龙川细坳）	龙川县
市级	第四批（2011年）	民俗	花灯习俗（源城）	源城区
市级	第四批（2011年）	民俗	打（请）月光姊习俗（连平上坪）	连平县
市级	第四批（2011年）	民俗	奉朝习俗（连平忠信）	连平县
市级	第五批（2015年）	民俗	中联村周姓六月六显烈宫巡游	东源县
市级	第五批（2015年）	民俗	北帝公三月初二巡游节	紫金县
市级	第五批（2015年）	传统体育、游艺与杂技	席拳棍术	和平县
市级	第五批（2015年）	传统技艺	打席手工技艺	和平县
市级	第五批（2015年）	传统技艺	车田豆腐制作技艺	龙川县
市级	第五批（2015年）	传统技艺	佗城豆腐丸制作技艺	龙川县
市级	第五批（2015年）	传统技艺	八刀汤制作技艺	紫金县
市级	第五批（2015年）	传统技艺	牛肉丸制作技艺	紫金县
市级	第五批（2015年）	传统技艺	陂头米粉制作技艺	连平县
市级	第五批（2015年）	传统技艺	百叟豉油制作技艺	连平县

续表42

级别	公布批次（时间）	项目类别	项目名称	申报地区
市级	第六批（2016年）	民间文学	颜氏三代民间故事	连平县
市级	第六批（2016年）	传统体育、游艺与杂技	浰江龙舟赛	和平县
市级	第六批（2016年）	传统技艺	桂山茶传统制作技艺	源城区
市级	第六批（2016年）	传统技艺	酿鸭饭制作技艺	紫金县
市级	第六批（2016年）	传统技艺	萝卜粄制作技艺	源城区
市级	第六批（2016年）	传统技艺	伯公坳凉粉制作技艺	紫金县
市级	第六批（2016年）	传统技艺	红棉手工提琴制造技艺	河源市
市级	第六批（2016年）	传统技艺	廻龙禾粄制作技艺	龙川县
市级	第六批（2016年）	民俗	福坑村林屋开灯节	东源县
市级	第七批（2018年）	传统体育、游艺与杂技	九子堂林家打	和平县
市级	第七批（2018年）	传统音乐	和平锣鼓板	和平县
市级	第七批（2018年）	传统技艺	客家米粉制作技艺	东源县
市级	第七批（2018年）	传统技艺	木鱼、木鸡制作技艺	和平县
市级	第七批（2018年）	传统技艺	龙川古法榨油技艺	龙川县
市级	第七批（2018年）	传统技艺	木雕工艺	紫金县
市级	第七批（2018年）	传统技艺	连平土陶制作技艺	连平县
市级	第八批（2021年）	传统音乐	客采调	和平县
市级	第八批（2021年）	传统技艺	铁炉功夫汤制作技艺	源城区
市级	第八批（2021年）	传统美术	彩扎（楼镇彩扎）	和平县
市级	第八批（2021年）	传统技艺	月饼传统制作技艺（月光饼制作技艺）	龙川县
市级	第八批（2021年）	传统技艺	擂茶制作技艺	紫金县
市级	第八批（2021年）	传统技艺	糖环结制作技艺	连平县
市级	第八批（2021年）	民俗	临江镇关帝庙会	江东新区
市级	第八批（2021年）	传统技艺	绿茶制作技艺（石坪茶制作技艺）	东源县
市级	第八批（2021年）	民俗	上灯习俗（龙川上灯习俗）	龙川县

说明：河源市国家级非物质文化遗产代表性项目2个；省级非物质文化遗产代表性项目27个；市级非物质文化遗产代表性项目82个

（刘崇昱）

索 引

编辑：吴静文

说 明

一、本索引采用主题分析法，款目按汉语拼音字母（同音字按声调）顺序排列。

二、文中的类目题、分目题采用黑体字，条目题、表格题采用宋体字。

三、索引款目后的数字表示内容所在的页码，数字后的拉丁字母（a、b、c）表示栏别（即版面的1、2、3栏）。

四、同一主题的内容在文中多次出现时，在其款目后用不同的页码标明。

五、本索引范围不包括彩页图片、特载、大事记、专文、人物、河源市主要机构及负责人、附录等类目。

条目索引

A

B

C

X

Y

数字与字母

表格索引

D

F

G

H

J

L

N

Q

S

W

X

Z

字母